Friedrich August Küchler

Handbuch
der
Lokal-Staatsverwaltung
im
Großherzogthum Hessen
mit
Anleitung
zur

Geschäftsführung der Lokalbehörden
insbesondere der Bürgermeister und Gemeinderäthe, Lokalpolizeibeamten
Kirchen- und Schul-Vorstände etc.

Elibron Classics
www.elibron.com

Elibron Classics series.

ISBN 0-543-96640-2 (paperback)
ISBN 0-543-96639-9 (hardcover)

This Elibron Classics Replica Edition is an unabridged facsimile
of the edition published in 1854 by Julius Groos, Heidelberg.

Handbuch

der

Lokal-Staatsverwaltung

im

Großherzogthum Hessen,

mit

Anleitung

zur

Geschäftsführung der Lokalbehörden,

insbesondere der Bürgermeister und Gemeinderäthe, Lokalpolizeibeamten, Kirchen- und Schul-Vorstände ꝛc.

Von

Friedrich August Küchler,

Großherzoglich Hessischem Geheimen Regierungsrathe in Gießen.

Heidelberg,

Verlag der Julius Groos'schen Universitäts-Buchhandlung.

1854.

Vorrede.

Die Kenntniß des vaterländischen Verwaltungsrechts ist für die Staatsangehörigen von hohem Interesse, weil es die Grundlage für die bürgerliche Rechtsstellung im Staate bildet und die öffentliche Wohlfahrt bedingt.

Der große Umfang der in dem Großherzogthum Hessen vorhandenen Verwaltungsgesetze und Vorschriften, zumal sie in dem weiten Gebiete der allgemeinen Gesetzgebung zerstreut sind, erschwert indessen diese Kenntniß ungemein.

Um sie zu erlangen müßte man die zahlreichen Verordnungen vergangener Jahrhunderte und die bändereichen Sammlungen der Regierungs- und Amtsblätter der Neuzeit durchforschen; ferner die umfassenden französischen Gesetzbücher und Bülletins und eine übergroße Menge, häufig in den Verwaltungs-Registraturen vergrabener General-Ausschreiben der bestehenden und erloschenen Central- und Provinzial-Behörden ꝛc. ꝛc.

Wenn es in Wahrheit selbst dem geübten Verwaltungsbeamten oft schwer fällt dieses umfangreiche Material zu durchdringen und das wirklich Bestehende unter der Menge sich beschränkender und wieder aufhebender Bestimmungen herauszufinden, um wie viel schwieriger muß dies für den Unkundigen sein.

Welche Mühe und Sorge müssen aber insbesondere die Bürgermeister und andere Lokalbeamten deßhalb zu bestehen haben!

Es sollen diese schlichten Männer die schwere Aufgabe der örtlichen Anwendung und Vollziehung der Gesetze erfüllen. Ueberall steht ihre Verantwortlichkeit dafür in Frage, und doch fehlt ihnen der Führer in ihrem schwierigen Amte.

Diese Erwägungen regten zunächst den Gedanken der Bearbeitung eines Leitfadens in mir an, der für sie und Jedermann als verläßlicher Rathgeber in unserem Verwaltungsrechte dienen könnte.

Die beifällige Zustimmung des Ministeriums des Innern flößte mir Ermuthigung zur Ueberwindung der großen Schwierigkeiten dieses Unternehmens ein.

Ich wählte die systematische Form, weil eine gegenständliche Bearbeitung eine klarere Anschauung des Bestehenden gewährt, als die alphabetische Ordnung, die nur zerrissene Bilder vorstellt.

Zweifelhaft erschien mir Anfangs die Frage über die zweckentsprechende Ausdehnung des Werks.

Dasselbe konnte auf eine summarische Andeutung des Inhalts der einzelnen Verordnungen beschränkt und dem Leser überlassen werden weitere Belehrung aus den bezeichneten Quellen selbst zu schöpfen. Es würde dies meine Aufgabe eben so sehr erleichtert, als den Umfang der Schrift ansehnlich gekürzt haben.

Das Bedenken, daß eine derartige Behandlung des Stoffs nicht geeignet erschien, um eine faßliche Einsicht in das Wesen der einzelnen Verwaltungsgegenstände zu vermitteln, und die Rücksicht, daß die Mehrzahl der Leser, den Besitz der Quellen oder die Muse zum Studium derselben entbehrend, dabei keine Befriedigung gefunden haben würde, mußte jedoch für eine größere Ausführlichkeit bestimmend sein.

Ich unternahm es deshalb sämmtliche für die Lokal-Staatsverwaltung einflußreichen Bestimmungen unseres Verwaltungsrechts, sowohl diesseits als jenseits des Rheins, dergestalt in Auszügen zusammenzustellen und zu einem geordneten Ganzen zu verarbeiten, daß dadurch nicht nur die Einrichtung der öffentlichen Verwaltung im Allgemeinen, sondern auch jeder besondere Verwaltungsgegenstand in einem leicht faßlichen Bilde anschaulich und erkennbar würde.

Die Anführung der Quellen durfte der Controle wegen zwar nicht fehlen, immerhin aber blieb die Rücksicht vorherrschend, daß der Leser in dem Werke selbst ein genügendes Verständniß finde, ohne zu der zeitraubenden Mühe eines weiteren Nachschlagens in den betreffenden Verordnungs-Sammlungen selbst genöthigt zu sein.

Ist auch der Umfang des Werks dadurch bedeutender geworden, als ich in mancher Beziehung gewunscht hätte, so erschien doch der damit erzielte Gewinn größerer praktischer Brauchbarkeit desselben überwiegend.

Der Ordnung der Schrift wurde der Registraturplan für die Bürgermeistereien zu Grund gelegt.

Die wissenschaftlichen Bedenken gegen dieses System waren nicht in Anschlag zu bringen, weil es nicht zweifelhaft sein konnte, daß bei einem vorzugsweise für praktische Zwecke berechneten Werke dasjenige System, welches dem größeren Theile der Leser bereits geläufig ist, vor allen anderen den Vorzug verdiene.

Gießen, im April 1854.

Der Verfasser.

Erläuterung der Abkürzungen.

Abkürzungen.	Erklärung.	Abkürzungen.	Erklärung.
A.	Amtsblatt.	M. d. J.	Min. des Inneren und der Justiz (bis 1848), u. nur Min. des Inneren (seit 1848).
a.	angeführt.	M. d. Js.	Min. der Justiz.
a. a. O.	am angeführten Ort.	Mz.	Mainz.
B.	Bekanntmachung in der Verordnungs-Sammlung oder in dem Regierungs-Blatt.	O.	Oberhessen.
Br.A.C.	Brandassecurat.-Commission.	o.	oben.
Br A.O.	Brandassecurations-Ordnung.	O.B.Dir.	Oberbaudirection.
bz.	beziehungsweise.	O.Cons.	Oberconsistorium.
Civ.G.B.	Code civil in Rheinhessen.	O Fin.K.	Oberfinanzkammer.
C.	Commission oder Commissär.	O.Fst.C.	früheres Oberforstkolleg.
Crim.G.B.	Code pénal in Rheinhessen.	O.Fst. u. D.Dir.	Oberforst- u. Domänendirection.
Crim.Pr.G.B.	Code d'instruction criminel.	O.Rechn.K.	Oberrechnungskammer.
D.	Darmstadt.	O.Sch.R.	früherer Oberschulrath.
d.	der, die, das.	O.Steuer-Dir.	Obersteuerdirection.
E.	Erlaß oder Entschließung.	O.Stud.Dir.	Oberstudiendirection.
Ed.	Edict.	Präf.	Präfect oder Präfectur.
Fd.Str.G.	Feldstrafgesetz.	Prov.	Provinz.
Fst.Str.G.	Forststrafgesetz.	R.	vormalige Regierung.
G.	Gesetz.	Rbl.	Regierungsblatt.
Gsn.	Gießen.	Rh.	Rheinhessen.
G.C.	General-Commission.	s.	siehe.
G.O.	Gemeinde-Ordnung.	St.	Starkenburg.
Instr.	Instruction.	St.E.O.	Steuerexecutionsordnung.
K. u. Sch.R.	vorm. Kirchen- u. Schulrath.	Str.G.B.	allgemeines Strafgesetzbuch.
K.M.	Kriegsministerium.	u.	und.
Kr.	Kreisrath und Kreisamt.	u. a.	unter anderem, und andere.
Med.O.	Medizinal-Ordnung.	u. dgl. m.	und dergleichen mehr.
Mil.Str.G.B.	Militär-Strafgesetzbuch.	V.	Verordnung.
M.	Ministerium.	V.U.	Verfassungsurkunde.
M. d. F.	M. d. Finanzen.	vergl.	vergleiche.
M. d. H. u. A.	Min. des Hauses u. Aeußeren.	v.	von.

Systematisches Inhaltsverzeichniß.

---

§§	Gegenstand.
	I. Abtheilung.
	Staatsverfassung.
	I. Abschnitt.
	Staatsoberhaupt.
1	Großherzog.
2	Huldigungs- und Verfassungseid.
3—7	Audienzen, Reisen des Großherzogs und Ereignisse in der Regenten-Familie.
	II. Abschnitt.
	Landständische Angelegenheiten.
8 u. 10	Verfassung ꝛc.
9	Verbot amtlicher Mittheilungen an die Stände.
	II. Abtheilung.
	Statistik und Topographie.
	I. Abschnitt.
11	Ortsbeschreibungen.
	II. Abschnitt.
	Auszeichnung für Verdienste.
12	Orden, Militärdienstzeichen und Dienstalterszeichen.
13	Auszeichnung für Rettung von Menschenleben.
	III. Abschnitt.
	Bevölkerungstabellen.
14	Deren Aufstellung.
15	Verbot voreiliger öffentlicher Mittheilungen darüber.
	IV. Abschnitt.
	Denkwürdigkeiten.
16, 17	Denkmäler, Alterthümer, deren Erhaltung u. Anzeige v. ihrem Funde.
18	Anzeige wichtiger Begebenheiten.

§§	Gegenstand.
	V. Abschnitt.
	Staatshandbücher und Kalender.
19	Förderung derselben, insbesondere des Landkalenders. Stempel-Abgabe von fremden Kalendern.
	III. Abtheilung.
	Staatsverwaltung.
20—24	Staatsbehörden, Ministerien, Staatsrath, Administrativ-Justizhof ꝛc.
25, 26	Der Bürgermeister als Lokal-Staatsbehörde.
27, 28	Der Bürgermeister als Lokalpolizeibeamter.
29	Besondere Lokalpolizeibeamten.
30, 31	Dienstverhältniß der Lokal-Staatsbehörden im Allgemeinen.
32, 33	Gesetzes-Sammlung, Regierungsblatt.
34	Darmstädter Zeitung als Landes-Intelligenzblatt.
35	Verhältniß der Unterthanen zur Staatsverwaltung.
	IV. Abtheilung.
	Bezirksverwaltung.
36, 37	Bezirksbeamten, Regierungsbehörden, Kreisämter.
38—40	Bezirksrath.
	V. Abtheilung.
	Verhältnisse mit auswärtigen Staaten.
41, 42	Hoheitsgränzen. Auslieferung von Inländern (s. auch Nachtrag).
	VI. Abtheilung.
	Verhältnisse mit Standesherren und adeligen Gerichtsherren.
43, 44	Rechtsverhältnisse im Allgemeinen.
	I. Abschnitt.
45, 46	Persönliche Verhältnisse.
	II. Abschnitt.
47—49	Edictmäßige Rechte.
	III. Abschnitt.
50	Eigenthum und Einkünfte.

§§	Gegenstand.
	VII. Abtheilung.
	Lehenangelegenheiten.
51	Lehen, Erblehen, Allodificationen.
	VIII. Abtheilung.
	Militär- und Kriegsangelegenheiten.
	I. Abschnitt.
	Militärpflichtigkeit.
52—62	Kriegsdienstpflicht; Ortsliste über die Pflichtigen.
63—78	Depotversetzung.
79	Recrutirungscommission.
80	Musterung und Loosziehung.
81	Erstmarschirungspflicht der Ausbleibenden.
82, 83	Tauglichkeit und Untauglichkeit.
84—86	Recrutirungsrath; Wirksamkeit desselben.
87	Unwürdigkeit zum Militärdienst.
88—92	Stellvertretung, Einsteher, Assecuranzkasse.
93	Freiwillige.
94	Ueberwachung der Dienstpflichtigen.
95—97	Refractäre und Deserteure.
98	Heirathen, Wandern und Auswandern der Pflichtigen.
99	Eintritt in fremde Kriegsdienste.
100	Taxfreiheit der Militärangelegenheiten.
	II. Abschnitt.
101—108	Soldaten, bz. Kriegsreservisten, ihre Rechts- u. Ehrenverhältnisse.
109	Aufsicht auf beurlaubte Soldaten.
110	Erkrankung von Militärarrestaten.
111	Invaliden, Soldatenwittwen ꝛc.
	III. Abschnitt.
	Garnisonirung.
112—114	Garnisonsplätze, Polizei der Militärgebäude.
115	Einquartierung inländischer Truppen, Tarif.
116—132	Anweisung, Vertheilung und Vergütung der Einquartierung.
133	Fuhren und Vorspann.
	IV. Abschnitt.
	Bürgerliches Militär.
134	Bürgerwehr.
	V. Abschnitt.
	Ausländische Militärangelegenheiten.
135—137	Durchmärsche und Einquartierung, Etappenconventionen.
138	Ausländische Deserteure und Refractäre.

§§	Gegenstand.
	VI. Abschnitt.
	Kriegsangelegenheiten.
139, 140	Kriegslasten, Fuhren, Lieferungen und deren Ausgleichung.
	IX. Abtheilung.
	Finanzangelegenheiten.
	I. Abschnitt.
	Domänen und Regalien.
141, 142	Verwaltung, Mitwirkung der Lokalbehörden.
143, 144	Zahlungsfristen (Credite) auf Domanialschuldigkeiten.
145—163	Beitreibung der Domanialgefälle.
164	Fiscalische Zehnten und Renten.
	II. Abschnitt.
	Directe Steuern.
165—167	Verwaltung und Regulirung. Immobilien-Kataster.
168	Culturveränderungen, Verzeichnisse darüber.
169	Personalsteuer.
170—177	Gewerbsteuer der In- und Ausländer und Handelsreisenden (siehe auch den Nachtrag).
178—186	Beitreibung der Steuern.
	III. Abschnitt.
	Indirecte Steuern und Abgaben.
187—191	Verwaltung im Allgemeinen.
192—196	Zoll.
197	Tranksteuer.
198	Salzregie.
199, 200	Chausseegeld.
201, 202	Hundesteuer und Nachtigallensteuer.
203, 204	Stempelpapier.
205	Einregistrirung.
	X. Abtheilung.
	Justizangelegenheiten.
	I. Abschnitt.
	Gerichtsverfassung.
206—209	Gerichte, öffentliches Ministerium, Staatsprocuratur, Bürgermeister und Ortsgerichte als Hülfsorgane.
210	Vertretung der Partheien, Advociren.
211	Geschworene, Aufstellung der Geschworenen-Liste.

§§	Gegenstand.
	II. Abschnitt. Geschäfte der bürgerlichen Gerichtsbarkeit.
212—215	Insinuationen, Siegelanlegung, Anzeige von Sterbfällen.
	III. Abschnitt. Mitwirkung bei der Strafrechtspflege.
216—221	Verbrechen und Polizeivergehen, Grundsätze.
222—224	Polizeianzeigen, Vorschriften darüber.
225, 226	Straferlaß-, Gnaden- und Fristgesuche.
	XI. Abtheilung. Bevölkerungspolizei.
	I. Abschnitt. Aufnahme als Staats- und Ortsbürger, und Verheirathungen.
227—232	Inländer und Staatsbürgerrecht; Erwerb, Verlust und Beschränkung.
233	Liste über Diejenigen, welche das Letztere verloren haben oder darin beschränkt sind.
234—242	Ortsbürgerrecht und Aufnahme; Erfordernisse; Dispensation deßhalb. Führung der Ortsbürgerliste.
243, 244	Einzugsgeld und Einkaufsgeld.
245	Verheirathungen; Bedingungen, und zwar:
246—251	1) bürgerliche Erfordernisse;
252	2) civil- oder privatrechtliche Erfordernisse und Dispensation;
253, 254	3) Aufgebot und Einsprüche (Opposition);
255—258	4) Trauung (s. auch den Nachtrag). Erörterung auch der Vorschriften in der Prov. Rh.
259—264	Civilstandsregister und Civilstandsbeamten. Geburts-, Trauungs- und Sterbregister.
	II. Abschnitt. Heimathsverhältnisse.
265—268	Allgemeine Bestimmungen über Heimathsverhältnisse der Civil- und Militärpersonen.
269, 270	Gothaer Vertrag über Heimathsverhältnisse und Aufnahme der Ausgewiesenen.
271—273	Heimathsscheine. Deßfallsige Berichte.
	III. Abschnitt. Auswanderungen.
274, 275	Allgemeine gesetzliche Vorschriften.
276—279	Auswanderung Militärdienstpflichtiger und von Soldaten.
280	Erforderniß von Entlassungsurkunden.
281, 282	Verfahren der Bürgermeister.

§§	Gegenstand.
283, 284	Auswanderungsagenten. Verpflichtungen und Beaufsichtigung derselben.
	XII. Abtheilung.
	Angelegenheiten der Juden.
	I. Abschnitt.
	Aufnahme, Verheirathungen.
285, 286	Allgemeine Grundsätze.
287	Israelitische Familiennamen.
288	Civilstandsregister.
	II. Abschnitt.
289	Gewerbe der Juden.
	III. Abschnitt.
	Judenschaftliche Gemeindeangelegenheiten und Anstalten.
290—292	Vermögensverwaltung, Religionscultus, Jugendunterricht.
293, 294	Begräbnißplätze, Frauenbäder u. a. Anstalten. Beschneidung.
	XIII. Abtheilung.
	Kirchenangelegenheiten.
	I. Abschnitt.
	Religionscultus.
295—299	Grundsatz freier Uebung unter Staatsschutz und Aufsicht.
300	Kosten des Religionscultus.
301	Religiöse Erziehung.
302 303	Verordnung über die Feier der Sonn- und Festtage.
	II. Abschnitt.
	Kirchspielsachen.
304	Kirchspiele. Kostenausschläge.
	III. Abschnitt.
	Geistliche und kirchliche Diener.
305	Kirchenbehörden (s. auch Nachtrag).
306—315	Geistliche. Besoldungsverhältnisse (s. auch Nachtrag).
316—328	Kirchenvorstände (s. auch Nachtrag).
	IV. Abschnitt.
	Kirchenvermögen.
329—331	Verwaltung.
332—337	Voranschläge und Decreturen.

§§	Gegenstand.
338	Controle.
339—342	Verträge, Veräußerungen, Verpachtungen etc.
343—348	Ausleihung und Abtragung von Kapitalien und Verwahrung der Schuldverschreibungen.
349, 350	Mobiliar- und Immobiliar-Vermögen, Inventarien darüber, und Wahrung des Besitzstandes.
351	Beitreibung, Prozesse und Vergleiche.
352—356	Kirchenrechner und Kirchenrechnungen.
	V. Abschnitt.
	Geistliches Bauwesen.
357—361	Bau- und Unterhaltungspflicht.
362—367	Verfahren dabei.
	XIV. Abtheilung.
	Schulangelegenheiten.
	I. Abschnitt.
	Unterrichtsanstalten.
368—373	Die Volksschule, Gemeinde- u. Confessionsschule, Schulpflichtigkeit.
374—382	Schulbehörden, Schulvorstand (s. auch Nachtrag).
383	Instruction für den Schulvorstand — insbesondere Aufsicht auf Schule und Lehrer, Ferien, Lectionsplan, Schulversäumnisse, ökonomische Verhältnisse der Schulen etc.
	II. Abschnitt.
	Lehrer und Lehrerinnen.
384—397	Dienst- und Gehaltsverhältnisse (s. auch Nachtrag).
	III. Abschnitt.
	Schulvermögen.
398—402	Verwaltungsvorschriften.
	IV. Abschnitt.
	Schulgebäude.
403—408	Stellung und Unterhaltung derselben, wie auch der Schulgeräthschaften.
	XV. Abtheilung.
	Gemeindeangelegenheiten.
	I. Abschnitt.
	Gemeindeverfassung.
409—418	Gemeindeordnung im Allgemeinen, Gemarkungsverhältnisse und besonderes Gemarkungsrecht.

§§	Gegenstand.
419, 420	Bürgermeistereien und Ortsvorstand, Bildung und allgemeine Bestimmungen.
	II. Abschnitt.
	Ortsvorstandspersonen.
421—427	Der Bürgermeister: Befugnisse, Obliegenheiten, Dienstverhältniß und Dienstehre.
428	Beigeordnete.
429—445	Gemeinderath, seine Amtsverhältnisse, Wahl und Verpflichtung.
446—448	Disciplin, Entlassung und Auflösung.
449—451	Büreau-, Kanzlei- und Repräsentations-Kosten des Bürgermeisters.
452, 453	Diäten der Ortsvorstandspersonen.
454	Gebühren.
455—464	Geschäftsbetrieb und Formen, Protokolle, Berichte, Schreiben, Atteste, Geschäftsformularien, Dienstsiegel.
465—467	Registratur-Ordnung.
	III. Abschnitt.
	Gemeindediener.
468—471	Anstellung, Einkommen, Disciplin und Entlassung.
	IV. Abschnitt.
	Budgetwirthschaft.
472	Klasseneintheilung der Einnahmen und Ausgaben.
473—509	Gemeindevoranschläge, Vorschriften darüber und für deren Aufstellung.
510—517	Gemeindeumlagen, Grundsätze.
518—525	Erhebung und Reclamationen.
526—528	Anweisungen auf die Gemeindekasse (Decreturen), Anweisungsregister.
529—534	Decreturbefugniß bezüglich der durchlaufenden Posten, des Reservefonds und der Ueberschüsse, Crediterweiterungen und Vorlagen.
	V. Abschnitt.
	Gemeindevermögen.
535—544	A. Erwerbung, Verwaltungsgrundsätze, Nutzbarmachung, Verpachtung, Veräußerung, Theilung.
545—551	Gemeindegebäude, Erwerb, Reparatur und Neubauten.
552—553	B. Gemeindenutzungen (Allmenden).
554	Erbliche Theilung der Allmenden.
555—565	C. Nutzbare Rechte: Schäfereien, Hut- und Weiderechte, Jagd, Fischerei, Weg-, Pflaster- und Brücken-Geld, Octroi, Strafen 2c.
566	D. Darlehen.
567	E. Inventarium.

§§	Gegenstand.
	VI. Abschnitt.
	Gemeinheitliche Anstalten.
568—573	Im Allgemeinen und insbesondere: Wagen, Backöfen, Brunnen, Thierschwemmen, Straßenbeleuchtung ꝛc.
	VII. Abschnitt.
	Gemeindewaldungen.
574—576	Allgemeine Grundsätze der Bewirthschaftung und Nutzung.
577	Instruction über Behandlung der Einnahmen und Ausgaben von Gemeindewaldungen, insbesondere:
578—582	Wirthschaftspläne, Tarifpreis, Holzsaamenkauf, Holzmacherlohn und Waldculturaccorde.
583—585	Nummeriren und Abzählen des Holzes.
586—588	Holzabgaben und Holzversteigerungen.
589—592	Nebennutzungen, Waldstreu, Leseholz ꝛc.
593, 594	Ueberweisung der Einnahmen an den Gemeinde-Einnehmer. Verborgung, Bürgscheine.
595—597	Verabfolgung des Holzes, Loosholzes ꝛc.
598—604	Verrechnung entkommenen und falsch gefallenen Holzes ꝛc. und Kosten der Formularien.
605	Märkerschaftswaldungen.
606	Holzmagazine.
607	Berechtigungen, Ablösung und Waldtheilungen.
608, 609	Execution durch Holzfällungen und Verkauf des Loosholzes.
610	Forstwarte.
	VIII. Abschnitt.
	Gemeindeschulden.
611—616	Kapitalaufnahmen und Abtragung, Schuldentilgung ꝛc.
	IX. Abschnitt.
	Einbringung und Beitreibung der Gemeinde-Einkünfte.
617, 618	Allgemeine Normen.
619—626	Instruction, insbesondere: I. Erhebung; Zahlungsfristen.
627—633	II. Beitreibung; Mahnung.
634—650	" Pfändung.
651—659	" Versteigerung ꝛc.
660, 661	" gegen Bürgen und Gemeinden.
662—670	" durch Eingriff in Immobilien, bz. Beschlagnehmungen.
671, 672	" Widerspruch der Schuldner ꝛc.
673—678	III. Einbringung; Uneinbringlichkeit; Zahlungsunfähigkeitsprotokolle.
679—681	IV. Beitreibungspersonal; Pflichten und Beaufsichtigung der Kreisboten.
682—684	Officialthätigkeit der Bürgermeister; Kosten der Formularien; Nachlässe.

§§	Gegenstand.
	X. Abschnitt.
	Gemeinderechnungswesen.
685—690	Gemeinde-Einnehmer, Dienstverhältnisse und Beaufsichtigung.
691	Controlebuch.
692—705	Instruction für die Gemeinde-Einnehmer, Buchführung, Kassenverwaltung, Liquidation.
706—716	Gemeinderechnung, Stellung, Revision und Recurse.
	XI. Abschnitt.
	Gemeindeprozesse und Vergleiche.
717	Ermächtigung und Verfahren.
718, 719	Decretur der Kosten und Vergleiche.
	XII. Abschnitt.
720	Gemeindedienste und Frohnden.
	XVI. Abtheilung.
	Armen- und Wohlthätigkeits-Polizei.
	I. Abschnitt.
	Anordnungen im Allgemeinen.
721—724	Grundsätze und Verfahren.
725, 726	Verfahren gegen Bettler.
727, 728	Bettel-, Armen- und Kranken-Fuhren.
	II. Abschnitt.
	Armen- und Wohlthätigkeits-Anstalten.
729—731	Weltliche Stiftungen, Verwaltung derselben.
732—736	Hospitäler; Armencommissionen 2c.
737—740	Collecten, Armuthszeugnisse, Sammelpatente, Bittschriften um Stipendien 2c.
741	Armenrecht.
	III. Abschnitt.
	Vorsorge für arme Kinder.
742, 743	Waisenanstalt. Instruction über Aufnahme, Verpflegung 2c.
744, 745	Waisen-Büchsengelder und Collecten.
746—749	Findlinge, Taubstumme, Blinde.
	IV. Abschnitt.
	Unterstützungen.
750, 751	Gesuche darum aus Staatshülfsfonds, der Großherzoglichen Kabinetskasse 2c.
752—765	Armen-Krankenpflege und ärztliche Hülfe. Deßfallsige Kosten und Arzneikosten.

§§	Gegenstand.
	XVII. Abtheilung.
	Medizinalwesen und Sanitätspolizei.
	I. Abschnitt.
	Allgemeine Bestimmungen.
766	Organische Einrichtung.
	II. Abschnitt.
	Heilkundiges Personal.
767—771	Kreisärzte, Kreiswundärzte, Kreisveterinärärzte, praktische Aerzte.
772—778	Hebammen, Wahl, Unterricht und Anstellung.
779	Heildiener und Krankenwärter.
780	Thierärzte.
781	Pfuscher und Quacksalber.
	III. Abschnitt.
	Apotheken.
782—785	Errichtung, Vorschriften, Taxen, Verbot gegen Arzneihändler.
	IV. Abschnitt.
	Gesundheitsschädliche Einflüsse.
786, 787	Stein-, Lehm- und Sandgruben, Sümpfe.
788—790	Schädliche Nahrungsmittel, Wasser, Brunnen, Gifte.
791—794	Gefährliche Thiere, Hunde-Halten und -Fahren.
795	Anger, Abledern und Verscharren der Thierleichen.
	V. Abschnitt.
	Ansteckende Krankheiten.
796—804	Bei Menschen: Blattern; Impfung.
805, 806	Viehseuchen und Viehgesundheitsscheine.
	VI. Abschnitt.
	Tragische Fälle (Unfälle).
807—810	Verhalten dabei, Kosten, Rettungsanstalten.
	VII. Abschnitt.
	Vorsorge für Geisteskranke, Blinde und Gebrechliche.
811—814	Hospital Hofheim. Vorschriften u. Instr. wegen Aufnahme darin ꝛc.
	VIII. Abschnitt.
	Beerdigungen.
815—817	Begräbnißplätze, Friedhöfe: Anlage u. Benutzung; Leichenhäuser.
818—823	Beerdigungen: Vorschriften, Kosten.
824	Leichenablieferung an die Anatomie.
825	Leichentransport auswärts.

*

§§	Gegenstand.
	XVIII. Abtheilung.
	Sicherheitspolizei.
	I. Abschnitt.
	Allgemeine Anordnungen.
826	Fürsorge der administrativen Polizei für Ruhe, Ordnung und Sicherheit im Allgemeinen.
827, 828	Verhalten bei Aufläufen und Zusammenrottungen.
	II. Abschnitt.
	Maßregeln für öffentliche Sicherheit.
829	Vorkehrungen bei Verbrechen.
830, 831	Verfolgung und Verhaftung der Verbrecher.
832—834	Haussuchungen.
835, 836	Anzeige der Verbrechen. Inhalt des Anzeigeaktes.
837	Fälle, in welchen das Verfahren von Amtswegen ausgeschlossen ist und erst auf Klage des Verletzten eintritt.
838—841	Verfahren gegen Landstreicher, gegen verdächtige Leute und Orte, unter polizeiliche Aufsicht Gestellte, entlassene Sträflinge rc.
842	Politische Vereine.
843	Volksversammlungen.
844—846	Aufrührerische Reden, Lieder und Abzeichen.
847	Verbotene Waffen.
848—854	Schubwesen, Schubfuhren und Verzeichniß über die Schubfuhrkosten.
	III. Abschnitt.
	Fremden- und Paßwesen.
855—857	Aufenthaltsgestattung und Beherbergung.
858—860	Aufsicht auf Handwerksgesellen.
861—863	Reisepässe und Wanderbücher; deßfallsige Berichterstattung. Paßkarten (s. auch im Nachtrag).
864	Visirung. Verhalten dabei.
865	Gesindeordnung.
	IV. Abschnitt.
	Sicherheitsdienst.
866—871	Gensdarmen, Dienst- und Verhältniß zu den Civilbehörden.
872—874	Sicherheitswache.
875—879	Polizeidiener und niedere Polizeiofficianten.
880	Nachtwachen.
	V. Abschnitt.
	Sicherheitsanstalten.
881—885	Gefängnisse und deren Beaufsichtigung. Gefangenwärter.
886—889	Verpflegung und sonstige Bedürfnisse.
890	Aufstellung u. Einsendung ¼jähriger Kostenverzeichnisse darüber.

§§	Gegenstand.
	XIX. Abtheilung.
	Sittenpolizei.
	I. Abschnitt.
	Vorkehrungen gegen Sittenverderbniß.
891—896	Im Allgemeinen, sodann gegen unzüchtige Handlungen, liederliche Häuser und Dirnen, wilde Ehen.
897—900	Nächtliches Lärmen und Schwärmen, Feierabendstunde, Spinnstuben.
901, 902	Fliegenwedelhändler, ausländische Hausirer und Musikanten.
903—907	Lotterieen, Promessen, Hazardspiele, Teller- und Würfelspiele; Verbote deßhalb.
908, 909	Aufwandsgesetze.
910	Mißhandlung der Thiere, Hetzen des Viehes.
	II. Abschnitt.
	Volksbelustigungen.
911, 912	Theater u. a. öffentliche Darstellungen, insbesondere Marionettenspiel, Kunstreiten und Seiltanzen.
913	Orgelspieler und Straßenmusikanten.
914—921	Tanzmusik und Kirchweihen.
922	Schützengesellschaften.
	XX. Abtheilung.
	Aufsicht über Presse und Buchhandel.
923—929	Verordnungen gegen Mißbrauch der Presse.
930, 931	Verbotenes Hausiren und Verbreiten von Schriften und Lithographieen.
932, 933	Buchhandel, Antiquare.
934	Leih- und Lese-Bibliotheken.
935, 936	Buchdruckereien und Lithographieen, Nachdruck ꝛc.
	XXI. Abtheilung.
	Landwirthschaftspolizei.
	I. Abschnitt.
	Sorge für Verbesserung der Landwirthschaft.
937, 938	Allgemeines, landwirthschaftliche Vereine.
	II. Abschnitt.
	Landbau.
939—942	Ackerbau, Wiesenbau, Wiesen-Polizeiordnungen und Vorstände.
943	Torfgraben.
944—947	Obstbaumzucht, Baumschulen, Pflanzung, Behandlung, boshafte Beschädigung.

§§	Gegenstand.
948, 949	Wein=, Hanf=, Flachs= und Tabaks=Bau.
950—952	Vertilgung schädlicher Pflanzen und Thiere: Mäuse, Maikäfer, Sperlinge, Raben, Dohlen ꝛc., und Schonung der Insecten vertilgenden Vögel.
953	Taubeneinhalten zur Saatzeit.
954	Wildschaden.
955	Wetterschaden, Hagelschlag u. a. Unglücksfälle. Versicherungs=Gesellschaften.
956—958	Zusammenlegung und Theilung von Grundstücken, und Grundbeschwerden.
959—963	Zehnten und Grundlasten, Verwandlung und Ablösung.
964—968	Weideberechtigungen und deren Ablösung.
	III. Abschnitt.
	Viehzucht.
969, 970	Zuchtstiere (Bullen), Fasselvieh.
971, 972	Landgestüt und Privatbeschäler.
973	Hufbeschlag.
974	Viehweiden, Fohlenweiden.
975, 976	Viehseuchen und Viehgesundheitsscheine.
977	Viehassecuranzen.
978	Viehsalzbezug.
979	Viehstandstabellen.
	IV. Abschnitt.
	Feld= und Garten=Polizei.
980—987	Feldfrevel, Verfahren und Anzeigen ꝛc.
988	Verbüßung uneinbringlicher Feldstrafen.
989	Kosten des Formularpapiers.
990, 991	Flur=, Gewann= und Parcellen=Gränzen.
992	Parcellenvermessung.
993—1001	Flur= und Grund=Bücher, Errichtung und Fortführung der Letzteren.
1002	Grundbuchsauszüge.
1003	Güterschätzer.
1004	Feldgeschworene.
1005	Feldschützen.
	XXII. Abtheilung.
	Forst=, Jagd= und Fischerei=Polizei.
	I. Abschnitt.
	Abgabe von Holz ꝛc. aus herrschaftlichen Waldungen.
1006—1011	Holzabgaben, Loosholz, Armenholz, Schulholz ꝛc.
1012—1014	Waldstreuabgabe, Leseholz, Beeren, Kräuter u. dgl. m.

§§	Gegenstand.
	II. Abschnitt.
	Forstfrevel.
1015	Allgemeine Vorschriften.
1016	Hülfsthätigkeit der Lokalbehörden.
1017—1023	Forststrafgerichtsbarkeit. Ladung der Frevler, Strafverbüßung.
	III. Abschnitt.
	Forstpersonal.
1024—1030	Organisation. Diener-Anstellung und Entlassung, insbesondere der Forstwarte. Besoldungsrepartition.
	IV. Abschnitt.
	Jagdpolizei.
1031	Jagdberechtigungen, deren Aufhebung. Vorschriften über Ausübung der Jagd und deren Erträgniß.
1032—1037	Jagdstrafordnungen und Jagdpolizei.
1038—1043	Jagdwaffenpässe.
	V. Abschnitt.
	Fischereien.
1044—1047	Fischereiberechtigungen und Frevel.
	XXIII. Abtheilung.
	Handels- und Gewerbs-Polizei.
	I. Abschnitt.
	Handelsverkehr.
1048, 1049	Handelsfreiheit und Privilegien.
1050—1057	Märkte: Frucht-, Vieh- und Wochen-Märkte. Polizeiliche Vorschriften.
1058—1061	Hausirhandel, Beschränkungen desselben.
1062—1078	Maaß und Gewicht. Wagen, Flüssigkeitsmaaße, Glasgefäße, Gebrauchs- und Aufsichts-Vorschriften.
1079	Münzen und Papiergeld.
1080—1082	Schifffahrt (s. auch Nachtrag).
	II. Abschnitt.
	Aufsicht auf Lebensmittel.
1083—1088	Sorge gegen Mangel und für unschädliche. Verbot unredlicher Steigerung der Fruchtpreise und des Verkaufs der Früchte auf dem Halme; Fruchtmäkler und Fruchtmitterer.
1089—1092	Polizeitaxen, Bäcker- und Metzger-Gewerbe, Fleischbeschau.
1093	Wirthschaftsbetrieb, Erlaubniß dazu.

§§	Gegenstand.
	III. Abschnitt.
	Gewerbspolizei.
1094—1098	Befugniß und Beschränkungen, insbes. erforderliche Concessionen.
1099—1101	Gewerbsbetrieb der Inländer und Ausländer.
1102—1104	Gewerbspatente und besondere Erlaubnißscheine.
1105—1108	Beaufsichtigung und Strafen bei Uebertretungen.
1109—1129	Zünfte und Zunftwesen: Meisterrecht, Lehrlinge, Gesellen, Wandern, Mißbräuche, Zuwiderhandlungen.
1130—1132	Fabriken und Mühlen, Mühlenbann.
1133	Gewerbeverein.
	XXIV. Abtheilung.
	Post- und Boten-Polizei.
	I. Abschnitt.
	Postwesen.
1134, 1135	Postbehörden und Mitwirkung der Bürgermeister.
1136—1140	Verordnungen in Ansehung der Briefpost und Fahrpost.
1141—1148	Portopflichtigkeit und Freithümer.
1149	Behandlung der Retourbriefe.
	II. Abschnitt.
	Botenwesen.
1150—1153	Bezirksboten, Einrichtung und Gebühren.
1154	Verbotener Gebührenbezug der Bürgermeister.
	XXV. Abtheilung.
	Baupolizei.
	I. Abschnitt.
	Civilbau.
1155—1157	Baupläne und Bauordnungen und Abtretung von Bauplätzen.
1158, 1159	Privatgebäude, Erlaubniß zur Errichtung.
1160—1162	Unterhaltung, Abbruch und Theilung von Gebäuden.
	II. Abschnitt.
	Straßenbau.
1163—1166	Staatsstraßen, Leistungen der Gemeinden dazu, und Chausseepolizei.
1167—1169	Vicinalwege, Vorschriften über Erbauung und Unterhaltung derselben.
1170—1173	Baumpflanzungen, Wegweiser, Wegwärter und polizeiliche Bestimmungen.
1174, 1175	Ortsstraßen und deren Reinigung, und Feldwege.
1176—1182	Allgemeine Polizeivorschriften für alle Straßen und Wege, auch zur Verhütung von Unglücksfällen.

§§	Gegenstand.
	III. Abschnitt.
	Wasserbau.
1183, 1184	Schiffbare Flüsse, Regulirung, Dämme 2c.
1185—1193	Nichtschiffbare und Bäche, Regulirung, Aufräumung und Unterhaltung.
1194	Polizeiliche Bestimmungen.
1195—1201	Wassertriebwerke, Errichtung und Beaufsichtigung, Eichpfähle, Wehre 2c.
1202	Polizeiliche Strafbestimmungen.
1203, 1204	Dammpolizei, Dammwachen und Strafbestimmungen.
	XXVI. Abtheilung.
	Feuerpolizei.
	I. Abschnitt.
	Aufsicht zur Verhütung von Brandschäden.
1205—1211	Regulative: I. über Anlegung der Feuerungen; II. Anlage der Schornsteine, und III. Reinigung derselben.
1212	" IV. Ueber feuergefährliche Dachbedeckungen.
1213	" V. Untersuchung der Feuerungsanstalten.
1214	" VI. Jährliche Feuervisitationen.
1215—1228	Vorschriften bezüglich gewerblicher Anlagen und feuergefährlicher Handlungen.
	II. Abschnitt.
	Feuerlöschanstalten.
1229—1233	Löschordnung und Löschmannschaft.
1234	Löschgeräthschaften.
	III. Abschnitt.
	Brandversicherungsanstalten.
1235—1241	Gebäudeversicherung.
1242—1246	Mobilienversicherung, allgemeine Normen.
1247	" in ausländischen Anstalten.
1848, 1249	" in inländischen Anstalten.
	IV. Abschnitt.
	Brandschäden.
1250—1256	Vergütung der Brandschäden und Verfahren dabei.
1257—1259	Verwendung der Brandentschädigung.
1260	Brandcollecten, Verbot.

Nachtrag

zu den §§ 42, 170, 258, 305, 310, 325, 374, 861 und 1080.

Beilagen.

I. und II. Bevölkerungslisten.
III. Protokoll über Depotansprüche.
IV. Ortsverzeichniß über die zu Geschworenen Fähigen.
V. Protokoll über den Kassesturz bei den Rechnern.
VI. Verzeichnisse über die wöchentlichen oder monatlichen Armen-Unterstützungen.
VII. Geschäftskalender für die Bürgermeister.

I. Abtheilung.

Staatsverfassung.

I. Abschnitt.

Staatsoberhaupt.

Großherzog.

§ 1. Der Großherzog ist das Oberhaupt des Staates, vereinigt in sich alle Rechte der Staatsgewalt und übt sie unter den von Ihm gegebenen, in der Verfassungsurkunde festgesetzten Bestimmungen aus.

Seine Person ist heilig und unverletzlich. V.U. Art. 4. und Str.G.B. Art. 129—135, 147—151.

Es geziemt den Lokalbehörden, diese Grundsätze in ihren Gemeinden immer mehr zur Erkenntniß und Geltung zu bringen.

§ 2. Jeder Hesse hat bei seiner Ansäßigmachung den Huldigungs- und Verfassungseid:

„Ich schwöre Treue dem Großherzoge, Gehorsam
„dem Gesetze und Beobachtung der Staatsverfas-
„sung"

abzuleisten. V.U. Art. 108.

Zur Vollziehung dieser verfassungsmäßigen Vorschrift soll der Bürgermeister, unaufgefordert, jeden neuaufgenommenen Bürger, — ausgenommen die Standesherren und adeligen Gerichtsherren (siehe Abth. VI, Absch. I) —, auf den nächsten der von der Regierungsbehörde vorausbestimmten Schwörungstermin vorladen und Ladungsbescheinigung darüber an die Letztere einsenden. Kr.-Instr. § 38.

§ 3. Derjenige Bürger, welcher, obgleich ihm auf diese Weise Gelegenheit dazu geboten war, den Eid schuldvoll nicht abgeleistet hat, ist so lange, bis er dies nachgeholt, von der Ausübung des Staatsbürgerrechts ausgeschlossen, und darf demzufolge weder zu einem öffentlichen Amte, noch zu einem öffentlichen Wahlakte zugelassen werden. E. d. M. d. J. an d. R.C. zu Gßn. vom 15. Mai 1850.

§ 4. Audienzen. Allgemeine Audienztage pflegen der Großherzog nicht zu bestimmen. E. d. M. d. J. v. 20. Februar 1851.

Wünschen Bürgermeister oder andere Lokalbehörden eine Audienz verstattet zu erhalten, so haben sie ihr desfallsiges Gesuch bei dem Vorstande des Ministeriums des Innern schriftlich einzureichen. E. d. M. d. J. v. 10. Okt. 1851.

Die Beförderung von Audienzgesuchen Dritter gehört nicht zum Geschäftskreis der Bürgermeister. Es ist denselben indessen anempfohlen, ihre Gemeindeangehörigen in allen Fällen davon abzumahnen, in welchen persönliche Gesuche nach der Natur der Sache keinen Erfolg versprechen.

Dahin sind u. a. alle Fälle zu rechnen, in welchen die zuständigen niederen und höheren Behörden übergangen worden sind, gleichwie alle Justizangelegenheiten, einerlei, ob sie streitige Rechtssachen, oder Untersuchungen, oder Straferlaßgesuche betreffen. B. v. 7. Sept. 1848 u. E. d. M. d. J. v. 14. Nov. 1848.

Wegen der Beförderung schriftlicher Unterstützungsgesuche an den Großherzog s. Abth. XVI, Abschn. IV.

§ 5. Wenn der Großherzog bei Reisen in einem Orte ankommen, so hat, außer den ersten Staatsbeamten im Dienstzweige eines jeden Ministeriums, auch der Bürgermeister denselben an dem Orte des Aussteigens zu empfangen.

Eben so soll der Bürgermeister, wenn der Großherzog auch nur durch einen Ort fahren, an dem Hause, bz. bei Eisenbahnfahrten, auf dem Perron, wo angehalten wird, sich einfinden. A. d. M. d. J. v. 13. Aug. 1852 u. 15. Sept. 1853.

§ 6. Sollten Prinzen oder Prinzessinnen des Großherzoglichen Hauses an einen Ort kommen und sich daselbst aufhalten, so erscheint es gleichfalls als eine Forderung des Anstandes und der schuldigen Ehrerbietung, daß der Bürgermeister seine Aufwartung macht, und anfragt, ob und in wie fern er sich etwa den fürstlichen Personen nützlich erweisen könne. E. d. M. d. J. an d. R. zu Gsn. v. 11. Okt. 1827.

§ 7. Ereignisse in der Regentenfamilie. Dem öffentlichen Ausdruck der Theilnahme, welchen alle das Großherzogliche Haus betreffenden Ereignisse bei den Unterthanen hervorzurufen pflegen, hat der Bürgermeister die entsprechende Leitung zu geben.

Hierher gehören u. a. die Feier der Geburts- und Namenstage der Regentenfamilie, die Fälle der Landestrauer und des Trauergeläutes bei dem Eintritt eines Sterbefalles in derselben u. dgl. m.

II. Abschnitt.
Landständische Angelegenheiten.

§ 8. Die Verfassungsurkunde v. 17. Decbr. 1820 dient vorzugsweise den politischen Rechtsverhältnissen im Großherzogthum zur Grundlage und Richtschnur.

Dieses Staatsgrundgesetz enthält die Verbriefung, sowohl der hervorragenden Rechte des Staatsoberhaupts, als der Staatsangehörigen und der Landstände.

§ 9. Die Landstände können verfassungsmäßig mit keiner anderen Staatsbehörde, als den Ministerien und den Landtagscommissären in Benehmen treten. V.U. Art. 96. Die Lokalbehörden dürfen deshalb auch weder Acten und Actenstücke, noch sonstige Notizen und Nachweisungen, die ihre Dienstgeschäfte betreffen, an ein Mitglied der Ständeversammlung abgeben, oder gelangen lassen. V. v. 7. Decbr. 1829.

§ 10. Landtagswahlen. Das ständische Wahlgesetz vom 22. März 1820, so wie die Bestimmungen der Verfassungsurkunde bezüglich der Wahlen, sind in Folge der politischen Stürme von 1848 gefallen. Das an seine Stelle getretene, auf ganz demokratischer Grundlage ruhende, neue Wahlgesetz vom 3. Sept. 1849, wurde inmittelst aus schlagenden Gründen des Staatsnothrechts durch die landesherrliche Verkündigung vom 29. Sept. 1850 und d. V. v. 7. Okt. 1850 wieder beseitigt.

Der Versuch, ein neues entsprechendes Wahlgesetz zu vereinbaren, wollte aber bis jetzt nicht gelingen.

II. Abtheilung.
Statistik (Staatenkunde) und Topographie (Ortsbeschreibung).

I. Abschnitt.
Ortsbeschreibung.

§ 11. Die Wissenschaft der Staatenkunde wird durch die nähere Kenntniß der besonderen Oertlichkeiten bedingt und vermittelt. Ohne eine specielle Auffassung der zeitigen physischen und geographischen Beschaffenheit der einzelnen Ortsgemarkungen, und ohne eine genauere Erforschung des jeweiligen Culturzustandes der Gemeinden in Gewerben, Künsten und Wissenschaften ꝛc. bleibt das politische Leben, so der Gemeinden wie der Völker, in Dunkel gehüllt und ermangelt der Grundlage für einen gedeihlichen Fortschritt.

Einsichtige Ortsvorstände sollten deshalb die Zustände der Gegenwart ihrer Gemeinden, in allen diesen Beziehungen, in eigene Ortsbeschreibungen niederzulegen bestrebt sein. Auch verdient die sorgsame Aufbewahrung älterer Nachrichten darüber, so wie über die Geschichte und den Ursprung der Gemeinden, s. g. Weisthümer oder Saalbücher, besondere Beachtung.

II. Abschnitt.
Auszeichnung für Verdienste.

§ 12. Ordensinsignien, mögen sie von dem Großherzoge oder von auswärtigen Souverainen verliehen worden sein, müssen nach dem Tode des Inhabers an die betr. Staatsbehörden zurückgestellt werden. Sollten die Erben von Civil- und vormaligen Militärpersonen in der Erfüllung dieser Verpflichtung säumig sein, so hat der Bürgermeister die betr. Orden zu erheben und an die Regierungsbehörde zur Weiterbeförderung einzusenden. V. 5. Aug. 1826 u. 19. Decbr. 1831.

Letzteres gilt auch bezüglich der Militärdienstzeichen, V. v. 2. Juli 1838, gleich wie der Militär-Dienstalterszeichen vormaliger Unteroffiziere und Soldaten. E. d. K. M. v. 4. Okt. 1849. Die Orden und Ehrenzeichen verstorbener beurlaubter

Soldaten schickt dagegen der Bürgermeister direct an die Compagnie oder Schwadron ein. V. v. 30. Mai 1838, § 28.

§ 13. Denjenigen, welche mit Gefahr des eigenen Lebens die Rettung von Menschenleben bewirkten, soll eine Anerkennung durch Bewilligung einer Prämie oder einer anderen Ehrenauszeichnung zu Theil werden. Der Bürgermeister soll zu dem Ende in dergleichen Fällen unverweilt eine genaue Ermittelung des Hergangs in zuverlässiger Weise anstellen und sofort über deren Ergebniß, unter gleichzeitiger Erwähnung der persönlichen, Familien- und Vermögens-Verhältnisse, so wie des seitherigen Betragens des Lebensretters, ausführliche und bestimmte berichtliche Vorlage machen.

E. d. M. d. J. v. 3. Febr. u. 29. Nov. 1852.

III. Abschnitt.

Bevölkerungstabellen.

§ 14. Aufstellung derselben. Die zeitweise Volkszählung findet zufolge der von dem Ministerium des Innern ertheilten Vorschriften:

A. d. M. d. J. v. 4. April 1833, 31. Juli 1837 u. 7. September 1846

in folgender Weise statt:

1) Die Bevölkerungslisten sollen von 3 zu 3 Jahren (das nächstemal im J. 1855), von jeder einzelnen Civilgemeinde besonders, in 2 verschiedenen Tabellen nach den Formularien I u. II aufgestellt werden. Beil. I u. II.

2) In der Prov. Rh. liegt diese Aufstellung den Bürgermeistern ob, dagegen in den Prov. St. und O. diejenige nach dem Formular Nr. I allein den Bürgermeistern, oder in denjenigen Orten, für welche zur Verwaltung der Lokalpolizei besondere Beamten oder Behörden bestellt sind, diesen Beamten oder Behörden, diejenige nach dem Formular Nr. II aber den Pfarrern.

3) Im Erledigungsfalle einer Bürgermeisterei oder einer Pfarrei, oder wenn der Bürgermeister oder Pfarrer durch Krankheit gehindert ist, geschieht die Aufstellung durch den Beigeordneten oder durch den Pfarrvicär, oder, nach der von dem einschlagenden Decan zu treffenden Fürsorge, durch einen benachbarten Geistlichen. Dieselbe geschieht auch in den Orten, welche keine für sich bestehende

Bürgermeistereien bilden und worin sich nicht der Sitz des Bürgermeisters befindet, durch die Beigeordneten.

4) Die Aufnahme der Bevölkerung (Volkszählung) muß nach der zwischen sämmtlichen Zollvereins-Staaten getroffenen Vereinbarung mit dem 3. December, als Normaltag, begonnen und die eigentliche Zählung, d. h. die erste Ermittelung der vorhandenen Personenzahl von Haus zu Haus ununterbrochen fortgesetzt und möglichst am nämlichen, in volkreicheren Orten spätestens am dritten Tage vollendet werden, und es darf diese Regel nur für die größeren Städte, auch hier jedoch nicht mehr als unerläßlich nothwendig, überschritten werden, wobei übrigens genau darauf zu sehen und zu halten ist, daß, wenn auch die Zählung an einem oder dem anderen Orte hiernach mehrere Tage dauern sollte, doch die Bevölkerung immer nur nach dem Stande aufzunehmen ist, wie sie am 3. December, als Normaltag, war.

5) Jede Person ist da aufzuzählen, wo sie sich zur Zeit der Zählung aufhält. Es werden sonach am Orte ihres Aufenthalts gezählt: alle dort in Lohn und Brod stehenden Dienstboten; alle dort in Arbeit stehende oder Arbeit suchende Gesellen und Gewerbsgehülfen, einschließlich derjenigen, welche in Handwerker-Herbergen eingekehrt sind; alle Lehrlinge, Fabrikarbeiter und Taglöhner; alle Personen, welche sich am Orte der Zählung auf einer Unterrichts-, Lehr-, Bildungs-, Erziehungs-, Pensions-Anstalt befinden oder dort sonst des Unterrichts oder der Bildung wegen verweilen, so wie die in dortigen Kranken-, Entbindungs-, Arbeits-Häusern, Gefängnissen, Besserungs-Anstalten 2c. befindlichen Personen.

6) Ebenso werden diejenigen Inländer, welche zur Zeit der Zählung im In- oder Auslande abwesend sind, als Einwohner ihres gesetzlichen Wohn- oder Angehörigkeits-Ortes, an ihrem Wohnorte bezüglich bei ihren Angehörigen mit in Ansatz gebracht; und es gehören hiernach zu den ihrem Wohnort mitzuzählenden Personen auch diejenigen, welche Behufs des Betriebes eines Gewerbes im Umherziehen zur Zeit der Zählung von Hause abwesend sind, dagegen nicht die auf Wanderung abwesenden Gesellen und Gehülfen.

7) Personen, welche mehr als einen Wohnsitz im Großherzogthum oder überhaupt in den Zollvereins-Staaten haben, z. B. im Sommer auf einem Landgute, im Winter in einer eigenen Wohnung in einer Stadt sich aufhalten, sind nur am letzteren Orte mitzuzählen,

dagegen an dem Wohnorte, von welchem sie zur Zeit der Zählung abwesend sind, von dieser auszuschließen.

8) Dagegen werden solche Personen, welche in Gasthäusern (mit Ausschluß der Handwerker-Herbergen) eingekehrt sind, oder als Gäste in Familien sich aufhalten (also mit Ausschluß der in gemietheten Privat-Quartieren wohnenden Fremden) nicht als Einwohner desjenigen Ortes, in welchem sie sich zur Zeit der Zählung aufhalten, betrachtet und daselbst nicht gezählt.

9) Eine Ausnahme von der Regel unter 5) findet in Ansehung der, länger als 6 Jahre der gesetzlichen Dienstzeit im Dienst stehenden, activen Militärpersonen, sowohl Inländer als Ausländer, statt, indem dieselben mit ihren Familien bei den betreffenden Garnisonsorten und unter der übrigen Bevölkerung derselben aufzunehmen sind. Es wird den betreffenden Bürgermeistern die von den Militärbehörden aufzunehmende Seelenzahl solcher Militärpersonen für jeden einzelnen Garnisonsort von den Militärbehörden Behufs der Aufnahme dieser Seelenzahl in die Bevölkerungslisten Nr. I von jedem dieser Garnisonsorte mitgetheilt.

Die nicht über die gesetzliche Dienstzeit von 6 Jahren im Militär stehenden Militärpersonen, — insofern sie keine Ausländer sind, welche immer an den Garnisonsorten von den Militärbehörden aufzunehmen sind, — so wie die Militärpensionäre und ihre Familien, sind dagegen von den Civilbehörden, und zwar die ersteren an ihren Geburtsorten, und die letzteren an ihren Aufenthaltsorten, in die Bevölkerungslisten aufzunehmen.

Die dem Civilstande angehörigen Dienstboten der Militärs, wenn sie bei der dem Militärstande angehörigen Dienstherrschaft wohnen (nicht blos etwa während des Tags sich bei derselben aufhalten), sind durch die Militärbehörde, wenn sie aber eine besondere Wohnung haben (wie z. B. verheirathete Kutscher, Diener, Köche rc.), durch die Civilbehörde zu zählen.

Die Gensdarmen mit ihren Familien sind ebenfalls von den Civilbehörden, und zwar in die Bevölkerungslisten derjenigen Orte, an welchen sie gerade stationirt sind, aufzunehmen.

10) Die Bewohner von Höfen, Mühlen, Hammer- und Hütten-Werken u. s. w. sind der Bevölkerung desjenigen Orts, zu dessen Gemarkung sie gehören, zuzuzählen, und es sind sowohl in dem Formular I als in II in der zweiten Columne nicht allein die Namen

der Gemeinde oder Gemarkung, sondern auch die Namen der dazu gehörigen Höfe, Mühlen, Hammer- und Hütten-Werke u. s. w. speciell aufzuführen.

Gehören dergleichen Höfe, Mühlen, Hammer- und Hütten-Werke u. s. w. aber zu keiner Ortsgemarkung, und haben dieselben auch keine besonderen Polizeibeamten, so sind sie demjenigen Orte oder derjenigen Gemeinde, zu dessen oder deren Bürgermeisterei sie in administrativer und polizeilicher Hinsicht beigeschlagen, so wie demjenigen Orte, dem sie eingepfarrt sind, jedoch jedesmal unter specieller Aufführung, sowohl in dem Formular I als II, und unter Bemerkung des besonderen Verhältnisses auf der Rückseite dieser Formulare, beizuzählen.

Unter den hiernach besonders aufzuführenden Höfen, Mühlen, Hammer- und Hütten-Werken ꝛc. sind nur solche verstanden, welche ganz isolirt von derjenigen Gemeinde liegen, zu welcher sie gehören, und welche einen besonderen Namen führen, keineswegs aber solche in einer Gemeinde befindlichen Höfe, Mühlen ꝛc., welche mit dem betreffenden Orte in unmittelbarer Berührung stehen oder sich in dem Orte selbst befinden, indem die Seelenzahl der letzteren unter der Seelenzahl des betreffenden Ortes, zu welchem sie gehören, mit zu begreifen ist.

11) Unter der Rubrik „Oeffentliche Gebäude“ in dem Formular Nr. I sind auch diejenigen Häuser anzugeben, welche, bei ihrer Bestimmung zu einer öffentlichen Anstalt, zugleich auch bewohnt werden, z. B. die Schulhäuser, worin die Schullehrer wohnen.

12) Unter der Rubrik „Zahl der Familien“ in demselben Formular, ist die Zahl der Familien in der Gemeinde, ohne Rücksicht auf Religions- und andere Verhältnisse, aufzunehmen.

13) In der Columne des Formulars Nr. I „Kinder unter 14 Jahren“ werden alle zur Zeit der Abzählung vorhandenen und also auch die neu geborenen Kinder, ohne Unterschied, ob sie Kinder von Christen oder Juden sind, mit Beobachtung der Unterabtheilung in Knaben und Mädchen, ihrer Zahl nach aufgeführt.

14) In der Columne des Formulars Nr. I „Personen über 14 Jahre“ werden ohne Unterschied, jedoch mit Beobachtung der Unterabtheilung in männliche und weibliche, alle Personen des Ortes, welche das 14. Jahr zurückgelegt haben, also ohne Unterschied des Standes und Gewerbes, ohne Unterschied, ob sie Söhne oder Töchter,

Väter oder Mütter, verheirathet oder ledig, Christen oder Juden sind, dergestalt der Zahl nach angegeben, daß die Gesammtsumme der Kinder unter 14 Jahren und der Personen über 14 Jahren die Summe aller Seelen eines jeden Ortes bildet und mit derselben die Gesammtsumme der verschiedenen Religionsgenossen übereinstimmen muß.

15) In der Columne des Formulars Nr. I „Sonstige christliche Confessionen" werden die Mennoniten, Separatisten, Inspirirte, so wie alle Diejenigen aufgezählt, welche sich nicht zur protestantischen, katholischen oder mosaischen Religion bekennen.

16) In den Rubriken 16 bis 31 des Formulars Nr. I ist nur die Zahl der Familienhäupter oder der selbstständigen Personen aufzuführen.

Bei den Aufnahmen in die Rubriken 17, 18 für Ackerleute, Gewerbsleute, entscheidet die Hauptbeschäftigung der betreffenden Einwohner, und es hat, wenn weder Ackerbau noch Gewerbe als Hauptbeschäftigung angesehen werden kann, und beide zusammen betrieben werden, die Aufnahme in der Rubrik 19 Ackerleute und Gewerbsleute zugleich, Statt zu finden.

Unter Taglöhner in den Rubriken 20 und 21 werden nur diejenigen im Inland angesessenen Personen verstanden, welche Familie haben und sich durch Taglohn ernähren. Es handelt sich daher hier nur von sich bürgerlich niedergelassenen Personen, und es können demnach unter diesen beiden Rubriken keine Ausländer vorkommen.

In die Rubriken 22—27 Dienstboten, Arbeiter in Fabriken, Handwerksgesellen und Handwerkslehrjungen, sind alle Personen, welche sich auf diese Weise ihren Unterhalt erwerben, und daher auch die in diesen Eigenschaften im Großherzogthum sich aufhaltenden Ausländer aufzunehmen.

Unter Dienstboten insbesondere werden alle Diejenigen verstanden, welche für die Besorgung des Ackerbaues, des Viehstandes, der Haushaltung oder für die persönliche Bedienung eines Anderen Kost oder Lohn empfangen.

17) Diejenigen Ortsangehörigen, welche sich außerhalb des Ortes und dessen Gemarkung aufhalten, werden nicht in die Seelenzahl desselben, sondern unter der Rubrik in dem Formular Nr. I „Wie viel Ortsangehörige sich außerhalb des Ortes aufhalten" auf-

gezählt. Die Aufzählung Derer findet aber nicht Statt, welche im In- oder Auslande einen festen Wohnsitz genommen, oder ihren Willen, nicht mehr zurückzukehren, erklärt oder zu erkennen gegeben haben. Tritt dieser Fall nicht ein, so können sie nur dann aus der Aufzählung weggelassen werden, wenn sie nach den bestehenden Gesetzen als verschollen anzusehen sind.

18) Ueber diejenigen Pfarrorte und Filiale, wo Einwohner verschiedener Confessionen vorhanden sind, ist von den Pfarrern der verschiedenen Confessionen die Aufstellung nach dem Formular Nr. II gemeinschaftlich vorzunehmen und nur eine auf die sämmtlichen Einwohner der verschiedenen Confessionen sich erstreckende Liste in doppelter Ausfertigung aufzustellen und von allen Geistlichen, welche dabei mitgewirkt haben, zu unterschreiben, von demjenigen Geistlichen aber vornehmlich zu besorgen und einzuschicken, welcher in solchen Orten die meisten Pfarrgenossen zählt.

19) Sämmtliche Rubriken in dem Formular Nr. II erstrecken sich auf alle Angehörigen eines Ortes, ohne Unterschied, von welcher Religion sie sein mögen. Es haben daher zu deren Ausfüllung in den Prov. St. und O. die Pfarrer die nöthigen, aber in ihrer Stellung ihnen abgehenden Nachrichten von dem Ortspolizeibeamten zeitig einzuziehen. Solche haben dem Verlangen hierauf alsbald und gehörig zu entsprechen, wie denn auch die Pfarrer die zur Aufstellung der Listen nach Formular Nr. I von ihnen erforderliche und verlangte Beihülfe mit aller Bereitwilligkeit und ohne Verzug zu leisten schuldig sind.

20) In dem Formular Nr. II, und zwar in den Columnen 3 bis 21, sind die Lebendiggeborenen, Todtgeborenen, Verstorbenen u. s. w. in den drei letztverflossenen Jahren eines jeden Ortes, Hofes u. s. w. zusammen einzutragen und die hieraus sich ergebenden Durchschnittszahlen für ein Jahr darunter zu setzen, nachdem zuvor, wenn mehrere zu einer Gemeinde gehörigen Orte, Höfe, Mühlen u. s. w. vorkommen sollten, die Summen für die einzelnen Columnen zusammen addirt worden sind.

21) Was zur Erklärung auffallender Ergebnisse dienen, oder Stoff zu nöthig erscheinenden Regierungsmaßregeln und Anordnungen geben kann, ist unter der Rubrik „Besondere Bemerkungen", welche Rubrik sich auf der Rückseite eines jeden der beiden Formulare befindet, anzuführen, und zwar:

a) In dem Formular Nr. I:

1) Bezeichnung oder Benennung der öffentlichen Gebäude, als Kirchen, Bethäuser, Synagogen, Rath- oder Gemeinde-Häuser, Schulhäuser u. s. w., mit der Angabe, ob solche Gebäude zugleich zur Wohnung dienen.

2) Ob und welche Personen sich durch ein besonders hohes Alter von 90 Jahren und darüber auszeichnen und worin deren Nachkommenschaft an Kindern, Enkeln u. s. w. besteht.

3) Welche Unglückliche, als Waisen, Blinde, Blödsinnige, Wahnsinnige, durch Verkrüppelung oder Krankheit Abscheu erregende Personen sich in dem Orte und der Gemeinde befinden und wie alt dieselben sind.

b) In dem Formular Nr. II:

1) Nähere Angabe der besonderen Geburten und Todesfälle und der Personen, welche sie betreffen.

2) Bezeichnung der vorhandenen besonderen Religionssecten.

Sollte der Gegenstand für die eine oder die andere dieser Bemerkungen nicht vorhanden sein, so ist dieses jedesmal ausdrücklich zu bemerken.

22) Bei der Aufstellung der Bevölkerungslisten ist mit der größtmöglichen Pünktlichkeit zu verfahren. Dieselben müssen sodann von den Aufstellern unterschrieben, in doppelter gleichlautender Ausfertigung an die Regierungsbehörde dergestalt eingesendet werden, daß sie daselbst spätestens am 16. December ganz vollständig eintreffen.

Nichtbeobachtung der vorstehenden Vorschriften, und jede Versäumniß, sollen mit 5 Thaler Strafe geahndet werden. Außerdem soll auf Kosten des Säumigen eigens ein Bote abgeschickt werden, um die Liste abzuholen, oder die fehler- oder mangelhafte zur gleichbaldigen Berichtigung oder Ergänzung zurückzubringen.

§ 15. Notizen über die Bevölkerung, den Viehstand u. dgl. m. an die Darmstädter Zeitung oder andere Zeitungsblätter zur Veröffentlichung abzugeben, ist untersagt, wenn nicht das Min. d. J. dies im einzelnen Falle besonders gutgeheißen hat. A. d. M. d. J. v. 22. Decbr. 1846.

IV. Abschnitt.

Denkwürdigkeiten.

§ 16. Wohlerhaltene Denkmäler und Denkwürdigkeiten gereichen den Gemeinden zur Zierde und den Zeitgenossen zur Ehre. Zugleich ist es für die späten Nachkommen erfreulich und belehrend, das was sich von Jahr zu Jahr Merkwürdiges in ihrer Heimathgemeinde zugetragen hat, in einer Ortschronik aufgezeichnet zu finden. Beides ist daher der Aufmerksamkeit der Bürgermeister zu empfehlen. — V. v. 22. Jan. 1818.

§ 17. Alterthümer, Urnen, Gefäße, Waffen, Münzen und dgl. m., welche bei öffentlichen oder Privat-Nachgrabungen, oder sonstigen Veranlassungen aufgefunden werden, sind möglichst unbeschädigt zu erhalten, und ist sofort der Regierungsbehörde davon Kenntniß zu geben. Es ist wünschenswerth, daß dabei, wo thunlich, zugleich der Preis angegeben wird, um welchen der Finder den betr. Gegenstand an das Großh. Museum abzutreten geneigt wäre.

V. v. 22. Jan. 1818 u. A. d. M. d. J. v. 7. Juli 1841.

Rücksichtlich der Vorsorge, welche zur Erhaltung von Alterthümern zu treffen ist, die bei öffentlichem Bauwesen aufgefunden werden, wird auf die durch A. d. M. d. J. v. 15. Aug. 1846 desfalls erlassene Instruction verwiesen.

§ 18. Ueber besondere Naturereignisse, so wie überhaupt alle wichtigeren Begebenheiten, hat der Bürgermeister die vorgesetzte Regierungsbehörde unverweilt und ausführlich zu benachrichtigen. — A. d. M. d. J. v. 13. März 1851.

Sollten sich an einem Orte historische oder antiquarische Denkwürdigkeiten vorfinden, welche noch nicht von Schriftstellern aufgezeichnet und beschrieben worden sind, so ist dem Bürgermeister empfohlen, hiervon den Ausschuß des historischen Vereins für das Großherzogthum in Kenntniß zu setzen.

A. d. M. d. J. v. 20. Mai 1844.

V. Abschnitt.

Staatshandbücher (Adreßbücher) und Kalender.

§ 19. Behufs Herausgabe angeordneter Staatshandbücher liegt dem Bürgermeister die Ertheilung jeder erforderten Auskunft ob.

Zu den der Großherzogl. Invalidenanstalt verliehenen Privilegien gehören:

1) Der Verlag und Debit des Landkalenders, dessen mitwirkende Förderung daher auch den Behörden empfohlen ist.

2) Die Erhebung einer Stempelabgabe von allen neben dem Landkalender im Großherzogthume abgesetzt werdenden Kalendern. — Zu dem Ende sollen alle auswärtigen Kalender und mit Kalender versehene Almanache und Taschenbücher, worunter diejenigen Kalender, Almanache und Taschenbücher zu verstehen, welche im Großherzogthume nicht verlegt und gedruckt sind, einem Stempel und einer Abgabe hiervon unterworfen sein.

V. v. 8. Sept. 1809, 3. Oct. u. 16. Decbr. 1816, Art. 14, u. A. d. G. C. zu Mz. Nr. 5.

Die Stempelung erfolgt durch die in den verschiedenen Provinzen jeweilig dazu bezeichneten Beamten. Die Lokalpolizeibehörden haben zu überwachen, daß kein ungestempelter auswärtiger Kalender in Verkehr gesetzt werde, und Zuwiderhandlungen anzuzeigen. — A. d. M. d. J. v. 8. Nov. 1836, 1. April 1841 u. 16. Nov. 1844.

III. Abtheilung.

Staatsverwaltung.

§ 20. Die Staatsverwaltung hat die Aufgabe, den Willen der Staatsgewalt zur Verwirklichung des Staatszweckes, in den einzelnen Theilen und Verhältnissen des inneren Staatslebens, zur Vollziehung zu bringen.

§ 21. An der Spitze der Staatsverwaltung in dem Großherzogthum stehen die verschiedenen Ministerien, nämlich: das Ministerium des Innern für die gesammte eigentliche Regierungsverwaltung und Polizei; ferner dasjenige des Aeußern und des Großh. Hauses, das der Justiz [1]), der Finanzen und das Kriegsministerium. V. v. 28. Mai 1821 u. 14. März 1848, 4. Juli 1821 u. 19. April 1826, u. V. v. 5. Juli 1841.

1) Dieses war bis zum Jahr 1848 mit dem Min. d. Innern vereinigt.

§ 22. Neben dem Ministerium besteht der Staatsrath, theils als berathende Behörde in besonders wichtigen Staatsangelegenheiten, theils als entscheidende oberste Behörde, u. a. u. hauptsächlich in Competenzstreitigkeiten zwischen Justiz- und Verwaltungsbehörden, und in Administrativ-Justizsachen. V. v. 28. Mai 1821, IX u. X.

§ 23. Die organische Gliederung und Zuständigkeit der Staatsbehörden, welche unter der obersten Leitung der Ministerien bei der Central-, Provinzial- oder Bezirks-Verwaltung der einzelnen Geschäftszweige mitzuwirken haben, wird die Behandlung der einzelnen Materien anzudeuten Gelegenheit bieten.

§ 24. Eine besondere Erwähnung muß hier der Administrativ-Justizhof finden, indem dieser, als Centralstelle unter dem Ministerium des Innern, für die Leitung und Entscheidung einer Reihe der wichtigsten Angelegenheiten eingesetzt ist, welche unsere Gesetzgebung wegen des vorwiegenden Staatsinteresses an ihrer Erledigung, für Administrativ-Justizsachen erklärt und den gewöhnlichen Gerichten entzogen hat.

Das Nähere über den Wirkungskreis und die Recurse von den Entscheidungen des Administrativ-Justizhofes enthält die V. v. 27. April 1853.

§ 25. Die Lokal-Staatsverwaltung ist dem Bürgermeister [2]) als örtlicher Staatsbehörde anvertraut. Bildet dieselbe gleich in der Kette des Verwaltungsorganismus nur das untere Glied, so ist sie doch von vorwiegender Bedeutung und Wichtigkeit, weil die lokale Entwickelung fast aller Staatsverwaltungsgeschäfte unter ihrer Leitung steht, und weil sie zugleich den oberen Staatsbehörden zum örtlichen Vollzugsorgan dient.

§ 26. Der Bürgermeister, als Lokal-Staatsbeamter, hat den Beruf, die Staatszwecke und Staatsgesetze in dem örtlichen Bereiche der Gemeinde zur Vollziehung zu bringen. Er ist nach den Worten der Gemeindeordnung der erste Ortsvorgesetzte. G.O. Art. 12.

Es ist seine Pflicht, mit unverbrüchlicher Treue, unermüdlichem Diensteifer und strenger Gewissenhaftigkeit Alles, was zum Besten

---

2) Der Beigeordnete ist gesetzlicher Stellvertreter des Bürgermeisters. Alles was von dem Bürgermeister gesagt ist, gilt daher auch von ihm, wenn er als dessen Vertreter zu handeln berufen ist.

des Landesfürsten und des Staates gereicht, so viel in seinen Kräften steht, zu wahren und zu fördern. Instr. für d. Schultheißen in der Prov. O. v. 1. Juni 1816, § 1 [3]).

§ 27. So lange die Staatsregierung für die Verwaltung der Polizei in den einzelnen Orten keine besondere Bestimmung trifft, übt der Bürgermeister zugleich als landesherrlicher Diener die vollziehende Gewalt in polizeilicher Hinsicht [4]) nach den Gesetzen und der ihm ertheilten Dienstinstruction, und nach den Befehlen der vorgesetzten Regierungsbehörden, sorgt für Aufrechterhaltung der öffentlichen Ordnung und hat das Recht, in Fällen, die eine schleunige Vorkehrung erfordern, Anordnungen zu treffen, welche Jeder vor der Hand zu befolgen schuldig ist, die aber sogleich, in so fern sie in den bestehenden Gesetzen nicht vorgesehen waren, der vorgesetzten Behörde anzuzeigen sind. G.O. Art. 12.

§ 28. Der Wirkungskreis des Bürgermeisters als Lokalpolizeibeamter umfaßt im Allgemeinen:

1) die Sorge und Wachsamkeit, daß die öffentliche Ordnung und Sittlichkeit und der gesetzliche Zustand innerhalb der Gemeinde aufrecht erhalten, und das Leben und die Sicherheit der Personen und des Eigenthums, so vor den Ereignissen der Natur, als dem widerrechtlichen Handeln der Menschen, möglichst geschützt werde. Ferner:

2) die Aufgabe, wenn Verbrechen oder Vergehen nicht verhindert werden konnten, einestheils die dadurch hervorgerufenen Gefahren zu beseitigen, und anderentheils, die Einschreitung der zuständigen Gerichte zu veranlassen, bz. deren Thätigkeit pflichtmäßig zu unterstützen [5]). Kr.Instr. v. 20. Sept. 1832 u. 27. März 1835, § 11 u. 12. a. Instr. für die Sch. d. Prov. O. v. 1. Juni 1816.

---

3) Der Wirkungskreis und die Berufspflichten des Bürgermeisters als erstem Gemeindebeamten sind in Abth. XV, Abschn. II, erörtert.

4) In den Fällen, in welchen der Bürgermeister als Lokalpolizeibehörde thätig zu sein hat, wird in der folgenden Darstellung stets die letztere Benennung gewählt werden. — Bei Vorschriften, welche für die Bürgermeister und Lokalpolizeibeamten gemeinsam sind, wird die Benennung „Lokalbehörden" Anwendung finden.

5) Diese Mitwirkung liegt den Bürgermeistern in der Prov. Rheinhessen zugleich vermöge ihrer Eigenschaft als Hülfsbeamte der gerichtlichen Polizei ob (s. Abth. X).

Derselbe wird dabei stets mit Besonnenheit und Mäßigung, aber auch mit unbeugsamer Festigkeit und muthvoller Thatkraft handeln, wenn es die Herrschaft des bedrohten Gesetzes aufrecht zu erhalten gilt.

§ 29. Wo von Seiten der Regierung die Anstellung eines besonderen Lokalpolizeibeamten oder Lokalpolizeicommissärs stattgefunden hat, gehen die in den Dienstkreis der Polizeibehörde verwiesenen Verrichtungen auf diesen über. In den Prov. St. u. O. erscheinen dieselben in dieser Beziehung als selbstständige Lokalstaatsbehörden in polizeilicher Hinsicht. In der Prov. Rh. ist dagegen, wenigstens im Principe, ihre Unterordnung unter den Bürgermeister festgehalten. E. d. Polizeiministers an die Präfecte vom 7. Ventose 9. J.

§ 30. Dienstverhältniß. Im Dienstverhältnisse sind die Lokalstaatsbehörden im Allg. und zunächst den Reg.-Behörden untergeordnet, und haben den Vorschriften und Anweisungen derselben unweigerlich und gewissenhaft Folge zu leisten. Für Handlungen, welche sie in Gemäßheit der Befehle ihrer Vorgesetzten vollziehen, sind sie nicht verantwortlich. V.U. Art. 109. — Zu den Justizbehörden stehen dieselben nur in Ansehung ihrer Hülfsthätigkeit in der gerichtlichen Polizei in untergeordneter Stellung. Allen übrigen Bezirks- und Mittel-Staatsbehörden sind sie coordinirt. — Es ist indessen ihre Pflicht, denselben mit Achtung entgegenzukommen und ihren amtlichen Aufforderungen jederzeit bereitwilligst und pünktlich zu entsprechen, auch dieselben überhaupt, so weit es ihnen zukommt, in dem dienstlichen Wirken kräftig zu unterstützen.

§ 31. Im Interesse der Staatsverwaltung sind die Bürgermeister verpflichtet, die Anzeige von Sterbefällen activer Staatsdiener unverweilt bei den vorgesetzten Behörden derselben, diejenige von Pensionären aber stets bei der Regierungsbehörde zu erstatten. A. d. M. d. J. v. 9. Okt. 1839.

§ 32. Gesetzes-Sammlung. Dem Bürgermeister ist der Besitz der Gesetze und Verordnungen, welche zur Richtschnur seines Verfahrens dienen sollen, unentbehrlich.

Die Sammlung derselben muß daher stets in der Bürgermeisterei-Registratur vollständig vorhanden sein.

Wo sich Mängel derselben vorfinden, ist auf deren alsbaldige Ergänzung Bedacht zu nehmen.

§ 33. Regierungsblatt. Das Regierungsblatt ist zur Veröffentlichung der Gesetze, Verordnungen und allgemeinen höheren Vorschriften bestimmt. Die Einrückung in dasselbe soll als gesetzliche Verkündigung gelten. V. vom 14. Juni 1819.

Der Bürgermeister ist gleichwohl verpflichtet, den Inhalt der Regierungsblätter alsbald nach ihrem Eintreffen bei versammelter Gemeinde noch besonders bekannt zu machen, auch deren Durchlesung den Einzelnen zu verstatten. A. V. u. V. v. 20. Juni 1808.

Die Bescheinigung der Verkündigungen soll in ein nach vorgeschriebener Form zu führendes gebundenes Publikationsbuch eingetragen und mit der eigenhändigen Namensunterschrift des Bürgermeisters begleitet werden.

A. d. R. zu D. v. 28. März 1820, zu Gsn. v. 1. Aug. 1820 u. zu Mz. v. 31. März 1829.

Ausnahmsweise kann eine besondere Verkündigung ganz oder theilweis unterbleiben, wenn die Regierungsbehörde dies so angeordnet hat. Kr.-Instr. § 5.

Findet der Bürgermeister bei dem Empfange eines Regierungsblattes, daß die demselben vorhergehende Nummer nicht eingetroffen ist, so muß deren Nachsendung ungehend erbeten werden, indem sonst der Anspruch auf unentgeltlichen Ersatz der fehlenden Nummer wegfällt.

Nach dem Schlusse des Kalender-Jahres ist das Regierungsblatt, sobald das dazu gehörige Register eintrifft, einbinden zu lassen.

Die Vorschriften der beiden letzten Absätze gelten auch für die übrigen Lokalbehörden, welche das Regierungsblatt dienstlich zu halten haben.

Vorstehende Bestimmungen finden bz. auch auf die den Lokalbehörden zukommenden Amtsblätter ihrer vorgesetzten Behörden Anwendung. Doch ist deren Bekanntmachung auf die Fälle zu beschränken, in welchen und in so weit sie besonders verfügt worden sein wird. Kr.-Instr. a. a. O.

§ 34. Darmstädter Zeitung. Die Großherz. Hessische, nun Darmstädter Zeitung diente früher auch zur Veröffentlichung der Gesetze. Gegenwärtig beschränkt sich indessen ihr officiöser Wirkungskreis auf das Bereich eines allgemeinen Intelligenzblattes des Landes. Sie soll das Organ sein, welches alle wichtigeren Nachrichten und alle öffentlichen Ankündigungen im Lande verbreitet, die Andeutung aller erschienenen Gesetze und Verordnungen gibt, und alle interessanten Begebenheiten und Zustände des Inlandes zur öffentlichen Kunde bringt. Sämmtliche Gemeinden des Großherzogthums, gleichwie die vermögenderen Kirchenfonds, sind deshalb die Darmstädter Zeitung zu halten verbunden

(V. v. 20. Juni 1808, u. wegen d. Prov. Rh. E. d. M. d. J. an d. O.-Cons. v. 7. Mai 1840)

und alle Landesbehörden angewiesen, nicht nur ihre amtlichen, mit Hülfe der Presse zu veröffentlichenden Bekanntmachungen von nicht ausschließlich lokalem Interesse in dieselbe einrücken zu lassen, sondern auch die Zwecke derselben überhaupt, insbesondere auch durch Vermittelung interessanter Correspondenzen, zu fördern. — A. d. M. d. J. v. 2. Decbr. 1840.

§ 35. Verhältniß der Unterthanen zur Staatsverwaltung. — Jedermann ist verstattet, seine Angelegenheiten bei den Staatsverwaltungsbehörden selbst zu betreiben. Es kann dies bei den Bezirksbehörden nicht nur schriftlich, sondern in der Regel auch persönlich und mündlich, bei den Centralverwaltungsstellen aber in der Regel nur vermittelst schriftlicher Eingaben und Vorstellungen geschehen.

Die Verfertigung solcher Vorstellungen für Andere ist in den Prov. St. u. O. nur den Advokaten und denjenigen Personen, welche von der Regierung besonders hierzu ermächtigt worden sind, erlaubt. Wer daselbst unbefugt die Verfertigung von dergleichen Vorstellungen, Gesuchen oder Bittschriften unternimmt, verfällt in eine Strafe von 5 fl. und im Wiederholungsfalle von 10 fl. V. v. 23. Okt. 1811, 9. März 1812, 10. Febr. 1813 u. 24. Decbr. 1821.

In einer und derselben Vorstellung dürfen nicht verschiedenartige Gegenstände vorgebracht werden. V. v. 14. Mai 1819.

Die Vorschriften über das Advociren und Procuriren bei den Gerichten finden sich in der Abth. X verhandelt.

IV. Abtheilung.
Bezirksverwaltung.

§ 36. Bezirksbeamte. Zum Zwecke einer wirksamen Handhabung der vollziehenden Staatsgewalt und der Staatsaufsicht, ist das Staatsgebiet in Regierungsbezirke, Kreise genannt, eingetheilt.

Jedem Regierungsbezirke steht ein Kreisrath vor, dessen Dienststelle die Benennung „Kreisamt" führt.

Es ist dieser Regierungsbehörde [6]) die ganze Verwaltung und Polizei, der Regel nach unter der unmittelbaren Leitung des Ministeriums des Innern, übertragen. Ed. v. 6. Juni 1832, Kr.-Instr. v. 1832 u. 1835 u. B. v. 18. Nov. 1852.

§ 37. Der Regierungsbehörde sind sämmtliche Lokalbehörden und öffentlichen Diener ihres Dienstzweiges zunächst untergeordnet. Sie haben sich hinsichtlich ihres Geschäftsbetriebes nach den Vorschriften derselben zu bemessen, und ihre Untergebenen danach zu belehren. Kr.-Instr. § 19.

§ 38. Bezirksrath. Wie jeder politische Verband innerhalb des Staates, so haben auch die Regierungsbezirke gemeinsame Interessen, welche dem Staatsganzen gegenüber als besondere erscheinen.

Das Gesetz hat zur Mitwirkung bei Vertretung dieser Interessen, neben den Bezirksbeamten, eine eigene, aus der Mitte des Bezirks selbst hervorgehende Anstalt „den Bezirksrath" eingesetzt. G. v. 10. Febr. 1853.

§ 39. Das erwähnte Gesetz verordnet:

Art. 1. Für jeden Verwaltungsbezirk soll ein Bezirksrath bestehen. Der Bezirk Wimpfen wird in Beziehung auf den Bezirksrath mit einem benachbarten Verwaltungsbezirke vereinigt.

Art. 2. Der Bezirksrath soll aus fünfzehn Mitgliedern bestehen.

---

6) Es ist zur Bezeichnung der oberen Verwaltungsbehörde, die der Bezirksbeamtenstelle, in diesem Werke immer die Benennung „Regierungsbehörde" gewählt, weil viele unserer Gesetze desselben Ausdrucks sich bedient haben, und derselbe, bei dem häufigen Wechsel der Betitelung der Stellen, der Sache nach als das Beharrende zu betrachten ist.

Zwölf derselben werden von Bevollmächtigten der Gemeinde-Vorstände, drei von den vierundzwanzig wegen eigenthümlichen oder nutznießlichen Grundbesitzes im Bezirk Höchstbesteuerten gewählt.

Art. 3. Das Amt eines Mitgliedes des Bezirksrathes ist ein Ehrenamt; es gibt dasselbe keinen Anspruch auf Tagegelder oder Reisevergütung.

Art. 4. Jedesmal mit Ablauf des dritten Kalender-Jahres tritt ein Drittheil der auf neun Jahre gewählten Mitglieder, aus jeder der im Art. 2 bestimmten Abtheilungen, aus und wird durch neue Wahlen nach diesen Abtheilungen ersetzt. Die austretenden Mitglieder können wieder gewählt werden. Die nach Verlauf von drei und sechs Jahren zum Erstenmal austretenden Drittheile werden durch das Loos bestimmt. Ergänzungswahlen vor Ablauf von drei Jahren finden nur statt, wenn der Bezirksrath durch Abgang an Mitgliedern unter die Zahl „zwölf" vermindert wäre.

Diejenigen, welche zum Ersatze von Mitgliedern gewählt werden, deren neunjährige Amtsdauer noch nicht abgelaufen war, treten nur für den Rest derselben ein.

Art. 5. Eine Neuwahl für sämmtliche Mitglieder des Bezirksrathes findet statt, wenn derselbe durch Beschluß des Ministeriums des Innern aufgelöst wird, und zwar binnen drei Monaten nach dem Zeitpunkte, von welchem an der Bezirksrath nach jenem Beschluß seine Wirksamkeit einzustellen haben wird.

Die neunjährige Wahlperiode beginnt im Falle einer solchen Neuwahl mit dem darauf folgenden Kalender-Jahr.

Art. 6. Wählbar zum Mitgliede des Bezirksrathes ist jeder Einwohner des Bezirks, welcher das dreißigste Lebensjahr bei dem nächsten regelmäßigen Zusammentritt des Bezirksrathes zurückgelegt hat, sodann die Bedingungen der Stimmfähigkeit und Wählbarkeit bei den Gemeinderathswahlen nach dem Gesetz vom 8. Januar 1852, betreffend: Bildung des Ortsvorstandes und die Wahl des Gemeinderathes, in sich vereinigt; jedoch ist Besitz des Ortsbürger-Rechtes zur Wählbarkeit nicht erforderlich.

Ausgenommen von der Wählbarkeit sind die bei der Bezirksverwaltung angestellten Regierungsbeamten.

Art. 7. Zum Behuf der Wahl durch Bevollmächtigte der Gemeindevorstände werden die Verwaltungsbezirke in Wahldistricte getheilt. Jeder District hat eine mit seiner Bevölkerung in Verhältniß stehende Zahl von Mitgliedern des Bezirksrathes zu wählen.

Art. 8. Zur Wahl der Mitglieder des Bezirksrathes treten, nachdem acht Tage zuvor die Einladung ergangen ist, die von den Gemeinde-Vorständen — Bürgermeister, Beigeordneten und Gemeinderath — aus ihrer Mitte ernannten Bevollmächtigten zusammen.

Der Gemeinde-Vorstand hat, wenn die Gemeinde nicht mehr als 250 Seelen zählt, nur eines seiner Mitglieder, bei größerer Seelenzahl aber auf je 250 Seelen oder den Ueberschuß von 125 Seelen ein weiteres seiner Mitglieder bis zur Gesammtzahl derselben zur Wahlversammlung zu bevollmächtigen.

Art. 9. Bei der Ermittelung der nach Art. 2 stimmberechtigten Höchstbesteuerten wird nur die nach den Steuerlisten von Grundstücken (Immobilien) innerhalb des Bezirks zu entrichtende Steuer angerechnet.

Steuerzahlungen der Ehefrau werden dem Ehemanne, Steuerzahlungen der minderjährigen, beziehungsweise in väterlicher Gewalt befindlichen Kinder werden dem Vater angerechnet.

Es kommen Steuerzahlungen nur in den Beträgen zur Anrechnung, welche schon im zweiten Jahre vor demjenigen entrichtet worden sind, in welchem die Wahl stattfindet, es sei denn, daß sie auf Objecten haften, welche im Erbgang erworben sind.

Art. 10. Die wegen Grundbesitzes Stimmberechtigten wählen dergestalt, daß in besonderen Abstimmungen:

1) von den vier Höchstbesteuerten unter ihnen,
2) von den acht nach Größe der Steuerzahlung folgenden, und
3) von den übrigen

je ein Mitglied des Bezirksrathes ernannt wird.

Art. 11. Die Stimmberechtigung der wegen Grundbesitzes Höchstbesteuerten wird von der Regierungsbehörde des Bezirks ermittelt; die Stimmberechtigten werden von derselben bekannt gemacht.

Dieselben treten, nachdem acht Tage zuvor die Einladung ergangen ist und nachdem die Bevollmächtigten der Gemeinde-Vorstände die von denselben zu wählenden Mitglieder ernannt haben, zur Wahl zusammen.

Art. 12. Die Wahl wird durch einen Regierungscommissär geleitet.

Art. 13. Die Wähler haben wegen der Theilnahme an der Wahl weder Tagegeld noch Reisevergütung in Anspruch zu nehmen.

Art. 14. Die Abstimmung findet mittelst Stimmzetteln statt, welche in der Versammlung gezogen und geschrieben werden.

Gewählt ist Derjenige, welcher wenigstens eine Stimme mehr erhalten hat, als die Hälfte der Wähler, die abgestimmt haben, beträgt. Ergiebt sich bei der ersten Abstimmung diese absolute Majorität nicht, so ist nach der zweiten Abstimmung Derjenige als gewählt anzusehen, welcher die meisten Stimmen erhalten hat. Bei Stimmengleichheit entscheidet das Loos.

Eine von dem Ministerium des Innern zu ertheilende Anleitung bestimmt das Nähere über das Wahlverfahren [7]).

Art. 15. Das Protokoll über die Wahlhandlung wird an die Regierungsbehörde des Bezirks eingesendet. Diese hat die Gültigkeit der Wahl vorläufig zu prüfen und etwaige Formfehler, wenn es geschehen kann, berichtigen zu lassen. Die Namen der Gewählten sind in den Gemeinden zu verkündigen.

Ueber die Gültigkeit der Wahl entscheidet der Bezirksrath endgültig.

Art. 16. Jeder Gewählte kann die auf ihn gefallene Wahl ablehnen, so wie aus dem Bezirksrath austreten. Der Austretende ist jedoch in dem Falle, daß hierdurch der Bezirksrath unter die Zahl von 12 Mitgliedern vermindert würde, verbunden, das Amt noch so lange fortzuversehen, bis die nothwendige Ergänzungswahl vorgenommen sein wird.

Activ-Staatsdiener bedürfen zum Eintritt in den Bezirksrath der Zustimmung der Staatsregierung.

Art. 17. Wenn ein Mitglied eine der Eigenschaften, welche zur Wählbarkeit erfordert werden, verliert, so hat dies seinen Austritt aus dem Bezirksrath zur Folge. Wird ein Mitglied in Ausübung seines Staatsbürgerrechts gehindert (s. Abth. XI, § 232), so ist es während der Dauer dieses Hindernisses von der Theilnahme an den Verhandlungen des Bezirksrathes ausgeschlossen.

---

7) Die beiden Anleitungen, eine für die Wahl durch die 24 Höchstbesteuerten, und die andere durch die Gemeinderaths-Bevollmächtigten, sind von dem M. d. J. am 4. Okt. 1853 erlassen.

§ 40.

Art. 18. Der Bezirksrath hat zu entscheiden:

1) Im Falle des Widerspruchs des Gemeinde-Vorstandes, wenn einer Gemeinde von der Regierungsbehörde im öffentlichen Interesse eine Ausgabe angesonnen wird, welche:

a) entweder überhaupt (an und für sich),

oder

b) ihrem Betrage nach durch Gesetze oder Verordnungen nicht besonders bestimmt ist, und bezüglich deren auch in Gesetzen oder Verordnungen nicht besonders festgesetzt ist, wie die Regierungsbehörde die Größe der Abgabe zu bestimmen hat.

Im ersten Falle hat der Bezirksrath darüber, ob ein Aufwand und in welcher Größe derselbe stattfinden soll, im letzteren Falle aber nur darüber zu entscheiden, wie viel aufgewendet werden soll.

Wenn jedoch eine Ausgabe von sämmtlichen betheiligten Gemeinden, auf welche wegen Gemeinsamkeit dieselbe zugleich, auf jede zum Theil, fallen muß, abgelehnt wird und diese Gemeinden verschiedenen Verwaltungsbezirken angehören, so ertheilt, bei widerstreitenden Aussprüchen der betreffenden Bezirksräthe, die den betheiligten Gemeinden gemeinsame Staatsbehörde die Entscheidung.

Art. 19.

2) Wenn Gemeinden über die Frage streiten, ob Ausgaben, für welche keine privatrechtlichen Verbindlichkeiten bestehen, im öffentlichen Interesse von der einen oder der anderen Gemeinde, oder von mehreren gemeinschaftlich, und in welchem Verhältnisse zu tragen sind.

Eine solche Angelegenheit kann sowohl von den betheiligten Gemeinden, als von der Regierungsbehörde zur Entscheidung des Bezirksrathes gebracht werden.

Besteht indessen der Streit zwischen Gemeinden verschiedener Bezirke, so entscheidet das Ministerium des Innern, nach Anhörung des Gutachtens der betreffenden Bezirksräthe.

Art. 20. Mit Zustimmung und auf Veranlassung des Bezirksrathes und mit Genehmigung der Staatsregierung können für gemeinnützige Verwendungen und Zwecke, z. B.

für Errichtung von Bezirks-, Frucht- und Holzmagazinen, von gemeinnützigen Bezirksanstalten überhaupt, für Anlage, wie Unterhaltung von Bezirksstraßen, für Anstellung von Bezirkswegwärtern u. s. w., nach Verhältniß der daraus entstehenden Vortheile von allen oder einzelnen Theilen des Bezirks Beiträge erhoben und die Beitragsverhältnisse in den einzelnen Gemarkungen, mit Berücksichtigung des Zweckes, nach den für Gemeindeumlagen geltenden gesetzlichen Vorschriften bestimmt werden.

Ueber die Gründung einer gemeinsamen Anstalt, welche fortgesetzten Aufwand auf unbestimmte Zeit erfordert, müssen die Vorstände der betheiligten Gemeinden jedesmal vernommen werden.

Art. 21. Der Bezirksrath ist ferner berechtigt, Anträge und Gutachten über Gegenstände, welche die Interessen einer oder mehrerer Gemeinden des Bezirks, oder des ganzen Bezirks berühren, an die Regierungsbehörde oder die Ministerien gelangen zu lassen, und hat solche Gutachten auf Veranlassung der Regierungsbehörde zu erstatten.

Art. 22. Was in den vorstehenden Art. 18—21 in Bezug auf Gemeinden gesagt ist, gilt auch für Gemarkungen, in welchen sich keine Gemeinde befindet.

Art. 23. Gegen die Entscheidungen des Bezirksrathes kann sowohl von den Ortsvorständen der betheiligten Gemeinden, als von der Regierungsbehörde der Recurs an den Administrativ-Justizhof und gegen dessen Entscheidungen an den Staatsrath ergriffen werden.

Der Recurs muß jedoch, bei Verlust desselben, binnen einer unerstrecklichen Frist von zehn Tagen, vom Tage der Bekanntmachung, bz. der Mittheilung der Entscheidung, an gerechnet, und zwar gegen Entscheidungen des Administrativ-Justizhofes bei diesem, angezeigt, und binnen weiteren zwanzig Tagen gerechtfertigt werden, worauf die Akten unverzüglich an die höhere Instanzbehörde einzusenden sind.

Art. 24. In dringenden Fällen kann, zur Abwendung von Nachtheil oder Gefahr für das öffentliche Interesse, der Vollzug einer mit Kosten für eine Gemeinde verbundenen Anordnung, unbehindert durch Weigerung des Gemeindevorstandes, von der Regierungsbehörde verfügt werden, ohne vorher die Entscheidung des Bezirksrathes zu veranlassen oder abzuwarten. Es ist aber dann dem Bezirksrath bei seinem nächsten Zusammentritt ausführliche Vorlage darüber zu machen, und in solchem Falle steht es dem Bezirksrathe zu, Bedenken oder Beschwerden in Bezug auf die ergriffene Maaßregel dem Min. d. J. vorzutragen.

Art. 25. Der Bezirksrath soll, auf Einladung der Regierungsbehörde, im Hauptorte des Bezirks oder an dem dafür von dem Ministerium besonders bestimmten Orte, jährlich regelmäßig einmal in der dritten Woche des Monats November für die Dauer von höchstens 8 Tagen zusammentreten.

Außer diesem Zusammentritte kann die Regierungsbehörde auch zu anderer Zeit einen solchen außerordentlicher Weise veranlassen, wenn es zur Erledigung ohne Nachtheil für das öffentliche Interesse oder die Betheiligten nicht aufzuschiebender Geschäfte erforderlich scheint.

Wiederholte außerordentliche Zusammenberufung des Bezirksrathes findet nur mit Genehmigung des Ministeriums des Innern statt.

Die Gemeinde im Orte der Versammlung des Bezirksrathes hat zu deren Gebrauch ein Lokal mit allen Erfordernissen zu stellen.

Art. 26. Für den Geschäftsbetrieb des Bezirksrathes soll von dem Ministerium des Innern nähere Anleitung ertheilt werden.

Art. 27. Die Staatsregierung ernennt aus der Zahl der gewählten Bezirksrathsmitglieder den Vorsitzenden des Bezirksrathes und seinen Stellvertreter. Der Vorsitzende — und in seiner Verhinderung der Stellvertreter — hat die Verhandlungen und Geschäfte zu leiten.

Wenigstens ein Regierungscommissär hat an den Verhandlungen zum Behuf der Vorlagen und erforderlichen Erläuterungen Theil zu nehmen; ein Stimmrecht steht demselben nicht zu.

Zur Gültigkeit einer Berathung oder Beschlußnahme wird die Betheiligung von wenigstens zwei Drittheilen der gewählten stimmfähigen Mitglieder erfordert.

Es entscheidet die Stimmenmehrheit, bei Stimmengleichheit die Stimme des Vorsitzenden.

Art. 28. Mitglieder eines Bezirksrathes, welche als Mitglieder eines Ortsvorstandes bei der Entscheidung einer Angelegenheit mitgewirkt haben, sind von der Abstimmung über dieselbe, an den Bezirksrath gelangte Angelegenheit ausgeschlossen. Auch kann kein Bezirksrathsmitglied in eigener Angelegenheit mitstimmen.

Wenn der Ausschluß eines Bezirksrathsmitgliedes, welcher aus einem der im vorstehenden Absatz angegebenen Gründe nöthig wird, die Folge hat, daß die Zahl der übrigen Mitglieder nicht mehr beschlußfähig ist, so wird an die Stelle des Ausgeschlossenen aus der Gemeinde, welcher er angehört, der Höchstbesteuerte, und ist aus einem der angegebenen Gründe noch ein weiteres oder sind mehrere Mitglieder ausgeschlossen, so werden die Höchstbesteuerten zur Theilnahme an der Berathung und Beschlußnahme über die betreffende Angelegenheit in den Bezirksrath berufen. Die Ersatzmänner müssen alle Eigenschaften der Wählbarkeit in sich vereinigen und dürfen, wenn sie an die Stelle eines aus dem ersten der angegebenen Gründe Ausgeschlossenen berufen werden, keine Ortsvorstandsmitglieder sein.

Art. 29. Die Sitzungen des Bezirksrathes sind öffentlich. Für einzelne Gegenstände kann die Oeffentlichkeit ausgeschlossen werden, wenn in geheimer, vom Vorsitzenden oder auf Antrag von wenigstens drei Mitgliedern zu veranstaltender Sitzung, wenigstens die Hälfte der anwesenden Mitglieder dafür stimmt.

Gleiches Recht, wie dem Vorsitzenden, steht auch dem von der Staatsregierung bestellten Regierungscommissär in Beziehung auf die Beschränkung der Oeffentlichkeit der Sitzungen zu.

Art. 30. Außer dem ständig committirten Regierungscommissär können auf dessen Einladung auch andere Beamte oder Sachverständige an den Versammlungen des Bezirksrathes Behufs nöthiger Aufklärungen Theil nehmen.

Zur Vorbereitung der Beschlüsse kann von dem Vorsitzenden ein Berichterstatter ernannt und es können dazu auch Ausschüsse gewählt werden.

Es steht dem Regierungscommissär zu, ein oder mehrere Mitglieder schon vor dem Zusammentritt des Bezirksrathes zu Lokalbesichtigungen einzuladen.

Es können Lokalbesichtigungen, unter Leitung des Regierungscommissärs, durch zwei Mitglieder des Bezirksrathes, wovon aber das eine stets von dem Regierungscommissär zu bezeichnen ist, auch nach erfolgtem Zusammentritt beschlossen werden.

Art. 31. Der Bezirksrath kann mit anderen Bezirksräthen, mit Privaten und anderen Behörden nicht in Benehmen treten. Die vor ihn gehörenden Geschäfte sind — insoweit das Gesetz nichts anderes darüber bestimmt — bis zu seinem Zusammentritt von der Regierungsbehörde des Bezirks zur Verhandlung und Beschlußnahme, insbesondere durch die geeigneten Vernehmungen der betheiligten Gemeinde-Vorstände und Privaten vorzubereiten. Durch die Regierungsbehörde des Bezirks werden seine Beschlüsse in einer von dem Vorsitzenden und zwei Urkundspersonen unterzeichneten Ausfertigung den betreffenden Behörden und Privaten mitgetheilt, wie auch von derselben für deren Ausführung gesorgt wird, insoweit eine Mitwirkung der Verwaltungsbehörde hierzu erforderlich ist.

Art. 32. In jedem Beschlusse des Bezirksrathes sollen die Entscheidungsgründe ausgedrückt werden.

Art. 33. In dem am Schlusse des Art. 24 vorgesehenen Falle, so wie in allen Fällen, in welchen der Bezirksrath Beschwerde gegen einen Regierungsbeamten erheben zu wollen erklärt, kann nur in geheimer Sitzung verhandelt werden.

Art. 34. Die Schreibgeschäfte des Bezirksrathes werden durch die Angestellten bei der Regierungsbehörde des Bezirks versehen, die Verhandlungen in zweifacher Ausfertigung niedergeschrieben und von dem Vorsitzenden und zwei Urkundspersonen unterzeichnet. Eine Ausfertigung erhält die Regierungsbehörde zum amtlichen Gebrauch, die andere wird zum Protokoll gesammelt und bei der Regierungsbehörde aufbewahrt.

Die Einsicht steht den Mitgliedern des Bezirksrathes und jedem Interessenten, nach Bestimmung der Regierungsbehörde über Zeit und Ort, offen.

Art. 35. Die im Gesetz vom 31. Juli 1848, die Organisation der dem Ministerium des Innern untergeordneten Verwaltungsbehörden betreffend, enthaltenen Bestimmungen über Bildung und Functionen des Bezirksrathes sind aufgehoben.

V. Abtheilung.

Verhältnisse mit auswärtigen Staaten.

§ 41. Der Bürgermeister hat innerhalb seines Wirkungskreises darauf zu achten, daß die Landeshoheits- und Territorialgerechtsame des Landesherrn nirgends verletzt und die Staatsverträge, bz. staatsrechtlichen Verhältnisse mit auswärtigen Staaten, gegenseitig gewahrt werden.

Bezüglich der Grenzen des Staatsgebietes liegt dem Bürgermeister ob, dafür zu sorgen, daß der Besitzstand aufrecht erhalten bleibe. Etwaige Störungen, gleichwie entstehende Grenzmängel, Grenzsteinbeschädigungen oder Entwendungen, hat er unverzüglich zur Kenntniß der vorgesetzten Regierungsbehörde zu bringen.

Die Kosten der Regelung und Unterhaltung der Landesgrenzen, insoweit dieselben zugleich die Gemeinde-Gemarkungsgrenze bilden, fallen zur Hälfte der betr. Gemeinde zur Last. Kr.-Instr. § 33.

§ 42. Gegen auswärtige Behörden hat sich der Bürgermeister eines dienstgefälligen, freundnachbarlichen Benehmens zu befleißigen.

Eine Auslieferung von Personen an auswärtige Behörden ist ihm, ohne vorgängige Zustimmung der zuständigen Großherzoglichen Staatsbehörde, nicht gestattet. V. v. 2. Juni 1820.

VI. Abtheilung.

Verhältnisse mit Standes- und adeligen Gerichtsherrn.

§ 43. Die Rechtsverhältnisse der Standesherrn und der ehemals reichsunmittelbaren Ritterschaft bz. adeligen Gerichtsherrn sind durch die V.U. Art. 37 u. 38, so wie durch besondere landesherrliche Edicte und Gesetze festgestellt. Ed. v. 17. Febr. 1820. Declar. v. 1. Decbr. 1807 u. G. v. 7. Aug. u. 22. Sept. 1848.

§ 44. Dieselben, namentlich die Standesherrn, nehmen, sowohl vermöge persönlicher Berechtigung, als vermöge der Bedeutung und des Einflusses des großen Grundbesitzes, eine hervorragende Stellung in der Staatsgesellschaft ein.

Es geziemt den Lokalbehörden, einerseits dem Standesrechte die gebührende Anerkennung zu gewähren, andererseits aber auch, ihm gegenüber die Wahrung so des Rechts der Krone als der übrigen Staatsangehörigen nicht außer Acht zu lassen.

Die folgenden §§ sind dazu bestimmt, die bezüglichen Rechtsverhältnisse, so weit sie zur Gemeinde in Beziehung stehen, in Kürze zu erörtern.

I. Abschnitt.

Persönliche und Familien-Verhältnisse.

§ 45. Den Standesherrn kommen die Standesrechte des hohen Adels und das Recht der Ebenbürtigkeit zu.

In der Correspondenz mit denselben haben sich die Lokalbehörden der Anrede:

„Durchlauchtig hochgeborner Herr Fürst"

beziehungsweise:

„Erlauchtig hochgeborner Herr Graf"

und im Kontexte der Ausdrücke „Eure Durchlaucht", „Eure Erlaucht" zu bedienen. Den adeligen Gerichtsherrn soll das Prädicat „Herr" beigelegt werden.

Die in dem Besitze einer oder mehrerer Standesherrschaften sich befindenden Häupter der standesherrlichen Familien haben das Staatsbürgerrecht, ungeachtet eines fremden persönlichen Unterthans-Verbandes. V.U. Art. 14.

Den Huldigungseid leisten die Standesherrn und adeligen Gerichtsherrn nach besonderer Formel.

§ 46. Das durch Vertrag oder Testament festgesetzte besondere Familienrecht derselben bleibt aufrechterhalten. Eben so das den Standesherrn durch § 14 des Edicts gewährte Verfügungsrecht über Vormundschaften in ihren Familien.

Die Standes- und adeligen Gerichtsherrn sind von der Sicherheitswache-Dienstpflicht entbunden. G. v. 21. Febr. 1824, § 2.

II. Abschnitt.

Edictmäßige Rechte und Gerechtsame.

§ 47. Die Vorrechte der Standesherrn und adeligen Gerichtsherrn bezüglich der beschränkten Ausübung gewisser Hoheitsrechte, namentlich Gerichtsbarkeit, Polizeiverwaltung, Anstellung und Präsentation von Beamten, einschließlich der Gemeindebeamten, desgleichen ihr Antheil an der Kirchengewalt sind erloschen. Dagegen sind sie auch von allen darauf ruhenden Lasten befreit worden. Die einzelnen Standesherrn eingeräumte niedere Polizeiverwaltung innerhalb ihres Schloßgebiets und dessen Zugehör beruht auf besonderer Verwilligung der Staatsregierung. — Von ihrem Rechte auf Strafenbezug bleibt nur der Bezug der Forst-Strafen, welche für Frevel in eigenthümlichen Waldungen in Ansatz kommen, bestehen. Der Bezug der Forst-Strafen für Frevel in den Gemeindewaldungen der standesherrlichen Bezirke ist auf die betreffenden Gemeinden übergegangen. G. v. 7. Aug. 1848, Art. 3 u. 4.

§ 48. Es finden hinsichtlich der Entrichtung von directen und indirecten Abgaben, so wie der Communalsteuern die allgemeinen Steuergesetze auf die Standes- und adeligen Gerichtsherrn Anwendung.

§ 49. Die den Standesherrn und Patrimonialgerichtsherrn seither zugestandenen stiftungsmäßigen Dispositionsbefugnisse über die Einkünfte milder Anstalten, so wie ihre Präsentationsrechte bei Besetzung von Pfarr- und Schulstellen und der Stellen von Verwaltern von Kirchenkasten, Schulfonds und milden Stiftungen bleiben bestehen, insoweit dieselben nachweislich von ihnen oder ihren Vorfahren aus ihrem Privatvermögen errichtet bz. fundirt worden sind. Art. 6 u. B. v. 29. Sept. 1848.

Wo sie Präsentationsrechte verlieren, sind sie dagegen auch von allen Leistungen zu Gunsten von Kirchen und Schulen, welche erweislich durch die Uebung des Präsentationsrechts bedingt erscheinen, entbunden.

III. Abschnitt.

Eigenthum und Einkünfte.

§ 50. Den Standesherrn und adeligen Gerichtsherrn ist der ungeschmälerte und ungestörte Besitz und Genuß ihres Privateigenthums und ihrer Privatgerechtsame gewährleistet, doch sind sie allen Gesetzen unterworfen, welche in Bezug auf Verwandlung, Ablösung und Aufhebung solcher Gerechtsame im verfassungsmäßigen Wege erlassen werden sollten. G. v. 7. Aug. 1848, Art. 10. Auch sind die beiden Gesetze vom 27. Juni 1836 in Betreff der Ablösung der Grundrenten, unter Beifügung besonderer Bestimmungen, auf die Standesherrn für anwendbar erklärt. Art. 11 u. 12.

VII. Abtheilung.

Lehenangelegenheiten.

§ 51. In der Provinz Rheinhessen besteht kein Lehnsverband, und bezüglich der beiden anderen Provinzen hat nunmehr das Gesetz vom 2. Mai 1849 verordnet, daß derselbe auch hier aufzuheben, und kein neues Lehen wieder zu errichten sei.

Ein anderes Gesetz vom 6. Aug. 1848 verstattet zugleich die Allodification der Erblehen und Landsiedelgüter.

Die desfallsigen Verhandlungen sind bei der Regierungsbehörde einzuleiten.

VIII. Abtheilung.

Militär- und Kriegsangelegenheiten.

I. Abschnitt.

Militärpflichtigkeit.

§ 52. Pflichtigkeit im Allgemeinen. Jeder Hesse, für welchen keine verfassungsmäßige Ausnahme bestehet, ist verpflichtet, an der ordentlichen Kriegs-Dienstpflicht Antheil zu nehmen. Bei dem Aufrufe zur Erfüllung dieser Verbindlichkeit entscheidet unter den gleich Verpflichteten das Loos mit Gestattung der Stellvertretung. V.U. Art. 29. G. v. 20. Juli 1830, Art. 15, u. v. 7. August 1848.

§ 53. Mit Ablauf des Jahres, worin das 20. Lebensjahr zurückgelegt worden ist, wird jeder Inländer kriegsdienstpflichtig. Wenn er ohne sein Verschulden bis zum Ablaufe des Jahres, worin er das 26. Lebensjahr zurückgelegt hat, nicht in Anspruch genommen ist, so hört seine Verpflichtung auf. G. v. 1830, Art. 9.

§ 54. **Klasseneintheilung.** Die Kriegsdienstpflichtigen sind in 6 Klassen getheilt. — Die I. Klasse begreift diejenigen, welche im Laufe des vorhergegangenen Jahres ihr 20. Jahr zurückgelegt haben, die II. Klasse diejenigen, welche im vorigen Jahre 21 Jahre alt geworden sind, u. s. w. Art. 10.

§ 55. **Ortsliste.** Die alljährliche Aufstellung der Orts- oder Gemeindeliste der Kriegsdienstpflichtigen einer jeden Gemeinde liegt den Bürgermeistern ob.

In diese Liste müssen eingetragen werden:

1) Sämmtliche junge Leute, welche bis zum nächsten 1. Januar ihr 20. Lebensjahr zurückgelegt haben, Art. 22.
2) Alle, welche, obgleich älter, doch zu der laufenden Jahresmusterung besonders verwiesen worden sind. Die Angabe des Grundes der Verweisung ist bei jedem betr. Eintrag zu bemerken. V. v. 30. April 1831, § 11.
3) Diejenigen, welche ohne Stellvertretung oder Sicherheitsleistung zum Behuf der Auswanderung ihrer Kriegsdienstpflicht entledigt worden sind, wenn sie im Großherzogthum bleiben oder dahin zurückkehren, ohne anderwärts eine Niederlassung begründet oder Landesangehörigkeit erworben zu haben, bis zu ihrem 31. Jahre einschließlich. G. v. 28. Januar 1853, Art. 3 u. 5.

Der Eintrag hat in streng alphabetischer Ordnung der Namen zu geschehen.

Die Liste ist nach dem Formular I der V., wie folgt, einzurichten und doppelt auszufertigen.

Provinz .... Bürgermeisterei ....

Kreis .... Gemeinde ....

Verzeichniß

der in dem Jahre .... geborenen Militärpflichtigen.

Ordnungs-Nro.	Geschlechts- und Vornamen der Dienstpflichtigen.		Geschlechts- und Vornamen der Eltern.		Geburts-Tag und Monat.	Religion.	Handwerk oder Gewerbe.	Vermögen über oder unter 300 fl.	Ob er mit Pferden umzugehen versteht?	Bemerkungen.
	Geschlechtsnamen.	Vornamen.	Vornamen des Vaters.	Geschlechts- und Vornamen der Mutter.						

§ 56. Die Grundlage für die Orts- oder Gemeindelisten sind die Geburtsregister.

Aus denselben müssen daher Auszüge zu den Ortslisten gefertigt werden. § 7 d. V.

Die Ausfertigung derselben liegt in der Prov. Rh. den Bürgermeistern selbst, als Civilstandsbeamten, in den Prov. St. u. O. in Bezug auf die Militärpflichtigen jüdischer Religion ebenfalls den Bürgermeistern, bezüglich der christlichen Militärpflichtigen aber den Ortsgeistlichen, welche den desfallsigen Ersuchen der Bürgermeister in möglichst kurzer Zeit zu entsprechen haben, unentgeltlich ob.

Das dazu erforderliche gedruckte Formularpapier soll auf Kosten der Gemeinde von dem Bürgermeister angeschafft und den Geistlichen der Bedarf zugestellt werden. A. d. M. d. J. v. 9. Sept. 1835.

Begreift eine Pfarrei mehrere Orte oder Gemeinden in sich, so hat der Geistliche den Auszug nach der alphabetischen Ordnung der Gemeinden aufzustellen. Sind in einer Bürgermeisterei mehrere Pfarreien vorhanden, so fertigt jeder Geistliche den Auszug seiner Pfarrei.

Der Auszug ist unter strenger Einhaltung der alphabetischen Reihenfolge der Dienstpflichtigen nach folgendem Formular aufzustellen:

Musterung des Jahres 18..

Auszug aus dem Geburtsprotokoll der Gemeinde ...... Kreises ......
hinsichtlich der im Jahre 18.. gebornen Militärpflichtigen.

Ordnungs-Nro.	Namen der Dienstpflichtigen.		Namen der Eltern.		Tag der Geburt.	Religion.	Tag des Todes.	Bemerkungen.
	Geschlechtsnamen.	Vornamen.	Geschlechtsnamen.	Vornamen.				
1	2	3	4	5	6	7	8	

Der Tod der Eltern wird lediglich mit einem † unter ihrem Namen bezeichnet, der Tod des Dienstpflichtigen aber in der 8. Spalte eingetragen; eines besonderen Auszugs aus dem Sterbeprotokoll bedarf es nicht. Nur das Ableben derjenigen Dienstpflichtigen, welche in dem Musterungsjahr oder dem ihm zunächst vorhergehenden Jahre mit Tode abgegangen sind, bedarf des Eintrags. Die früher Verstorbenen bleiben weg.

Ist das Alter durch die Geburtsregister nicht zu erweisen, so muß dasselbe auf sonst gesetzliche Weise ermittelt werden.

Uebrigens haben die Bürgermeister auch außer den Geburtsregistern alle sonst vorhandenen Hülfsmittel zur vollständigen Aufstellung der Gemeindelisten zu benutzen und in allen Zweifelsfällen die erforderlichen Nachforschungen anzustellen.

§ 57. Der gesetzliche Wohnort, d. i. der Heimathsort, des Militärpflichtigen (E. d. M. d. J. v. 15. Mai 1839 u. G. v. 28. Jan. 1853, Art. 5) entscheidet darüber, welchem Bezirke und welcher Gemeinde er in Bezug auf das ganze Rekrutirungsgeschäft angehört.

In die Ortsliste werden daher alle diejenigen Militärpflichtigen aufgenommen, welche ihre Heimath in der Gemeinde haben.

Diejenigen jedoch, welche bereits freiwillig Militärdienst leisten, sollen in allen Fällen den Listen derjenigen Gemeinde einverleibt werden, in welche sie hätten eingetragen werden müssen, wenn sie nicht bereits im Militärdienst ständen. §. 8 d. V.

§ 58. Ueberweisungslisten. Militärpflichtige, welche in der Gemeinde geboren sind, aber derselben nicht mehr angehören, werden zwar in die Ortsliste mit der geeigneten Bemerkung eingetragen, zugleich stellt aber der Bürgermeister, in so fern sie nicht aufgehört haben, Inländer zu sein, besondere Ueberweisungslisten nach beigesetztem Formular über dieselben auf.

Ueberweisungsliste
der im Ort im Jahr 18.. gebornen, aber nicht
daselbst wohnenden Militärpflichtigen.

Provinz .... Bürgermeisterei ....
Kreis .... Gemeinde ....

Ordnungs-Nro.	Geschlechts- und Vornamen der Dienstpflichtigen.		der Eltern.		Geburts-Tag und Monat.	Wohnort der Eltern oder des Vormunds.	Bemerkungen.
	Geschlechtsnamen.	Vornamen.	Geschlechtsnamen.	Vornamen.			

Im Falle die Militärpflichtigen jetzt anderen Gemeinden desselben Bezirks angehören, überschickt der Bürgermeister die Ueberweisungslisten an die Bürgermeister dieser Gemeinden, anderen Falls aber legt er sie der Ortsliste bei.

Bei Denjenigen, welche in das Ausland übergezogen sind, wird dieß blos in der Ortsliste bemerkt, und zugleich angeführt, ob die Auswanderung mit förmlicher Entlassungsurkunde geschehen ist oder nicht.

Militärpflichtige, welche der Gemeinde angehören, in solcher aber nicht geboren sind, werden in die Ortsliste mit der geeigneten Bemerkung aufgenommen, und derselben die von den Behörden ihrer Geburtsorte erhaltenen Ueberweisungslisten oder (wenn sie im Auslande geboren sind) die Geburtsscheine beigelegt. § 9.

§ 59. In die Rubrik „Bemerkungen" der Ortsliste sind alle besonderen Verhältnisse der Einzelnen, welche Bezug auf ihre Verwendung zum Militärdienste haben, einzutragen. Namentlich ist:

1) bei den schon freiwillig im Militärdienste stehenden Leuten deutlich anzugeben, in welchem Regiment oder Corps, in welchem Bataillon, und in welcher Compagnie rc. sie dienen.

2) Auch bei denjenigen, welche früher als Freiwillige im Militärdienst gestanden haben, daraus aber wieder entlassen worden sind, ist dieses Verhältniß anzuführen.

3) Bei dem Eintrag derjenigen, welche der Aufnahme in den Militärdienst unwürdig sind, wird hierüber ebenfalls das Nähere in der Liste bemerkt, und zugleich eine Bescheinigung über ihr Vermögen beigelegt.

4) Befinden sich Militärpflichtige in Untersuchung oder in gefänglicher Haft, ohne daß sie des Militärdienstes unwürdig sind, so wird in der Liste angeführt, wegen welches Vergehens sie angeschuldigt oder verurtheilt sind, seit wann sie sich in Untersuchung oder Haft befinden, und (so weit möglich) wie lange sie sich noch darin befinden werden.

5) Hinsichtlich derjenigen, welche das Depot ansprechen, wird blos das Wort „Depotanspruch" eingeschrieben.

6) Diejenigen Leute, welche wegen eines durch die Sinne nicht wahrnehmbaren Fehlers (z. B. Schwerhörigkeit, Kurzsichtigkeit, fallende Sucht rc.) untauglich zu sein behaupten, hat der Bürgermeister anzuweisen, die deßfallsigen Zeugnisse ohnfehlbar

bis zur Musterung beizubringen. Auch hat er sich durch Erkundigungen über den Grund oder Ungrund solcher Angaben möglichst zu verlässigen. In der Ortsliste wird hierüber eine kurze Bemerkung gemacht. § 10.

§ 60. Prüfung der Ortsliste rc. Wenn die Ortsliste aufgestellt ist, so legt sie der Bürgermeister dem Gemeinderathe zur Prüfung vor. In Folge dieser Prüfung, worüber ein Protokoll aufgenommen und vom Gemeinderathe unterschrieben wird, ist die Liste nöthigenfalls sogleich zu berichtigen.

Sofort wird sie an dem Gemeindehause oder an der Wohnung des Bürgermeisters 14 Tage lang zu Jedermanns Einsicht angeheftet und dieß auf ortsübliche Weise in der Gemeinde bekannt gemacht. §. 12.

§ 61. Wenn während dieser 14 Tage von irgend Jemanden ein Einwand gegen die Ortsliste vorgebracht wird, so nimmt der Bürgermeister ein Protokoll darüber auf, legt solches dem Gemeinderathe vor und berichtigt, im Falle der Einwand gegründet befunden wird, die Liste darnach. Das Protokoll wird der Liste beigelegt. § 13.

§ 62. Wenn die Ortsliste 14 Tage lang angeheftet war, so wird sie abgenommen, von dem Bürgermeister mit den Worten:

„Vorstehende Gemeindeliste ist binnen der vorgeschriebenen 14 Tage, nämlich vom ..ten ...... bis zum ..ten ...... 18.. zur allgemeinen Kenntniß angeheftet gewesen"

unterschrieben und sofort mit sämmtlichen Beilagen an die Regierungsbehörde zum Zwecke der dieser obliegenden Aufstellung der Bezirkslisten eingeschickt. § 14.

§ 63. Depot-Versetzung. In gewissen Fällen findet eine Zurückstellung eines Kriegsdienstpflichtigen an das Ende seiner Altersklasse, d. i. seine Versetzung ins Depot statt. Dieselbe erfolgt:

1) wenn der Vater das 60. Lebensjahr zur Zeit der nächsten Truppenergänzung überschritten haben wird, oder durch seinen Körper- oder Seelen-Zustand unfähig ist, die zur Ernährung der Familie nöthigen Arbeiten zu verrichten;
2) wenn die Mutter im Wittwenstande lebt;
3) wenn der Dienstpflichtige dem Haushalte elternloser Geschwister vorsteht;

4) wenn der Dienstpflichtige einen Bruder durch den Militärdienst verloren hat, oder wenn ein Bruder durch den Militärdienst arbeitsunfähig geworden ist.

Die Depotsetzung erfolgt nur, wenn sie in Anspruch genommen wird. Dieser Anspruch muß jedoch in dem ersten Falle von dem Vater, oder dessen Curator, und im zweiten von der Mutter vorgebracht werden. Art. 17 d. G.

§ 64. In allen Fällen des vorigen § wird vorausgesetzt:

a) daß derjenige, welcher die Depotsetzung in Anspruch nimmt, unvermögend sei, einen Stellvertreter zu stellen, oder die muthmaßliche Assecuranzsumme zu bestreiten. G. v. 14. Juli 1851, Art. 37;

b) daß kein arbeitsfähiger Bruder des Dienstpflichtigen vorhanden sei, der entweder, auf welche Weise es sei, vom Kriegsdienste frei geblieben ist, oder bis zur nächsten Truppenergänzung das 17. Jahr zurückgelegt haben wird.

Ist ein arbeitsfähiger Bruder vorhanden, der zur Zeit der Completirung des zweiten Jahres nach der Musterung das 17. Jahr zurückgelegt haben wird, so wird der Dienstpflichtige ebenfalls nicht in das Depot gesetzt, sondern bis zur nächsten Musterung verwiesen. Einsteher, wenn sie nicht bereits eine eigene Capitulation gedient haben, werden der Familie als frei geblieben aufgerechnet. Art. 18.

§ 65. Die Bestimmungen des § 63 sind nur auf eheliche, oder durch nachgefolgte Ehe legitimirte Söhne oder Brüder anwendbar, auf Adoptivsöhne nur dann, wenn die Adoption vor dem 14. Lebensjahre förmlich vollzogen worden ist und ununterbrochen fortgedauert hat.

Auf Halbbrüder sind die Bestimmungen der §§ 63 u. 64 anwendbar, insofern nicht die Versetzung ins Depot von einem Wittwer oder einer Wittwe in Anspruch genommen wird, in Bezug auf welche der Halbbruder als Stiefkind erscheint. Art. 20.

Eine abgeschiedene Ehefrau, deren Sohn ihr gerichtlich zuerkannt ist, soll der Wittwe gleichgeachtet werden. E. d. M. d. J. an d. Pr. C. v. 11. Jan. 1836.

§. 66. Der Bürgermeister läßt, so bald er den Auftrag zur Aufstellung der Ortsliste erhalten hat, auf ortsübliche Weise bekannt machen, daß, wer die Versetzung in das Depot

nach Art. 17 d. G. (§ 63), oder die einjährige Zurückstellung nach Art. 18 (§ 64) anzusprechen beabsichtige, diesen Anspruch sogleich oder doch binnen der Zeit der Anheftung der Ortsliste vorzubringen habe. Ueber jeden Anspruch dieser Art ist von dem Bürger-
Anl. III. meister ein Protokoll nach Formular Anl. III aufzunehmen. Ist der Anspruch nach dem klaren Buchstaben des Gesetzes ungegründet, so kann zwar der Bürgermeister durch die geeignete Belehrung dessen Zurücknahme zu bewirken suchen; wird aber demohngeachtet darauf bestanden, oder ist der Fall im mindesten zweifelhaft, so muß der Anspruch unweigerlich zu Protokoll genommen werden, indem nur der Rekrutirungs-Commission und in höherer Instanz dem Rekrutirungsrath die Annahme oder Verwerfung der Depotansprüche zusteht. Der Bürgermeister hat jedoch in diesem Falle auf dem Protokolle zu bemerken, daß er sich vergeblich bemüht habe, den das Depot Ansprechenden zur Zurücknahme seines Anspruchs zu bewegen.

Die Ansprüche auf einjährige Zurückstellung werden in Bezug auf Protokollirung, auf die erforderlichen Zeugnisse und auf das ganze Verfahren den eigentlichen Depotansprüchen vollkommen gleich behandelt. § 18 d. V.

§ 67. In so weit es bei einem Depotanspruch auf das Alter des Vaters oder des Bruders eines Dienstpflichtigen ankommt, muß dieses Alter durch die das Geburtsregister führende Behörde constatirt werden.

Zu diesem Zwecke, sowie zur bessern Uebersicht der Familien-Verhältnisse ist von der eben genannten Behörde auf die letzte Seite des Depotprotokolls ein Ausweis über die sämmtlichen Familienglieder zu setzen, worin zugleich das Geburtsjahr und der Geburtstag des Vaters und sämmtlicher Söhne über 15 Jahre genau anzugeben ist.

Als Termin der jährlichen Truppenergänzung (wonach das entscheidende Alter des Vaters und des Bruders bemessen wird) ist, so lange nicht ein Anderes verfügt wird, der erste April anzunehmen. § 20 d. V.

§ 68. Ueber die Umstände, welche nach Nr. 4 des Art. 17 eine Depotsetzung begründen, müssen Zeugnisse des Kriegsministeriums beigebracht werden. § 21 d. V.

Alle andere, im Art. 17 u. 18 d. G. angeführten Umstände müssen durch Zeugnisse des Gemeinderaths bewiesen werden. § 22 d. V.

§ 69. Bei Beurtheilung der Frage, ob der Depotansprechende vermögend sei, ohne Zerrüttung des Nahrungsstandes der Familie einen Stellvertreter zu stellen, hat der Gemeinderath besonders folgende Punkte zu berücksichtigen:

1) die zur Stellung eines Stellvertreters, oder vielmehr Zahlung der Assecuranz-Summe, in dem betreffenden Jahre erforderliche Summe;

2) den Betrag der direkten Steuern, welche der Depotansprechende in jedem Jahre bezahlt, und worüber derselbe ein von den Districtseinnehmern, in deren Bezirken er begütert ist, ausgestelltes und von dem betreffenden Bürgermeister beglaubigtes Verzeichniß beizubringen hat;

3) den Betrag des nicht steuerbaren Vermögens, so weit dasselbe dem Gemeinderathe genau bekannt ist, oder in sicherer Notorietät beruht;

4) den Betrag der Besoldung oder Pension, welche der Depotansprechende etwa bezieht, und worüber er eine Bescheinigung der betreffenden Behörde beibringen muß;

5) den von den competenten Behörden zu bescheinigenden Betrag seiner Hypothekschulden; in der Prov. Rh. bedarf es zu dem Ende nicht eines vollständigen Auszugs über die bestehenden einzelnen Inscriptionen, sondern es genügt ein summarisches Zeugniß des Hypothekenbewahrers;

6) die Zahl der Familienglieder und die sonstigen Verhältnisse der Familie u. s. w. § 23 d. V.

§ 70. Die Frage über die Arbeitsunfähigkeit des Vaters oder Bruders, wenn darauf ein Depotanspruch gegründet wird, beurtheilt der Gemeinderath nach eigener gewissenhafter Kenntniß, jedoch mit möglichster Rücksicht auf das Zeugniß des Kreisarztes, welches der das Depot Ansprechende beizubringen hat. Dieses Zeugniß gibt für sich allein keinen Beweis, sondern nur wenn es durch das Zeugniß des Gemeinderaths bestätigt ist. § 24 d. V.

Bei der Ausstellung der desfallsigen Zeugnisse ist sich strenge an die gesetzliche Wortfassung zu halten. Es genügt z. B. nicht die häufig gebrauchte Formel: „daß der Vater zu schweren Arbeiten unfähig sei", sondern es muß ausdrücklich bescheinigt werden: „daß derselbe wirklich unfähig sei, die zur Ernährung der Familie nöthigen Arbeiten zu verrichten."

§ 71. Bei Beurtheilung der Frage, ob ein Bruder des Dienstpflichtigen vom Kriegsdienste freigeblieben sei, muß der Gemeinderath als Grundsatz annehmen, daß Jeder, der im vaterländischen Kriegsdienste für sich selbst dient, oder während längerer oder kürzerer Zeit gedient hat, als nicht freigeblieben, jeder Andere aber als freigeblieben angesehen wird, einerlei, ob er anwesend oder abwesend und noch im Unterthansverbande ist oder nicht. Jeder also, der aus irgend einem Grunde zum Militärdienste nicht abgegeben, oder zwar abgegeben, aber bei seinem Eintreffen zurückgewiesen worden ist, oder der einen Stellvertreter für sich gestellt hat, ferner Jeder, der als Stellvertreter im Militärdienste steht, ohne bereits eine eigene Kapitulation gedient zu haben, wird der Familie als freigeblieben aufgerechnet. § 25 d. V.

Die Thatsache, daß die Brüder nicht vom Kriegsdienste frei geblieben sind, muß durch ein amtliches Zeugniß der betreffenden Kompagnie- oder Schwadrons-Befehlshaber belegt werden. Der Bürgermeister hat darauf zu sehen, daß dasselbe zeitig eingezogen und dem Ortsvorstande vor Abgabe seiner Erklärung vorgelegt wird. Das fr. Zeugniß der Militärbehörden ist zu den betr. Depotverhandlungen zu nehmen und muß mit denselben an die Rekrutirungs-Behörden abgegeben werden. A. d. M. d. J. v. 12. Jan. 1844.

§ 72. Ist der Gemeinderath mit den näheren Verhältnissen des Depotansprechenden nicht genau und hinreichend bekannt, so hat er sich durch geeignete Erkundigungen hierüber zu verlässigen, oder auch durch Wahl 2 bis 3 in der Gemeinde wohnende, in allgemeiner Achtung stehende Einwohner zu bestimmen, welche mit den Verhältnissen des Depotansprechenden vertraut erscheinen und ihre Wissenschaft darüber in der Sitzung des Gemeinderaths genau zu bestätigen haben. Diese, der näheren Auskunft wegen beigezogenen Einwohner nehmen jedoch an der Abstimmung des Gemeinderaths keinen Antheil; der Gemeinderath bemerkt aber in seinem Beschlusse, daß derselbe nach Anhörung jener (namentlich anzuführenden) Einwohner gefaßt worden sei. Wenn es nöthig gefunden wird, kann über deren Angaben ein Protokoll aufgenommen werden. § 26 d. V.

§ 73. An der Berathung des Gemeinderaths, dessen Mitglieder, nach Art. 31 der Gemeindeordnung vorgeladen und erschienen sein müssen, können Väter, Großväter, Brüder, Oheime und Neffen der für das Depot Angesprochenen keinen Theil nehmen. Art. 21 d. G.

Bei der Abstimmung müssen $2/3$ der Mitglieder für die Ertheilung des Zeugnisses gestimmt haben; gegenfalls ist das Zeugniß verweigert.

Ueber die Berathung und Beschlußfassung des Gemeinderaths wird ein Protokoll aufgenommen, welches auf das Anmeldungsprotokoll gesetzt (s. d. Form. Anl. III) und sodann mit der Ortsliste, oder doch möglichst bald nachher, an die Regierungsbehörde eingeschickt wird. § 27 u. 28 d. V.

§ 74. Sobald die Regierungsbehörde, was möglichst zu beschleunigen ist, die Depotprotokolle geprüft und an die Bürgermeister zurückgeschickt hat, werden dieselben in den betreffenden Gemeinden während 14 Tage öffentlich aufgelegt.

Während dieser 14 Tage kann Jedermann gegen die Richtigkeit der vom Gemeinderathe ertheilten Zeugnisse, so wie die das Depot Ansprechenden selbst gegen die Verweigerung derselben reklamiren. Zur Aufnahme solcher Reklamationen von Seiten einzelner Einwohner des Bezirks oder von Seiten der Regierungsbehörden wird ein Protokoll eröffnet.

Meldet sich innerhalb der bemerkten Frist kein Reklamant, so wird die öffentliche Auflegung auf die im Formular angedeutete Weise beurkundet. § 29 d. V.

§ 75. Sind dagegen während der Auflegung der Depotprotokolle Reklamationen gegen die Ertheilung oder Verweigerung der Zeugnisse erhoben worden, so ist der Gemeinderath sofort mit wenigstens halb so vielen Mitgliedern, als bei der ersten Berathung gegenwärtig waren, und zwar, so weit seine wirklichen Mitglieder hierzu nicht hinreichen, aus der Zahl der bei der letzten Erneuerung des Gemeinderaths Ausgetretenen, und wenn auch diese nicht hinreichen, aus Denjenigen, welche bei der letzten Erneuerung des Gemeinderaths die meisten Stimmen erhalten haben, zu verstärken. Der Bürgermeister versammelt sodann den also verstärkten Gemeinderath und eröffnet eine neue Berathung, in deren Folge eine neue, und zwar definitive Beschlußnahme erfolgt, welche in der Form, die Anl. III bezeichnet, protokollirt wird.

In Bezug auf diese Berathung und Abstimmung finden die Bestimmungen des § 73 ebenfalls Anwendung. Art. 21 d. G. u. § 30 d. V.

§ 76. Die auf die vorstehende Weise abgeschlossenen Protokolle über die Ansprüche auf Depotsetzung oder einjährige Zurückstellung sind sodann alsbald an die Regierungsbehörde wieder einzuschicken, welche dieselben an die Regierungsbehörde der Provinzialhauptstadt abgibt. § 31 d. V.

§ 77. Wenn ein Depotanspruch nach Abnahme der Ortsliste, oder gar nach der Musterung dem Bürgermeister angezeigt wird, so hat er denselben zwar zu protokolliren und sonst ganz nach den obigen Formen und Vorschriften zu behandeln; es ist aber alsdann in dem Protokoll besonders zu bemerken, ob die eine Depotsetzung rc. begründenden Umstände erst nach Abnahme der Ortsliste eingetreten sind, oder ob dem Depotansprechenden wegen Verspätung des Depotanspruchs Entschuldigungsgründe zur Seite stehen. Das Protokoll wird auch in solchen Fällen an die Regierungsbehörde eingeschickt, welche sie an diejenige Behörde befördert, die über den Depotanspruch zu entscheiden hat, d. i. vor Eintritt der Loosziehung an die Rekrutirungs-Commission, und später bis zum Schlusse der Sitzungen des Rekrutirungsraths an den Letzteren.

Wenn indessen die Sitzung des Rekrutirungsraths geschlossen ist, so kann nun kein Depotanspruch mehr vorgebracht werden, den einzigen Fall ausgenommen, wenn die denselben begründenden Umstände erst nach dieser Periode eingetreten sind. In diesem Falle ist das Protokoll vorschriftsmäßig aufzunehmen und unter Beobachtung aller vorstehenden Vorschriften zu vollziehen. Die Entscheidung über dergleichen nachträgliche Depotansprüche kömmt alsdann der Regierungsbehörde der Provinzial-Hauptstadt in dem Falle zu, wenn die Umstände vor dem Eintritte des betreffenden Militärpflichtigen in den Dienst sich ereignet haben. Sind aber die Umstände erst nach dem Eintritte des Militärpflichtigen in den Dienst eingetreten, so ist nur allein das Kriegsministerium zur Entscheidung zuständig, und hängt die Verwilligung von dessen Entschließung ab. § 32 d. V.

§ 78. Die Depotversetzung erfolgt, wenn die dabei in Rücksicht kommenden Umstände, mit Ausnahme des Alters, zur Zeit der Entscheidung der Depotansprüche vorhanden sind. Sie wird aber zurückgenommen, wenn die Umstände bis zur nächsten Truppenergänzung, d. i. 1. April des folgenden Jahres, aufhören.

Die Anzeige davon liegt nicht nur dem Ortsvorstande bei Meidung strenger Ahndung, sondern auch dem zum Depot Versetzten selbst ob. Wenn der Letztere sie unterläßt, so soll er ohne Rücksicht auf Alter und Verhältnisse sofort zu 6jähriger Dienstzeit abgegeben werden.

Wenn daher in der Periode bis zum 1. April des folgenden Jahres ein Fall der Zurücknahme eintritt, z. B. in den Fällen 1 u. 2 des Art. 17 der Vater oder die verwittwete Mutter stirbt, wenn im Falle 3 der gemeinschaftliche Haushalt der Geschwister aufhört rc., so hat der Bürgermeister unverzüglich der Regierungsbehörde die Anzeige davon zu machen.

Außerdem wird in den Fällen 1 u. 2 des Art. 17 die Depotsetzung alsdann zurückgenommen, wenn der in das Depot Gesetzte während der 6 Jahre seiner Dienstpflichtigkeit die Familie nicht unterstützt, und zwar dergestalt, daß derselbe, insoferne er ohne seine Depotversetzung hätte marschiren müssen, nun auf volle 6 Jahre zum Militärdienste verwendet wird.

In diesen Fällen ist der Bürgermeister und jedes Mitglied des Gemeinderaths zur Anzeige verpflichtet, welche der Erstere alsbald an die Regierungsbehörde einzusenden hat. Art. 19 d. G. und §§ 117—120 d. V.

§ 79. Rekrutirungs-Commission. Für die Besorgung des Bezirks-Rekrutirungsgeschäfts selbst ist in jeder Provinz eine besondere Rekrutirungs-Commission bestellt. An dem Tage der von derselben bestimmten Musterung und Loosziehung der Dienstpflichtigen hat sich der Bürgermeister pünktlich einzufinden und dabei gegenwärtig zu sein. Er berichtigt und ergänzt das Concept seiner Ortsliste nach den Ergebnissen derselben. Art. 26—31 d. G. und § 36 d. V.

§ 80. Musterung und Loosziehung. Die Musterung hat die Prüfung der Dienstauglichkeit der Dienstpflichtigen zum Zwecke. Zur Musterung müssen alle Dienstpflichtigen der betreffenden Klasse, mit Ausnahme derjenigen, welche bereits freiwillig dienen, oder welche durch Bevollmächtigte erklären lassen, daß sie sich vertreten lassen wollen, persönlich erscheinen. Die Bürgermeister haben daher dafür zu sorgen, daß dieselben unfehlbar rechtzeitig zur Hand sind.

Eine persönliche Looosziehung der Militärpflichtigen ist nicht erforderlich. Für diejenigen, welche nicht mitloosen können oder wollen, loost der Civil-Rekrutirungs-Commissär. §§ 39, 40, 49 d. V.

§ 81. Wer bei der Musterung ausbleibt wird als dem Gesetze ausgewichen ohne Rücksicht zum Erstmarschiren bestimmt, er müßte denn a) sein Nichterscheinen durch absolute physische Hindernisse zu entschuldigen vermögen, oder b) in gefänglicher Haft befindlich, oder c) des Kriegsdienstes unwürdig sein. Die unter a oder b gehörigen Leute sollen, in so weit sie bei der Loosung unter das ⅖ der niedrigsten Looſe gefallen sind, an den Rekrutirungsrath zur Nachmusterung, beziehungsweise weiterer Beschlußnahme verwiesen werden. E. d. M. d. J. a. d. Pr. C. v. 4. Mai 1842.

§ 82. Tauglichkeit und Untauglichkeit. Wer gänzlich untauglich befunden wird, ist kriegsdienstfrei und loost nicht mit. Leute, welche zwar für den Felddienst in den Liniencorps nicht tauglich, wohl aber zu anderen militärischen Verrichtungen tauglich erscheinen, werden für relativ tauglich erachtet und müssen mitloosen.

Wenn ein Militärpflichtiger angeblich an einem Fehler oder Gebrechen leiden soll, dessen Bestehen aber weder sogleich erkannt, noch alsbald erwiesen werden kann, so wird er als zweifelhaft untauglich bezeichnet und zu Beibringung der erforderlichen Beweismittel an den Rekrutirungsrath verwiesen, unterdessen aber zum Mitloosen zugezogen. Als dergleichen Beweismittel dienen hauptsächlich Bescheinigungen der Kreisärzte oder anderer Aerzte, welche den betr. Dienstpflichtigen behandelt haben, ferner Atteste der Geistlichen und Schullehrer, der Bürgermeister und Gemeinderäthe, so wie bei Gericht abgegebene eidliche Zeugnisse unbescholtener Männer. Die Gerichte sind zur Aufnahme solcher Zeugnisse auf den bloßen Antrag der Betheiligten verpflichtet und haben die Protokolle darüber den Letzteren zu behändigen. E. d. M. d. J. a. d. Pr. C. z. Gsn. v. 11. Nov. 1845.

Die Bürgermeister werden es sich angelegen sein lassen, den betr. Dienstpflichtigen stets mit entsprechender Belehrung in dieser Beziehung an die Hand zu gehen. Zugleich sind die Bürgermeister, gleichwie die Kreisärzte verpflichtet, diese Leute zu beobachten, und ihre etwaigen einflußreichen Wahrnehmungen sofort einzuberichten. §§ 47, 48, 121—127 d. V.

Erscheinen zweifelhaft Untaugliche vor dem Rekrutirungsrathe nicht, so werden sie für tauglich erkannt.

Eine förmliche Ladung derselben vor den Rekrutirungsrath soll nur in Ansehung derjenigen erfolgen, deren Loosnummern in die niedrigsten ⅖ fallen. E. d. M. d. J. a. d. Pr. C. v. 4. Mai 1842.

§ 83. Bei der Entscheidung des Rekrutirungsraths kann Niemand mehr als zweifelhaft untauglich angesehen werden. Er wird dort entweder als tauglich oder untauglich oder temporär (zeitweise) untauglich erkannt. Als temporär untauglich sind im Allgemeinen alle Diejenigen zu erkennen, welche zeitlich mit Fehlern und Schwächen behaftet sind, deren Beseitigung nach dem gewöhnlichen Gange der Dinge bis zur Zeit der Dienstabgabe, d. i. der folgende 1. April, nicht zu erwarten steht. Eben so Diejenigen, welche zu klein sind, aber noch Wachsthum versprechen.

Alle diese Leute loosen nicht mit, sondern werden vielmehr zur nächsten Musterung verwiesen. Dieselben haben, wenn sie bei dieser für tauglich befunden und durch das Loos betroffen werden, alsdann nur noch 5 Jahre zu dienen. Art. 12 d. G. u. §§ 47 u. 105 d. V.

Sind Leute, welche von der Rekrutirungs-Commission für tauglich oder zweifelhaft untauglich erklärt waren, von dem Rekrutirungsrathe für temporär untauglich erachtet worden, so sollen sie bei der nächsten Musterung nochmals zum Loosen zugelassen werden. E. d. M. d. J. a. d. Pr. C. v. 23. Apr. 1838.

§ 84. Rekrutirungsrath. Der Rekrutirungsrath ist bestimmt, das Rekrutirungsgeschäft in allen seinen Theilen zu prüfen, alle dabei gegebenen Entscheidungen zu bestätigen oder zu verwerfen, und alle an ihn gebrachten Beschwerden und Rekurse zu erledigen. Art. 34 d. G. u. §§ 63 u. 64 d. V.

Alle Acte der Rekrutirungs-Commission erscheinen daher eigentlich nur als vorläufige, und erlangen erst durch die Entschließungen des Rekrutirungsraths definitive Geltung. E. d. M. d. J. a. d. Pr. C. v. 4. Mai 1842.

§ 85. Sämmtliche Leute, welche, sei es auf Ladung oder freiwillig, vor dem Rekrutirungsrath erscheinen, hat der Bürgermeister mit einem von ihm ausgestellten versiegelten Signalement zu versehen. § 60 d. V.

§ 86. Leute, welche auf Ladung vor dem Rekrutirungsrathe nicht erscheinen, haben sich, je nach der Verschiedenheit der Fälle, folgender Nachtheile zu gewärtigen:

1) wenn sie bei der Musterung für zweifelhaft untauglich erkannt waren, daß sie nun für tauglich erachtet werden;
2) wenn sie als dem Gesetz ausgewichen erklärt worden sind, daß es dabei sein Bewenden behält; und
3) wenn sie bei der vorigen Truppenergänzung von der Militärbehörde als untauglich zurückgewiesen waren, daß sie nach einmaligem ungehorsamen Ausbleiben unter dem Rechtsnachtheil, als Refractär behandelt zu werden, vor den nächsten Rekrutirungsrath nochmals geladen, und von diesem im Falle des abermaligen Ausbleibens als Refractär erklärt werden. E. d. M. d. J. a. d. Reg. v. 11. Juli 1832.

§ 87. Unwürdigkeit. Als unwürdig ist von der Aufnahme in den Militärdienst ausgeschlossen Jeder, welcher rechtskräftig verurtheilt worden ist:

1) zu einer Zuchthausstrafe;
2) zu Correctionshausstrafe
   a) von zwei Jahren und länger,
   b) von einem Jahre und länger wegen Diebstahls, Unterschlagung, Fälschung oder Betrugs,
      (in den Fällen a u. b jedoch nur in dem Falle, wenn die Strafe durch ein und dasselbe Urtheil erkannt war; A. d. M. d. J. v. 22. Febr. 1843) und
   c) wegen Meineids.

Der Unwürdige ist jedoch befugt, an der Musterung Theil zu nehmen, und finden alsdann alle vorderen Bestimmungen und Beschlüsse, wie bei jedem anderen Dienstpflichtigen, auch auf ihn Anwendung, nur mit dem Unterschiede, daß wenn ihn das Loos trifft, er nicht persönlich dienen darf, sondern, in so weit er dazu vermögend ist oder wird, einen Stellvertreter für sich einstellen muß. §§ 112 u. 113 d. V. u. G. v. 10. Mai 1842.

§ 88. Stellvertretung. G. v. 14. Juli 1851 u. V. v. 16. Juli 1851. Jeder Dienstpflichtige kann sich im Militär vertreten lassen. Dieses Recht hört mit dem Tage auf, an welchem die Dienstzeit beginnt. Bereits eingetretene Soldaten können sich nur mit besonderer Verwilligung des Kriegsministeriums vertreten lassen. Art. 1 u. 33 d. G.

Die Stellvertretungssumme beträgt bei 6jähriger Dienstzeit 400 fl., bei geringer Dienstzeit für jedes Jahr 1/6 dieser Summe. Art. 2.

Bei zweifelhafter Dienstpflicht ist eventuelle Zahlung der Vertretungssumme, vorbehaltlich des Rückersatzes im Falle der Nichtverpflichtung, zulässig. Dienstpflichtigen, welche nachträglich aufgerufen werden (Art. 42 d. G. v. 20. Juli 1830) ist noch eine 14tägige Frist zur Zahlung der Vertretungssumme gestattet. Art. 3.

§ 89. Es ist unter Aufsicht des Kriegsministeriums eine Einstandskasse gebildet, und damit zugleich zu gemeinschaftlicher Aufbringung der Vertretungssumme von Staatswegen eine Assecuranz-Anstalt verknüpft. Statut ders. v. 16. Sept. 1851.

Die nach Formular I der Statuten auszustellende Beitrittserklärung muß von dem Bürgermeister unter Beidrückung des Dienstsiegels beglaubigt werden. Die fragl. Formularien selbst werden von den Bürgermeistern unentgeltlich abgegeben. § 7 d. Stat.

Das Min. d. J. hat über das Verhalten bei Versicherungen eine besondere Belehrung abdrucken und den Bürgermeistern eine Anzahl Exemplare zustellen lassen, wovon inskünftig Jedem, welcher sich zum Beitritte meldet, ein Exemplar mitgetheilt werden soll. E. d. M. d. J. v. 18. Sept. 1851.

Die bestimmte Einlage in die Assecuranzkasse muß auch von Denjenigen, welche weniger als 6 Jahre zu dienen haben, im vollen Betrage geleistet werden. Es findet aber später ein verhältnißmäßiger Rückersatz statt. B. v. 16. Sept. 1853.

§ 90. Die Annahme und Verwendung der Einsteher geschieht lediglich von dem Kriegsministerium oder unter dessen Leitung. Doch dürfen unter Umständen Brüder und Eltern und Kinder gegenseitig für sich einstehen. Art. 31 u. 32 d. G. Auch ist den Dienstpflichtigen überlassen, selbst Stellvertreter aufzusuchen, wenn die Kriegsverwaltung keine aufzubringen vermag. Art. 16 d. G.

§ 91. Die Anmeldung als Einsteher hat entweder vor der Regierungsbehörde, oder was die Excapitulanten betrifft, bei den Regimentern und Corps zu geschehen.

Nach dem G. (Art. 14) sollen von den aufnahmsfähigen Angemeldeten zuerst die patentisirten Excapitulanten, alsdann die nicht patentisirten Excapitulanten, und nach deren Verwendung erst die Nichtexcapitulanten nach der Reihenfolge der Anmeldung verwendet werden. Gesuche um Ausnahmen und Abweichungen von dieser gesetzlich bestimmten Ordnung können nicht willfahrt werden. Die Bittsteller sind daher davon abzumahnen. E. d. Kr.M. an d. R. C. v. 28. Jan. 1852.

Die Verpflichtung der angemeldeten, aber nicht verwendeten Einsteher hört, in so ferne sie nicht erneuert wird, 4 Wochen nach der nächsten Truppenergänzung auf.

§ 92. Als Einsteher sollen nur ganz tadellose und dem Trunke nicht ergebene Leute angenommen werden. § 21 d. V.

Den Bürgermeistern wird vorschriftsmäßig das Anmeldungs-Protokoll mitgetheilt werden, um die erforderlichen Bescheinigungen in dieser Beziehung gemeinschaftlich mit dem Gemeinderath zu ertheilen. Die auf S. 2 des Protokolls gestellten Fragen sind zu dem Ende pflichtmäßig und ganz genau und bestimmt zu beantworten. Unbestimmte, z. B. mit den Worten „unseres Wissens" abgefaßte Bescheinigungen sind durchaus unstatthaft.

In Rheinhessen wird zugleich der Geburtstag des Anmeldenden von dem Bürgermeister bescheinigt. Das Anmeldeprotokoll ist hiernächst an den Geistlichen abzugeben.

Bürgermeister und Ortsvorstand haben ferner die strenge Verpflichtung, über das weitere Betragen der Angemeldeten bis zur nächsten Truppenergänzung ein wachsames Auge zu haben, und jede nachtheilige Veränderung, welche die abgegebene Bescheinigung zu ändern geeignet wäre, sofort zur höheren Kenntniß zu bringen. § 41 das.

§ 93. Freiwillige.

1) Wer freiwillig in den Militärdienst eintreten will, hat nachstehende Bescheinigungen beizubringen:

a) seinen Geburtsschein;

b) wenn er noch nicht 21 Jahre alt ist, die Erlaubniß seines Vaters, oder seiner verwittweten Mutter, oder seiner Vormünder, deren Unterschrift von der Ortsbehörde bescheinigt sein muß;

c) hinreichende Bescheinigungen über seine Aufführung. Diese Bescheinigungen sind von denselben Behörden und nach demselben Formular auszustellen, wie die Bescheinigungen über die Aufführung der Stellvertreter. Hatte der sich Anmeldende eine Universität, ein Gymnasium oder eine andere öffentliche Bildungsanstalt (außer den niederen Schulen) besucht, so muß er überdies Wohlverhaltenszeugnisse von den Vorständen dieser Anstalten beibringen.

2) Mit diesen Papieren meldet sich der Mann persönlich bei dem Commandeur desjenigen Regiments oder Corps, in welches er einzutreten wünscht, und zwar bei der Linie vor dem 1. April, bei der Cavallerie vor dem 1. Oktober.

Den Bürgermeistern ist anempfohlen, die sich Anmeldenden hiernach gehörig zu belehren, die erforderlichen Zeugnisse selbst aber ihrerseits mit größter Sorgfalt und Gewissenhaftigkeit auszustellen. B. v. 25. April 1834 u. 21. Febr. 1849.

§ 94. Ueberwachung der Dienstpflichtigen. Alle auf irgend welche Weise zur wirklichen Abgabe an den Militärdienst bestimmten Leute hat der Bürgermeister bis zur nächsten Truppenergänzung genau zu überwachen, und insbesondere alsbald einzuberichten, wenn dieselben während dieser Zeit in Untersuchung oder in Verhaft genommen worden sein sollten. E. d. M. d. J. an d. Pr.C. v. Nov. 1837 u. 3. Juli 1841, und A. dess. M. v. 13. Sept. 1845 u. 16. April 1851.

§ 95. Refractäre. Erfolgt die Einbeorderung der Militärdienstpflichtigen, so verfährt der Bürgermeister in dieser Beziehung gerade so, wie es bezüglich der Einbeorderung beurlaubter Soldaten vorgeschrieben ist. Vergl. u. § 109, Satz 9—12 u. 17.

Derjenige Marschpflichtige, welcher auf die Einbeorderung nicht erscheint, soll als Refractär mit namhafter Geld- und Gefängnißstrafe belegt werden. G. v. 24. Sept. 1821 u. v. 20. Juli 1830, Art. 45.

Dasselbe gilt von Einstehern, welche der wiederholten Aufforderung zur körperlichen Untersuchung nicht Folge leisten. G. v. 14. Juli 1851, Art. 14.

§ 96. Wer wissentlich das Entweichen von Refractären oder Deserteuren (s. § 109, Satz 14 u. 29) begünstigt, ihre Entdeckung verhindert, sie aufnimmt oder beherbergt, sie mit Geld oder Geldeswerth unterstützt, soll in eine namhafte Gefängnißstrafe verurtheilt werden. G. v. 29. Sept. 1835.

§ 97. Die Lokalpolizeibehörden haben auf die Refractäre und Deserteure, so wie die Begünstiger, ein wachsames Auge zu richten und nicht nur vorkommende Zuwiderhandlungen zur Bestrafung anzuzeigen, sondern auch die Refractäre, sobald ihr Aufenthalt bekannt wird, bei der Regierungsbehörde anzumelden, bz. zu sistiren, die Deserteure aber an ihre Regimenter oder Corps gefänglich einzuliefern. B. v. 20. April 1827 u. A. d. M. d. J. v. 7. Sept. 1842; s. auch § 109, Satz 29, § 108, und Abth. XVIII, Abschnitt III.

§ 98. In wie weit durch die Kriegsdienstpflicht das Heirathen, Auswandern und Wandern beschränkt ist, wird bei den betreffenden einzelnen Materien näher erörtert werden. Siehe Abth. XI, Abschnitt I u. III, u. Abth. XVIII, Abschnitt III.

§ 99. Der Eintritt eines Militärdienstpflichtigen in fremde Kriegsdienste ist im Allgemeinen denselben Beschränkungen und Bedingungen unterworfen, wie das Heirathen der Militärpflichtigen. § 99 d. B. v. 30. April 1831.

Werbungen für fremde Militärdienste sind nicht zu dulden.

§ 100. Stempel- und Taxfreiheit. Alle Verhandlungen und Bescheinigungen bezüglich des jährlichen Musterungs- und Ziehungsgeschäfts, so wie der hierauf bezüglichen Angelegenheiten der Kriegsdienstpflichtigen überhaupt, namentlich auch die Geburts- und Todesscheine, Protokolle und Zeugnisse über Depotansprüche, Stellvertretung 2c., sind stempel-, tax- und gebührenfrei.

Der Bürgermeister hat die dazu erforderlichen Formularien aus seinen Büreaukosten anzuschaffen. B. v. 30. April 1831, § 4, u. A. d. M. d. J. v. 2. August 1836.

II. Abschnitt.

Soldaten.

§ 101. Der Militärstand begründet einestheils mannigfache besondere Rechts- und Ehren-Verhältnisse und anderentheils strenge Standes-Verpflichtungen. Mil.-Straf-Gesetzb. vom 13. Juli 1822.

Die Kenntnißnahme und Berücksichtigung Beider darf von dem Bürgermeister nicht unbeachtet bleiben.

§ 102. Beleidigungen der Soldaten im Dienste oder in Beziehung auf die Erfüllung ihrer Dienstpflichten sollen strenge bestraft werden. Str.G.B. Art. 189.

Die Lokalpolizeibehörden sind angewiesen, gegen solche Vergehen kräftigen Schutz zu gewähren und sie sofort zur Anzeige zu bringen. A. d. M. d. J. v. 5. Okt. 1849.

Dasselbe soll geschehen, wenn eine strafbare Verleitung von Militärpersonen zum Ungehorsam oder sonstiger Abwendigmachung von ihren militärischen Pflichten stattfinden sollte. Verordnung vom 7. August 1850.

§ 103. Jeder Soldat, ohne Unterschied, hat den Anspruch, von den Behörden mit „Sie" angeredet zu werden. E. d. M. d. J. v. 27. Febr. 1850.

§ 104. Das Tragen militärischer Uniform oder militärischer Abzeichen von Seiten der Civilpersonen ist verboten. V. v. 7. Juni 1829.

§ 105. Die inländischen Militärpersonen stehen rücksichtlich der von ihnen begangenen Verbrechen oder Vergehen in der Regel unter der Militärgerichtsbarkeit. Dies schließt jedoch die Befugniß und Verpflichtung der Polizei- und Civil-Gerichts-Behörden nicht aus, erforderliche eilige Untersuchungshandlungen und bz. den ersten Angriff gegen den Verdächtigen zu machen, unter Umständen auch dessen Verhaftung vorzunehmen. Mil.Str.G.B. Art. 178 bis 196 u. V. v. 30. Mai 1838 § 20.

§ 106. Ausnahmsweise sind die Kriegsreservisten, so lange sie nicht zum activen Dienst eingezogen werden, wegen gemeiner Verbrechen und Vergehen der Civilgerichtsbarkeit unterworfen. V. v. 22. März 1822.

Ob ein Soldat Kriegsreservist ist, soll von der Militärbehörde stets in dem Urlaubspaß bemerkt werden.

Auch ist die Polizei- und Forstgerichtsbarkeit über alle Militärpersonen, insoweit es sich nur von Geld- oder Confiscations-Strafen handelt, über Militärpersonen unter dem Offiziers-Range aber allgemein den Civilgerichten überwiesen. Mil.Str.G.B. Art. 180, u. A. d. M. d. J. v. 11. Aug. 1846.

§ 107. Die Bestimmungen über die Heimathsverhältnisse der Militärpersonen und ihrer Familien werden unter Abth. XI, Abschnitt II, näher erörtert.

Ebenso die Vorschriften über Heirathen, Auswandern und Wandern der Soldaten unter den einschlägigen Materien. Siehe Abth. XI, Abschn. I u. III, u. Abth. XVIII, Abschnitt III.

§ 108. Desertion. Wirkliche Soldaten, welche in der Absicht, sich dem Dienste zu entziehen, aus demselben entweichen, oder sich nicht zu rechter Zeit darin einfinden, begehen das Verbrechen der Desertion und unterliegen strengen Strafen. Mil.Str.G.B. Art. 90—102, s. auch §§ 96 u. 97.

§ 109. Aufsicht auf beurlaubte Soldaten. Das Verhalten der Civilbehörden in Bezug auf beurlaubte Soldaten ist durch ausführliche Vorschriften, insbesondere durch die Verordnung vom 30. Mai 1838 genau, und wie folgt, geregelt.

1) Liste über die beurlaubten Soldaten. Jeder Bürgermeister führt ein genaues Verzeichniß über die in seiner Gemeinde befindlichen beurlaubten Soldaten nach dem beifolgenden Muster:

Nr.	Vor- und Zunamen.	Regiment oder Corps u. s. w.	Ankunft in der Gemeinde.	Hat Urlaub bis	Betragen im Urlaub.	Abgang in die Garnison.	Sonstige Bemerkungen.
1	Adam Schneider.	1. Infanterie-Regiment, 1. Bataill., Compagnie Capitain Huth.	7. Juni 1837.	auf Ordre.	gut.	29. August 1837.	
			1. Oktober 1837.	auf Ordre.	gut.	30. März 1838.	
			6. April 1838.	auf Ordre.			

Es ist dazu gedrucktes Formularpapier in Folio zu gebrauchen und ein förmliches Buch davon, welchem die Instruction voranzubinden ist, anzuschaffen. Auf eine Bogenseite dürfen nicht mehr als 2 Mann eingetragen werden. Das Verzeichniß ist mit einem alphabetischen Register zu versehen.

In denjenigen Gemeinden, in welchen ein Bürgermeister nicht wohnt, wird das Verzeichniß von dem Beigeordneten geführt.

In diesem Verzeichniß wird in Bezug auf jeden einzelnen Mann, sobald er mit Urlaub in die Gemeinde kommt, bemerkt:

1) sein Vor- und Zuname;
2) das Regiment oder Corps, das Bataillon und die Compagnie oder Schwadron, worin er steht;
3) die Dauer seines Urlaubs oder, wenn er auf unbestimmte Zeit beurlaubt ist, die Worte: auf Ordre;
4) der Tag der Ankunft in der Gemeinde;
5) ist er Kriegsreservist, so werden seinem Namen die Buchstaben K. R. beigefügt;
6) ist er degradirt oder auch nur des Säbeltragens verlustig erklärt, so wird dies ebenfalls bei seinem Namen bemerkt.

Alles dieses ist genau nach dem Urlaubspasse in das Verzeichniß einzutragen.

So oft während der Urlaubszeit eine der in Satz 4, 10, 15, 16 u. 29 angeführten Veränderungen in Bezug auf den Beurlaubten vorgeht, wird solche in dem Verzeichnisse notirt. Auch wird darin bemerkt, wann der Mann stirbt, beabschiedet wird oder sonst aufhört Soldat zu sein; zugleich wird aber alsdann der denselben betreffende Eintrag durchstrichen, so jedoch, daß das Eingetragene noch lesbar bleibt.

Den Lokalbehörden ist die größte Pünktlichkeit bei Führung dieses Verzeichnisses eingeschärft.

2) Anmeldung des Beurlaubten bei seiner Ankunft. Sobald ein Soldat an dem Orte, wohin sein Urlaubspaß lautet, angekommen ist, muß er sich bei dem Bürgermeister (bz. Beigeordneten) dieses Ortes melden und seinen Paß visiren lassen. Dieselben tragen alsdann aus dem Urlaubspasse die erforderlichen Notizen in das Verzeichniß ein und bemerken unter dem Passe, unter Beidrückung des Dienstsiegels:

„vorgezeigt" (mit Ort, Datum und Unterschrift),

und geben den Paß dem Manne zurück.

Ist in dem Orte ein Militärcommandant, so machen sie den Beurlaubten darauf aufmerksam, daß er sich auch bei diesem mit seinem Urlaubspaß zu melden habe.

Die Ortsbehörden haben darauf zu achten, daß die Beurlaubten sich sogleich nach ihrer Ankunft im Orte bei ihnen melden.

3) Erkrankung von Beurlaubten auf der Reise. Kommt im Orte oder dessen Gemarkung ein Soldat, der nach einem anderen Orte beurlaubt oder auf dem Marsche in die Garnison begriffen ist, in krankem Zustande an, so hat der Bürgermeister (bz. Beigeordnete) zu seinem weiteren Fortkommen, insofern er ohne Gefahr transportirt werden kann, die geeignete Verfügung zu treffen.

Wenn er es nöthig findet, so läßt er eine ärztliche Untersuchung des Kranken vornehmen, welcher sich derselbe unterwerfen muß.

4) Entfernung des Beurlaubten. Der beurlaubte Soldat darf sich nicht über 4 Nächte von dem Orte entfernen, wohin sein Urlaubspaß lautet, ohne zuvor schriftliche Erlaubniß dazu eingeholt zu haben.

Diese Erlaubniß kann ihm von dem Bürgermeister (bz. Beigeordneten) ertheilt werden, wenn der Ort, wohin er sich begeben will, entweder innerhalb des Kreises liegt, oder außerhalb desselben (sei es im Inlande oder im Auslande) nicht über 15 Stunden von dem Orte, wohin der Urlaubspaß lautet, entfernt ist. A. d. M. d. J. v. 29. Nov. 1848.

Die Lokalbehörden haben jede von ihnen ertheilte Erlaubniß der Art in das Verzeichniß einzutragen.

Die Erlaubnißscheine werden nach beistehendem Formular ausgefertigt.

Erlaubnißschein für einen beurlaubten Soldaten.

Name des Inhabers:	Der neben beschriebene, hierher beurlaubte Soldat hat die Erlaubniß, sich nach . . . . . .
Regiment oder Corps, worin derselbe steht:	zu begeben und dort so lange aufzuhalten, als seine Urlaubszeit dauert oder als er nicht in den Dienst einberufen wird.
Personal-beschreibung:	(Ort, Datum, Unterschrift und Siegel.)
Alter 2c.	Es ist dazu gedrucktes Formular zu verwenden.

5) Will der Soldat sich weiter als 15 Stunden entfernen, so muß er die Erlaubniß seiner vorgesetzten Militärbehörden einholen.

Entfernt er sich nur auf 4 Nächte oder weniger, so hat er seine Verwandten in genaue Kenntniß zu setzen, wohin er sich begibt.

6) Bleibt er ohne Erlaubniß über 4 Nächte weg, so hat der Bürgermeister (bz. Beigeordnete) alsbald die Eltern oder sonstigen Verwandten zur Herbeischaffung des Abwesenden anzuhalten, und wenn sich hierauf derselbe nicht innerhalb einiger Tage bei ihm meldet, der Compagnie oder Schwadron schriftliche Anzeige zu machen.

7) Forts. in Bezug auf Kriegsreservisten. Ist derjenige, welcher die Erlaubniß zum Weggehen über 4 Nächte empfangen hat, ein eingeübter Kriegsreservist, so ist derselbe anzuweisen, vor seinem Weggehen entweder seine sämmtlichen Montirungsstücke, nebst Montirungsbüchelchen, seinen Eltern oder sonstigen Angehörigen zur sicheren Aufbewahrung zu übergeben, und denselben einzuschärfen, daß sie, wenn während seiner Abwesenheit eine Ordre zu Inspicirung der Kriegsreservisten erfolgen sollte, dieselben an dem bestimmten Termine dem inspicirenden Offizier vorzuzeigen hätten, oder in Ermangelung vertrauter Angehörigen, solche seinem Hauptmann oder Rittmeister mit der Bitte um deren Aufbewahrung zu überbringen oder kostenfrei zu überschicken.

8) Aufenthalt Beurlaubter aus anderen Orten. Ohne schriftliche Erlaubniß des Bürgermeisters (Beigeordneten) kann sich im Orte kein Beurlaubter aus einem anderen Orte über Nacht aufhalten. Diese Erlaubniß kann der Bürgermeister (Beigeordnete) vier Nächte lang auf den bloßen Urlaubspaß hin geben; nach Ablauf dieser Zeit weiset er den Beurlaubten an, sich zu entfernen und in den Ort zu begeben, wohin sein Urlaubspaß lautet, er müßte denn von dem Bürgermeister (Beigeordneten) dieses letzteren Ortes oder von seiner vorgesetzten Militärbehörde einen Erlaubnißschein zum längeren Aufenthalte auswärts erhalten haben.

9) Verfahren bezüglich der Einberufungsordre. Wenn der Bürgermeister (Beigeordnete) eine Einberufungsordre für einen beurlaubten Soldaten erhält, so läßt er denselben vor sich kommen und händigt ihm die Ordre ein, nachdem er unter dieselbe mit Beidrückung seines Dienstsiegels gesetzt hat:

Dem Beurlaubten eingehändigt.

. . . . am . . ten . . . . . 18 . . um . . Uhr

(Morgens oder Nachmittags oder Abends).

Der Bürgermeister

N. N.

Tag und Stunde dürfen hierbei nicht mit Zahlen, sondern müssen mit Buchstaben geschrieben werden.

Wenn der Einbeorderte mit Erlaubniß abwesend oder wenn überhaupt der Ort seines auswärtigen Aufenthaltes bekannt ist, so hat der Bürgermeister (Beigeordnete) die Ordre sogleich durch sichere Gelegenheit, nöthigenfalls durch einen, auf Kosten des Einbeorderten abzusendenden Expressen, an den Bürgermeister (Beigeordneten) seines Aufenthaltsortes zur Einhändigung an denselben zu schicken. Der letztere bescheinigt dann auf der Ordre den Tag und die Stunde der Einhändigung.

Ist dagegen der Einbeorderte über vier Nächte ohne Erlaubniß abwesend oder ist überhaupt sein Aufenthaltsort unbekannt, so hat der Bürgermeister (Beigeordnete) die Compagnie oder Schwadron sogleich zu benachrichtigen, daß und seit wann der Mann abwesend, daß sein Aufenthaltsort unbekannt ist, und ob er sich ohne Erlaubniß entfernt hat. Dabei hat er jedoch genaue Erkundigung einzuziehen, wo er sich befindet, und ihm, wenn er es erfährt, die Ordre ohne Verzug zustellen zu lassen.

Ist endlich der Einbeorderte wegen Krankheit außer Stande, der Ordre Folge zu leisten, so benimmt sich der Bürgermeister (Beigeordnete) nach Satz 17.

10) Abreise des Soldaten nach beendigtem Urlaub. Wenn der Soldat Einberufungsordre erhalten hat, oder wenn seine, im Urlaubspasse genau bestimmte Zeit abgelaufen ist, so muß er so abreisen, daß er an dem bestimmten Tage und zur bestimmten Stunde bei seiner Compagnie oder Schwadron eintreffen kann.

Vor seiner Abreise hat er sich bei dem Bürgermeister oder Beigeordneten (und dem Militärcommandanten, wenn ein solcher im Orte ist) zu melden und dem Ersteren seinen Urlaubspaß vorzulegen. Die Ersteren bemerken auf dem Urlaubspasse genau und gewissenhaft, wie sich der Beurlaubte während seiner Urlaubszeit betragen hat. Diese Bemerkung muß in den besonders hierzu abgetheilten Raum des Urlaubspasses (welcher überschrieben ist: „Attestation des Bürgermeisters bei dem Abgang des Beurlaubten") eingetragen werden, und der Bürgermeister (Beigeordnete) muß diese Bemerkung mit Beifügung von Ort und Datum unterschreiben und sein Dienstsiegel beidrücken. Findet er Anstand, sich über das Betragen auf dem Urlaubspasse zu äußern, so bemerkt er auf demselben, daß er über das Betragen des Beurlaubten der Compagnie oder Schwadron besonders zuschreiben werde; in diesem Falle muß aber diese besondere Benachrichtigung unverzüglich erfolgen. — Der Abgang des Beurlaubten, so wie dessen Betragen ist mit wenigen Worten in das Verzeichniß einzutragen.

11) Hindernisse der Abreise. Sollte zu der Zeit, wo die Ordre ankommt, die zum Eintreffen des Beurlaubten bestimmte Zeit bereits abgelaufen sein, oder sollte die Ordre so spät ankommen, daß es dem Manne unmöglich wäre, zur bestimmten Zeit in seiner Garnison einzutreffen, so händigt ihm der Bürgermeister (Beigeordnete) die Ordre mit dem Bemerken ein, daß er sich hiernach unverzüglich auf den Weg machen müsse, um so schnell als möglich in seine Garnison zu gelangen, und daß er sich im Falle der Unterlassung oder Zögerung den Strafen der Desertion aussetze. Da auf der Rückseite des Urlaubspasses genau bemerkt ist, wie viele Stunden Wegs in solchen Fällen der Beurlaubte täglich zurücklegen muß, so ist er auf die genaueste Einhaltung dieser Vorschrift noch besonders aufmerksam zu machen. Doppelt nöthig ist es in Fällen dieser Art, daß der Bürgermeister (Beigeordnete) auf der Ordre die Stunde, wann solche dem Manne eingehändigt worden ist, auf das Genaueste bemerke.

Auf die vorbemerkte Weise wird auch in dem Falle verfahren, wenn die Ordre dahin lautet, daß sich der Beurlaubte sogleich bei Empfang derselben zu seinem Regiment oder Corps begeben solle.

12) Verfahren gegen die Säumigen. Wenn ein Beurlaubter länger in der Gemeinde bleibt, als ihm die Zeit, wo er im Dienste eintreffen muß, und die Entfernung von der Garnison erlaubt, so hat ihn der Bürgermeister (Beigeordnete) an seine alsbaldige Abreise zu erinnern. Geht er hierauf nicht ab, so hat er ihn aus dem Orte wegzuweisen, und wenn er auch dann nicht Folge leistet, gefänglich in seine Garnison abführen zu lassen, was in der Regel durch Gensdarmen geschehen muß.

13) Arretirung unlegitimirter Soldaten. Soldaten, welche sich ohne Urlaubspaß und ohne einen der in 1) erwähnten Erlaubnißscheine in irgend einem Orte des Großherzogthums einfinden, hat der Bürgermeister (Beigeordnete) dieses Ortes sogleich zu arretiren und in die Garnison abführen zu lassen, er müßte sich denn

auf andere Weise überzeugen, daß ihnen keine Pflichtverletzung zur Last fällt.

Wenn ein in einem Orte eintreffender Soldat angibt, aus der Garnison in Urlaub oder aus Urlaub in Garnison zu gehen, so darf der Bürgermeister (Beigeordnete) dieser Angabe nur dann Glauben beimessen, wenn der Ort auf dem Wege oder in der Nähe des Weges liegt, den der Soldat demnach zu machen hat. Liegt aber der Ort in ganz anderer Richtung, so ist der Soldat zu arretiren und in seine Garnison abzuliefern.

14) Beherbergung 2c. unlegitimirter Soldaten. Die Bürgermeister (Beigeordneten) haben auf das Genaueste darüber zu wachen, daß von Bewohnern ihrer Gemeinden keine unlegitimirte Soldaten über Nacht beherbergt, oder in Dienst oder Arbeit aufgenommen werden.

Diejenigen, welche sich einer solchen Zuwiderhandlung gegen das Gesetz v. 29. Septbr. 1835 (Reg.-Bl. Nr. 46) *) schuldig machen, haben sie sogleich (in den Prov. St. u. O. zunächst bei der Regierungsbehörde, in der Prov. Rh. bei den ordentlichen einfachen Polizeigerichten unmittelbar) anzuzeigen.

15) Wandern der Beurlaubten. Die Erlaubniß, sich zum Wandern oder des Verdienstes wegen in das Ausland begeben zu dürfen, kann der Soldat nur von dem Commandeur seines Regiments oder Corps erhalten, insofern er sich weiter entfernen will, als in 1) bestimmt ist. Hat er sie aber erhalten, so muß er dem Bürgermeister (Beigeordneten) seines Wohnortes die Richtung und das Ziel seiner Reisen, die wahrscheinliche Dauer seiner Abwesenheit und seinen jedesmaligen Aufenthaltsort von längerer Dauer

---

*) Art. 1 d. G. v. 29. Septbr. 1835: „Wer einen wegen Abwesenheit von seinem Regiment oder Corps nicht legitimirten Soldaten aus demselben oder einem anderen Orte des Großherzogthums beherbergt, oder gar in Dienst oder Arbeit aufnimmt, wird, wenn er dessen militärische Eigenschaft kannte, mit einer Polizeistrafe von Sieben bis Fünfzehn Gulden belegt, welche in der Provinz Rheinhessen von den ordentlichen einfachen Polizeigerichten zu erkennen ist. Im Falle der Zahlungsunfähigkeit haben die Polizeigerichte die von ihnen erkannten Geldstrafen in eine verhältnißmäßige Gefängnißstrafe zu verwandeln, wobei Vierzig Kreuzer Geldstrafe für einen Tag Gefängnißstrafe anzunehmen ist".

„Was zur Legitimation eines Soldaten jeweilig gehört, wird jederzeit durch das Regierungsblatt öffentlich bekannt gemacht werden." Vergl. V. v. 10. Novbr. 1835 u. §§ 96, 97 u. 108 oben.

anzeigen, um unter allen Umständen auf seine Kosten und Gefahr erreicht werden zu können. Wenn er dies unterläßt und sich dadurch in die Lage setzt, daß er eine an ihn ergehende Einberufungsordre nicht erhalten kann, so setzt er sich den Strafen der Desertion aus.

Der Bürgermeister (Beigeordnete) hat daher, wenn sich ein Soldat mit einem solchen Erlaubnißscheine seines Commandeurs bei ihm meldet, denselben, wenn es nicht bereits geschehen ist, in das Verzeichniß der Beurlaubten einzutragen und darin die oben angeführten Notizen jedesmal zu bemerken, so daß er jeder Zeit vollständige Auskunft über den Mann, so weit sie ihm selbst zugekommen ist, geben kann.

Ist Derjenige, welcher mit Wandererlaubniß weggehen will, ein eingeübter Kriegsreservist, so hat ihn der Bürgermeister (Beigeordnete) in Bezug auf die Aufbewahrung und Vorzeigung seiner Montirungsstücke ebenso anzuweisen, wie in 7) vorgeschrieben ist.

16) Gewerbspatente für Beurlaubte. Von Gewerbspatenten (wodurch ein Soldat zur Betreibung gewisser Gewerbe im ganzen Umfange des Großherzogthums berechtigt wird) gilt das Nämliche.

17) Verfahren in Krankheitsfällen. Wenn ein Soldat, dessen Urlaubszeit dem Ablauf nahe oder der in den Dienst einbeordert ist, wegen Krankheit außer Stande zu sein behauptet, sich in seine Garnison zu begeben, so hat der Bürgermeister (Beigeordnete) ein Zeugniß des Kreisarztes, welches dieser genau nach dem beifolgenden Formular

Krankheitszeugniß.

Dem . . . (Vor- und Zuname) . . . . vom . . (Regiment oder Corps) . . . . . aus . . . . (Kreis) . . . ., bezeuge ich unterzeichneter Kreisarzt auf Amtspflicht, daß ich ihn an . . . . (Krankheitsform) . . . ., von welcher er . . . . (Anfang und Verlauf) . . . befallen worden ist und an welcher er gegenwärtig noch leidet, selbst behandelt habe;

oder: daß ich, obgleich ich ihn nicht selbst behandelt, mich durch den Augenschein überzeugt habe, daß er an . . . krank sei;

oder: daß theils aus dem Zeugniß des Bürgermeisters, theils aus dem von mir mit ihm angestellten Krankheitsexamen erwiesen ist, daß er vom . . . bis zum . . . an . . . krank war ꝛc.

und daß er sich deßwegen außer Stande befindet, der an ihn ergangenen Einberufungsordre Folge zu leisten.

Der gegenwärtige Zustand des Kranken (oder Reconvalescenten) berechtigt zu der Erwartung, daß derselbe binnen . . . . dienstfähig und im Stande sein werde, die Ordre zu befolgen;

oder: die Vorsage, bis zu welcher Zeit der Kranke dienstfähig sein werde, kann jetzt nicht gegeben werden.

. . . ., am . . ten . . . . 18 . .

(Siegel.) (Name des Kreisarztes.)

abfassen und mit seinem Dienstsiegel versehen muß, an die Compagnie oder Schwadron einzuschicken, und zwar wo möglich so frühzeitig, daß es derselben vor dem Tage, an welchem der Mann im Dienste eintreffen müßte, zukommt. Vor der Einsendung hat er jedoch darauf zu sehen, daß das Zeugniß genau in der vorgeschriebenen Form abgefaßt ist, und solches, wenn dieß nicht der Fall ist, zur Verbesserung oder Vervollständigung zurückzugeben.

Diese kreisärztlichen Krankheitszeugnisse müssen für unvermögende Soldaten ganz unentgeltlich ausgestellt werden, auch wenn sich die Kreisärzte deßhalb von ihren Wohnorten entfernen müssen.

Wenn über einen Beurlaubten ein Krankheitszeugniß eingeschickt worden ist, so hat der Bürgermeister (Beigeordnete), sobald jener im Stande ist, die Reise in seine Garnison zu machen, unverzüglich der Compagnie oder Schwadron davon Nachricht zu geben.

Niemals darf der Bürgermeister (Beigeordnete) einen Soldaten, der im großen Urlaub erkrankt, in ein Militärlazareth bringen lassen; thut er es doch, so muß er sich gewärtigen, zur Bezahlung aller entstehenden Kosten angehalten zu werden. Wenn ein solcher Soldat unvermögend ist, die Heilungskosten zu bezahlen, so muß er aus denselben Mitteln, wie unvermögende bürgerliche Personen in Krankheitsfällen, unterstützt werden.

18) Strafe für Versäumniß vorstehender Vorschriften. Da die in Vorstehendem, bes. in 8) u. 13), enthaltenen Vor-

schriften hauptsächlich den Zweck haben, Desertionen zu verhüten, und da dieser Zweck bei nicht genauer Befolgung dieser Vorschriften nicht erreicht werden kann, so wird jede Versäumniß derselben, welcher sich ein Bürgermeister oder Beigeordneter schuldig machen sollte, unnachsichtlich mit einer Geldstrafe von 1—10 Rchsthlr. geahndet.

19) Aufsicht über den Lebenswandel. Den Bürgermeistern (Beigeordneten) liegt es ob, thätigst dahin zu wirken, daß die in ihren Gemeinden befindlichen beurlaubten Soldaten einen ordentlichen und sittlichen Lebenswandel führen.

Den allgemeinen Polizeiverordnungen ist der Soldat, wie jeder Bürger, in ihrem ganzen Umfange unterworfen; ebenso den besonderen Polizeiverordnungen des Ortes, in welchem er sich auf Urlaub befindet.

Insbesondere darf der Bürgermeister (Beigeordnete) nicht dulden, daß ein beurlaubter Soldat mit einer ledigen Weibsperson oder Wittwe in wilder Ehe lebt, daß er sich dem Trunke, der Nachtschwärmerei oder anderen Sittenlosigkeiten und Lüderlichkeiten ergiebt u. dgl. Einen solchen muß er bei Zeiten ernstlich warnen, und, wenn dies nicht fruchtet, der Compagnie oder Schwadron alsbald die Anzeige machen.

20) Verfahren gegen Soldaten, die sich auf dem Marsche ordnungswidrig betragen. Wenn ein oder mehrere beurlaubte Soldaten sich auf dem Marsche in ihre Garnison oder in ihre Heimath nicht ruhig und anständig benehmen, wenn sie, namentlich bei dem Passiren von Ortschaften, durch überlautes Singen, Schreien oder durch sonstigen Unfug die örtliche Ordnung stören, so haben die betreffenden Bürgermeister (Beigeordneten) die Pflicht, dieselben nach vorheriger Einsicht ihrer Urlaubspässe oder Ordres ihren Capitainen oder Rittmeistern anzuzeigen, in Fällen von größeren Excessen aber sie zu arretiren und abführen zu lassen (siehe 12).

21) Tragen der Montirung in Urlaub und Schonung derselben. Der im großen Urlaub befindliche Soldat darf seine Militärmontirung, nebst dem Säbel, nur anziehen:

1) an Sonn- und Feiertagen,
2) wenn er vor öffentlichen Behörden zu erscheinen hat,
3) wenn er in Dienst geht.

Wenn der Bürgermeister (Beigeordnete) bemerkt oder in Erfahrung bringt, daß ein Beurlaubter seine militärischen Kleidungsstücke verwahrlost, namentlich bei seiner Arbeit oder bei seinem Gewerbe trägt, oder gar, daß er dieselben oder einzelne dieser Kleidungsstücke verkauft, verpfändet oder sonst veräußert hat, so hat er der Compagnie oder Schwadron die Anzeige davon zu machen.

22) Säbeltragen der Beurlaubten. Den Säbel darf der Soldat niemals, ohne in seine Militärmontirung gekleidet zu sein, anlegen. Derjenige aber darf gar keinen Säbel tragen, der keinen in Urlaub mitbringt.

Die Bürgermeister (Beigeordneten) haben alle diejenigen Soldaten, auf deren Urlaubspaß das Verbot des Säbeltragens bemerkt ist, in dieser Beziehung zu überwachen und in jedem Falle, wo ihnen zur Kenntniß kommt, daß ein solcher einen Säbel trägt oder getragen hat, oder nur im Besitze eines Militärsäbels ist, unverzüglich der Compagnie oder Schwadron desselben davon die Anzeige zu machen. — Dieselbe Anzeige haben sie zu machen, wenn ein Soldat seinen Säbel zu Schlägereien oder Beschädigungen mißbraucht.

23) Jährliche Musterung der Kriegsreservisten. Da bei Gelegenheit der jährlichen Musterung der Militärpflichtigen auch die älteren Kriegsreservisten durch die Rekrutirungskapitaine inspicirt werden, so ist den Bürgermeistern (Beigeordneten) in Bezug auf Dasjenige, was ihnen in dieser Hinsicht zu thun obliegt, nachstehende Vorschrift ertheilt:

1) Sobald der Bürgermeister (Beigeordnete) durch die Regierungsbehörde das Verzeichniß derjenigen Kriegsreservisten erhält, welche zu der Inspicirung durch den Rekrutirungskapitain beordert werden sollen, läßt er alle diejenigen derselben, welche im Orte anwesend und nicht verhindert sind, gleichzeitig vor sich kommen und macht ihnen Alles dasjenige bekannt, was in dem Ausschreiben der Regierungsbehörde enthalten ist. Er fordert sie zugleich auf, sich auf das Genaueste danach zu achten und sich nicht durch Versäumniß des Einen oder des Anderen einer Strafe auszusetzen.

2) Hinsichtlich derjenigen von den erwähnten Kriegsreservisten, welche im Orte nicht anwesend oder welche sonst zu erscheinen verhindert sind, verfährt der Bürgermeister (Beigeordnete) auf folgende Weise:

a) Ist ein solcher Kriegsreservist nicht über 6 Stunden vom Orte entfernt, so läßt ihn der Bürgermeister (Beigeordnete) durch dessen Verwandten oder sonst auf sicherem Wege von Ort, Tag und Stunde in Kenntniß setzen, wo er zur Musterung zu erscheinen hat.

b) Hat sich der Kriegsreservist über 6 Stunden entfernt, sei es mit der in 4) erwähnten Erlaubniß oder mit Wandererlaubniß, oder mit Gewerbspatent, so läßt der Bürgermeister (Beigeordnete) diejenige Person vor sich kommen, welcher der Kriegsreservist seine Montirungsstücke 2c. (nach 7, 15, 16) zur Aufbewahrung und Vorzeigung übergeben hat, stellt derselben eine Bescheinigung darüber aus, daß und warum der Kriegsreservist nicht selbst erscheinen könne, und weiset die gedachte Person an, mit dieser Bescheinigung, mit sämmtlichen Montirungsstücken und dem Montirungsbüchelchen an dem bestimmten Tag und zu der bestimmten Stunde vor dem Rekrutirungskapitain zu erscheinen.

c) Ist der Kriegsreservist ohne Erlaubniß über 6 Stunden oder länger als 4 Nächte von Haus abwesend, so setzt der Bürgermeister (Beigeordnete) die Verwandten desselben von der bevorstehenden Inspicirung in Kenntniß, macht sie auf die Folgen seines ferneren Ausbleibens aufmerksam und verfährt übrigens nach 6).

d) Ist der Kriegsreservist krank oder in einem Civilgefängniß arretirt, so stellt der Bürgermeister (Beigeordnete) hierüber eine Bescheinigung aus und sorgt dafür, daß die Montirungsstücke des Kriegsreservisten, nebst dem Montirungsbüchelchen und der erwähnten Bescheinigung, durch die Angehörigen desselben, oder, wenn er keine hat, wo möglich durch andere Kriegsreservisten aus demselben Orte, welche ebenfalls vor dem Rekrutirungskapitain zu erscheinen haben, demselben vorgezeigt werden.

e) Wenn ein in dem Ausschreiben vorkommender Kriegsreservist, der bisher abwesend, krank oder arretirt war, noch vor der Musterung zurückkehrt, wiederhergestellt oder aus Arrest entlassen wird, so läßt ihn der Bürgermeister (Beigeordnete) vor sich kommen und macht ihm die nöthigen Bekanntmachungen ebenso, wie bei a) bemerkt ist.

Wenn die Kriegsreservisten etwa nicht durch die Rekrutirungskapitaine, sondern durch andere Offiziere inspicirt werden sollen, so wird ebenfalls nach den obigen Vorschriften verfahren.

24) Arbeiten und Handwerksbetrieb der Beurlaubten. Es ist dem beurlaubten Soldaten nicht gestattet, anders als auf dem Wege gebilligter Arbeit oder eines erlaubten Gewerbes Geld zu erwerben; er kann kein Handwerk, keine Kunst, deren Betrieb versteuert werden muß, auf eigene Rechnung treiben, wenn er nicht zuvor gesetzlich in die Zunft genommen ist oder ein Patent gelöst hat; dagegen ist ihm erlaubt, als Gehülfe bei einem zunftmäßigen oder patentisirten Meister zu arbeiten.

Die Bürgermeister haben sich hiernach zu achten.

25) Aufnahme von Soldaten als Ortsbürger, Meister &c. s. Abth. XI, Abschn. I.

26) Uebernahme von öffentlichen Aemtern oder Diensten durch Soldaten. Keinem Soldaten ist es gestattet, vor seiner wirklichen Beabschiedung irgend ein öffentliches Amt oder einen öffentlichen Dienst zu übernehmen, es müßte denn in besonderen Fällen von dem Kriegsministerium die Erlaubniß dazu ertheilt werden.

27) Verfahren in Todesfällen. Wenn ein beurlaubter Soldat mit Tod abgeht, so verfügt sich der Bürgermeister (Beigeordnete) unverzüglich in seine Wohnung, nimmt ein Verzeichniß seiner Militäreffekten auf und läßt dieselben in das Gemeindehaus oder in sonstige Verwahrung bringen. Zugleich ersucht er, im Fall der Soldat an einer ansteckenden Krankheit gestorben ist, den Kreisarzt um alsbaldige Ausstellung einer Bescheinigung, welche eine genaue Beschreibung der Krankheit und ein motivirtes Gutachten über die Frage enthält, ob aus medizinischen Gründen die Vernichtung der Montirungsstücke nothwendig sei oder nicht. Das aufgenommene Verzeichniß der Montirungsstücke, das Montirungsbüchelchen und den Urlaubspaß des Verstorbenen, so wie die etwaige Bescheinigung des Kreisarztes, sendet er sofort an die Compagnie oder Schwadron mit einem Schreiben, worin er zugleich den Tag des Todes bemerkt. Die weitere Verfügung hinsichtlich der Militäreffekten wird ihm hiernächst durch die Compagnie oder Schwadron bekannt gemacht.

28) Einsendung von Orden und Ehrenzeichen verstorbener Soldaten s. Abth. II, § 12.

29) Desertion beurlaubter Soldaten. Wenn ein Soldat in Urlaub desertirt, so nimmt der Bürgermeister (Beigeordnete) ein Verzeichniß der von demselben zurückgelassenen Militäreffekten auf und sendet dasselbe, nebst dem Montirungsbüchelchen und dem Urlaubspaß des Deserteurs, wenn Beides vorhanden ist, an die Compagnie oder Schwadron ein. Eben dahin werden die einstweilen in sichere Verwahrung gebrachten Militäreffekten selbst eingeschickt, sobald sich eine sichere Gelegenheit ergibt, wodurch keine oder nur unbedeutende Kosten entstehen. (S. auch oben Satz 14 u. § 96 u. 97 u. 108.)

30) Schnelle Erledigung der Requisitionen. Allen Requisitionen der Compagnie- oder Schwadronsbefehlshaber und der sonstigen Militärbehörden, in Bezug auf beurlaubte Soldaten, haben die Bürgermeister und Beigeordneten auf das Schnellste und Vollständigste zu entsprechen. Jede Saumseligkeit hierin soll ernstlich gerügt werden.

31) Siegelung der Zeugnisse. Bei allen Zeugnissen, welche die Bürgermeister (Beigeordneten) den beurlaubten Soldaten ertheilen, haben sie ihr Dienstsiegel beizudrücken.

32) Einbeorderung der Marschpflichtigen. Alles was oben (namentlich in 3, 9, 10, 11, 12, 17) von der Einbeorderung beurlaubter Soldaten gesagt ist, gilt auch von der Einbeorderung der Marschpflichtigen, welche in Gemäßheit der bei der letzt verflossenen Musterung gezogenen Loose zum Militärdienste abgegeben worden sind.

33) Obere Aufsicht der Regierungsbehörden. Die Regierungsbehörden sollen strenge darauf achten, daß die Lokalbehörden diesen Vorschriften genau nachleben.

Sie haben auf der einen Seite die Mitaufsicht über das Betragen der beurlaubten Soldaten zu führen, in den geeigneten Fällen durch Ermahnungen, Warnungen, Anzeigen und, wo es durchaus nöthig ist, durch Arretirungen gegen sie einzuschreiten, auf der anderen Seite aber auch sie gegen Beeinträchtigungen und Unbilden zu schützen, ihnen mit Rath und That an die Hand zu gehen.

§ 110. Erkrankung von Militärarrestaten. In den Fällen, in welchen Militärarrestaten auf dem Transport marschunfähig werden und durch Fuhre weiter gebracht werden müssen, ist nach den nämlichen Vorschriften zu verfahren, welche in Bezug auf den Weitertransport marschunfähig gewordener Civilarrestaten bestehen. Den, durch die abgeschlossenen Accorde bestimmt werdenden Kostenbetrag der auf Requisition einer Militärbehörde oder des escortirenden Gensdarmen zur Fortbringung eines marschunfähig gewordenen Militärarrestaten geleisteten Fuhre haben die Bürgermeister, unter Beischluß der etwa eingekommenen schriftlichen Requisition und der ärztlichen Bescheinigung über die Nothwendigkeit der Fuhre, in jedem einzelnen Falle an die Regierungsbehörde, behufs der Erwirkung der Anweisung auf die betreffende Militärkasse, einzuberichten. A. d. M. d. J. v. 26. Okt. 1839, und E. d. Kr.M. an die R.C. vom 27. Okt. 1851.

§ 111. Unterstützung von Invaliden, Soldaten-Wittwen 2c. Die Bürgermeister haben die zum Pensionsbezug erforderlichen Lebens-Certificate für Invaliden und Soldaten-Wittwen, so wie die Bescheinigungen, daß Letztere sich nicht wieder verheirathet haben, auf Verlangen ohne Verzug stempelfrei und unentgeltlich auszustellen. B. v. 12. Juni 1818.

Behufs Unterstützung derjenigen nicht bereits pensionirten oder angestellten Individuen, welche einen Feldzug mitgemacht und das Felddienstzeichen erhalten haben, ist von den Bürgermeistern nach Maßgabe der für solche Gesuche besonders vorgeschriebenen gedruckten Fragbogen zu berichten. E. d. K. M. v. 9. März 1841.

III. Abschnitt.

Garnisonirung.

§ 112. In den Garnisonsplätzen hat die Civilbehörde alle ihre Verordnungen dem Platzcommando mitzutheilen. Sollen dadurch auch die Militärpersonen verpflichtet werden, so muß, sehr dringende Fälle ausgenommen, zuvor die Zustimmung der Militärbehörde dazu erwirkt, im Anstandsfalle aber Bericht erstattet werden.

Umgekehrt theilt auch das Platzcommando, wenn es innerhalb seines Wirkungskreises Ordres erläßt, welche irgend einen Bezug auf das Publikum der Garnisonsstadt haben können, dieselben der Civilbehörde zur Nachricht mit.

§ 113. Die Polizei in den Militärgebäuden selbst steht ausschließlich den Militärbehörden zu. Machen sich Kasernenbewohner Zuwiderhandlungen gegen civilpolizeiliche Anordnungen schuldig, so sind solche dem Kasernen-Inspector oder Commandanten unmittelbar anzuzeigen, insofern nicht die Regierungsbehörde die Anzeige durch ihre Vermittelung vorzieht.

Den Agenten der Polizei ist der Zutritt in die Kasernen in der Regel offen, sie können aber, wenn nicht Gefahr auf dem Verzuge steht, z. B. Feuer ausbricht, ein verfolgter Verbrecher in die Kaserne entspringt u. dgl. m., keine polizeilichen Functionen darin ausüben. Dienstreglement für die Großh. Truppen §§ 632—636 u. E. d. M. d. J. v. 15. Juli 1836.

§ 114. Ueber das Verhältniß der Civilpolizei zum Militär in Kriegsplätzen und die dortigen besonderen Befugnisse der Commandanten, bz. Gouverneure, entscheiden die betreffenden Festungs-Reglements.

§ 115. Einquartierung inländischer Truppen. G. v. 17. Aug. 1848. Wo die Kriegsverwaltung keine hinreichenden Einrichtungen zur Kasernirung und Verpflegung der Großh. Truppen besitzt, sind die Einwohner zur Einquartierung und Verpflegung derselben verpflichtet.

Für das Quartier wird keine, für die Verpflegung aber in der Regel die in dem folgenden Tarif bestimmte Vergütung geleistet. Art. 1 u. 2 d. G.

Tarif.

I. Einquartierung.

a) Gebühr der Mannschaft.

Jeder Mann, vom Unteradjutanten abwärts, und jeder Militärdiener dieses Grades hat nur den Aufenthalt in dem Wohnzimmer bei dem Licht und Feuer des Quartierträgers anzusprechen, sodann ein frisch überzogenes Bett und in dessen Ermangelung frisches Stroh in hinreichender Menge.

b) Gebühr der Offiziere.

1) Ein Offizier, vom Hauptmann (Rittmeister) einschließlich abwärts, und ein in deren Rang stehender Kriegsbeamter hat, wenn es die Ortsverhältnisse gestatten, zu fordern — ein Zimmer.

2) Ein Stabsoffizier oder Kriegsbeamter dieses Ranges — zwei Zimmer.

3) Ein General — drei Zimmer.

Es gebührt denselben eine ihrer Dienststelle und den Ortsverhältnissen angemessene Einrichtung mit Bett, nebst der erforderlichen Heitzung und Beleuchtung, außerdem noch die nöthige Unterkunft für ihre Diener und Stallung für ihre Dienstpferde.

II. Verpflegung.

A. Des dienstthuenden Militärs.

1) Gebühr des Soldaten bis zum Unteradjutanten einschließlich.

Die volle Tagesverköstigung besteht aus dem Mittag- und Abendessen des einen und dem Morgenessen des darauf folgenden Tages — ohne Wein oder Bier und Branntwein.

Es soll bestehen:

das Mittagessen in Suppe, in einem halben Pfund Fleisch, in Gemüse und einem halben Pfund Brod;
das Abendessen in Gemüse und einem halben Pfund Brod;
das Morgenessen in Suppe und einem Pfund Brod.

2) Vergütung.

Für die volle Tagesverköstigung, vom Unteradjutanten abwärts, werden für jeden Mann und Tag vergütet

Achtzehn Kreuzer.

Ist die Verpflegung zwischen mehreren Stationen getheilt oder wird von dem Militärcommando bestimmt, daß sich die einquartierte Mannschaft das Morgen- oder Abendessen selbst zu stellen hat, so werden gerechnet:

für das Morgenessen	3½	Kr.
„ „ Mittagessen	11	„
„ „ Abendessen	3½	„

und die dafür ausgeworfenen Beträge an die Mannschaft ausbezahlt.

Kann in besonderen Fällen statt des Mittag- und Abendessens nur einmal gegessen werden, so wird für dieses verstärkte Essen 14½ Kreuzer vergütet.

3) Für die volle Tagesverköstigung der Offiziere und im Offiziersrang stehenden Militärbeamten, bestehend in Hausmannskost, haben diese einen Gulden dem Quartierträger zu vergüten

Findet die ganze Verköstigung nicht auf einer Station statt, so werden gerechnet:

für das Morgenessen	. . . . .	8 Kr.
„ „ Mittagessen	. . . . .	36 „
„ „ Abendessen	. . . . .	16 „

B. Der Kranken.

1) Der in einer Civilanstalt aufgenommenen oder in einem öffentlichen Gebäude untergebrachten:
   a) für die Medizin wird die Taxe vergütet;
   b) für die Verpflegung und Verköstigung täglich für den Mann dreißig Kreuzer.

2) Der in Privatwohnungen befindlichen Kranken:
   a) die Medizin wird nach der Taxe vergütet;
   b) wegen Verpflegung und Verköstigung für den Mann und Tag sechsunddreißig Kreuzer;
   c) für den bei einem Kranken durch den Arzt für nöthig erklärten Wärter der durch das bestehende Taxreglement für solche Diener bestimmte Lohn.

Die Quartierbillets sind von der Ortsbehörde mit möglichster Genauigkeit auszustellen. Namentlich ist darin, wenn thunlich, der Tag der Einquartierung und die Mahlzeit, womit die Quartierverpflegung zu beginnen hat, einzutragen. Dieselben werden nach der Ausstellung dem quartiermachenden Offizier oder Unteroffizier gegen Quittung behändigt.

Die Militärbehörde läßt sodann von jeder Truppenabtheilung Listen über die wirklich vollzogene Einquartierung fertigen und stellt sie, nebst einer Hauptliste darüber, unter Rückgabe der nicht verwendeten Billets, der Ortsbehörde gegen Zurücklieferung der vorerwähnten Quittung über die empfangenen Billets zu.

Auf den Grund dieser Hauptliste wird alsdann aus der betreffenden militärischen Verpflegungskasse Zahlung an den Gemeinde-Einnehmer geleistet. V. v. 12. April 1850, § 3 u. 7.

§ 116. Die Anweisung zur Einquartierung geschieht von der bürgerlichen Behörde auf Vorlage der Marschrouten oder Dienstbefehle; a. G. Art. 3.

§ 117. Einquartierungspflichtig ist, mit Ausnahme der Mitglieder des Großh. Hauses, der in öffentlichen Gebäuden wohnenden Aufseher und Wärter und der in Irren-, Kranken-, Straf- und Arbeits-, Armen- und Arresthäusern wohnenden Angestellten, jeder steuerpflichtige Ortseinwohner. G. Art. 4.

Den Standesherren sollen, wo thunlich, nur Offiziere nebst deren Dienern und Dienstpferden zugetheilt werden. E. d. M. d. J. v. 27. Dezbr. 1852.

§ 118. Einquartierungspflichtige, in deren Wohnungen sich mit gefährlichen oder ansteckenden Krankheiten Behaftete, oder Wöchnerinnen oder Leichen befinden, sind einstweilen mit der Einquartierung zu übergehen, vorbehaltlich jedoch demnächstiger Ausgleichung bei späterer Einquartierung. G. Art. 5.

§ 119. Die Einquartierungspflichtigen dürfen die ihnen zugetheilte Mannschaft mit Genehmigung des Ortsvorstandes, bz. der Einquartierungscommission, anderen zuverlässigen Ortseinwohnern in Quartier und Verpflegung geben; sie bleiben aber für die richtige Erfüllung aller vorgezeichneten Verbindlichkeiten verhaftet. G. Art. 6.

§ 120. Die Vertheilung der einzuquartierenden Mannschaft soll in der Weise stattfinden, daß zuerst jedem Wohngebäude nach Verhältniß seines Steuerkapitals ein Einquartierungstheil zugemessen, solcher sodann aber unter die verschiedenen Bewohner desselben, nach Maßgabe ihrer Gewerb- und Personalsteuerpflicht, vertheilt wird.

Den Militärs, welche eigenthümliche oder gemiethete Wohnungen inne haben, aber nicht der Personalsteuerpflicht unterworfen sind, wird die von ihnen zu tragende Einquartierung nach dem Miethwerthe ihrer Wohnungen, in Anwendung des Personalsteuergesetzes vom 15. Juni 1827, zugewiesen.

Bei Zutheilung der Militärpferde ist auf die Größe und Beschaffenheit der im Orte vorhandenen Stallungen oder der dazu eingerichteten und verfügbaren Räume Rücksicht zu nehmen. G. Art. 7.

§ 121. Dem Ortsvorstande oder der von ihm bestellten Einquartierungscommission liegt es ob, dafür zu sorgen, daß nach dem gegebenen Maßstabe alle einquartierungspflichtigen Einwohner gleich belastet werden. Es dienen hierzu eigene, nach der bestimmten Vertheilungsnorm aufgestellte Normal-Einquartierungsrollen. Die Art und Weise, wie diese aufzustellen und die Einquartierungslisten zu fertigen sind, ist in der a. Instr. v. 28. April 1849 genau vorgezeichnet und formulirt. — In Betracht der nothwendigen Umständlichkeit des instructionsgemäßen Verfahrens ist übrigens von dem

Min. d. J. nachgelassen worden, daß die Vorbereitungen für die Fertigung der Einquartierungsrollen nur in den Orten vollständig zu treffen seien, in welchen voraussichtlich Durchmärsche und Aufstellungen Großh. Truppen dies nöthig machen. In anderen Orten, welche unerwartet von Einquartierung betroffen werden, werde man sich vorerst mit einer annähernd richtigen Zutheilung behelfen können. E. d. M. d. J. v. 28. April 1849.

§ 122. Bei Austheilung der Einquartierung soll gerechnet werden:

1) ein General . . . . für 10 Mann;
2) „ Stabsoffizier . . . „ 6 „
3) „ Offizier . . . . „ 4 „
4) „ Unteradjutant . . . „ 2 „
5) „ Oberfeldwebel . . . „ 2 „

Ein Pferd wird für einen halben Mann gerechnet. Instr. von 1849, § 10.

§ 123. Sowohl gegen die Einquartierungsrolle als die Zutheilung der Einquartierung selbst sind Beschwerden bei der Lokalbehörde und im Recurswege bei der Regierungsbehörde zulässig, bis zu deren Entscheidung jedoch die Anordnungen befolgt werden müssen. Art. 8.

§ 124. Die zum Behufe der Wachen und die sonstigen zum allgemeinen Dienstgebrauche nöthigen Räume, Magazine und Werkstätten, sind von den Ortsgemeinden zu stellen, auch ist von denselben das deßfallsige Heitzungs- und Beleuchtungsmaterial, so wie das nöthige frische Stroh zum Nachtlager der Wachtmannschaft zu liefern. Dafür wird den Gemeinden ortsübliche Vergütung geleistet, ausgenommen wenn von der Gemeinde zu ähnlichen Zwecken bestimmte Räume benutzt werden, oder insoweit die Zeit der Benutzung nicht länger als 6 Tage dauert. Art. 9 d. G., u. V. v. 1850, § 19.

§ 125. Wenn die Militärverwaltungsbehörde es vorzieht, die Verpflegung der Truppen ganz oder theilweise selbst zu stellen, fällt auch die Vergütung an die Quartierpflichtigen verhältnißmäßig weg. Dieselben haben aber auch dann in der Regel für die Zubereitung der Kost das nöthige Geschirr, Salz und Feuer zu stellen und auch die Zubereitung der Kost zu übernehmen. Art. 10.

Auch ist es unter außergewöhnlichen Verhältnissen den Truppenbefehlshabern überlassen, die Mannschaft gar nicht einzuquartieren, sondern vermittelst Lieferung und Zuführung von Lebensmitteln ꝛc. verpflegen zu lassen. Die Lokalbehörden sind diesenfalls verpflichtet, die erforderlichen Lieferungen unverweilt gegen Empfangsbescheinigung der Truppenbefehlshaber zu leisten. Die ortsüblichen Preise für die gelieferten Gegenstände sollen zwischen dem Truppenbefehlshaber und der Lokalbehörde vereinbart werden. Den Letzteren ist die pflichtmäßige Mitwirkung hierbei, so wie zum Abschluß möglichst billiger Accorde, besonders eingeschärft. E. d. M. d. J. v. 2. Mai 1849. Die Zahlung erfolgt sodann entweder unmittelbar durch den betr. Verpflegsoffizier oder demnächst und baldmöglich aus der betr. Regiments- oder Corps-Kasse. V. v. 1850, §§ 10 u. 11.

§ 126. Offiziere und Kriegsbeamte im Offiziersrange haben keine Verpflegung von dem Quartierträger zu fordern, sondern dafür selbst zu sorgen. Nur in Orten, wo die Selbstverpflegung nicht thunlich ist, haben die Quartierträger auch die Verköstigung an die Offiziere gegen die im Tarif festgesetzte Vergütung zu verabreichen. Art. 11.

§ 127. Wenn Militärpersonen im Dienst, und demnach auch die Mannschaft auf dem Marsch in und aus dem Urlaub, außerhalb des Bereichs der Militäranstalten erkranken, so sind dieselben gegen die in dem Tarif bestimmte Vergütung in die bürgerlichen Heilanstalten, wo nur immer möglich, aufzunehmen. — Wo eine solche Aufnahme nicht möglich ist, hat die Gemeinde des Aufenthaltsortes durch Vermittelung des Ortsvorstandes, ebenfalls gegen die tarifmäßige Vergütung, für die Unterkunft und Verpflegung der erkrankten Militärpersonen Fürsorge zu treffen. Art. 12. Die Zahlungsansprüche der Gemeinden deßfalls sind in ähnlicher Weise, wie in dem § 115 vorher bemerkt, zu belegen und zu erledigen. V. v. 1850, § 17.

§ 128. Werden bei längerem Aufenthalte von Truppenabtheilungen, außerhalb des Bereichs einer Militärheilanstalt, Militärheilanstalten für nothwendig erachtet, so ist von der Gemeinde des Aufenthaltsortes durch den Ortsvorstand, unter Mitwirkung der Militärbehörden und gegen Vergütung der wirklichen Auslagen, das hierzu erforderliche Lokal mit der nothwendigen Einrichtung, insofern Letztere nicht von der Militärbehörde selbst besorgt werden will, zu stellen. Art. 13.

§ 129. Für die Militärpferde kann von dem Quartierträger nur die nöthige Stallung nebst Streu und das zur Reinhaltung des Stalls erforderliche Geräthe ohne Vergütung in Anspruch genommen werden. Der Dünger verbleibt dem Quartierträger. Art. 14. — Mangelt es den Quartierträgern an Stroh, so hat die Lokalbehörde für Herbeischaffung des Bedarfs Sorge zu tragen. V. § 21.

§ 130. Wo die Kriegsverwaltung selbst keine Vorsorge dafür getroffen haben sollte, liegt es den Ortsgemeinden ob, den Bedarf an Hafer und Heu gegen von der Ersteren nach den ortsüblichen Preisen zu leistende Vergütung zu liefern. Art. 15. Die Erledigung der Zahlungsansprüche erfolgt ebenfalls in der oben §§ 115 u. 125 angedeuteten Weise.

§ 131. Die vorstehenden Bestimmungen finden auch bei Einquartierungen in Folge des Gesetzes vom 31. August 1848 beziehungsweise Anwendung. Deßgleichen bei allen einzeln mit Marschroute reisenden Militärpersonen.

Ausgenommen sind jedoch die eigentlichen Schutz- und Executions-Commando's, über deren Verpflegung in den besonderen Fällen im Sinne der im Verpflegungsreglement enthaltenen Vorschriften eigends verfügt werden soll. V. v. 1850, §§ 23 u. 24.

§ 132. Ferner findet das Gesetz keine Anwendung, sobald die Truppen auf den Kriegsfuß gesetzt sind, welchenfalls über die Verpflegung besonders verfügt wird. Art. 16. Auch gelten für Kriegsplätze (Mainz) vorzugsweise die dafür erlassenen besonderen Reglements.

§ 133. Auch den Requisitionen der Militärbehörden zur Stellung von Transportfuhren und Vorspannpferden ist von den Lokalbehörden jederzeit bereitwilligst zu entsprechen. Dieselben haben die Preise dafür nach Wegstunden berechnet auf das billigste, wo thunlich vorsorglich im Wege öffentlicher Versteigerung, zu veraccordiren. Die Vergütung auch dafür geschieht aus der Kriegskasse in ähnlicher Weise wie bei anderen Lieferungen an den Gemeinde-Einnehmer, welchem die Verrechnung in die Einnahme und Ausgabe in der Gemeinderechnung obliegt. E. d. M. d. J. v. 21. Mai 1849.

IV. Abschnitt.

Bürgerliches Militär.

§ 134. Bürgerwehr. Der in Folge der Ereignisse des Jahres 1848 erregte Eifer für die Volksbewaffnung hatte an vielen Orten die Errichtung von Bürgerwehren veranlaßt. Es war erforderlich, ihren ungeregelten Bestand mit den Forderungen der öffentlichen Ordnung in Einklang zu bringen.

Zu diesem Zwecke ist die provisorische Verordnung vom 1. Nov. 1848 erlassen.

Ihr Gegenstand, die Bürgerwehren selbst, haben sich indessen nicht lebensfähig erwiesen, sondern sind vielmehr inmittelst allerwärts factisch wieder eingegangen.

Im Allgemeinen auf die Verordnung verweisend, hebe ich daher hier nur einige Hauptgesichtspunkte derselben hervor.

Es soll sich in jeder Gemeinde auf Beschluß des Ortsvorstandes zur Vertheidigung und zum Schutze der durch Gesetze gesicherten Ordnung eine Bürgerwehr aus Freiwilligen bilden können.

Der Eintritt und Austritt der Theilnehmer ist durch die Anmeldung bei dem Bürgermeister, welcher eine Bestandsliste darüber zu führen hat, bedingt.

Die gesammte Wehrmannschaft einer jeden Gemeinde muß unter einem Oberanführer stehen.

Auf die Aufforderung des Oberanführers tritt die Bürgerwehr zur Einübung, deren Zeit und Ort dem Bürgermeister bekannt sein muß, zusammen, außerdem aber nur auf Aufforderung des Bürgermeisters oder der zuständigen Staatsbehörde in Dienstthätigkeit nach deren Anleitung. Die dergestalt im Dienst stehende Bürgerwehr wird im Sinne der Gesetze der bewaffneten Macht gleichgestellt.

Es folgt daraus, daß eine Vereinigung der Bürgerwehren verschiedener Gemeinden zu gemeinschaftlichen Uebungen oder sonstigen Zwecken unstatthaft ist.

Da, wo ordentliches Militär sich befindet, ist es der Bürgerwehr untersagt, sich der militärischen Signale zu bedienen.

Auch soll in Garnisonsorten der Commandant der Garnison, in der Regel durch den Bürgermeister, von jedem Ausrücken der Bürgerwehr oder einzelner Abtheilungen derselben von mehr als 50.

Mann, nach Zeit und Ort benachrichtigt werden, sobald das Ausrücken angeordnet wird. A. d. M. d. J. v. 4. Nov. 1848.

V. Abschnitt.

Ausländische Militärangelegenheiten.

§ 135. Durchmärsche und Einquartierung ausländischer Truppen. Das im Abschnitt III, § 115, folg. erörterte Gesetz vom 17. August 1848, betr. die Einquartierung inländischer Truppen, findet auch Anwendung auf Truppen anderer deutschen Bundesstaaten bei allgemeinen Bundeszwecken, insofern nicht von denselben nach Uebereinkunft höhere Vergütungen geleistet werden. S. Art. 16. d. a. G.

Im Uebrigen finden bezüglich der Durchmärsche und der Einquartierung ausländischer Truppen, wenigstens in Friedenszeiten, die Normen Anwendung, welche darüber in den mit den betreffenden auswärtigen Staaten abgeschlossenen Etappen-Conventionen festgesetzt sind. Vergl. B. d. Etappen-Conv. mit Preußen v. 2. April 1832.

Den Lokalbehörden ist im Allgemeinen empfohlen, mit Eifer und Ernst dahin zu trachten, daß zwischen den Einwohnern und den Soldaten ein guter Geist der Eintracht erhalten werde.

§ 136. Zur Regelung der Einquartierungslast in Ansehung fremder Truppen sind durch V. und beigefügte Instr. v. 5. Juni 1815 u. Nachtrag v. 3. Nov. 1815 ausführliche Vorschriften erlassen worden. Da dieselben indessen ausdrücklich nur als Provisorien bezeichnet sind und daher in neu eintretenden Kriegsfällen ihre Modification wohl zu erwarten steht, so dürfte eine kurze Andeutung ihrer Grundzüge genügen.

Die Verordnung geht von dem Gesichtspunkte aus, daß die Natural-Einquartierungslast zwar auf den Wohnungen haftet und mit Rücksicht auf den entbehrlichen Raum, so weit thunlich, nach dem Steuerkapital vertheilt wird; daß aber eine jede größere Beschwerung durch Geldvergütung ausgeglichen werden soll. Die Verbindlichkeit, diese Geldvergütung zu leisten, ruht innerhalb jeder Gemeinde auf den Gesammtsteuerkapitalien, und geschieht die Ausgleichung nach Maßgabe der Größe dieser Steuerkapitalien.

§ 137. Alle auf die Einquartierung und Verpflegung der Truppen Bezug habende Geschäfte liegen in der Regel, und wo nicht in größeren Städten besondere Quartier-Commissionen bestehen, den Bürgermeistern ob. Es ist wichtig und besonders verordnet, daß dieselben dabei mit großer Pünktlichkeit und Vorsicht zu Werke gehen, namentlich aber stets für die urkundliche Feststellung der von ihren Gemeinden im Einzelnen und Ganzen getragenen Einquartierungslast besorgt sind.

Dieselben haben zu dem Ende von den Truppen, welche einquartiert zu werden verlangen, die Vorzeigung und Einhändigung ihres Marschbefehls, thunlichst im Original oder wenigstens in beglaubigter Abschrift, zu fordern. Wird dies verweigert, so ist die Einquartierung standhaft zu versagen und nur da nachzugeben, wo gefährliche Gewaltthätigkeiten mit Grund zu erwarten sind. Vorfälle dieser Art müssen protokollarisch genau festgestellt und alsbald der Regierungsbehörde angezeigt werden. — Sodann ist über jede Einquartierung, die Zahl der Mannschaft und Pferde, die ihnen verabreichte Verpflegung und Fourage, über die Vorspannfuhren u. s. w. immer eine Quittung des Commandirenden zu verlangen; a. Instr. §§ 6, 16 u. 17.

§ 138. Ausländische Deserteure und Refractäre. Das Verfahren in dieser Beziehung richtet sich nach den desfalls zwischen den verschiedenen Staaten jeweilig getroffenen Conventionen.

Innerhalb des deutschen Bundes sollen, zufolge der Cartellconvention v. 2. März 1831, in jedem Staate die Deserteure anderer deutschen Bundesstaaten alsbald arretirt und Behufs der Auslieferung zunächst an die Regierungsbehörde eingeliefert werden. Den Unterthanen, welche einen solchen Deserteur oder das Pferd desselben einliefern, ist eine Prämie von 8 fl., und für Mann und Pferd das Doppelte, zugesichert. Den Obrigkeiten, Gendarmen und Polizeiagenten überhaupt kommt indessen ein Anspruch auf diese Prämie nicht zu; a. Conv. Art. 9 u. B. v. 30. Juli 1832.

Auch Refractäre sind, jedoch nur auf desfallsige besondere Requisition, der Auslieferung unterworfen. Art. 12.

VI. Abschnitt.

Kriegsangelegenheiten.

§ 139. Kriegslasten. Die besonderen Gesetze und Verordnungen über die Tragung und Ausgleichung der Kriegslasten beziehen sich zumeist nur auf die Vergangenheit. Aus ihrem Geiste und dem im vorhergehenden Abschnitte Ausgeführten läßt sich aber die Aufrechthaltung einer allgemeinen Ausgleichung auch für die Zukunft wohl folgern.

Die Gemeindeordnung § 81 verweiset den Ausschlag der Kriegskosten und Landesbewaffnungskosten in die III. Klasse der Gemeinde-Umlagen.

Rücksichtlich der Leistungen und Lieferungen der Einzelgemeinden, so wie der Sorge der Ortsvorstände für deren urkundliche Feststellung und Liquidation, findet das in den §§ 115 u. 137 Gesagte beziehungsweise Anwendung.

§ 140. Kriegsfuhren, so wie die Militärfuhren, welche in Folge der Etappen-Convention stattfinden, sind vom Chausseegelde befreit, doch müssen die Letzteren durch ein Zeugniß des Ortsvorstandes legitimirt sein. Auf dem Rückwege findet ferner die Befreiung nur statt, wenn das Fuhrwerk weder besetzt noch beladen ist. V. v. 18. April 1825.

IX. Abtheilung.

Finanzangelegenheiten.

I. Abschnitt.

Domänen und Regalien.

§ 141. Das Finanzwesen überhaupt steht unter der oberen Leitung des Finanzministeriums. Die Centralverwaltung der Domänen ist der Oberforst- und Domänen-Direction übertragen. Der Bezirksverwaltung, insoweit es sich nicht von Forstdomänen handelt (s. Abth. XXII), stehen die Rentämter, in Rh. die Obereinnehmer vor. V. v. 28. Juni 1821, 11. Jan. 1849 u. 23. August 1852.

Die Verwaltung der Regalien ist, je nachdem sie zum Domanialvermögen gehören, denselben Behörden überwiesen. In anderen Fällen steht sie der Obersteuerdirection, bz. Oberbaudirection (z. B. Bergwerksregal), zu.

§ 142. Den Lokalbehörden liegt die Verpflichtung ob, innerhalb ihres Wirkungskreises den Finanzbehörden die erforderliche Unterstützung zu leisten und ihren dienstlichen Ersuchen bereitwilligst zu entsprechen.

Bei Veräußerungen oder Verpachtungen von Domanial-Eigenthum oder Domanialgefällen haben die Bürgermeister die deßfallsigen öffentlichen Bekanntmachungen vollziehen zu lassen. Die Lokalbehörden haben für ihre Thätigkeit im Interesse der Staatsfinanzverwaltung keine Gebühren anzusprechen. Dagegen ist den Orts- oder Polizeidienern für den Vollzug der fiscalischen öffentlichen Bekanntmachungen eine Gebühr bewilligt. Dieselbe beträgt von jeder Bekanntmachung in Dörfern und kleineren Städten in der Regel, und zwar in den Prov. St. u. O. 6 kr. u. in der Prov. Rh. 10 kr. Für größere Städte und Orte ist sie besonders regulirt. E. d. M. d. J. an d. R. zu D. u. G., angezogen in dem E. d. O.-Baudir. v. 19. Juli 1847 u. A. d. R. d. Prov. Rh. v. 15. März 1832.

§ 143. Zahlungsfristen auf Domanial-Schuldigkeiten. Inländischen Käufern von Erzeugnissen aus Domänen und Domänen-Pächtern ist bedingungsweise ein Credit verwilligt. Es soll nämlich bis zum Schlusse des nächstfolgenden Kalenderquartals jeder Familie und jeder einen besonderen Tisch führenden einzelnen Person Zahlungsfrist ertheilt werden:

1) ohne Beschränkung auf einen gewissen Betrag der Schuld allen Denjenigen, welche leicht veräußerliche Werthpapiere bei den Rentämtern hinterlegen, und
2) beschränkt auf den Betrag von 20 fl. bei Forstproducten und 25 fl. bei Grasschuldigkeiten Denjenigen, welche ordnungsmäßige Bürgscheine von Seiten des Ortsvorstandes beibringen. V. v. 7. Nov. 1851.

§ 144. Creditbuch. Bezüglich der Ausstellung solcher Bürgscheine ist den Ortsvorständen folgende Instruction ertheilt:

1) Damit die Credite nicht überschritten werden können, haben die Bürgermeister oder die von denselben hiermit besonders beauftragten Ortsvorstandspersonen über die an Angehörige ihrer Gemeinden wegen fiscalischer Forst- oder Cameralproducte abgegebenen Bürgscheine ein besonderes Verzeichniß (Creditbuch) nach dem beifolgenden Muster zu führen.

Storck, Johs. VIII.

Ordnungs-Nr.	Bezeichnung der Ansätze.	Schuld als Käufer.				Schuld als Bürge.			
		Bürgschein ertheilt über		Quittung vorgezeigt über		Als Bürge angenommen über		Quittung vorgezeigt über	
		fl.	kr.	fl.	kr.	fl.	kr.	fl.	kr.
1	Holzversteigerung vom 15. Januar 1849, Revier Bessungen	16	15						
2	Holzversteigerung vom 1. Februar 1849, Revier Niederramstadt . . .	3	45						
3	Für Jakob Scholz dahier für gesteigertes Holz aus der Versteigerung vom 15. Januar 1849, Revier Bessungen	—	—	—	—	17	15		
4	Quittung vom 6. Mai, vorgezeigt am 20. Juni 1849, über Ord.-Nr. 1 u. 2	—	—	20					
5	Desgl., vorgezeigt am 27. Juni 1849, über Ord.-Nr. 3	—	—	—	—	—	—	17	15
	u. s. w.								

NB. Ist in Folio-Format zu führen und auf jeder Seite in der Regel nur ein Schuldner einzutragen.

2) In diesem Buche ist für jeden Ortsangehörigen, welcher einen Bürgschein für von dem Fiscus erkaufte Produkte verlangt, oder sich für einen Käufer als Bürgen stellen will, eine oder je nach Bedürfniß mehr als eine Seite vorzusehen. In dasselbe sind die ertheilten Bürgscheine in der im Muster vorgeschriebenen Weise einzutragen und die bereits früher eingeschriebenen Beträge, über welche Quittung vorgezeigt wird, entweder ganz oder theilweise, je nach den quittirten Summen, unter Angabe des Datums der Quittung wieder darin zu löschen.

Da es nicht wohl ausführbar sein dürfte, die einzelnen Schuldner in alphabetischer Reihenfolge in dieses Creditbuch einzutragen, so wird es dem Ortsvorstande beim Aufsuchen der Namen zur großen Erleichterung dienen, wenn ein möglichst alphabetisch geordneter Namens-Index zu demselben gefertigt wird, in welchem jedem Namen der Nr. der Seite, auf welcher derselbe im Creditbuche erscheint, beizuschreiben ist.

3) Die einem Jeden creditirte Summe darf nie mehr als 20, bz. 25 fl., übersteigen. Hat deßhalb ein Steigerer bereits 20 fl. Credit für Forstprodukte oder 25 fl. für Gras erhalten und hierauf

noch keine Zahlung geleistet, so darf diesem kein weiterer Bürgschein ausgefertigt werden, sondern er ist zurückzuweisen; haben aber Abschlagszahlungen stattgefunden, so sind bis zum Betrage derselben auf Verlangen neue Bürgscheine zu ertheilen. Z. B. es hat Einer früher für 20 fl. Forstprodukte geborgt, und präsentirt eine Quittung des Rentamts, nach welcher er von diesem geborgten Betrage bereits 13 fl. bezahlt hat, so darf ihm ein neuer Bürgschein über 13 fl., aber nur nicht über mehr, ausgestellt werden.

Die Ortsvorstandsperson hat sich übrigens bei den präsentirt werdenden Quittungen stets zu überzeugen, daß sie auch die Schuld betreffen, welche im Creditbuche auf Grund derselben ganz oder theilweise gelöscht werden soll.

4) Da die Vermögensverhältnisse der Einzelnen sehr verschieden sind, so daß der Eine für hohe Beträge, ein Anderer nur für geringe, ein Dritter gar nicht als Bürge angenommen werden kann, so wird es dem wohlerwogenen und pflichtmäßigen Ermessen des Bürgermeisters oder der von ihm beauftragten Ortsvorstandsperson anheimgegeben, ob sie einen als Bürgen präsentirt werdenden auch als solchen und für welche Summen annehmen wollen. Die höchste Staatsbehörde hofft, daß die Mitglieder der Ortsvorstände dieses in sie gesetzte Zutrauen jeder Zeit auch vollständig rechtfertigen werden. Damit dieselben jedoch auch einen Ueberblick über die Beträge, für welche sich Einer verbürgt hat, behalten, ist dem Creditbuche eine zweite Haupt-Spalte beigefügt worden, in welche die von dem Einzelnen übernommenen Bürgschaften einzutragen und die durch Zahlung erledigten wieder zu löschen sind.

5) Es haben nicht nur die Bürgen, sondern auch die Schuldner ihre Namen eigenhändig in die Bürgscheine einzuschreiben. Dieselben sind auf gedrucktem Formularpapier in der im Muster angedeuteten Weise auszufertigen. Diese Bürgscheine sind am Schlusse von dem Ortsvorstand zu beglaubigen und zu besiegeln und die Seiten des Creditbuchs, auf welchen die Beträge eingetragen wurden, beizuschreiben.

6) Der Ortsvorstand hat für jeden Posten, und zwar für Fertigung des Bürgscheins und gleichzeitiges Eintragen in das Creditbuch, 3 Kreuzer von dem Schuldner zu erhalten, wozu diesen die fiscalischen Versteigerungs- und Abgabebedingungen verbindlich erklären.

Für Streichen der Einträge im Creditbuche wird nichts vergütet.

7) Es können auch einzelne Fälle vorkommen, in welchen für einen höheren Betrag als 20 fl., bz. 25 fl., creditirt werden soll; es muß aber alsdann der Schuldner eine Bescheinigung von dem einschlägigen Oberförster oder Rentbeamten erbringen, bis zu welchem Betrage und wofür ein höherer Credit bewilligt wird, und erst wenn diese vorliegt darf der Bürgschein ausgefertigt werden.

Bei dem Eintragen dieser Posten in das Creditbuch ist zu bemerken, auf wessen Bescheinigung die höhere Creditsumme beruht.

8) Die wegen Güterpächte verlangt werdenden Bürgscheine gehören nicht zu denjenigen, für welche nur der Credit von 20 fl., bz. 25 fl., bewilligt wird. Sie können deßhalb bis zu jedem nöthigen Betrage, soweit der Bürge versichern kann, jedoch unter Befolgung der Vorschriften 5 ertheilt werden, und sind nicht in das Creditbuch einzutragen.

9) Die Formularien zu den Creditbüchern werden von den Forstämtern auf Anfordern unentgeltlich abgegeben. In diesen Anforderungen haben die Ortsvorstände die Anzahl der nöthigen Bogen zu bezeichnen. A. d. M. d. J. v. 15. Okt. 1851 nebst Anl., enth. Instr. v. 12. Aug. 1851.

§ 145. Beitreibung der Domanialgefälle. Die Grundsätze, wonach die Beitreibung der Domanialgefälle in den verschiedenen Provinzen des Großherzogthums geregelt ist, sind, obgleich in verschiedenen Gesetzen geordnet, im Wesentlichen übereinstimmend. In der Prov. Rh. soll dieselbe (mit nur geringer Modification) nach der Steuer-Er.-O. v. 2. März 1820, G. v. 11 Juni 1827 u. V. v. 17. Dez. 1827; in den Prov. St. u. O. aber nach Maßgabe der jenem Gesetze nachgebildeten besonderen Verordnung v. 7. Sept. 1832 erfolgen.

§ 146. Wenn der Rentamtsdiener oder Mahnbote, in Rh. der Steuerbote, wegen zeitiger Abwesenheit eines Schuldners und seiner erwachsenen Angehörigen von Hause einen Mahnzettel nicht zuzustellen vermag, so steht es ihm frei, denselben dem Bürgermeister gegen Empfangsbescheinigung zuzustellen, welcher alsdann verpflichtet ist, solchen dem Schuldner oder einem erwachsenen Familiengliede oder dem Gesinde desselben baldmöglich behändigen zu lassen. Für die Zustellung sind in den Prov. St. u. O. 2 kr. in Anspruch zu nehmen und von dem Schuldner unmittelbar zu erheben, in der Prov. Rh. aber 3 kr., welche mittelbar durch den Rentbeamten (Obereinnehmer) erhoben werden sollen. G. v. 11. Juni 1827, Art. 3.

§ 147. Der Domänenpfandmeister, bz. Steuerpfandmeister, muß, ehe er mit einer Pfändung beginnt, den Pfändungsbefehl dem Bürgermeister vorlegen und denselben ersuchen, ihm einen Zeugen bei der Pfändung zu stellen. Der Bürgermeister hat unter den Pfändungsbefehl die geschehene Vorzeigung unverzüglich zu bescheinigen und zugleich, in so ferne er nicht selbst die Stelle des Zeugen versehen will, den begehrten Zeugen zu bestellen.

Diejenigen Personen, welche nach der Gewohnheit des Orts zu Auspfändungen, die der Civilrichter vornehmen läßt, als Urkundspersonen oder Gehülfen zugezogen werden, sind schuldig, den Auspfändungen als Zeugen beizuwohnen, sobald sie der Bürgermeister dazu auffordert.

Den erforderlichen zweiten Zeugen bestellt der die Auspfändung leitende Diener selbst.

§ 148. Die Pfändungen sollen in der Regel nur in Gegenwart des Schuldners oder seiner Ehefrau vorgenommen werden. Haben sich dieselben indessen anscheinend vorsätzlich entfernt, so kann sie auch in deren Abwesenheit, jedoch alsdann nur im Beisein des Bürgermeisters, geschehen, welcher diesenfalls dem an ihn gestellten Ersuchen unverweilt zu entsprechen, die betr. Gebäude und Behältnisse, in so weit nöthig, öffnen zu lassen, und die zu Pfändern erforderlichen pfandbaren Gegenstände dem betreffenden Pfandmeister zur Verfügung zu stellen hat.

§ 149. Die Gegenstände, welche nicht pfandbar sind und mithin von der Pfändung gänzlich ausgeschlossen sein sollen, finden sich in den §§ 21 d. V. v. 7. Sept. 1832 u. 33 v. 2. März 1820 aufgezählt. Es sind dieses dieselben Gegenstände, welche nach Abth. XV, Abschn. IX, § 640, auch von der Pfändung für Gemeindeausstände ausgeschlossen sind, mit alleiniger Ausnahme der dort unter b u. c aufgeführten. Nach der für die Prov. Rh. gültigen St. E. O. finden selbst diese Ausnahmen nicht statt, dagegen ist für diese Provinz besonders verordnet, daß, falls die Bestimmungen der Art. 592 u. 593 der in Rh. geltenden Civil-Prozeß-Ordnung bezüglich der Frage, ob ein Gegenstand pfandbar sei, für die zu pfändende Parthie günstiger erscheinen, als die Vorschriften des erwähnten § 33 d. St E. O., alsdann jene Art. zur Anwendung kommen sollen. G. v. 11. Juni 1827, Art. 4.

Entstehen Zweifel über die Anwendbarkeit der Ausnahmen auf einzelne Fälle, so findet der Recurs, jedoch ohne das Pfändungsverfahren zu hemmen, an den Obererheber statt.

§ 150. Die gepfändeten beweglichen Sachen sollen auf Anordnung des betreffenden Pfandmeisters an einen von dem Bürgermeister zu bestimmenden Ort in sichere Verwahrung gebracht werden. Die Sorge, daß hierzu ein schicklicher Ort gewählt und die Sachen daselbst sicher aufbewahrt werden, liegt dem Bürgermeister ob. Es steht ihm aber frei, zur Bewahrung derselben einen Aufseher zu bestellen. Wenn der Pfandmeister zur Deckung des Rückstandes Früchte auf dem Felde in Beschlag genommen hat (was in Rh. nur innerhalb der 6 der gewöhnlichen Reife der Früchte vorangehenden Wochen und in den durch Art. 626—628 der b. Pr. O. vorgeschriebenen Formen geschehen darf), so muß er dies dem Bürgermeister schriftlich anzeigen, welcher dem Feldschützen sofort die besondere Aufsicht über die Früchte aufzutragen hat.

§ 151. Ist Vieh gepfändet worden, und der Gepfändete kann oder will das erforderliche Futter nicht selbst in den Pfandstall liefern, so wird dasselbe auf seine Kosten von dem Ortsvorstande angeschafft und mit den übrigen Kosten vorzugsweise aus dem Erlöse des Pfandes bezahlt.

§ 152. Wenn der Gepfändete einen in dem Bezirk wohnenden Bürgen stellt, der von dem Bürgermeister für annehmlich und zahlungsfähig erklärt worden ist und als Selbstschuldner haften will, so soll demselben gestattet sein, die gepfändeten Sachen einstweilen im Besitz und Gebrauch zu behalten. In diesem Falle hat der Bürgermeister die von dem Bürgen auf vorschriftsmäßigem Formularpapier auszustellende und zu unterschreibende Bürgschafts-Urkunde mit der Formel zu beglaubigen:

„Die eigenhändige Unterschrift de . . . .
so wie de . . Zahlungsfähigkeit bescheinigt
. . . . . . den . . ten . . . . . 18 . .
Der Bürgermeister N."

§ 153. Die Kosten der Pfändung sind wie folgt festgesetzt:

1) Die Gebühren, zufolge V. v. 21. März 1849, im Ganzen:
a) wenn die Schuld, worauf gepfändet wird, nicht mehr als 3 fl. ist . . . . 12 kr.
b) wenn über 3 fl., aber nicht mehr als 10 fl. . . . 20 kr.
c) wenn über 10 fl., aber nicht mehr als 20 fl. . . . 32 kr.
d) wenn über 20 fl. . . . . 40 kr.

Diese Gebühren werden unter das Executions-Personal in der Weise vertheilt, daß der betr. Pfandmeister davon die Hälfte, jeder der beiden Zeugen aber ein Viertheil erhält.

2) Für die Abschrift des Pfändungsprotokolls, wenn solche von dem Gepfändeten verlangt wird, 8 kr.

3) Für den wirklich bestellten Aufseher eine nach dem billigen Ermessen des Bürgermeisters festzusetzende, jedoch nie den Betrag eines gewöhnlichen Taglohns übersteigende Gebühr.

Kann die Pfändung wegen zufälliger Hindernisse nicht vollzogen werden, so können auch keine Gebühren angesetzt werden. Eben so werden im Falle der Zahlungsunfähigkeit gar keine Gebühren vergütet. § 28 d. a. V. v. 18. Dez. 1824 u. d. Instr. für d. Steuerpfandmeister v. 10. Dez. 1827, Rbl. Nr. 4 v. 1828, §§ 45 u. 87.

Erfolgt die Zahlung einer Schuld, bevor eine erkannte Pfändung vollzogen ist, so fällt gleichfalls jeglicher Gebührenbezug weg, wenn der Schuldner die Quittung über geleistete Zahlung dem Pfandmeister vor dessen Eintreffen in seinem Wohnorte vorlegt, was dieser durch sein Visa zu bescheinigen hat; es ist dagegen die Hälfte der Kosten zu entrichten, wenn der Zahlende dies versäumte. Der Bürgermeister hat zum Behuf der Vorlage bei dem Erheber auf Erfordern Bescheinigung darüber auszustellen, daß an dem Tage der Zahlung der betr. Pfandmeister noch nicht in dem Wohnorte des Schuldners eingetroffen sei.

Das Pfändungspersonal darf in keinem Falle von dem Pflichtigen selbst die Bezahlung seiner Gebühren fordern oder annehmen. Die Erhebung und Vergütung hat vielmehr durch den betr. Erheber zu geschehen.

§ 154. Das von dem Pfandmeister über eine Pfändung aufzunehmende Protokoll, in welchem zugleich die Kosten zu verzeichnen sind, ist binnen 24 Stunden nach vollzogener Pfändung dem Bürgermeister vorzulegen, der es mit der Bemerkung, ob und was er wegen des Kostenansatzes zu erinnern findet, zu unterschreiben und, nachdem ihm eine Abschrift davon zugestellt worden ist, zurückzugeben hat.

§ 155. Wenn der Gepfändete sodann binnen der gesetzlichen Zeit nicht bezahlt, so muß das Pfändungsprotokoll von dem Pfandmeister dem Bürgermeister wiederholt vorgelegt werden, der darunter, daß dieses des Verkaufs wegen geschehen sei, zu bescheinigen hat.

Der Verkauf selbst geschieht gleichfalls unter Zuziehung zweier Zeugen, hinsichtlich welcher die Bestimmungen der vorderen §§ Anwendung finden.

§ 156. In so ferne für Feldfrüchte, Gras, Trauben u. dgl., die auf dem Halme oder am Stock verkauft werden sollten, sich keine Käufer finden, so soll in den Pr. St. u. O. der Bürgermeister im Einverständnisse mit dem Domänenpfandmeister einen Aufseher bestellen, welcher die Früchte erndten und die Trauben herbsten zu lassen hat, um sodann nach den Vorschriften des § 155 verkauft zu werden. Die hierdurch entstehenden außergewöhnlichen Kosten werden von dem Bürgermeister, vorbehaltlich des Recurses an die obere Polizeibehörde, regulirt und auf die betr. Schuldner nach Maßgabe ihres Rückstandes vertheilt. In der Prov. Rh. ermächtigt dagegen gemäß § 54 d. St. E. O. der Regierungsbeamte im Einverständnisse mit dem Obererheber den Steuerpfandmeister zu jenen Acten und regulirt und vertheilt auch selbst die Kosten.

§ 157. Sogleich nach vollbrachtem Verkaufe wird das Versteigerungs-Protokoll nebst dem darunter zu setzenden Verzeichnisse der Kosten dem Bürgermeister vorgelegt, welcher sofort die Kosten prüft, erforderlichenfalls nach den unter § 158 bestimmten Sätzen ermäßigt, den hiernach bestimmten Betrag unter das Protokoll setzt und dasselbe unterschreibt.

§ 158. Die Kosten der Versteigerung sind auf folgende Art bestimmt:

1) Dem Pfandmeister werden für die Gesammtheit seiner desfallsigen Verrichtungen Diäten, für den ganzen Tag zu 1 fl. und für den halben Tag zu 30 kr. gerechnet, von so viel ganzen und halben Tagen gebilligt, als der Bürgermeister, daß bei gehörigem Fleiße dazu nöthig gewesen seien, bescheinigt

haben wird. Arbeiten, die mehr als einen halben Tag erfordern, werden für einen ganzen Tag berechnet.

2) Jedem der beiden Zeugen für den ganzen Tag 30 kr., für einen halben oder weniger die Hälfte.

3) Für die Publication als Regel: in den Prov. St. u. O. in den Landgemeinden und kleinen Städten 6 kr., in der Prov. Rh. 10 kr. Für die größeren Städte und Orte sind die Gebühren nach dem Herkommen besonders regulirt.

Werden mehrere Versteigerungen an einem Orte unmittelbar nach einander vorgenommen, was wenn thunlich immer zu geschehen hat, so sollen die Kosten unter 1—3 nach Verhältniß des Rückstandes eines Jeden auf die einzelnen Schuldner vertheilt werden. Endlich

4) Für die Abschrift des Versteigerungs-Protokolls, wenn der Schuldner sie verlangt, 8 kr. a. V. §§ 42 u. 59 u. V. v. 18. Dez. 1824, § 3.

Auch die Versteigerungskosten dürfen durch das Pfändungspersonal nicht selbst erhoben werden. Dasselbe hat vielmehr seine Gebühren durch den betr. Erheber zu empfangen.

§ 159. Wenn eine Gemeinde, Korporation oder Stiftung als solche Rückstände verschuldet, so sind die vorgeschriebenen Zwangsmaßregeln gegen deren Rechner, bz. Verwalter, in so lange in Vollzug zu setzen, bis entweder Zahlung geleistet oder ein Zeugniß beigebracht wird, daß es ohne Schuld derselben unmöglich war, bis jetzt die erforderlichen Gelder herbei zu bringen.

Dieses Zeugniß hat in Ansehung der Domanialgefälle in den Prov. St. u. O. der Polizeibeamte des Bezirks, in der Prov. Rh. aber, der St. E. O. zufolge, der Vorstand der Gemeinde, Korporation oder Stiftung auszustellen. a. V. §§ 44 u. 74.

§ 160. Zahlungsunfähigkeits-Protokoll. Hat sich der Pfandmeister, indem er im Begriffe ist eine Pfändung vorzunehmen, überzeugt, daß keine derselben unterworfenen Gegenstände bei dem Schuldner und auch keine demselben gehörigen bei Anderen vorhanden sind, so hat er das darüber vorschriftsmäßig in Gegenwart der beiden Zeugen alsbald aufzunehmende Protokoll sofort dem Bürgermeister zuzustellen, welcher ihm darüber eine Empfangsbescheinigung nach vorgeschriebenem gedruckten Formular zu ertheilen hat.

Der Bürgermeister hat hierauf unverzüglich die nöthigen Schritte zu thun, um sich zu versichern:

1) ob unter den im Protokoll verzeichneten Sachen keine befindlich sind, welche gepfändet werden können;
2) ob der Schuldner nicht noch außerdem Sachen habe, welche gepfändet oder in Beschlag genommen werden können, gesetzt auch, daß mittelst derselben, z. B. Früchten auf dem Felde, die Zahlung erst nach einiger Zeit bewirkt werden könnte;
3) ob überhaupt nach demjenigen, was der Bürgermeister durch sorgfältige Erkundigung in Erfahrung gebracht hat, der ganze Inhalt des Protokolls wahr sei, oder ob dagegen Einwendungen und welche gemacht werden können.

Nach Maßgabe seiner desfallsigen Wahrnehmungen unterfertigt hierauf der Bürgermeister dem Protokolle seine Bescheinigung oder seine Bemerkungen, fügt zugleich die Bescheinigung bei, ob der Schuldner noch Immobilien besitze oder nicht, und sendet das Protokoll mit seiner Unterschrift versehen längstens 8 Tage nach dem Empfange desselben an den Rentbeamten (in Rh. Obereinnehmer).

§ 161. Die Bürgermeister sind außerdem im Allgemeinen verpflichtet, die Pfandmeister, wenn dieselben bei Ausrichtung ihrer Amtsgeschäfte durch die Schuldner oder andere Personen gehindert werden, auf deren Ansuchen sogleich zu unterstützen, und alle ihnen zu Gebote stehenden Mittel anzuwenden, um den unbefugten Widerstand hinwegzuräumen.

§ 162. Dieselben haben als solche für die Geschäfte, welche ihnen in Bezug auf die Beitreibung nach vorstehenden §§ obliegen, keinerlei Gebühren, unter welchem Namen und Vorwande es geschehen mag, von den Schuldnern zu beziehen und anzunehmen.

§ 163. In Ansehung aller dieser Obliegenheiten stehen die Bürgermeister nicht unter den Finanzbeamten, sondern unter der höheren Polizeibehörde.

§ 164. Fiscalische Zehnten, Grundzinsen, Renten, Frohnden etc. Alle diese fiscalischen, die Freiheit der Person und des Eigenthums beschränkenden Gerechtsame können als antiquirt betrachtet werden. Einestheils sind sie auf der linken Rheinseite bereits durch die französische Gesetzgebung: Réglement des Regier.-Commissärs v. 6. Germ. VII (16. März 1798) aufgehoben und abgeschafft worden, und anderntheils hat die frühzeitige Fürsorge der Großh. Hess. Staatsregierung ihre Aufhebung, bald vermöge unentgeltlicher Abschaffung, bald auf dem Wege verstatteter Ablösung angebahnt, bz. bewirkt.

Da demzufolge die fraglichen Gerechtsame fast nur noch eine geschichtliche Bedeutung haben, so genügt eine kurze Andeutung der wichtigen Gesetze, welchen wir ihre Beseitigung verdanken.

Die gänzliche Aufhebung aller Leibeigenschafts-Verhältnisse wurde bereits durch G. v. 25. Mai 1811 verordnet, und ist längst überall vollzogen.

Eben so der durch die G. v. 13. Mai 1812, 8. April 1819 u. 6. März 1824 verordnete unentgeltliche Wegfall aller Staats-Frohnden.

Das G. v. 15. Aug. 1816 verstattet den Pflichtigen die Verwandlung des fiscalischen Naturalzehntens in Grundrenten unter sehr vortheilhaften Bedingungen, und das G. v. 30. Juni 1839 beseitigte die darin vorbehaltenen Ausnahmen. Die beiden G. v. 27. Juni 1836 u. d. G. v. 3. Okt. 1849 gewähren ferner die Ablösung der Grundrenten und anderer Grundlasten in nicht minder günstiger Weise.

Der Novalzehnte endlich ist bereits durch G. v. 7. Februar 1821 gänzlich aufgehoben worden.

Vergl. wegen Entlastung des Grundeigenthums überhaupt Abth. XXI, §§ 959—963.

II. Abschnitt.

Directe Steuern.

§ 165. Unter der Centralverwaltung der Obersteuerdirection ist die Bezirksverwaltung bezüglich der directen und indirecten Steuern und Abgaben, mit Ausnahme der Zölle, den Obereinnehmern und die Districtserhebung den Districts-Einnehmern übertragen.

Die Fertigung der Ausschläge in den bestimmten Steuerbezirken, so wie die Erledigung der darauf bezüglichen Reclamationen und Gesuche ꝛc. liegt den der Obersteuerdirection ebenfalls untergebenen Steuercommissären ob. V. v. 28. Juni 1821, 3. Februar 1849, 20. Juni 1820, 23. Aug. 1852. B. v. 11. Nov. u. Instr. v. 24. März 1853. Sodann V. v. 7. Februar 1822 u. 3. Mai 1824.

§ 166. Regulirung der Steuern, und zwar: I. der Grundsteuer. Die Grundlage für die Regulirung der Grundsteuer bildet das Immobiliar-Kataster. Die Mitwirkung der Ortsvorstände bei dessen Vollendung, bz. bei Feststellung der Normal-Steuerkapitalien, ist nur vorübergehend und gehört großentheils schon der Vergangenheit an. Es darf deshalb in dieser Beziehung auf d. G. v. 13. April 1824, d. Instr. v. 30. Juni 1824 u. d. V. v. 28. Juni 1827, so wie das in Abth. XXI, Abschn. IV in Betreff der Grenzen und Grundbücher Gesagte verwiesen werden. Hier bleibt nur noch zu bemerken, daß nach § 19 d. Instr. für Aufstellung des Katasters v. 30. Juni 1824 während der Offenlegung der topographischen Verzeichnisse auf dem Gemeindehause der Bürgermeister durch den Gemeindediener die Geschosse an die einzelnen betreffenden Grundeigenthümer zur unterschriftlichen Anerkennung unentgeltlich austheilen und nach Ablauf der gesetzlichen Frist wieder einsammeln zu lassen hat. Reclamationen sind hierbei an eine zerstörliche Frist von 6 Wochen gebunden.

§ 167. Was die Fortführung der Immobiliar-Kataster betrifft, so sind Abänderungen der Normal-Steuerkapitalien durch den Eintritt der Umstände bedingt, welche der Art. 30 d. G. v. 13. April 1824 aufzählt. Die zu dem Ende erforderliche neue Abschätzung und Klassificirung geschieht durch den Steuercommissär an Ort und Stelle unter Mitwirkung des Bürgermeisters. V. v. 8. Dez. 1852, § 9.

§ 168. Ueber die nicht blos vorübergehenden Culturveränderungen müssen die Besitzer Anzeige machen, und zwar in den Prov. St. u. O. bei dem Vorsteher des Ortsgerichts, in der Prov. Rh. aber bei dem Bürgermeister. Dieselben haben alsdann, der Letztere unter Zuziehung der Feldgeschwornen, im Juli jeden Jahres ein Verzeichniß aufzustellen, wofür eine Gebühr von 2 kr. vom Posten angesprochen werden kann.

Diese Verzeichnisse, in welchen zugleich die Ab- und Zugänge an Gebäuden einzutragen sind, müssen bis zum 1. Aug., nebst den bei nur theilweisen Veränderungen erforderlichen Meßbriefen, an den Steuercommissär übersendet werden. a. V. §§ 7 u. 9.

Bei Culturveränderungen, welche die Verwandlung von **Waldboden** in Feld oder Wiesen bezwecken, hat der Bürgermeister, ehe er den Eintrag vollzieht, vorerst die Beibringung der forstpolizeilichen Erlaubniß zu verlangen. A. d. M. d. J. v. 16. April 1845 u. B. v. 8. Dez. 1853.

§ 169. II. **Personalsteuer**. Die **Personalsteuer** wird nach dem klassenweise bestimmten Miethwerthe der Wohnungen berechnet und erhoben. G. v. 15. Juni 1827.

Auf **Befreiung** von der Personalsteuer können alle Diejenigen Anspruch machen, welche wegen Kränklichkeit, Alter und Gebrechlichkeit außer Stande sind, sich den nöthigen Unterhalt zu verschaffen, keine sonstigen Einnahmequellen besitzen und deswegen durch milde Beiträge oder Almosen erhalten werden müssen. Die Richtigkeit dieser Verhältnisse muß durch den Ortsvorstand (Bürgermeister) bescheinigt und das darüber aufzunehmende protokollarische Verzeichniß an den Steuercommissär abgegeben werden. V. v. 11. Dez. 1827, § 4.

Die Bestimmung des Miethwerths geschieht durch den Steuercommissär unter Mitwirkung des Ortsvorstandes. V. § 20.

Ueber **Reclamationen** hat derselbe innerhalb 10 Tagen nach Empfang der Reclamationstabelle sein Gutachten abzugeben. § 25.

Die Bescheinigung des Todestages eines Personalsteuerpflichtigen zum Behuf des Steuernachlasses ist von dem Bürgermeister tax- und stempelfrei zu ertheilen. V. § 28.

Zum Behuf erleichterter Regulirung der Personalsteuer sollen die Polizeibehörden größerer Städte, in welchen Register über den Wohnungswechsel der Miethsleute geführt zu werden pflegen, diese den Steuercommissären auf Verlangen zur Einsicht mittheilen. E. d. M. d. J. an d. K. z. Gsn. v. 31. März 1841.

§ 170. III. **Gewerbsteuer**[8]). Der Betrieb der Gewerbe in dem Großherzogthum ist einer besonderen **Gewerbsteuer** unterworfen.

I. Hinsichtlich der **Inländer** sind die sämmtlichen Gewerbe zu dem Ende in 7 Klassen eingetheilt, deren Steuerkapitalien sich nicht nur nach der Bedeutenheit des Geschäfts, sondern auch nach der Größe des Orts, wo das Geschäft betrieben wird, richten. Je

8) Die gewerbspolizeilichen Bestimmungen s. in Abth. XXIII.

nach dem verschiedenen Rang der Orte (in I. Rang gehören Darmstadt und Mainz, in II. Gießen, Offenbach, Worms und Bingen, in III. alle anderen) sind für diese Klassen folgende Steuerkapitalien festgesetzt:

Rang der Orte.	Klassen der Gewerbe.							
	I.		II.	III.	IV.	V.	VI.	VII.
	Normal=Steuerkapital.							
	(A.)	(B.)						
	fl.	fl.	fl.	fl.	fl.	fl.	fl.	fl.
1ster . . .	300	200	96	72	48	36	24	12
2ter . . .	300	200	72	48	36	24	12	6
3ter . . .	300	200	48	36	24	12	6	3

Innerhalb der Klassen selbst findet sodann nach dem größeren oder geringeren Umfange der betriebenen Gewerbe noch ein verhältnißmäßiger, theils nach dem Miethwerth des Gewerbslokals, theils nach der Zahl der Gewerbsgehülfen zu berechnender Zusatz statt. G. v. 16. Juni 1827, Art. 3 u. 4, u. G. v. 22. Nov. 1852.

Die Ausmittlung der durchschnittlichen Anzahl der Gehülfen geschieht unter Leitung des Steuercommissärs mit Zuziehung des Ortsvorstandes (Bürgermeisters), welcher sich zwei lokalkundige Experten zugesellen kann. Art. 8 d. G.

Eben so die Ausscheidung des zum Gewerbe erforderlichen Lokals, nur mit dem Unterschiede, daß hierzu die beiden Experten durch die Obersteuerdirection ernannt werden. Art. 10.

Die systematische Klassification der einzelnen Gewerbe ist aus den Gewerbsteuer=Tarifen — V. v. 8. Juli 1841 u. 22. Nov. 1852 — zu ersehen.

§ 171. II. Ausländer, welche mit Regierungsgenehmigung Gewerbsanlagen oder Niederlassungen im Inlande besitzen, werden rücksichtlich der Gewerbsteuer wie Inländer behandelt. Von Ausländern, welche, ohne solche Gewerbsanlagen, gleichwohl ein Gewerbe betreiben wollen, wird, wenn die Regierungsbehörde die Bewilligung ertheilt, die Gewerbsteuer für das ganze Jahr auf einmal vermittelst des bestimmten Patentstempels erhoben. G. Art. 23—25. Dieselben haben an jedem Orte, wo sie ein Gewerbe treiben wollen, zuvor dem Bürgermeister ihre Patente vorzuzeigen, welcher ihnen den Aufenthalt verweigern kann, wenn sie sich durch ihr Betragen desselben unwürdig machen. V. § 43.

Diejenigen Ausländer jedoch, welche die inländischen Messen und Märkte besuchen und nur während der Dauer derselben ihre Waaren feilbieten, haben kein Patent zu lösen und keine Gewerbsteuer zu entrichten. § 24.

§ 172. **III.** Zum Komödien- und Marionettenspiel, zum Kunstreiten u. a. öffentlichen Darstellungen, so wie zum Tanz- und Musikhalten wird die steuerliche Abgabe durch den Ausfertigungsstempel der jedesmal nachzusuchenden Erlaubniß der Regierungsbehörde erhoben. G. Art. 28. Vrgl. Abth. **XIX,** §§ 912, 913 u. 915 u. Abth. **XXIII,** § 1104.

§ 173. **IV.** Ausländische Handelsreisende, welche Handelsartikel persönlich zum Verkaufe ausbieten wollen, haben dazu von der Regierungsbehörde die Erlaubniß einzuholen, und dafür im Falle der Verwilligung 15 fl. Stempelabgaben zu entrichten. V. §§ 41 u. 42. Vrgl. auch Abth. **XXIII,** Abschn. **III.**

§ 174. **V.** Für ausländische Gewerbtreibende und Reisende aus dem Zollvereinsgebiet findet unter der Bedingung, daß sie von den Waaren, auf welche sie Bestellung en gros (sowohl bei Gewerbtreibenden, als bei Privaten) suchen, nur Proben, aufgekaufte Waaren aber gar nicht mit sich herumführen, gänzliche Abgabenbefreiung statt, so bald sie unter Vorlage ihres Passes und heimathlichen Gewerbszeugnisses einen desfallsigen — kostenfrei auszufertigenden — Legitimationsschein von der Regierungsbehörde erwirkt haben werden. Dieselbe Vergünstigung kommt den diesseitigen Unterthanen in den anderen Zollvereinsstaaten zu. V. v. 29. Dez. 1834 u. A. d. M. d. J. v. 30. Sept. 1835 u. 20. Sept. 1837. Vergl. auch Abth. **XXIII,** § 1048.

§ 175. Die Ausfertigung der gewöhnlichen Gewerbspatente für Inländer geschieht nach vorgeschriebener Form auf Stempel à 12 kr. für jedes Jahr durch den Bürgermeister. G. Art. 1 u. V. § 19.

Die Bedingungen und gesetzlichen Voraussetzungen, unter welchen er nur hierzu befugt ist, s. Abth. XXIII, Abschn. III.

§ 176. Die Geschäfte und Personen, welche ausnahmsweise von der Gewerbsteuer ganz befreit sind, zählt der Art. 14 d. G. auf. Es gehören dahin u. A. die Beamten und Angestellten, Aerzte, Hebammen, Künstler, Geometer, Lehrer, Scribenten, Landwirthe, Handlungsdiener, Gesellen und Lehrlinge, Taglöhner, Holzhauer und Jeder, der für Rechnung eines Anderen in dessen Räumen arbeitet, Nätherinnen, Wäscherinnen und Büglerinnen, Postknechte, Bergknappen und Torfgräber, Schieferbrecher, Steinbrecher und Kohlengräber, Woll- und Baumwoll-Kratzer und Spinner und Flachsspinner im Kleinen, ferner die Fischer, Besenbinder, so wie alle Diejenigen, welche Eßwaaren, Zunder, Schwefelhölzer und ähnliche Kleinigkeiten auf öffentlichen Plätzen und Straßen feilbieten.

§ 177. Die Reclamationen gegen Gewerbsteueransätze sind bei dem Steuercommissär anzubringen und sollen von demselben dem Ortsvorstande zum Gutachten mitgetheilt werden, welches dieser binnen 10 Tagen nach Empfang der Reclamationstabelle abzugeben hat. V. v. 1. Dez. 1827, § 27.

§ 178. Beitreibung der Steuern und Abgaben. Die Einbringung der directen Steuern und sämmtlicher nach dem Steuerfuß auszuschlagenden Abgaben ist durch die V. v. 2. März 1820, 13. Dez. 1824 u. 18. Dez. 1824 in den 3 Provinzen des Großherzogthums in übereinstimmender Weise geregelt.

Der Staatskasse kommt deshalb ein gesetzliches Vorzugsrecht zu. V. v. 1. Aug. 1813.

Da das desfallsige Verfahren, weil in Rheinhessen auch auf die Einbringung der Domanialgefälle anwendbar, bereis oben in den §§ 145—163 eine ausführliche Erörterung gefunden hat, so bleiben nur noch einige wenige Punkte zu erwähnen übrig.

§ 179. Dahin gehört vorerst die Bestimmung, daß die Hebregister über directe Steuern 2c. durch den Districts-Einnehmer sogleich nach deren Empfang den betr. Bürgermeistern zur Offenlegung binnen drei Tagen zugesendet werden sollen. Der Bürgermeister hat dies unverzüglich zu bewirken und den Erfolg zu bescheinigen. Instr. f. d. Distr.-E. v. 24. März 1853, § 59.

§ 180. Ferner liegt dem Bürgermeister ob, jedem Steuerpflichtigen, oder dessen ihm bekannten Stellvertreter, der im Bezirke, oder zwar außerhalb desselben, aber doch in einer inländischen, unmittelbar an den Bezirk gränzenden Gemarkung wohnt, den ihm vom Steuercommissär zugesendeten Steuerzettel längstens binnen 5 Tagen nach dem Empfange, bei 5 fl. Strafe, durch den Gemeindediener zustellen zu lassen.

Andere nicht im Bezirke wohnende Steuerpflichtige oder Stellvertreter müssen ihre Steuerzettel, wenn sie solche zu haben wünschen, im Laufe des Steuerjahres bei dem Bürgermeister selbst abholen lassen. V. v. 2. März 1820, § 8.

§ 181. Es dürfen den Steuerpflichtigen weder für die Steuerzettel, noch für deren Uebersendung und Verabfolgung Gebühren abgenommen werden. Dagegen ist für die Besorgung der Mahnzettel die Gebühr von 3 kr. zu beziehen. a. V. §§ 9 u. 22.

§ 182. Lokal für die Steuererhebung. Durch E. d. M. d. Fin. an d. Reg. z. D. u. Gsn. v. 4. Aug. 1820 ist der Grundsatz ausgesprochen, daß die Gemeinden außerhalb des Wohnorts der Districtseinnehmer für ein schickliches, nicht im Wirthshause befindliches Erhebungslokal, so wie für dessen Heitzung, zu sorgen haben.

§ 183. Wenn die obere Steuerverwaltungsbehörde zum Zwecke der Steuereinbringung die Verpachtung oder Vermiethung von Grundstücken oder Gebäuden anordnet, so geschieht dieselbe durch den Bürgermeister. Was nach Abzug der schuldigen Steuern übrig bleibt, ist dem Steuerpflichtigen zuzustellen, oder wenn er abwesend oder unbekannt ist, in die Gemeindekasse zu hinterlegen. V. § 37.

§ 184. Die Beschlagnehmung von Pacht- oder Miethzins erfolgt in den Pr. St. u. O. auf Ersuchen des Obererhebers durch den zuständigen Richter; V. §§ 62 u. 63; in der Pr. Rh. aber durch die Administrativbehörde; V. v. 27. Okt. 1825; wie dies dort allgemein auch bezüglich der Beschlagnahme sonstiger herrschaftlicher Gelder und Naturalien bei Dritten der Fall ist. V. § 65 ff.

§ 185. Am Schlusse des Steuerjahres soll der Obererheber die Protokolle über die fortdauernd in Zahlungsunfähigkeit begriffenen Schuldner den betr. Bürgermeistern zustellen, welche hierauf, innerhalb 14 Tagen nach dem Empfange, die fortwährende

Unzahlfähigkeit zu bescheinigen, bz. etwaige Bemerkungen, beizufügen und die Protokolle sofort wieder zurückzuschicken haben.

Im Uebrigen ist in Fällen der Unzahlfähigkeit nach § 160 oben zu verfahren.

§ 186. Den Ausstands-Verzeichnissen der Districts-Einnehmer sollen in besonderer Spalte die Unterschriften der Schuldner, als Anerkenntniß der Rückstände, beigefügt sein. Diese Unterschriften hat der Bürgermeister zu beglaubigen. Verweigern einzelne Schuldner die Unterschriften, oder erscheinen sie auf Vorladung zur Anerkenntniß nicht, oder stellen sie die Schuld in Abrede, so ist dies speciell, nöthigenfalls in besondern Protokollen, zu bemerken, welche von dem Bürgermeister beglaubigt und dem Ausstandsverzeichnisse beigelegt werden müssen. Instr. v. 1853, § 106.

III. Abschnitt.

Indirecte Steuern und Abgaben.

§ 187. Die Verwaltung der indirecten Steuern und Abgaben steht im Ganzen unter denselben Behörden, wie diejenige der directen Steuern, s. o. § 164.

Nur die Zölle sind der Centralverwaltung der Oberzolldirection und der Bezirksverwaltung der Hauptzollämter, bz. Oberzollinspectoren, unterworfen. B. v. 4. Aug. 1828 u. 13. April 1853. B. v. 9. März 1838, §§ 103 u. 108.

§ 188. Den Bürgermeistern, bz. Lokalpolizeibehörden, liegt auch in Bezug auf das ungefährdete Einkommen der indirecten Staatsabgaben nicht nur im Allgemeinen eine entsprechende Unterstützung der betr. Aufsichtsbehörden ob, sondern es ist denselben zugleich bei einzelnen Abgabezweigen noch eine besondere mitwirkende Thätigkeit auferlegt. B. v. 9. März 1838, I. Thl. § 28 u. II. Thl. § 107. B. v. 19. Okt. 1837, §§ 7 u. 10.

§ 189. Die indirecten Abgaben sollen nach denselben Normen, wie die directen Steuern beigetrieben werden und es steht ihnen dasselbe Vorzugsrecht zu. Es folgt daraus, daß auch die Mitwirkung der Bürgermeister dazu dieselbe sein muß. s. o. §§ 145—163 u. 178 ff.

§ 190. Die gerichtliche Verfolgung der Zuwiderhandlungen gegen die Gesetze und Verordnungen über die indirecten Steuern liegt nicht den Bürgermeistern, bz. Lokalpolizeibehörden, ob. Es ist dies vielmehr je nach den verschiedenen Abgabe-Arten in den Geschäftskreis der besonders dazu berufenen Finanz-Verwaltungsbeamten verwiesen. V. v. 9. Nov. 1837 u. d. in den folg. §§ a. V.

§ 191. Wird bei Zuwiderhandlungen gegen indirecte Abgabe-Gesetze (Zoll, Tranksteuer 2c.) die Abschätzung confiscirter Gegenstände erforderlich, so hat diese von der betr. Finanzbehörde in Gemeinschaft mit dem Bürgermeister zu geschehen. V. v. 22. Januar 1829 § 4 u. Zollordnung v. 9. März 1838 III. Thl. II. Abschn. § 38 u. Justr. v. 15. Jan. 1838 § 7.

§ 192. I. Zoll. In Gemäßheit der Zollordnung v. 9. März 1838 Thl. I. § 28 u. Thl. II. § 107 ist der Bürgermeister, bz. Lokalpolizeibeamte, verpflichtet, zu seiner Kenntniß gelangende Uebertretungen der Zollvorschriften möglichst zu hindern und zur Untersuchung anzuzeigen, auch befugt, Personen und Waaren in so weit anzuhalten, als dies auch den Grenzaufsehern selbst (§ 106) verstattet ist.

§ 193. Hausvisitationen, welche bei Uebertretungen der Zollgesetze im Grenzbezirke unter Leitung eines höheren Zollbeamten zulässig sind, dürfen nur unter Zuziehung der Ortspolizeibehörde und nur nach Sonnenaufgang und vor Sonnenuntergang stattfinden. Zollordnung I. Thl. § 37.

§ 194. Grenzaufseher, welche Packträger, Handfuhrwerke, Bauernfuhrwerke und Lastthiere mit verpackten Waaren anhalten, dürfen solche zur Obrigkeit des nächsten Orts bringen, um mit dieser eine Nachsuchung vorzunehmen. Dasselbe kann auch im Binnenbezirke rücksichtlich anscheinend controlpflichtiger Waaren geschehen, in so ferne die nächstgelegene Zollstelle über eine halbe Meile von dem Orte entfernt liegt, wo der verdächtige Transport angetroffen wurde. Zollordnung II. Thl. I. Abschn., §§ 106 u. 110.

§ 195. Auch bei Verfolgung der Spuren begangener Zollcontraventionen durch Zollbeamte anderer Vereinsstaaten sollen die Ortsobrigkeiten und Lokalpolizeibehörden hülfreiche Hand leisten und unter deren Zuziehung insbesondere durch Haussuchungen, Beschlagnahmen oder andere gesetzliche Maßregeln des Thatbestandes sich gehörig versichern. Die desfallsigen Protokolle sind in doppelter Ausfertigung aufzunehmen, und ist ein Exemplar davon den requirirenden Beamten oder Bediensteten zuzustellen. V. d. Zollkartells v. 13. Dez. 1833, Art. 5.

§ 196. Wenn von Unbekannten eingeschwärzte und zurückgelassene Waaren versteigt werden sollen, so muß von dem Hauptzollamte nach vorgängiger Schätzung derselben (§ 191) der zu fertigende Protokollauszug, nebst Verzeichniß der Gegenstände, nicht nur an der Hauptthüre des betreffenden Hauptzollamts, sondern auch an dem für öffentliche Bekanntmachungen in der Gemeinde, wo die Beschlagnahme statthatte, bestimmten Gebäude angeheftet werden. Der Bürgermeister hat die Beobachtung dieser Vorschrift auf dem Original-Protokolle zu bescheinigen. V. v. 3. Aug. 1829.

§ 197. II. Tranksteuer. Die Erhebung und Controlirung der inneren Abgaben von Getränken ist durch V. v. 18. Juni 1853 umfassend neu geregelt.

Bezüglich der Mitwirkung der Bürgermeister in dieser Hinsicht bleibt nur noch zu bemerken, daß, wenn zur Abschätzung der muthmaßlichen häuslichen Consumtion eines Gewerbtreibenden an Getränken eine Commission zu bestellen ist, derselbe zur Abschätzungs-Commission zwei Ortsvorstandspersonen zu ernennen hat. a. V. § 12.

§ 198. III. Salzregie. Die Salzregie ist in den 3 Prov. des Großherzogthums in gleicher Weise eingeführt. Die desfallsigen Geschäfte werden provinziell durch besondere Salzregie-Inspectoren geleitet. Der Regiepreis ist auf 3 kr. pro Pfund gewöhnliches Kochsalz festgesetzt. Niemand darf bei Meidung der gesetzlichen Strafe anderswo als bei den bestellten Salzauswiegern Salz ankaufen. G. v. 23. Juni u. V. v. 24. Juni 1834.

Ausnahmsweise ist jedoch der Bezug eines größeren Bedarfs (in Säcken zu 103 oder 168 Pfund) unmittelbar aus dem betr. Salzmagazin Denjenigen verstattet, welche sich bei dem Salzmagazinverwalter durch ein von dem Bürgermeister und dem Salzauswieger ihres Wohnorts gemeinschaftlich ausgestelltes Zeugniß über die wahrscheinliche Größe ihres jährlichen Salzbedarfs ausweisen. V. v. 27. Okt. 1836 u. 27. Jan. 1840.

Bezüglich der Abgabe von Viehsalz an Landwirthe vergleiche Abth. XXI, Abschn. III.

§ 199. IV. Chausseegeld. Von der durch die G. v. 6. März 1824, 13. Juni 1836 u. 16. Juli 1842 geregelten Entrichtung des Chausseegeldes finden außer verschiedenen besonderen, bz. persönlichen, Befreiungen noch folgende Befreiungen zu Gunsten der Unterthanen statt:

1) Für sämmtliche Einwohner eines Ortes mit ihrem eigenen Fuhrwerke bis in die Orte, wo sich die nächsten Erhebungs-Stationen befinden, so wie von da wieder zurück, jedoch nur alsdann, wenn sie die Chaussee nicht weiter als bis zur nächsten Erhebungsstätte gebrauchen. G. v. 1824, Art. 2.

2) Sollen die Bewohner der an den Chausseen zwischen den Erhebungsstationen oder der seitwärts von einer Chaussee gelegenen Orte einer benachbarten Erhebungsstation zugetheilt und, wenn sie dieselbe passiren, eben so und unter derselben Beschränkung als chausseefrei behandelt werden, wie Diejenigen, welche an dem Sitze dieser Erhebungsstätte wohnen. G. v. 1842, Art. 4.

3) Für ausschließliche Dünger-Fuhren, in Ansehung welcher der inländische Fuhrmann mit einem Zeugnisse seines Ortsvorstandes (Bürgermeisters) versehen ist, daß die geladenen Dungstoffe wirklich entweder zum eigenen Bedarf, oder im Auftrage eines anderen Inländers zu dessen Bedarf als Dungmittel angefahren werden. Dieses Zeugniß muß* an jeder passirt werdenden Chausseegeld-Erhebungsstätte vorgezeigt werden. V. v. 1. Okt. 1827 u. A. d. O.Steuer-Dir. v. 22. Juli 1853.

§ 200. Chausseegeld-Defraudanten sollen mit ihrem Vieh und Geschirr an der nächsten Erhebungsstätte so lange festgehalten werden, bis sie die gesetzlich angedrohte Strafe bei dem Erheber hinterlegt haben. V. v. 17. März 1824, §§ 3 u. 7.

Wurde eine solche Anzeige nicht auf diese Weise sogleich bei Betretung erledigt, so ist dieselbe zunächst bei dem Districtseinnehmer, bz. Ortseinnehmer I. Klasse, zur Erledigung, wo thunlich im Administrativ-Wege, anderenfalls aber zur Anzeige und Betreibung bei dem Gerichte I. Instanz vorzubringen. V. v. 27. Aug. 1853.

§ 201. V. Hundesteuer. Zum Zwecke der Erhebung der im Allgemeinen auf 2 fl. jährlich, für Schafhirten aber (jedoch mit Beschränkung auf 2 Schäferhunde) auf 45 kr. festgesetzten Hundesteuer ist Folgendes verordnet:

1) Wer einen Hund in seinen Besitz bekommt, ist verbunden, dies innerhalb 8 Tagen dem Ortsvorstand (Bürgermeister) entweder schriftlich oder mündlich in Selbstperson anzuzeigen, und in letzterem Falle den Eintrag zu unterschreiben, welcher in dem bei dem Ortsvorstande offen liegenden Declarationsregister über die Anzeige zu machen ist.

Dieses Register muß unter Ordnungsnummern den Namen des Declaranten, die Zahl seiner Hunde und die Zeit, Jahr, Monat und Tag der erfolgten Declaration enthalten. Auch muß, falls der Besitzer Schafhirte ist, dies ausdrücklich bemerkt sein.

2) Wer den Besitz eines Hundes aufgibt, muß auf gleiche Weise hiervon, und zwar spätestens bis zum Ablaufe des Jahres, die Anzeige machen, indem sonst seine Steuerpflichtung für das folgende Jahr fortdauert.

3) Wer aus einem Orte in den anderen überzieht und einen Hund mitnimmt, hat dies nicht nur dem bisherigen Ortsvorstande, damit dieser den Eintrag im Register streicht, sondern auch seinem nunmehrigen Ortsvorstande zum Zweck des Eintrags für das folgende Jahr anzuzeigen.

4) Aus den in die Declarationsregister gemachten Einträgen werden sodann jährlich im Laufe des Monats Januar von den Districtseinnehmern gemeinschaftlich mit den Ortsvorständen die vorgeschriebenen Hundesteuer-Heblisten aufgestellt.

V. v. 19. März 1853.

§ 202. **VI.** Nachtigallensteuer. Dasselbe Verfahren findet in Ansehung der Nachtigallensteuer (5 fl. jährlich) statt. Auch hierüber hat der Bürgermeister ein besonderes Declarationsregister zu führen. V. v. 19. März 1853.

§ 203. **VII.** Stempelpapier. Die Stempelabgabe dient zum theilweisen Ersatze der dem Staate durch die Einrichtung des öffentlichen Dienstes erwachsenden Kosten. Dieselbe ist für die Prov. St. u. O. durch besondere Verordnung über den Administrativ-Stempel v. 16. Februar 1825 geregelt.

Als Grundsatz wird darin ausgesprochen, daß in der Regel zu allen das Privatinteresse betreffenden Eingaben und Ausfertigungen Stempelpapier verwendet werden soll. Eine allgemeine Ausnahme hiervon, mithin Stempelfreiheit, soll jedoch eintreten:

1) in Ansehung aller das landesherrliche oder Staats-Interesse allein, oder gemeinschaftlich mit dem Privat-Interesse berührenden Angelegenheiten;
2) bei der amtlichen Correspondenz der Verwaltungsbehörden;
3) bei den Eingaben, welche blos den Zweck haben, rückständige Entschließungen der Administrativbehörden zu erinnern; und
4) rücksichtlich notorisch armer Personen. V. v. 1825, § 7.

Außerdem ist die stempelfreie Verhandlung noch einer Reihe von einzelnen Verwaltungsgegenständen zum Zwecke ihrer Förderung zugestanden worden, z. B. den Rekrutirungsangelegenheiten, der Grundlasten-Ablösung u. s. w., was unter den speciellen Betreffen näher bemerkt werden wird.

Der in den Prov. St. u. O. von den Lokalbehörden in Privatangelegenheiten anzuwendende Berichtsstempel beträgt 6 kr.; der Eingabestempel für jeden Bogen 36 kr.

Die Stempelstrafe für Zuwiderhandlungen ist auf das Doppelte des Stempelsatzes, im Minimum aber auf 1 fl. bestimmt.

§ 204. Strengere Vorschriften über die Anwendung des Stempels bestehen in der Prov. Rh.

Durch G. v. 9. März 1824 ist daselbst, unter gewissen Beschränkungen, das französische Stempelgesetz v. 22. Frimaire VII aufrecht erhalten.

Alle Eingaben bei den Behörden, gleichwie alle Acte, Ausfertigungen oder Abschriften der Letzteren, sowohl der höhern Staats-, als der Lokalbehörden, welche dem **Enregistrement** (§ 205) unterworfen sind, ferner alle Special-Register dieser Behörden, welche keinen Bezug auf die allgemeine Verwaltung haben, eben so wie die Register und Bücher, deren Führung den Gewerbtreibenden, Banquiers, Kaufleuten, Handwerkern u. s. w. gesetzlich auferlegt ist, müssen danach auf Dimensions-Stempelpapier geschrieben sein, oder für Stempel visirt werden.

Der proportionelle Stempel ist dagegen aufgehoben.

Die Strafe der Zuwiderhandlung gegen die Stempelgesetze ist für die Behörden auf 100 Francs bestimmt.

Ausgenommen von dem Gebrauche des Stempels sind nach jenem Gesetze fast nur die Acte, welche die allgemeine öffentliche Verwaltung und die Polizeiverwaltung, so wie Armensachen betreffen.

Unter die Klasse der Ersteren gehört im Allgemeinen auch die Correspondenz der Lokalbehörden mit den Oberbehörden. Eine ausführliche Instruction für die Bürgermeister bezüglich der Beobachtung der Stempel- und Einregistrirungsgesetze bei der Gemeindeverwaltung enthält das A. d. R. d. Prov. Rh. v. 9. März 1819.

Unsere spätere Gesetzgebung hat indessen diese Bestimmungen verschiedentlich gemildert und jenen Ausnahmen noch zahlreiche andere hinzugefügt. Es werden dieselben bei den betreffenden einzelnen Materien näher bemerkt werden.

§ 205. **VIII.** Einregistrirung (**Enregistrement**). Ein nur der Prov. Rh. eigenthümliches Institut ist das **Enregistrement**, bestehend in der Vorschrift, daß gewisse öffentliche Acte und die Privatacte, von welchen öffentlicher Gebrauch gemacht werden will, zuvor bei dem Obereinnehmer gegen Entrichtung einer Taxe in das vorgeschriebene Register eingetragen (einregistrirt) worden sein müssen.

Die in dem vorigen § angezogenen Gesetze und Verordnungen enthalten in dieser Beziehung im Wesentlichen und Allgemeinen folgende für die Lokalbehörden beachtungswerthe Bestimmungen:

1) Alle Pacht-, Tausch-, Verkauf-, Vertheilungs- und Steigacte, Verträge, Accorde, Soumissionen, Ueberschläge und Besichtigungsacte, welche die Verwaltung der Gemeinden und Corporationen betreffen, sind der Einregistrirung unterworfen. Dieselbe muß 20 Tage nach ihrem Datum, oder nach Eintritt der vorbehaltenen Genehmigung der Oberbehörde, erwirkt werden, bei Meidung der gesetzlichen Strafe.

2) Die Berathschlagungen der Gemeinderäthe sind dagegen der Einregistrirung nicht unterworfen, es sei denn, daß von den Protokollen ein öffentlicher Gebrauch bei Gericht gemacht werden soll. Auch sind die Berichte der Bürgermeister und überhaupt deren Correspondenz mit den Verwaltungsstellen frei von der Einregistrirung.

3) Alle Acte und Gesuche, welche Privaten betreffen und dem Bürgermeister, sei es nun zur Abfassung der Verträge, oder zu erforderlichen Bekanntmachungen (Significationen), Anschlägen, Abschriften oder Beglaubigungen, zugestellt werden, unterliegen der Einregistrirung, und dürfen bei 50 Francs Strafe von dem Bürgermeister, bis diese erfolgt ist, nicht vollzogen werden.

4) Im Uebrigen ist für die Einregistrirung der Privatacte und Verträge keine bestimmte Frist mehr vorgeschrieben, vielmehr den Privaten überlassen, durch Erwirkung der Einregistrirung ihren Acten ein gesetzliches Datum zu geben und damit ihre Rechte zu sichern. Immerhin kann aber von nicht einregistrirten Privatacten niemals bei einer öffentlichen Behörde Gebrauch gemacht werden. Vergl. auch d. a. A. d. R. v. 1819, ferner v. 21. Jan. 1820 u. d. B. v. 6. März 1826. [9])

X. Abtheilung.

Justizangelegenheiten.

I. Abschnitt.

Gerichtsverfassung.

§ 206. Im Ganzen wird die Gerichtsbarkeit in I. Instanz in der Regel durch Einzelrichter verwaltet, in den Prov. St. u. O. durch die Stadt- und Landgerichte, und in der Prov. Rh. durch die Friedensgerichte. Die Zuständigkeit der Letzteren ist jedoch beschränkter, indem sie in rein persönlichen und Mobiliar-Klagsachen nur bis zu einem Werthe von 140 fl., in Polizeisachen nur bis zu einer Strafe von 15 Franken oder 5 Tage Arrest, in eigentlichen Strafsachen aber gar nicht zu erkennen haben.

Die Gerichtsbarkeit in wichtigeren Civilsachen und Polizeistrafsachen, so wie innerhalb bestimmter Grenzen die Strafgerichtsbarkeit

9) Die mitwirkende Thätigkeit der Lokalbehörden bei den übrigen indirecten Abgaben ist gelegentlich der einschlägigen Materien erörtert, z. B. in Betreff der Collateralgelder in Abth. X, § 214, und in Betreff der Jagdwaffen-Pässe in Abth. XXII, Abschn. IV.

überhaupt ist in der Prov. Rh. in I. Instanz den collegialisch organisirten Bezirksgerichten übertragen.

Instr. für die Landrichter v. 3. Dez. 1821. Crim. Pr. O. Art. 137—140. G. v. 1. Sept. 1835. V. v. 4. Okt. 1836 u. B. v. 24. Okt. 1852.

§ 207. Für die oberen Instanzen sind allgemeine Collegialgerichte, hier die Hofgerichte, dort das Obergericht bestellt.

Die höchste Gerichtsstelle für das ganze Land nimmt das Oberappellations- und Cassationsgericht ein.

Die oberste Leitung und Aufsicht über das ganze Justizwesen steht dem Justizministerium zu.

B. v. 10. Jan. 1817. V. v. 23. Juni 1832, 28. Mai 1821 u. 14. März 1848.

§ 208. Der charakteristische Unterschied zwischen der rheinhessischen Gerichtsverfassung und derjenigen der anderen Provinzen beruht, außer dem Vorerwähnten, vorzugsweise darin, daß dort die Principien der Mündlichkeit und Oeffentlichkeit, so wie der zur Vertretung der Staatsinteressen eingesetzten Staatsanwaltschaft — des öffentlichen Ministeriums — allgemein durchgeführt sind, auch die s. g. freiwillige Gerichtsbarkeit größtentheils von den Gerichten getrennt und besonderen Beamten, den Notären und Hypothekenbewahrern, überwiesen ist.

B. Pr. O. Art. 83, 87 u. 470. Crim.-Pr. O. Art. 1, 22 u. 144 u. V. v. 4. Okt. 1836.

§ 209. Als Hülfsorgane der Gerichtsverwaltung zur lokalen Hülfsthätigkeit für gerichtliche Zwecke sind eingesetzt und bestimmt:

A. In den Prov. St. u. O.

1) Die Ortsgerichte, vorzugsweise zur Mitwirkung bei der bürgerlichen und freiwilligen Gerichtsbarkeit. Ed. v. 16. Okt. 1852 u. Instr. v. 26. Okt. 1852.

2) Die Bürgermeister, bz. Lokalpolizeibehörden, als solche, und mit vorwiegender Unterordnung unter die Regierungsbehörde bezüglich der Strafrechtspflege. Vgl. Abth. III u. Abth. XVIII, Abschn. II.

B. In der Prov. Rh. die Bürgermeister, bz. Lokalpolizeibehörden, vermöge ihrer dort gesetzlich ausgesprochenen Eigenschaft als Hülfsbeamte der gerichtlichen Polizei.

Dieselben sind in dieser Beziehung der Aufsicht des Staatsprocurators und der Disciplin der Gerichtshöfe unterworfen. Crim. Pr. O. Art. 8 u. folg. u. Art. 48—54, 279—281.

§ 210. Zur berufsmäßigen Vertretung der Partheien bei den Gerichten — zum Advociren und Procuriren — sind in der Regel nur die wirklichen Advokat-Anwälte berechtigt. Zuwiderhandlungen sind in den Prov. St. u. O. mit namhaften, von den Gerichten unmittelbar zu erkennenden Polizeistrafen bedroht. V. v. 21. Okt. 1842 u. A. d. M. d. J. v. 19. April 1843.

In der Prov. Rh. soll auch anderen zuverlässigen Personen von dem Min. d. Justiz die jedoch widerrufliche Ermächtigung ertheilt werden können, bei den Handelsgerichten, Friedensgerichten und Polizeigerichten als Bevollmächtigte oder Beistände berufsmäßig aufzutreten. V. v. 2. Juli u. 23. Sept. 1853.

§ 211. Geschworne. Die Aburtheilung der schwereren Verbrechen erfolgt durch die Assissenhöfe unter Mitwirkung von Geschwornen.

Dem Bürgermeister liegt die jährliche Aufstellung des Verzeichnisses der in der Gemeinde zu den Verrichtungen eines Geschwornen zulässigen Personen ob. G. v. 22. März u. 26. April 1852.

Es sind dabei hauptsächlich nachstehende gesetzliche Bestimmungen zu beachten:

1) Die Geschwornen werden aus folgenden Klassen von Staatsbürgern, welche in der betreffenden Provinz ihren Wohnsitz haben, genommen:

a) aus den achthundert Höchstbesteuerten;

(Die Regierungsbehörde im Hauptorte der Provinz bestimmt nach Verhältniß der Seelenzahl, welche Zahl von diesen Achthundert auf jeden Regierungsbezirk zu vertheilen ist, und macht dies im Regierungsblatte bekannt.)

b) aus allen Denen, welche auf einer deutschen Universität studirt und ein Facultätsexamen bestanden haben;

c) aus denen nicht unter a fallenden Mitgliedern des Handels- und Gewerbstandes, welche die Gewerbsteuer der ersten oder zweiten Klasse bezahlen.

Kein Geschworner kann aus einer anderen, als den vorbezeichneten Klassen genommen werden. Art. 4 d. G.

2) Es können bei Vermeidung der Nichtigkeit die Verrichtungen eines Geschwornen nur von demjenigen versehen werden, welcher volle 30 Jahre alt, dessen Staatsbürgerrecht nicht suspendirt und der in Folge einer Untersuchung oder Verurtheilung nicht unfähig ist, als Mitglied der einen oder andern Kammer zu erscheinen. Art. 3.

3) Die Verrichtungen eines Geschwornen sind unvereinbar mit denen der Mitglieder eines Ministeriums, der Mitglieder der Regierungsbehörden, der Richter, General-Staatsprocuratoren, Staatsprocuratoren oder Staatsanwälte und deren Substituten, desgleichen der Geistlichen. Alle diese Personen dürfen daher nicht in die Liste eingetragen werden. Art. 6.

4) Die Bürgermeister haben, sobald sie von der Regierungsbehörde die Liste über die in ihrem Bezirk zu den Geschwornen herbeizuziehenden Höchstbesteuerten erhalten haben, unverweilt zur Aufstellung des Verzeichnisses aller zum Eintritt in das Schwurgericht gesetzlich befähigten Einwohner ihrer Gemeinden zu schreiten. Art. 9.

Es ist zu dem Ende der Gebrauch des Formulars Anl. IV empfehlenswerth, indem dessen pünktliche Ausfüllung vor Irrungen schützt. Anl. IV.

5) Die Aufstellung dieses Verzeichnisses hat stets zu Anfang des Monats Mai zu geschehen, und ist unmittelbar darauf, längstens aber bis zum 15. Mai jeden Jahres, die dreitägige Offenlegung nach vorheriger Bekanntmachung zu vollziehen. Selbst wenn keine zum Schwurgericht gesetzlich zulässige Personen in der Gemeinde vorhanden sein sollten, muß eine ebenfalls offen zu legende Erklärung darüber aufgenommen und eingesendet werden. Art. 10.

6) Nach Art. 11 d. G. ist jeder in der Gemeinde wohnende Staatsbürger berechtigt, gegen das aufgelegte Verzeichniß, bz. gegen die erwähnte Erklärung, wegen Uebergehung gesetzlich zulässiger oder

wegen Eintragung unzulässiger Personen, binnen weiteren drei Tagen schriftlich oder zu Protokoll Reklamationen zu erheben.

Der Bürgermeister hat, wenn er die Reklamation begründet findet, das Erforderliche sogleich in der Liste zu berichtigen. Hält er die Reklamation für unbegründet, so gibt er dies dem Reklamanten alsbald schriftlich zu erkennen und bedeutet ihn, daß es ihm freisteht, binnen 10 Tagen zerstörlicher Frist bei der Regierungsbehörde der Provinzialhauptstadt durch schriftliche, aber stempelfreie, Eingabe den Rekurs zu verfolgen.

7) Gemäß Art. 12 d. G. hat endlich der Bürgermeister nach Ablauf der dreitägigen Frist zur Erhebung von Reklamationen (also erst 3 Tage nach Verstreichung der dreitägigen Offenlegungsfrist) dieses Verzeichniß nebst den über die etwaigen Reklamationen erwachsenen Actenstücken an die Regierungsbehörde im Hauptorte der Provinz sofort unmittelbar (unter besonderem Umschlag, jedoch ohne Erforderniß eines Begleitungsberichts) einzusenden.

II. Abschnitt.

Geschäfte bezüglich der bürgerlichen Gerichtsbarkeit.

§ 212. Im Allgemeinen findet eine Mitwirkung der Bürgermeister als solchen bei den Geschäften der bürgerlichen Gerichtsbarkeit nicht statt.

In den Prov. St. u. O. sind die deßfallsigen Verrichtungen den Ortsgerichten übertragen; s. d. a. Instr. v. 26. Okt. 1852.

In der Prov. Rh. aber waren dazu schon früher andere Beamten, die Notäre, Hypothekenbewahrer, Gerichtsvollzieher ꝛc. eingesetzt.

Einzelne Ausnahmen sind theils bei den besonderen Materien, z. B. bezüglich des Armenrechts in Abth. XVI, § 741, und bezüglich der Grundbücher in Abth. XXI, Abschn. IV, erwähnt, theils in den folgenden §§ erörtert.

§ 213. Wenn ein Insinuationsact von dem Stadt- oder Landgerichtsdiener oder dem Huissier nicht vollzogen zu werden vermag, so soll die Insinuation an den Bürgermeister geschehen.

In der Prov. Rh. ist dem Bürgermeister die Copie desselben zuzustellen, und dagegen von diesem unter das Original sein Visa zu setzen. Instr. für die Landgerichtsdiener v. 10. Sept. 1853, § 16, u. Civ. Pr. O. Art. 68.

§ 214. In welchen Fällen und in welcher Weise bei Sterbfällen in den Prov. St. u O. die Anzeige bei Gericht und die Siegelanlegung durch die Ortsgerichte geschehen soll, ist in der a. Instr. §§ 25 u. 26 ausführlich bestimmt.

In der Prov. Rh. liegen dem Bürgermeister als Civilstandsbeamten dieselben Verpflichtungen ob. Derselbe soll namentlich alle Sterbfälle, welche nach den bestehenden Gesetzen zur Siegelanlage von Amtswegen Anlaß geben, binnen 24 Stunden nach Aufnahme des Sterbeactes dem zuständigen Friedensrichter anzeigen, und zwar blos gegen Vergütung des Botenlohns. Zugleich soll derselbe außerhalb des Amtssitzes des Friedensrichters, oder in Verhinderung des Friedensrichters und Ergänzungsrichters, zur vorläufigen Siegelanlegung unter Zuziehung eines Mitgliedes des Gemeinderaths verpflichtet sein. Das deßfallsige Protokoll hat er gleichzeitig mit der Anzeige des Sterbfalles an den Friedensrichter zu übersenden. Die Mitglieder des Ortsvorstandes haben für die Siegelanlage keine Gebühren zu beziehen. G. v. 6. Juni 1849, Art. 1—3.

Die Siegelanlage von Amtswegen ist nach der Civ. Pr. O. Art. 911 in Rh. verordnet:

1) wenn der Minderjährige ohne Vormund, und die Siegelanlegung nicht durch einen Anverwandten nachgesucht worden ist;
2) wenn der Ehegatte, oder wenn die Erben oder einer von ihnen abwesend sind;
3) wenn der Verstorbene öffentlicher Verwahrer war; in welchem Falle die Siegel nur in Ansehung des ihm anvertrauten Gutes und auf die Gegenstände, die es ausmachen, angelegt werden.

Die Anzeige eines Sterbfalles hat außerdem und innerhalb derselben Frist von Seiten des Civilstandsbeamten zu geschehen, wenn er weis, daß ein Verstorbener eine noch nicht beendigte Vormundschaft zu führen hatte, oder wenn irgend welche andere Vorfälle eintreten, welche die Nothwendigkeit der Ernennung eines Vormundes oder Beivormundes erzeugen.

Nachdem der Friedensrichter die betreffende Anzeige in das von ihm darüber zu führende Register eingetragen, gibt er die Anzeige visirt an den Anzeiger zurück, welcher solche in einem besonderen

Convolut zusammengeheftet aufzubewahren hat. V. v. 28. Aug. 1827, §§ 1—3.

Auch bei Collateral-Erbfällen ist die Anzeige des Sterbfalles erforderlich.

§ 215. Zum Zwecke der Verhütung der Prozeßsucht, welche nicht selten den Familienfrieden und den bürgerlichen Wohlstand zerstört, ist den Bürgermeistern die Gründung von Vergleichsvereinen empfohlen. E. d. M. d. Just. v. 25. Nov. 1852.

III. Abschnitt.

Mitwirkung bei der Strafrechtspflege.

§ 216. Grundsätze in Ansehung der Verbrechen. Nach der in den Prov. St. u. O. geltenden Gesetzgebung sind die Gerichte berufen, bei Zuwiderhandlungen gegen die Strafgesetze — Verbrechen und Vergehen — von Amtswegen einzuschreiten.

Anders in der Prov. Rh. Hier ist eine eigne, von den Gerichten unabhängige, nur dem Min. d. Justiz unterworfene Behörde, die Staatsprocuratur, eingesetzt, welche im Namen und Auftrag der Staatsgewalt zunächst die Verbrechen aufzusuchen, zu verfolgen und sofort den Gerichten zur Bestrafung zu überweisen hat. Die Thätigkeit der Gerichte ist demzufolge durch den Vorgang einer Anklage von Seiten dieser, das öffentliche Ministerium ausübenden, Staatsbehörde bedingt.

§ 217. Den Bürgermeistern, bz. Lokalpolizeibeamten, liegt die allgemeine Verpflichtung ob, die Gerichte und die Staatsprocuratur in ihrem deßfallsigen Berufe von Amtswegen zu unterstützen, so wie darauf bezügliche Aufträge zu erledigen. Vergl. § 209.

Die besonderen Vorschriften für ihr Verfahren in dieser Beziehung finden sich in der Abth. XVIII, Abschn. II, näher erörtert.

§ 218. Grundsätze bezüglich der Polizeiübertretungen. In Ansehung der Polizeivergehen besteht in dem Großherzogthum die gemeingültige Regel, daß ein Verfahren der Polizeigerichte von Amtswegen ausgeschlossen ist.

Das polizeigerichtliche Verfahren tritt erst in Folge der erhobenen Anklage oder Anzeige von Seiten der zuständigen Staatsbehörden ein.

§ 219. Die Staatsbehörden, welchen die Ueberweisung der Polizeianzeigen an die Polizeigerichte zukommt, sind in den Prov. St. u. O. die Regierungsbehörden, in der Prov. Rh. die Polizeicommissäre, und in deren Abgang oder Verhinderung die Bürgermeister am Sitze des Friedensgerichts.

Dieselben Behörden, nicht aber die Denuncianten, sind auch bezüglich der Anklage zur Recursergreifung gegen die polizeigerichtlichen Erkenntnisse zuständig. V. v. 25. Okt. 1843 u. Crim. Pr. O. Art. 15, 144 u. 177.

In wie weit von vorstehenden Bestimmungen bei Feldpolizei-Vergehen, Forst-, Jagd- und Fischerei-Freveln rc. Ausnahmen eintreten, ist bei den betreffenden Materien erörtert.

§ 220. Die Polizeicommissäre, bz. Bürgermeister am Sitze des Friedensgerichts, üben in der Prov. Rh. die im vorigen § erörterten Verrichtungen als Beamte des öffentlichen Ministeriums. Sie sind demzufolge der Aufsicht und Leitung der höheren Beamten des öffentlichen Ministeriums, d. i. der Staatsprocuratoren, unterworfen, welche zugleich überall selbstständig einzugreifen befugt sind. Sie haben an diese periodisch Verzeichnisse der übergebenen Polizeianzeigen nach vorgeschriebenem Formular einzusenden.

§ 221. Der Beamte des öffentlichen Ministeriums hat den polizeigerichtlichen Sitzungen des Friedensgerichts beizuwohnen und dabei seine Anträge zu stellen und zu begründen. Demselben liegt ferner die demnächstige Vollstreckung der rechtskräftigen Erkenntnisse ob. Er hat darüber ein besonderes Strafvollzugsregister nach vorgeschriebenem Formular zu führen. Crim. Pr. O. Art. 153 folg. u. Art. 165 u. A. d. Gen.-Staatsprocurators zu Mz. v. 16. Okt. 1837.

Anders in den Prov. St. u. O. Hier wird die Strafvollziehung durch die Gerichte selbst geleitet.

§ 222. Die Lokalpolizeibehörden haben die Polizeiübertretungen wahrzunehmen und zu erforschen. Sie empfangen die officiellen Polizeianzeigen der Polizeiagenten, mit Ausnahme jedoch derjenigen der Gensdarmen (s. Abth. **XVIII**, § 870), und nehmen die Privatbeschwerden auf, welche sich auf Uebertretungen beziehen. Sie sorgen dafür, daß diese Anzeigen nach Form und Inhalt in gesetzlicher Weise abgefaßt werden (in den Prov. St. u. O. nach dem vorgeschriebenen Formular, in der Prov. Rh. in der Form eines Verbalprozesses), und übergeben dieselben alsdann unter Beifügung der etwa erforderlichen Erläuterungen und Bemerkungen unverweilt — in der Prov. Rh. binnen längstens 3 Tagen — an die zur polizeigerichtlichen Ueberweisung derselben zuständige Staatsbehörde. § 219 o. u. a. B. v. **1842**. Crim. Pr. O. Art. **11** u. **15** u. A. d. M. d. J. v. 30. Okt. **1844**.

§ 223. Es ist erforderlich, daß die Polizeianzeigen über folgende Punkte eine genaue Aufklärung enthalten:

1) Namen und Vornamen nebst Wohnort des oder der Angeschuldigten, auch Bemerkung, wenn derselbe Militär ist;
2) Ort, Tag — in so ferne es auf die Stunde ankommt, auch diese — und Gegenstand der Polizeiübertretung, unter Angabe aller einflußreichen Umstände;
3) die Bemerkung, ob die Kenntniß der Zuwiderhandlung sich auf eigene Wahrnehmung des Angebers gründet, oder auf welch andere Beweise, Anzeichen oder Vermuthungen;
4) Tag und Datum der Anzeige, Wohnort, Diensteigenschaft und Unterschrift des Angebers.

Mehrere Polizeivergehen können nicht in einer Anzeige zusammengefaßt werden, es müßte denn ein sowohl rücksichtlich der Zeit, als des Orts und Gegenstandes inniger Zusammenhang zwischen ihnen bestehen, wie z. B. wenn Mehrere gleichzeitig in demselben Gasthause die Feierabendstunde übertreten haben.

§ 224. Die öffentlichen Denuncianten von Polizeivergehen erhalten, im Falle der Verurtheilung zahlungsfähiger Uebertreter, eine bestimmte Anzeigegebühr. Wenn jedoch der Bürgermeister selbst bei einer Anzeige als Denunciant auftritt, so soll er weder Anzeigegebühren, noch Strafantheil beziehen dürfen. A. d. M. d. J. v. **16**. Juni 1836.

§ 225. Straferlaß- und sonstige Gnadengesuche. Bei Vorstellungen um Straferlaß oder sonstigen Gnadengesuchen in Untersuchungssachen dürfen die Lokalbehörden weder unter den Vorstellungen, noch in besonders beigelegten Zeugnissen die Verhältnisse der Bittsteller attestiren, oder die Gesuche zur Genehmigung empfehlen. Dieselben haben vielmehr abzuwarten, bis sie darüber zum Berichte oder zur Aeußerung aufgefordert werden. A. d. M. d. J. v. 18. Aug. 1836. A. d. O.-Cons. an die ev. Decane v. 6. Sept. 1836 u. E. d. bischöfl. Ord. an die kath. Pfarrgeistlichkeit v. 12. März 1846.

Die Bittsteller und Schriftverfasser müssen in den Vorstellungen stets die Behörde genau angeben, welche die Strafe erkannt hat. B. v. 13. Nov. 1832 u. A. d. M. d. J. v. 13. Januar 1838.

Wiederholte Gesuche nach einmal erfolgtem Abschlag sollen keine Berücksichtigung finden, sondern lediglich zu den Acten genommen werden. B. v. 1. Febr. 1837.

§ 226. Die Behandlung der Gesuche um Erlaß oder Befristung von Untersuchungskosten, welche zu den Provinzial-Criminalkassen beigetrieben werden, ist durch E. d. M. d. J. v. 27. Mai 1852 für die Prov. St. u. O. besonders geregelt. Dergleichen Gesuche sollen zunächst bei den Obereinnehmereien angebracht werden, und erst durch deren Vermittlung an die Regierungsbehörden der Provinzialhauptstädte, unter deren Verwaltung jene Kassen stehen, gelangen.

Die Bürgermeister sind verpflichtet, den Districtseinnehmern über die Familien-, Vermögens- und Erwerbsverhältnisse der Bittsteller die erforderliche Auskunft zu geben. Vergl. auch A. d. O. Steuer-Dir. v. 17. Juni 1852.

XI. Abtheilung.

Bevölkerungspolizei.

I. Abschnitt.

Aufnahme als Inländer, als Staats- und Ortsbürger. Verheirathungen.

§ 227. Inländer. Der Genuß aller bürgerlichen Rechte in dem Großherzogthum, sowohl der Privatrechte, als der öffentlichen (oder des Staatsbürgerrechts), steht nur Inländern zu.

Das Recht des Inländers (das Indigenat) wird erworben:

1) durch die Geburt für Denjenigen, dessen Vater oder Mutter damals Inländer waren;
2) durch Verheirathung einer Ausländerin mit einem Inländer;
3) durch Verleihung eines Staatsamts;
4) durch besondere Aufnahme.

V.U. Art. 12 u. 13.

§ 228. Aufnahme der Inländer. Wenn ein Ausländer das Indigenat in dem Großherzogthum zum Behuf seiner ortsbürgerlichen Aufnahme in einer Gemeinde zu erlangen wünscht, und sich in letzterer Beziehung an den Bürgermeister wendet, so hat dieser ihn nicht an die Regierungsbehörde zu verweisen, sondern über sein Gesuch, welches entweder schriftlich zu übergeben, oder von dem Bürgermeister ohne Anspruch auf eine Gebühr zu protokolliren ist (in den Prov. St. u. O. auf dem formulirten Stempelbogen von 36 kr., in der Prov. Rh. auf dem vorgeschriebenen Dimensionsstempel zu 21 kr.), den Gemeinderath zu vernehmen.

Spricht sich dieser für die demnächstige Aufnahme aus, so wird das aufzunehmende Protokoll, welches sich jedenfalls über nachstehende vier Punkte aussprechen muß, nämlich:

1) ob der Bittsteller sich über den Besitz des erforderlichen Inferendums ausgewiesen hat;

2) nach menschlichem Ansehen sich zu ernähren im Stande sein wird;

3) den Ruf einer guten sittlichen Aufführung hat (was auch von seiner Frau oder Braut gilt) und bezüglich seines politischen Verhaltens unbeleumundet ist; E. d. M. d. J. an d. Kr. v. 6. Dezbr. 1852; endlich

4) ob seine Aufnahme der Gemeinde vortheilhaft sein wird; G.O. Art. 51;

sofort an die Regierungsbehörde zur weiteren Entschließung eingesendet.

Im Falle der Ablehnung des Gesuches macht dagegen der Bürgermeister an den Bittsteller die schriftliche stempelfreie Eröffnung, daß die gebetene Eintragung in das Ortsbürgerregister verweigert worden sei. A. d. M. d. J. v. 26. Juni 1833 u. 2. März 1835.

§ 229. Das Recht des Inländers geht verloren:

1) durch Auswanderung;

2) durch Verheirathung an einen Ausländer. Die Wittwe erhält jedoch die Rechte einer Inländerin wieder, wenn sie entweder im Großherzogthum geblieben ist oder dahin, mit Erlaubniß der Staatsregierung und unter der Erklärung, sich darin niederlassen zu wollen, zurückkehrt. V.U. Art. 17.

§ 230. Staatsbürger. Staatsbürger sind diejenigen volljährigen Inländer männlichen Geschlechts, welche in keinem fremden persönlichen Unterthansverbande stehen und wenigstens 3 Jahre in dem Großherzogthum wohnen.

Die Ausnahme bezüglich der Standesherrn s. Abth. VI, Abschn. I. V.U. Art. 14.

Die Juden sind den Christen in dieser Beziehung nunmehr vollkommen gleichgestellt. G. v. 2. Aug. 1848.

§ 231. Verlust des Staatsbürgerrechts. Das Staatsbürgerrecht geht verloren in Folge jeder rechtskräftigen Verurtheilung zu einer Zuchthausstrafe oder wegen Meineides zu einer Correctionshausstrafe. G. v. 28. Sept. 1842.

§ 232. Hinderung der Ausübung desselben. Die Ausübung des Staatsbürgerrechts wird gehindert:

1) durch das Entstehen eines gerichtlichen Concursverfahrens über das Vermögen bis zur vollständigen Befriedigung der Gläubiger;

2) während der Dauer einer Curatel;

3) für Diejenigen, welche für die Bedienung der Person oder der Haushaltung eines Anderen Kost oder Lohn empfangen, während der Dauer dieses Verhältnisses; V.U. Art. 16; und

4) durch Verhängung einer Untersuchung wegen eines Verbrechens oder Vergehens, welches Zuchthausstrafe oder wegen Meineides Correctionshausstrafe zur Folge haben kann und bezüglich dessen

a) in der Prov. Rh. der Angeschuldigte in den Anklagestand versetzt oder an das Bezirksgericht verwiesen; Art. 2 d. G. v. 28. Sept. 1842 u. G. v. 31. Dezbr. 1848, Art. 109;

b) in den Prov. St. u. O. aber gegen den Angeschuldigten ausdrücklich eine Specialinquisition erkannt (Art. 1. d. G. v. 23. Febr. 1849) oder, insofern die strafrechtliche Untersuchung nach Vorschrift des Art. 11 d. G. vom 28. Okt. 1848 zur Competenz der Assisen gehört, derselbe von dem Criminalsenat des betreffenden Hofgerichts zur Aburtheilung vor die Assisen verwiesen worden ist; G. v. 23. Febr. 1849 u. Art. 215 d. G. v. 28. Okt. 1848; endlich

c) wenn der Angeschuldigte dem Militärstande angehört, Stellung vor das Gericht erfolgt ist; Art. 3 d. G. v. 28. Sept. 1842.

§ 233. Ueber Diejenigen, welche das Staatsbürgerrecht verloren haben oder an dessen Ausübung gehindert sind, gleichwie alle Diejenigen, welche sonst in ihren politischen Rechten (activen oder passiven Wahlfähigkeit, G. v. 8. Jan. 1852, Art. 11 u. 17) beschränkt worden sind, sollen gemeindeweise besondere Verzeichnisse nach beistehendem Muster geführt werden:

Namen.	Verlust des Staatsbürgerrechts.	Suspension des Staatsbürgerrechts.	Wiederaufhebung der Suspension.
	Anlage Nr.	Anlage Nr.	Anlage Nr.
NB. Der Namen wird durchgestrichen, wenn der Betroffene gestorben oder ausgewandert, oder in die Ausübung des Staatsbürgerrechts wieder eingesetzt ist.		NB. Die Aktenstücke, welche die Wiederaufhebung nachweisen, erhalten dieselben Nummern, wie diejenigen, in welchen die Suspension des Betheiligten mitgetheilt worden war, als deren Anlage aber mit a bezeichnet, also 13 a, 18 a 2c.	

Die Bürgermeister empfangen zu diesem Zwecke, in jedem einzelnen Falle, die erforderlichen Notizen von der Regierungsbehörde, welche übereinstimmend mit den fortlaufenden Nummern des zu führenden Verzeichnisses mit Nummern zu versehen und in geordneter Folge dem Verzeichnisse beizulegen sind. A. d. M. d. J. v. 24. Okt. 1849.

§ 234. Ortsbürger. Ueber sämmtliche Ortsbürger einer Gemeinde hat der Bürgermeister eine s. g. Bürgerrolle (Bürgerregister) nach vorgeschriebenem Formular zu führen. A. d. R. d. Prov. St. v. 31. August 1825, d. R. d. Prov. O. vom 11. Jan. 1823 u. 3. Septbr. 1825, u. d. R. d. Prov. Rh. vom 28. August 1823 u. 23. Dezbr. 1823.

Der Eintrag geschieht nach der Zeitfolge der Aufnahme. Gleichnamige Ortsbürger sind vorschriftsmäßig mit denjenigen Nummern (I. II. III. u. s. w.) zu unterscheiden, welche ihnen in Gemäßheit der V. v. 27. Nov. 1832 u. der Instr. v. 2. Juli 1850 durch den Steuercommissär, im Einverständnisse mit dem Bürgermeister beigelegt worden sind.

Jahr und Tag der Geburt wird, so weit dies nicht aus den Musterlisten ersehen werden kann, auf den Grund vorzulegender Geburtsscheine eingetragen. Stirbt ein Bürger, oder erlischt sonst sein Bürgerrecht, so ist er zu streichen und der Grund des Strichs unter geeigneter Rubrik oder der Rubrik „Bemerkungen" anzuführen.

Während der für die Gemeinderathswahlen bestimmten Wahltage soll die Eintragung neuer Ortsbürger in die Ortsbürger-Register unterlassen werden. A. d. M. d. J. v. 19. Juli 1843.

§ 235. Vermöge der Geburt ist jeder Inländer, welcher das 25. Lebensjahr zurückgelegt hat, berechtigt, Ortsbürger an dem Orte zu werden, wo sein Vater oder seine Mutter zu der Zeit, wo er dieses thun will, das Ortsbürgerrecht besitzt oder als Ortsbürger gestorben ist. G.O. Art. 41 u. G. v. 19. Mai 1852.

Es bedarf deßhalb keiner förmlichen Aufnahme und keiner Berathung darüber mit dem Gemeinderath. Der Bürgermeister ist vielmehr verpflichtet, die betr. Ansuchenden auf Anmelden in das Bürgerregister einzutragen, sobald sie diejenigen Gegenstände angeschafft haben, welche nach dem Ortsgebrauche jeder Ortsbürger zur Erfüllung seiner Bürgerpflichten haben muß, wie z. B. Feuereimer. G.O. Art. 42 u. 43.

Auf Verlangen muß darüber, daß und wann der Eintrag nach vorgängiger Erfüllung der obliegenden Leistungen geschehen sei, eine Bescheinigung, in d. Prov. St. u. O. auf 6 kr., in d. Prov. Rh. auf 7 kr. Stempel, gebührenfrei gegeben werden.

Sollte es indessen zweifelhaft sein, ob der Ansuchende vermöge der Geburt berechtigt sei, so hat der Bürgermeister darüber vorerst den Gemeinderath zu hören.

Wird der Eintrag in das Bürgerregister verweigert, so ist dem Bittsteller darüber eine schriftliche Mittheilung auf stempelfreiem Papier zu machen; a. A. d. M. d. J.

§ 236. Was in vorstehendem § bemerkt ist, gilt auf gleiche Weise, insofern sie nicht bereits anderswo das Ortsbürgerrecht erworben haben, von den Kindern der Civil-Staatsbeamten, der Geistlichen und Schullehrer, der Militärpersonen (vergl. Abth. VIII, Abschnitt II), so wie Anderer, welche vermöge ihrer im Namen oder im Auftrage des Staates erfolgten Anstellung an einem Orte wohnen, und zwar in Beziehung auf den Ort der Anstellung des Vaters, sei es, daß der Vater daselbst entweder noch angestellt sei, oder nach seiner Entlassung seine Wohnung behalten habe, oder gestorben sei. G.O. Art. 45.

§ 237. Ebenso sollen uneheliche Söhne an dem Orte, wo ihre Mutter geboren und deren Eltern Ortseinwohner sind, oder bis an deren Tod waren, das Ortsbürgerrecht kraft der Geburt anzusprechen haben. E. d. M. d. J. an d. R.C. v. 29. Novbr. 1850.

§ 238. Jeder 25 Jahre alte Inländer ist berechtigt, auch da, wo ihm das Recht Ortsbürger zu werden nicht vermöge der Geburt zusteht, die Aufnahme als Ortsbürger zu verlangen.

Stand und Beruf bedingen hierbei in der Regel keine Einschränkungen. Namentlich bedürfen gemeine Soldaten keiner besonderen Einwilligung der Militärbehörde, sondern es soll nur ihre Ortsbürger-Aufnahme ihrem Kapitän oder Rittmeister angezeigt werden. E. d. M. d. J. an d. R. v. 16. Mai 1823 u. Abth. VIII, Abschnitt II.

Dagegen soll für andere Militärpersonen die vorgängige Einholung der Erlaubniß des Kriegsministeriums erforderlich sein. V. v. 17. Febr. 1825.

Auch bezüglich der Juden gelten seit dem G. v. 2. Aug. 1848 keine Ausnahmsbestimmungen mehr. Dieselben haben jedoch da, wo sie heimathsberechtigt, aber nicht Ortsbürger-Söhne sind, das Ortsbürgerrecht nicht vermöge der Geburt anzusprechen, sondern, gleichwie andere ortsfremde Inländer, ihre Aufnahme zu erwirken.

Wer die Aufnahme als Ortsbürger wünscht, hat sich deßhalb zunächst an den Bürgermeister zu wenden, welcher darüber den Gemeinderath zu vernehmen, über dessen Erklärung und Gründe ein Protokoll aufzunehmen und nach dem Beschlusse entweder den Eintrag in das Bürgerregister, nachdem der Aufzunehmende sich über die Erfüllung der durch Art. 43 der G.O. vorgeschriebenen Leistungen ausgewiesen, auch das erforderliche Einzugsgeld, nach der dem Bürgermeister vorzulegenden Quittung des Gemeinde-Einnehmers, bezahlt hat, jedoch nicht vor Ablauf von 3 Tagen, binnen welcher jedem Gemeinderathsmitglied der aufschiebende Recurs an die Regierungsbehörde zusteht, G.O. Art. 49, zu bewirken und auf Verlangen die Bescheinigung darüber oder eine schriftliche Erklärung auszustellen hat, daß die Aufnahme verweigert worden sei. Mit dieser Erklärung hat der Bürgermeister dem Nachsuchenden alle für sein Gesuch beigebrachte Nachweisungen zurückzugeben. Während in dem Berathungsprotokolle des Gemeinderaths die Gründe der Ablehnung eines solchen Gesuches jedesmal anzugeben sind, erscheint dieses bei der dem Nachsuchenden zu ertheilenden Entschließung nicht als nothwendig.

Wegen des Stempels und der Gebühren gelten die Bestimmungen des § 228.

Ergreift der Nachsuchende gegen den abweisenden Beschluß des Gemeinderaths den Recurs an die Regierungsbehörde, so hat er dieser jene ablehnende Erklärung zu übergeben. A. d. M. d. J. v. 26. Juni 1833.

§ 239. Der Gemeinderath ist zur Verweigerung der Ortsbürger-Aufnahme aus folgenden Gründen befugt:

1) wenn der um Aufnahme als Ortsbürger Nachsuchende entweder den Ruf einer guten, sittlichen Aufführung nicht hat, oder
2) wenn er den eigenthümlichen und schuldenfreien Besitz des zur Aufnahme vorschriftsmäßig erforderlichen Vermögens (Inferendum) nicht nachzuweisen im Stande ist (§ 240), oder
3) wenn er weder ein Handwerk noch sonstige Nahrungsquellen nachzuweisen vermag, wobei jedoch Arbeitsfähigkeit im Taglohn noch nicht immer und unbedingt als eine hinreichende Nahrungsquelle anzusehen ist.

Von dem Besitze des Einbringens (2) kann auf Gutachten des Gemeinderaths, mit Genehmigung der Regierungsbehörde, abgestanden werden. G.O. Art. 46 u. 50.

§ 240. Von dem Erforderniß des 25jährigen Lebensalters kann von der Regierungsbehörde nach Anhörung des Gemeinderaths Dispensation ertheilt werden. G. v. 19. Mai 1852, Art. 4.

Der Bürgermeister ist verpflichtet, die deßfallsigen Gesuche, nachdem er zuvor eine gutachtliche Berathung des Gemeinderaths darüber veranlaßt hat, mit diesem Berathungsprotokolle der Regierungsbehörde zur Entschließung vorzulegen.

In dem Berathungsprotokolle, bz. Berichte, ist sich im Allgemeinen über die Verhältnisse des Bittstellers, insbesondere aber darüber zu äußern:

1) wie alt der Bittsteller ist;
2) ob er fähig ist, einer eigenen Haushaltung oder Wirthschaft vorstehen zu können;

3) welche besondere Gründe und Verhältnisse die frühzeitige Niederlassung erheischen oder räthlich machen, z. B. ob sie zur Unterhaltung oder Unterstützung der Familie, oder zur augenscheinlichen Verbesserung der Oekonomie gereicht.

Der Bericht ist auf den vorgeschriebenen Stempel zu schreiben. Die Gebühr des Bürgermeisters dafür beträgt 12 kr. A. d. M. d. J. v. 4. Juni 1852.

§ 241. Inferendum. Die Größe des zur Aufnahme erforderlichen eigenthümlichen und schuldenfreien Vermögens ist durch A. d. M. d. J. v. 30. August 1837, wie folgt, festgesetzt:

A. Für Inländer.

1)	In den Gemeinden	bis zu	1500	Seelen	in	200 fl.
2)	" " "	" "	3000	"	"	400 "
3)	" " "	" "	5000	"	"	600 "
4)	" " "	über	5000	"	"	800 "
5)	In den Städten Darmstadt mit Bessungen, Gießen, Mainz, Offenbach und Worms					1000 fl.

B. Für Ausländer.

a) Verheirathete — das Doppelte.

b) Ledige — ein Halb mehr des unter A. 1. 2. 3. 4. 5. Bestimmten.

Dabei sollen folgende weitere Bestimmungen zur Anwendung kommen:

A. Den durch Verheirathung einziehenden Frauenspersonen liegt die Verbindlichkeit zur Vermögenseinbringung nicht ob.

B. Das Vermögen des Mannes und der Frau, bz. des Bräutigams und der Braut, soll zum Behuf der Herstellung des Inferendums zusammengerechnet werden dürfen.

C. Bei dem Inferendum kommt nur dasjenige Vermögen in Anschlag, was der um die Aufnahme Nachsuchende eigenthümlich und schuldenfrei wirklich besitzt, nicht also dasjenige, was er etwa zu hoffen hat.

D. Von dem Mobiliarvermögen kommen Hausgeräthe, Kleider und Leibweißzeug bei Berechnung des Inferendums nicht in Anschlag.

§ 242. Bezüglich der Art der Nachweisung des erforderlichen Vermögens ist bestimmt, daß dasselbe nachgewiesen werden kann:

1) durch den Besitz von Immobilien im Werthe des Inferendums, wenn bezeugt ist:

   a) daß die Immobilien mit keiner gerichtlichen Hypothek bestrickt seien, und

   b) daß der Ortsvorstand nicht wisse, auch nach der Persönlichkeit des Bittstellers nicht glaube, daß solche mit außergerichtlichen Schulden belastet seien;

2) durch Looszettel, welche eine baare Geldsumme als Erbtheil beurkunden, nebst beigebrachter Bescheinigung des Ortsvorstandes wie oben 1. b.;

3) durch Waaren, Vieh und Handwerkszeug, nebst einer beigebrachten Attestation des Ortsvorstandes wie 1. b., insofern dergleichen von dem bestimmten Inferendum nicht ausnahmsweise ausdrücklich ausgenommen sind;

4) durch vorgezeigtes baares Geld, durch vorgezeigte gerichtliche Schuldverschreibungen auf den Namen des Bittstellers, nebst beigebrachter gerichtlicher Erklärung des Schuldners, daß er das Kapital, worauf die Schuldverschreibung spricht — so viel zur Nachweisung des Inferendums erforderlich ist — verschulde, durch vorgezeigte inländische Staats-, standesherrliche und Gemeinde-Obligationen auf Inhaber, wenn der Ansuchende zugleich nachweiset, woher er dieselben erhalten und daß er sie als Eigenthum auf gesetzliche Weise an sich gebracht hat.

In den Fällen 2. 3. und 4. steht dem Gemeinderath noch die Befugniß zu, zu verlangen, daß der Bittsteller den eigenthümlichen Besitz des Inferendums eidlich erhärte.

Ohne ausdrücklichen Antrag des Gemeinderathes findet jedoch diese eidliche Erhärtung nie statt.

§ 243. Einzugsgeld. Die Gemeinden sollen zur Erhebung eines Einzugsgeldes von Einziehenden, welche das Ortsbürgerrecht durch Aufnahme erhalten haben, nach folgenden Bestimmungen berechtigt sein.

1) Dieses Einzugsgeld soll bestehen:

A. Für Inländer:

a)	in den Gemeinden	1. Klasse (s. Nr. I)	in	5	fl.
b)	„ „ „	2. „	„	10	„
c)	„ „ „	3. „	„	15	„
d)	„ „ „	4. „	„	20	„
e)	„ „ „	5. „	„	25	„

B. Für Ausländer:

in dem Doppelten des unter A. Bestimmten.

2) Frauenspersonen, welche durch Verheirathung an Ortsbürger einziehen, haben die Hälfte des unter 1. bestimmten Einzugsgeldes zu entrichten.

3) Kinder, welche mit ihren Eltern einziehen, haben kein Einzugsgeld zu erlegen.

§ 244. Einkaufsgeld. Diejenigen Gemeinden, welche dem durch ortsbürgerliche Aufnahme Einziehenden Gemeindenutzungen, entweder durch Ueberlassung des Nießbrauches an ihrem nutzbaren Eigenthum (z. B. Gemeindeweiden, Allmendtheile 2c.) oder durch Austheilung dessen Ertrages (z. B. Loosholz, Streulaub, Grasloose 2c.) darbieten, sollen mit Genehmigung der Regierungsbehörde auch noch, neben dem bestimmten Einzugsgelde, entweder zur Erhebung eines besonderen Einkaufsgeldes, welches jedoch den fünffachen Werth der einem Ortsbürger durchschnittlich jährlich zukommenden Nutzung nicht übersteigen darf, oder zu der Bestimmung berechtigt sein, daß ein solcher Ortsbürger erst nach einer bestimmten Zeit, längstens nach zehn Jahren, nach Denjenigen, welche gleichzeitig mit ihm oder vor ihm als Ortsbürgers-Söhne in das Bürgerregister eingetragen worden sind, in den Antheil an dem Allmendengenuß eintreten sollen.

Die Söhne eines solchen für eine Reihe von Jahren von dem Genusse der Gemeindenutzungen ausgeschlossenen Ortsbürgers werden während der Dauer dieses Ausschlusses als Ortsfremde angesehen. S. auch unten Abth. XV, Abschnitt V, Lit. B. G. v. 21. Juni 1852, Art. 12, u. A. d. M. d. J. v. 30. Aug. 1837.

§ 245. Verheirathungen. Die Ehe ist die Grundlage der Familie. An dem gesicherten Bestande der Familie hängt aber mit starken Fäden das Wohl der ganzen bürgerlichen Gesellschaft.

Der Staat konnte die Schließung eines so wichtigen Verhältnisses nicht der bloßen Privatwillkühr überlassen. Das Gesetz knüpfte sie deßhalb an bestimmte Bedingungen und Förmlichkeiten, welche geeignet erschienen, die damit verwebten öffentlichen und individuellen Interessen zu gewährleisten.

Die Bedingungen, welche vorzugsweise eine Sicherung jener bezwecken, d. s. die bürgerlichen Erfordernisse, gehören dem Verwaltungsrechte an und sind hierunter ausführlicher zu erörtern; die anderen sind dem Civil- oder Privatrechte angehörig und werden deßhalb nur kürzer angedeutet werden.

Die Verschiedenheit der gesetzlichen Grundansicht von dem Institute der Ehe in den Prov. St. u. O., von derjenigen in der Prov. Rh., bedingt wesentliche Unterschiede hierbei.

In jenen Provinzen wird zwar die Ehe in ihrer Erscheinung ebenfalls als ein bürgerlicher Vertrag erkannt, es erhält derselbe aber erst durch die kirchliche Einsegnung seine Heiligung und Rechtsgültigkeit. In der Prov. Rh. ist dagegen die Ehe lediglich als bürgerliches Institut, ohne Anerkennung irgend eines kirchlichen Charakters, erachtet. Die vorherige Zuziehung der Kirche ist hier verboten, die nachträgliche Zuziehung nur dem Gewissen und dem religiösen Gefühle der Neuvermählten überlassen (vergl. § 255). Civ.G.B. Art. 75 u. 165.

§ 246. Bedingungen für die Eingehung der Ehe, und zwar:

I. Bürgerliche Erfordernisse. Hierher gehören als gemeingültig für das ganze Land:

1) Zurücklegung des 25. Lebensjahres des Mannes. Von dieser Bedingung kann, unter Umständen, von der Regierungsbehörde in gleicher Weise, wie § 240 erörtert, Dispensation ertheilt werden. G. v. 19. Mai 1852 und A. d. M. d. J. vom 4. Juni 1852.

§ 247. 2) Fähigkeit des Mannes zum selbstständigen Unterhalt einer Familie, entweder vermöge seines Standes, Berufes oder Erwerbszweiges, oder eines dazu hinreichenden Vermögens.

Welches Vermögen als ausreichend erscheint, soll im einzelnen Falle, mit Berücksichtigung der verschiedenen persönlichen und örtlichen Verhältnisse, bemessen werden.

Der Gemeinderath ist berechtigt, gegen die Verehelignng eines Angehörigen männlichen Geschlechts seiner Gemeinde bei der Regierungsbehörde Widerspruch einzulegen, wenn derselbe sich menschlichem Ansehen nach außer Stand befindet, eine Familie redlich zu ernähren, weil er weder zur Ausübung einer Kunst oder Wissenschaft, noch zum Betriebe eines Gewerbes oder der Landwirthschaft, oder eines anderen, für den Unterhalt einer Familie hinreichenden Erwerbszweiges befähigt ist, noch ein für den selbstständigen Unterhalt einer Familie hinreichendes Vermögen besitzt. Das Verfahren der Regierungsbehörde in solchen Fällen bestimmt d. A. d. M. d. J. vom 2. Febr. 1848.

Gegen die Entscheidung der Regierungsbehörde kann der Recurs an das Ministerium von dem Gemeinderath binnen 8 Tagen zerstörlicher Frist, von den Betheiligten aber jederzeit ergriffen werden.

So lange der von dem Gemeinderath erhobene Widerspruch nicht endlich als unbegründet verworfen worden ist, darf die Trauung nicht vollzogen werden.

Wenn daher der dem Gemeinderath, welcher den Einspruch erhoben hat, vorsitzende Bürgermeister nicht selbst die bezüglichen Aufgebote und die Trauung vorzunehmen hat, so ist er gehalten, den betr. Gemeinderathsbeschluß **binnen 24 Stunden** nach dessen Erlassung, der für Aufgebot und Trauung zuständigen geistlichen oder weltlichen Behörde in beglaubigter Abschrift mitzutheilen. G. v. 6. Juli 1847.

Einer besonderen Aufforderung des Gemeinderathes in den einzelnen Fällen, zur Abgabe seiner Erklärung, bedarf es übrigens nicht. Seine Rechte kommen dadurch zu genügender Geltung, daß er den Widerspruch während des Aufgebots erheben kann. E. d. M. d. J. an d. Kr. zu Gfn. v. 23. Juni 1848, zu **N. D.** 11,146.

§ 248. 3) Kriegsdienstfreiheit. Es gelten in dieser Beziehung folgende gesetzliche Vorschriften:

a) Wirkliche Soldaten und Militärpersonen dürfen ohne vorgängige Genehmigung der vorgesetzten Militärbehörden nicht heirathen.

Unteroffizieren und Soldaten, einschließlich der Kriegsreservisten, kann der militärische Heirathsconsens nur nach längerer Dienstzeit und unter beschränkenden

Umständen von dem betr. Corps= oder Regiments=Commando ertheilt werden. V. v. 22. März u. 13. Sept. 1822, 12. August 1823 u. 3. Mai u. 7. Sept. 1825. Dasselbe gilt von den Gensdarmen. V. v. 13. Sept. 1822.

Offiziere und im Offiziersgrad stehende Militärpersonen bedürfen zu ihrer Verheirathung der Erlaubniß des Kriegsministeriums. Die Voraussetzungen, unter welchen dieselbe gewährt werden darf, siehe in der V. vom 24. Decbr. 1831. Haben sie diese Erlaubniß erhalten, so ist ein weiterer Heirathsschein der Regierungsbehörde für sie nicht erforderlich, wohl aber haben sie, gleichwie alle anderen Militärpersonen, der trauenden Behörde den Nachweis zu liefern, daß in allem Uebrigen den gesetzlichen Erfordernissen von ihnen Genüge geleistet, oder die erforderliche Dispensation von den einschlägigen Civilbehörden ertheilt worden ist. Vergl. unten §§ 252—255, ferner E. d. M. d. J. an die R. vom 7. Juni 1828, A. d. M. d. J. v. 21. März 1836 und des O.Cons. v. 30. April 1836.

b) Den Kriegsdienstpflichtigen der I. Klasse, sie mögen zum wirklichen Eintritt in den Dienst bezeichnet sein oder nicht, ist das Heirathen untersagt, sie müßten denn Stellvertreter, oder, so lange als sie zur I. Klasse gehören, eine Caution für die Vertretungssumme, entweder baar oder durch Unterpfänder des doppelten Werths, stellen.

Bei ausgebrochenem Kriege kann diese Beschränkung auch auf die Dienstpflichtigen der II. u. III. Klasse ausgedehnt werden.

Auch sind alle Militärpflichtigen, welche bei der Musterung ihrer Altersklasse nicht zur Sprache gekommen, oder ein Jahr zurückgestellt, oder zum Erstmarschiren bestimmt worden sind, der Heirathsbeschränkung forthin und so lange unterworfen, bis sie ihrer Militärpflicht Genüge geleistet haben.

Denjenigen, welche das Alter der I. Klasse der Militärdienstpflichtigen noch nicht erreicht haben, kann die Erlaubniß zum Heirathen nur ertheilt werden, wenn sie für ihre Stellvertretung, auf den Fall, daß solche künftig nöthig würde, hinlängliche Sicherheit leisten.

Die in das Depot versetzten Leute unterliegen zwar der oben erwähnten Heirathsbeschränkung nicht, doch müssen sie, wenn sie vor der nächsten, auf ihre Depotsetzung folgenden Truppenergänzung heirathen wollen, ebenfalls die erwähnte Sicherheit leisten. G. v. 20. Juli 1830, Art. 11, u. V. v. 30. April 1831, §§ 84—92, u. G. v. 14. Juli 1851, Art. 36.

§ 249. 4) Ortsbürgerliche Niederlassung. Dieses Erforderniß ist jedoch nicht allgemein, sondern nur theilweise in Geltung. Unsere Gesetze enthalten darüber wenigstens keine bestimmte allgemeine Vorschrift. Mittelbar könnte sie vielleicht aus Art. 93 der G.O., welcher das Beisassenthum beseitigt wissen will, gefolgert werden; auch spricht wohl die Rücksicht dafür, daß bei entgegengesetzter Uebung das wirkliche Bürgerthum zu zerfallen droht.

In Ermangelung positiver Bestimmungen haben sich indessen in den verschiedenen Provinzen abweichende Grundsätze in dieser Beziehung geltend gemacht.

A. In den Prov. St. u. O. müssen nämlich alle Diejenigen, welche nach herkömmlichem Begriffe zu der Klasse der Amtssäßigen gehören, behufs der Verheirathung vorerst das Ortsbürgerrecht erwerben, während die Schriftsäßigen [10]) davon entbunden sind. E. d. M. d. J. an d. R. d. Prov. O. v. 8. Dezbr. 1828 u. 5. Okt. 1829, betr. die Trauscheine für die Grenzaufseher. Ferner E. d. M. d. J. an die Kr. zu Gsn. v. 18. April 1837, zu N. D. 5905, betr. die zum Behuf der Verehelichung auszustellenden Zeugnisse, u. v. 26. Nov. 1846, zu N. D. 19,618.

Definitiv angestellte Staatsdiener — auch die niederen Staatsdiener der Art — haben daher nicht nöthig, vorerst das Ortsbürgerrecht zu erwerben, wohl aber muß dies von Seiten der noch nicht definitiv angestellten Diener, z. B. der Schulvikare, geschehen. E. d. M. d. J. an die R. zu Gsn. v. 18. März 1830, zu N. D. 2239.

---

10) Dieser Unterschied ist auch jetzt, nach Aufhebung der privilegirten Gerichtsstände, als noch fortbestehend zu erachten, indem das G. v. 22. Sept. 1848 denselben ausdrücklich nur in strafrechtlicher Beziehung aufgehoben hat.

Auch Unteroffiziere und Soldaten sollen dazu gehalten sein, wenn sie nicht gemäß der im § 268 unten erörterten Grundsätze in ihrer Garnison heimathberechtigt sind. A. d. M. d. J. v. 21. Dezbr. 1844 u. d. K.M. v. 28. Nov. 1844.

Ausnahmsweise pflegt den Israeliten, welchen der Gemeinderath eines Ortes, obgleich sie daselbst heimathsberechtigt sind, die Ortsbürgeraufnahme verweigert, die vorgängige Erwerbung des Ortsbürgerrechts von dem Ministerium bis auf Weiteres nachgelassen zu werden. E. d. M. d. J. an die R.C. zu Gsn. v. 5. Juni 1851, zu N. D. 6679 u. 6873, u. v. 1. April 1853, zu N. D. 4641.

B. In der Prov. Rh. wird allgemein der Erwerb des Ortsbürgerrechts nicht als nothwendige Bedingung für die Verehelichung angesehen. A. d. R.C. zu Mz. v. 20. Juni 1849.

§ 250. Ortsfremde Frauenspersonen, welche durch Verheirathung in einen Ort einziehen wollen, bedürfen überall, und in keinem Falle, einer besonderen Aufnahme. Sie haben weder Vermögen noch einen guten Ruf nachzuweisen. Unsere Gesetze gehen hierbei von dem Gesichtspunkte aus, einestheils, daß der Mann der Ernährer der Familie sein soll, und anderentheils, daß die Ehe ein ethisches Verhältniß ist, welches selbst eine befleckte Sittlichkeit wieder aufzurichten vorzugsweise geeignet erscheint. E. d. M. d. J. an d. Kr. zu Gsn. v. 14 Okt. 1841, zu N. D. 16,355. — Vergl. §§ 241 u. 243 o.

Nur die Zusage der Entlassung der einziehenden Ausländerinnen aus ihrem seitherigen Unterthansverbande ist in der Regel zu erfordern; s. auch § 227.

§ 251. Weiteres Verfahren der Bürgermeister. Die Wirksamkeit des Bürgermeisters in der Prov. St. u. O. bei den Verheirathungen erstreckt sich nur auf eine Beachtung der bürgerlichen Erfordernisse (§§ 246—249).

Sind diese vorhanden, so erstattet er den vorgeschriebenen, auf Stempel zu 6 kr. formulirten Heirathsbericht an die Regierungsbehörde, sobald ihm die Quittung des Gemeinde-Einnehmers über das bezahlte Einzugsgeld (§ 243) vorgelegt worden sein wird. Seine Gebühr dafür beträgt 6 kr. A. d. M d. J. v. 26. Juni 1833 u. V. v. 24. Febr. 1837.

Die Regierungsbehörde ertheilt hierauf nach Befund den Heirathsschein dahin, daß hinsichtlich der bürgerlichen Verhältnisse und der Kriegsdienstpflicht der Verehelichung kein Hinderniß im Wege stehe.

Auch den Schriftsäßigen liegt jetzt die Einholung dieses Heirathsscheines ob. A. d. M. d. J. v. 12. Okt. 1836, V. vom 21. Febr. 1824 u. 5. August 1824, E. d. M. d. J. v. 28. Dezbr. 1826, zu N. D. 9615, u. A. d. O.Cons. v. 25. Okt. 1836.

Insbesondere wegen der Wittwer und Wittwen A. d. M. d. J. v. 5. Juni 1834 u. 23. Jan. 1840.

Anders in der Prov. Rh. Hier hat der Bürgermeister des Wohnortes, als Civilstandsbeamter, die Prüfung und Entscheidung über das Vorhandensein aller zur Verheirathung erforderlichen Bedingungen in erster Instanz selbstständig vorzunehmen und daher weiter das in den folgenden §§ Bemerkte zu wahren.

§ 252. II. Privatrechtliche Erfordernisse.

A. In den Prov. St. u. O. müssen Diejenigen, welche eine Ehe eingehen wollen, zum Behuf der Trauung eine Bescheinigung der betreffenden Stadt- oder Landgerichte darüber beibringen, daß hinsichtlich der privatrechtlichen Verhältnisse der Vollziehung der Ehe kein Hinderniß im Wege stehe. S. Alleg. im § 251 u. A. d. M. d. J. v. 26. Juni 1833.

Um diese Bescheinigung zu erlangen, haben die Betheiligten dem Gerichte folgende Nachweise zu liefern:

1) Beider Verlobten Taufscheine.

2) Die Einwilligung der beiden Eltern, oder Todesschein derselben. Die Einwilligung kann auf Klage auch von dem Gerichte ergänzt werden.

3) Für verwaiste Minderjährige Einwilligung der Vormünder.

4) Glaubhafte Bescheinigung, daß kein Verwandtschafts- oder Schwägerschaftsgrad bestehe, welcher die Ehe verhindert, oder Dispensation deßhalb.

5) Für Wittwer Bescheinigung der Kinderlosigkeit oder der Bevormundung der Kinder I. Ehe und der Inventarisation.

6) Bei Wittwen ebenso, gleichwie den Nachweis des Ablaufes des Trauerjahres, oder erhaltene Dispensation.

7) Die Erklärung beider Theile, unter Zustimmung der Eltern, bz. Vormünder, wie es in künftigen Erbschaftsfällen gehalten werden soll, falls sie nicht vorziehen, förmliche Ehepacten zu errichten. Endlich:

8) Den von der Regierungsbehörde empfangenen Heirathsschein.

Die unter den verschiedenen Bescheinigungen und Nachweisen enthaltenen Privatunterschriften müssen beglaubigt sein. V. v. 7. Dezbr. 1833 (Regierungsbl. v. 1834, Nr. 7) u. v. 26. März 1839.

Die Satz 4) u. 6) erwähnten Verhältnisse sind nach den diesseitigen Gesetzen zugleich und vorzugsweise als canonische (kirchliche) Hindernisse erkannt, und es ist deßhalb bei ihrem Vorhandensein den Geistlichen die Trauung bis zu erwirkter Dispensation strenge untersagt.

Wer die Dispensation davon nachsuchen will, hat sich zunächst an den betreffenden Geistlichen zu wenden, welcher darüber an das Decanat zu berichten hat. Der Decan hat alsdann bei Evangelischen der Regierungsbehörde, bei Katholiken aber, insoweit der Dispens ihm selbst nicht zukommt, dem bischöflichen Ordinariat zur weiteren Entschließung gutachtliche Vorlage zu machen. V. v. 30. Juni 1825, A. d. O.Cons. v. 13. Sept. 1833, V. v. 23. Dezbr. 1811 u. V. v. 3. Febr. 1812, auch Kr.Instr. § 52.

B. In der Prov. Rh. liegt dem Bürgermeister des Wohnortes, als Civilstandsbeamten, wie bereits bemerkt, die Verpflichtung, auch die civilrechtlichen Erfordernisse zu prüfen und zu wahren, selbstständig ob. Canonische Hindernisse kennt das Civ.G.B. nicht. Die davon aufgenommenen Hindernisse sind lediglich als civil- oder privatrechtliche erachtet.

Nachstehend eine kurze Andeutung jener Erfordernisse (vergleiche Bemerkung in § 245):

1) Die Ehe als bürgerlicher Vertrag setzt vor Allem, wie jeder andere Vertrag, die persönlichen Bedingungen der gesetzlichen Willensfähigkeit und freien Willensbestimmung der Betheiligten voraus. Civilgesetzbuch Art. 146.

2) Rücksichtlich des Alters ist die Ehe civilrechtlich dem Manne unter 18 Jahren und dem Weibe unter 15 Jahren untersagt.

Dispensation hiervon kann von der Staatsregierung ertheilt werden. Die deßfallsigen Gesuche sind an den Staatsprokurator zu richten. Civilgesetzbuch Art. 144 u. 145 u. V. v. 22. Febr. 1819.

3) Einwilligung der Eltern, bz. der Großeltern, für den Mann bis zum 25. und für das Weib bis zum 21. Lebensjahre, im Falle des Todes oder der Unmöglichkeit einer Willensäußerung derselben aber Einwilligung des Familienrathes, bz. bei natürlichen Kindern eines Special-Vormundes, bis zum 21. Lebensjahre, gemäß der näheren Bestimmungen des Civ.G.B. Art. 148—150, 156 u. 158—160.

4) Im Falle des Erreichung des Satz 3) bemerkten Alters, ehrerbietige Einholung des Raths derjenigen Personen, welchen das Gesetz eine Autorität über Einen oder den Anderen der Betheiligten verliehen hat. S. Civ.G.B. Art. 151—155 u. 158.

5) Mangel sonstiger gesetzlicher Ehehindernisse. Dahin gehören insbesondere:

a) das Verbot der Verheirathung der Frau vor Ablauf von 10 Monaten nach Auflösung ihrer früheren Ehe. Civ.G.B. Art. 228;

b) nahe Verwandtschaft oder Schwägerschaft, und zwar in auf- und absteigender Linie durchgehends, in der Seitenlinie zwischen Bruder und Schwester und Verschwägerten desselben Grades, so wie zwischen Oheim und Nichte und Muhme und Neffen.

In den Seitenlinien kann jedoch Dispensation, gleichwie in Satz 2), stattfinden. Art. 161—164.

§ 253. III. Das Aufgebot. Um die Sanction ungesetzlicher Ehen möglichst zu hindern und allen Denjenigen, welche zu Einsprüchen berechtigt sind, Gelegenheit zu geben, den Mangel der gesetzlichen Erfordernisse zur Kenntniß der Behörde zu bringen, hat das Gesetz als eine der Ehe vorhergehende Förmlichkeit das Aufgebot (Eheverkündigung, - Proclamation) eingesetzt, wodurch die Publizität der zukünftigen Ehe bewirkt werden sollte.

In den Prov. St. u. O. hat das Aufgebot als canonisches Erforderniß von den betreffenden Geistlichen des Wohnortes beider Verlobten in der Regel an 3 nacheinanderfolgenden Sonntagen zu geschehen. Hess. Kirchen-O. von 1724 u. A. d. bischöfl. Ord. zu Mz. v. 5. Febr. 1836.

In der Prov. Rh. vollzieht dagegen der Civilstandsbeamte das Aufgebot an 2 nacheinanderfolgenden Sonntagen nach Maßgabe der Vorschriften des Civ.G.B. Art. 63—65 u. 166—170.

Bezüglich der Dispensation von dem Aufgebot gelten die Regeln des vorigen §.

§ 254. Von den Einsprüchen (Opposition). Einsprüche gegen eine Verheirathung sind, insoweit sie nicht den wirklichen Mangel eines gesetzlichen Erfordernisses darthun, von dem Geistlichen, bz. Civilstandsbeamten, nur zu berücksichtigen, wenn sie ihnen durch die zuständige Behörde förmlich insinuirt worden sind.

Dieselben dürfen alsdann nicht eher zum Heirathsakte schreiten, als bis der Einspruch (die Opposition) in gesetzlicher Weise wieder zurückgenommen oder gerichtlich aufgehoben worden ist. A. d. K. u. Sch.R. zu Gsn. v. 1. April u. 19. August 1824, u. V. v. 16. Mai 1806 u. Civ.G.B. Art. 66—69 u. 172—179.

§ 255. IV. Die Trauung, und zwar: I. der Inländer. Wenn nach Vorstehendem alle gesetzlichen Erfordernisse vorliegen, bz. durch die vorgeschriebenen Bescheinigungen nachgewiesen sind, wenn also namentlich:

A. bezüglich der Angehörigen der Prov. St. u. O.

1) der Heirathsschein der Regierungsbehörde (251);
2) das Zeugniß des Gerichts (252. A.) ertheilt ist, und
3) die canonischen Erfordernisse gewahrt sind (vergleiche §§ 252 u. 253; auch die s. g. geschlossenen Zeiten und

in den althess. Landen der Mangel der weinkäuflichen Copulation bei den Amtssäßigen gehören, Dispensation vorbehaltlich, dazu); und

B. hinsichtlich der Angehörigen der Prov. Rh. alle bürgerlichen (§§ 246—249) und civilrechtlichen (§ 252. B) Bedingungen vorhanden, bz. durch die erforderlichen Certificate, Notariats- und Gerichts-Akten, nachgewiesen sind (§ 261);

auch, was für die 3 Provinzen gilt, die vorgeschriebenen Aufgebote vollzogen (253) und die etwa erhobenen Einsprüche beseitigt sind (§ 254), so ist nun die Schließung der Ehe selbst durch die förmliche Trauung zu vollziehen. Vergleiche § 261 unten.

Zur Vornahme der Trauung sind zuständig:

A. In den Prov. St. u. O. der ordentliche Geistliche (Parochus Ordinarius) an dem Wohnorte der Braut oder des Bräutigams. V. v. 30. Sept. 1723, u. A. d. O.Conf. vom 21. Dezbr. 1832 u. 11. Okt. 1833, E. d M. d. J. v. 28. Juli 1827, u. dess. an den prot. K. u. Sch.R. v. 7. Dezbr. 1831; auch E. v. 15. Mai 1845, zu N. D. 6652.

B. In der Prov. Rh. der Bürgermeister, Civilstandsbeamte, des Ortes, wo einer von beiden Theilen sein Domicil, d. i. wo er 6 Monate hintereinander gewohnt hat. G. v. 20. Sept. 1792 u. Civ.G.B. Art. 74, 75 u. 165.

§ 256. Ausnahmsweise ist es zuläßig, die priesterliche Trauung auch durch einen dritten, nicht selbstberechtigt zuständigen, Geistlichen vollziehen zu lassen, wenn zu dem Ende der vorschriftsmäßige Entlassungsschein — s. g. **Dimissoriales** — des **Parochus Ordinarius**, bz. Dispensation, ertheilt worden ist. Kr.R. Instr. § 52. Die den Entlassungsschein ertheilenden ordentlicherweise zuständigen Geistlichen bleiben aber in solchen Fällen dafür verantwortlich, daß alle gesetzlichen Erfordernisse zur Eingehung der Ehe zuvor gewahrt worden sind. V. v. 30. Sept. 1723, A. d. O.Conf. v. 21. Dezbr. 1832 u. Diöcesanstatuten des Bisthums Mz., S. 72.

§ 257. Wie dieß schon aus den Regeln des § 255 folgt, so darf kein Geistlicher in den Prov. St. u. O. einen Angehörigen der Prov. Rh. trauen, bevor derselbe ein Zeugniß des dortigen Civilstandsbeamten des Wohnortes darüber beigebracht hat, daß dem Art. 170 des Civ.G.B. vollständig Genüge geschehen sei. A. d. K. u. Sch.R. v. 23. Nov. 1830.

Ebensowenig darf ein Civilstandsbeamter in der Prov. Rh. einen Angehörigen der Prov. St. u. O. trauen, bevor diese durch Beibringung der erforderlichen Zeugnisse ihrer Heimathsbehörden (§ 255. A) nachgewiesen haben, daß ihrer Verehelichung kein bürgerliches, privatrechtliches und canonisches Hinderniß entgegenstehe. V. v. 2. Febr. 1846.

§ 258. II. Trauung von Ausländern. Die Trauung auswärtiger Unterthanen darf überdieß niemals vorgenommen werden, bevor der Ausländer ein förmliches Zeugniß der Obrigkeit seiner Heimath darüber beibringt, daß seine Verehelichung zulässig sei und seiner Aufnahme mit Frau in seiner Heimath kein Hinderniß im Wege stehe. V. v. 27. Juli 1810, A. d. bisch. Ord. v. 22. April 1842 u. V. v. 21. Mai 1833.

Wegen der Schließung von Ehen zwischen Großherzoglich hessischen und Königlich preußischen Unterthanen insbesondere, zu vergleichen d. A. d. O.Consf. v. 9. Juli 1839 u. des bisch. Ord. v. 26. Juli 1839, d. M. d. J. v. 12. Juni 1839 u. 11. Dezbr. 1846.

Wegen derjenigen mit Königlich baierischen Unterthanen A. d. M. d. J. v. 5. Jan. 1842.

§ 259. Civilstandsregister. Unter den Ereignissen, welche als thatsächliche Bedingungen für die rechtlichen Verhältnisse der Menschen erscheinen, sind keine von größerem Interesse für die Einzelnen und die Staatsgesellschaft, als die Geburt, die Ehe und der Tod. Sie vermitteln Anfang, Umfang, Ende und Uebergang der Rechte, und weisen Jedem in der Familie und mittelbar im Staat die Stellung an, die er als Rechtssubject (Person) einzunehmen hat.

Zur rechtlichen Feststellung dieser wichtigen Verhältnisse, d. i. zur Beurkundung des Personenstandes, ist die Führung besonderer Personenstands- (Civilstands-) Register — Geburts-, Trauungs- und Sterbregister — von Staatswegen angeordnet.

§ 260. Civilstandsbeamten. Die Bediensteten, welchen als Civilstandsbeamten die Führung dieser Register obliegt, sind

A. In den Prov. St. u. O.:

1) Die Geistlichen der anerkannten christlichen Kirchen, bezüglich ihrer Confessionsverwandten. V. v. 24. Sept. 1807.

2) Die anerkannten Geistlichen neuer Religionsgenossenschaften, hinsichtlich der innerhalb dieser Genossenschaften sich ereignenden Personenstandsfälle. V. v. 3. Aug. 1848.

3) Die Bürgermeister in Ansehung der Juden. Vergl. Abtheilung XII, Abschnitt I.

B. In der Prov. Rh. in allen Fällen der Bürgermeister des Wohnortes.

§ 261. Instruction für die Civilstandsbeamten. Die hohe Wichtigkeit der Civilstandsakte und die große Verantwortlichkeit der Civilstandsbeamten erforderte genaue und ausführliche Instructionen zur Führung der Civilstandsregister.

A. Für die Geistlichen in der Prov. St. u. O. sind dieselben vorzugsweise in der V. v. 24. Sept. 1807, die Führung der Kirchenbücher betr., vorgezeichnet. — Bemerkenswerthe Nachträge enthalten:

Bezüglich des Eintrags der unehelichen Kinder in die Geburtsregister: d. A. d. K. u. Sch.R. d. Prov. St. vom 22. Juni, 13. Sept. 1821 u. 31. Juli 1826, u. d. Prov. O. v. 23. Aug. 1821, 3. Aug. 1826 u. 4. Jan. 1827; auch E. d. M. d. J. an d. Prov.C. zu D. v. 6. Dezbr. 1839.

Hinsichtlich der Trauungsprotokolle: d. A. d. O.Consf. v. 11. Okt. 1839 u. d. A. d. K. u. Sch.R. d. Prov. St. vom 29. Dezbr. 1829 u. d. Prov. O. v. 5. Nov. 1829.

In Ansehung der Sterbprotokolle: A. d. M. d. J. v. 18. Febr. 1841 u. 4. Sept. 1841, u. insbes. wegen der Zeugen-Unterschr. d. a. A. d. K. u. Sch.R. v. 1829.

Endlich bezüglich der Form der Attestation der an das Gericht einzusendenden Duplikate: V. v. 26. Okt. 1827 u. 27. Mai 1830.

Alle diese Akte sind stempelfrei.

B. Auch für die Bürgermeister, als Civilstandsbeamte in der Prov. Rh., sind die gemessensten und genauesten Instructionen mit beigefügten erläuternden Musterformularien ertheilt, und nicht allein im Regierungsblatt veröffentlicht, sondern auch in besonderen Abdrücken allen Bürgermeistern eingehändigt worden. Instr. v. 2. Jan. 1827 u. v. 15. Okt. 1831, V. v. 7. Sept. 1837.

Ich darf daher von einem wiederholten Abdrucke in diesem Werke absehen, zumal der vorliegende Gegenstand weniger in das Verwaltungsrecht, als vielmehr in das Civilrecht einschlägt, und das Letztere auch den fraglichen Instructionen überall vorzugsweise zur Grundlage dient.

Es sei daher hier nur Folgendes bemerkt:

1) Die allgemeinen Bestimmungen über die Civilstandsakte finden sich im Civ.G.B. Art. 54 u. 88 bis 101 verhandelt.

Dieselben sind auf dem vorgeschriebenen formulirten Dim.-Stempel, zu 42 kr. der Bogen, aufzunehmen.

Nachträglich ist die V. v. 17. Nov. 1832, bezüglich der genauen und vorschriftsmäßigen Bezeichnung der gleichnamigen Bürger, bezüglich aller in den Civilstandsakten gedachten Personen, eingeschärft (vergl. § 234).

2) Die Vorschriften über die Geburtsakte in den Art. 55—62.

Nach Art. 55 soll der Eintrag innerhalb 3 Tagen geschehen. Ein Erkenntniß des Cassationshofes vom 18. August 1851 hat ausgesprochen, daß die Frist hierzu nicht von dem Moment der Geburt an zu rechnen, sondern der Tag der Geburt ein freier sei. Es ist demnach der Eintrag auch noch am vierten Tage rechtlich zulässig.

3) Die Heirathsakte in den Art. 63—75 u. 144—294. (Vergl. §§ 255, 257 u. 258 oben.)

In den Heirathsakten müssen, nach Art. 76, namentlich ausgedrückt und mit den authentischen Nachweisen begleitet sein (s. § 252. B):

a) die Geschlechtsnamen, Vornamen, das Gewerbe, das Alter, die Geburtsorte und die Wohnorte der Ehegatten, unter der besonderen Bemerkung, ob sie volljährig oder minderjährig sind;

b) ebenso die genaue Bezeichnung der Namen der Eltern;

c) die Einwilligung der Eltern, Großeltern und Familie, wo sie erfordert wird;
d) die Akte über das ehrerbietige Anbieten des elterlichen Rathes, wo sie erforderlich waren;
e) die in den verschiedenen Wohnorten geschehenen Aufgebote;
f) die etwaigen Oppositionen, ihre Aufhebung oder ihr Nichtvorhandensein;
g) die entsprechende Erklärung beider Theile und der Ausspruch der ehelichen Verbindung durch den Civilstandsbeamten; endlich
h) die genaue Bezeichnung der Namen der Zeugen, wie bei a), und ihre Erklärung, ob und wie sie mit den Betheiligten etwa verwandt oder verschwägert sind.

4) Die Sterbakte in den Art. 77—87.

§ 262. Gebühren. Die Bürgermeister sind berechtigt für Auszüge aus den Civilstandsregistern folgende Gebühren zu beziehen:

1) Für Ausfertigung einer Geburts-, Sterb- und Eheverkündigungs-Urkunde — 10 kr.
2) Für Ausfertigung einer Heiraths-, Adoptions- und Ehescheidungs-Urkunde — 20 kr. V. v. 24. Febr. 1837, § 1.

§ 263. Die Duplikate der jährlichen Civilstandsregister sind von den Civilstandsbeamten in den Prov. St. u. O. innerhalb 8 Tagen nach Ablauf des Jahres an die Stadt- oder Landgerichte, in der Prov. Rh. aber bis zum 15. Januar an die Friedensrichter einzusenden; s. d. in § 261 a. V. u. Instr.

§ 264. Zur Sicherung einer ordnungsmäßigen Aufnahme der Civilstandsakte, innerhalb der gesetzlichen Fristen, sind in der Prov. Rh. mit strengen Strafen bedroht:

1) der Vater eines neugeborenen Kindes, oder in seiner Ermangelung Alle, welche bei der Geburt desselben gegenwärtig waren, wenn sie die Anzeige nicht binnen 3 Tagen machen; Civ.G.B. Art. 55—57 u. Crim.G.B. Art. 346 u. 347;
2) wer eine Beerdigung ohne vorgängige Anzeige und Erlaubniß des Civilstandsbeamten vollzieht. Crim.G.B. Art. 358; vergl. Einf.G. zum Str.G.B. v. 17. Sept. 1841, Art. 19.

Ebenso verhängt das Civ.G.B., Art. 192 u. 193, 199 u. 200, namhafte Strafen und Rechtsnachtheile gegen die pflichtvergessenen oder fahrlässigen Civilstandsbeamten selbst.

In den Prov. St. u. O. ist der Mangel ähnlicher allgemeiner Strafbestimmungen durch besondere Polizeiverordnungen zu ergänzen.

II. Abschnitt.

Heimathsverhältnisse.

§ 265. Wir entbehren in dem Großherzogthum Hessen noch zur Zeit ein besonderes Heimathsgesetz. Die in den §§ 235—237 erörterten Art. 41 u. 45 der G.O. enthalten die einzige gesetzliche Norm für das Heimathsrecht. Der Ort, wo die Eltern das Ortsbürgerrecht besitzen oder eine staatliche Anstellung haben, erscheint danach auch für die Heimath der Kinder, insolange nicht ein besonderes Ortsbürgerrecht erworben ist, in der Regel maßgebend.

Nach vorliegenden Ministerial-Entschließungen findet der Art. 45 d. G.O. auch auf die niederen, wenn gleich ohne förmliches Decret angestellten Staatsdiener in der Art Anwendung, daß sie an denjenigen Orten, an welchen sie vermöge ihres Dienstes wohnen, es sei denn, daß sie schon an anderen Orten als Ortsbürger förmlich aufgenommen sind, für sich und ihre Familien Heimathsrechte in Anspruch nehmen können. E. d. M. d. J. an d. Kr. in Gsn. vom 27. März 1837.

Deßgleichen auf diejenigen Postdiener, welche landesherrlich bestätigt sind. E. d. M. d. J. v. 30. Juni 1841 an den Kr. zu Gsn., zu N. D. 9473.

Ebenso auf Großherzogliche Hofdiener, nicht aber auch auf Diener der Prinzen und Prinzessinnen des Großh. Hauses. E. d. M. d. J. an d. Kr. in Gsn. v. 14. Mai 1845, zu N. D. 7475.

§ 266. Weitere höhere Entschließungen weisen Denjenigen, welche ein gesetzliches Heimathsrecht nicht haben — den Heimathslosen und ihren Kindern — den Ort der Geburt eines Jeden derselben zum Heimathsorte an. E. d. M. d. J. an d. R. zu Gsn. v. 8. Dezbr. 1829, zu N. D. 11,416, u. an d. Prov.Com. zu Gsn. v. 3. Febr. 1848, zu N. D. 765.

§ 267. Uneheliche Kinder sollen im Zweifel, so lange sie noch nicht volljährig sind, oder die Beibehaltung ihres früheren Heimathsrechtes nicht erweislich in legaler Weise stattgefunden hat, der

Heimath ihrer Mutter folgen. E. d. M. d. J. an d. Kr. in Gsn. v. 28. April 1840, zu N. D. 6831, u. v. 3. April 1844, zu N. D. 5246.

§ 268. Was die Heimathsverhältnisse der Militärpersonen und ihrer Familien betrifft, so ist zu deren näherer Feststellung durch A. d. M. d. J. v. 21. Dezbr. 1844 u. 8. April 1846 Folgendes verordnet:

1) Die Militärpersonen vom Unteradjutanten abwärts behalten während der ersten zwölf Dienstjahre ihre Heimath an dem Orte, wo sie vor ihrem Eintritt in das Militär heimathsberechtigt waren, — insofern sie nicht während jener zwölf Jahre zum Offiziersgrade befördert oder als Militärbeamten mit Offiziersrang angestellt werden, oder in Folge der Bestimmung 5) eine andere Heimath erwerben.

2) Eine Ausnahme von der Regel unter 1) machen nur Diejenigen, welche zum Behufe ihres freiwilligen Eintritts in das Großherzogliche Militär aus einem fremden Unterthansverbande entlassen worden sind und das Indigenat im Großherzogthum erlangt haben.

Diese erhalten Heimathsrecht an dem Garnisonsorte ihres Regiments oder ihrer Regimentsabtheilung und behalten dasselbe auch nach ihrem Austritt aus dem Großherzoglichen Militär insolange, bis sie an einem anderen Orte das Heimathsrecht nach den bestehenden Vorschriften erworben haben.

3) Wenn ein Militär, welcher nach den vorstehenden Bestimmungen in dem Garnisonsorte nicht heimathsberechtigt ist, die Erlaubniß der Militärbehörde zu seiner Verheirathung erhalten hat, so muß er (wenn er nicht bereits Ortsbürger in einer Gemeinde ist) vor der Trauung seine Aufnahme als Ortsbürger entweder in seiner Heimathsgemeinde vermöge der Geburt oder in einer anderen Gemeinde durch besondere Aufnahme erwirken. Die Gemeinde des Ortes, worin er auf solche Weise das Ortsbürgerrecht erwirbt, bleibt alsdann insolange seine und seiner Familie Heimathsgemeinde, als er nicht nach 1), oder vermöge 4), oder auf sonst gesetzliche Weise in einer anderen Gemeinde heimathsberechtigt wird.

4) Dient ein Militär länger als zwölf Jahre und hat er durch anhaltende Dienstleistung bei der Fahne oder auf sonstige Weise zu erkennen gegeben, daß er den Militärstand als seinen Berufsstand gewählt habe, so hat er bei dem Anfang des dreizehnten Dienstjahres vor der Regierungsbehörde seines Garnisonsortes sich darüber zu erklären, ob er seine Heimath in seiner bisherigen Heimathsgemeinde

und das etwa daselbst erworbene Ortsbürgerrecht behalten wolle, oder ob er das Heimathsrecht an dem Garnisonsorte anspreche. — Den Militärs vom Range des Corporals abwärts steht jedoch eine solche Wahl in dem Falle nicht zu, wenn sie nach 3) das Ortsbürgerrecht in einer Gemeinde erworben haben. — Nach Maßgabe jener Erklärung, von welcher sowohl die Regierungsbehörde der bisherigen Heimathsgemeinde, als auch der Compagnie- oder Schwadronsbefehlshaber des Mannes in Kenntniß zu setzen ist, bleibt der Letztere entweder in der bisherigen Heimathsgemeinde heimathsberechtigt oder erhält diese Berechtigung vom Anfange des 13. Dienstjahres an in dem Garnisonsorte, und er sowohl als seine Familie — im Falle er zu dieser Zeit verheirathet war oder später heirathet — behalten ihre Heimath an dem auf diese Weise dafür bestimmten Orte so lange, als er solche nicht nach 1), oder vermöge 6), oder auf sonstige gesetzliche Weise an einem anderen Orte erwirbt.

Die erwähnte Erklärung ist innerhalb sechs Wochen, von dem Anfang des 13. Dienstjahres an, abzugeben. Wer dieselbe innerhalb dieser Frist abzugeben versäumt, kann später das Heimathsrecht im Garnisonsorte nicht weiter ansprechen, sondern behält sein bisheriges Heimathsrecht. — Denjenigen, welche zur Zeit des A. v. 8. April 1846 bereits 12 Jahre oder länger dienten, wurde seinerzeit zur Abgabe der fraglichen Erklärung eine Frist von ebenfalls 6 Wochen verstattet.

Während eines Feldzuges kann die Erklärung bei dem Compagnie- oder Schwadronsbefehlshaber abgegeben werden, und es wird dann dieselbe den Regierungsbehörden der bisherigen und der neu erwählten Heimathsgemeinde mitgetheilt.

5) Die Bestimmung 4) tritt auch dann ein, wenn ein Militär vor Zurücklegung des 12. Dienstjahres eine Anstellung in der **Garde du Corps** oder in einem niederen Militärdienste außerhalb der Regimenter und Corps erhält.

6) Wenn ein Militär nach 2) oder 5) Heimathsrecht an dem Orte der Garnison oder Anstellung erhalten hat und nachher in eine andere Garnison oder Station ohne Vorausbestimmung der Zeitdauer versetzt wird, so verliert er sein Heimathsrecht an seinem bisherigen Garnisonsorte, wenn er nicht das Ortsbürgerrecht darin erworben und solches sich vorbehalten hat, und erwirbt dasselbe an dem Orte, wohin er versetzt wird.

Wenn dagegen ein Militär nach 12 Dienstjahren oder bei einer der in 5) erwähnten Anstellungen erklärt hat, das Heimathsrecht in seiner bisherigen Heimathsgemeinde oder das an einem Orte erworbene Ortsbürgerrecht behalten zu wollen, so kann er das Heimathsrecht am Orte der Garnison oder Anstellung nicht weiter ansprechen, wenn er nicht das Ortsbürgerrecht daselbst erwirbt.

7) Die Heimathsverhältnisse der am 21. Dezbr. 1844 bereits verheiratheten Militärpersonen unter dem Offiziersgrade und deren Familien, so wie der Hinterbliebenen verstorbener Militärpersonen jener Categorie, sind nach den vor dem zur Anwendung gebrachten Grundsätzen zu beurtheilen.

Die Abgabe einer besonderen Erklärung fällt bei ihnen weg, indem sie das Heimathsrecht im Garnisonsorte haben.

§ 269. Ein in Gotha zwischen einer Anzahl deutscher Staaten am 15. Juli 1851 abgeschlossener Staatsvertrag — s. V. v. 31. Dezbr. 1851, Rbl. v. 1852, No. 2 — welchem nunmehr die meisten deutschen Bundesstaaten beigetreten sind, enthält in §§ 1—6 nähere Normen über gegenseitig anerkannte Heimathsrechts-Grundsätze, wonach die betreffenden Staaten die in einem oder dem anderen derselben Ausgewiesenen, bz. Heimathslosen, wechselseitig aufzunehmen sich verpflichten.

Sie lauten wie folgt:

1) Jede der contrahirenden Regierungen verpflichtet sich:
   a) diejenigen Individuen, welche noch fortdauernd ihre Angehörigen sind, und
   b) ihre vormaligen Angehörigen (Unterthanen), auch wenn sie die Unterthanenschaft nach der inländischen Gesetzgebung bereits verloren haben, so lange als sie nicht dem anderen Staate nach dessen eigener Gesetzgebung angehörig geworden sind, auf Verlangen des anderen Staates wieder zu übernehmen.

2) Ist die Person, deren sich der eine der contrahirenden Staaten entledigen will, zu keiner Zeit einem der contrahirenden Staaten als Unterthan angehörig gewesen (1), so ist unter ihnen derjenige zur Uebernahme verpflichtet, in dessen Gebiete der Auszuweisende
   a) nach zurückgelegtem 21. Lebensjahre sich zuletzt fünf Jahre hindurch aufgehalten, oder

b) sich verheirathet und mit seiner Ehefrau unmittelbar nach der Eheschließung eine gemeinschaftliche Wohnung mindestens 6 Wochen inne gehabt hat, oder

c) geboren ist.

Die Geburt c) begründet an sich eine Verpflichtung zur Uebernahme nur dann, wenn keiner der beiden anderen Fälle a) und b) vorliegt. Treffen diese zusammen, so ist das neuere Verhältniß entscheidend.

3) Ehefrauen sind in den Fällen 1) und 2), ihre Uebernahme möge gleichzeitig mit derjenigen ihres Ehegatten oder ohne diese in Frage kommen, von demjenigen Staate zu übernehmen, welchem der Ehemann nach 1) oder 2) zugehört.

Bei Wittwen und geschiedenen Ehefrauen ist, jedoch nur bis zu einer in ihrer Person eintretenden, die Uebernahme-Verbindlichkeit begründenden Veränderung, das Verhältniß des Ehemannes zur Zeit seines Todes, und bz. der Ehescheidung, maßgebend.

Die Frage, ob eine Ehe vorhanden sei, wird im Falle 1) nach den Gesetzen desjenigen Staates beurtheilt, welchem der Ehemann angehört; im Falle 2) aber nach den Gesetzen desjenigen Staates, wo die Eheschließung erfolgt ist.

4) Eheliche Kinder sind, wenn es sich um deren Uebernahme vor vollendetem 21. Lebensjahre handelt, in den Fällen 1) und 2) nicht nach ihrem eigenen Verhältnisse, sondern nach dem des Vaters zu beurtheilen. Kinder, welche durch nachfolgende Ehe der Eltern legitimirt sind, werden den ehelich geborenen gleich geachtet.

5) Uneheliche Kinder sind nach demjenigen Unterthansverhältnisse zu beurtheilen, in welchem zur Zeit der Geburt derselben deren Mutter stand, auch wenn sich später eine Veränderung in diesem Verhältnisse der Mutter zugetragen hat.

Gehörte die Mutter zur Zeit der Geburt ihres unehelichen Kindes keinem der contrahirenden Staaten als Unterthan an, so entscheiden über die Verpflichtung zu seiner Uebernahme die Bestimmungen unter 2).

Auch auf uneheliche Kinder findet die Vorschrift des 2. Absatzes des Satzes 6) Anwendung.

6) Ist keiner der unter 2) gedachten Fälle vorhanden, so muß der Staat, in welchem der Heimathslose sich aufhält, denselben behalten.

Doch sollen weder Ehefrauen noch Kinder unter 16 Jahren, falls sie einem anderen Staate nach 1) oder 2) zugewiesen werden könnten, von ihren Ehemännern, und bz. ihren Eltern, getrennt werden.

Zugleich ist durch eine Nebenbestimmung die Priorität für den Fall der Concurrenz mehrerer Aufnahmsverpflichtungen festgesetzt worden. Vergl. A. d. M. d. J. v. 7. April 1852.

Die Vergütung der Transportkosten ist durch § 11 des Vertrages und die Art und Weise des deßfalls von den Regierungsbehörden einzuhaltenden Verfahrens durch A. d. M. d. J. v. 17. Aug. 1852 geregelt.

§ 270. Ausstellung der Heimathsscheine. In Folge des Gothaer Staatsvertrages ist die Ausstellung der Heimathsscheine durch die Regierungsbehörden selbst nöthig geworden.

Die Bürgermeister sind demnach zur Ausfertigung von Heimathsscheinen, weder für das Ausland noch für das Inland, berechtigt.

Wer einen Heimathsschein bedarf, hat sich jedoch zunächst an den Bürgermeister seiner Heimath zu wenden, welcher sofort darüber Bericht an die Regierungsbehörde nach beistehendem Formular auf stempelfreiem Papier (vergl. § 272) zu erstatten, oder den etwaigen Anstand, falls der Bittsteller von seinem Gesuche nicht absteht, besonders einzuberichten hat.

„Formular:

(Kopf, gewöhnliche Berichtsform.)

Betr. Bitte d . . . . v . .
um Ertheilung eines Heimathsscheines.

„D . . (Namen, Stand und Gewerbe)
„zu (Wohnort), geboren zu . . . . und . . . . Jahre alt,
„welcher zum Zwecke des Aufenthaltes in den . . . . . . Staaten
„um Ertheilung eines Heimathsscheines nachgesucht hat, wird hier-
„durch bescheinigt, daß derselbe, und zwar durch (die Geburt,

„Verheirathung, Verleihung eines Staatsamtes, Erwerbung des „Indigenats) die Eigenschaft als Hesse besitzt und in der Ge= „meinde . . . . heimathsberechtigt ist“

(Unterschrift des Bürgermeisters.)

A. d. M. d. J. v. 2. u. 3. Mai 1853.

§ 271. Bei Beurtheilung der Frage, ob ein Heimathsbericht zu erstatten oder zu beanstanden sei, sind hauptsächlich folgende Punkte in's Auge zu fassen:

1) Ein Heimathsschein soll nur als Beurkundung der Heimath des Inhabers dienen und kann und darf daher niemals als eine den Reisepaß ersetzende Reiselegitimation benutzt werden. Derselbe wird daher auch nicht auf einen bestimmten Zeitraum der Gültigkeit beschränkt.

   Der Bürgermeister hat demnach vor Allem sorgfältig zu prüfen, ob der betreffenden Person auch wirklich Heimathsrecht in der Gemeinde zusteht, damit dieselbe nicht in Folge unrichtiger Heimathsbescheinigungen möglicher Weise in die Lage komme, Ortsfremde als Angehörige übernehmen zu müssen.

2) In allen Fällen, in welchen auch noch ein Reisepaß nöthig erscheint, ist deßhalb das Erforderliche einzuleiten und am Schlusse des Heimathsschein=Berichtes auf das fragliche Erforderniß aufmerksam zu machen.

3) Sind die Bittsteller Militärdienstpflichtige oder Soldaten, so ist auch deßhalb die erforderliche Bemerkung beizufügen, z. B. bis zu welchem Tage die betreffende Person zur Musterung wieder in ihrer Heimath anwesend sein muß.

   Nicht zu übersehen ist hierbei, daß Soldaten, welche sich nur auswärts begeben wollen, um Arbeit zu suchen oder zu verrichten, oder um eine Reise zu machen, dazu nur in der Abth. VIII, Abschnitt II, angedeuteten Weise legitimirt werden können.

4) Damit Heimathsscheine nicht mißbräuchlich zur Reiselegitimation benutzt werden mögen, ist ferner zu beachten, ob nicht die Nachsuchenden in gerichtlicher Untersuchung oder zu peinlicher, polizeigerichtlicher, oder forstgerichtlicher noch unverbüßter Strafe verurtheilt sind.

In allen diesen Fällen ist entweder die Heimathsberichts-Erstattung zu beanstanden oder die erforderliche Beimerkung zu machen. A. d. M. d. J. v. 26. Juni 1833 u. 2. Mai 1853.

§ 272. Für die Ausfertigung der Heimathsschein-Berichte hat der Bürgermeister eine Gebühr von 6 kr. zu beziehen. Zu der Ausfertigung der Scheine selbst soll von den Regierungsbehörden in den Prov. St. u. O. Formular-Stempel von 6 kr. und in der Prov. Rh. von 7 kr. verwendet werden. Eine Ausstellung auf ungestempeltem Papier ist in keinem Falle gestattet. A. d. M. d. J. v. 18. Juni 1853 u. 12. Juli 1853.

§ 273. Die Bürgermeister haben über die an Angehörige ihrer Gemeinde von den Regierungsbehörden ertheilten Heimathsscheine Register zu führen, zu welchem Zwecke sie von der erfolgten Ausstellung eines Heimathsscheines jedesmal in Kenntniß gesetzt werden sollen.

Diese Register sind am Ende des Kalenderjahres abzuschließen, so daß die neuen Einträge im folgenden Jahre stets mit Nr. 1 beginnen.

Bei dem Wechsel der Unterthanen-Eigenschaft soll darauf Bedacht genommen werden, daß die ertheilten Heimathsscheine an die Regierungsbehörde des früheren Heimathsortes wieder zurückgegeben werden; a. A. v. 2. Mai 1853.

III. Abschnitt.

Auswanderungen.

§ 274. Jeder Hesse hat das Recht der freien Auswanderung, wenn die Rücksicht auf Gläubiger und öffentlichen Dienst nicht im Wege steht. Doch muß derselbe selbstständig über seine persönlichen Verhältnisse verfügen können oder die erforderliche Einwilligung beibringen. G. v. 30. Mai 1821, Art. 1, und A. d. M. d. J. vom 26. Mai 1847.

Der Auswandernde kann seine unter väterlicher Gewalt stehenden Kinder nur mit besonderer Erlaubniß der Staatsregierung zurücklassen; a. G. Art. 2 u. a. A. d. Min.

§ 275. Zur Sicherung der Gläubiger wird auf Veranlassung der Regierungsbehörde eine öffentliche Aufforderung zu gerichtlicher Anmeldung ihrer Forderung binnen 4 Wochen erlassen; a. G. Art. 4 u. G. v. 26. Juli 1848, V. v. 8. Mai 1832 u. G. vom 21. Januar 1842.

Bei Minderjährigen, welche ledig sind und noch unter väterlicher Gewalt oder unter Vormundschaft stehen, auch kein eigenes Geschäft treiben, fällt die öffentliche Aufforderung weg. G. v. 10. Febr. 1824.

Ebenso bei nicht selbstständigen Frauen. Nach A. d. M. d. J. v. 7. Mai 1839 sollen unter selbstständigen Frauen diejenigen zu verstehen sein, welche entweder großjährig sind und eigenthümliches Vermögen besitzen, oder welche großjährig, elternlos oder, getrennt von ihren Eltern, für sich selbstständig leben.

§ 276. Militärdienstpflichtige, welche das 19. Lebensjahr zurückgelegt, aber noch nicht das erste Jahr ihrer Kriegsdienstpflicht überschritten haben, dürfen ohne ihre Eltern nur nach vorgängiger Stellvertretung oder Cautionsleistung auswandern.

Refractäre können, so lange sie noch den gesetzlich bestimmten Strafen unterliegen, weder mit noch ohne ihre Eltern auswandern. G. v. 28. Jan. 1853, Art. 1 u. 2.

Diejenigen, welche Behufs der Auswanderung der Kriegsdienstpflicht entledigt worden sind, aber dieselbe nicht vollziehen oder ohne anderweitige Niederlassung wieder zurückkehren, sollen bis zu ihrem 32. Lebensjahre der Kriegsdienstpflicht von Neuem unterworfen werden; a. G. Art. 3—5.

Im Uebrigen ist die Auswanderungsbefugniß der Kriegsdienstpflichtigen, insofern sie nicht den Zweck hat, der Kriegsdienstpflicht zu entgehen, nicht weiter beschränkt. G. v. 30. Mai 1821, Art. 6. Die Bürgermeister haben stets pflichtmäßig zu prüfen, ob in einem gegebenen Falle dieser Zweck angenommen werden kann, und sich in ihrem Berichte darüber gutachtlich zu äußern.

§ 277. Militärpersonen und Civilbeamte müssen vor der Auswanderung ihre Dienstentlassung erwirkt haben; a. G. Art. 5.

Denjenigen Soldaten, deren Eltern auswandern, kann, sofern sie nicht als Einsteher dienen, die Dienstentlassung ohne Stellung eines Stellvertreters auch schon vor zurückgelegter Dienstzeit auf Ansuchen ertheilt werden. G. v. 21. Juni 1833.

Der Bürgermeister hat darauf hinzuwirken, daß dergleichen Entlassungsgesuche so frühzeitig wie möglich, wenigstens aber 4 Wochen vor dem zur Abreise bestimmten Tage, eingereicht werden. E. d. Kr.M. v. 19. April 1847.

Soldaten, welche ohne vorschriftsmäßige Ablieferung ihrer Militäreffecten und ohne förmlichen Abschied auswandern, machen sich des Vergehens der Desertion schuldig.

Es ist den Bürgermeistern, bz. Lokalpolizeibehörden, auf das strengste eingeschärft, dergleichen Desertionsversuche durch Wachsamkeit zu verhüten und mit allem Nachdruck zu vereiteln. Sie sollen namentlich keinen beurlaubten Soldaten abreisen lassen, bevor er ihnen seinen Abschied vorgezeigt hat; sie sollen ferner in vorkommenden Fällen alle diejenigen, welche einem Soldaten in dem Vorhaben ungesetzlicher Auswanderung Vorschub leisten wollten (es seien Eltern, Verwandte oder sonstige Personen), mit Rücksicht auf die ihnen nach dem G. v. 29. Sept. 1835 bevorstehende Strafe verwarnen; auch jedes Desertions-Vorhaben, oder auch nur die desfalls vorliegenden Verdachtsgründe, unverzüglich zur Anzeige des Kompagnie- oder Schwadrons-Befehlshabers, und in dringenden Fällen der Regierungsbehörde bringen.

Gegen diejenigen Kriegsdienstpflichtigen oder Soldaten, welche vorstehenden Vorschriften zuwider gleichwohl eine Abreise versuchen, soll zugleich mit Arrestation vorgeschritten werden. V. v. 13. Mai 1852. Vergl. auch Abth. VIII, Abschn. II.

§ 278. Lokalbehörden, welche in einer oder der anderen dieser Beziehungen ihre Pflichten vernachlässigen, haben nicht nur empfindliche Ordnungsstrafen zu gewärtigen, sondern setzen sich zugleich der Gefahr aus, unter Umständen wegen Begünstigung der Desertion in Untersuchung und Strafe genommen zu werden. A. d. M. d. J. v. 10. Okt. 1846, 14. Juni 1851 u. 9. Aug. 1852.

§ 279. Soldaten, welche, obgleich zum Behuf der Auswanderung beabschiedet, diese nicht vollziehen oder zurückkehren, ohne anderwärts eine Niederlassung begründet oder Landesangehörigkeit erworben zu haben, können, in so fern sie sich nicht für den Rest ihrer Dienstzeit haben vertreten lassen, zur Erfüllung ihrer unterbrochenen Militärpflicht in der Art angehalten werden, daß sie den Rest ihrer Dienstzeit ausdienen müssen. Erscheinen sie auf desfallsige Ordre nicht, so werden sie als Refractäre behandelt. G. v. 28. Jan. 1853.

Den Bürgermeistern liegt die alsbaldige Anzeige ob, wenn ein solches Verbleiben oder eine solche Rückkehr eines Soldaten stattfindet. A. d. M. d. J. v. 19. April 1853.

§ 280. Niemand darf auswandern, bevor er eine Entlassungsurkunde von der Regierungsbehörde erhalten hat. Dieselbe wird nach Wahrung der gesetzlichen Erfordernisse ausgefertigt, sobald der Auswandernde eine amtliche Bescheinigung seiner erfolgenden Aufnahme in einem anderen Staate beibringt. Ausnahmsweise ist eine solche Bescheinigung bei der Auswanderung in überseeische Länder erlassen. A. d. M. d. J. v. 11. Sept. 1834.

Der Auswandernde aus den Prov. St. u. O. hat in allen Fällen, daß keine gerichtliche oder polizeigerichtliche Untersuchung oder Strafvollziehung seine Anwesenheit erfordert, und im Falle eine Aufforderung der Gläubiger (§ 275) stattfand, weiter die Nichtanmeldung oder Befriedigung derselben durch ein Zeugniß der zuständigen Gerichtsbehörde zu belegen. G. v. 30. Mai 1821, Art. 6.

In der Prov. Rh. bedarf es der Beibringung eines solchen Zeugnisses nicht. Es wird vielmehr daselbst, sofern kein sonstiger Anstand obwaltet, nach bescheinigtem Ablauf der in der öffentlichen Aufforderung vorgesetzten Frist von der Regierungsbehörde die Entlassung ohne Weiteres ertheilt, wenn innerhalb derselben keine gerichtliche Opposition significirt, oder diese vom Gericht wieder aufgehoben worden ist. V. v. 8. Mai 1832 u. 21. Jan. 1842.

Zur Ausfertigung der Entlassungsurkunden wird in der Prov. Rh. kein Stempel, in den Prov. St. u. O. aber Stempel à 4 fl. verwendet. Auch hier sind dieselben jedoch ausnahmsweise stempelfrei, wenn die Auswanderungskosten ganz oder theilweise von Gemeinden bestritten werden, oder wenn das Vermögen der Auswandernden nicht mehr als die Kosten der Ueberfahrt für sich und ihre Familie — angenommen zu 150 fl. für Erwachsene und 75 fl. für Personen unter 15 Jahren — beträgt. A. d. M. d. J. v. 7. Juli 1836, 3. Okt. 1846 u. 8. Sept. 1847.

Bürgschaftsleistungen zum Behuf des Empfangs der Entlassungsurkunden vor Ablauf der Gläubiger-Aufforderungsfrist dürfen nicht mehr angenommen werden. A. d. M. d. J. v. 26. April 1847.

§ 281. Heimlichen Auswanderungen, d. h. solchen, welche mit Umgehung der vorerwähnten Vorschriften ohne Entlassung versucht werden wollten, hat der Bürgermeister, bz. die Lokalpolizeibehörde, pflichtmäßig entgegen zu treten.

Zugleich ist in allen Fällen, selbst wenn auch nur Verdachtsgründe vorliegen, unter näherer Angabe derselben, Anzeige bei der Regierungsbehörde zu erstatten. E. d. M. d. J. v. 24. Mai 1834 u. A. dess. M. v. 1. Febr. 1844.

Zur Verhütung heimlicher Auswanderungen ist zugleich die Anordnung getroffen, daß alle Großherzogl. Hessische Unterthanen, welche in Großherzogl. oder anderen Landen auf der Reise nach den Seehäfen zur Einschiffung in überseeische Länder betroffen werden, und sich nicht im Besitze einer förmlichen Urkunde über ihre Entlassung aus dem diesseitigen Unterthanenverbande und eines auf deren Grund ertheilten Reisepasses, solche aber, welche nicht auswandern, sondern blos nach überseeischen Ländern reisen wollen und sich nicht im Besitze des zuletzt erwähnten Reisepasses befinden, welcher ausdrücklich auf die Reise in überseeische Länder lautet, zur Fortsetzung ihrer Reise nicht zugelassen, sondern in ihre Heimath zurückgewiesen werden.

Es ist diese Anordnung durch die Bürgermeister zur allgemeinen Kenntniß zu bringen und Jeder vor den nachtheiligen Folgen der Uebertretung zu verwarnen. E. d. M. d. J. v. 11. März 1853.

Wenn auswärtige Staatsregierungen die Anwendung gleicher Maßregeln gegen ihre Unterthanen bei der Großherzogl. Staatsregierung erwirkt haben werden, wie z. B. Baiern, so haben die Lokalpolizeibehörden gegen sie dasselbe Verfahren einzuhalten. E. d. M. d. J. v. 17. Juni 1853.

§ 282. Was das bei vorkommenden Auswanderungsgesuchen einzuhaltende Verfahren betrifft, so gelten dafür folgende Regeln:

Es kann Jeder sein desfallsiges Gesuch unmittelbar vor dem Bürgermeister seines Wohnorts erklären, welcher verbunden ist, darüber gegen die Gebühr von 6 kr. ein Protokoll auf Stempelpapier (in den Prov. St. u. O. zu 36 kr., in der Prov. Rh. auf gewöhnlichem Stempelpapier) aufzunehmen und dasselbe der Regierungsbehörde zur weiteren Beschlußnahme vorzulegen.

Das Protokoll muß enthalten:

1) Eine genaue Bezeichnung des Auswanderungslustigen mit Vor- und Zunamen, Alter, bei männlichen Individuen unter Angabe des Geburtstages, Religion, Stand oder Gewerbe 2c.
2) Eine vollständige Aufzählung und gleich genaue Bezeichnung der mitauswandernden Familienglieder, bz. die Bemerkung, wenn Eines oder das Andere zurückgelassen werden wollte.
3) Die Angabe der Ursache der Auswanderung und des Ortes, wohin sie stattfinden soll.
4) Die Angabe des Vermögens, nach Abzug der Schulden, welches der Auswandernde muthmaßlich ausführt. Endlich
5) Die Erörterung der Frage, ob und in welcher Weise die Auswandernden ihrer Militärpflicht genügt haben.

Das Protokoll bedarf außer der Unterschrift des Bürgermeisters in Rheinhessen auch noch jener des Declaranten, oder die Meldung, daß und warum er zu unterzeichnen unfähig sei. Auch für die Prov. St. u. O. empfiehlt sich die Beifügung dieser Unterschrift als zweckmäßig. V. v. 8. Mai 1832, § 1, u. A. d. M. d. J. v. 19. April 1853.

Die Bürgermeister werden es sich bei dieser Veranlassung zugleich angelegen sein lassen, ihren Gemeindeangehörigen mit Rath und That an die Hand zu gehen und denselben die Anwendung nöthiger Regeln der Vorsicht dringend anzuempfehlen.

Insbesondere werden sie dieselben darauf aufmerksam machen, wie nöthig es sei, daß Auswanderer bei ihrer Ankunft an überseeischen Plätzen noch mit Geldmitteln von wenigstens 20 fl. pro Kopf versehen seien; auch selbst dafür sorgen, daß auf Kosten der Gemeinde Auswandernde damit ausgestattet werden. A. d. M. d. J. v. 10. März 1847.

Ferner werden sie vor der Auswanderung nach überseeischen Ländern zu ungünstiger Jahreszeit (besonders im Herbste), so wie vor dem dortigen wucherlichen Treiben zudringlicher Mäkler und Agenten verwarnen. A. d. M. d. J. v. 24. Febr. 1847 u. 9. September 1847.

Auch werden sie die Auswanderer zu belehren nicht unterlassen, wenn dieselben nach Ländern auswandern wollen, woselbst besondere

Erfordernisse für die Einwanderung vorgezeichnet sind, oder wenn dieselben Länder passiren wollen, wo, wie z. B. in Belgien, selbst die bloße Durchreise ohne den Nachweis des Besitzes einer bestimmten Geldsumme nicht verstattet wird. A. d. M. d. J. v. 21. Juni 1849.

§ 283. Zum Schutze der Unterthanen gegen verführerische Anwerbung zur Auswanderung, so wie gegen die Mißbräuche eigennütziger Agenten im Inlande hat die Großh. Staatsregierung durch eine Reihe entsprechender Gebote und Verbote eine weise Fürsorge getroffen.

Die V. v. 24. April 1846 macht den Betrieb des Gewerbes der Agenten, welche sich mit dem Transport von Auswanderern befassen, überhaupt von der Regierungs-Genehmigung abhängig.

Eine besondere V. v. 25. Jan. 1851 ertheilt ausführliche Vorschriften über den Geschäftsbetrieb der Agenten. Dieselbe setzt namentlich die Bedingungen fest, unter welchen die Agenten (sowohl Haupt- als Unteragenten) nur bestätigt werden können (§§ 1—6 d. V.), und unter welchen nur allein Ueberfahrtsverträge von denselben abgeschlossen werden dürfen (§§ 11—15).

Die Agenten müssen danach ferner eigene Register über alle von ihnen abgeschlossenen Contracte führen, deren Einsicht und Prüfung den Behörden jederzeit offen stehen soll. § 10.

Den Agenten ist auf das strengste verboten, zur Auswanderung anzuwerben; sie dürfen zu dem Ende weder im Lande umherreisen, noch andere Personen dazu absenden. Eben so ist es denselben untersagt, bei Vertrags-Verabredungen oder Abschlüssen Mäkler oder Personen, welche sich dafür ausgeben, zuzulassen, oder sich überhaupt zum Zuführen von Auswanderern dergleichen Personen in irgend einer Weise zu bedienen. § 17.

Wenn Agenten von Auswanderern ausdrücklich aufgefordert worden sind, sich an den Wohnort der Auswanderer zu begeben, um dort die Ueberfahrtsverträge abzuschließen, so soll ihnen dies ausnahmsweise zwar verstattet sein, jedoch nur, nachdem sie zuvor das ihnen zugegangene Einladungsschreiben dem Orts-Bürgermeister vorgelegt haben. Auch dürfen sie bei Meidung der Strafe wegen unerlaubten Geschäftsbetriebes in solchen Fällen mit Niemand, als von wem sie bestellt worden sind, Verträge abschließen. A. d. M. d. J. v. 26. Mai 1853.

Die Lokalpolizeibehörden sind zur Ueberwachung des Befolgs aller dieser Vorschriften auf das strengste angewiesen. § 20 d. a. V.

Agenten, welche den Bestimmungen der erwähnten Verordnung zuwiderhandeln, sollen, wenn die Handlung nicht nach dem Strafgesetzbuch zu bestrafen ist, mit einer Polizeistrafe von 10—50 fl., unter möglicher Steigerung im Wiederholungsfalle bis zu dem Doppelten, belegt werden. § 21.

Personen, welche sich den in der Auswanderung begriffenen Reisenden als Mäkler oder Zwischenhändler oder als Führer anbieten, und als solche, oder unter anderem ähnlichen Vorwande, ihre Dienste dergestalt widmen, daß sie den Agenten, Geldwechslern, Wirthen oder sonstigen Gewerbtreibenden Auswanderer zuführen oder zuweisen, sind für jeden einzelnen Fall mit einer Polizeistrafe von 3—7 fl. zu belegen. § 23.

§ 284. Außerdem ist zu Verhütung heimlicher Auswanderungen von Soldaten und Kriegsdienstpflichtigen den Agenten bei namhafter Strafe anbefohlen, mit Personen männlichen Geschlechts, welche zwischen dem 19. und 33. Lebensjahre stehen, nur dann Ueberfahrtsverträge abzuschließen, wenn der Nachweis ihrer Dienstfreiheit entweder durch einen förmlichen, ausdrücklich für die Reise in überseeische Länder ausgestellten Reisepaß, oder durch eine in legaler Form ausgestellte Bescheinigung der zuständigen Regierungsbehörde (des Kreisamts), daß dem Vertragsabschluß in Bezug auf die Militärpflicht kein Hinderniß im Wege steht, erbracht wird.

Eine solche Bescheinigung ist nur dann nicht nöthig, wenn der Reisende unter 19 oder über 33 Jahre alt ist.

Um Gewißheit darüber zu erlangen, hat der Agent, in Ermangelung eines Reisepasses oder Kreisamtsscheines, von der zuständigen Behörde eine besondere Altersbescheinigung zu verlangen.

Diese Bescheinigung ist, und zwar stempel- und taxfrei, in den Prov. St. u. O. von den Geistlichen und in der Prov. Rh. von den Civilstandsbeamten auszustellen und mit ihrem Dienstsiegel zu versehen. Von der Lokalpolizeibehörde ist sodann das Signalement der betreffenden Person, ebenfalls unter Beidrückung des Dienstsiegels, beizufügen. V. v. 23. Mai 1853, §§ 3 u. 4.

Wie hierauf die Agenten mit diesen Bescheinigungen weiter zu verfahren, daß sie dieselben namentlich in ihren Registern zu allegiren und den Vertragsduplikaten beizuheften haben; ferner, daß sie Nummer und Datum des etwaigen Reisepasses auf dem Letzteren, das Alter aber auf beiden Vertrags-Exemplarien anmerken sollen, verordnet der erwähnte § 4 des Näheren.

XII. Abtheilung.

Angelegenheiten der Juden.

I. Abschnitt.

Aufnahme und Verheirathungen.

§ 285. Durch das die Gleichheit der politischen und bürgerlichen Rechte der verschiedenen Religionsgenossenschaften sanctionirende Gesetz vom 2. Aug. 1848 sind die in den Prov. St. u. O. bestandenen Ausnahms-Gesetze bezüglich der Juden aufgehoben worden, und auch in der Prov. Rh. die vereinzelten Ueberreste ausnahmsweiser Beschränkung gefallen.

Die in den Prov. St. u. O. früher erforderliche besondere Juden-Schutzaufnahme findet demnach nicht mehr statt, und sind alle desfallsigen Vorschriften als antiquirt zu betrachten.

§ 286. Verheirathungen. Auch in Ansehung der Verheirathung sind die Juden keiner anderen Beschränkung unterworfen, als wie die Christen. Einer besonderen, dieselben begünstigenden Verfügung wurde oben im § 249 erwähnt.

§ 287. Den Personenstands-Verhältnissen dient ein bleibender Familienname zur sicheren Grundlage. Durch Präf.-Beschluß v. 15. Sept. 1808 in der Prov. Rh., und durch die V. u. B. v. 15. Dez. 1808, 25. Nov. 1809 u. 11. Jan. 1812 für die Prov. St. u. O., ist die Annahme eines solchen Seitens der Juden und der unveränderte Gebrauch desselben bei allen öffentlichen und Privatacten in ziemlich übereinstimmender Weise anbefohlen worden.

Der ersterwähnte Beschluß droht gegen die Uebertretung dieser Vorschrift nach Umständen die Strafe der Verfälscher an. Die Declaration der Wahl des Namens sollte danach vor dem Civilstandsbeamten in bestimmter Form geschehen.

§ 288. Civilstandsregister der Juden. Besondere Civilstandsregister für die Juden bestehen in Rheinhessen nicht. Ihre Anordnung war dagegen für die Prov. St. u. O. erforderlich, weil die allg. Civilstandsregister hier von den Geistlichen geführt zu werden pflegen. Die Führung derselben wurde den Bürgermeistern übertragen. V. v. 15. Dez. 1808 u. A. d. M. d. J. v. 9. August 1837.

Es sind deshalb nachstehende Vorschriften ertheilt:

1) Alle Geburten, Sterbfälle und Verehelichungen der jüdischen Glaubensgenossen müssen dem Bürgermeister der betreffenden Bürgermeisterei jedesmal unverzüglich angezeigt werden.

2) Der Bürgermeister hat zu diesen Registern (Judenmatrikeln) gedrucktes Formularpapier in vorgeschriebener Weise zu verwenden, und drei abgesonderte Bücher, welche doppelt zu führen und wovon das eine Exemplar bei dem Stadt-, bz. Landgerichte zu deponiren ist, zu halten, eines für die Geburten, eines für die Trauungen und eines für die Sterbfälle. Jeder einzelne Fall muß in das betreffende Buch pünktlich eingetragen werden. Es sind dabei auch die Vorschriften bezüglich der Bezeichnung gleichnamiger Einwohner (§ 234) genau zu beobachten.

3) Jeder Eintrag ist dem Erschienenen vorzulesen und von dem Bürgermeister zu unterschreiben.

4) Bei Geburten muß der Vater des Kindes mit zwei Zeugen, und wenn der Vater abwesend ist, oder wenn der Vater eines unehelichen Kindes sich nicht dazu bekannt hat, der nächste Verwandte, oder ein in der Nachbarschaft der Mutter wohnender dritter Zeuge, erscheinen, und diese müssen den Eintrag in das Buch mit unterschreiben.

Auch ist die Hebamme zuzuziehen, welche die Stunde der Geburt anzuzeigen und den Eintrag gleichfalls mit zu unterschreiben hat.

5) Bei Trauungen müssen die beiden Ehegatten und mit ihnen zwei Zeugen erscheinen, eine schriftliche Bescheinigung des Rabbinen, daß die Trauung vollzogen worden, worauf sich in dem

Eintrag bezogen werden muß, beibringen, und den Eintrag selbst unterschreiben.

6) Bei Beerdigungen müssen zwei Hausgenossen des Verstorbenen, oder in deren Ermangelung zwei sonstige glaubhafte Zeugen, vor dem Bürgermeister erscheinen und den Eintrag in das Buch mit unterschreiben.

7) Sollten Alle, oder ein und der andere der Erschienenen ihren Namen nicht deutsch zu schreiben im Stande sein, so muß der Bürgermeister dieses in dem Eintrag bemerken.

Ein Gleiches muß geschehen, wenn bei Geburten der Vater des Kindes gerade abwesend, oder das Kind ein uneheliches sein sollte.

8) Der Bürgermeister hat für den Eintrag in diese Bücher keine Gebühr in Anspruch zu nehmen.

9) Dagegen erhält derselbe für die Auszüge aus einem der drei Bücher, die er auf Verlangen fertigt, 20 kr. Diese Auszüge, welche auf das verordnungsmäßige Stempelpapier geschrieben werden müssen, werden überschrieben:

„Auszug aus dem Geburts- (Trauungs-, Sterb-) Register der Juden in der Bürgermeisterei N. N.“

worauf sodann eine Abschrift des betreffenden Eintrags folgt und folgendermaßen unterschrieben wird:

„ausgezogen N. N. den . . ten . . . . . . 18 . .

(Bürgermeisterei-Siegel.) Zur Beglaubigung des Auszugs:
der Bürgermeister N.“

10) Unterläßt einer der hierzu verpflichteten jüdischen Glaubensgenossen die vorgeschriebene Anzeige bei dem Bürgermeister binnen 3 Tagen zu machen, so verfällt derselbe in eine Polizeistrafe von 1 fl. 30 kr. Den Bürgermeistern ist indessen anempfohlen, zuvor den Säumigen zu erinnern, und erst wenn seine Aufforderung erfolglos bleibt, ihn zur Bestrafung anzuzeigen. a. M. A. Satz 10 u. A. d. M. d. J. v. 1. April 1841.

11) Die bei der Bürgermeisterei verbleibenden Exemplare der nach Art. 2 zu führenden Bücher sind immer auf mehrere Jahre vorzurichten, alsdann von der Regierungsbehörde zu paginiren und auf der ersten und letzten Seite zu paraphiren. Am Schlusse des Jahres ist dann jedesmal nach dem letzten Eintrage von dem Bürgermeister folgende Attestation beizufügen:

„Daß dieses Register alle und jede im Laufe des Jahres eintausend achthundert . . . . zu meiner Kenntniß gekommene, bei den Israeliten in der Gemeinde . . . . eingetretene (Geburts-) (Trauungs-) (Sterb-) Fälle enthält, welche sich im Ganzen auf . . . . . . belaufen, solches wird andurch beurkundet.

. . . . am 1. Januar 18 . .

Der Bürgermeister
N. N.“

Kommen aber in einem Jahre keine Einträge vor, so ist am Schlusse des Jahres von dem Bürgermeister in das Register zu schreiben:

„Daß im Laufe des Jahres eintausend achthundert . . . . keine bei den Israeliten der Gemeinde . . . . vorgekommene (Geburts- 2c.) Fälle zu meiner Kenntniß gelangt sind, wird hiermit beurkundet.

. . . . am 1. Januar 18 . .

Der Bürgermeister
N. N.“

Die am Schlusse des Jahres binnen 8 Tagen an die betr. Stadt-, bz. Landgerichte abzuliefernden Duplicate, welche aber jedesmal nur den Zeitraum eines Jahres zu enthalten haben, bedürfen der Paginirung und Paraphirung durch die Regierungsbehörde nicht, dagegen sind sie mit derselben Schlußattestation zu versehen, wie die Originalregister. A. d. M. d. J. v. 4. September 1839 u. 1. April **1841**.

Die von den Gerichten bei Durchgehung der Register vorgefundenen Mängel sind die Bürgermeister unverweilt zu berichtigen verpflichtet, widrigenfalls sie durch dieselben mit Zwangsmitteln dazu angehalten werden sollen.

Etwa erforderliche allgemeinere Verfügungen in dieser Beziehung sind in den Geschäftskreis der Regierungsbehörden verwiesen. a. M. A.

12) Ueber die in jedem Bande vorkommenden Fälle ist ein alphabetisches Register zu führen, bei welchem hinsichtlich der ehelichen, oder vom Vater anerkannten unehelichen, Geburten der Familienname des Vaters, bz. des Kindes, bei unehelichen nicht anerkannten Geburten aber der der Mutter, bz. des Kindes, zur Norm

dient, bei Trauungen aber der Eintrag nach dem Familiennamen des Bräutigams und dem bisherigen Familiennamen der Braut, und bei Sterbfällen nach dem Familiennamen des Gestorbenen geschieht.

II. Abschnitt.

Gewerbe der Juden.

§ 289. Es ist eine natürliche Folge der bürgerlichen Gleichstellung der Juden, daß sie auch bezüglich des Gewerbsbetriebes einestheils keinen anderen Beschränkungen mehr unterworfen sind, als die Christen, anderentheils aber, daß ihnen Behufs der Zulassung zum Gewerbsbetrieb auch die Erfüllung der gleichen Bedingungen obliegt.

Die besonderen Vorschriften über das Erforderniß von Handelspatenten (Judenpatenten), über jüdische Darlehn, das Viehschlachten der Juden u. s. w. erscheinen demnach als erloschen.

III. Abschnitt.

Judenschaftliche Gemeindeverhältnisse und Anstalten.

§ 290. An der Spitze jeder israelitischen Religionsgemeinde steht ein Vorstand, als gesetzlicher Stellvertreter derselben in allen Angelegenheiten, welche die Gemeinde als solche und die Verwaltung ihres Vermögens und Haushaltes betreffen.

Die Regierungsbehörde ist die diesem Vorstande zunächst vorgesetzte Dienstbehörde.

Das Nähere über die Bildung und die Wahl, so wie die Verwaltungs-Befugnisse und Pflichten dieser Vorstände sind in der landesherrlichen V. v. 2. Nov. 1841 enthalten.

Die Vorschriften der Verwaltung sind denjenigen über die Verwaltung der bürgerlichen Gemeinden nachgebildet und sehr ähnlich. Die Ortsvorstände haben keinen Einfluß darauf.

§ 291. Der Religions-Cultus der Israeliten wird innerhalb der bestehenden Rabbinatssprengel durch von der Staatsregierung eingesetzte Rabbinen geleitet.

Eine Staatsaufsicht über den Religionscultus der Israeliten findet nur in so weit statt, als die Interessen des Staats und der öffentlichen Ordnung es erfordern. Die frühere Gerichtsbarkeit der Rabbinen ist aufgehoben. V. v. 9. Febr. 1828.

Der Religions-Unterricht der Juden wird als Privatsache angesehen. Wenn sich jedoch eine israelitische Gemeinde für ihre Jugend eines Religionslehrers bedienen will, so ist erforderlich, daß derselbe die Staatsprüfung bestanden habe und seine Anstellung von der Regierungsbehörde genehmigt werde. A. d. O. Sch. R. v. 18. Sept. 1840 u. 22. Nov. 1848 u. E. d. M. d. J. an d. Kr. zu Gsn., betr. den Besuch der israel. Religionsschulen, v. 25. Mai 1844.

Der betr. Bürgermeister hat die Beobachtung dieser Vorschriften zu überwachen.

§ 292. In Ansehung des Jugend-Unterrichts der Israeliten ist schon durch E. v. 17. Juli 1823 verordnet, daß überall, wo die mosaischen Religionsgemeinden nicht eigene Schulen mit Genehmigung und unter Aufsicht der betr. Staatsbehörden besitzen, ihre Kinder die Volksschulen, ausgenommen den Religionsunterricht, besuchen müssen. Das neuere E. v. 6. Juni 1832, Art. 55, bestätigt dies in noch bestimmterer Fassung.

§ 293. Die besonderen Anstalten der israelitischen Religionsgemeinden, als Begräbnißplätze, Judenfrauenbäder u. dgl. m., haben die Lokalpolizeibehörden, in so weit als dies in allgemeinen oder besonderen polizeilichen Verordnungen über diese Gegenstände vorgeschrieben ist, zu beaufsichtigen.

Auch werden dieselben die Beobachtung der V. v. 1. Sept. 1843, wonach die Beschneidung der israelitischen Knaben, bei Meidung einer namhaften Polizeistrafe, nur in Gegenwart und mit Genehmigung eines wirklichen verpflichteten Arztes geschehen darf, gehörig überwachen.

§ 294. Der unter dem Schutze der Staatsregierung gegründete Verein zur Verbesserung des Zustandes der Israeliten, ist der theilnehmenden Mitwirkung der Gemeindevorstände empfohlen. A. d. M. d. J. v. 22. Sept. 1840.

XIII. Abtheilung.

Kirchenangelegenheiten.

I. Abschnitt.

Religionscultus.

§ 295. Vorzugsweise auf der Religion beruht die Gesittung im Staate. Die Kirche ist ihre Trägerin. Dieselbe erfreute sich deshalb auch zu allen Zeiten der Fürsorge und des Schutzes der Hessischen Fürsten.

Die innere Kirchenverfassung genießt im Großherzogthum auch den Schutz der politischen. V.U. Art. 39.

Jedermann steht die freie und öffentliche Ausübung des religiösen Cultus zu. V.U. Art. 21 u. G. v. 2. Aug. 1848.

Das Strafgesetz schützt gegen Störungen derselben, so wie gegen jede Herabwürdigung oder Verunglimpfung in dieser Beziehung. Str.G.B. Art. 193—195.

Es ist Pflicht der Lokalpolizeibehörden, gegen desfallsige Zuwiderhandlungen und Angriffe unverweilt einzuschreiten.

§ 296. Die Kirchengewalt ruht in der evangelischen Kirche in den Händen des Großherzogs, als obersten Landesbischofs, in der katholischen aber zunächst bei dem katholischen Bischof, und über ihm den höheren Würdeträgern der Kirche.

§ 297. Alle Kirchengesellschaften sind dem landesherrlichen Oberhoheits- und Oberaufsichtsrechte unterworfen. Vermöge desselben kann die religiöse Freiheit, in so weit es das allgemeine Staatswohl gebietet, beschränkt, und können Beschwerden über den Mißbrauch der Kirchengewalt jederzeit bei der Staatsregierung angebracht werden. V. U. Art. 40 u. 42. V. v. 30. Jan. 1830 u. 1. März 1853.

Allgemeine Beschränkungen finden hinsichtlich des öffentlichen Gottesdienstes außerhalb der Kirchen statt.

Wo und in so weit derselbe gestattet ist, steht der Lokalpolizeibehörde die Aufrechterhaltung der öffentlichen Ordnung dabei zu. G. v. 18. Germ. X.

Dieselbe hat indessen jedes willkührliche Einschreiten in kirchlichen Angelegenheiten möglichst zu vermeiden und im Zweifelsfalle vorerst Weisung bei der vorgesetzten Regierungsbehörde einzuholen.

§ 298. Wer religiöse Meinungen oder Lehren verbreitet, durch welche die Verletzung der Gesetze, der bürgerlichen und staatsbürgerlichen Pflichten für erlaubt erklärt wird, soll in Correctionshausstrafe bis zu 2, bz. 4 Jahren verurtheilt werden. Str.G.B. Art. 196.

§ 299. Die Bedingungen, unter welchen neue Religionsgesellschaften sich bilden, und der Eintritt in solche, so wie die Abhaltungen gottesdienstlicher Versammlungen im Freien stattfinden dürfen, schreibt die V. v. 23. Febr. 1850 unter polizeilicher Strafandrohung für Zuwiderhandlungen vor.

§ 300. Die Kosten des Religionscultus sind, in so weit nicht hinreichende Einnahmen der dazu bestimmten Fonds oder privatrechtliche Verbindlichkeiten vorliegen, subsidiär von den Kirchengemeinden zu bestreiten. V. v. 6. Juni 1832, Art. 19 u. 20, und für Rh. insbesondere G. v. 30. Dez. 1809, Nr. 92; s. auch § 333 unten.

§ 301. Die religiöse Erziehung der Kinder aus gemischten Ehen soll ohne Unterschied in der Religion des Vaters erfolgen, wenn nicht in gültigen, vor Eingehung der Ehen geschlossenen Eheverträgen etwas Anderes festgesetzt worden ist. V. v. 7. April 1825 u. 27. Febr. 1826 u. V. v. 6. Dez. 1842.

Die Civilstandsbeamten in der Prov. Rh. sind angewiesen, bei dem Heirathsacte auf diese Verordnungen aufmerksam zu machen. A. d. R. zu Mz. v. 30. Juni 1826.

§ 302. Feier der Sonn- und Festtage. In das geräuschvolle und arbeitsbelastete Treiben des bürgerlichen Lebens treten die Sonn- und Festtage als Ruhepunkte ein, bestimmt zur Sammlung des Gemüths und zur gemeinsamen Erhebung der Herzen zu Gott.

Die würdige Feier derselben übt den wesentlichsten Einfluß auf die Sittlichkeit, die gute Ordnung und die Wohlfahrt der Gemeinden. Ihre Förderung ist deshalb auch den Lokalbehörden dringend empfohlen.

§ 303. Störungen der Sonntagsfeier. Um die Störungen zu entfernen, welche auf die würdige Feier der Sonntage und allgemeinen christlichen Festtage [11]) nachtheilig einwirken, ist Folgendes verordnet; V. v. 2. April 1841:

1) Verrichtungen der Gerichte und anderer öffentlichen Behörden dürfen, außer in Fällen der Noth, oder wo Gefahr auf dem Verzuge haftet, an Sonn- und Festtagen nicht vorgenommen werden, bei Vermeidung disciplinärer Ahndung.

Diese Verfügung findet auch auf Handlungen der freiwilligen Gerichtsbarkeit Anwendung.

2) Feld-, Wiesen-, Garten-, Wald- und sonstige Oeconomie-Arbeiten, ferner öffentliche oder geräuschvolle Handthierungen und Arbeiten der Fabrikanten, Handwerker und sonstiger Gewerbsleute sind, dringende Fälle ausgenommen, an Sonn- und Festtagen gänzlich untersagt.

Wenn und so oft während der Erndtezeit die Witterung oder sonstige Umstände es erheischen, daß auch an Sonn- und Feiertagen nach beendigtem Vormittags-Gottesdienste Feldarbeiten verrichtet werden, so können die Bürgermeister die Erlaubniß dazu ertheilen.

Sollten in einer Gemeinde die Verhältnisse es wünschenswerth machen, daß der Gottesdienst zur Erndtezeit verlegt oder abgekürzt werde, so hat der Bürgermeister sich desfalls an den Ortsgeistlichen zu wenden, welchem die Entscheidung darüber zusteht. A. d. M. d. J. v. 10. August 1843.

Zu den verbotenen Geschäften und Handthierungen sind nicht zu zählen solche, die ihrer Natur nach keine Unterbrechung leiden, z. B. die Arbeiten auf den Schmelzhütten, an den Kohlenweilern ꝛc.

3) Die Müller haben das Mahlen an den ersten Tagen der drei hohen christlichen Feste, so wie am Palmsonntage den ganzen Tag über, an allen übrigen Sonn- und Festtagen aber in der Zeit von 8 bis 11 Uhr Vormittags zu unterlassen, in so fern nicht für diese Zeit aus besonderen Rücksichten von der Regierungsbehörde ausnahmsweise die Erlaubniß zum Mahlen ertheilt wird.

---

11) Die monatlichen Bettage sind darunter nicht inbegriffen. A. d. M. d. J. v. 7. Okt. 1842.

4) Das Vieh in Heerden unter Aufsicht bestellter Gemeindehirten an Sonn- und Festtagen aus- und einzutreiben, ist zwar gestattet, das Austreiben muß aber spätestens eine halbe Stunde vor und das Eintreiben nicht früher als eine halbe Stunde nach dem öffentlichen Gottesdienste geschehen.

Sonstiges Hüten von Vieh ist, in so fern nicht feldpolizeiliche Anordnungen entgegenstehen, erst nach beendigtem Nachmittags-Gottesdienste gestattet.

5) Das Hausiren mit Waaren und das öffentliche Feilhalten ist an Sonn- und Festtagen gänzlich untersagt.

Alle Läden der Kauf-, Handels- und sonstigen Gewerbsleute, mit Ausnahme der Apotheken, bleiben bis nach beendigtem Nachmittags-Gottesdienste geschlossen.

Den Bäckern, Metzgern, Specerei- und anderen Victualienhändlern ist der Verkauf ihrer Waaren zwar gestattet, jedoch ist ihnen verboten, offene Läden zu halten, bevor der Nachmittags-Gottesdienst beendigt ist. Das Herumtragen und Feilbieten von Victualien ist während des öffentlichen Gottesdienstes untersagt.

6) Den Inhabern von Wein-, Bier- und Branntweinschenken und Wirthsgärten in und bei Ortschaften ist die Aufnahme von Gästen bis zum Schlusse des öffentlichen Nachmittags-Gottesdienstes verboten. Hierunter sind jedoch Gasthäuser und Garküchen nicht begriffen.

7) Bis nach beendigtem Nachmittags-Gottesdienste sind Tanz- und Musikhalten in öffentlichen Häusern, Scheibenschießen, Jagden mit Treibern, öffentliche Spiele und andere geräuschvolle öffentliche Lustbarkeiten verboten. An den ersten Tagen und am Vorabende der drei hohen christlichen Feste, so wie in der ganzen Charwoche, einschließlich des Palmsonntags, sind alle öffentliche Lustbarkeiten gänzlich untersagt.

8) Diejenigen, welche den vorstehenden in Satz 2—7 enthaltenen Bestimmungen zuwiderhandeln, verfallen in eine Polizeistrafe von dreißig Kreuzern bis zu fünf Gulden. Kann die Geldstrafe nicht beigetrieben werden, so ist sie vom Polizeigerichte in Gefängnißstrafe zu verwandeln.

Sämmtlichen Behörden ist die strengste Handhabung dieser Vorschriften zur Pflicht gemacht, und zugleich den Lokalpolizeibehörden anbefohlen, durch der Oertlichkeit angemessene Maßregeln dahin zu wirken, daß wie überhaupt, so insbesondere in der Nähe der Kirchen, während und unmittelbar vor und nach dem öffentlichen Gottesdienste jede Störung desselben vermieden werde.

II. Abschnitt.

Kirchspielsachen.

§ 304. Die Vereinigung mehrerer Kirchen-Gemeinden zu einem Kirchspiel erzeugt besondere Rechtsverhältnisse, deren Bestand in der Regel aus den Bestimmungen des mit Genehmigung der Staatsregierung und des Kirchenregiments geschlossenen Vereinigungs-Aktes zu beurtheilen sein wird.

Die Kirchspielskosten sind in dem Falle, daß keine Confessionsverschiedenheit unter den Einwohnern besteht, als Gemeinde-Ausgabe II. Klasse zu behandeln und mit den gewöhnlichen Umlagen II. Klasse auszuschlagen. Anderenfalls werden sie, insoweit der Gemeinderath nicht verfügbare Ueberschüsse der I. Klasse dazu verwilligt, oder zur Bestreitung derselben nicht eine besondere Verbindlichkeit oder ein bestimmtes Vermögen vorhanden, auch dazu das Gemeindevermögen rechtlich nicht verbunden ist, auf das gesammte steuerbare Vermögen der Kirchspielsgenossen innerhalb des Kirchspiels ausgeschlagen. G.O. Art. 85 u. 86; vergl. auch Abth. XV, § 499.

Der Ausschlag geschieht alsdann ganz gemäß den Bestimmungen des Art. 84 der G.O. auf die zur betr. Confession gehörenden Gemeinde-Einwohner und die denselben gleichgeachteten Personen. A. d. M. d. J. v. 25. Jan. 1849.

In der Regel soll jedoch bei Ehegatten verschiedener Confession nur der Mann als beitragspflichtig betrachtet, die Frau aber nur in dem Falle zur Concurrenz gezogen werden, wenn etwa Steuerobjecte als ihr Eigenthum in dem Steuerkataster auf ihren Namen eingetragen sein sollten. A. d. M. d. J. v. 24. Febr. 1837.

III. Abschnitt.

Geistliche und kirchliche Diener.

§ 305. Kirchenbehörden. Die obere Verwaltung der evangelischen Kirchenangelegenheiten ist, unter der obersten Leitung und Aufsicht des Ministeriums des Innern, dem Oberconsistorium übertragen. Als Organe desselben wirken provinziell die Superintendenten als Aufsichts- und Vollziehungsbehörden in den einzelnen Provinzen, und bezirksweise die Decane als Mittelbehörden für die Verwaltung und Beaufsichtigung der Decanate. Die amtliche Correspondenz der Geistlichen als solchen, bz. kirchlichen Behörden, mit den Regierungs- und Lokalbehörden wird in der Form von Dienstschreiben geführt. V. v. 6. Juni 1832.

An der Spitze der katholischen Landeskirche steht der Bischof. Unter ihm bildet das Domkapitel, bz. bischöfliche Ordinariat, die oberste Verwaltungsbehörde der Diöcese. Die Bezirksverwaltung besorgen als Mittelbehörde zwischen den oberen Behörden und den Geistlichen die Decane. V. v. 30. Jan. 1830.

Die Form der Correspondenz mit den bischöflichen Behörden ist durch V. v. 8. Febr. 1830 geregelt.

In wie weit der Regierungsbehörde eine Mitwirkung bei der kirchlichen Verwaltung zukommt, findet sich bei den betr. Gegenständen erörtert.

§ 306. Den Geistlichen, bz. an ihrer Seite den Kirchenvorständen, ist die Lokalverwaltung der Kirchenangelegenheiten übertragen.

Die Anstellung der Geistlichen, bz. deren Bestätigung bei Patronatsstellen, geschieht durch den Landesherrn, und zwar bei katholischen auf Vorschlag des Bischofs. V. v. 8. Febr. 1830.

Sie haben dem Staatsoberhaupte den Eid der Treue und zugleich den Verfassungseid abzuleisten. A. d. M. d. J. v. 29. Juli 1843.

Ihre Ordination erfolgt sodann durch die obere Kirchenbehörde.

§ 307. Die Anstellung und Entlassung der niederen Kirchendiener, insoweit solche nicht als Nebenämter des Schullehrers erscheinen, geschieht durch die höheren Kirchenbehörden. Ed. vom 6. Juni 1832, Art. 5, Satz 13 u. 15.

§ 308. Die Geistlichen sind in ihren bürgerlichen Verhältnissen und bei gemeinrechtlich strafbaren Handlungen der weltlichen Obrigkeit unterworfen. Wegen Dienstvergehen stehen sie unter der Disciplin der höheren Kirchenbehörden. V.U. Art. 41 u. V. v. 18. Juli 1837.

§ 309. Im Verhältnisse zu den Geistlichen geziemt es den Mitgliedern der Kirchengemeinde — Parochianen — denselben mit Achtung zu begegnen und ihren amtlichen Einladungen Folge zu leisten.

Wenn sie auf Ladung nicht erscheinen, so soll der Geistliche dem Decane Anzeige machen, welcher nach vergeblichem Vermittelungsversuche geeignetenfalls die Regierungsbehörde um Anwendung von Zwangsmitteln zu ersuchen hat. A. d. O.Cons. v. 3. Okt. 1835 u. d. M. d. J. v. 15. August 1840.

§ 310. Der Gehaltsbezug neu eintretender Geistlichen beginnt mit dem Tage des Aufzuges derselben und der damit zusammentreffenden Dienstübernahme. E. d. M. d. J. an d. O.Cons. v. 12. Febr. 1839.

Die Verwaltung der Besoldungsgüter kommt dem zeitlichen Nutznießer zu. Er muß dabei wie ein guter Hausvater verfahren, darf nichts verderben oder verkommen lassen und keine Verträge eingehen, welche die Zeit seiner Dienstzeit überdauern sollen, ohne die Genehmigung der höheren kirchlichen Behörde dazu eingeholt zu haben. Letztere wird auch zum Austorfen eines Besoldungsgrundstückes erfordert. V. v. 6. Juni 1832, Art. 52, V. v. 31. Jan. 1822 u. A. d. O.Cons. v. 11. Juli 1843.

Nöthige Einfriedigungen von Pfarr-Grundstücken sollen in der Regel nur mit lebendigen Hägen oder Zäunen angelegt werden, deren Unterhaltung alsdann dem Nutznießer obliegt. Dieser ist überhaupt verbunden, Alles was zum Bau und zur pfleglichen Unterhaltung der Gärten, Wiesen, Weinberge, Aecker und Waldungen gehört, aus eigenen Mitteln zu bestreiten. V. v. 27. Mai 1820.

Seine Verpflichtungen hinsichtlich der Unterhaltung der Gebäude s. §§ 357, 360 u. 361.

§ 311. Die Beitreibung der Besoldungsausstände liegt ebenfalls in der Regel dem Besoldungsinhaber auf seine Gefahr und Kosten ob. Nur wenn der rechtliche Anspruch der geistlichen Stelle als solcher bestritten wird, geschieht sie zu Lasten des kirchlichen Fonds selbst — durch die einschlägige Behörde (§ 351).

§ 312. Die inländischen und ausländischen Staatssteuern, welche auf den Besoldungsgütern ruhen, werden aus der Staatskasse berichtigt.

Die Communalsteuern sind, was die inländischen betrifft, von den Gemeinden, in deren Gemarkung die Besoldungsobjecte liegen, bezüglich der ausländischen aber, wenn der Kirchenfond dazu die Mittel nicht besitzt, von den Kirchengemeinden zu tragen. G. vom 11. Juni 1827, A. d. O.Cons. v. 23. Juni 1840 u. E. d. M. d. J. an d. Kr. Gsn. v. 10. Nov. 1853, zu N. D. 14,998.

§ 313. Bei Erledigung geistlicher Stellen wird die Verwaltung der Temporalien von dem Kirchenvorstande, gemäß der Instr. v. 17. Febr. 1837, besorgt.

Die Ueberschüsse (Intercalargefälle) fließen bei evangelischen Pfarreien in die geistliche Wittwenkasse, bei katholischen in den allgemeinen katholischen Kirchenfond. A. d. M. d. J. vom 16. März 1833 u. 1. Juni 1838.

§ 314. Die Abtheilung und Auseinandersetzung der Besoldungsverhältnisse zwischen angehenden und abgehenden Geistlichen und deren Erben geschieht unter Leitung der Regierungsbehörden. Kr.Instr. § 58.

Es soll dabei in der Regel das bürgerliche Jahr zu Grunde gelegt werden. A. d. O.Cons. v. 23. Dezbr. 1842 u. Diöcesan-Statuten d. Bisth. Mz. v. 2. Mai 1837, §§ 36—50.

Bezüglich der Ansprüche auf Vergütung der Ausstellungskosten der Feldgüter sind in solchen Fällen maßgebend, für die Prov. St. u. O. die V. v. 28. Okt. 1802, 24. Mai 1804, 24. Dezbr. 1826 u. d. A. d. K. u. Sch.R. d. Prov. O. v. 25. Jan. 1827, so wie d. O.Cons. v. 2. Nov. 1847, und für die Prov. Rh. d. A. d. K.R. v. 11. Mai 1826 u. d. alleg. Diöcesan-Statuten.

§ 315. Bestimmungen über die Vicariatskosten und die Bezahlung der Predigten während der Erledigung von Pfarrstellen enthält d. A. d. O.Cons. v. 18. Okt. 1833; ferner über die Beigebung von Vicaren an evangelische Geistliche d. V. v. 6. Sept. 1820, und in Ansehung der allgemeinen geistlichen Wittwenkasse d. V. v. 8. Sept. 1843 u. 23. Febr. 1849.

§ 316. Kirchenvorstände. Zur Wahrung der örtlichen Interessen der Kirchen, insbesondere zur Verwaltung des lokalen Kirchenvermögens und zur Handhabung der Kirchenzucht, sind die Kirchenvorstände eingesetzt. Ed. v. 6. Juni 1832.

Dieselben bestehen aus ständigen und unständigen Mitgliedern.

§ 317. I. Ständige Mitglieder des Kirchenvorstandes sind:

1) Die Geistlichen der Kirchengemeinde der betreffenden Confession. Denselben, und zwar in der Regel dem ersten Geistlichen, sofern nicht von Seiten der höheren kirchlichen Behörde im Einzelfalle ein Anderes verordnet wurde, kommt zugleich der Vorsitz zu.

2) Der Bürgermeister, oder, wenn in der Kirchengemeinde, für welche ein Kirchenvorstand bestehen soll, kein der Confession angehöriger Bürgermeister ist, der Beigeordnete.

Bekennt sich auch der Beigeordnete nicht zur Confession der Kirchengemeinde, so bestimmt die Regierungsbehörde ein Mitglied des Gemeinderathes, und in Ermangelung eines wählbaren Mitgliedes desselben ein anderes Glied der Kirchengemeinde, zum ständigen weltlichen Mitgliede. Die Regierungsbehörde ist bei diesen Ernennungen an die Voraussetzungen des folg. § gebunden.

Das den Bürgermeister, bz. den Beigeordneten, ersetzende Mitglied fungirt jedenfalls nur so lange, als kein Bürgermeister und Beigeordneter von der Confession der Kirchengemeinde vorhanden ist.

Bei längerer Verhinderung des ständigen weltlichen Mitgliedes bestellt, wenn nöthig, die Regierungsbehörde nach den vorderen Grundsätzen zugleich den Stellvertreter.

Besteht die Kirchengemeinde aus mehreren politischen Gemeinden, so soll das ständige weltliche Mitglied immer aus der politischen Gemeinde des Ortes, in welchem die Kirche sich befindet, genommen werden.

§ 318. II. Die unständigen Mitglieder des Kirchenvorstandes sollen bestehen:

in den Kirchengemeinden, deren Seelenzahl weniger als 2000 beträgt, aus drei, und in Kirchengemeinden von einer größeren Seelenzahl aus fünf unbescholtenen, zur Confession gehörigen Staatsbürgern, welche das 30. Lebensjahr zurückgelegt haben.

Die unständigen Mitglieder dürfen weder unter sich, noch mit den ständigen Mitgliedern in aufsteigender oder absteigender Linie verwandt sein, und auf gleiche Weise ist ein Bruder durch den anderen ausgeschlossen.

Ist der zum ständigen Mitgliede Berufene mit einem unständigen Mitgliede in der angegebenen Art verwandt, so tritt das unständige Mitglied aus.

§ 319. Wahl der unständigen Mitglieder. Die unständigen Mitglieder werden auf folgende Weise gewählt:

Der Gemeinderath wählt aus seiner Mitte so viele Mitglieder, welche sich zur Confession der Kirchengemeinde bekennen, als der Kirchenvorstand unständige Mitglieder haben soll, also wenigstens drei und höchstens fünf. Besteht eine Kirchspielsgemeinde aus mehreren politischen Gemeinden, so hat der Gemeinderath jeder dieser politischen Gemeinden aus seiner Mitte so viel Wahlmänner zu wählen. A. d. M. d. J. v. 29. April 1847.

Sind im Gemeinderathe nicht so viele Mitglieder der betreffenden Confession vorhanden, so wird die fehlende Anzahl aus 25 der Höchstbesteuerten der betreffenden Kirchengemeinde durch die Regierungsbehörde gewählt. Die so Gewählten haben, in Gemeinschaft mit den ständigen und unständigen Mitgliedern des zu ergänzenden Kirchenvorstandes, die Wahl des oder der zu bestellenden unständigen Mitglieder vorzunehmen.

An dem Wahlakte sollen regelmäßig sämmtliche Wahlmänner, und bei dringender Verhinderung Einzelner wenigstens ⅔, Antheil nehmen.

Bei der durch Stimmzettel vorzunehmenden Wahl entscheidet relative Stimmenmehrheit, bei Stimmengleichheit das Loos.

Ueber den ganzen Wahlakt hat das vorsitzende Mitglied ein Protokoll zu führen, welches von allen Abstimmenden zu unterschreiben ist.

§ 320. Nach beendigter Wahl ist der Regierungsbehörde das Protokoll vorzulegen, welche, wenn gegen die Gültigkeit des Wahlaktes nichts zu erinnern ist, das Protokoll durch den Decan an den Kirchenvorstand zurückschickt.

Hierauf ist das Resultat der Wahl in der Kirche durch den Geistlichen und in der Gemeinde auf übliche Weise durch den Bürgermeister bekannt zu machen.

§. 321. Die Verpflichtung derjenigen Mitglieder des Kirchenvorstandes, welche es nicht in Folge ihres Amtes sind, soll, sofern nicht in einzelnen Fällen ein Anderes verfügt werden wird, durch den vorsitzenden Geistlichen durch Handtreue an Eidesstatt in einer Sitzung des versammelten Kirchenvorstandes vorgenommen werden. A. d. M. d. J. v. 2. Jan. 1849.

§ 322. Wenn ein unständiges Mitglied des Kirchenvorstandes dieses Amt sechs Jahre lang bekleidet hat, so tritt es aus, und es wird an seine Stelle, nach Maßgabe der obigen Sätze, ein neues gewählt. Es kann jedoch der Ausgetretene von Neuem gewählt werden. Eine Ergänzungswahl findet auch dann statt, wenn ein Mitglied vor Ablauf von sechs Jahren stirbt oder auf andere Weise, namentlich aus Gründen der Verwaltung, wegen Verwandtschaft oder weil es aus erheblichen Gründen seine Entlassung erlangt, aufhört Mitglied des Kirchenvorstandes zu sein.

§ 323. Die Entlassung von evangelischen Kirchenvorstandsmitgliedern erfolgt durch das Oberconsistorium, diejenige von katholischen im Einvernehmen mit dem bischöflichen Ordinariat durch die Regierungsbehörde. Bei Meinungsverschiedenheit zwischen diesen Beiden sollen die Akten dem Ministerium des Innern vorgelegt werden. A. d. M. d. J. v. 4. Febr. 1835.

§ 324. Das Amt eines Mitgliedes des Kirchenvorstandes ist ein Ehrenamt und wird unentgeltlich verwaltet.

Was den Wirkungskreis der Kirchenvorstände betrifft, so haben dieselben bezüglich der Mitaufsicht über die äußere Kirchenzucht durch Beispiel und Ermahnung den Geistlichen zu unterstützen, auch strafbare Zuwiderhandlungen den zuständigen Behörden anzuzeigen. In Ansehung ihrer Mitwirkung bei der unmittelbaren Verwaltung und nächsten Beaufsichtigung des Lokal-, Kirchen- und geistlichen Stiftungsvermögens werden die folg. Abschnitte das Nähere erörtern.

§ 325. Die Kirchenvorstände dürfen bei ihren Eingaben und Vorstellungen niemals die ihnen zunächst vorgesetzten Verwaltungsbehörden übergehen und sind zur Eingabe von Beschwerden über Gegenstände der kirchlichen Verwaltung bei den Landständen nicht befugt. E. d. O.Consf. v. 26. März 1836 u. A. d. M. d. J. vom 3. Sept. 1834.

In der Correspondenz mit den Regierungsbehörden haben sie sich der Berichtsform zu bedienen. Im Uebrigen gelten bezüglich der Formen ihrer Correspondenz bz. dieselben Regeln, wie sie für die Bürgermeister in Abth. XV. Abschnitt II. erörtert sind. A. d. O.Cons. v. 24. Febr. 1835.

§ 326. Die Sitzungen der Kirchenvorstände werden in der Regel in der Wohnung des Vorsitzenden so oft gehalten, als die Geschäfte es nothwendig machen. Der Vorsitzende hat die Sitzungen zu bestimmen und anzusagen. Bei Berathungen entscheidet Stimmenmehrheit. Bei Stimmengleichheit ist der Gegenstand, wenn nicht alle Mitglieder Theil genommen haben, unter deren Zuziehung nochmals zu berathen, sonst aber die Sache der höheren Behörde zur Verfügung vorzulegen.

Ueber die Verhandlungen werden Protokolle, und zwar in der Regel und wenn der Kirchenvorstand nicht aus seiner Mitte ein anderes Mitglied dazu gewählt hat, von dem Vorsitzenden geführt. Jedes Mitglied ist befugt seine von der Mehrheit abweichende Ansicht zu Protokoll zu geben. Die Protokolle sind von allen Mitgliedern, welche abgestimmt haben, mitzuunterschreiben.

§ 327. Zur Gültigkeit der Berathung gehört, daß alle Mitglieder dazu eingeladen waren und außer dem Geistlichen, wo der Kirchenvorstand aus 3 unständigen Mitgliedern zu bestehen hat, wenigstens 2, wo aus 5, wenigstens 4 aus der Zahl der sämmtlichen weltlichen Mitglieder erschienen sind und abgestimmt haben, auch darüber ein Protokoll nach Maßgabe des vorhergehenden § aufgenommen worden ist.

§ 328. Wo für Stiftungen besondere stiftungsmäßige Verwaltungen bestehen, findet eine Einwirkung des Kirchenvorstandes darauf nicht statt.

IV. Abschnitt.

Kirchenvermögen.

§ 329. Das Kirchengut und das Vermögen der Stiftungen zur Gottesverehrung sollen des besonderen Staatsschutzes genießen und dem Finanzvermögen nicht einverleibt werden können. Die Verwendung der Letzteren zu fremdartigen Zwecken ist nur mit ständischer Einwilligung verstattet. V.U. Art. 43 u. 44.

§ 330. Die Verwaltung des Kirchenvermögens ist durch besondere landesherrliche V. v. 6. Juni 1832 geregelt. Die oberste Aufsicht und Leitung ist dem Ministerium des Innern vorbehalten. Unter demselben kommt die Aufsicht und Leitung der Verwaltung bezüglich der katholischen Fonds unmittelbar den Regierungsbehörden, jedoch unter verordnungsmäßiger Mitwirkung des bischöflichen Ordinariats, als höherer kirchlichen Behörde, und der Decane, zu; bezüglich der evangelischen Fonds aber nur mittelbar unter dem Oberconsistorium; a. V. §§ 1—5.

§ 331. Verwaltung der Lokal-, Kirchen- und Stiftungsfonds. Mit der unmittelbaren Verwaltung der Lokal-, Kirchen- und geistlichen Stiftungsfonds sind, unter der Aufsicht der höheren Behörden und den deßfalls angeordneten Beschränkungen, die Kirchenvorstände beauftragt. Die Ausführung in der Verwaltung steht jedoch dem vorsitzenden, so wie dem ständigen weltlichen Mitgliede des Kirchenvorstandes zu, insoweit solche verordnungsmäßig nicht dem Letzteren allein oder dem Kirchenrechner überwiesen ist, oder deßfalls von den vorgesetzten Behörden besondere Anordnungen getroffen werden. V. Art. 6.

§ 332. Voranschläge. Für jeden besonderen Fond ist, in der Regel für jedes Jahr, ein besonderer Voranschlag nach der darüber vorgeschriebenen Form aufzustellen. Vergl. Instruction zur Fertigung der Voranschläge von Kirchen, Stiftungen und Schulen v. 18. Sept. 1835, u. A. d. M. d. J. v. 2. Juli 1836.

Es muß darin für das künftige Jahr:

1) jede Einnahme für den Kirchen- und geistlichen Stiftungsfond, sowohl die ständige bestimmte als die ständige unbestimmte, und die unständige;
2) jede Ausgabe nebst einem Credit für unvorhergesehene Fälle, und
3) jedes Deckungsmittel für die Ausgaben enthalten sein.

Für solche Fonds, deren jährliches rauhes Einkommen nicht über 500 fl. beträgt, können die Voranschläge ausnahmsweise für je drei und selbst mehrere Jahre aufgestellt werden. V. Art. 14 und A. d. M. d. J. v. 29. März 1841.

§ 333. Der Voranschlag wird von dem vorsitzenden und dem ständigen weltlichen Mitgliede des Kirchenvorstandes, nach Anhörung des Rechners, vorläufig aufgestellt und spätestens im Monat April dem in vorschriftsmäßiger Zahl versammelten Kirchenvorstande zur Berathung vorgelegt.

Ueber die genaue Durchgehung des Voranschlages wird ein Protokoll geführt, welches die nöthigen Erläuterungen, namentlich für die unständigen Posten, giebt.

Bei Verschiedenheit der Meinungen wird der Voranschlag nach der Mehrheit der Stimmen aufgenommen, jedoch die abweichende Ansicht im Protokoll bemerkt.

Der Voranschlag, so wie das Berathungsprotokoll werden von sämmtlichen Mitgliedern des Kirchenvorstandes, welche an der Berathung Theil genommen haben, unterschrieben und der Voranschlag in dreifacher, das Berathungsprotokoll in zweifacher Ausfertigung von dem vorsitzenden Mitgliede des Kirchenvorstandes an den Decan eingeschickt. Art. 15.

Der Decan prüft den Voranschlag und sendet ihn mit seinen gutachtlichen Bemerkungen (Letztere in doppelter Ausfertigung) an die Regierungsbehörde, welche denselben nach vorgängiger Prüfung, nebst ihren Bemerkungen, der höheren kirchlichen Behörde mittheilt. Das Oberconsistorium vollzieht hierauf den Abschluß in Ansehung der evangelischen Fonds, das bischöfliche Ordinariat sendet ihn aber mit seinen Entschließungen an die Regierungsbehörde zurück, welche ihn in Gemäßheit derselben oder im Falle des Anstandes nach vorher eingeholter Entschließung des Ministeriums des Innern abschließt und ein Exemplar an den Kirchenvorstand zur Vollziehung zurückgibt (vergl. V. Art. 17 und A. d. M. d. J. an d. O.Cons. u. bisch. Ord. v. 25. Okt. 1836). Letzterer hat denselben sofort nach vorgängiger Gleichstellung seines Concepts, nebst den Revisionsbemerkungen, im Original dem Rechner zuzustellen. A. d. M. d. J. v. 10. April 1834 u. 15. Jan. 1836.

Sollten Einnahmen oder Ausgaben darin vorkommen, welche Genehmigung des Ministeriums bedürfen, so wird diese durch die Regierungsbehörde vorerst eingeholt. Ebenso werden von derselben, wenn Privaten oder Gemeinden eine rechtliche Verpflichtung zur Bestreitung oder zum Beitrag von Kosten für kirchliche Verwendungen obliegt, die erforderlichen Verhandlungen eingeleitet. Art. 19 u. 20.

§ 334. Decreturen. Innerhalb der Bestimmungen des Voranschlages decretiren das vorsitzende und das ständige weltliche Mitglied des Kirchenvorstandes die einzelnen Posten in Einnahme und Ausgabe. Dieselben haben über die von ihnen ertheilten Zahlungsanweisungen für jedes Rechnungsjahr ein besonderes Register in vorgeschriebenem gedruckten Formularpapier (Formular s. Abth. XV, § 527) zu führen. Es ist darin für jede Ausgabe-Rubrik der entsprechende Raum zu lassen und bei jeder Rubrik die dafür im Kirchenvoranschlag bewilligte Summe beizuschreiben.

Die Decreturen müssen in nachstehender Form:

Anw.-Reg. Seite — Der Rechner der ev. Kirche zu wird hiermit angewiesen auf den Grund des Voranschlages für 18.. Rubr.-Nr.

Tag u. Kassa-Buch Art.-Nr. — an

für
die Summe von Gulden
Kreuzer zu bezahlen.

am ten 185

Für den Kirchenvorstand:
Der Gr. Pfarrer. der Gr. Bürgermeister.

ausgefertigt, von den beiden genannten Mitgliedern unterschrieben sein und die Rubrik genau enthalten, worauf ein Posten decretirt wird. A. d. M. d. J. v. 24. Mai 1836 u. 1. Okt. 1838. — Es sollen denselben zugleich die Urkunden, worauf die Decreturen sich gründen, beigeschlossen sein. A. d. M. d. J. v. 21. April 1836.

Der Voranschlag muß dabei im Ganzen sowohl, als auch in den einzelnen Rubriken genau eingehalten werden, und ist nicht verstattet, Dasjenige, was bei einer Rubrik der Ausgaben gespart worden ist, für eine andere im Voraus nicht genehmigte Ausgabe zu verwenden. Art. 21.

§ 335. Ausnahmsweise bedürfen diejenigen Einnahmen und Ausgaben, welche als ständige bestimmte Posten erscheinen, keiner besonderen Decretur, und sind von dem Rechner auf den Grund und in den Gränzen des den Beleg bildenden Voranschlages zu bewerkstelligen. Art. 22.

§ 336. Sind bestimmte Summen für gewisse Rubriken von Ausgaben im Allgemeinen und ohne specielle Bezeichnung der einzelnen Beträge der Rubrik in dem Voranschlage vorgesehen, so können die Decreturen für diese einzelnen Posten innerhalb des in jener Rubrik eröffneten Credits von dem vorsitzenden und ständigen weltlichen Mitgliede des Kirchenvorstandes bis zum Betrage von fünf Gulden, bei größeren Posten nur auf den Grund einer speciellen Ermächtigung der Regierungsbehörde, ertheilt werden. Art. 23.

§ 337. Unvorhergesehene Ausgaben, bz. Credit-Erweiterungen. Sollten Ausgaben nöthig werden, für welche im Voranschlage nichts vorgesehen und wozu auch der Reservefond nicht ausreichend ist, so sind folgende Fälle zu unterscheiden:

I. Wenn die Posten bloß durchlaufend sind, mithin durch entsprechende erhöhte Einnahmen sich ausgleichen, z. B. Holzmacherlohn durch größere Holzfällungen, so ist der Kirchenvorstand ohne Weiteres zur Decretur ermächtigt.

II. Werden Ueberschreitungen über 5 fl. erforderlich, so haben die ständigen Mitglieder des Kirchenvorstandes zuvor, unter Angabe der Mittel, wovon die Ausgabe ohne Beeinträchtigung der Deckungsmittel für die vorgesehenen Ausgaben bestritten werden könnte, bei der Regierungsbehörde deßfalls Credit-Erweiterung einzuholen. Fehlt es aber an Mitteln (Einnahme-Ueberschüssen), so muß die Ausgabe in der Regel (nach III. 2. b) bis zum nächsten Voranschlagsjahr verschoben werden.

III. Wenn Ausgaben für solche Rubriken im Laufe eines Jahres von dem Kirchenvorstande als nöthig erachtet werden, für welche gar kein Fond im Voranschlage vorgesehen ist, so gelten nachstehende Regeln:

1) Wenn die Ausgabe 5 fl. nicht übersteigt und der Reservefond ausreicht, so darf dieselbe vorlagsweise auf die betreffende Rubrik zu Lasten des Reservefonds decretirt werden. Am Schlusse des Verwaltungsjahres ist aber ein Verzeichniß über alle dergestalt ertheilten Decreturen der Regierungsbehörde zur Genehmigung der definitiven Verausgabung vorzulegen.

2) Beträgt die Ausgabe mehr als 5 fl., so muß aber der Credit dafür jederzeit und ehe die Ausgabe gemacht wird bei der Regierungsbehörde erwirkt werden.

Wird derselbe ertheilt, so kann die Decretur auf die betreffende Rubrik zu Lasten des Reservefonds erfolgen.

Reicht indessen der Reservefond nicht dazu hin, so muß die Ausgabe verschoben werden, es sei denn, daß sie dringend nöthig ist.

Letzterenfalls ist zu unterscheiden:

a) ob Einnahme-Ueberschüsse zur Deckung der betr. Ausgabe vorhanden sind; — in diesem Falle wird die Regierungsbehörde nach vorschriftsgemäßer Verhandlung den Credit eröffnen; oder

b) ob keine Deckungsmittel vorhanden sind und erst neue Einnahmequellen geschaffen werden müssen. Diesenfalls soll ein förmlicher Supplementär-Voranschlag, unter Beobachtung aller auch für den Hauptvoranschlag vorgeschriebenen Formalitäten, nach vorgängiger Ermächtigung der Regierungsbehörde aufgestellt werden, auf dessen Grund alsdann, sobald seine Genehmigung statt gefunden hat, die erforderlichen Decreturen erfolgen können.

Die Ausfertigungen der oberen Verwaltungsbehörde über Credit-Ertheilungen sollen von dem Kirchenvorstande nach zurückbehaltener Abschrift stets im Original an den Rechner abgegeben werden.

Alle Credit-Ertheilungen können nur vor dem gesetzlichen Bücherschlusse stattfinden. Spätere Gesuche sind nicht zu berücksichtigen.

Die Decreturen selbst müssen, auch wenn die Mittel aus dem Reservefond oder den Ueberschüssen entnommen werden, gleichwohl immer auf die bestimmte Rubrik des Voranschlages, unter welche die Ausgaben ihrer Natur nach gehören, ertheilt werden. A. d. M. d. J. v. 20. Mai 1836.

§ 338. Controlbuch. Kommen im Laufe des Jahres unvorhergesehene, bz. unständige, Einnahmen vor, so ist der Rechner zu deren Vereinnahmung auf den Grund der Decretur der ständigen Kirchenvorstandsmitglieder verbunden; a. V. Art. 25.

Ueber alle unständige Einnahmen soll eine besondere Controle geführt werden. Ein A. des M. d. J. vom 12. Mai 1834 verordnet in dieser Beziehung das Folgende:

1) Die Controle über die unständigen Einnahmen der Lokal-, Kirchen-, Stiftungs- und Schul-Fonds wird von einem Mitgliede der Lokal-Verwaltungsbehörden dieser Fonds in einem gebundenen, auf

Kosten des Fonds anzuschaffenden Buche, welches für mehrere Jahre hinreichen muß, geführt, und von 1 anfangend fortlaufend paginirt und von den Bezirksbeamten paraphirt. Die innere Einrichtung dieser Controle ergibt das beigefügte Muster, und es werden die Einnahmen hiernach dergestalt eingeschrieben, daß zu ersehen ist, wann und wofür sie entstanden und in welches Rechnungsjahr sie gehören.

2) Zu dem nach diesem Muster für jeden der genannten Fonds einzurichtenden und zu führenden Controlbuch darf sich nur gedruckten Formularpapiers bedient werden.

3) Mit Ausnahme der ständig bestimmten oder in jedem Jahre gleich groß wiederkehrenden Posten eignen sich alle übrigen Einnahmen, also namentlich auch diejenigen, welche demnächst ständig werden, hier aber zum Erstenmale vorkommen, zum Eintrag in das Controlbuch.

4) Besteht eine Einnahme aus mehreren Posten, wie z. B. bei Versteigerungen, so wird nur die Summe von allen eingetragen.

5) Die Einträge in das Controlbuch müssen rein und deutlich und stets auf Linien geschrieben sein, es darf darin nichts radirt und ausgelöscht werden, sondern es muß, wenn ein fehlerhafter Eintrag geschehen ist, derselbe so durchstrichen werden, daß er noch lesbar bleibt, das Richtige aber daneben oder darüber deutlich beigefügt werden.

6) Alle Belege über unständige Einnahmen sind zunächst dem Controlführer zuzustellen. Derselbe hat, sobald der Eintrag in die Controle geschehen ist, auf den Einnahmebeleg die geschehene Controlirung auf folgende Weise zu bemerken:

Unter Nr. ... der Controle für das Jahr 185 eingetragen,

seine Namensunterschrift unter diese Bemerkung zu setzen und sodann den Beleg an den Rechner abzugeben.

7) Die Einträge für ein Rechnungsjahr geschehen auch nach Ablauf des Kalenderjahres noch so lange, als für dasselbe der Rechner Einträge in sein Handbuch macht oder das Letztere für das Erstere offen hält.

8) Ist ein Rechnungsjahr abgelaufen und für dasselbe nichts mehr einzutragen, so setzt der Controlführer unmittelbar unter den letzten Eintrag:

Abgeschlossen am ..ten ...... 185 .

und seine Namensunterschrift.

Würde im Laufe eines Jahres ein Wechsel in der Person des Controleurs eintreten, so hat der Abtretende die von ihm herrührenden Einträge gleichfalls zu unterzeichnen.

9) Mit jedem neuen Rechnungsjahr wird auf einer neuen Seite und das Nummeriren der Einträge von vornen angefangen.

10) Am Ende eines jeden Rechnungsjahres wird von dem Controleur eine Abschrift von den das Rechnungsjahr betreffenden Einträgen gefertigt und mit Datum und dessen Namensunterschrift dem Vorstand zugestellt, damit sie dieser bei dem Begutachten und dem Offenlegen der Rechnung benutzt, und alsdann solche mit der Rechnung selbst an die Rechnungskammer-Justificatur, **II.** Abtheilung, eingesendet werde.

Formular zum Controlbuch:

Rechnungsjahr 185

Geführt durch den . . . .

Ordnungs-Nummer.	Datum des Eintrags.	Beschreibung der Einnahme.	Geldbetrag.	
			fl.	kr.

In der Prov. Rh. ist noch eine besondere Controle über die Geldsammlungen in den Kirchen angeordnet. A. d. R. zu Mz. v. 16. April 1830.

§ 339. Verkäufe, Vertauschungen und Verpachtungen. Alle Verkäufe, Vertauschungen und Verpachtungen von Kirchenvermögen, Verkäufe der Erträge des Kirchenvermögens, alle öffentliche um Lohn zu verrichtende Arbeiten und Lieferungen erfolgen in der Regel durch öffentliche Versteigerungen, welche von dem ständigen weltlichen Mitgliede oder einem Delegirten desselben, bei Gegenständen von Wichtigkeit oder aus besonderen Gründen von der Regierungsbehörde oder einem Beauftragten desselben, geleitet werden.

Der Versteigerung muß ein Ueberschlag oder eine Abschätzung von dazu verpflichteten Personen vorausgehen und bei Fruchtversteigerungen der laufende Preis der Früchte zu Grunde gelegt werden.

Angemessene Bedingungen für die Verpachtung von Liegenschaften der Kirchen empfehlen für die Prov. Rh. die A. d. R. zu Mz. vom 15. März u. 7. April 1831.

§ 340. Insoweit es sich nicht von Gegenständen der Verwaltung handelt, in welchen höhere Genehmigung erforderlich ist, kann der Kirchenvorstand eine Versteigerung genehmigen, wenn sie von dem ständigen Mitgliede oder dessen Delegirten geleitet war und deren Resultat dem Ueberschlage oder Taxatum, oder dem laufenden Preise der Früchte entspricht.

Ist dieses nicht der Fall, oder war eine Versteigerung von dem Kreisrathe oder einem Beauftragten desselben geleitet, so unterliegt die Versteigerung der Genehmigung des Kreisrathes, welcher jedoch dann, wenn die Versteigerung dem Taxatum, Ueberschlage oder dem laufenden Preise der Früchte nicht entspricht und er gegen den Antrag des Kirchenvorstandes deren Ratification doch für räthlich hält, die Entschließung der höheren kirchlichen Behörde einzuholen hat.

§ 341. Verträge aus freier Hand. In Bezug auf die vorstehend bemerkten Gegenstände können Verträge aus freier Hand von den ausführenden Mitgliedern des Kirchenvorstandes, oder nach Umständen von dem Kreisrathe oder einem Bevollmächtigten desselben, dann abgeschlossen werden:

1) wenn die höheren kirchlichen Behörden damit einverstanden sind, oder

2) wo es sich von Arbeiten handelt, welche

a) entweder eine besondere Kunstfertigkeit voraussetzen — es muß jedoch hier ein Ueberschlag vorausgehen — und die Bestimmungen des § 27 finden dabei eine analoge Anwendung;

b) oder welche so unbedeutend sind, daß die Kosten der Versteigerung vielleicht den Werth des Gegenstandes erreichen würden;

c) oder wo Gefahr auf dem Verzuge haftet, und welche mithin auf der Stelle gemacht werden müssen.

Zu der Bestimmung der Arbeiten unter a) ist höhere Genehmigung erforderlich, die Bestimmungen der Arbeiten unter b) und c) dagegen sind den beiden ständigen Mitgliedern überlassen. Art. 28.

§ 342. Verkäufe und Vertauschungen von Immobilien, eben so die Verpachtung oder Vermiethung von Immobilien, die Verleihung oder Allodification von Erbleihgütern, die Verwandlung von Zehnten und Ablösung von Grundrenten; ferner die Aufnahme von Kapitalien, in so weit sie nicht zur Abtragung anderer Schulden bestimmt ist; der Angriff des Kapitalvermögens, Schenkungen, Remunerationen, Unterstützungen, Nachlässe, und Fristgestattungen; sodann Erwerbungen durch Stiftungen an Gütern oder Kapitalien, so wie die Anschaffung kostbarer Kirchengeräthschaften gehören nicht zur Befugniß des Kirchenvorstandes. Derselbe hat daher deshalb der Regierungsbehörde zur Einleitung des bz. vorgeschriebenen Verfahrens Vorlage zu machen. Art. 29 — 39. A. d. M. d. J. v. 16. April 1833, 30. Okt. 1845, 22. September 1842 u. 22. April 1846.

§ 343. Wird die im Voranschlag vorgesehene Abtragung oder Anlegung verzinslicher Kapitalien unterlassen, so hat der Kirchenvorstand deshalb, unter ausführlicher Rechtfertigung der Nichteinhaltung des Voranschlags, die Genehmigung der Regierungsbehörde einzuholen und die Originalausfertigung derselben sofort dem Rechner zum Rechnungsbeleg mitzutheilen. A. d. M. d. J. v. 9. März 1840.

§ 344. Ausleihung von Kapitalien. Die Ausleihung von Kapitalien aus Lokal-Kirchen- und Stiftungsfonds, in so ferne solche nicht im Voranschlag vorgesehen ist, oder es sich nicht blos um Wiederausleihung eines eingegangenen Kapitals handelt, erfordert ebenfalls höhere Genehmigung. A. d. M. d. J. v. 13. Juni 1835.

Die weitere Frage, ob ein Kapital Diesem oder Jenem ausgeliehen werden soll, haben dagegen in den Prov. St. u. O. lediglich das vorsitzende und ständige weltliche Mitglied des Kirchenvorstandes zu beurtheilen und zu entscheiden; in der Prov. Rh. sollen sie aber zuvor das Gutachten eines Notärs und die Ermächtigung der Regierungsbehörde einholen. V. v. 30. April 1833, betr. die Aufbewahrung, Revision und Prüfung der Kirchen-, Schul- und Stiftungs-Obligationen, Art. 4, 8, 9 u. 11.

Nach erfolgter Zustimmung ist die ordnungsmäßige Ausfertigung der Hypothek und die Wahrung aller rechtlichen Erfordernisse von dem Rechner zu veranlassen, hiernach aber die Urkunde sogleich den ständigen Mitgliedern zur Prüfung und Verwahrung gegen Depositionsschein auszuhändigen. a. V. Art. 4.

Für die Prov. Rh. gibt noch besondere Vorsichts- und Verhaltungsregeln bei Anlegung von Kirchenkapitalien d. A. d. R. v. 15. März 1831, welches zugleich die Summe von 200 fl. als Minimum eines an Privaten auszuleihenden Kapitals festsetzt und die Darleihung an Gemeinden empfiehlt.

§ 345. In den Prov. St. u. O. sind die im Laufe eines Jahres neu erworbenen oder veränderten Schuld- und Pfandverschreibungen vor dem Rechnungsschluß der Regierungsbehörde zur Einsicht vorzulegen. Art. 5.

§ 346. Bei Gelegenheit der Durchgehung der Jahresrechnung hat der gesammte Kirchenvorstand die Schuld- und Pfandverschreibungen gleichfalls nachzusehen und zum Belege der ausgäblichen Verrechnung der in der Rechnung aufgeführten neuen Kapitalien die erforderliche Bescheinigung zu ertheilen.

§ 347. Alle einem lokalen Kirchen- oder geistlichen Stiftungsfond zugehörigen Schuld- und Pfandverschreibungen, gleichwie andere wichtige Urkunden, namentlich die Cautionsurkunden der Rechner (A. d. M. d. J. v. 31. Okt. 1834 u. d. Prov. Dir. v. Rh. v. 19. Jan. 1835), sollen in einer hierzu besonders eingerichteten, doppelt verschließbaren Kiste deponirt werden. Die Kiste ist in der Wohnung des vorsitzenden Mitgliedes des Kirchenvorstandes zu verwahren und soll diesem und dem ständigen weltlichen Mitgliede ein Schlüssel dazu eingehändigt werden.

Beide haben zugleich ein genaues, eine klare Uebersicht gewährendes Verzeichniß über alle deponirten Obligationen zu führen und den Ab- und Zugang darin unter den geeigneten Bemerkungen pünktlich zu wahren. a. V. Art. 1 u. 2, und für Rh. G. v. 30. Dez. 1809, Art. 54 u. 57.

Das nachstehende Formular dazu ist zwar nicht verordnet, dürfte sich jedoch als zweckmäßig empfehlen.

Verzeichniß

der dem Fond zu

im Kreis gehörigen Obligationen und sonstigen Urkunden, welche in der unter gemeinschaftlichem Verschlusse befindlichen Kiste aufbewahrt werden.

Ordnungs-Nro.	Wohnort und Benennung des Schuldners.	Betrag der Schuld. fl.	Zinsfuß.	Jahr und Tag der Ausstellung der Urkunde.	Zeit der Einlage.	Zeit und Ursache der Herausnahme der Urkunde und etwaige andere Bemerkungen.

§ 348. Den ständigen Mitgliedern liegt es auch ob, gemeinschaftlich mit dem Rechner darüber zu wachen, daß die etwa durch eingetretene Verhältnisse nöthig gewordenen Abänderungen und Erneuerungen einzelner Urkunden immer zeitig bewirkt werden, zu was Ende sie von Zeit zu Zeit unter Zuziehung des Rechners eine Revision derselben vorzunehmen haben. Art. 3.

§ 349. Inventarien. Sowohl über die Immobilien, als die Mobilien und Gerechtsame der Kirchen und Stiftungen sollen die Vorstände ordnungsmäßige Inventarien führen, worin der Ab- und Zugang mit geeigneten Bemerkungen stets pünktlich gewahrt wird (Salbücher in den älteren V. genannt). Hess. K.O. v. 1724, S. 499 folg., u. A. d. M. d. J. v. 17. Mai 1836.

§ 350. Was das Immobiliar-Vermögen betrifft, so liegt dem Kirchenvorstande neben der Sorge für dessen gehörige Erhaltung zugleich die Wahrung des Besitzstandes ob. Er soll darauf achten, daß die erforderlichen Einträge in den Grundbüchern und geeignetenfalls den Mutations-Verzeichnissen rechtzeitig vollzogen, und in den Prov. St. u. O. auch die Rechtstitel nach Maßgabe d. G. v. 21. Febr. 1852 darin beigefügt werden. Er hat ferner dafür zu sorgen, daß überall Auszüge aus den Grundbüchern über den Immobiliarbesitz der Kirchen 2c. auf Kosten der betr. Fonds gefertigt und bei den Acten gehörig verwahrt werden. Vergl. das

Abth. XXI, Abschn. IV, Gesagte, u. A. d. O.Cons. v. 5. März 1840 u. 28. Mai 1844.

Gebäude sind mit ihrem entsprechenden Werthe in der Brandkasse zu versichern; in Ansehung der Grundstücke aber ist zu überwachen, daß sie sorgfältig in Steinen, Rainen und etwaigen Hägen erhalten werden. Vergl. §§ 310 u. 357.

§ 351. Beitreibung der Ausstände und Prozesse. Zur Führung der Activ- und Passiv-Prozesse wird bei evangelischen Fonds Ermächtigung des Oberconsistoriums, und bei katholischen des Administrativ-Justizhofes erfordert, in so ferne es sich nicht blos von einfachen Schuldsachen, Beitreibung von Zinsen u. dgl. m. handelt, vielmehr förmliche Rechtsstreitigkeiten einzuleiten sind.

Einfache Schuldsachen können von den Lokalbehörden bei Gericht betrieben werden.

In der Prov. Rh. ist vermöge besonderen G. v. 24. Juli 1830 verordnet, daß die Verwaltungsbehörden der Kirchen und Stiftungen in unbestrittenen persönlichen und Mobiliar-Sachen, ohne die Nothwendigkeit einer förmlichen Klage, bei dem Friedensrichter des Wohnorts des Schuldners einen Zwangsbefehl, bz. Zahlungsbefehl, erwirken können.

In den Prov. St. u. O. erfolgt dagegen die Beitreibung unbestrittener Schuldigkeiten in der Regel durch die Rechner, und kann solche zweckmäßiger Weise vermittelst des gewöhnlichen Mahnverfahrens (G. v. 31. Dez. 1829 u. 1. Juli 1845) geschehen.

Bei verwickelten Sachen und bestrittenen Rechtsansprüchen ist aber überall von dem Vorstande alsbald der Regierungsbehörde Vorlage zu machen. Dies soll insbesondere auch dann geschehen, wenn bei erwirkten Zwangsveräußerungen gegen Schuldner kein vollkommen befriedigender Erlös erzielt worden ist. A. d. M. d. J. v. 16. April 1833.

Ist die Erlaubniß zur Prozeßführung ertheilt, so wird in den Prov. St. u. O. der Syndicus durch die Regierungsbehörde dazu bevollmächtigt.

In der Prov. Rh. behält es dagegen bei den bestehenden Vorschriften, wonach die Betreibung der Rechtsstreitigkeiten vor Gericht den Verwaltungsbehörden der betreffenden Fonds überlassen ist, sein Bewenden.

Was die Befugniß der Deserviten- und Kostendecretur der Anwälte betrifft, so gelten deshalb für die Kirchen- und Stiftungsvorstände dieselben Normen, wie solche nach Abth. XV, Abschn. XI, für die Bürgermeister bestehen.

Vergleiche über streitige Rechtsgegenstände bedürfen der Genehmigung der höheren kirchlichen Behörden. V. v. 6. Juni 1832, Art. 40.

§ 352. Kirchen-Rechner. Zur Besorgung der Einnahmen und Ausgaben der Lokal-Kirchen- und Stiftungsfonds werden, nach vorgängigem Benehmen mit den Dekanen, durch die Regierungsbehörde Kirchen-Rechner auf Widerruf angestellt.

Dieses Amt ist unvereinbarlich mit dem Amte eines Pfarrers, Bürgermeisters oder Mitgliedes des Kirchenvorstandes.

Der Kirchenrechner hat eine Caution nach Maßgabe der in den V. v. 3. April 1833 u. 28. Jan. 1836 enthaltenen Normen auf seine Kosten zu leisten. Ausnahmen hiervon erfordern höhere Genehmigung. V. v. 6. Juni 1832, Art. 7—11.

Die Diensteinweisung der Kirchenrechner soll stets vermittelst förmlicher Ueberlieferungsacte erfolgen. A. d. M. d. J. v. 9. Juni 1841.

§ 353. Der Gehalt der Kirchenrechner wird von der Regierungsbehörde im Verhältniß der Einnahmen nach Anhörung des Kirchenvorstandes bestimmt. Es dürfen für die gewöhnlichen (ordentlichen) Einnahmen nicht mehr als vier Procent verwilligt werden. Ein weiterer Gebührenbezug für die mit dem Dienste unzertrennlich verbundenen Geschäfte und Auslagen, z. B. für Schreibmaterialien, Tag- und Handbücher, Hebregisterfertigung u. dgl. m., findet nicht statt. A. d. M. d. J. v. 1. Nov. 1834. E. dess. M. v. 31. März 1838 u. A. d. Prov.Dir. v. Rh. v. 19. Jan. 1835.

Bei außergewöhnlichen (außerordentlichen) Einnahmen können die Regierungsbehörden, nach vorheriger Berathung der Kirchenvorstände, bis zu ein halb Procent Hebgebühren bestimmen. a. V. Art. 12 u. A. d. M. d. J. v. 10. Mai 1839.

Von abgetragenen Kapitalien dürfen jedoch in keinem Falle Hebgebühren verwilligt oder verrechnet werden. A. d. M. d. J. v. 12. Dez. 1846.

Wenn aus Gemeindekassen oder anderen Fonds Zuschüsse in Kirchenkassen erfolgen, so soll zur Vermeidung doppelter Hebgebühren=Bezüge die Bestimmung der Hebgebühren dafür besonders vorbehalten bleiben. A. d. M. d. J. v. 3. Juni 1836.

Mit Genehmigung der höheren kirchlichen Behörden ist eine Fixirung des Gehalts der Kirchenrechner zulässig. Eben so eine höhere Hebgebühren=Verwilligung.

§ 354. Für die Geschäftsführung der Kirchenrechner gibt die Instruction zur Geschäftsführung der Rechner von Kirchen, Stiftungen und Schulen vom 24. Okt. 1832, mit Zusätzen vom 18. Sept. 1835, genaue Vorschriften. Dieselben dienen zugleich zur Richtschnur für die Geschäftsbehandlung der Vorstände.

Die Letzteren haben die zur Rechnung gehörigen Ausstandsverzeichnisse gemäß §§ 74a — 82 d. Instr. genau zu prüfen. Die Decretur derselben hat aber durch die Regierungsbehörde zu geschehen. A. d. M. d. J. v. 15. April 1833 u. 10. Dez. 1842.

§ 355. Die Kirchenrechner können von der Regierungsbehörde aus Gründen der Verwaltung, nach Anhörung der Kirchenvorstände, entlassen werden, wenn sie für die Fonds mehrerer Kirchengemeinden bestellt waren, nach vorher eingeholter Entschließung der höheren kirchlichen Behörde. V. v. 6. Juni 1832, Art. 13.

§ 356. Die Revision der Lokal=Kirchen=Rechnungen ist im ganzen Umfange des Großherzogthums der Oberrechnungskammer übertragen und findet nach Maßgabe der besonderen V. v. 6. Juni 1832, betr. die Revision der Kirchen=, Stiftungs= und Schul=Rechnungen, statt. Die Rechnungen sind bis längstens Ende Mai von den Rechnern an die Vorstände abzugeben, welche dieselben 8 Tage offen zu legen, binnen weiteren 14 Tagen zu durchgehen und sodann in den nächsten 8 Tagen mit den Erinnerungen an die Oberrechnungskammer=Justificatur, II. Abtheilung, einzusenden haben. Halten die Rechner jene Frist nicht ein, so müssen die Vorstände unverweilt Anzeige davon bei der Oberrechnungskammer machen. a. V. Art. 2—7.

In Ansehung der Gesuche um Erweiterung der Fristen, so wie bezüglich der Rechtskraft der Rechnungsabschlüsse der Oberrechnungskammer und der dagegen zulässigen Recurse gelten dieselben Bestimmungen wie bei den Gemeinden. Eben so bezüglich der Kassen=Visitationen und Liquidationen. Vergl. Abth. XV, Abschn. X.

V. Abschnitt.

Geistliches Bauwesen.

§ 357. Die Kirchenvorstände sind angewiesen, darauf mit Fleiß zu achten, daß die Unterhaltung der geistlichen Gebäude nicht vernachlässigt wird, vielmehr stets rechtzeitig und nachhaltig, zwar mit weiser Sparsamkeit und thunlichster Berücksichtigung der Kräfte der pflichtigen Fonds, aber auch mit Sorgfalt und regelmäßig erfolgt und ausgeführt wird.

Es ist empfohlen, daß sowohl bei Neubauten, wie bei Reparaturen, das Bedürfniß mit Vermeidung alles dessen, was als überflüssig und luxuriös erscheinen könnte, auf eine zweckmäßige und wohlfeile Art, ohne Beeinträchtigung der Dauerhaftigkeit, befriedigt werde. A. d. M. d. J. v. 16. Juni 1847.

Die Kreisbauämter sollen von Zeit zu Zeit gelegentlich von diesen Gebäuden Einsicht nehmen und wahrgenommene geringere Baugebrechen den Kirchenvorständen bezeichnen, größere aber der Regierungsbehörde anzeigen. V. v. 6. Juni 1832, Art. 42, 2. Regulative v. 25. April 1823, § 2, u. v. 17. Sept. 1832, §§ 1 u. 2. A. d. M. d. J. v. 17. Mai 1853. — Auch V. für Rh. v. 14. April 1826.

§ 358. Die Bau- und Unterhaltungspflicht der geistlichen Gebäude liegt im Zweifel, und so weit nicht eine besondere Verbindlichkeit Dritter nachweislich ist, den Kirchengemeinden selbst, subsidiär aber den Parochianen ob. V. v. 6. Juni 1832, Art. 20, u. E. d. M. d. J. an d. O.C. v. 8. Jan. 1835; für Rh. G. v. 30. Dez. 1809, Nr. 92—101, u. Präf.Beschl. v. 31. Febr. 1812.

§ 359. In der Prov. Rh. besteht für die Kirchengemeinden der drei christlichen Confessionen ein zur Unterstützung der Gemeinden bei Erbauung und Unterhaltung der Kirchen- und Schulgebäude eigends bestimmter Fond. V. v. 15. Nov. 1819 u. 13. März 1830.

§ 360. Bezüglich der Pfarr- und Schulgebäude ist besonders und für den ganzen Umfang des Großherzogthums verordnet, daß nicht die baupflichtigen Fonds, sondern die Nutznießer derselben, Geistliche und Schullehrer, das Ausweißen der ihnen zur

Benutzung angewiesenen Wohnungen im Inneren aus eigenen Mitteln bestreiten sollen; ferner auch bestimmt: daß bei Dienstveränderungen der neu aufziehende Pfarrer und Schullehrer alles Ausweißen, das Bemalen und Tapezieren der Zimmer, Vorplätze, Gänge, Küchen ꝛc., die durch den Gebrauch nöthig gewordene geringe Ausbesserung des Tünchs, allen Anstrich mit Leimfarbe, Lackfirniß, und die Herstellung des Oelanstrichs der Thüren, Lambris und Fensterrahmen im Innern der Wohnungen, mit Ausnahme der Schulstuben, auf seine Kosten vorzunehmen hat, dagegen der abgegangene Pfarrer oder Schullehrer oder deren Erben nicht verpflichtet sind, Herstellungen irgend einer Art in dieser Beziehung vorzunehmen. V. v. 16. Juli 1830.

§ 361. Weiter schreibt die, jedoch nur auf die Prov. St. u. O. anwendbare, geistliche Bauordnung v. 1779, §§ 14 u. 15 — s. V. v. 27. Mai 1820 — vor, daß folgende kleinere Reparaturen in Pfarr- und Schulgebäuden keineswegs von den Gemeinden und piis corporibus (milden Fonds), sondern von den Inhabern aus eignen Mitteln bestritten werden sollen, nämlich: das Ausweißen, das Flickwerk an Fenstern, Oefen und allem Schloßwerk, wovon jedoch die Schulstuben ausgenommen werden, das Fegen und Putzen der Schornsteine und Oefen, das Anstreichen der Küchen und Ausbessern der Feuerheerde und Backöfen, die Unterhaltung aller Gartenhäuser und Obstdörren, die Reparation der Boden in Pferde-, Rindvieh- und Schweineställen, in so ferne sie von dem Inhaber der Gebäude schon lange Jahre gebraucht worden sind, die Herstellung der ruinirten Krippen, Tröge, Raufen, Stallthüren und Stallfenster, auch alles dazu gehörigen Schlosserwerks, und die Reinigung der Häuser und Hofraithen.

Eben so sollen diejenigen Mobilien, welche gewissermaßen als Appertinenzien der Gebäude zu betrachten sind, z. B. eingemauerte Kessel, Siedetöpfe und Ofenhäfen, die Rollen in den Scheunen, Ketten und Eimer an den Ziehbrunnen, die Tröge bei den Brunnen, die Keltern an Orten, wo Weinwachs oder Zehnten bei den Pfarreien ist, nebst den Faßlägern an solchen Orten, zwar mit Genehmigung der höheren kirchlichen Behörde auf Kosten inländischer milder Fonds nach Befinden angeschafft, von dem Inhaber aber aus eignen Mitteln unterhalten und in dem Stande wieder ausgeliefert werden, in welchem er sie angetroffen hat.

§ 362. Verfahren bei geistlichem Bauwesen.

I. Haben geistliche Fonds die Kosten des Bauwesens zu bestreiten, so sind:

A. alle kleineren Reparaturen und die gewöhnliche Unterhaltung der Gebäude der Kirchen und milden Stiftungen, womit keine wesentliche Veränderung der Construction verbunden ist, dem Kirchenvorstande überlassen. Es wird jedoch dabei vorausgesetzt, daß dieselben im Voranschlage detaillirt vorgeschrieben sind, gegenfalls vorerst desfallsiger neuer Credit bei der Regierungsbehörde einzuholen ist. (§ 337.)

Auch liegt dem Kirchenvorstande selbstverständlich die Einhaltung der allgemeinen Verwaltungsvorschriften — §§ 326 u. 327, 340 u. 341 — dabei ob.

§ 363. B. Kommt aber die Nothwendigkeit eines neuen Bauwesens oder von Hauptreparaturen zur Sprache, so hat der Kirchenvorstand darüber vorerst die räumlichen Bedürfnisse und die zu erreichenden Zwecke auszumitteln, sodann aber der Regierungsbehörde darüber Vorlage zu machen, welche das Weitere nach Maßgabe des a. Art. 42 u. des Regulativs v. 17. Sept. 1832, §§ 4—7, zu besorgen hat. Dem Kirchenvorstande kommt dabei keine weitere Mitwirkung, als eine Berathung über den von der Baubehörde ausgearbeiteten Plan und Kostenvoranschlag, so wie über die Aufbringung der Mittel zur Bestreitung der Baukosten zu. Auch die Ausführung des festgestellten, von der oberen Verwaltungsbehörde genehmigten Bauwesens erfolgt lediglich unter Leitung der Baubehörde und in derselben Weise, wie dies in dem Regulative v. 25. April 1823 für das Staatsbauwesen vorgeschrieben ist. Das Kreisbauamt weist die einzelnen Rechnungen auf den ihm eröffneten Credit vorläufig an, und sind die betreffenden Zahlungen daraufhin von dem Rechner zu leisten.

Die Baubehörden sind dafür verantwortlich, daß die Bauvoranschläge eingehalten und ohne Noth nicht überschritten werden. V. v. 14. Nov. 1849.

Als definitiver Rechnungsbeleg dient dem Rechner die nach Vollendung des Bauwesens durch die Baubehörde aufgestellte Wirthschaftsrechnung, welche, nachdem sie von der oberen Verwaltungsbehörde mit definitiver Ausgabsdecretur versehen worden ist, vermittelst des Kirchenvorstandes dem Rechner im Original zugestellt werden soll.

§ 364. II. Wenn der Fiscus die Baukosten vermöge einer privatrechtlichen Verbindlichkeit zu bestreiten hat, so wird das Bauwesen von den Finanz- und technischen Behörden auf gleiche Weise wie das Cameralbauwesen behandelt. a. Rg. v. 1832, Art. 43.

§ 365. III. Hat aber eine Gemeinde die Baukosten ganz oder theilweise zunächst oder subsidiär zu bestreiten, so ist:

A. über die Verbindlichkeit zur Bestreitung der Kosten und die Art der Aufbringung derselben eine Berathung des Gemeinderaths erforderlich, dem es unbenommen ist, sich auch über die Nothwendigkeit des Bauwesens und über den Kostenaufwand zu äußern. Sollte hierbei der Gemeinderath etwa widersprechen:

1) die Verbindlichkeit zur Tragung der Kosten, so steht nach Art. 20 d. V. v. 6. Juni 1832 die Entscheidung der höheren Verwaltungsbehörde und in den geeigneten Fällen dem Richter zu;

2) der Nothwendigkeit des Bauwesens oder dem Betrage des Kostenaufwandes, so hat bei evangelischem Bauwesen auf Antrag der Regierungsbehörde das Oberconsistorium, bei katholischen die Regierungsbehörde, nach eingeholter Entschließung der bischöflichen Behörde, die Entscheidung; in beiden Fällen vorbehaltlich des Recurses an das Ministerium des Innern.

B. Ist über den Kostenpunkt entschieden, so ist wie unter I bemerkt zu verfahren, und es sind die erforderlichen Gelder in der Regel in den Kirchenfond, worauf die Kosten anzuweisen sind, einzuliefern. a. Rg. Art. 44.

§ 366. IV. Liegt endlich die Verbindlichkeit anderen milden oder sonstigen Fonds oder Privaten ob, so ist wie unter I und III B angegeben zu verfahren. Es ist jedenfalls von dem vorzunehmenden Bauwesen den betreffenden Behörden oder Personen Kenntniß zu geben, und bei erfolgendem Widerspruche gegen die in Anspruch genommene Verbindlichkeit oder gegen die Nothwendigkeit des Bauwesens und die Größe des Kostenaufwandes treten dieselben Bestimmungen ein, wie bei einem Widerspruche von Seiten des Fiscus. a. Rg. Art. 45.

§ 367. Was von den Kirchengebäuden gesagt wurde, gilt bz. auch von den als Pertinenzien derselben anzusehenden Gegenständen und Mobilien, z. B. Orgeln, Glocken, Kirchenstühlen u. s. w.

Bezüglich des Gebrauchs und der Vermiethung der Kirchenstühle entscheiden im Allgemeinen die örtlichen Kirchenstands-Ordnungen, bz. Observanzen. Leitende Grundsätze zeichnen vor für die Prov. St. u. O. die Stuhlordnung d. d. Darmstadt v. 16. Februar 1730 u. der Conf.E. d. d. Gießen v. 6. November 1750. Für die Prov. Rh. maßgebend ist das G. v. 30. Dezember 1809, Satz 64—72.

XIV. Abtheilung.

Schulangelegenheiten.

I. Abschnitt.

Unterrichtsanstalten.

§ 368. Die Volksschule soll das Recht und die Pflicht des Staates zur Mitwirkung bei der Jugend-Erziehung verwirklichen.

Ihre Aufgabe ist die dem allgemeinen Culturzustande entsprechende Ausbildung des Geistes und Gemüthes des jungen Menschen, eine Vorbereitung desselben für die Erfüllung seines künftigen Berufs als Staatsbürger.

Keine andere Staatsanstalt ist von größerer Wichtigkeit für die Gesittung und die Wohlfahrt der Gemeinden und keine verdient daher auch eine größere Berücksichtigung und Sorgsamkeit von Seiten der Lokalbehörden, als gerade sie.

Auch die höheren Schulanstalten sind der mitwirkenden Thätigkeit und Theilnahme der Lokalbehörden empfohlen, obwohl sie dem Wirkungskreise derselben entfernter stehen und ihre Thätigkeit in der Regel nur mittelbar und in Folge von Requisitionen in Anspruch nehmen.

Das Volksschulwesen ist vermittelst Edicts v. 6. Juni 1832 in umfassender Weise geregelt.

§ 369. Die edictsmäßige Verpflichtung der Gemeinden zur Gründung von Volksschulen erwächst, so bald in einer Gemeinde 30 schulpflichtige Kinder sind. Fehlen dazu die Mittel, so sollen auch mehrere Gemeinden zu einer Schulgemeinde mit einem gemeinschaftlichen Lehrer vereinigt werden können. Ed. Art. 12.

Schulfähig, bz. pflichtig, ist jedes Kind zu erachten, welches bis zum 1. Juni des laufenden Jahres das 6. Lebensjahr zurückgelegt hat. Ed. Art. 17 u. A. d. O.Sch.R. v. 25. Juni 1845.

Die Schulpflichtigkeit endet in der Regel mit dem zurückgelegten 14. Jahr. Art. 19. A. d. O.Sch.R. v. 25. Mai 1842.

§ 370. Die Bestreitung der Kosten des öffentlichen Unterrichts in den Volksschulen im Allgemeinen ist, wenn ein besonderer genügender Fond oder eine Privatverbindlichkeit dazu nicht besteht, Obliegenheit der Gemeinden. Ed. Art. 41 u. G.O. Art. 85.

§ 371. Die Volksschulen sind entweder Confessions- oder Gemeinde-Schulen. Die Art und Weise, wie die einen oder anderen errichtet, bz. wieder aufgelöst, werden können, bestimmt der Art. 16 des Edicts.

Auch wo an einem Orte verschiedene christliche Confessionsschulen bestehen, kann es den Eltern verstattet werden, ihre Kinder, vorbehaltlich deren Theilnahme am confessionellen Religionsunterrichte, die Schule einer anderen Confession besuchen zu lassen, und es sind dieselben alsdann zugleich von der Verbindlichkeit zur Zahlung des Schulgeldes an den Lehrer ihrer Confession freizusprechen. A. d. O.Sch.R. v. 29. Aug. 1834.

Dieselben dürfen übrigens in keinem Falle zu dem Religionsunterrichte der Schule, deren Confession sie nicht angehören, zugelassen werden. A. d. O.Sch.R. v. 11. Sept. 1844.

§ 372. Die Mitglieder besonderer geduldeter Secten der christlichen Religion (Mennoniten, Wiedertäufer, Deutschkatholiken 2c.) sind, den Religionsunterricht ausgenommen, im Allgemeinen verpflichtet, ihre Kinder zur Volksschule zu schicken.

Wollen sie eigne Schulen errichten, so finden auf diese und die von der Staatsregierung anzustellenden Lehrer die für die Volksschulen geltenden Grundsätze statt. Ed. Art. 54 u. 71 u. A. d. O.Sch.R. v. 24. Sept. 1845..

§ 373. Was den Schulunterricht der Juden betrifft, so wird auf das in Abth. XII, § 292, Gesagte verwiesen.

Desgleichen bezüglich des Unterrichts der Taubstummen und Blinden auf Abth. XVI. §§ 748 u. 749; s. auch § 383, Satz 26.

§ 374. Schulbehörden. Unter der obersten Leitung und Aufsicht des Ministeriums des Innern steht die Oberstudien-Direction, mit Ausnahme der Universität und der Militärschulen, an der Spitze des gesammten Schulwesens. Art. 56 u. 82 d. Ed. Instr. für den O.Sch.R. v. 20. Juni 1832. V. die Errichtung eines O.Stud.R. v. dems. Datum, u. d. V. über die Vereinigung beider v. 14. Sept. 1849 u. 24. Aug. 1850.

Unter ihr leiten und beaufsichtigen die Schulangelegenheiten in den einzelnen Kreisen die Bezirks-Schulcommissionen. Ed. Art. 56 u. 72—77. Instr. v. 20. Juni 1832.

Die Aufsicht der Schule eines einzelnen Ortes ist dem Schulvorstande als Lokalbehörde für die Schulen übertragen. Ed. Art. 56 u. 58—67. Instr. v. 20. Juni 1838.

§ 375. Der Regierungsbehörde sind neben dem Vorsitze bei der Bezirksschulcommission des Kreises folgende äußere Schulverhältnisse zur ausschließlichen Besorgung vorbehalten:

1) die Aufsicht über die Verwaltung des Schulvermögens, über die Schulgebäude und die Sorge für die öconomischen Bedürfnisse der Schule überhaupt;
2) Ausstellung der Besoldungsnoten der Schullehrer;
3) Vollziehbarkeits-Erklärung der Verzeichnisse über die Schulversäumnisse;
4) Besorgung der betr. Bezirksgeschäfte der Schullehrer-Wittwenkasse. Ed. Art. 7 u. Instr. für d. Kr. §§ 60 u. 61.

§ 376. Von dem Schulvorstande.. Der Ortsschulvorstand besteht aus dem Ortsgeistlichen und dem Bürgermeister als ständigen, und einigen, in der Regel zwei, Gemeindeangehörigen als unständigen Mitgliedern.

Die unständigen Mitglieder werden in der Art ernannt, daß der Geistliche und Bürgermeister die doppelte Zahl der zu bestimmenden Mitglieder, also in der Regel 4 rechtschaffene und einsichtsvolle Familienväter aus der Schulgemeinde der Bezirksschulcommission vorschlagen, welche sodann daraus die Mitglieder des Schulvorstandes bestimmt. Ed. Art. 58 u. 59.

Die Verpflichtung der unständigen Mitglieder soll in der Regel durch den Vorsitzenden in einer Sitzung des Schulvorstandes mittelst Handtreue an Eidesstatt geschehen. A. d. O.Stud.Dir. v. 25. April 1849.

Ihr Amt ist ein Ehrenamt und wird unentgeltlich verwaltet. Ed. Art. 68.

§ 377. Sind an einem Orte mehrere Confessionsschulen von einer Confession, so haben dieselben nur einen Schulvorstand.

Befinden sich an einem Orte, wo eine oder mehrere Confessionsschulen bestehen, mehr als ein Geistlicher von der Confession dieser Schulen, so sind sie sämmtlich Mitglieder des Schulvorstandes.

In Orten, wo mehrere Schulvorstände für verschiedene Confessionsschulen vorhanden sind, ist der Bürgermeister Mitglied der sämmtlichen Schulvorstände.

Die unständigen Mitglieder der Schulvorstände für Confessionsschulen müssen stets der Confession, für welche die Schule besteht, angehören. Ed. Art. 61.

§ 378. In Gemeinden, in welchen Gemeindeschulen bestehen, sind die sämmtlichen Geistlichen derjenigen christlichen Religionsgenossenschaften, welche daselbst einen regelmäßigen Gottesdienst haben, Mitglieder der Ortsschulvorstände.

Von den beiden unständigen Mitgliedern des Schulvorstandes muß bei Gemeindeschulen das eine Mitglied der Confession des einen Theils und das andere Mitglied der Confession des anderen Theils der Gemeinde angehören.

Besteht die Gemeindeschule für die drei christlichen Confessionen, so muß aus jeder derselben ein unständiges Mitglied des Vorstandes gewählt werden.

Ist ein solches Mitglied zu ersetzen, so soll der Vorschlag nicht von sämmtlichen ständigen Mitgliedern des Schulvorstandes, sondern nur von dem Geistlichen der Confession des zu ernennenden Mitgliedes in Gemeinschaft mit dem Bürgermeister ausgehen. Ed. Art. 62 u. A. d. O.Sch.R. v. 2. Juni 1841.

§ 379. Sind mehrere Gemeinden zu einer Bürgermeisterei vereinigt, so können sie einen gemeinschaftlichen Schulvorstand bilden. In diesem Falle muß aber aus jeder der betheiligten Gemeinden ein unständiges Mitglied in dem Schulvorstande sich befinden. Bei einer Communalschule für mehrere Gemeinden muß überdies jede Confession in den einzelnen Gemeinden durch ein unständiges Mitglied vertreten sein. Ed. Art. 63.

§ 380. Gehören mehrere Bürgermeistereien zu einer Schule, so sind die sämmtlichen Bürgermeister der Schulgemeinde ständige Mitglieder des Schulvorstandes. Art. 64.

§ 381. Der Vorsitz im Schulvorstande steht dem Geistlichen zu. Sind mehrere vorhanden, so führt der erste Geistliche den Vorsitz. Befinden sich Geistliche verschiedener Confessionen darin, so wechselt von Jahr zu Jahr beim Beginnen der Sommerschule der Vorsitz zwischen den (ersten) Geistlichen der verschiedenen Confessionen. Art. 65.

§ 382. In größeren Städten, wo mehr als 4 Schulen bestehen, werden die vorsitzenden Mitglieder der Schulvorstände, welche daselbst außer den ständigen Mitgliedern zwar aus mehr als 2, aber nicht mehr als 9 den verschiedenen Confessionen angehörenden unständigen Mitgliedern bestehen können, von der Oberstudien-Direction bestimmt. Art. 66.

§ 383. Geschäftsführung und Wirkungskreis des Schulvorstandes. Instruction für die Schulvorstände vom 20. Juni 1832.

1) Der Schulvorstand versammelt sich, wenn nicht dringende Geschäfte das vorsitzende Mitglied desselben veranlassen, außerordentliche Sitzungen anzusagen, in der Regel im Monate wenigstens einmal in dem Gemeindehause, oder, wenn ein solches nicht vorhanden ist, in dem Schulhause.

2) Der Schulvorstand kann nur dann einen gültigen Beschluß fassen, wenn alle Mitglieder desselben zur Berathung eingeladen waren und außer dem Vorsitzenden wenigstens ⅔ der übrigen Mitglieder abgestimmt und das darüber von Jenem zu führende Protokoll unterschrieben haben. Die Beschlüsse werden mit Stimmenmehrheit gefaßt. Abweichende Meinungen müssen auf Verlangen des Abstimmenden in das Protokoll eingetragen werden.

Bei eilenden Sachen, welche eine Versammlung des Schulvorstandes nicht wohl zulassen, kann das vorsitzende Mitglied unter der Verpflichtung, darüber in der nächsten Sitzung des Schulvorstandes Vortrag zu erstatten, auf eigene Verantwortlichkeit verfügen.

3) Die nächsten Vorgesetzten der Ortsschulvorstände sind die Regierungsbehörden und die Bezirksschulcommissionen. Die Ortsschulvorstände haben daher die Weisungen dieser Behörden zu befolgen und an sie die erforderlichen Berichte zu erstatten.

Bezüglich der Form der Berichte rc. gilt bz. das über die Correspondenz der Bürgermeister in Abth .XV, Abschn. II, Gesagte.

Den kirchlichen Behörden sind die Schulvorstände und somit auch die Geistlichen, als Mitglieder derselben, nicht untergeordnet. Dagegen sind die Geistlichen, als solche, in Bezug auf den in den Volksschulen zu ertheilenden Religionsunterricht an die Vorschriften der ihnen vorgesetzten kirchlichen Behörden gebunden.

Art. 25 d. Ed. Nähere Vorschriften wegen des Religionsunterrichts enthalten die A. d. O.Sch.R. v. 7. Juni 1838 u. 29. Mai 1839 u. d. O.Stud.Dir. v. 13. Nov. 1850 u. 2. Juli 1851, so wie d. O.Conf. v. 1. März 1836 u. 12. April 1839.

4) Die Ortsschulvorstände haben im Allgemeinen darüber zu wachen, daß die für das Schulwesen getroffenen oder noch erlassen werdenden Anordnungen pünktlich vollzogen werden.

Insbesondere werden sie darauf sehen, daß die ihnen untergeordneten Lehrer diese Anordnungen genau befolgen. Um sich zu verlässigen, daß dieß geschehe, haben

a) die Geistlichen, denen überhaupt die Aufsicht über die vorgeschriebene Lehrmethode und Lehrbücher, so wie die Art des ertheilt werdenden Unterrichts, vorzugsweise zusteht, dem Unterrichte öfters beizuwohnen und auf Ordnung in der Schule und das Ansehen des Lehrers zu halten. Sie werden insbesondere die Schule des Ortes, wo sie wohnen, wöchentlich wenigstens zweimal besuchen. Ist mit der Pfarrstelle ein nicht über eine Stunde entferntes Filial verbunden, so muß der Geistliche dessen Schule in der Woche wenigstens einmal, gehören aber mehrere Filiale zu der Pfarrei, so muß er in jeder Woche, außer der Schule seines Wohnortes, wo möglich wenigstens die Schule eines Filials besuchen. Bei diesem Besuche hat er jedesmal über eine Religionsmaterie selbst

Unterricht zu ertheilen, die Kinder über die seit dem letzten Besuche vorgetragenen Lehrgegenstände zu prüfen, die von dem Schullehrer über Aufführung, Fleiß und Fortschritte der Kinder, so wie über die Schulversäumnisse geführten Tabellen zu durchsehen, zu unterschreiben und Dasjenige zu bemerken, wozu ihm dieselben den Stoff darbieten.

In Communalschulen, welche von Kindern verschiedener Confessionen besucht werden, findet der vorbemerkte catechetische Unterricht in besonderen Stunden statt.

Lehrbücher dürfen überhaupt nur mit Genehmigung der Oberstudiendirection und, was Religionsbücher betrifft, nur mit Genehmigung der höheren kirchlichen Behörde, unter mitwirkender Staatsaufsicht, eingeführt werden. Ed. Art. 26 u. A. d. O.Sch.R. v. 20. Dezbr. 1843.

Außerdem ist

b) der Schulvorstand selbst verpflichtet nicht allein die Schule wenigstens einmal im Monate zu besuchen und nachzusehen, ob den Schulgesetzen Genüge geleistet wird, sondern auch den jährlich stattfindenden öffentlichen Schulprüfungen beizuwohnen. Ueber das Resultat dieser Prüfungen ist ein Protokoll zu führen und dieses sowohl, als der nach Art. 40 des Edicts über das Schulwesen von dem Lehrer zu erstattende Bericht, nebst einer besonderen schriftlichen Erklärung des Geistlichen über die von den Kindern erlangte Ausbildung in seinem Unterrichte, an die Bezirksschulcommission einzuschicken. Art. 35 d. Ed.

5) Der Ortsschulvorstand hat, wenn ihm der Auftrag dazu von der Bezirksschulcommission ertheilt wird, die neu angestellten Lehrer in ihren Dienst einzuweisen.

Die Einweisung der Lehrer in den Kirchendienst hat jedoch durch die kirchliche Behörde, mit welcher sich deßhalb benommen werden soll, zu geschehen. A. d. O.Sch.R. v. 11. Sept. 1844.

6) Sowohl die Amtsführung als der Lebenswandel der Schullehrer sind von dem Schulvorstande besonders zu beaufsichtigen. Dieser ist berechtigt einem Lehrer, welcher seine Pflichten nicht vollständig erfüllen sollte, Vorstellungen zu machen. Eine Strafgewalt gegen den Lehrer steht ihm nicht zu, er ist vielmehr verpflichtet,

bei Dienstvernachlässigungen des Lehrers, wenn vorherige Ermahnungen fruchtlos geblieben sind oder bei bedeutenderen Pflichtverletzungen, der Bezirksschulcommission deßfalls die erforderliche Anzeige zu machen.

7) Das vorsitzende Mitglied des Schulvorstandes kann dem Schullehrer einen achttägigen Urlaub bewilligen, es hat jedoch davon jedesmal den Mitgliedern des Schulvorstandes Nachricht zu geben.

8) Wird eine Schulstelle erledigt oder ist ein Lehrer durch Krankheit oder auf sonst eine Weise an Erfüllung seiner Dienstpflicht gehindert, so hat der Schulvorstand unverzüglich davon der Bezirksschulcommission Anzeige zu machen, damit für Verwaltung des Schuldienstes Vorsehung getroffen werde.

In Beziehung auf dergleichen Vicariate sind die A. d. O.Sch.R. v. 6. Okt. 1835 u. 13. April 1837 zu beachten.

9) Der Schulvorstand sucht die Collisionen, welche sich etwa zwischen den Schullehrern oder mit ihren Gehülfen in Dienstsachen oder in Gehaltsangelegenheiten erheben, deßgleichen zwischen den Erben des verstorbenen Schullehrers und dem neu angestellten, durch gütliche Ausgleichung zu beseitigen. Im Falle der Nichtvereinigung berichtet er darüber an die Bezirksschulcommission oder in den geeigneten Fällen an die Regierungsbehörde.

10) Wenn die Zahl der eine Schule besuchenden Kinder so zunimmt, daß eine zweite Schule oder eine Abtheilung in Klassen nöthig wird, so hat der Schulvorstand im ersteren Falle deßfalls die geeigneten Anträge, unter Angabe der Mittel zur Bestreitung der entstehenden Kosten, an die Bezirksschulcommission zu richten und in dem zweiten Falle die näheren Bestimmungen selbst zu treffen.

Das Edict bestimmt im Art. 13 u. 14, daß eine Klassenabtheilung stattfinden solle, wenn die Schülerzahl 60 übersteigt, und daß die Errichtung einer, 2, bz. 3, Schulen erforderlich werde, wenn die Schülerzahl über 100, bz. 250, beträgt. Vergl. auch wegen der Abtheilung A. d. O.Sch.R. v. 9. Okt. 1833.

11) Wegen der Zahl der Stunden, in denen während der Sommer- und Winter-Schule Unterricht zu ertheilen sei, haben die Schulvorstände in den geeigneten Fällen Anträge an die Bezirksschulcommission zu richten, die Tageszeit aber, an welcher der Unter-

richt beginnen und enden soll, haben die Schulvorstände selbst, wenn darüber nicht bereits Bestimmungen vorliegen, nach den Lokalverhältnissen festzusetzen. Art. 30 d. Ed.

Nach besonderer Vorschrift ist der Anfang der Sommerschule in den Landgemeinden als Regel auf den 15. Mai, derjenige der Winterschule aber auf den 1. November festgesetzt. A. d. O.Sch.R. v. 25. Juni 1845.

Der tägliche Unterricht in der Sommerschule soll um 6 Uhr Morgens beginnen. A. d. O.Sch.R. v. 28. Juni 1837.

Wegen der Ferien und Ruhetage ist in Art. 31 u. 32 des Edicts Näheres bestimmt.

Ein Aussetzen der Schule wegen öffentlicher Leichenbegängnisse und kirchlicher Andachten soll möglichst vermieden werden. A. des O.Sch.R. v. 12. Febr. 1833.

Den von dem Lehrer 14 Tage vor dem Schlusse der Winterschule zu entwerfenden Stunden- und Lections-Plan hat der Schulvorstand, mit seiner Unterschrift und etwa nöthigen Bemerkungen versehen, an die Bezirksschulcommission zur Genehmigung einzusenden und hiernächst dem Lehrer wieder zuzustellen. Ed. Art. 40.

12) Der Schulvorstand hat, auf die Anträge des Lehrers, die Preise zu bestimmen und die Kinder zu bezeichnen, welche sie erhalten sollen. Als Richtschnur dienen ihm hierbei dieselben Regeln, welche der Lehrer in dieser Beziehung nach Art. 37 des Edicts über das Schulwesen zu befolgen hat. Die Preise müssen stets in nützlichen, für die Kinder brauchbaren Gegenständen bestehen.

Auf der anderen Seite liegt dem Schulvorstande auch die Beaufsichtigung, bz. Bestimmung, der gegen unfolgsame Kinder zu erkennenden körperlichen Strafen, gemäß des Ed. Art. 38 u. 39 u. A. d. O.Sch.R. v. 27. Nov. 1844, ob. In Beziehung auf den Vollzug der Schulkindern durch die Gerichte zuerkannten Strafen ist nach dem O.Sch.R.A. v. 11. Febr. 1836 zu verfahren.

13) Eine weitere Pflicht des Schulvorstandes ist, darauf zu sehen, daß auch von den Eltern, Vormündern und Dienstherrschaften der schulpflichtigen Kinder die bestehenden Anordnungen über den Schulbesuch der Letzteren befolgt werden. Sobald daher der Schulvorstand das ihm nach Art. 17 des Edicts von dem Geistlichen, bz. Civilstandsbeamten, welche das Geburtsregister zu führen haben,

mitzutheilende Verzeichniß der schulpflichtig werdenden Kinder erhalten hat, benachrichtigt er die betreffenden Eltern, daß ihre Kinder nun schulpflichtig werden, macht dieselben zugleich auf die bestehenden Schulgesetze aufmerksam, bezeichnet den Tag zum Eintritt in die Schule und übergibt an diesem Tage die Kinder dem Lehrer.

14) In Beziehung auf diejenigen Kinder, welche wegen notorischer oder durch ein Zeugniß des Physikatsarztes bescheinigter Körper- oder Geistes-Schwäche am Schulbesuche gehindert sind, oder welche wegen Entfernung der Schule von ihrem Wohnorte in dem Alter von sechs Jahren noch nicht wohl zum Schulbesuche angehalten werden können, sind die Schulvorstände eine Dispensation vom Schulbesuche bis auf ein Jahr eintreten zu lassen befugt. Wird für ein Kind wegen Kränklichkeit eine längere Freigebung nachgesucht, so hat der Schulvorstand eine Anzeige bei der Bezirksschulcommission mit Vorschlägen, wie für Bildung eines solchen Kindes gesorgt werden könne, zu machen.

15) Wenn Eltern, Vormünder oder Dienstherrschaften wegen häuslicher Geschäfte um eine längere Befreiung ihrer Kinder von dem Schulbesuche nachsuchen, so kann ein Mitglied des Schulvorstandes, in der Regel der Geistliche, wenn das Gesuch durch genügende Gründe unterstützt ist, diesem willfahren. Eine solche Freigebung muß jedoch schriftlich ertheilt werden, und die deßfallsigen dem Lehrer zuzustellenden Scheine sind von diesem ein Jahr lang aufzubewahren.

16) Hinsichtlich derjenigen Kinder, deren Eltern rc. ihnen, statt in der öffentlichen Volksschule, Unterricht durch Privatlehrer ertheilen lassen wollen, hat der Schulvorstand Bericht an die Bezirksschulcommission zu erstatten und sich dabei gutachtlich zu äußern, ob jenem Wunsche zu willfahren sei.

Es ist dabei zu beachten, daß solche Privatlehrer sich vorerst über ihre Befähigung auszuweisen haben.

Wird durch Privatunterricht eine höhere Bildung bezweckt, so sind die Eltern rc. zugleich von der Entrichtung des Schulgeldes zur Volksschule befreit. Ed. Art. 51—53.

17) Der Schulvorstand wird sich nach Kräften bemühen den Schulversäumnissen der Kinder entgegen zu wirken. Insbesondere kann er da, wo Schulversäumnisse sich ereignen und die

Lokalverhältnisse es möglich machen, die Veranstaltung treffen, daß der Gemeindediener täglich in der Schule, bald nach ihrem Anfange, erscheint und von dem Lehrer ein Verzeichniß der ohne Erlaubniß abwesenden Kinder erhält, welche er sodann gleich in die Schule abholt. Für diese Bemühung hat der Gemeindediener auf ein von dem Lehrer und dem Schulvorstande beglaubigtes Verzeichniß für jeden einzelnen Fall 2 kr. von den Eltern &c. zu erheben.

Sobald der Schulvorstand am Ende eines Quartals das von dem Lehrer nach dem vorgeschriebenen Formular aufzustellende Verzeichniß der Kinder, welche die Schule versäumt haben, erhält, hat derselbe vorerst zu untersuchen, ob die Kinder ohne Wissen ihres Vaters &c. die Schule versäumt haben oder nicht. In jenem Falle benachrichtigt er davon die Lehrer, damit die Kinder durch geeignete Strafen gebessert werden.

Haben dagegen Kinder mit Vorwissen oder auf Geheiß der Eltern &c. ohne Erlaubniß des Lehrers oder Schulvorstandes die Schule versäumt und konnte in den einzelnen Fällen das Abholen durch den Gemeindediener nicht bewerkstelligt werden, so fordert der Schulvorstand die Eltern &c. vor und setzt, wenn dieselben die Versäumnisse nicht rechtfertigen können oder der Vorladung nicht Folge leisten, in das Verzeichniß eine Strafe von 3 kr. für jede Versäumniß mit der Bedrohung an, dieselbe im Wiederholungsfalle zu verdoppeln. Treten später solche Wiederholungsfälle ein und zeigt sich dabei ein beharrliches Widerstreben der Eltern gegen die bestehenden Vorschriften über den Schulbesuch der Kinder, so kann der Schulvorstand für jede Versäumniß auch eine Strafe von 6 kr. ansetzen.

Die Strafverzeichnisse werden von sämmtlichen Mitgliedern des Schulvorstandes unterzeichnet und an die Regierungsbehörde zur Vollziehbarerklärung eingesandt.

Die Bürgermeister haben die ihnen von diesen Behörden zu remittirenden, vollziehbar erklärten Verzeichnisse dem Gemeinde-Einnehmer zur Erhebung zuzustellen.

Wo die Schulversäumnisse überhand nehmen, soll auf Antrag oder nach Anhörung des Schulvorstandes die monatliche Aufstellung der Schulversäumniß-Verzeichnisse durch die Bezirksschulcommission angeordnet werden. A. d. O.Sch.R., v. 27. Juni 1834, 21. Jan. 1836 u. 10. April 1836.

18) Der Schulvorstand schlägt die Art und Weise vor, wie, in Gemäßheit des Art. 21 des Edicts über das Schulwesen, die eingehenden Strafen verwendet werden sollen, und der Bürgermeister stellt, nach Maßgabe der Bestimmungen der Bezirksschulcommission, die erforderlichen Anweisungen auf die Gemeindekasse aus.

19) Diejenigen Eltern, mit deren Wissen und Willen die Kinder die Schule versäumt haben, werden, wenn sie aus öffentlichen Fonds Unterstützungen erhalten, von dem Schulvorstande den Verwaltungsbehörden dieser Fonds angezeigt, damit diese, nach den Umständen, die Einziehung oder Verminderung der Unterstützung verfügen können.

20) Haben in einem Quartale keine Schulversäumnisse stattgefunden, so ist das von dem Lehrer nach dem dafür bestimmten Formular auszustellende und von dem Mitgliede des Schulvorstandes, welches die Scheine über temporäre Befreiungen von dem Schulbesuche ausfertigt, mit zu unterschreibende Zeugniß an die Bezirksschulcommission einzusenden.

21) Es ist die Pflicht des Schulvorstandes darüber zu wachen, daß die Kinder mit den nöthigen Schulbüchern versehen sind. Er wird daher dafür sorgen, daß den Kindern armer Eltern solche aus der Gemeindekasse, namentlich aus den dafür bestimmten Schulversäumnißstrafen, angeschafft werden, und wird hinsichtlich derjenigen vermögenderen Eltern ꝛc., welche ihren Kindern keine Bücher anschaffen, bei der höheren Behörde die geeigneten Anträge machen, daß nach Art. 27 des Edicts über das Schulwesen verfahren werde.

Hiernach sollen nämlich die Bücher aus der Gemeindekasse vorlagsweise angeschafft und die Kosten von den vermögenden Eltern wieder erhoben werden.

22) Der Schulvorstand hat auch die öconomischen Interessen der Schule zu wahren und mit darauf zu sehen, daß das Schulvermögen ordnungsmäßig verwaltet, die Schulhäuser und Schulgeräthschaften in gehörigem Stande erhalten und die Gehalte der Lehrer richtig ausbezahlt werden, daß die Bestimmungen des Edicts über das Schulwesen, hinsichtlich des Schulgeldes, der Schulscheiter und sonstiger von Einzelnen zu leistenden Prästationen in Vollziehung kommen und daß überhaupt die Gemeinden ihren

Verbindlichkeiten, hinsichtlich der Aufbringung der Kosten des Schulunterrichts, Genüge leisten. (§ 370 oben.)

In dieser Beziehung hat der Schulvorstand insbesondere, vierzehn Tage vor Aufstellung des Gemeindevoranschlages, über die von der Gemeinde hinsichtlich des Schulbauwesens, so wie der für andere Bedürfnisse der Schule in Anspruch zu nehmenden Leistungen sich zu berathen und seine deßfallsigen schriftlichen Verhandlungen dem Bürgermeister zu übergeben, welcher solche dem Gemeinderathe bei Berathung des Gemeindevoranschlages vorlegt. Sind keine Bedürfnisse vorhanden, zu deren Bestreitung die Gemeinde in Anspruch zu nehmen wäre, so wird von dem Schulvorstande ein negatives Zeugniß ausgestellt und dem Bürgermeister mitgetheilt.

Sind Kirchen- oder Stiftungs-Fonds verpflichtet zur Bestreitung der Kosten des Schulunterrichts beizutragen, so ist wegen der Anforderung an die betreffenden Verwaltungsbehörden ein ähnliches Verfahren zu beobachten.

23) Die Errichtung und Emporbringung von Industrieschulen werden die Ortsschulvorstände nach Kräften unterstützen. Ed. Art. 29.

Eine ausführliche Anleitung für die Einrichtung der Industrieschulen und das darauf bezügliche Verfahren enthalten die A. des O.Sch.R. v. 16. Sept. 1833 u. 3. August 1842.

24) Die in der Gemeinde vorhandenen Privat-Elementar-Lehranstalten hat der Schulvorstand (in gemischten Gemeinden der Schulvorstand derjenigen Confession, zu welcher sich der Lehrer an der Privat-Lehranstalt bekennt) zu beaufsichtigen, und ist verbunden, wenn er findet, daß dieselben ihren Zweck als Unterrichtsanstalten verfehlen, der Bezirksschulcommission hierüber Anzeige zu machen.

In gleicher Weise stehen auch die in der Gemeinde sich etwa aufhaltenden Schulcandidaten unter der Aufsicht des Schulvorstandes.

Stirbt ein Schulcandidat, oder wählt er einen anderen Beruf, oder wechselt er seinen Wohnort, so hat der Schulvorstand alsbald der Bezirksschulcommission davon Anzeige zu machen. A. d. O.Sch.R. v. 11. März 1834.

25) In denjenigen Gemeinden, wo christliche Secten, Mennoniten 2c., oder Israeliten eigene Volksschulen haben, sind dieselben ebenfalls der Aufsicht des Ortsschulvorstandes, gleichwie die Volksschulen überhaupt, unterworfen.

Es soll indessen zur Theilnahme an den bezüglichen Berathungen ein Mitglied der betreffenden Religionsgemeinden durch die Bezirksschulcommission beigegeben werden. Ed. Art. 54 u. 71.

26) Den Schulvorständen ist ferner die möglichste Förderung auch des Unterrichts von Blinden und Taubstummen anempfohlen. A. d. O.Sch.R. v. 13. Juni 1838 u. der O.Stud.Dir. v. 15. März 1851 u. 8. Nov. 1852.

27) Derselbe wird ferner bemüht sein, die Handhabung der Verbote der Mißhandlung der Thiere, des Wegfangens von Singvögeln und Insecten vertilgenden Vögeln, des unerlaubten Besuches von Tanzmusiken und dergl. Ungehörigkeiten mehr, sorgsam zu überwachen und die Schuljugend von deren Uebertretung strengstens abzumahnen, bz. durch den Lehrer abmahnen zu lassen, und zurückzuhalten. A. d. O.Sch.R. v. 22. Okt. 1833, 17. Nov. 1835, 6. Sept. 1837 u. d. O.Stud.Dir. v. 6. April 1850.

28) Eben so wird derselbe das Verbot des Einsammelns freiwilliger Gaben und Beiträge in den unter seiner Aufsicht stehenden öffentlichen und Privat-Schulen aufrecht erhalten. A. des O.Sch.R. v. 7. Febr. 1844.

29) Bezüglich der nur unter der Leitung und oberen Aufsicht der Bezirksschulcommission verstatteten Lehrerconferenzen und Lesezirkel der Schullehrer hat der Schulvorstand die Befolgung der deßfalls in den A. des O.Sch.R. vom 3. Januar 1838 und der O.Stud.Dir. vom 28. Dezbr. 1850 ertheilten Vorschriften zu überwachen.

II. Abschnitt.

Lehrer und Lehrerinnen.

§ 384. Dienstverhältnisse. Die Anstellung der Schullehrer erfolgt durch das Ministerium des Innern, und zwar entweder durch unmittelbare Ernennung oder durch Bestätigung der zu Schulstellen Präsentirten.

Die Form der Präsentation schreibt die V. v. 19. Nov. 1808 vor.

Voraussetzungen für die Anstellung sind ein Alter von 24 Jahren, bei christlichen Schulen die christliche Confession, in welcher er Unterricht ertheilen soll, und die bestandene Staatsprüfung. Ed. Art. 1 u. 5 u. V. v. 23. Juni 1851.

§ 385. Die Schullehrer sind öffentliche Beamte im Sinne des Art. 187 des Strafgesetzbuches und daher die Verletzung ihrer Amts- und Dienst-Ehre von Amtswegen zu verfolgen. Dieselben dürfen sich indessen einer übertriebenen Gereiztheit und überspannten Meinung von sich selbst in dieser Beziehung nicht hingeben. A. des M. d. J. v. 15. Nov. 1843 u. E. dess. an d. Kr. v. 16. Juni 1847.

Sie sind angewiesen ihnen widerfahrene Ehrenkränkungen, vor Betretung des Rechtsweges, der vorgesetzten Behörde zu vorerstiger Entschließung zur Anzeige zu bringen. A. d. M. d. J. v. 16. März 1843.

§ 386. Von dem Lehrer wird, neben Erfüllung aller allgemeinen Menschen-, Bürger- und Christen-Pflichten, zugleich die genaueste Erfüllung seiner Standespflichten erfordert. Ed. Art. 1.

Er hat vor seinem Dienstantritt den Verfassungs- und Dienst-Eid abzuleisten. A. d. O.Sch.R. v. 13. Okt. 1834 und A. d. O.Stud.Dir. v. 7. Nov. 1849.

Bezüglich der besonderen Pflichten des Lehrers in religiöser und kirchlicher Hinsicht, so wie rücksichtlich seines öffentlichen Verhaltens, dienen ihm die Weisungen der vorgesetzten Schulbehörden, insbesondere die A. d. O.Sch.R. v. 10. Sept. 1833 u. 3. Febr. 1837 u. der O.Stud.Dir. v. 14. Jan. 1852, zur Richtschnur.

Alle über das Schulwesen von der Staatsregierung im Allgemeinen, so wie auch die besonderen den Schulvorständen ertheilten Vorschriften (s. § 383) sind, insoweit sie die Thätigkeit und Mitwirkung des Lehrers betreffen, auch von diesem pünktlich zu beobachten.

§ 387. Die Annahme von Nebenämtern, kirchliche Aemter ausgenommen, ist dem Lehrer, ohne zuvor eingeholte Erlaubniß der Oberstudiendirection, untersagt.

Es gilt dieß auch von der Uebernahme eigentlicher Bürgermeisterei-Schreiberstellen. Ed. Art. 6 und A. des O.Sch.R. vom 11. Sept. 1844.

§ 388. Gegen Lehrer, welche ihre Berufspflichten schwer verletzen oder durch ihr sittliches Betragen großes Aergerniß geben, soll von dem Ministerium des Innern, selbst ohne vorausgegangene geringere Disciplinarstrafen, die Entlassung verfügt werden können. Ed. Art. 9.

§ 389. Wo für Elementar-Mädchenschulen die Anstellung von Lehrerinnen zugelassen werden wird, gelten bezüglich derselben die nämlichen Bestimmungen wie für die Lehrer. Art. 11.

Die Anstellung der Industrie-Lehrerinnen auf Widerruf erfolgt jedoch durch die Oberstudiendirection.

§ 390. Eben so die vorübergehende Bestellung von Schulvicaren und Assistenten, deren Pflichtenkreis im Uebrigen mit demjenigen der Lehrer selbst übereinstimmend ist. A. d. O.Sch.R. v. 6. Okt. 1835, 6. Febr. 1836 u. 13. April 1837. Auch soll ihre Vereidigung in gleicher Weise stattfinden. A. dess. v. 7. Dezbr. 1842.

§ 391. Gehaltsverhältnisse. Die Unterhaltung des Lehrers und die Sicherung seines Einkommens ist überall, wo nicht eine besondere Verpflichtung deßhalb vorliegt, Verbindlichkeit der Gemeinde. Ed. Art. 41 u. 42.

Der Besoldungsanspruch beginnt mit dem Tage der Diensteinweisung. A. d. O.Sch.R. v. 12. Febr. 1833.

Wo für Schulstellen ständige Gehaltszulagen aus der Staatskasse verwilligt sind, erfolgt deren Auszahlung mittelbar durch die Gemeinde-Einnehmer. Unständige Bewilligungen und persönliche Zulagen werden dagegen aus der Staatskasse unmittelbar an die betreffenden Personen ausbezahlt. A. d. O.Sch.R. v. 20. März 1835.

§ 392. Wo das von den Eltern der die Schule besuchenden Kinder aufzubringende Schulgeld einen Theil des Einkommens des Lehrers bildet, soll dasselbe auf den Grund von dem Schullehrer aufgestellter und von dem Geistlichen und Bürgermeister beglaubigter Verzeichnisse, in der Regel durch den Gemeinde-Einnehmer, erhoben und an den Lehrer ausgeliefert werden. Das Schulgeld Unvermögender ist aus der Gemeindekasse zu entrichten. Edict Art. 43.

Der Lehrer hat Anspruch auf das Schulgeld der Kinder bis zu ihrem vollendeten 14. Jahre, daher auch für die mit Dispensation früher Confirmirten das Schulgeld bis dahin fortentrichtet werden muß. Dagegen sind Diejenigen, welche ihre Kinder in eine benachbarte Schule ihrer Confession schicken, weil eine Schule ihrer Confession sich nicht im Orte befindet, von der Entrichtung des Schulgeldes an die letztere befreit. A. d. O.Sch.R. v. 15. April 1834 u. 26. März 1836. — Vergl. auch oben § 383, Satz 16.

§ 393. Auch die Heitzung der Schule ist in der Regel Obliegenheit der Gemeinde. Eine Schulscheiter-Erhebung ist untersagt. Ed. Art. 44.

Die Veräußerung des Schul- und Besoldungs-Holzes durch den Lehrer ist verboten. A. d. O.Sch.R. v. 11. Sept. 1839.

§ 394. Der s. g. Wandeltisch, so wie der frühere Gebrauch der Abgabe von Victualien, namentlich Brod rc., an den Lehrer soll nicht mehr stattfinden, vielmehr in Leistungen verwandelt werden, welche wie das Schulgeld zu erheben und an den Lehrer abzuliefern sind. Ed. Art. 45 u. 46.

§ 395. An würdige und bedürftige Lehrer können besondere Unterstützungen aus den dazu, bz. zu anderen allgemeinen Schulzwecken, gegründeten Provinzial-Schulfonds verwilligt werden. Zur Dotirung dieser Fonds werden u. a. die reinen Erträgnisse erledigter Schulstellen verwendet und sollen von jeder Schulgemeinde jährlich 2 fl. beigetragen werden. G. v. 19. Febr. 1853.

§ 396. Es ist Pflicht der Gemeinde auch dem durch Alter oder andere unverschuldete Ursachen dienstunfähig gewordenen Lehrer einen entsprechenden Ruhegehalt zu verabreichen. Unter Umständen wird Unterstützung aus Staatsmitteln dazu gewährt. A. d. O.Sch.R. v. 23. August 1836.

§ 397. Die Zukunft der Wittwen und Waisen der Lehrer ist durch die Gründung einer eigenen Wittwenkasse vor Mangel geschützt. V. v. 9. Juli u. 18. Dezbr. 1819, 25. August 1829 und 16. Nov. 1847.

Die Art und Weise der den Schulvorständen obliegenden Anzeige von Sterbefällen der Schullehrer-Wittwen und Waisen bei dem Rechner der Schullehrer-Wittwenkasse bestimmt das A. des O.Sch.R. v. 20. Febr. 1835.

Die Beiträge und Accessgelder der Schullehrer werden von den Rechnern derjenigen Kassen, aus welchen dieselben ihre Besoldungen ganz oder theilweise beziehen, in der Regel also von den Gemeinde-Einnehmern, erhoben, und haben diese den Ersatz durch Aufrechnung wieder herbeizuführen. V. vom 17. April 1826 und 6. Sept. 1851.

Bei Schulstellen der untersten Klasse (bis zu 200 fl.) haben jedoch die Gemeinden ⅓ der Accesgelder und ⅔ der jährlichen Beiträge aus eigenen Mitteln zu entrichten. V. v. 25. Aug. 1829.

III. Abschnitt.

Schulvermögen.

§ 398. Das Vermögen der Unterrichtsanstalten steht unter verfassungsmäßigem Staatsschutz und kann dem Finanzvermögen nie einverleibt, zu anderen Zwecken auch nur mit ständischer Einwilligung verwendet werden. V.U. Art. 43 u. 44.

§ 399. Die Verwaltung des Schulvermögens und der Lokalschulfonds ist, insoweit nicht stiftungsmäßig andere Bestimmungen darüber getroffen oder besondere Lokalverwaltungsbehörden eingesetzt sind, den Ortsvorständen überlassen, und hat, wo nicht Besonderes verordnet ist, nach den allgemeinen Verwaltungsvorschriften zu geschehen. Die aufsehende Mittelstelle ist die Regierungsbehörde.

§ 400. Die für das Kirchenvermögen ertheilten Verwaltungsvorschriften sind in Ansehung folgender Punkte, vermöge ausdrücklicher Bestimmung der betreffenden Verordnungen und höchsten Entschließungen, beziehungsweise auch auf die Schulfonds anwendbar, nämlich:

1) bezüglich der Fertigung der Voranschläge: §§ 332 u. 333;
2) der Decreturen und Crediterweiterungen: §§ 334—337;
3) der Controle: § 338;
4) der Ausführung, Aufbewahrung, Revision und Prüfung der Schuld- und Pfand-Verschreibungen: §§ 344—347;
5) der unterlassenen Abtragung oder Anlegung verzinslicher Kapitalien: § 343;
6) der Beitreibung der Ausstände und Prozesse: § 351; doch ist der Syndikus p. c. von Führung der Prozesse der Schulen und weltlichen Stiftungen überhaupt nunmehr allgemein entbunden. E. d. O.C. an d. Kr. v. 9. Juli 1833;

7) der Prüfung und Abhör der Schulvakanzrechnungen durch die Regierungsbehörden: A. des M. des J. vom 9. April 1833; endlich

8) der Anstellung der Rechner und deren Geschäftsführung, so wie der Revision der Schulfonds-Rechnungen: §§ 352—356.

§ 401. Geringere Schulfonds sollen, wenn nicht Stiftungen entgegenstehen, gemäß Art. 66 der G.O. mit der Gemeinderechnung vereinigt werden. A. d. M. d. J. v. 6. Febr. 1833 u. 11. Sept. 1835.

§ 402. Zur Annahme von Schenkungen ist höhere Genehmigung erforderlich und daher deßhalb der Regierungsbehörde zur Veranlassung des Weiteren Vorlage zu machen. A. d. M. d. J. v. 21. März 1833.

IV. Abschnitt.

Schulgebäude.

§ 403. Unter der Voraussetzung des § 370 sind die Gemeinden verpflichtet für ein den Bedürfnissen der Schule entsprechendes Schullokal, für die Wohnung des Lehrers und für die dem etwa vorhandenen Schulgute entsprechenden Deconomiegebäude zu sorgen. Ed. Art. 46.

In der Provinz Rheinhessen gewährt der den Kirchen und Schulen gemeinsame Provinzial-Fond (§ 359) Unterstützung dazu.

§ 404. Wenn Gemeinden, welche bisher zu einer anderen Schule geschlagen waren, eigene Schulen erhalten, so hören mit der Aufgabe ihrer Rechte zugleich deren Leistungen zu dem Baue und zu der Unterhaltung der bisherigen Schule auf. Ed. Art. 48.

§ 405. Rücksichtlich der Achtsamkeit auf regelmäßige Unterhaltung, so wie die Anwendung weiser Sparsamkeit, ist dasselbe zu beobachten, was in Ansehung der geistlichen Gebäude im § 357 erörtert wurde.

§ 406. Auch besteht die Verpflichtung der Nutznießer zum Ausweißen und zu kleineren Reparaturen, insbesondere auch bei Dienstveränderungen, in demselben Maße wie bei den Inhabern geistlicher Gebäude. Vergl. oben die §§ 360 u. 361.

§ 407. Das Schulbauwesen soll, insoweit es ganz oder zum Theil von Gemeinden bestritten wird, wie Gemeindebauwesen, und, insoweit es ganz oder doch zunächst aus geistlichen oder Stiftungs-Fonds bestritten wird, wie das übrige aus solchen Fonds zu bestreitende Bauwesen (s. oben die §§ 362—366) behandelt werden. Regulativ v. 17. Sept. 1832.

§ 408. Schulgeräthschaften. Zu Anschaffung der erforderlichen Schulgeräthschaften an Tischen, Bänken, schwarzen Tafeln, Tabellen, Wandfibeln und Landkarten, so wie zum Ausweißen des Lehrzimmers, was jährlich wenigstens einmal — am passendsten in den Erndteferien — geschehen muß, haben die Gemeinden, in Ermangelung eigener und genügender Fonds, die Verpflichtung. Edict Art. 50.

XV. Abtheilung.

Gemeindeangelegenheiten.

I. Abschnitt.

Gemeindeverfassung.

§ 409. Ein Zusammenleben aller Staatsangehörigen in dem ausgedehnten Staatsgebiete ist nicht möglich. Das Bedürfniß des Gesellschaftslebens führt daher zu der Nothwendigkeit der Begründung engerer örtlicher Vereine der zum öffentlichen Leben verbundenen Familien, d. i. der Gemeinden.

Die gegenwärtige Bildung und Zusammensetzung der Gemeinden ist die Grundlage der Gemeinde-Eintheilung des Großherzogthums. G.O. Art. 1.

§ 410. Das Verfassungsgesetz für die Angelegenheiten der Gemeinden des Großherzogthums ist die Gemeindeordnung vom 30. Juni 1821.

Die Angelegenheiten der Gemeinden sind darnach auf der Grundlage eigener, selbstständiger Verwaltung durch von der Gemeinde Gewählte, unter der Oberaufsicht des Staates, geordnet. — Ein Anspruch auf die den Minderjährigen, als solchen, zustehenden Rechte kommt den Gemeinden nicht mehr zu. G. vom 21. Juni 1836.

§ 411. Keine Gemeinde darf sich bilden, umgestalten oder auflösen ohne Genehmigung der Staatsregierung. G.O. Art. 3.

§ 412. Jede Gemeinde soll mit einem bestimmten umgränzten Bezirk, welcher die Gemarkung heißt, versehen sein. Ausnahmsweise kann, wenn zwei Gemeinden eine gemeinschaftliche Gemarkung haben und in diesem Zustande zu verbleiben wünschen, die Staatsregierung diesem Wunsche entsprechen. G.O. Art. 2.

§ 413. Ein besonderes Gemarkungsrecht kommt denjenigen einzeln liegenden Höfen und Feld- oder Wald-Districten zu, welche nicht als Bestandtheil zu einer anderen Gemarkung gehörig sind. G. v. 13. April 1824, Art. 3.

§ 414. Grundbesitzungen, welche von einer und derselben oder von mehreren anderen Gemarkungen rings umschlossen werden (Enclaven), denen aber keine besondere (eigene) Gemarkung zusteht oder verliehen wird, und daher zu einer anderen Gemarkung gehören, fallen rücksichtlich der polizeilichen Aufsicht und der Erhebung der Staatsabgaben der sie zumeist umschließenden Gemarkung anheim. Die auf diese Weise eingemarkten Grundstücke können aber von den betreffenden Gemeinden zu keinen anderen Gemeindelasten zugezogen werden, als zu denjenigen, welche der ihnen zu Theil werdende polizeiliche Schutz veranlaßt. G.O. Art. 4 u. G. v. 23. Okt. 1830, Art. 4 u. 5.

§ 415. Die Grundsätze und Verfahrungsregeln für die Theilung gemeinschaftlicher, so wie die Vereinigung getrennter Gemarkungen bestimmt die G.O. Art. 5—7.

§ 416. Die Gränzen der Gemarkungen und die durch sie gebildeten Umfänge der Verwaltungsbezirke gehören den Verwaltungsgränzen an. Die Verhandlung und Regelung der deßfallsigen Verhältnisse ist daher in den Geschäftskreis der Regierungsbehörden verwiesen. Zur Entscheidung über

Gemarkungs-Gränzstreitigkeiten sind in I. Instanz der Administrativ-Justizhof, in letzter Instanz der Staatsrath zuständig. G. v. 23. Okt. 1830, Art. 6, und Kr.Instr. § 63.

§ 417. Die Verpflichtungen, welche den Gemeinden bezüglich der Regulirung und Begränzung der Gemarkungsgränzen, so wie den Bürgermeistern rücksichtlich ihrer deßfallsigen Mitwirkung obliegen, sind in der Abth. XXI, § 991, näher erörtert. Dieselben haben für ihre darauf bezüglichen Geschäftsverrichtungen keine Taggelder und keine Gebühren zu beziehen. E. d. M. d. J. an d. Kr. zu Gsn. u. Grünberg v. 17. Okt. 1853.

§ 418. Keine Gemeinde ist berechtigt sich eine besondere, von den Gesetzen abweichende Verfassung zu geben. Innerhalb der Gesetze ist jedoch die Regelung einzelner gesellschaftlicher Verhältnisse durch Gemeinde-Statuten mit Genehmigung der Regierung zulässig. G. v. 21. Juni 1852; s. §§ 552 u. 553.

§ 419. Bildung der Bürgermeistereien. Zum Zwecke der Lokalverwaltung ist jede Provinz in eine bestimmte Anzahl von Bürgermeistereien, welchen ein Ortsvorstand im engeren Sinne unter der Benennung Bürgermeister vorsteht, eingetheilt. Jede Gemeinde, die einen eigenen Ortsvorstand hat, so wie jede Vereinigung mehrerer Gemeinden in der Form der Verwaltung durch Wahl eines gemeinschaftlichen Ortsvorstandes bildet eine Bürgermeisterei.

Wenn nicht Lokalverhältnisse im Wege stehen, soll eine jede Bürgermeisterei in der Regel wenigstens 400 bis 500 Seelen haben, indem wo thunlich mehrere benachbarte Gemeinden einen gemeinschaftlichen Ortsvorstand erhalten sollen, wobei sie aber in dem Materiellen ihres Haushaltes getrennt bleiben. G.O. Art. 8.

§ 420. Ortsvorstand im weiteren Sinne. Den Ortsvorstand jeder Gemeinde bilden:

1) der Bürgermeister;
2) der Beigeordnete, oder die Beigeordneten, deren Anzahl die Staatsregierung bestimmt;
3) der Gemeinderath.

Der also gebildete Ortsvorstand ist der gesetzliche Stellvertreter der Gemeinde in allen Angelegenheiten, welche die Gemeinde und die Verwaltung ihres Vermögens betreffen. G.O. Art. 11 u. G. vom 8. Jan. 1852, Art. 1.

II. Abschnitt.

Ortsvorstandspersonen.

§ 421. 1) Bürgermeister. Der Bürgermeister ist der erste Ortsvorgesetzte und Gemeindebeamte und die handelnde und ausführende Behörde in der Gemeindeverwaltung. G.O. Art. 12.

Er trägt im Amte und bei allen öffentlichen Gelegenheiten als Dienstzeichen die durch die V. v. 31. Dez. 1853 vorgeschriebene silberne Medaille.

§ 422. Die Befugnisse und Obliegenheiten des Bürgermeisters als ersten Gemeindebeamten im Allgemeinen lassen sich in folgenden Sätzen zusammenfassen:

1) Ihm kommt die Leitung und Beaufsichtigung des ganzen Gemeindewesens und der gesammten Gemeindeverwaltung zu.
2) Er vorbereitet die Beschlüsse des Gemeinderaths, leitet und vertheilt die Geschäfte desselben und führt den Vorsitz bei seinen Sitzungen.
3) Die vollziehende Gewalt in den Gemeindeangelegenheiten steht ihm allein zu. Alle Gemeindeangehörigen und Bedienstete sind ihm in dieser Beziehung Folgsamkeit schuldig.
4) Er führt den Schriftwechsel mit Behörden und Privaten Namens der Gemeinde und vollzieht die amtlichen Beglaubigungen innerhalb seines Geschäftskreises.
5) Endlich liegt ihm die Aufbewahrung der Acten und Urkunden der Gemeinde ob.

§ 423. Sein allgemeiner dienstlicher Beruf stellt den Bürgermeister überall in der Gemeinde in die Mitte der für das Gemeinwohl wirkenden Anstalten und Kräfte. Es muß daher sein eifriges Bestreben sein, nach allen Richtungen hin das Rechte und Gute zu fördern, die Religion und öffentliche Sitte zu pflegen und überhaupt die allgemeine Wohlfahrt der ihm anvertrauten Gemeinde begründen zu helfen.

Ein eigenes Vorangehen mit gutem Beispiele wird zur Förderung dieser Bestrebungen besonders geeignet sein.

§ 424. Das Dienstverhältniß des Bürgermeisters zu der ihm vorgesetzten Regierungsbehörde, so wie zu den anderen Staatsbehören ist bereits oben Abth. **III** und Abth. **IV**, Absch. **I**, näher dargelegt.

In dem Verhalten gegen Untergebene hat der Bürgermeister Strenge mit Humanität zu vereinigen. Sein Benehmen gegen sie sei Achtung gebietend, aber zugleich Zutrauen erweckend. Als Mittel der Disciplin stehen ihm nur Warnungen und Verweise zu Gebot.

§ 425. Im Verhältnisse zu seinen Mitbürgern ist dem Bürgermeister vor Allem Wohlwollen, Gerechtigkeit und strenge Unparteilichkeit zu empfehlen. Er soll die Angelegenheiten derselben mit Fleiß, Gewissenhaftigkeit und Uneigennützigkeit besorgen. Die Annahme von Geschenken oder irgend welcher anderer unbefugter Vortheile in Bezug auf dienstliche Handlungen ist strafgesetzlich verboten. Str.G.B. Art. 450—453.

§ 426. Das Amt des Bürgermeisters ist ein Ehrenamt. Derselbe nimmt einerseits an der Ehrenstellung der Civilstaatsdiener Theil, andererseits liegen ihm aber auch im Allgemeinen deren Verpflichtungen ob, und er wird bei Dienstvergehungen nach den für diese geltenden strengen Normen beurtheilt. G.O. Art. 15 u. 18. G. v. 12. April 1820, Art. 22—24. A. d. M. d. J. v. 15. November 1843 u. Str.G.B. Art. 187, 190 u. 439—475.

Wenn gleich es nur angemessen erscheint, daß der Bürgermeister auf diese seine Dienstehre das höchste Gewicht legt und allen wirklichen Angriffen darauf mit den gesetzlichen Mitteln begegnet, so muß er doch auf das Dringendste verwarnt werden, nicht jedes unbewachte Wort, dessen wahre Bedeutung der Sprechende vielleicht gar nicht kannte, und nicht jeden Wortwechsel, der oft nur aus Privatverhältnissen seine Wurzel zieht, so fern er irgend wie auf das Amt überspringt, aufzugreifen und zum Gegenstande der gerichtlichen Klage zu machen. Eine solche übertriebene Gereiztheit würde nur zur Herbeiführung einer Schwächung des Vertrauens und der Liebe der Gemeindeangehörigen für ihn geeignet sein.

§ 427. Wenn der Bürgermeister veranlaßt ist, sich auf mehrere Tage aus seiner Bürgermeisterei zu entfernen, so hat er dies der vorgesetzten Behörde anzuzeigen, bz. Urlaub bei derselben einzuholen. V. v. 17. Juli 1820 u. a. Schultheißen-Instr. v. 1816, § 8.

§ 428. 2) Beigeordnete. Der Beigeordnete ist der Stellvertreter des Bürgermeisters, so bald dieser verhindert ist, oder wenn er von diesem zur Versehung einzelner Geschäfte beauftragt ist. Jede Bürgermeisterei hat einen oder mehrere Beigeordnete. Bei Verhinderung des Bürgermeisters tritt zunächst der erste Beigeordnete, bei dessen Verhinderung der zweite u. s. w. ein. In jeder Gemeinde, worin der Bürgermeister nicht wohnt, muß wenigstens ein Beigeordneter sein.

Was in den vorhergehenden §§ gesagt ist, gilt bz. auch von den Beigeordneten. G.O. Art. 21—23. Auch er trägt im Amte und bei öffentlichen Gelegenheiten als Dienstzeichen eine silberne Medaille. a. V. v. 1853.

§ 429. 3) Gemeinderath. Der Gemeinderath steht als berathende und mitaufsehende (controlirende) Behörde dem Bürgermeister zur Seite. G.O. Art. 24.

Seine Beschlüsse sind, wie dies die Erörterung der einzelnen Verwaltungsgegenstände näher ergeben wird, vielfältig für das selbstthätige Handeln des Bürgermeisters bedingend. Ihm ist die eigentliche Vertretung der Gesammtheit übertragen.

§ 430. Der Gemeinderath soll mindestens 9 und höchstens 30 Mitglieder haben. Gemeinden bis 2000 Seelen haben 9, von 2000 bis 4000 Seelen 12, von 4000 bis 10000 Seelen 15, von 10000 bis 20000 Seelen 18 und über 20000 Seelen 30 Mitglieder des Gemeinderaths.

Sollte jedoch eine Gemeinde nicht mehr als 9 Ortsbürger haben, welche zu Gliedern des Gemeinderaths wählbar sind, und dennoch keine Vereinigung mit einer benachbarten Gemeinde zu einem gemeinschaftlichen Gemeinderath zu Stande kommen, so besteht der Gemeinderath aus den sämmtlichen wählbaren Ortsbürgern, und wenn einige wegen ihrer Verwandtschaftsverhältnisse nicht zugleich wählbar sind, so geht der Aeltere vor. G. v. 8. Jan. 1852, § 7.

§ 431. Das Amt der Gemeinderäthe ist ebenfalls ein Ehrenamt, doch sind dieselben nicht als eigentliche öffentliche Beamte, auf welche im Falle der Beleidigung der Art. 187 des Str.-G.B. Anwendung erleidet, anzusehen. A. d. M. d. J. v. 12. November 1843.

§ 432. Bei Berathungen des Gemeinderaths über Gemeindesachen entscheidet Stimmenmehrheit, wobei die Stimme des Bürgermeisters und Beigeordneten mitzählt, und bei Stimmengleichheit entscheidet die Stimme des Vorsitzenden. Zur Gültigkeit der Berathung gehört, daß alle Mitglieder des Gemeinderaths zur Versammlung eingeladen wurden, daß wenigstens ⅔ derselben erschienen sind und abgestimmt haben, und daß das Resultat der Berathung niedergeschrieben und von den Abstimmenden unterschrieben wird. G.O. Art. 31.

§ 433. Die Berathungen des Ortsvorstandes sind ihrem Gegenstande nach auf Gemeindeangelegenheiten beschränkt.

Der Gemeinderath versammelt sich jährlich einmal regelmäßig, und zwar nach der mit Rücksicht auf die örtlichen Verhältnisse erfolgenden Bestimmung der Staatsregierung entweder vom 1. Mai an, oder vom 1. Juni an auf höchstens 14 Tage, außerdem nur in den gesetzlich vorgesehenen einzelnen Fällen, oder auf ausdrückliche Ermächtigung der vorgesetzten Regierungsbehörde.

Die einzelnen Fälle, in welchen Gesetze oder höhere Vorschriften eine Berathung des Gemeinderaths erfordert, bz. zuläßt, zählt d. A. d. M. d. J. v. 9. März 1836 auf. Zugleich enthält dasselbe das Verbot sowohl eigenmächtiger Versammlungen der Mitglieder des Gemeinderaths, als auch der Berathung von Gegenständen in den im Uebrigen verstatteten Versammlungen, welche nicht unter jene Fälle gehören, oder wozu nicht besondere Ermächtigung ertheilt ist; Alles unter Androhung von Ordnungsstrafe.

Die regelmäßige Versammlung im Monat Mai ist der Prüfung der Rechnung für das verflossene Jahr, der Prüfung des Voranschlags für das künftige Jahr und der Berathung über Verbesserung in der Verwaltung des Gemeindevermögens überhaupt bestimmt. G.O. Art. 32 u. 33.

§ 434. Die Oeffentlichkeit der Gemeinderathssitzungen ist gesetzlich nicht verordnet.

Die Staatsregierung legt derselben, wo sie einmüthig gewünscht wird, keine Hindernisse in den Weg, sie will aber auch dem Einzelnen keinen Zwang in dieser Hinsicht angethan wissen. Es wird deshalb, wo Oeffentlichkeit stattfinden soll, dafür Einstimmigkeit der Mitglieder des Gemeindevorstandes erfordert. A. d. M. d. J. v. 4. Juli 1851.

§ 435. Wahl, bz. Ernennung, des Ortsvorstandes. G. v. 8. Jan. 1852.

(Art. 2.) Der Bürgermeister und die Beigeordneten werden von der Staatsregierung aus den gewählten Mitgliedern des Gemeinderaths ernannt, dessen Mitglied sie bleiben.

Wenn mehrere Gemeinden zu einer Bürgermeisterei vereinigt sind, so kann der Bürgermeister aus den Mitgliedern der Gemeinderäthe sämmtlicher vereinigten Gemeinden ernannt werden.

§ 436. (Art. 3, 4 u. 6.) Die Ernennung des Bürgermeisters und Beigeordneten erfolgt entweder für die Zeit bis zur nächsten regelmäßigen Ergänzung des Gemeinderaths oder auf so lange, als der Ernannte zum Mitglied des Gemeinderaths erwählt ist.

Der Ernannte kann die Ernennung ablehnen. Auch kann er das von ihm angetretene Amt jeder Zeit niederlegen, muß aber dasselbe, wenn nicht der Fall völliger Verhinderung vorliegt, nach Anzeige der Niederlegung noch drei Monate auf Verlangen der Staatsregierung fortversehen.

§ 437. (Art. 8.) Die Wahl der Mitglieder des Gemeinderaths erfolgt auf neun Jahre.

Alle drei Jahre (Art. 39 u. 48) tritt ein Drittheil derselben aus und wird durch neue Wahl ersetzt. Die abtretenden Mitglieder können wieder gewählt werden, sind aber zur Annahme der neuen Wahl vor Ablauf von drei Jahren nicht verbunden.

§ 438. Stimmfähigkeit und Wählbarkeit.

(Art. 9.) Stimmfähig bei der Wahl des Gemeinderaths sind nur Staatsbürger, welche das 25. Lebensjahr zurückgelegt haben, auch seit Anfang des Jahres, in welchem die Wahl stattfindet, Personalsteuer entrichten.

Diejenigen activen Militärpersonen und diejenigen Invaliden, welche gesetzlich Personalsteuer nicht zu entrichten haben, sind unter den sonstigen Voraussetzungen dann stimmberechtigt, wenn sie ihrer Wohnung nach Personalsteuer zu entrichten haben würden.

Die nach Art. 10 des Gesetzes v. 15. Juni 1827 unter Nr. 1 bestehende Befreiung von der Personalsteuer schließt die Stimmberechtigung nicht aus.

(Art. 10.) Unter Voraussetzung der im Art. 9 bezeichneten Eigenschaften sind, in so fern sie in der Gemeinde seit einem Jahre Heimath und festen Wohnsitz, die Militärpersonen ihren Standort, haben, stimmfähig:

1) alle Ortsbürger,
2) alle anderen Einwohner, die in den Städten Darmstadt, Mainz, Gießen, Offenbach, Worms und Bingen zur sechsten, in anderm

Gemeinden zur siebenten oder einer höheren Klasse der Personalsteuerpflichtigen gehören.

(Art. 11.) Stimmberechtigt sind diejenigen nicht, welche

1) in der Ausübung des Staatsbürgerrechts gehindert sind (vergl. Abth. XI, § 232), oder
2) wegen Diebstahls, Betrugs, Unterschlagung, Fälschung oder Meineids zu einer Strafe, oder wegen eines sonstigen im Straf- oder Militärstrafgesetzbuch genannten gemeinen Verbrechens oder Vergehens zur Dienstentsetzung oder zu einer Freiheitsstrafe von einem Jahre oder länger, die Festungsstrafe wegen Zweikampfs jedoch ausgenommen, oder wegen eines rein militärischen Vergehens zu einer einfachen Festungsstrafe von vier Jahren oder mehr, oder zu einer strengen Festungsstrafe von zwei Jahren oder mehr, oder zur Stellung unter polizeiliche Aufsicht rechtskräftig verurtheilt worden sind, oder
3) in den letztvergangenen zwölf Monaten auf den Grund des zweiten Absatzes des Art. 24 des Forststrafgesetzes vom 4. Februar 1837 [12]) oder des zweiten Absatzes des Art. 41 des Feldstrafgesetzes vom 21. Sept. 1851 [13]) wegen wiederholter Entwendung in Freiheitsstrafe verurtheilt worden sind, oder
4) in den letztvergangenen zwölf Monaten wegen Landstreicherei oder Bettelei rechtskräftig verurtheilt worden sind, oder welche
5) zur Zeit der Wahl zu ihrem Lebensunterhalte eine nicht blos vorübergehende Armenunterstützung aus öffentlichen Mitteln beziehen, oder in den letzten der Wahl vorhergegangenen zwölf Monaten bezogen haben.

Die Ausschließung von der Stimmberechtigung wegen Stellung unter polizeiliche Aufsicht tritt jedoch nur während der Dauer derselben ein.

---

12) Derselbe lautet: Wer als Gewohnheitsfrevler schon einmal gestraft worden ist und im nächsten Quartal wieder frevelt und von dem Forststrafrichter fortwährend wegen neu begangener Frevel als Gewohnheitsfrevler anerkannt wird, ist, außer der festgesetzten Strafe, mit einer Correctionshausstrafe von drei bis vier Wochen zu belegen.

13) Derselbe lautet: Hatte gegen den Frevler im Laufe des letzten Jahres eine mehr als zweimalige Bestrafung stattgefunden, so tritt, neben der in den Art. 33—37 vorgesehenen Geldstrafe, Gefängnißstrafe bis zu sechs Wochen ein.

§ 439. (Art. 12.) Die Wähler werden behufs der Wahl in drei Abtheilungen gesondert.

In Gemeinden, in welchen die Anzahl der Wähler nur 30 oder weniger beträgt, findet jedoch eine solche Abtheilung nicht statt, und es kommen in diesen Gemeinden die Bestimmungen dieses Gesetzes nur in so weit zur Anwendung, als sie nicht auf die Abtheilung der Wähler sich beziehen und durch dieselbe bedingt sind.

Die Bildung der Abtheilungen erfolgt nach Maßgabe der von den Wählern an directen Steuern zur Staatskasse zu entrichtenden Summe, und zwar in der Art, daß auf jede Abtheilung ein Drittheil der Gesammtsumme der Steuerbeiträge aller Wähler fällt.

(Art. 13.) Die erste Abtheilung besteht aus denjenigen Wählern, auf welche die höchsten Steuerbeiträge bis zum Belauf eines Drittheils der Gesammtsteuersumme der Wähler fallen. Die zweite Abtheilung besteht aus denjenigen Wählern, auf welche die nächst niedrigeren Steuerbeiträge bis zur Gränze des zweiten Drittheils der Summe fallen. Die dritte Abtheilung endlich besteht aus den am niedrigsten besteuerten Wählern, welche zusammen das letzte Drittheil der Summe entrichten.

(Art. 14.) Die Steuerzahlung wird nur nach den Steuerlisten für die Gemarkung der Gemeinde angerechnet; die Zurechnung von Steuern, die in anderen Gemarkungen entrichtet werden, findet nicht statt.

Steuerzahlungen, welche von einer Handelsgesellschaft zu leisten sind, oder welche auf Objecten haften, die in Miteigenthum stehen, werden den einzelnen Gesellschaften, beziehungsweise Miteigenthümern, nach Maßgabe ihrer Berechtigung angerechnet.

Ist die Größe der Berechtigung der einzelnen Betheiligten an einer Handelsgesellschaft oder an einem sich im Miteigenthum befindenden Gegenstande der Wahlcommission nicht bekannt, so fordert die Wahlcommission die im Orte anwesenden Betheiligten zur Angabe der einzelnen Berechtigungsantheile innerhalb 24 Stunden auf. Wird diese Frist nicht eingehalten, so wird angenommen, daß die Betheiligten zu gleichen Theilen berechtigt sind.

Steuerzahlungen der Ehefrau werden dem Ehemanne, Steuerzahlungen der minderjährigen, beziehungsweise in väterlicher Gewalt befindlichen, Kinder werden dem Vater angerechnet.

(Art. 15.) Jeder Wähler kann nur Einer Abtheilung angehören, auch dann, wenn er mehr als ein Drittheil der Gesammtsteuer zahlt. In die erste, beziehungsweise zweite, Abtheilung gehört auch Derjenige, dessen Steuerbeitrag nur theilweise in das erste oder zweite Drittheil fällt.

Wenn bei Aufstellung der Liste der Wähler für die ersten zwei Abtheilungen sich ergibt, daß von mehreren Wählern Jeder einen gleichen Steuerbeitrag entrichtet, während nur ein Theil derselben nach der Berechnung des Drittheils der Steuern in eine jener Abtheilungen kommen könnte, so sollen diese Gleichbesteuerten doch sämmtlich der ersten, beziehungsweise der zweiten, Abtheilung zugetheilt werden.

(Art. 16.) Sowohl die zweite als die erste Abtheilung soll überall aus nicht weniger als 5 Wählern, in den Gemeinden, deren Gemeinderath aus 12 Mitgliedern gebildet wird, wenigstens aus 7 Wählern, in Gemeinden, deren Gemeinderath aus 15 Mitgliedern gebildet wird, wenigstens aus 9, in Gemeinden, deren Gemeinderath aus 18 Mitgliedern gebildet wird, wenigstens aus 10, und in Gemeinden, deren Gemeinderath aus 30 Mitgliedern gebildet wird, wenigstens aus 18 Wählern bestehen, wenn auch die Steuerbeiträge einer geringeren Anzahl schon ein Drittheil der Gesammtsteuersumme erreichen oder übersteigen.

§ 440. (Art. 17.) Wählbar zum Mitgliede des Gemeinderaths ist jeder stimmfähige Ortsbürger (Art. 10, Nr. 1), welcher nicht nach Art. 11 an der Ausübung der Stimmberechtigung gehindert ist, und zwar für jede Abtheilung ohne Rücksicht darauf, zu welcher Abtheilung der Gewählte selbst gehört.

Jede rechtskräftige Verurtheilung wegen gewerbsmäßigen Wuchers, wegen Ehebruchs, Unzucht oder Verletzung der Schamhaftigkeit, so wie die rechtskräftige Verurtheilung wegen Bestechung in den Fällen der Art. 450, Nr. 2, Art. 451, Nr. 1, und Art. 454, Nr. 2, des Str.G.B. schließt von der Wählbarkeit aus.

(Art. 18.) Wenn ein nach den Bestimmungen der vorhergehenden Artikel stimmberechtigter oder wählbarer Staatsbürger von einem ausländischen Gericht wegen eines im Straf- oder Militärstrafgesetzbuch genannten Verbrechens oder Vergehens rechtskräftig in eine Strafe verurtheilt worden ist, so hat, wenn in Folge dessen dem Verurtheilten die Stimmberechtigung, beziehungsweise die Wählbarkeit, im Inland bestritten wird, das zuständige inländische Gericht zu erkennen, ob diese Folge den Verurtheilten treffen soll.

(Art. 19.) Jede Wahl verliert ihre Wirkung mit dem Aufhören der Bedingungen der Wählbarkeit.

Auch hat Hinderung in der Ausübung des Staatsbürgerrechts jedesmal die Suspension vom Amte eines Bürgermeisters, Beigeordneten oder Gemeinderathsmitgliedes zur Folge.

§ 441. (Art. 20.) Ausgenommen von der Wählbarkeit sind:

1) Militärpersonen während des Dienstes,
2) Geistliche und Schullehrer, so wie diejenigen activen Staatsbeamten, welche zu einer dem Gemeindevorstande vorgesetzten Verwaltungsbehörde gehören, nicht weniger die Justizbezirksbeamten, nämlich die Stadt- und Landrichter, die Friedensrichter, Stadt- und Langerichtsassessoren und Ergänzungsrichter bei den Friedensgerichten.

(Art. 21.) Auch dürfen die Mitglieder des Gemeinderaths nicht in aufsteigender oder absteigender Linie mit einander verwandt sein, und es ist ein Bruder durch den anderen ausgeschlossen. Unter solchen Verwandten schließt der früher Gewählte den später Gewählten, bei gleichzeitiger Wahl und gleicher Stimmenzahl der Aeltere den Jüngeren, aus; sonst entscheidet die Stimmenzahl.

(Art. 22.) Der Gewählte kann außer dem Falle des Art. 8 die Wahl alsdann ablehnen, wenn er das 60. Lebensjahr zurückgelegt hat, oder wenn er activer Staatsbeamter ist.

§ 442. Wahlverfahren. [14])

(Art. 23.) Zur Besorgung der Vorbereitungen der Wahl wird in jeder Gemeinde eine Wahlcommission gebildet, bestehend aus dem Bürgermeister oder dem Beigeordneten und aus 2 durch das Loos gewählten Mitgliedern des Gemeinderaths. Sollten dieselben ihre Mitwirkung ablehnen, so zieht der Bürgermeister oder Beigeordnete für jedes ablehnende Mitglied einen der älteren stimmberechtigten Einwohner zu.

---

14) Eine besondere Anleitung für dieses Verfahren nebst dazu gehörigen Formularien ist von dem Min. d. J. am 20. Febr. 1852 erlassen; s. A. v. dems. Datum.

(Art. 24.) Vor der Wahl ist eine Liste aller Stimmfähigen, mit Angabe des Betrags, welchen jeder derselben an Personal-, Gewerbe- und Grundsteuer zusammen zu zahlen hat, und zwar gesondert nach den vorgeschriebenen Abtheilungen, aufzustellen, und, nachdem dies zuvor durch öffentliche Bekanntmachung angezeigt worden ist, zu Jedermanns Einsicht 3 Tage lang aufzulegen, damit gegen den Inhalt der Liste Einwendungen, die nur in dieser Frist zulässig sind, vorgebracht werden können.

(Art. 25.) Nach Ablauf der 3tägigen Frist ist von dem Wahlcommissär über die vorgebrachten Einwendungen binnen 2 Tagen zu entscheiden.

Gegen diese Entscheidung findet der Recurs an die vorgesetzte Regierungsbehörde statt. Derselbe muß jedoch binnen einer unerstrecklichen Frist von 3 Tagen, vom Tage der Bekanntmachung der Entscheidung an gerechnet, bei Vermeidung des Verlustes, bei der Wahlcommission angezeigt werden, worauf diese die Liste mit der dazu gehörigen Verhandlung unverzüglich an die Regierungsbehörde, bei welcher der Recurs binnen derselben Frist zu rechtfertigen ist, zur endgültigen Entscheidung einsendet.

Es wird nach den von der Wahlcommission, bz. der Regierungsbehörde, ertheilten Entscheidungen von jener die Liste festgestellt.

Nur diejenigen sind zur Theilnahme an der Wahl berechtigt, welche in die festgestellte Liste aufgenommen sind.

(Art. 26.) Die Wahl wird von einem Regierungscommissär geleitet, welcher dabei 2 durch das Loos gewählte Mitglieder des Gemeinderaths zuzieht und dazu aus jeder der Abtheilungen, wo solche bestehen, einen Wähler nach seiner Bestimmung einzuladen hat, damit diese Eingeladenen als Urkundspersonen der Verhandlung beiwohnen mögen.

Sollten die Mitglieder des Gemeinderaths ihre Mitwirkung ablehnen, so zieht der Regierungscommissär für jedes fehlende oder seine Mitwirkung ablehnende Gemeinderathsmitglied einen der älteren stimmberechtigten Einwohner zu.

Die Wahl erfolgt, nachdem Tag und Stunde, so wie das Lokal derselben, mindestens dreimal vierundzwanzig Stunden (drei volle Tage) vorher in der Gemeinde bekannt gemacht worden ist: [15])

1) in Gemeinden, in denen wegen der geringen Anzahl der Stimmberechtigten (Art. 12) eine Abtheilung nach Klassen nicht geschieht, an Einem Tage von 9 bis 12 Uhr des Vormittags oder von 1 bis 4 Uhr des Nachmittags;
2) in Gemeinden von über 30 bis 150 Stimmberechtigten ebenfalls an Einem Tage, und zwar für die dritte Abtheilung Vormittags von 9 bis 12 Uhr, und für jede der beiden anderen Abtheilungen an zwei Stunden des Nachmittags;
3) in Gemeinden von über 150 bis 400 Stimmberechtigten an zwei auf einander folgenden Tagen, und zwar am ersten von 9 bis 1 Uhr für die dritte Abtheilung, und am folgenden Tage Vormittags von 9 bis 12 Uhr für die zweite und Nachmittags von 2 bis 4 Uhr für die erste Abtheilung;
4) in Gemeinden von 400 Stimmberechtigten bis zu der Zahl von 4000 Seelen an drei Tagen; an den beiden ersten Tagen für die dritte Abtheilung, am dritten Tage Vormittags von 9 bis 12 Uhr für die zweite Abtheilung und Nachmittags von 2 bis 4 Uhr für die erste Abtheilung;
5) in Gemeinden von mehr als 4000 Seelen bleibt es dem Ermessen der Regierungsbehörde überlassen, die Anzahl der Wahltage mit Rücksicht auf die zu errichtenden Wahlbureau's zu bestimmen. — In diesen Gemeinden findet die Wahl von 8 bis 12 Uhr Vormittags und von 2 bis 5 Uhr Nachmittags statt.

Die wie vorsteht festgesetzten Stunden sollen in der Regel streng eingehalten werden. Sollte in einzelnen Fällen aus bestimmter Veranlassung eine Abweichung hiervon angemessen erscheinen, so ist jedenfalls die in dem Gesetze festgesetzte Stundenzahl und die in dem Wahlausschreiben vorbestimmte Zeit des Anfangs und Schlusses der Wahlhandlung einzuhalten, und es darf die Wahl in einer Abtheilung vor der bestimmten Schlußzeit nur dann geschlossen werden, wenn entweder alle Stimmberechtigten dieser Abtheilung abgestimmt,

---

15) In der desfallsigen Bekanntmachungs-Bescheinigung soll von dem Bürgermeister jedesmal der Tag der Bekanntmachung angegeben werden. A. d. M. d. J. v. 2. Dez. 1852.

oder vor dem Schluß der Wahl in schriftlicher, von dem Bürgermeister beglaubigter, Erklärung auf Ausübung ihres Stimmrechts Verzicht geleistet haben. A. d. M. d. J. v. 24. Dez. 1852.

(Art. 27.) Wenn mehrere Gemeinden einen gemeinschaftlichen Gemeinderath haben, so wird die Wahl nur in einer und zwar derjenigen Gemeinde vorgenommen, welche die meisten Seelen zählt, oder welche bei gleicher Seelenzahl von der Regierungsbehörde als Wahlort bezeichnet wird.

In größeren Gemeinden ist die Abstimmung nach einer angemessenen Eintheilung in verschiedenen Wahlzimmern gleichzeitig vorzunehmen, damit die vorhandene größere Anzahl von Wählern in der gegebenen Zeit dazu gelangen kann.

In jedem besondern Wahlzimmer wird die Leitung der Wahl von einem durchs Loos bestimmten Mitgliede des Gemeinderaths und zwei andern stimmberechtigten Einwohnern besorgt, welche der Regierungscommissär hierzu bestellt. Es sind auch für diese verschiedenen Wahlzimmer Urkundspersonen von der Wahlcommission einzuladen.

(Art. 28.) Jeder Wähler zieht in dem Wahlzimmer einen der auf der einen Seite mit fortlaufenden Nummern versehenen Stimmzettel und legt denselben, nachdem er auf jener Seite die Bezeichnung Derjenigen, welche er zu wählen beabsichtigt, entweder selbst eingetragen hat oder hat eintragen lassen, in den verschlossenen Stimmkasten. Ueber die ganze Wahlhandlung ist ein Protokoll aufzunehmen, welches die Namen der Abstimmenden, jede Abstimmung mit Angabe der Nummer des betreffenden Stimmzettels, so wie auch das Ergebniß der Zusammenstellung der Stimmen enthalten muß. Es wird von dem Regierungscommissär und den von ihm zugezogenen Mitgliedern des Gemeinderaths unterschrieben; es werden ihm die Stimmzettel und die sonstigen das Wahlgeschäft betreffenden Actenstücke beigefügt.

Andere als bei der Wahl ausgetheilte Stimmzettel, so wie solche, welche aus dem Wahlzimmer verbracht worden, sollen nicht zugelassen werden; Stimmzettel, welche den Gewählten nicht hinreichend erkennbar bezeichnen, bleiben bei der Zusammenstellung unberücksichtigt. Eines jeden solchen Umstandes muß jedoch im Protokolle Erwähnung geschehen. Gewählt sind Diejenigen, welche die meisten Stimmen erhalten haben; bei Stimmengleichheit entscheidet das Loos.

(Art. 29.) Jede Abtheilung der Wähler wählt ein Drittheil der zu wählenden Mitglieder des Gemeinderaths.

(Art. 30.) Es stimmt zuerst die dritte Abtheilung der Wähler ab, dann erfolgt die Abstimmung in der zweiten Abtheilung und zuletzt die Abstimmung in der ersten Abtheilung.

(Art. 31.) Das Ergebniß der Abstimmung in der dritten Abtheilung wird den Wählern der zweiten Abtheilung, das Ergebniß der Abstimmung in diesen beiden Abtheilungen den Wählern der ersten Abtheilung vor dem Beginn ihrer Abstimmung jedesmal in der Weise bekannt gemacht, daß die Namen der schon gewählten Mitglieder des Gemeinderaths im Lokal der noch vorzunehmenden Abstimmungen angeschlagen werden.

(Art. 32.) Bei Feststellung des Ergebnisses der Abstimmung in der zweiten und in der ersten Abtheilung werden Stimmen für Diejenigen, welche bereits in der dritten, beziehungsweise zweiten, Abtheilung gewählt sind, und ferner für Diejenigen nicht berücksichtigt, welche nach Art. 21 durch schon gewählte Verwandte ausgeschlossen sind.

(Art. 33.) Unmittelbar nach der Wahl sind die Namen der Gewählten auf ortsübliche Weise öffentlich, den Gewählten die auf sie gefallene Wahl durch besondere Verkündigung mit dem Anfügen bekannt zu machen, daß jeder Stimmberechtigte, so wie jeder Gewählte binnen 3tägiger unerstrecklicher Frist, vom Tage nach der Bekanntmachung an gerechnet — während welcher Frist das Wahlprotokoll mit allen Anlagen eingesehen werden kann — Einwendungen gegen die Wahl oder gegen die Gewählten, beziehungsweise auch eine Ablehnung der Wahl, bei Vermeidung des Ausschlusses, bei der vorgesetzten Regierungsbehörde vorbringen könne. [16])

---

16) Mit Rücksicht auf den Art. 56 d. G.O. ist durch A. d. M. d. J. v. 10. Aug. 1852 bestimmt, daß dem Gemeindeeinnehmer zu erklären frei stehen soll:
„Er sei bereit den Gemeindeeinnehmerdienst niederzulegen, falls die
„Großherzogliche Staatsregierung ihn zum Bürgermeister (Beigeordneten)
„ernennen sollte."

Im Falle der zum Gemeinderathsmitglied gewählte Gemeindeeinnehmer seine bisherige Stelle beibehalten zu wollen ausdrücklich erklärt, oder eine Erklärung über die Annahme der Wahl innerhalb der gesetzlichen Frist nicht abgibt, sonach angenommen wird, daß er die Wahl ablehne, so ist für denselben nach Art. 35 d. G. eine Neuwahl vorzunehmen.

(Art. 34.) Die vorgesetzte Regierungsbehörde, welcher nach Ablauf der im Art. 33 bestimmten Frist die sämmtlichen Wahlacten zuzusenden sind, legt diese, nebst den bei ihr etwa eingekommenen Einwendungen, dem Administrativjustizhofe vor, welcher die Gesetzlichkeit der Wahl und die gesetzlichen Eigenschaften der Gewählten zu prüfen und darüber, wie über die vorgebrachten Einwendungen und Ablehnungen, zu entscheiden hat.

Gegen die Entscheidung des Administrativjustizhofes findet bei einer Bestätigung der Wahl von Seiten Desjenigen, welcher Einwendung dagegen gemacht hat, bei einer Verwerfung der Wahl von Seiten eines jeden Gewählten, des Gemeinderaths und eines Jeden, welcher abgestimmt hat, wie auch, im Falle eine Ablehnung für unstatthaft erkannt worden ist, von Seiten des Ablehnenden der Recurs an die vorgesetzte Stelle statt.

Der Recurs muß jedoch, bei Verlust desselben, binnen 8 Tagen unerstrecklicher Frist, vom Tage nach der Bekanntmachung der Entscheidung an gerechnet, bei dem Administrativjustizhof angezeigt und binnen weiterer 8 Tage gerechtfertigt werden, worauf dieser die Acten unverzüglich zur endgültigen Entscheidung an die höhere Stelle einzusenden hat.

(Art. 35.) Für den Ablehnenden tritt, sobald die Ablehnung für statthaft erkannt ist, eine Neuwahl ein in der Abtheilung, von welcher der Ablehnende gewählt worden war.

Bezüglich der Bekanntmachung und Entscheidung finden die Vorschriften der Art. 33 u. 34 Anwendung.

§ 443. **Regelmäßige Ergänzungs- und außerordentliche Ersatzwahlen.**

(Art. 39.) Die drei Jahre, nach welchen (Art. 8) eine regelmäßige Ergänzung des Gemeinderaths eintritt, werden vom 1. Januar des ersten bis zum 31. Dezember des dritten Jahres berechnet.

Die Wahlen zur Ergänzung sollen so frühzeitig vorgenommen werden, daß der Amtsantritt für die Neugewählten mit dem 1. Januar des ersten Jahres der Wahlperiode erfolgen kann. Wenn wegen eingetretener Hindernisse dies nicht stattfinden kann, so bleiben die Mitglieder, welche auszuscheiden hätten, so lange im Amte, bis der Eintritt der Neugewählten erfolgt.

(Art. 40.) Bei der regelmäßigen dreijährigen Ergänzungswahl werden zugleich die in der Zwischenzeit abgegangenen Mitglieder ersetzt.

(Art. 41.) Außer der regelmäßigen Ergänzungswahl findet zum Ersatz von Mitgliedern des Gemeinderaths, abgesehen von der Gesammtwahl im Falle der Auflösung, eine Wahl statt:

1) wenn in der Zwischenzeit mehr als $\frac{1}{3}$ der gesetzlichen Anzahl abgegangen ist, oder
2) wenn sie auch bei geringerem Abgang von der Regierung besonders angeordnet oder vom Gemeinderath beantragt wird.

(Art. 42.) Bei den außerordentlichen Ersatzwahlen werden, mit Zugrundlegung der zum Behufe der vorausgegangenen regelmäßigen Wahl oder Ergänzungswahl nach Art. 24 aufgestellten Liste, die durch Tod oder Verlust der Stimmfähigkeit abgegangenen Stimmberechtigten in derselben gestrichen und die neu hinzu gekommenen in der Weise darin aufgenommen, daß Diejenigen, welche eben so viel oder mehr Steuern bezahlen, als der mit dem geringsten Steuerbetrag in einer Abtheilung zuletzt Aufgeführte, in diese Abtheilung eingereiht werden.

(Art. 43.) Alle Ergänzungs- und Ersatzwahlen werden von denselben Abtheilungen vorgenommen, von welchen der Abgegangene gewählt war.

(Art. 44.) Ist die Zahl der regelmäßig alle drei Jahre austretenden und zu ersetzenden Mitglieder des Gemeinderaths nicht durch 3 theilbar, so erfolgt der Austritt und der Ersatz der Zahl, welche die durch 3 zu theilende übersteigt, nach Ablauf der ersten dreijährigen Wahlperiode aus der ersten Abtheilung, nach Ablauf der zweiten Wahlperiode aus der zweiten Abtheilung und nach Ablauf der dritten Wahlperiode aus der dritten Abtheilung.

(Art. 45.) Der nach Art. 40 u. 41 zum Ersatz Gewählte bleibt nur bis zum Ende der neun Jahre im Amte, auf welche der Abgegangene gewählt war.

(Art. 46.) In allen Fällen, in welchen gleichzeitig gewählte Mitglieder eine Dienstzeit von verschiedener Dauer anzutreten haben, sind Diejenigen für die längste Dauer gewählt, welche in der Abtheilung, in welcher sie gewählt sind, die meisten Stimmen erhalten haben. Bei Stimmengleichheit entscheidet das Loos.

§ 444. Allgemeine Bestimmungen.

(Art. 47.) Die Regierung wird zur Ausführung dieses Gesetzes die Wahlen der Ortsvorstände innerhalb der Jahre 1852 und 1853 vornehmen lassen.

Die Dauer des Amtes für die Neugewählten wird in Anwendung des Art. 39 im ersten Absatz von dem 1. Januar 1853 an gerechnet, ohne Rücksicht darauf, ob der Eintritt des Gewählten in das Amt, mit welchem die Wirksamkeit der bisherigen Gemeinderäthe erlischt, vor, bz. mit diesem Tage oder erst im Laufe des Jahres 1853, wie spätestens geschehen soll, stattfindet.

(Art. 48.) Die in Folge dieses Gesetzes nach Verlauf von drei und sechs Jahren zum erstenmal austretenden Mitglieder des Gemeinderaths (Art. 8) sind Diejenigen, auf welche bei ihrer Wahl die geringere Stimmenzahl in der Abtheilung gefallen ist. Bei Stimmengleichheit wird der Austritt durch das Loos bestimmt.

(Art. 49.) Wenn bei einer Wahl die gesetzliche Stimmfreiheit beschränkt oder Bestechung angewendet worden ist, so hat im ersten Fall jeder Schuldige, mit Vorbehalt anderer gesetzlicher Strafe, das Staatsbürgerrecht verwirkt, und in beiden Fällen kann der Administrativjustizhof, je nach der Modalität des Falles, die Wahl für ungültig erklären.

(Art. 50.) Es sind die Art. 10, 13, 14, 26, 27, 34, 35, 36, 37, 38, 39 u. 40 des Gesetzes vom 30. Juni 1821, betreffend die Gemeindeordnung, aufgehoben. Der letze Satz des Art. 24 desselben Gesetzes tritt für die Gemeinden außer Wirksamkeit, in welchen nach Art. 12 oben Eine Abtheilung der Wähler stattfindet.

§ 445. Verpflichtung der Ortsvorstandspersonen. Sämmtliche Mitglieder des Ortsvorstandes sollen bei ihrem Dienstantritte den Diensteid ableisten: „das ihnen anvertraute Amt mit Treue, Eifer und Gewissenhaftigkeit zu verwalten.“ A. d. M. d. J. v. 4. Jan. 1841.

Die Beeidigung der Bürgermeister soll in der Regel von der Regierungsbehörde selbst geschehen. Mit der Beeidigung der übrigen Ortsvorstandspersonen können geeigneten Falls auch die Bürgermeister beauftragt werden. E. d. M. d. J. an d. Prov. C. zu Gsn. v. 16. Juni 1840.

§ 446. Disciplin. Die Ortsvorstandspersonen sind bezüglich ihrer Dienstthätigkeit und Berufstreue zunächst der Aufsicht und Disciplinarstrafgewalt der Regierungsbehörde untergeben. Kr.Instr. § 19.

In Ansehung der Disciplin über die Mitglieder des Gemeinderaths ist noch besonders das Folgende verordnet:

1) Wegen Versäumnissen und Zuwiderhandlungen in Bezug auf die nach der G.O. Art. 31 den Mitgliedern des Gemeinderathes zugewiesenen Amtspflicht soll gegen die Betheiligten von der vorgesetzten Regierungsbehörde, unter Vorbehalt des Recurses an das Ministerium des Innern:
   a) auf Antrag des Gemeindevorstandes, wenn ungeachtet der Schuld des Einzelnen doch eine Versammlung in gesetzlich genügender Anzahl zu Stande gekommen ist und ein Beschluß gültig gefaßt und beurkundet werden konnte;
   b) auf Anzeige des Bürgermeisters in allen übrigen Fällen — eine Strafe von 30 Kreuzern bis zu 5 Gulden erkannt werden, und es kann diese Strafe in Fällen der Wiederholung auf das Zweifache des höchsten Betrages steigen.

   Es bleibt dabei die Verbindlichkeit zum Ersatze des Schadens vorbehalten, welcher der Gemeinde oder anderen Betheiligten durch die von einem Gemeinderathsmitgliede verschuldete Verhinderung eines gültigen Beschlusses entstanden ist.
2) Mit den im vorstehenden Artikel angedrohten Strafen sollen von der vorgesetzten Regierungsbehörde, unter Vorbehalt des Recurses an das Ministerium des Innern, auch diejenigen Versäumnisse und Zuwiderhandlungen geahndet werden, deren sich einzelne Mitglieder des Gemeinderathes, als solche zu besonderer Thätigkeit berufen, schuldig machen, gleichfalls unter Vorbehalt der Verbindlichkeit zum Ersatz des dadurch verursachten Schadens an den verletzten Theil.
3) Unabwendbare Verhinderung, die so bald als thunlich dem Bürgermeister angezeigt wird, so wie eine in solchem Sinne rechtzeitige Anzeige einer nach den Verhältnissen des Einzelnen begründeten Abhaltung, befreit von Strafe.

V. v. 21. Jan. 1850 u. E. d. M. d. J. v. 9. Febr. 1850.

§ 447. Die **Dienstentlassung** des **Bürgermeisters** und **Beigeordneten** kann wegen Dienstunfähigkeit, wegen fortgesetzter oder auffallender Nachlässigkeit, oder wegen Ungehorsams im Dienste, oder wegen eines solchen Benehmens, welches das bei Ausübung des Amtes erforderliche Ansehen und Zutrauen schwächt oder mit der besonderen bürgerlichen Dienstehre unvereinbarlich ist, nach vorausgegangener ordnungsmäßiger Untersuchung auf motivirten, nach collegialischer Berathung beschlossenen Antrag des Administrativ-Justizhofes von der Staatsregierung ausgesprochen werden. In einem solchen Falle steht es dem Entlassenen frei, aus dem Gemeinderath zu treten. G. v. 8. Jan. 1852, Art. 5 u. 6.

§ 448. Auflösung des Gemeinderathes. Der Gemeinderath kann von der Staatsregierung aufgelöst werden, wenn er in seinem Amte gesetzwidrige Beschlüsse faßt und dabei beharrt, oder wenn derselbe vorsätzlichen und beharrlichen Ungehorsam bethätigt, und endlich dann, wenn sich mehr als die Hälfte desselben geweigert hat, das Amt eines Bürgermeisters oder Beigeordneten anzunehmen.

Der Grund der Auflösung muß jedoch durch eine vorausgegangene Untersuchung festgestellt und durch den Administrativ-Justizhof die Auflösung beantragt worden sein.

Findet eine Auflösung des Gemeinderathes durch die Staatsregierung statt, so ist damit gleichzeitig die Entlassung des Bürgermeisters oder des Beigeordneten ausgesprochen. Im Falle der Auflösung muß binnen 4 Wochen eine neue Wahl angeordnet werden.

Die Mitglieder des aufgelösten Gemeinderathes sind verpflichtet im Amte zu bleiben bis der neu gewählte Gemeinderath eintritt.

Der neu gewählte Gemeinderath tritt für die volle Dauer einer regelmäßigen Wahlperiode von neun Jahren in Wirksamkeit; die Zeit von seinem Amtsantritt bis zum Beginn des folgenden Kalenderjahres wird hierbei nicht mitgerechnet; a. G. Art. 36—38.

§ 449. Verwaltungs- und Repräsentations-Kosten. Weder der Bürgermeister noch die Beigeordneten und Gemeinderäthe haben Befreiung von Lasten, welche auf dem Vermögen haften, zu genießen, oder Besoldung zu beziehen, oder Gebühren und Diäten für Geschäfte in seiner Bürgermeisterei, bz. innerhalb ihrer Ortsgemarkung, zu beziehen. Die Ausnahmen von dieser Regel s § 454. Außerhalb der Ortsgemarkung erhalten sie die vorschriftsmäßigen Entschädigungen (§§ 452 u. 453). G.O. Art. 15, 23 und 28.

§ 450. In denjenigen Gemeinden, welche mehr als 5000 Einwohner zählen, oder wo etwa ganz besonders verwickelte Verhältnisse des Gemeindevermögens die unausgesetzte Thätigkeit des Bürgermeisters auf eine sehr ausgezeichnete Weise in Anspruch nehmen, ist dem Gemeinderath erlaubt, auf Verlangen des Bürgermeisters, eine Entschädigung unter der Rubrik „Repräsentationskosten" in Antrag zu bringen oder dem Bürgermeister im Gemeindevoranschlag eine Summe zur persönlichen Verfügung zu stellen und ihm zu gestatten, solche ohne weitere Nachweisung zu quittiren. G.O. Art. 16.

§ 451. Für den Bürgermeister soll zur Unterhaltung des zu seinem Dienst erforderlichen Bürgermeistereischreibers, sodann für die Kanzleikosten (als da sind: Holz zur Heitzung des Gemeindehauses, Licht, Papier, Dinte, Druckkosten, Briefporto u. s. w.) eine angemessene Entschädigung, nach dem Umfange der in jeder Gemeinde vorkommenden und ihm obliegenden Geschäfte, von dem Gemeinderath vorgeschlagen werden. Es ist übrigens dem Bürgermeister überlassen, die in seinem Amte vorkommenden Schreibereien entweder selbst zu besorgen oder durch einen von ihm zu wählenden und von ihm zu bezahlenden Gemeindeschreiber besorgen zu lassen. In beiden Fällen unterzeichnet er die Ausfertigungen und muß dafür sorgen, daß sie für Jedermann lesbar und verständlich sind. G.O. Art. 17 u. A. d. M. d. J. v. 20. Jan. 1841.

§ 452. Diäten. Es dürfen auswärtige Reisen der Ortsvorstandspersonen, wofür Taggelder angesprochen werden wollen, im Allgemeinen nur in dem Falle wirklicher Nothwendigkeit unternommen werden. Auch gilt der Grundsatz, daß in der Regel nur der Bürgermeister, bz. Beigeordnete, als die handelnde und ausführende Gemeindebehörde, dazu berufen sind, daher Ausnahmen jedesmal gehörig begründet werden müssen. A. d. M. d. J. v. 16. Juni 1835 u. 5. Jan. 1848.

Die Entschädigung, welche die Ortsvorstandspersonen für Geschäfte außerhalb der Bürgermeisterei, bz. Ortsgemarkung, zu beziehen haben (§ 449), ist auf — 1 fl. 30 kr. für einen ganzen Tag festgesetzt. In denjenigen Fällen, in welchen der Bedienstete zur Zeit seines Mittagstisches wieder zu Hause eintreffen kann, so wie in dem Falle, daß das auswärtige Geschäft erst am Nachmittag vorgenommen wurde, werden nur halbtägige Diäten gutgeheißen. A. d. M. d. J. v. 20. Dezbr. 1834.

§ 453. Zur Herbeiführung eines gleichförmigen Verfahrens für die Art und Weise der Anweisung der Taggelder der Ortsvorstandspersonen ist Folgendes bestimmt:

1) Die Bürgermeister haben halbjährlich Verzeichnisse der in dem verflossenen halben Jahr für sie und die übrigen Ortsvorstands-

mitglieder erwachsenen Taggelder für die in Gemeindeangelegenheiten außerhalb der Bürgermeisterei (Art. 15, 23 u. 28 d. G.O.) von ihnen besorgten Geschäfte aufzustellen.

2) In diesen von den Bürgermeistern jedesmal zu unterschreibenden Verzeichnissen müssen die Namen der die Taggelder ansprechenden Ortsvorstandspersonen, der auf das Geschäft verwendete Tag, der Gegenstand des Geschäftes, die Entfernung des Ortes des Geschäftes von dem Wohnorte, die Dauer desselben, so wie endlich der Betrag der Taggelder angegeben sein.

3) Je nachdem die Geschäfte, für welche Taggelder erwachsen sind, im Interesse der I., II. oder III. Klasse der Gemeinde-Einnahmen und Ausgaben vorgenommen waren, sind jedesmal abgesonderte Verzeichnisse aufzustellen und einzusenden. Auch müssen über die Taggelder eines jeden einzelnen Ortsvorstandsmitgliedes abgesonderte Verzeichnisse aufgestellt werden.

4) Zu diesem Verzeichniß ist gedrucktes Formularpapier nach beifolgendem Muster zu gebrauchen:

Verzeichniß

der von dem . . . . in Angelegenheiten der Gemeinde . . . . . . im Interesse der . . ten Klasse der Gemeindeausgaben im . . ten Semester 18 . . verdienten Diäten.

Ordnungs-Nummer.	Datum der Vornahme des Geschäfts.	Gegenstand des Geschäfts.	Ort des Geschäfts und Entfernung des Ersteren vom Wohnort.		Dauer des Geschäfts.	Betrag der Diäten.		Bemerkungen.
			Ort.	Entfernung nach Stunden.		fl.	kr.	

Für vorstehende (der Betrag ist mit Buchstaben einzurücken) wird hiermit die Ermächtigung zur Zahlungsanweisung auf die Gemeindekasse zu . . . . ertheilt.

. . . . am . . ten . . . . . 18 . .

Großherzogliches Kreisamt ꝛc.

Vorstehende . . . . werden hiermit auf die Gemeindekasse zu . . . . zur Auszahlung und zur Verrechnung unter Ordnungs=Nummer . . des Gemeindevoranschlages für 18 . . angewiesen.

. . . . am . . ten . . . . . 18 . .

Großherzogliche Bürgermeisterei N.

Sobald die Ermächtigung zur Zahlungsanweisung erfolgt ist, haben die Bürgermeister hierauf die Anweisung zur Auszahlung und zur ausgäblichen Verrechnung unter der betreffenden Ordnungs=Nummer des Voranschlages unter das Verzeichniß zu setzen und dasselbe sodann dem Gemeinde=Einnehmer, bz. dem Bezugsberechtigten, zuzustellen.

Alle Diätenverzeichnisse, wobei die vorstehenden Vorschriften und Formalitäten nicht beobachtet sind, sollen zurückgewiesen, bz. gestrichen werden. A. d. M. d. J. v. 16. Juni 1835.

Es ist ferner empfehlenswerth, daß die Bürgermeister über die besonderen Verzeichnisse noch ein Hauptverzeichniß aufstellen und einsenden, worin die summarischen Beträge der Specialverzeichnisse für jeden einzelnen Bezugsberechtigten, nach den verschiedenen Klassen geordnet, eingetragen und zusammengezählt werden. Ein Muster dazu bietet der nachstehende Abdruck:

Hauptverzeichniß

der von dem Ortsvorstandspersonal zu . . . . . in Angelegenheit der Gemeinde . . . . verdienten Diäten vom . . ten Halbjahr 18 . .

Ordnungs-Nummer des Special-Verzeichnisses.	Bezeichnung der Bezugsberechtigten.	Betrag der Diäten der einzelnen Berechtigten: Klasse.	im Einzelnen. fl.	im Einzelnen. kr.	im Ganzen. fl.	im Ganzen. kr.	Bemerkungen.
1—4	Bürgermeister N. N. . .	I.	6	—			
1 und 2	Derselbe	II.	3	—			
1—10	Derselbe	III.	15	—			
					24	—	
1	Beigeordneter N. N. . .						
	ꝛc. wie vorher.						

§ 454. Gebühren. In Folge der im § 449 bemerkten Grundsätze ist jede Art von Gebührenbezug für Geschäfte, welche die Bürgermeister im öffentlichen Interesse — im Interesse des Staates, also namentlich auch der Polizeiverwaltung, der Finanzverwaltung, in Militärangelegenheiten, so wie im Interesse der Kirche, der Gemeinden und öffentlichen Stiftungen — zu verrichten haben, ausgeschlossen und untersagt.

Dagegen ist den Bürgermeistern, bz. Beigeordneten, ausnahmsweise gestattet, für Amtsverrichtungen, welche sie zwar als Ortsvorstände, aber doch lediglich oder zunächst im Interesse von Privaten zu besorgen haben, Gebühren nach folgenden Normen zu beziehen:

I. Taxen:

1) Für Abschriften und Auszüge aus Akten, Registern ꝛc. im Allgemeinen, einschließlich deren Beglaubigung, insofern diese Abschriften ꝛc. von Einzelnen verlangt und gegeben werden dürfen, per Bogen . . . . . Acht Kreuzer.

(Betragen die Abschriften ꝛc. nur einen halben Bogen oder weniger: die Hälfte.)

2) Beglaubigung von Unterschriften, Abschriften, Auszügen, Zeugnissen und anderen Urkunden, insofern für die Abschriften ꝛc. selbst nicht schon eine Gebühr bezogen wird: Sechs Kreuzer.

(Die Beglaubigung der Zeugnisse der Dienstboten, Taglöhner, Handwerksgesellen, Lehrlinge und Fabrikarbeiter ist Officialsache und muß unentgeltlich geschehen.)

3) Scheine, Bescheinigungen, Zeugnisse

Zehn Kreuzer.

Hierher gehören: Vermögensscheine, Ursprungsscheine, Aufführungsscheine (mit Ausnahme derjenigen, welche für die in der Anmerkung zu Nr. 2 bezeichneten Personen ausgestellt werden), Zeugnisse für solche Personen, welche einen Jagdwaffenpaß haben wollen. Dagegen sind als reine Officialsachen zu betrachten und nicht zahlbar: Aufenthaltserlaubnißscheine, Nachtzettel und dergleichen mehr.

4) Für Berichte in der Regel . . . Sechs Kreuzer.

5) Für Berichte und andere Akte in besonderen Angelegenheiten die bei den betreffenden Gegenständen besonders bemerkten Gebühren.

II. Nähere Grundsätze:

1) Die nach Nr. I bestimmten Gebührentaxen dürfen, wenn auch sonst alle Bedingungen zum Gebührenbezug vorliegen, nicht erhoben werden, wenn die Pflichtigen in die Klasse der Armen gehören, oder wenn es sich nur um die Wiederholung einer früher fehlerhaften oder unbrauchbaren Geschäftsverrichtung handelt.

2) In allen Fällen, in welchen eine Gebühr bezogen oder angesprochen wird, muß der Betrag der geforderten Taxe am unteren Rande der Ausfertigung, unter Beifügung des Namenszeichens und, wenn Zahlung geleistet ist, dieses kurz angemerkt werden.

3) Außer den in I bemerkten Fällen haben die Bürgermeister für amtliche administrative Dienstverrichtungen, wenn dabei auch ein Interesse von Privatpersonen concurrirt, keinerlei Gebühren zu beziehen, noch durch ihre Bürgermeistereischreiber beziehen zu lassen.

4) Sollte sich ein Bürgermeister Zuwiderhandlungen gegen diese Vorschriften zu Schulden kommen lassen, so hat er sich empfindlicher Disciplinarstrafen, nach Befund der Umstände Stellung vor Gericht, zu gewärtigen. Regulativ v. 24. Febr. 1837. Dieses Regulativ soll auf dem Bürgermeisterbureau aufgelegt und Jedermann dessen Einsicht auf Verlangen gestattet werden.

§ 455. Geschäftsbetrieb. Es ist Pflicht des Bürgermeisters die in seinen Wirkungskreis einschlagenden Geschäfte stets in lebendigem Betriebe zu erhalten und förderlich zu erledigen.

Die Führung eines Eintragprotokolls, welches in besonderen Spalten über Ort und Zeit des eingekommenen Gegenstandes und der erledigenden Verfügung Aufschluß gewährt, ist empfehlenswerth.

§ 456. Geschäftsformen. A. Protokolle. Die Form, in welcher der Bürgermeister den Thatbestand von Vorgängen oder Ereignissen, möge er aus eigener Wahrnehmung oder den Zeugnissen Dritter geschöpft sein, in der Regel dienstlich aufzunehmen hat, ist das Protokoll.

Zu den wesentlichen Erfordernissen für die Aufnahme, die Gültigkeit und Beweiskraft der Protokolle gehört:

1) Voran die Bezeichnung des Ortes, des Jahres und Tages ihrer Aufnahme.
2) Die Benennung der Anwesenden und der darin als handelnd aufgeführten Personen in einer den Zweifel über ihre Wirklichkeit (Identität) entfernenden Weise, demnach in der Regel mit Vor- und Zunamen, Alter, Gewerbe und Wohnort.
3) Eine klare und bündige Darstellung dessen, was und wie es sich wirklich ereignet hat und festgestellt werden soll, bz. der deßfallsigen Aussagen der Anwesenden.
4) Vorlesung desselben und Genehmigung, bz. Unterschrift, durch die Anwesenden, oder Anmerkung, daß und warum die Unterschrift nicht beigefügt werden kann oder will.
5) Unterschriftliche Beglaubigung durch den geschäftsleitenden Lokalbeamten.
6) Ein Radiren darf niemals stattfinden. Etwaige Abänderungen und Zusätze dürfen nicht in den Text eingeschrieben, sondern müssen am Rande bemerkt und beglaubigt werden. Ebenso sind Durchstreichungen am Rande zu beglaubigen.
7) Wer Etwas für einen Anderen zu Protokoll gibt, muß eine förmliche Vollmacht zu dem Protokolle beibringen.
8) Die Anlagen der Protokolle sind fortlaufend zu nummeriren und die Nummern im Protokolle selbst anzuführen.
9) Nachträgliche Erklärungen dürfen nicht in ein früheres Protokoll eingeschrieben, sondern es muß ein besonderes Nachtragsprotokoll darüber verfaßt werden.

Instr. für die Ortsgerichte v. 26. Okt. 1852, § 3, und Civ.G.B. Art. 34—36, 38, 39 u. 42.

§ 457. B. Correspondenz. Die Form der schriftlichen Mittheilung an andere Behörden und Privaten ist in der Regel:
1) der Bericht, bei der Correspondenz mit vorgesetzten Behörden und allen Ministerien;
2) das Schreiben, bei allen anderen Correspondenzen.

Für beide gelten folgende gemeinsame Regeln:
1) Es ist dazu beschnittenes haltbares Etiquetten-Papier von vorgeschriebenem Format, 13,3 Zoll lang und 8,2 Zoll breit, zu gebrauchen. V. v. 16. Jan. 1840.
2) Jedem Berichte oder Schreiben muß am oberen Rande die Rubrik, d. i. der Betreff desselben, angemerkt sein. Es hat

dies in möglichst kurzer Fassung, nur unter Bezeichnung des Gegenstandes im Allgemeinen und mit Benennung der Gemeinde, wohin er einschlägt, zu geschehen. Ein Verflechten des Inhalts mit der Rubrik ist unstatthaft; auch der Gebrauch der Courtoisie-Formen „gnädig" oder „unterthänig" dabei zu vermeiden.

3) Wenn Berichte oder Schreiben durch Rescripte oder Schreiben der betreffenden Behörden veranlaßt sind, so sind die Rubriken der Letzteren beizubehalten. Sollte jedoch, aus Veranlassung einer solchen Verfügung, eine andere, mit dem Gegenstande derselben in keiner Verbindung stehende Sache Gelegenheit zu der Correspondenz geben, so muß in dem deßfallsigen besonderen Berichte oder Schreiben zwar die bisherige Rubrik beibehalten, unter derselben jedoch per Zusatz „jetzt" oder „insbesondere" die Rubrik des neuen Gegenstandes angefügt werden.

4) Wenn sich auf frühere Berichte oder Schreiben bezogen werden will, so ist deren Datum und Rubrik und in den geeigneten Fällen die Nummer der Verfügung, welche etwa die früheren Berichte oder Schreiben veranlaßt hatten, genau anzugeben.

5) In einem und demselben Berichte oder Schreiben dürfen niemals mehrere Angelegenheiten, welche Gegenstände von verschiedenem Betreffe berühren, vorgetragen werden.

6) Berichte oder Schreiben, welche sich auf die dritte Seite eines Bogens erstrecken, müssen mit einem Couvert versendet werden. Bei der Siegelung ist darauf zu achten, daß das Erbrechen die Lesbarkeit des Inhaltes nicht gefährde.

7) Die Ueberschriften und Unterschriften der Berichte, Schreiben und Ausfertigungen sind in vorgeschriebener Form (§ 458—461) ohne Abkürzungen, und die Namens-Unterschriften stets leserlich zu schreiben.

8) Bei Gegenständen, welche eine schleunige Verfügung oder Antwort erfordern, ist auf der ersten Seite durch das Wort „eilend" auf eine in die Augen fallende Weise darauf aufmerksam zu machen. A. d. M. d. J. v. 25. Sept. 1832 und 2. Nov. 1835.

9) In der Correspondenz mit inländischen Behörden sollen die Schlußformeln „hochachtungsvoll verharrend" u. dgl. m. wegfallen. E. d. M. d. J. v. 15. März 1838.

§ 458. Als Muster für die Form der Berichte dient nachbemerktes Formular eines Berichtes an das Kreisamt:

Zu Nr. d. B. (Ort), am . . . . . 18..
Betreffend:

An
Großherzogliches Kreisamt . . . .
Bericht
der Großherzoglichen Bürgermeisterei (Ortsname)

Anlagen. zu Nr. Kr. . . . .
auf die Verfügung vom . . . 18..

Ueber der Nummer ist so viel Raum zu lassen, daß demnächst die Nummer der den Bericht empfangenden Behörde und das Präsentatum derselben bequem hingeschrieben werden kann.

Die Nummer und die Verfügung, welche etwa zu den Berichten Veranlassung gegeben hat, ist stets beizusetzen.

Sind einem Berichte Anlagen beigefügt, so ist deren Anzahl auf der ersten Seite anzugeben. Sind keine beigefügt, so ist dieses unter dem Wort „Anlagen" mit —⌣— zu bezeichnen.

Von dem Berichte selbst sind die beiden ersten Seiten gebrochen zu schreiben. Die folgenden Seiten können durchlaufend, jedoch mit einem weißen Rande auf der linken Seite von wenigstens 3 Zoll Breite, geschrieben werden; a. A. von 1832 u. 1835.

§ 459. Die Form der Schreiben ist folgende:

Zu Nr. d. B. (Ort), am . . . 18..
Betreffend:

Die
Großherzogliche Bürgermeisterei . . . . .
an
. . . .

Ist das Schreiben in das Ausland bestimmt, so muß vor das Wort „Bürgermeisterei" noch die Bezeichnung als „hessische" zugesetzt werden.

Die Schreiben werden durchlaufend, jedoch mit einem entsprechenden weißen Rande, geschrieben. Etwaige Anlagen sind am Rande mit Vorstrichen „—÷—" zu bezeichnen.

§ 460. Atteste, öffentliche Bekanntmachungen und dergleichen mehr.

Bei allen Bescheinigungen, Zeugnissen, Beglaubigungen und öffentlichen Bekanntmachungen 2c., bei welchen die Unterschrift des Bürgermeisters unter die Ausfertigung gesetzt zu werden pflegt, ist (in der Regel unter Beidrückung des Dienstsiegels) folgende Form anzuwenden, nämlich:

1) Bei Urkunden der Art, welche zum Gebrauche im Auslande bestimmt sind, die Formel:

„Großherzoglich hessische Bürgermeisterei"
(Ortsname.)
(Siegel.) (Name des Bürgermeisters.)

2) Bei lediglich für das Inland bestimmten Ausfertigungen nur:

„Großherzogliche Bürgermeisterei"
(Ortsname.)
(Name des Bürgermeisters.)

E. d. M. d. J. v. 22. April 1825, A. d. M. d. J. v. 6. Dezbr. 1852 u. 2. April 1853 u. E. dess. M. v. 30. Jan. 1854.

§ 461. Wenn Beigeordnete in Abwesenheit oder Verhinderung des Bürgermeisters die amtliche Correspondenz führen, bz. dienstliche Ausfertigungen unterzeichnen, so haben sie in allem Uebrigen unter Beibehaltung jener Formen in folgender Weise zu unterschreiben:

„In Verhinderung des Bürgermeisters":
(Namen), Beigeordneter.

Angef. M.A. u. E.

§ 462. Zur Verhütung von Verfälschungen öffentlicher Urkunden sollen alle Theile derselben, welche sich auf Zahlenverhältnisse, wie z. B. Jahreszahlen, Alterszahlen, das Datum 2c., beziehen, nicht mit Ziffern, sondern mit Buchstaben geschrieben werden. A. d. M. d. J. v. 1. Juli 1836.

§ 463. Geschäftsformularien. Wo für Ausfertigungen der Gebrauch gedruckter oder lithographirter Geschäftsformularien vorgeschrieben ist, darf deren Anwendung nicht umgangen werden; denn dergleichen Formularien gewähren eben sowohl dem geschäftsführenden Beamten eine gewisse Sicherheit, als sie der oberen Staatsbehörde die Aufsicht und Controle erleichtern.

§ 464. Die Form des Dienstsiegels des Bürgermeisters ist durch A. d. M. d. J. v. 26. Okt. 1852 bestimmt.

§ 465. Bürgermeister-Registratur. Für die Ordnung und Aufbewahrung der Geschäftspapiere des Bürgermeisters bestehen folgende Vorschriften (A. d. M. d. J. v. 15. Juli 1837):

1) Die Akten sind, mit Rücksicht auf die Verschiedenheit der Gegenstände, welche sie betreffen, nach vorgeschriebenem Plane [17]) zu sondern und zu ordnen.

2) Zu diesem Zwecke müssen vor Allem die Akten nach den vorgeschriebenen Abtheilungen ausgeschieden, die zu jeder Abtheilung gehörigen Akten in Umschlagbogen von starkem Papier vereinigt und die auf solche Weise gebildeten Aktenbände (Convolute) auf dem Rücken durch größere in die Augen fallende Schrift, mit Bezeichnung der Zahl und des Titels der Abtheilung, versehen werden.

3) Die Ordnung in der Zahl der Abtheilungen ist unverändert beizubehalten, so daß, wenn auch Akten über Gegenstände einer Abtheilung (z. B. Abth. VII, Lehenangelegenheiten) in einer Gemeinde gar nicht vorkommen, doch das oder die Convolute der Akten über Gegenstände der darauf folgenden Abtheilung (in dem erwähnten Falle Abth. VIII, Militär- und Kriegsangelegenheiten), wenn solche vorhanden sind, die Zahl erhält, welche der Registraturplan dieser folgenden Abtheilung gibt.

4) In denjenigen Gemeinden, wo die Bürgermeisterei-Registraturen von geringerem Umfange sind, genügt in der Regel die Ordnung lediglich nach den Abtheilungen, dergestalt, daß innerhalb einer Abtheilung keine weitere Sonderung und Unterabtheilung nach Abschnitten erforderlich ist und die Akten über alle Gegenstände, welche in eine Abtheilung gehören, in einen Convolut vereinigt werden können. Für diese Gemeinden ist der allgemeinere Registraturplan hinreichend und der in dem folgenden Satze erwähnte ausführlichere Plan nur insofern für die Bürgermeister von Interesse, als sie darin bei jeder Abtheilung finden können, welche Arten von Akten dahin gehören.

5) Häufen sich innerhalb einer Abtheilung die Akten so sehr an, daß mehrere Unterscheidungen nothwendig sind, um sie bequem

---

17) Der fragliche Plan ist identisch mit den Abtheilungen dieses Werkes.

übersehen zu können, so werden die Bestandtheile nach Anleitung des Registraturplanes in Unterabtheilungen (Abschnitte) [18]) getrennt, jeder Abschnitt in ein Convolut vereinigt und diesem auf dem Rücken nicht allein die Zahl und der Titel der Abtheilung, sondern auch die Zahl und der Titel des Abschnittes gegeben.

Die Vorschrift des Satz 3 findet auch hierbei ihre Anwendung.

6) Entstehet aber selbst in einem speciellen Zweige ein so großer Vorrath von Akten, wodurch die Uebersicht und Bequemlichkeit im Nachschlagen erschwert wird, so kann man auch eine weitere Eintheilung, nach chronologischer oder alphabetischer Ordnung, zur Anwendung bringen.

Vermittelst der chronologischen Ordnung werden die Akten nach gewissen Zeiträumen, und durch die alphabetische Ordnung nach den Anfangsbuchstaben der Namen derjenigen Personen abgetheilt, deren Interesse oder Handlung sie zum Gegenstande haben.

7) Die Convolute sind nach der Reihenfolge des Registraturplanes in dem Aktenschranke oder auf dem Aktengestelle (Repositur) aufzustellen, jedoch nicht zu dicht aneinander zu setzen, um sie bequem herausnehmen und wieder einschieben zu können.

Den Schlüssel zu dem Aktenschranke oder Aufbewahrungsorte hat der Bürgermeister sorgfältig zu verwahren.

8) Ist die Aktensammlung nach den vorhergehenden Bestimmungen geordnet, so muß sie auch in dieser Ordnung fortgeführt und erhalten werden.

Vorbedingung einer guten Verwaltung ist vollständige Kenntniß des Registraturplanes, damit immer die rechten Stellen gewählt werden, wozu die verschiedenen Geschäftszweige gehören und wohin die über jeden Gegenstand entstandenen Verhandlungen einzureihen sind.

9) Sobald über einen Gegenstand mehrere Aktenstücke entstehen, werden sie nach der Zeitfolge ihrer Eingabe oder Entstehung hintereinander gereihet und bilden alsdann einen Aktenband (Fascikel). Diese Aktenstücke werden mit einem Umschlagbogen versehen, auf dessen Außenseite die kurze Bestimmung des inhaltlichen Gegenstandes derselben (Rubrik) zu setzen ist.

---

18) Die Abschnitte des vorgeschriebenen Registraturplanes stimmen genau mit den Abschnitten in diesem Werke überein.

10) Vorzügliche Aufmerksamkeit ist der Aktenrubrik zu widmen. Dazu gehört im Allgemeinen:

1) der Stand (Charakter), Tauf- und Geschlechts-Name und Wohnort der Person, derentwegen der zu rubricirende Akten-Fascikel entstanden ist;
2) der Gegenstand der Sache;
3) das Jahr, in welchem die Verhandlungen gepflogen wurden;
4) das Aktenzeichen oder die Bemerkung, zu welcher Abtheilung und eintretenden Falles zu welchem Abschnitte des Registraturplanes die Akten gehören.

11) Zur Handhabung der inneren Ordnung in den Fascikeln ist auf der ersten Seite eines jeden Aktenstückes, sogleich wie es einkommt, unten zur Linken, Tag und Jahr des Einganges zu bemerken (Präsentiren) und an derselben Stelle, und zwar in der Mitte, sind die Aktenstücke nach der Zeitfolge mit Ordnungszahlen zu bezeichnen (Nummeriren).

12) Aus dem Grundsatze: „Nur die zu einer und derselben Sache gehörigen Aktenstücke sind in einen Fascikel zu vereinigen" folgt, daß, wenn ein Aktenstück sich über mehrere Gegenstände verbreitet, welche in keiner Verbindung miteinander stehen oder in verschiedene Akten einschlagen, Abschriften oder Auszüge der betreffenden Stellen genommen und diese den gehörigen Akten einverleibt oder damit besondere Akten angefertigt werden müssen.

13) Umfaßt aber ein Fascikel mehrere verschiedene Gegenstände, welche ihres inneren Zusammenhanges wegen nicht getrennt werden können, so wird in den betreffenden Verhandlungen oder an der gehörigen Stelle der Registraturabtheilung eine Anzeige niedergelegt, welche auf den Platz oder auf die Akten hinweiset, wo die Sache vorkommt.

14) Bei jeder einkommenden Schrift ist zu prüfen, ob Vorakten, das heißt solche Verhandlungen, welche bereits Erläuterungen über den Inhalt der Eingabe enthalten, vorhanden sind. Bilden Beide einen vollständigen Zusammenhang, so sind sie zu vereinigen, gegenfalls, wenn sie nur zum Unterrichte über ähnliche Fälle, über gegebene Vorschriften, Gerechtsame, Thatsachen 2c. dienen, wieder zu trennen.

15) Erfordert eine Angelegenheit die Ueberwachung von Amtswegen zu ihrer Erledigung, zu Beobachtung eines Termines 2c., so werden die Akten in ein besonderes Gefach gelegt und von Zeit zu Zeit nachgesehen, damit das Erforderliche gehörig gewahrt werde.

16) Nach gefaßter Entschließung oder nach geschehener Befolgung einer höheren Weisung, oder überhaupt nach gemachtem Gebrauche, werden die Akten an ihren vorigen Platz zurückgebracht (registrirt). Man kann zum gemeinsamen Aufbewahren wohl mehrere Akten zusammenkommen lassen, aber länger als 8 Tage darf mit deren Aufbewahrung nicht gezögert werden.

17) Besteht eine Bürgermeisterei aus mehreren Gemeinden, so ist für jede Gemeinde eine besondere Aktensammlung anzulegen.

18) Beachtungswerth sind auch die Vorsichtsmaßregeln für die äußere Registratureinrichtung, wohin vorzüglich gehört, daß die Akten vor Staub, schädlichen Insecten, Feuchtigkeit und insonderheit vor Feuersgefahr geschützt werden.

§ 466. In denjenigen Gemeinden, in welchen nicht eigene Registraturzimmer mit den nöthigen Aktengestellen vorhanden sind, sollen zum Verschlusse eingerichtete Aktenschränke angeschafft werden; a. A. v. 1837.

§ 467. Eine eigenmächtige Vernichtung vermeintlich unbrauchbarer Akten ist dem Bürgermeister nicht gestattet. Derselbe hat darüber, unter Vorlage des Verzeichnisses der zu vernichtenden Akten, vorerst Entschließung der Regierungsbehörde einzuholen.

III. Abschnitt.

Gemeindediener.

§ 468. Anstellung. Dem Bürgermeister bleibt, entweder auf Widerruf, oder auf die Zeit seiner Amtsverwaltung, die Ernennung des Rathsdieners überlassen. Die Ernennung der übrigen niederen Gemeindediener (Nachtwächter, Feldschützen u. s. w.) erfolgt auf den Vorschlag des Gemeinderathes entweder von dem Bürgermeister oder, wenn derselbe diesem Vorschlag nicht beistimmt, von der vorgesetzten Regierungsbehörde. G.O. Art. 19.

In wie weit diese Regel bei einzelnen Dienstzweigen, z. B. den Polizeidienern, Gemeinde-Forstwarten ꝛc., Einschränkungen erleidet, wird bei den besonderen Materien erörtert werden.

§ 469. Entlassung. Ueber die Befugniß zur Entlassung der Gemeindediener enthält die G.O. keine Bestimmung. Wo nicht bezüglich einzelner Diener Besonderes verordnet ist, erscheint indessen die Schlußfolge berechtigt, daß wer zur Ernennung befugt, auch zur Entlassung berechtigt ist.

§ 470. Einkommen. Auch bezüglich des ständigen Einkommens der Gemeindediener liegen allgemeine Normativ-Bestimmungen nicht vor. Es finden daher im Allgemeinen die Grundsätze über die Feststellung der Gemeindeausgaben, unter Mitwirkung und Oberaufsicht der Regierungsbehörde, darauf Anwendung. Als Regel wird dabei festzuhalten sein, daß ein einmal unter Zustimmung der Regierungsbehörde festgesetzter Gehalt ohne deren Genehmigung nicht gemindert werden darf.

Das unständige Einkommen der Gemeindediener an Gebühren findet sich bei den einzelnen einschlägigen Geschäftszweigen und Verrichtungen bestimmt.

§ 471. Disciplin. Wie vorher schon bemerkt sind die Gemeindediener der Disciplinarstrafgewalt der Regierungsbehörden unterworfen. Kr.Instr. § 19.

Wenn niedere Diener unvermögend sind die ihnen angesetzten Geldstrafen zu bezahlen, so sollen sie dieselben im Gefängniß abbüßen. Die Regierungsbehörden sind unter dieser Voraussetzung ermächtigt, denselben die Disciplinarstrafe sogleich in Gefängniß bis zu 8 Tagen anzusetzen und verbüßen zu lassen. E. d. M. d. J. v. 15. Nov. 1843.

IV. Abschnitt.

Budgetwirthschaft.

§ 472. Gemeinde-Einnahmen und Ausgaben. Klasseneintheilung. In Folge der in den Art. 78 u. 89 der G.O. ausgesprochenen Grundbestimmung, daß die mögliche Theilnahme an den Vortheilen gemeinheitlicher Anstalten und Ausgaben für die Beitragspflicht dazu maßgebend sein solle (vergl. unten § 510 u. 511), sind die Einnahmen und Ausgaben der Gemeinden in drei Klassen eingetheilt:

Die I. Klasse begreift in der Einnahme die Erträgnisse des Gemeindevermögens und die Ausschläge auf Diejenigen, welche Genuß oder Vortheile daraus beziehen, und in der Ausgabe die Verwendungen für dasselbe, bz. die darauf ruhenden Kosten und Lasten. G.O. Art. 82 u. 83.

Die II. Klasse enthält in der Einnahme das Einkommen aus denjenigen öffentlichen Anstalten und Einrichtungen, welche allen Einwohnern der Gemeinde gemeinsam sind, so wie die Beiträge, welche die Einwohner zu deren Gründung oder Unterhaltung leisten, und in der Ausgabe die Verwendungen für jene Anstalten und Einrichtungen &c., zu deren Bestreitung, da sie jeder in der Gemeinde wohnenden Familie nützen können, das Gemeinde-Eigenthum und die Gesammtheit der Gemeinde-Einwohner verpflichtet ist. Zu den Gemeinde-Einwohnern werden in dieser Beziehung auch Diejenigen gerechnet, welche in der Gemeinde eine bewohnte Hofraithe oder ein bewohntes Haus besitzen und die Hofraithe oder das Haus durch einen Pächter oder einen Verwalter bewohnen lassen. G.O. Art. 84 u. 85.

Ein Gleiches gilt jedoch nicht von Denjenigen, welche ein Haus an einen Anderen vermiethen oder dasselbe als Besoldungswohnung hingeben. A. d. M. d. J. v. 30. März 1836.

Die III. Klasse endlich umfaßt in der Einnahme den Ertrag der Gemeindeanstalten und Einrichtungen, welche nicht bloß den Einwohnern, sondern allen in einer Gemeinde Begüterten, auch den s. g. Ausmärkern, gemeinschaftlich sind, bz. durch deren Beiträge geschaffen und erhalten werden, und in der Ausgabe die dadurch veranlaßten Verwendungen, bz. die Kosten und Lasten, zu deren Bestreitung alle in dem Bezirke der Gemeinde Wohnenden sowohl, als die darin nur Begüterten (Forensen, Ausmärker) nach Verhältniß ihrer Steuerpflichtigkeit verbunden sind. G.O. Art. 87 u. 89.

§ 473. Gemeindevoranschläge. Die Voranschläge sollen dazu dienen, die Einnahmen und Ausgaben von dem Jahr, für welches sie aufgestellt werden, mit der möglich größten Genauigkeit zu verzeichnen, somit Bedarf und Mittel gegeneinander abzuwägen oder im Gleichgewicht zu erhalten, und hierdurch der Verwaltung die erforderliche Regelmäßigkeit und Sicherheit, so wie der Rechnung darüber die Grundlage zu geben.

§ 474. Jährlich ist für eine jede Gemeinde ein Gemeindevoranschlag oder ein Gemeinde-Budget nach der besonders hierüber vorgeschriebenen Form zu fertigen. Es muß hierin für das künftige Jahr

1) jede Gemeinde-Einnahme, sowohl die ständige bestimmte, als die ständige unbestimmte und die unständige;
2) jede Gemeindeausgabe, auch für unvorhergesehene Fälle, und
3) jedes Deckungsmittel für die Ausgaben enthalten sein.

G.O. Art. 61.

§ 475. Vorschriften für die Aufstellung derselben. Ueber die Art und Weise der Aufstellung der Gemeindevoranschläge geben die G.O., ferner die Instruction vom 2. Mai 1836, so wie einzelne dieselbe ergänzende Bestimmungen, ausführliche Vorschriften. Der wesentliche Inhalt derselben ist nachstehend in möglichster Kürze zusammengefaßt:

I. Allgemeine Vorschriften.

§ 476. Der Bürgermeister legt den Voranschlag dem Gemeinderath in seiner jährlichen regelmäßigen Versammlung (Art. 32), mit Zuziehung des Gemeinde-Einnehmers, zur Berathung vor.

Ueber die genaue Durchgehung des Gemeindevoranschlages wird ein Protokoll geführt, welches die Gründe für jeden Posten angibt. Bei Verschiedenheit der Meinungen wird der Voranschlag nach der Mehrheit der Stimmen aufgenommen, jedoch die abweichende Ansicht im Protokoll bemerkt.

Die von dem Ortsvorstande vorgeschlagenen Ansätze kommen in die Spalte: „Angenommen durch den Gemeinderath“.

Der Bürgermeister darf das Berathungsprotokoll in keinem Falle vor der wirklichen Berathung aufnehmen; dagegen hat er in den Voranschlag die nach seiner Ansicht nöthigen Ansätze schon vorher mit Bleistift einzutragen und nach beendigter Berathung genau nach Maßgabe der Beschlüsse des Gemeinderathes mit Dinte auszufüllen.

§ 477. Ist der Voranschlag vollendet, so wird er dreifach ausgefertigt und mit dem Protokoll von der ganzen Versammlung unterschrieben, sodann nach vorheriger ortsgewöhnlicher Bekanntmachung zur Einsicht jedes Interessenten auf dem Gemeindehause oder, in Ermangelung eines solchen, in dem zu den Versammlungen des Gemeinderathes benutzt werdenden Lokal acht Tage lang niedergelegt und hierauf mit den während dieser acht Tage etwa schriftlich beigelegten Bemerkungen von dem Bürgermeister an die vorgesetzte Regierungsbehörde im Laufe des Monats übersendet, welcher nach dem Anfange der regelmäßigen Versammlung des Gemeinderathes eintritt. G.O. Art. 62 u. Instr. § 3, 4 u. 7. Eine spätere Verfügung überläßt den Regierungsbehörden die Bestimmung einer angemessenen Frist für diese Einsendung (nicht über den 15. Sept. hinaus). A. d. M. d. J. v. 2. März 1840.

Der Voranschlag soll in ordnungsmäßigen, mit Titeldruck versehenen Umschlagbogen eingelegt und auf dem Titel die Bescheinigung der Offenlegung nach dem vorgedruckten Formular enthalten sein.

§ 478. Wenn der Großherzogliche Fiscus in einer Gemeinde ein Normal-Steuerkapital von wenigstens — 200 fl. besitzt, so soll zur Zeit der Offenlegung dem Rentamte ein Exemplar des Voranschlages zur Einsicht mitgetheilt werden, welches dann binnen 8 Tagen zurückzusenden ist. E. d. M. d. J. v. 11. Juni 1840.

§ 479. Wenn der Gemeinderath auf eine Umlage III. Klasse antragen will oder eine Erhöhung dieser Umlagen stattfinden soll, so ist deßfalls nach den besonderen Vorschriften über Gemeindeumlagen (s. unten § 489) zu verfahren.

Dieselben Bestimmungen sollen auch Anwendung finden, wenn in dem Voranschlage eine Kapitalaufnahme zur Bestreitung von Ausgaben III. Klasse vorgesehen ist. G.O. Art. 88 u. Instr. § 8—10.

§ 480. Die Regierungsbehörde prüft den Voranschlag und berichtigt die Ansätze in der dafür bestimmten Spalte. Wenn ihre Abweichungen von denen des Ortsvorstandes von Erheblichkeit sind, namentlich wenn sie eine nicht ganz unbedeutende Erhöhung der Gemeindeumlagen zur Folge haben, oder wenn sie weitere Erläuterungen nöthig findet, so geht der Voranschlag zur nochmaligen Berathung über die betreffenden Punkte zurück. Der Ortsvorstand hat alsdann nach denselben Regeln und Formen weiter zu verfahren, welche in den vorstehenden §§ erörtert sind. Instr. § 12.

§ 481. Nachdem hiernächst der Voranschlag von den Regierungsbehörden, mit Rücksicht auf ihre Bemerkungen und die Entschließungen des Ministeriums des Innern, definitiv abgeschlossen worden ist, wird derselbe, unter Zurückhaltung eines vollständigen Exemplares bei der Regierungsbehörde, nebst allen Bemerkungen und Beilagen an den Bürgermeister, und zwar vor Anfang des Verwaltungsjahres, zurückgesendet.

Die Bürgermeister haben das Original=Exemplar des Voranschlages mit den Original=Entschließungen und allen Beilagen, welche Aktenstücke zusammen demnächst als Hauptbeleg der Rechnung beigefügt werden, vor Anfang des Voranschlagjahres dem Gemeinde=Einnehmer zuzustellen. Das andere zurückbehaltene Exemplar oder Concept des Voranschlages haben die Bürgermeister mit jenem, dem Original, gleichzustellen und in ihrer Registratur aufzubewahren.

Wenn übrigens die Regierungsbehörden es für zweckmäßiger halten sollten, sich auch dieses dritte oder Concept=Exemplar des Voranschlages zum Behufe der Gleichstellung durch sie, die Regierungsbehörden, vorlegen zu lassen, so bleibt ihnen lediglich überlassen dies zu verfügen. Instr. § 16.

§ 482. Den Formularen zu den Berathungsprotokollen und Beilagen müssen, insofern ihr Raum nicht hinreicht, Einlagebogen von Schreibpapier, nach dem bestehenden Formular liniirt und genau nach dessen Größe beschnitten, angeheftet werden. Zu allen nicht formulirten Beilagen ist ebenfalls, nach dem Format des Voranschlages, beschnittenes Schreibpapier zu nehmen. Instr. § 18.

II. Besondere Vorschriften.

A. Beilagen des Voranschlages.

a) Berathungsprotokoll.

§ 483. Um die in den Voranschlag aufzunehmenden Summen zu erläutern und zu begründen dient das Berathungsprotokoll, in welchem in fortlaufenden Nummern, unter Beziehung auf Seite und Ordnungs=Nummer des Voranschlages und genau in deren Folge, die einzelnen Bestandtheile, aus deren Addition jene Summen entstehen, zergliedert dargestellt oder untereinander verzeichnet und dann summirt werden.

Das Berathungsprotokoll muß außerdem die nöthigen Erläuterungen zu der statistischen Uebersicht und dem Schulden= und Vermögensstande, und zwar vor denjenigen zu den einzelnen O.Nr. des Voranschlages, enthalten.

Da wo eine Beilage zur Erläuterung eines Ansatzes in dem Voranschlage dient, ist auf solche in dem Berathungsprotokolle zu verweisen. § 19.

Die Grundlage für die Berathung des Voranschlages bilden:

1) der Voranschlag des unmittelbar vorhergehenden Jahres;
2) der Abschluß der Rechnung des dem Voranschlagsjahre drittvorhergehenden Jahres, wie solcher durch die Rechnungskammer, oder wenn ausnahmsweise der Abschluß von der Rechnungskammer noch nicht erfolgt sein sollte, wie er durch den Gemeinde-Einnehmer bewirkt worden ist;
3) die Rechnung des dem Voranschlagsjahre zweitvorhergehenden Jahres (welche zur Zeit der Aufstellung des Voranschlages gestellt und von dem Gemeinderath geprüft sein muß);
4) die Schulden- und Vermögensverzeichnisse;
5) die sonstigen unten erwähnten Beilagen zum Voranschlage.

Diese Aktenstücke und Urkunden müssen bei der Berathung offen liegen. § 20.

Kommt in einer Gemeinde unter der einen oder der anderen O.Nr. des Voranschlagsformulares niemals eine Einnahme oder Ausgabe vor, dann bleibt auch in dem Protokolle und in dem Voranschlage diese O.Nr. ganz unerwähnt oder es wird in beiden sogleich zur folgenden O.Nr. übergegangen, ohne jedoch deren in dem Voranschlagsformulare dafür vorgeschriebene Nummer zu ändern. Ist aber zuweilen, und nur gerade in dem Voranschlagsjahre, nichts unter jener O.Nr. voraussichtlich zu verrechnen, dann muß sie aufgeführt und in dem Berathungsprotokolle unter ihr das Wort: „Nichts" eingeschrieben, nöthigenfalls die Gründe dafür angegeben und in dem Voranschlage die Geldspalte mit einem Querstriche noch besonders ausgefüllt werden.

Von jeder anderen O.Nr. sind in dem Protokolle zuerst die ständig bestimmten, die jährlich in gleicher Größe wiederkehrenden oder auf kürzere oder längere Zeit ständig unveränderlichen; dann die ständig unbestimmten, ihrer Art nach zwar ständigen, ihrer Größe nach aber veränderlichen oder die wandelbaren, und zuletzt die unständigen oder zufälligen Theile der Einnahmen und Ausgaben zu verzeichnen.

Die bestimmten Posten sind auch in dem Berathungsprotokolle jedesmal zusammen oder in einer Summe anzugeben, und es genügt zu deren Begründung der Zusatz: „O.Nr. . . . des Voranschlages von dem Jahr 18 . .“ (dem vorhergehenden).

Sind aber die in dem Voranschlage von diesem unmittelbar vorhergehenden Jahre aufgenommenen Summen durch inzwischen bei einzelnen Theilen vorgekommenen Veränderungen, z. B. neue Verpachtungen, Abtragung von Kapitalien ꝛc., nicht mehr dieselben wie vorher, so müssen in dem Protokolle, unter Angabe der richtigen oder veränderten Beträge, zugleich die Veranlassungen und Gründe zu diesen Abweichungen angeführt werden.

Die unbestimmten Posten werden entweder durch einen Durchschnitt aus den zehn vorhergehenden Jahren ausgemittelt, unter Benutzung der inzwischen hierüber gemachten Erfahrungen und den auf das bevorstehende Jahr einwirkenden sonstigen Verhältnisse, oder durch besondere Nachweisungen, z. B. Wirthschaftspläne für die Gemeinde-Waldungen, Contracte, Ueberschläge u. s. w., begründet.

Können die Gründe für und wider eine Einnahme nicht scharf genug abgewogen werden, bleibt vielmehr die eine wie die andere noch immer zweifelhaft, so wird in der Regel dafür bei der Einnahme die kleinere und bei der Ausgabe die größere Summe gewählt, der Vorsicht wegen, und des Bestrebens, überall mit der größten Sparsamkeit zu verfahren, unbeschadet. § 21—25.

b) Verzeichniß der Gemeinde-Schulden.

§ 484. In das Verzeichniß der Schulden (Beilage Nr. 1 zum Voranschlagsformular) müssen sämmtliche Schulden der Gemeinde nebst rückständigen Zinsen, Zinsfuß und laufenden Zinsen, eingetragen werden; der Bürgermeister stellt dieses Verzeichniß auf und legt es mit dem Entwurfe des Voranschlages dem Gemeinderath zur Einsicht und Prüfung vor.

Zuerst sind in das Verzeichniß die Schulden der I. Klasse, d. h. diejenigen Schulden, welche für Bedürfnisse der I. Klasse der Gemeindeausgaben aufgenommen worden oder entstanden sind, in folgender Reihenfolge einzutragen:

a) verzinsliche Kapitalien;
b) rückständige Zinsen;
c) unverzinsliche Forderungen.

Letztere sind in die Spalte: „Kapital“ zu setzen. Die Schulden der I. Klasse und die rückständigen Zinsen sind in den betreffenden

Columnen zu summiren; hierauf in gleicher Weise die Schulden der **II.** Klasse, d. h. die für die Bestreitung von Bedürfnissen der **II.** Klasse der Gemeindeausgaben entstandenen, einzutragen und zu summiren. Zuletzt folgen die zur Bestreitung von Bedürfnissen der **III.** Klasse entstandenen Schulden in folgender Ordnung:

a) ältere verzinsliche Kriegsschulden-Kapitalien;
b) rückständige Zinsen hiervon;
c) neuere verzinsliche Kriegsschulden-Kapitalien;
d) rückständige Zinsen hiervon;
e) andere verzinsliche Kapitalien;
f) rückständige Zinsen hiervon;
g) unverzinsliche Forderungen.

Am Schlusse muß das Verzeichniß eine Wiederholung und Zusammenstellung aller Schulden in derselben vorgeschriebenen Reihenfolge enthalten. In dieser Zusammenstellung sind, neben den Ansätzen des Gemeinderathes, die auf eine vorgenommene Revision der oberen Verwaltungsbehörde gegründeten Ansätze der Letzteren einzutragen.

Von jeder einzelnen Schuld muß der Datum der Schuldurkunde angegeben werden. Bei Obligationen auf Inhaber ist, außer dem Datum, die Nummer und der Buchstaben (Lit.) anzugeben.

In das Verzeichniß werden zunächst diejenigen Schulden eingetragen, welche nach der Rechnung des dem Voranschlagsjahre (z. B. 1855) zweitvorausgegangenen Jahres (in dem angegebenen Falle 1853), vorhanden sind. Ebenso sind als rückständige Zinsen die Zinsen früherer Jahre, welche nach der Rechnung des dem Budgetjahre zweitvorhergehenden Jahres noch unbezahlt sind, zu behandeln und einzutragen.

Sollte sich der Schuldenstand und der Stand der rückständigen Zinsen seit der Aufstellung der Rechnung des dem Voranschlagsjahr zweitvorausgegangenen Jahres verändert haben, so sind diese Veränderungen in dem Schuldenverzeichnisse gleichfalls zu berücksichtigen (so daß also das Schuldenverzeichniß die zur Zeit der Berathung des Voranschlages wirklich vorhandenen Schulden enthält), zugleich aber ist wegen solcher Veränderungen auch in dem Berathungsprotokolle das Nöthige zu bemerken.

In die letzte Spalte des Schuldenverzeichnisses sind die laufenden Zinsen für das Voranschlagsjahr einzutragen.

Unter älteren Kriegsschulden (§ 27) sind diejenigen zu verstehen, welche vor dem 1. Januar 1807 — in den im Jahre 1816 acquirirten Landestheilen vor dem 1. Juli 1816, insoweit daselbst bis zu diesem Tage noch Steuerfreiheit bestanden hatte — entstanden sind. Neuere Kriegsschulden sind die nach diesem Normaltage entstandenen. In dem Schuldenverzeichnisse ist dieser Normaltag jedesmal noch besonders anzugeben. In der Provinz Rheinhessen sind alle Kriegsschulden als neuere Kriegsschulden zu behandeln. §§ 26—32.

c) Uebersicht des Gemeinde-Vermögens.

§ 485. In einem besonderen Verzeichnisse (wozu die Beilage 2 zum Voranschlagsformular das Muster enthält) muß das gesammte Vermögen der Gemeinde möglichst genau angegeben werden.

Die einzelnen Vermögenstheile sind in folgender Reihenfolge einzutragen:

1) Vermögensstücke I. und II. Klasse zusammen:

a) Verzinsliche Kapitalien. Hierunter sind die Namen der Schuldner, sowie das Jahr der Schuldverschreibung und, in Beziehung auf Rheinhessen, das der letzten Inscription genau zu verzeichnen, und es ist in der Spalte: „Kapitalwerth" der Betrag jedes einzelnen ausstehenden Kapitals und unter der Spalte: „Jährlicher Ertrag" der Betrag der jährlichen Zinsen einzutragen. Es gehören hierher auch alle für besondere Zwecke gestifteten Kapitalien, insofern die Zinsen davon in der Gemeinderechnung verrechnet werden.

b) Rückständige Zinsen bis zu Ende des dem Voranschlagsjahre zweitvorhergehenden Jahres. Die Namen der einzelnen Schuldner sind hierunter zu verzeichnen.

c) Unverzinsliche Forderungen bis zu Ende des dem Voranschlagsjahre zweitvorhergehenden Jahres. Hierher gehören auch der baare Ueberschuß, nach Maßgabe der Rechnung von dem bemerkten Jahre, und die Activausstände.

d) Mobilien. Dahin gehört ein summarisches Verzeichniß der in dem Gemeindearchiv aufbewahrten Verordnungen, der Tische, Stühle, Schränke ꝛc. in dem Gemeindehause und der sonstigen der Gemeinde gehörigen, zum öffentlichen Gebrauche bestimmten Gegenstände, wie Feuerspritzen, Feuerleitern ꝛc.

Hierauf folgen die Immobilien der Gemeinde, von welchen außer dem Kapitalwerth auch das Steuerkapital, so wie — bei den Grundstücken — der Flächeninhalt, unter Verweisung auf das Flurbuch, anzugeben ist; vor Allem ist hierunter die Zahl und nöthigenfalls nähere Beschreibung der

e) vermietheten Gebäude, unter Angabe der Namen der Miether;
f) der als Besoldung hingegebenen Gebäude, unter Angabe der Namen und Diensteigenschaft der Besoldeten, und
g) der zu sonstigem öffentlichen Gebrauch verwendeten Gebäude, als Rathhaus, Schulhaus u. s. w., zu verzeichnen.

Nach den Gebäuden ist der Flächengehalt der übrigen Immobilien, nämlich Feldgüter, Wiesen, Gärten, Weinberge, Hecken, Klauer 2c., und zwar zuerst

h) der verpachteten, unter Angabe der Namen der Pächter;
i) der an die Ortsbürger verlooseten, wobei die Zahl der Ortsbürger und die Art und Weise der Benutzung der Allmenden von Seiten der engeren und weiteren Gemeinde — wo ein solcher Unterschied noch besteht — anzugeben ist;
k) der als Besoldung hingegebenen, unter Angabe der Namen und Diensteigenschaft der Besoldungsempfänger, und
l) der von der Gemeinde selbst verwalteten (z. B. Baumschule) anzugeben.

Hierauf folgt die Angabe des Kapitalwerthes, Flächeninhaltes und Steuerkapitals:

m) der Waldungen, unter Beifügung einer näheren Beschreibung und Bemerkung, ob und welchen Ertrag sie jährlich liefern. Ist der jährliche Ertrag zu verschieden, als daß sich eine Durchschnittsberechnung aufstellen ließe, so ist die Spalte: „Ertrag" offen zu lassen.
n) Unter die nutzbaren Rechte gehören und sind hier zu verzeichnen: Zehnten, Grundrenten, Strafgelder, Brücken- und Pflastergeld, (im Ort) Faß-, Aich-, Maaß- und Waag-Gebühren, Krahnen-, Hafen- und Lagerhaus-Gebühren und Octroi, insoweit eine Gemeinde in dem Bezug der einen oder der anderen dieser Einkünfte ist. Der Kapitalwerth besteht aus dem 25fachen Betrag des jährlichen (mittelst Durchschnittsberechnung zu bestimmenden) Ertrages.

2) Vermögensstücke III. Klasse.

Von den hierunter einzutragenden verzinslichen Kapitalien, rückständigen Zinsen und unverzinslichen Forderungen gilt das oben zu 1) a) b) c) Bemerkte.

Dieses Vermögensverzeichniß soll vollständig nach den gegebenen Vorschriften nur alle drei Jahre zergliedert neu aufgestellt, aber in den Zwischenjahren nur die obigen Hauptrubriken ausgefüllt und die Veränderungen gewahrt werden. Für das Jahr 1855 würde daher wieder ein zergliedertes vollständiges Verzeichniß aufzustellen sein.

Am Schlusse der Vermögensübersicht muß eine nach den obigen Rubriken geordnete Wiederholung und Zusammenstellung des gesammten Vermögens folgen. §§ 33—35.

d) Abschluß der Rechnung des dritten vorhergehenden Jahres.

§ 486. Wenn zur Zeit der Aufstellung des Voranschlages, wie es für die Zukunft in der Regel der Fall sein wird, die Rechnung des drittvorhergehenden Jahres (also z. B. bei Aufstellung des Voranschlages pro 1855 die Rechnung von 1852) von der Ober-Rechnungskammer definitiv abgeschlossen ist, so ist von dem durch Letztere formirten Abschlusse, in der durch die Beilage 3 zum Voranschlagsformular vorgeschriebenen Form, eine Abschrift zu fertigen und darin nach Seite der Beilage 3 genau anzugeben, was von den Ueberschüssen jeder einzelnen Klasse als Kassenvorrath oder Ausständen zufällt. (Sollte der Abschluß von der Ober-Rechnungskammer ausnahmsweise noch nicht bewirkt sein, so ist eine Abschrift des von dem Rechner selbst bewirkten Abschlusses zu fertigen und beizulegen. —) § 36.

e) Summarische Uebersicht der Einnahmen und Ausgaben des zweiten vorhergehenden Jahres.

§ 487. Diese summarische Uebersicht muß die Einnahmen und Ausgaben der Gemeindekasse von dem dem Voranschlagsjahre vorhergehenden zweiten Jahre, und zwar die Ersteren nach dem Soll und die Letzteren nach dem wirklichen Betrage, enthalten, und es ist daher hierin auch das Resultat des Abschlusses der Rechnung vom nächstvorhergehenden Jahre (also hier von 1852) in den verschiedenen Klassen unter Kassenvorrath und Ausständen (O.Nrn. 19, 20, 50, 51, 67 und 68) aufzunehmen und am Schluß zu bemerken, welche Summen hiernach in dem Voranschlage (in dem angegebenen Falle für 1855) als Kassenvorrath oder baar und als Ausstände aufzunehmen sind. Bei Berechnung des Abschlusses ist unter Anderem nicht unbeachtet zu lassen, ob und welche Summe aus dem Ueberschuß der I. und II. Klasse nach dem Voranschlage des zweiten vorhergehenden Jahres etwa zu Ausgaben III. Klasse bestimmt war, indem dieser Betrag, insoweit er zur Bestreitung von Ausgaben III. Klasse nöthig war, aber auch nicht mehr, an dem sich ergebenden Ueberschusse I. und II. Klasse in Abzug zu bringen, als Einnahme III. Klasse jenes Jahres zu berechnen und hiernach der Abschluß zu vollziehen ist.

Da zur Zeit der Berathung des Voranschlages die Rechnung des vorhergehenden Jahres bereits aufgestellt und von dem Gemeinderath geprüft sein soll, so wird jene Uebersicht in der Regel eine summarische Abschrift der bereits wirklich gestellten Rechnung enthalten. Sollte ausnahmsweise die Rechnung zur Zeit der Aufstellung des Voranschlages noch nicht gestellt sein, so ist die Uebersicht auf den Grund des Handbuches zu fertigen.

Die Uebersicht ist von dem Bürgermeister, nach vorheriger Beifügung der nöthigen Erläuterungen und Angabe der Gründe, worauf die gegen die genehmigten Ansätze des Voranschlages für die einzelnen Rubriken sich ergeben habenden Mehr- oder Minder-Beträge der wirklichen Einnahmen und Ausgaben beruhen (Verwaltungs-Rechenschaft), unmittelbar hinter dem Abschluß derselben als richtig zu beglaubigen.

Diese Uebersicht bildet die Beilage 4 zum Voranschlage. § 37.

f) Voranschlag über Einnahme und Ausgabe an Naturalien.

Bei denjenigen Gemeinden, welche Naturalien zu vereinnahmen und zu verausgaben haben, bildet dieser Voranschlag eine nothwendige Beilage. Es müssen darin nach den bestehenden gesetzlichen Maaßen die Quantitäten an Holz, Früchten und sonstigen Naturalien aufgeführt werden, welche die Gemeinde aus eigenthümlichen oder fremden Waldungen und Gütern für sich bezieht, welche sie zur Besoldung ihrer Bediensteten anzukaufen hat, oder welche aus sonstigen Gründen — namentlich wie bei Grundrenten, die von der Gemeinde zu erheben und in folle abzuliefern sind — in der Gemeinderechnung verrechnet werden müssen.

Der Geldanschlag dieser Naturalien gehört in den eigentlichen Voranschlag unter die betreffenden O.Nrn., bei welchen die in dem Voranschlage über die Naturalien vorkommenden einzelnen Rubriken der Einnahme und Ausgabe in dem Berathungsprotokolle nachgewiesen werden müssen. (Vergl. Beilage 5.) § 38.

g) Verzeichniß der Besoldungen.

§ 488. Alle Besoldungen, nebst Lohn- und ständigen Vergütungen (Remunerationen), welche die Gemeinde an Angestellte für Verwaltung und Beaufsichtigung der Gemeindegüter und Waldungen, ferner an Geistliche, Schullehrer, den Gemeinde-Einnehmer, an Angestellte für Erhebung indirecter Auflagen in der Gemeinde, an das Polizeipersonale, Gemeindediener, Nachtwächter, Hirten, Hebammen, Feldschützen 2c., zu entrichten hat, müssen in ein besonderes Verzeichniß, nach Beilage 6, unter Anführung der Namen und Diensteigenschaften der einzelnen Besoldeten, und zwar in der Reihenfolge, wie solche die Wiederholung Seite 4 der Beilage 6 angibt, eingetragen und in den einschlägigen Spalten nicht allein angegeben werden, was die Besoldungen in dem dem Voranschlagsjahre unmittelbar vorhergehenden Jahre betragen, sondern auch, was in dem Voranschlagsjahre dafür verausgabt werden soll.

Die letzte Spalte in der Wiederholung Seite 4 der Beilage 6 muß stets die summarischen Ansätze der oberen Verwaltungsbehörde enthalten.

Bei jedem Besoldeten muß nicht allein der Geldgehalt, sondern auch der etwaige Genüß an freier Wohnung und Gütern, so wie der etwaige Bezug an Naturalien im Geldanschlage, und zwar nach den (in dem Rgbl. Seite 45 von 1831) für den Abkauf der fiscalischen Grundrenten bestimmten Preisen und, in Beziehung auf Wohnung und Gütergenuß, nach einem billigen, den örtlichen Verhältnissen und dem Ertrage entsprechenden Anschlage in der Art in Ansatz gebracht werden, daß sich sowohl im Einzelnen, als im Ganzen das aus der Gemeindekasse zahlbare und in der Gemeinderechnung zu verrechnende Diensteinkommen eines jeden Besoldeten hieraus ersehen läßt.

Auch der Geldanschlag für Kleidung oder Montur, welche einzelnen Angestellten (Gemeindedienern) gestellt wird, ist in das Besoldungsverzeichniß aufzunehmen. § 39.

h) Benachrichtigung der Ausmärker von den Umlagen III. Klasse.

§ 489. Es sollen die Ausmärker von den durch den Gemeinderath vorgeschlagenen Umlagen III. Klasse, so wie von den Kapitalaufnahmen in Kenntniß gesetzt werden, welche der Gemeinderath beabsichtigt, um Ausgaben III. Klasse zu decken. Diese Benachrichtigung geschieht nach dem in der Beilage 7 vorgeschriebenen Formular. Sind die Ausgaben III. Klasse auf andere Art, als durch Umlagen oder Kapitalaufnahmen gedeckt (also z. B. durch den Kassenvorrath früherer Jahre, durch den ausnahmsweise zu Ausgaben III. Klasse zu verwendenden Ueberschuß der zwei ersten Klassen, durch Ausstände 2c.), so ist eine Benachrichtigung der Forensen zu unterlassen. § 40. Siehe oben § 479.

i) Sonstige Beilagen.

§ 490. Außer den bisher unter a — h bemerkten Anlagen zum Voranschlage und Berathungsprotokolle sind in fortlaufenden Nummern, nach der Reihenfolge der O.Nrn. des Voranschlages, die Wirthschaftspläne der Forstbehörden, die Ueberschläge der Techniker über Bauwesen und Weganlagen, die Anforderungen der Schulvorstände für Schulzwecke, die Auszüge aus den Budgets der Kirchenfonds über den durch die Gemeinden zu deckenden Mangel der Letzteren und die sonst zur Begründung der Anträge etwa erforderlichen Aktenstücke dem Voranschlage beizulegen. § 41.

B. Statistische Uebersicht und Schulden- und Vermögensstand.

§ 491. Dem Voranschlage selbst muß eine statistische Uebersicht, enthaltend die Seelenzahl der Gemeinden, die Zahl der Ortsbürger, Viehstand, Gebäude, Normalsteuerkapitalien und Schulden- und Vermögensstand vorausgehen. Das Formular der statistischen Uebersicht ist auf Seite 1 des Voranschlages vorgeschrieben und bedarf keiner besonderen Erläuterung. Die Normalsteuerkapitalien sind in dieser Uebersicht nicht von den Ortsvorständen, sondern von der Regierungsbehörde einzutragen.

Auffallende Abweichungen der Angaben in der statistischen Uebersicht für das Voranschlagsjahr von denen für das vorhergehende Jahr sind im Berathungsprotokolle möglichst zu erläutern.

Die Angabe des Schulden- und Vermögensstandes muß mit den Hauptsummen in den Uebersichten der Schulden und des Vermögens übereinstimmen. § 42.

C. Voranschlag selbst.

a) Allgemeine Vorschriften über Einnahme und Ausgabe.

§ 492. In die Columne: „Betrag im vorigen Jahre" sind die genehmigten Ansätze des Voranschlages vom unmittelbar vorhergehenden Jahre — also im Voranschlage für 1855 die Ansätze des genehmigten Budgets für 1854 — von dem Bürgermeister einzutragen.

Die in dem Budgetformular vorgeschriebene Reihenfolge der O.Nrn., wie sie in den folgenden §§ 494—509 aufgeführt sind, ist unverändert beizubehalten, und es darf an keiner der unter den einzelnen Nummern eingetragenen Rubriken der Einnahmen und Ausgaben irgend eine Veränderung vorgenommen oder ein Zusatz beigeschrieben werden.

Weder in der Einnahme noch in der Ausgabe kann eine Rubrik: „Verschiedenes" oder: „Allerhand" gestattet, vielmehr müssen alle vorkommenden Einnahmen und Ausgaben unter die vorgeschriebenen Rubriken eingetragen oder, wenn sie unter keine derselben passen, unter den offen gelassenen O.Nrn. 16, 17, 18, 89, 90 2c. vorgesehen werden. §§ 43—45.

b) Einnahme.

§ 493. In Einnahme sind nicht allein alle in dem Voranschlagsjahre voraussichtlich eingehende, sondern auch alle zur Zeit der Aufstellung des Budgets eingegangene oder in dem dem Voranschlagsjahre vorhergehenden Jahre noch eingehende zufällige Einnahmen, welche noch in keinem vorderen Voranschlage eingetragen waren, vorzusehen.

Alle Einnahmen sind in ihrem Brutto-Ertrage, also ohne Abzug der darauf haftenden oder daraus zu bestreitenden Ausgaben, einzutragen. §§ 46 u. 47.

c) Einnahmen I. Klasse. [19])

§ 494. 1) Ordentliche:

Ordn.=Num. 1. Von Gebäuden. Hier ist zunächst der Miethzins von gemeinheitlichen, ganz oder theilweise (z. B. Speicher und Keller) vermietheten Gebäuden in Einnahme vorzusehen. In dem Protokolle ist von jeder vermietheten Hofraithe und jedem vermietheten Gebäude auch dessen eigenthümliche Benennung, der Name des Miethers, die Dauer der Miethe und deren jährlicher Betrag anzugeben. Ist jedoch in den Personen der Miether ꝛc. keine Veränderung seit der Aufstellung des vorigen Voranschlages vorgegangen, so genügt eine Verweisung auf diesen und die Vermögensübersicht. Wenn für die Benutzung des Rathhauses oder sonstiger gemeinheitlicher Gebäude zu Privatversteigerungen oder anderen Privatzwecken Einzelner Vergütungen geleistet werden, so gehören diese Einnahmen unter Nr. 1.

Der Geldanschlag der Wohnungen, welche Schullehrern, Waldschützen und sonstigen Gemeindebediensteten als Theil ihrer Gehalte von der Gemeinde zur Benutzung eingeräumt sind, ist unter Nr. 1 gleichfalls in Einnahme und zwar, insoweit nicht ein bestimmter Geldanschlag dafür vorgeschrieben ist, im wahren örtlichen Miethwerth vorzusehen.

Ordn.=Num. 2. Von verliehenen Gütern. Diese Rubrik umfaßt den Ertrag von in Zeit= oder Erbpacht gegebenen Gemeindegütern (Feldgütern, Wiesen, Weinbergen, Gärten ꝛc.). Das Berathungsprotokoll muß die Namen der Pächter oder Erbleihträger, die Bezeichnung der einzelnen Güter und die Pachtsumme oder den Erbleihzins dann detaillirt enthalten, wenn neue Pachtverträge abgeschlossen oder die Erbleihen erneuert worden sind. Ist seit dem vorhergegangenen Jahre keine Veränderung eingetreten, so genügt eine summarische Angabe unter Bezugnahme auf die entsprechende O.Nr. des vorhergehenden Voranschlages und auf die Vermögens=Uebersicht.

Es ist ferner hierunter der Geldanschlag der an die Ortsbürger verloosten Allmenden summarisch, und der Geldanschlag der an Geistliche, Schullehrer, Waldschützen und sonstige Gemeindebediensteten

---

19) Die nachstehend aufgezählten Ordnungs=Nummern entsprechen genau dem Rubriken=Verzeichnisse der Voranschläge.

als Gehaltstheil zur Benutzung hingegebenen Gemeindegüter im vollen örtlichen Pachtwerthe einzutragen.

Ordn.-Num. 3. Aus Gras und anderen Naturalien. Der Ertrag der von der Gemeinde selbst verwaltet werdenden Gemeindegüter (Feldgüter, Wiesen, Weinberge und Güter) bildet die Einnahme dieser Rubrik. Dahin gehört also der Erlös von versteigertem Gras auf Gemeindewiesen, von Obst aus der Gemeinde-Baumschule ꝛc., von Steinen aus den Steinbrüchen, Ertrag der Lehmgruben, Einnahme von den Friedhöfen aus Gras und Erbbegräbnissen.

Ordn.-Num. 4. Holz außer dem Walde erzielt. Hierunter ist der Erlös von Holz, welches außer den Communalwaldungen in Weidenklauern, Obstbaumschulen, erzielt wird, von Gehölz von den Friedhöfen und öffentlichen Anlagen für Spaziergänge, Erlös von gefällten Bäumen auf den Gemeindeweiden, in Einnahme vorzusehen.

Ordn.-Num. 5. Von Waldungen. Der gesammte rauhe (Brutto-) Ertrag der Gemeindewaldungen, also nicht allein der muthmaßliche Erlös aus dem zum Verkauf bestimmten Holz, sondern auch der Geldanschlag des als Loosholz und Besoldungsholz und zu sonstigen Zwecken, namentlich zu Gemeindebauten und für das Orts-Holzmagazin in Natur aus dem Gemeindewald abgegeben werdenden Holzes gehört hierher in Ansatz, desgleichen der muthmaßliche Ertrag von sonstigen Nutzungen, z. B. für Streulaub.

Den desfallsigen Ansätzen dienen die den Bürgermeistern von den Forstinspectoren und Forstpolizeibeamten vor Aufstellung der Budgets mitzutheilenden und den Voranschlägen beizulegenden Auszüge aus den Wirthschaftsplanen und die Tarifpreise des Holzes zur Grundlage.

Nach Empfang des Wirthschaftsplanes hat der Bürgermeister zuvörderst auszuscheiden, was a) zu Holzdeputaten an Berechtigte, b) Besoldungsholz, c) Loos- und Gabholz, d) Abgabe an das Ortsholzmagazin, e) Abgabe zu sonstigen gemeinheitlichen Zwecken und f) zu Bau-, Werk- und Nutzholzabgaben überschläglich erfordert werden wird. Die Summe dieser vorauszubestimmenden Holzabgaben ist sodann von der Summe des ganzen Holzertrags abzuziehen und der Rest als zum Verkauf bestimmt in Ansatz zu bringen.

Diese Ausscheidung erfolgt in einer Beilage zum Voranschlag oder in dem Berathungsprotokoll. V. v. 29. März 1837.

In dem Letzteren hat sich der Gemeinderath zugleich darüber auszusprechen, ob der Erlös für Streulaub vertheilt oder zu Ausgaben **I.** und **II.** Klasse verwendet werden soll. A. d. M. d. J. v. 20. Juli 1839.

Hierher gehört auch als letzte Unterabtheilung der nach einer Durchschnittsberechnung anzusetzende muthmaßliche Betrag dessen, was eine Gemeinde an Holzwerth und Schadensersatz von in ihren Waldungen begangenen Forstfreveln zu beziehen hat.

Ordn.-Num. 6. Von Torfgräbereien. Unter dieser Nummer ist der muthmaßliche Erlös von Torf aus den Gemeinde-Torfgräbereien im Bruttoertrag, sodann der Geldanschlag des in Natur als Besoldungs- oder Loostorf abgegeben werdenden Torfes anzusetzen.

Ordn.-Num. 7. Von Jagden, Fischereien u. Teichen. Hierher gehört der Ertrag der Gemeindejagden in der Prov. Rh. allgemein, in den Prov. St. u. O. aber nur bezüglich derjenigen Jagden, welche den Gemeinden auf eigenthümlichen Grundflächen über 300 Morgen schon vor dem G. v. 26. Juli 1848 zustanden. (§ 54.) A. d. M. d. J. v. 14. Juli 1853.

Desgleichen ist hier anzusetzen der Ertrag von verpachteten oder von der Gemeinde unmittelbar verwalteten Fischereien und Teichen. Das Berathungsprotokoll muß bei neuen Pachtverträgen die Namen der Pächter aufführen, außerdem genügt eine Bezugnahme auf den vorhergehenden Voranschlag.

Ord.-Num. 8. Von Schäfereien. Unter dieser Nummer ist der Ertrag des Pachtgeldes der, der Gemeinde als solcher zustehenden und verpachteten Schäferei oder Schafweidegerechtigkeit — bei neuen Verträgen unter Angabe der Namen der Pächter 2c. — so wie der allenfallsige Ertrag des Schafpferchs einzutragen. (Ist eine Schafweidegerechtigkeit abgelöst, so gehört die dafür regulirte und von den Einzelnen zu erhebende Grundrente nicht unter diese, sondern unter die O.-Nr. 9.

Ordn.-Num. 9. Von Zehnten, Grundrenten und anderen Gefällen. Unter dieser O.-Nr. sind in Einnahme vorzusehen:

a) Der Ertrag des der Gemeinde etwa eigenthümlich zustehenden Zehntens, so wie die ihr eigenthümlich zustehenden Zehntgrundrenten, sonstige Grundrenten und Grundzinsen, insbesondere auch die Grundrenten von in Eigenthum vertheilten Gemeindegütern und sonstigen eigenthümlichen Gefällen, namentlich auch die von mehreren Gemeinden aus der Staatskasse zu beziehende Rente für Ohmgeld.

b) Der Geldanschlag für die in Natur oder in Geld durch die Gemeinde von Einzelnen zu erhebenden und an einen dritten Berechtigten abzuliefernden Zehntgrundrenten und Grundrenten für abgelöste, zum Vortheil geistlicher Stellen oder Schulstellen geleistete Frohnden; sonstige Grundrenten; Leibeigenschafts- und Frohnd-Reluitionsgelder; die Frohndersatzrente; Weidhämmel-Gelder; die von Einzelnen zu erhebenden Weidgelder für Benutzung der Weide auf fremdem Grund und Boden. — Bei jedem dieser Posten, in so weit sie bei einer Gemeinde vorkommen, muß die Norm der Erhebung in dem Berathungsprotokolle angegeben (wenn eine Erhebungsnorm allgemein gesetzlich vorgeschrieben ist, so muß solche beibehalten werden), auch für die von den Pflichtigen zu tragenden Kosten der Ausmittelung, Verunterpfändung und Erhebung der Zehnt- und anderer Grundrenten in Einnahme Vorsehung getroffen werden. Uebrigens gehören nur diejenigen von Einzelnen zu erhebenden und an den Berechtigten abzuliefernden Grundrenten und Gefälle hierher, für deren Ablieferung im Ganzen und in ungetrennter Summe (in folle) die Gemeinde zu haften verbunden ist.

Der Geldanschlag für diese Naturalrenten und Gefälle ist nach dem Gesetze über Abkauf der fiscalischen Grundrenten vom 25. Januar 1831 (Seite 45 d. Rbl.) anzusetzen.

Ordn.-Num. 10. Weidgelder. Wenn von Einzelnen für die Erlaubniß, auf die Gemeindeweiden Vieh treiben zu dürfen, oder von einer anderen Gemeinde für die Weideberechtigung Weidegelder in die Gemeindskasse entrichtet werden, so kommt der Betrag hier in Einnahme.

Im Berathungsprotokoll muß der Betrag der von den Einzelnen zu entrichtenden Abgaben zergliedert angegeben werden.

Ordn.-Num. 11. Kapital-Zinsen. Besitzt die Gemeinde Activ-Kapitalien, welche der ersten Klasse privativ zustehen, so sind die Jahreszinsen davon unter dieser Nummer einzutragen, und ist im Berathungsprotokolle auf die betreffende Stelle der Vermögens-Uebersicht zu verweisen, worin die Namen der einzelnen Schuldner, der Betrag der ausstehenden Kapitalien und der Zinsfuß angegeben werden muß.

Ordn.-Num. 12. Waldstrafen. Da, wo eine Gemeinde in Bezug der Forststrafen sich befindet, sind die nach einer Durchschnittsberechnung muthmaßlich eingehenden Forststrafen hierunter zu bemerken.

Ordn.-Num. 13. Für Loosholz und andere Nutzungen in fremden Waldungen. Wenn eine Gemeinde, oder vielmehr deren Mitglieder oder Einwohner, zum Bezug von Loosholz aus fremden, namentlich fiscalischen Waldungen berechtigt sind, und die Gemeinde die dafür von den Einzelnen zu zahlenden Preise zum Zwecke der Ablieferung im Ganzen an den Berechtigten zu erheben hat, so ist der Betrag dieser Erhebung, mit einem Zusatze für die von den Loosholz-Empfängern zu zahlenden Erhebgebühren, hier in Einnahme vorzusehen. Dasselbe gilt von den Erhebungen, der für Nutzungen anderer Art, z. B. Waldstreu, Mast ꝛc. in fremden Waldungen, von den Einzelnen zu entrichtenden Abgaben.

Ordn.-Num. 14. Auflage auf die Allmend-Nutznießer. Wenn mit Rücksicht auf den Allmendengenuß der Ortsbürger eine Auflage erhoben werden soll, namentlich zum Zweck der Bestreitung derjenigen directen Provinzial- und Communalsteuern, welche auf den unter die Ortsbürger verloosten Allmenden haften und von den Nutznießern zu ersetzen sind, so gehört diese, nicht als eigentliche Umlage, sondern nur als eine Retribution oder Gegenleistung zu betrachtende, Auflage unter diese Nummer. — Im Berathungsprotokoll ist die Zahl der Nutznießer und die von jedem Einzelnen zu entrichtende Abgabe anzugeben. — Wenn Pächtern gemeinheitlicher Güter die Zahlung der Steuern von diesen Gütern zur Bedingung gemacht ist, so ist der desfallsige Betrag gleichfalls hierher zu setzen.

Ordn.-Num. 15. Auflage auf die Loosholz-Berechtigten. So bald in einer Gemeinde eine Auflage auf das aus dem Gemeindewald verabfolgt werdende Loosholz zur Bestreitung der von der Gemeinde zu zahlenden Revierförsters- oder Waldschützen-Besoldungstheile, oder zur Bestreitung von Waldkulturkosten oder des Loosholzmacherlohns, gesetzt werden soll, gehört diese, nicht als eigentliche Umlage, sondern als Gegenleistung für den Bezug des Loosholzes zu betrachtende Auflage hierher.

Ordn.-Num. 16, 17, 18. Unter eine dieser Ordnungs-Nummern können unter Andern auch die auf das Rauh-Steuercapital der Privatwaldungen zu repartirenden Beiträge der Privatwaldbesitzer zu den Besoldungen der Waldschützen vorgesehen werden.

§ 495. 2) Außerordentliche:

Ordn.-Num. 19. Kassevorrath aus vorhergehenden Jahren. Da zur Zeit der Aufstellung des Voranschlags das dem Voranschlags-Jahre, d. h. dem Jahre, für welches der Voranschlag aufgestellt wird, zunächst vorhergehende Jahr nicht so weit vorgerückt ist, daß die wirklichen Einnahmen und Ausgaben für dieses Letztere sich bestimmen lassen, ohne dies aber auch vorausgesetzt werden kann, daß die Ausgaben des dem Voranschlagsjahre zunächst vorhergehenden Jahres durch die Einnahmen desselben vollständig gedeckt werden, so muß das wirkliche Ergebniß der Einnahmen und Ausgaben dieses dem Voranschlagsjahre zunächst vorhergehenden Jahres außer Berücksichtigung gelassen werden. Unter der obigen O.-Nr. ist daher der nach der Uebersicht der Einnahmen und Ausgaben des dem Voranschlagsjahre zweitvorhergehenden Jahres (demnach z. B. für 1855 derjenige von 1853) in I. Klasse sich ergebende baare Kassevorrath in Einnahme vorzusehen. (Es gehört hierher auch der Betrag, welcher durch die Revisionsbeschlüsse zu vorhergehenden Rechnungen dem Rechner als persönliche Schuld zur Last gesetzt, von ihm aber unter vorstehender Rubrik noch nicht in Einnahme gebracht, namentlich also nicht in der Rechnung des zweitvorhergehenden Jahres vereinnahmt worden ist.)

Da übrigens nicht mit Bestimmtheit vorausgesetzt werden kann, daß der hiernach aus der Uebersicht des zweitvorhergehenden Jahres in den Voranschlag übertragen werdende Ueberschuß aus jenem Jahre auch am Schlusse der Rechnung des unmittelbar dem Voranschlagsjahr vorhergehenden Jahres (nach obigen 1854), in welche letztere er der Natur der Sache nach aus der Rechnung des zweiten vorhergehenden Jahres übergeht, noch wirklich in demselben Betrage vorhanden sein wird, und daher wirklich für die Ausgaben des Voranschlagsjahres verwendet werden kann, so wird schon hier bemerkt, daß, um die Ausführung des Voranschlags durch das Ausbleiben einer solchen Einnahme nicht zu stören, auf den in den Voranschlag übergetragenen Ueberschuß laufende nothwendige Ausgaben nur in so weit gegründet werden dürfen, als zur Zeit der Aufstellung des Voranschlags mit Wahrscheinlichkeit angenommen werden kann, daß ein solcher Ueberschuß wirklich disponibel wird. In so weit dieß nicht der Fall ist, muß der Kassevorrath für das Betriebskapital der Regel nach in Aussicht genommen werden.

Ordn.-Num. 20. Ausstände aus vorhergehenden Jahren. Hierher sind diejenigen Ausstände zu übertragen, welche sich bei dem Abschlusse der Uebersicht der Einnahmen und Ausgaben des zweitvorhergehenden Jahres in I. Klasse ergeben haben.

In der Regel muß der gesammte Betrag der Ausstände I. Klasse in Einnahme vorgesehen werden. Nur da, wo die Rückstandssummen, weil früher die Vorschriften für die Prüfung und Decretur der Liquidation nicht gehörig befolgt worden sind, aufgewachsen, und nicht auf einmal, sondern nach vorheriger Prüfung und Klassirung in Zielen zu erheben sind, ist blos das zu erhebende Ziel (einschließlich der daraus als uneinbringlich in Ausgabe zu bringenden Ausstände) in Einnahme vorzusehen.

Im Allgemeinen gelten auch hier die zu O.-Nr. 19 gemachten Bemerkungen.

In dem Berathungsprotokoll ist sich ausdrücklich auf die vorschriftsmäßig decretirten Ausstandsverzeichnisse zur Liquidation in der Rechnung des zweiten vorhergehenden Jahres zu beziehen.

Ordn.-Num. 21. Zurückzuempfangende Kapitalien. Unter dieser Nr. sind die Activ-Kapitalien der Gemeinde, welche der I. Klasse privativ zustehen und der Gemeinde abgetragen werden sollen, einzutragen.

Das Berathungsprotokoll muß den Namen der Schuldner, die Beträge der einzelnen abzutragenden Kapitalien und den muthmaßlichen Zeitpunkt der Rückzahlung angeben.

Ordn.-Num. 22. Neu aufzunehmende Kapitalien. Wenn zur Bestreitung außerordentlicher Ausgaben I. Klasse oder zur Abtragung anderer Schulden I. Klasse der Gemeinde ein Kapital aufgenommen werden soll, so gehört der Betrag desselben hierher.

Das Berathungsprotokoll muß den Zweck der Kapitalaufnahme, den Zeitpunkt, wann sie stattfinden soll, den Zinsfuß des aufzunehmenden Kapitals, den Namen des Gläubigers, falls ein solcher schon ausfindig gemacht worden, enthalten, und in den Fällen, wo eine neue Schuld contrahirt, also nicht ein Kapital zur Abtragung einer bestehenden Schuld aufgenommen werden soll, zugleich angeben, ob und unter welchem Datum und Nummer der Consens der Regierungsbehörde zur Kapitalaufnahme bereits ertheilt worden ist, oder ob dieser Consens noch eingeholt werden soll.

Ordn.-Num. 23. Von verkauften Häusern und Gütern. Sobald gemeinheitliche Gebäude oder Grundstücke veräußert werden sollen (oder seit Aufstellung des letzten Voranschlags mit besonderer Genehmigung veräußert worden sind), so gehört der Betrag des Kaufschillings unter diese Rubrik. In dem Berathungsprotokoll müssen die Gründe dieser Veräußerungen angegeben, die zu veräußernden Objecte speciell bezeichnet und der muthmaßliche Erlös durch dem Voranschlag beizulegende Ueberschläge von verpflichteten Personen belegt werden.

Ordn.-Num. 24. Von verkauften Baumaterialien und Mobilien. Hierunter ist der muthmaßliche Erlös von zu veräußernden Baumaterialien, namentlich von abgängigem Bauholz, Steinen 2c. bei Bauten oder Reparaturen an gemeinheitlichen Gebäuden, so wie von Mobilien, z. B. abgängigen Tischen und Stühlen im Gemeindehause, unbrauchbar gewordenen Schulgeräthschaften 2c., vorzusehen. In dem Berathungsprotokoll ist sich auf gleiche Weise, wie zu der vorigen O.-Nr. bemerkt, über die näheren Verhältnisse zu äußern und Ueberschläge von verpflichteten Personen — falls nicht etwa die Objecte zu unbedeutend an Werth sein sollten — beizulegen.

Ordn.-Num. 25. Von außerordentlichen Holzfällungen, Torfstichen 2c. Wenn zur Bestreitung außerordentlicher Ausgaben eine außerordentliche Holzfällung in dem Gemeindewalde stattfinden soll, so ist der muthmaßliche Erlös hierunter vorzusehen und im Berathungsprotokoll anzugeben, ob und unter welchem Datum und Nummer der Consens der Forstbehörde und der vorgesetzten Regierungsbehörde zu der Holzfällung bereits ertheilt ist, und welche Quantitäten an Holz und in welchen Districten des Gemeindewaldes hiernach zur Fällung genehmigt sind, oder ob und über welche Quantität der Consens noch eingeholt werden soll; ferner zu welchem Zwecke die Holzfällung stattfinden soll.

Dasselbe gilt im Allgemeinen von den außerordentlichen Torfstichen, wozu jedoch, wie sich von selbst versteht, der Consens der Forstbehörde nicht erforderlich ist und die Genehmigung der Regierungsbehörde bei dem Budget ertheilt werden kann.

Ordn.=Num. 26, 27, 28. Offene Nummern.

§ 496. 3) Umlagen I. Klasse.

Ordn.=Num. 29, 30, 31. Umlagen nach Köpfen oder Genußtheilen. Wenn der Ertrag des Gemeindevermögens, wie solcher unter den bisherigen Rubriken der Einnahmen I. Klasse einzutragen ist, nicht hinreicht, um den Gesammtbetrag der Ausgaben I. Klasse zu decken, so tritt die Nothwendigkeit einer Umlage auf die Ortsbürger ein, welche nach Köpfen erfolgt und unter Nr. 29 einzutragen ist, wenn die Genußtheile oder Vortheile von dem Gemeindevermögen unter allen Ortsbürgern gleich sind, oder nach Genußtheilen, d. h. nach dem Verhältnisse des Genusses, zu realisiren und unter Nr. 30 einzutragen ist, wenn die Genußtheile oder Vortheile vom Gemeindevermögen unter den Ortsbürgern verschieden sind, wie bei einer engeren und weiteren Gemeinde.

Diese Ordnungs=Nummern können nicht eher ausgefüllt werden, als bis die Ausgaben I. Klasse berathen sind; und sich in Folge dessen das etwaige Deficit ergeben hat.

Im Berathungsprotokolle ist die Nothwendigkeit dieser Umlagen nachzuweisen und der Repartitionsfuß anzugeben. § 71 u. G.O. Art. 82.

d) Einnahmen II. Klasse.

§ 497. 1) Ordentliche:

Ordn.=Num. 32. Brücken= und Pflastergeld. Wenn einer Gemeinde gestattet ist, von Brücken innerhalb des Orts ein Brückengeld, für die Benutzung der Straßen im Ort ein Pflastergeld zu erheben, so gehört der desfallsige Ansatz hierher. Der Ertrag ist nach einem Durchschnitt zu berechnen, und daß dies ge=

schehen, im Berathungsprotokolle, unter Angabe des Tarifs, zu bemerken.

Unter diese Rubrik ist auch die ständige Rente zu setzen, welche aus der Staatskasse an einzelne Gemeinden für entzogenes Pflastergeld bezahlt wird.

Ordn.=Num. 33. Miethe von Markt= und anderen öffentlichen Plätzen. Das Miethgeld, welches eine Gemeinde aus vermietheten öffentlichen Plätzen, insbesondere auf Märkten, bezieht, ist hier anzusetzen. Sind solche Plätze auf mehrere Jahre regelmäßig vermiethet, so gilt wegen Angabe der Namen der Miether, der Dauer der Miethe ꝛc. das oben zu Ordn.=Nr. 1 u. 2 Bemerkte.

Bei Vermiethung von Marktplätzen während der Messen und Märkte sind die Ansätze in der Regel durch Durchschnittsberechnungen zu begründen.

Ordn.=Num. 34. Vom Straßenkoth ꝛc. Da wo der Koth von den Straßen und sonstigen öffentlichen Plätzen und Anlagen an den Meistbietenden versteigert wird, ist der aus einer Durchschnittsberechnung sich ergebende Ertrag unter die obige Nummer einzutragen.

Ordn.=Num. 35. Faßaich=, Maaß= und Waage=Gebühren. Wenn eine Gemeinde eine öffentliche Waage und Faßaiche unterhält, sind die für deren Benutzung zu entrichtenden Gebühren, nach einer Durchschnittsberechnung im Brutto=Ertrag ermittelt, unter dieser Rubrik, nebst Angabe des Tarifs, vorzusehen.

Ordn.=Num. 36. Krahnen=, Hafen= und Lagerhaus=Gebühren. Von jeden dieser von einzelnen Gemeinden bezogen werdenden Intraden muß im Berathungsprotokoll, nach einer Durchschnittsberechnung speciell im Brutto=Ertrage, unter Bemerkung des Tarifs oder Verweisung auf die Verordnung, worin er enthalten ist, der muthmaßliche Ertrag getrennt angegeben werden.

Ordn.=Num. 37. Octroi. In so weit einer Gemeinde ein Octroi von Consumtions=Gegenständen bewilligt ist, muß das Berathungsprotokoll den nach einer Durchschnittsberechnung ermittelten Brutto=Ertrag dieser Abgabe von jedem einzelnen, derselben unterworfenen Gegenstande, unter abgesonderten Ziffern und unter Angabe des Tarifs oder Verweisung auf die Verordnung, worin solcher enthalten ist, angeben.

Ordn.-Num. 38. Feuereimer-Geld. Hierher gehört die herkömmliche Abgabe, welche jeder Ortsbürger bei seiner Reception in eine Gemeinde für Anschaffung eines Feuereimers leisten muß. Ist es in einer Gemeinde hergebracht, daß die Ortsbürger die Feuereimer in Natur liefern, so ist gleichwohl der Geldanschlag unter die O.-Nr. aufzunehmen und unter O.-Nr. 114 als durchlaufender Posten in Ausgabe vorzusehen. Der Ansatz ist auf eine Durchschnittsberechnung der Anzahl der in mehreren vorhergegangenen Jahren aufgenommenen Ortsbürger (vermöge der Geburt oder mittelst besonderer Aufnahme) zu gründen.

Ordn.-Num. 39. Einzugsgeld. Der hierunter vorzusehende Betrag richtet sich nach der auf eine Durchschnittsberechnung der verflossenen Jahre gegründeten muthmaßlichen Anzahl der in dem Budget-Jahrs als Ortsbürger aufgenommen werdenden Ortsfremden. In dem Berathungsprotokoll ist der Betrag des von einem Ortsfremden bei der Aufnahme als Ortsbürger in die Gemeinde zu entrichtenden Einzugsgeldes anzugeben.

Ordn.-Num. 40. Feld- und Polizeistrafen. Wenn eine Gemeinde das Recht auf Bezug dieser Strafen hat, so gehört der aus einer Durchschnittsberechnung hervorgehende rauhe (also ohne Abzug von Denunciationsgebühren anzunehmende) Betrag derselben unter diese Nummer.

Ordn.-Num. 41. Strafen wegen Schulversäumnissen. Auch bei diesen nach dem Edict über das Volksschulwesen allgemein in die Gemeindskassen fließenden Strafen (vergl. O.-Nr. 124) ist, in so weit möglich, eine Durchschnittsberechnung zu Grunde zu legen; die Gründe, aus welchen etwa unter dieser Nummer Nichts vorgesehen werden soll, sind jedesmal im Berathungsprotokolle anzugeben.

Ordn.-Num. 42. Kapital-Zinsen. Wenn eine Gemeinde Activ-Kapitalien, welche der II. Klasse privativ zustehen, besitzt, so gehören die Jahreszinsen davon hierher und ist im Berathungsprotokolle auf die betreffende Stelle der Vermögensübersicht (vergl. O.-Nr. 11) zu verweisen.

Ordn.-Num. 43. Von Stiftungen für Arme. Hat eine Gemeinde das Vermögen von Stiftungen für Arme zu verwalten, so ist der muthmaßliche Ertrag derselben, unter specieller Bezeichnung jeder einzelnen Stiftung, deren Betrags und des jährlichen Einkommens derselben in dem Berathungsprotokolle unter dieser Nummer einzutragen.

Hierunter sind auch in den Gemeinden, in welchen nicht eigene Ortsarmenkassen bestehen, die freiwilligen Beiträge Einzelner zur Unterstützung der Armen, der Ertrag der Almosenfonds, namentlich des Klingelbeutels, und die ständigen jährlichen Beiträge aus Kirchenfonds zu diesem Behuf, nach Durchschnittsberechnungen ermittelt und unter getrennten Ziffern, vorzusehen.

Ordn.-Num. 44. Schul- und Holzgeld der Schullehrer.

a) Unter diese Nummer gehört zunächst der Betrag des von den Eltern der schulpflichtigen Kinder, und zwar für jedes Kind in gleichem Betrage, durch den Gemeinde-Einnehmer zu erhebenden Schul- und Holzgeldes. In dem Berathungsprotokolle ist die Zahl der schulpflichtigen Kinder (zur Zeit der Aufstellung des Voranschlags) und der Betrag des für ein einzelnes Kind zu zahlenden Schulgeldes anzugeben.

b) Ferner ist hierunter der Betrag der von den einzelnen Einwohnern statt früher abgegebener unständiger Naturalleistungen, z. B. Wandeltisch, zu leistenden ständigen Geld- und Natural-Prästationen, unter Angabe der Zahl der Contribuenten und des Betrages der von jedem Einzelnen zu leistenden Prästationen im Berathungsprotokolle anzugeben. — Auf den Antrag des Gemeinderaths können auch die zur Salarirung des Schullehrers als Glöckner zu leistenden Beiträge dieser Art hier eingetragen werden.

c) Besteht eine Schulgemeinde aus mehreren politischen Gemeinden, so sind die Schul- und Holzgelder 2c. in jeder derselben zu vereinnahmen und direct an den Lehrer, nicht aber an die Gemeindskasse der Gemeinde, wo der Schullehrer wohnt, zu entrichten, mithin auch nur in den Voranschlägen dieser einzelnen Gemeinden das Nöthige vorzusehen.

d) Befinden sich in einer Gemeinde mehrere Confessionsschulen, so müssen in dem Berathungsprotokolle die Beträge der für die verschiedenen Confessionsschullehrer zu erhebenden Schul- und Holzgelder separat aufgeführt werden.

e) Unter der O.-Nr. 44 ist auch die aus dem Schulverbesserungsfond oder einem Provinzialschulfond zu zahlende ständige Zulage für Lehrer in Einnahme vorzusehen. Wenn dagegen

f) sonstige Fonds die Besoldungen der Schullehrer ganz oder theilweise zu bestreiten haben, so sind diese Gehalte nicht in dem Gemeindebudget in Einnahme und Ausgabe vorzusehen, vielmehr aus jenen Fonds direct an die Lehrer zu verabfolgen, es sei denn, daß die betreffenden Fonds unter der Verwaltung des Ortsvorstandes stehen, oder besonders verordnet wäre, daß diese Gehalte durch die Gemeindskasse laufen sollen, in welchen beiden Fällen die desfallsigen Beträge gleichfalls unter dieser Nummer vorzusehen sind.

Ordn.-Num. 45. Für Anschaffung und Unterhaltung des Fasselviehes. In so fern der Gemeinderath nicht vorzieht, die für das Fasselvieh erforderlichen Kosten aus der Gemeindskasse zu bestreiten, oder wie die anderen Umlagen II. Klasse auf das Steuerkapital der Einwohner auszuschlagen, gehört der zu deren Aufbringung erforderliche Ausschlag auf die Besitzer des Muttervieches hierher.

Eben so der Ausschlag bezüglich der Unterhaltung des Ebers. E. d. M. d. J. v. 15. Sept. 1848 u. A. d. M. d. J. v. 20. September 1853, Satz 15.

Auch ist der muthmaßliche Erlös für abgängiges Fasselvieh hier vorzusehen.

Ordn.-Num. 46. Für Hirtenlohn. Wenn der Lohn der Kuhhirten nicht aus der Gemeindekasse bestritten oder mit den gewöhnlichen Umlagen II. Klasse beigebracht werden will, so ist der auf die Besitzer des zur Heerde getrieben werdenden Rindviches (nach der Zahl der Stücke) zu vollziehende Ausschlag zur Aufbringung dieses Lohnes unter die obige O.-Nr. zu setzen.

Dasselbe gilt von dem Ausschlag auf die Besitzer der zur Heerde getrieben werdenden Schweine zur Aufbringung des Schweinehirten-Lohnes.

In dem Berathungsprotokolle ist der Betrag der auf ein Stück Rindvieh oder Schwein fallenden Abgabe anzugeben. E. d. M. d. J. v. 15. Sept. 1848.

Ordn.-Num. 47. Aus dem Ortsholzmagazin. Hierunter ist der Erlös für das aus dem Ortsholzmagazin verkauft werdende Holz — in so weit solches in Ermangelung von Gemeindewaldungen, welche es abzugeben vermögen, für das Magazin angekauft werden muß — vorzusehen. Die muthmaßliche Quantität des zu verkaufenden Holzes ist im Berathungsprotokolle anzugeben.

Ordn.-Num. 48. Impfgebühren. Hierher gehören die durch den Gemeindeeinnehmer zu erhebenden und im Ganzen an den Impfarzt abzuliefernden Impfgebühren.

Ordn.-Num. 49 u. 49a. Offene Nummern.

§ 498. 2) Außerordentliche:

Ordn.-Num. 50. Kassevorrath } aus vorhergehenden Jahren.
" " 51. Ausstände }

Hier ist der nach der Uebersicht der Einnahmen und Ausgaben des dem Voranschlagsjahr zweitvorhergehenden Jahres in **II.** Klasse sich ergebende baare Kassevorrath, beziehungsweise die Ausstände in **II.** Klasse, in Einnahme vorzusehen.

Im Uebrigen gelten die Bemerkungen in den O.-Nr. 19 u. 20.

Ordn.-Num. 52. Zurückzuempfangende Kapitalien. Hier sind die der **II.** Klasse privativ zustehenden Activ-Kapitalien, welche im Laufe des Budgetjahres abgetragen werden sollen, vorzusehen.

Im Uebrigen gelten die Vorschriften in O.-Nr. 21.

Ordn.-Num. 53. Neu aufzunehmende Kapitalien. Rücksichtlich der zur Bestreitung von außerordentlichen Ausgaben **II.** Klasse etwa aufzunehmenden Kapitalien finden die in O.-Nr. 22 ertheilten Vorschriften gleichfalls ihre Anwendung.

Ordn.-Num. 54. Stiftungen und Vermächtnisse. Wenn zur Zeit der Aufstellung des Voranschlags der Gemeinde eine Stiftung oder ein Vermächtniß angefallen und es wahrscheinlich ist, daß deren Betrag in dem Voranschlagsjahr wirklich vereinnahmt wird, so ist der Betrag hier in Einnahme vorzusehen. Im Berathungsprotokolle ist der Namen des Stifters, der Zweck der Stiftung, der Zeitpunkt deren Errichtung und die Bedingungen, unter welchen sie die Gemeinde erhalten soll, detaillirt anzugeben.

Ordn.-Num. 55, 56, 57. Offene Nummern.

§ 499. 3) Umlagen II. Klasse.

Ordn.-Num. 58. Umlagen auf das gesammte Steuerkaptal der Ortseinwohner. Wenn die I. Klasse nach Bestreitung ihrer Ausgaben keinen Einnahme-Ueberschuß behält, oder der etwa vorhandene und gesetzlich zu Ausgaben der II. Klasse zu verwendende Ueberschuß I. Klasse nebst den der II. Klasse privativ zustehenden Einnahmen nicht hinreicht, sämmtliche Ausgaben der II. Klasse unter O.-Nr. 103—154 zu decken, somit die Nothwendigkeit einer Umlage eintritt, so wird das Fehlende auf alle Gemeinde-Einwohner nach Verhältniß ihrer gesammten Steuerpflichtigkeit umgelegt. G.O. Art. 84.

Ordn.-Num. 59, 60, 61. Wenn in einer Gemeinde eine Verschiedenheit der Confession unter den Einwohnern nicht besteht, so sind insbesondere auch die Kosten für die Kirche — in so weit nicht Kirchenfonds oder Dritte zu deren Bestreitung verpflichtet sind — als gewöhnliche Ausgaben II. Klasse zu behandeln, und somit, falls ein Ausschlag auf die Ortseinwohner erforderlich ist, auf gleiche Weise wie die sonstigen Ausgaben II. Klasse umzulegen.

Dasselbe gilt von den Schulunterrichtskosten (mit Ausnahme des unter O.-Nr. 44 zu vereinnahmenden Schul- und Holzgeldes) in dem Falle, wenn zwar eine Verschiedenheit der Confession unter den Einwohnern besteht, allein entweder eine Gemeindeschule vorhanden ist, oder die bestehende Confessionsschule auch von den Kindern der Bekenner anderer Confessionen besucht wird.

Reicht der Ueberschuß I. Klasse einschließlich der privativen Einnahmen II. Klasse hin, um sämmtliche Ausgaben II. Klasse, einschließlich derjenigen für Kirchen und Schulen der verschiedenen Confessionen, zu bestreiten, so findet ein Ausschlag für letztgenannte Ausgaben nicht statt.

Sind wegen Unzulänglichkeit des Ueberschusses der I. Klasse und der privativen Einnahmen der II. Klasse in Gemeinden, wo Kosten für Kirche und Schule verschiedener Confessionen zu bestreiten sind, zur Aufbringung dieser Kosten Umlagen nöthig, so sind diese Kosten auf die verschiedenen Confessionsverwandten nach deren gesammten Steuerkapitalien auszuschlagen und die desfallsigen Umlagen unter O.-Nr. 59—61 vorzusehen. § 93 d. Instr. u. G.O. Art. 86. Vergl. auch Abth. XIII, § 304.

e) Einnahmen III. Klasse.

§ 500. 1) Ordentliche:

Ordn.-Num. 62. Brücken- und Weggelder außerhalb des Orts. Wenn einer Gemeinde gestattet ist, von Brücken und Vicinalwegen außerhalb des Orts ein Brücken- und bz. Weggeld zu beziehen, so gehört der desfallsige, nach einem Durchschnitt zu berechnende Ansatz, unter Angabe des Tarifs im Berathungsprotokolle, hierher.

Ordn.-Num. 63. Baumpflanzungen an Wegen und Gränzen. Das etwaige Einkommen von aus der III. Klasse angelegten Baumpflanzungen an Wegen und Gränzen ist hier in Einnahme vorzusehen.

Ordn.-Num. 64. Feldstrafen. A. d. M. d. J. v. 12. Februar 1842.

Ordn.-Num. 65 u. 66. Offene Nummern.

§ 501. 2) Außerordentliche:

Ordn.-Num. 67. Kassevorrath } aus vorhergehen-
" " 68. Ausstände }
den Jahren. Dasjenige, was oben O.-Nr. 19, 20 u. 50, 51 hinsichtlich des Kassevorraths und der Ausstände I. und II. Klasse bemerkt wurde, findet auch hier in Ansehung des Uebertrags des Kassevorraths und der Ausstände des zweiten vorhergehenden Jahres Anwendung.

Ordn.-Num. 69. Neu aufzunehmende Kapitalien. Hinsichtlich der zur Bestreitung der außerordentlichen Ausgaben III. Klasse etwa aufzunehmenden Kapitalien gelten die Vorschriften in O.-Nr. 22.

Ordn.-Num. 70—72 b. Unter einer dieser Nummern sind unter Anderem die Summen vorzusehen, welche einzelne Gemeinden in den Prov. St. u. O. aus den Provinzial-Kriegskosten-Ausgleichungen heraus zu erhalten haben und welche im Voranschlagsjahr muthmaßlich eingehen werden.

§ 502. 3) Umlagen III. Klasse.

Ordn.-Num. 73. Auf das Gesammtsteuerkapital der Einwohner und Ausmärker. Wenn zur Bestreitung der Ausgaben III. Klasse eine Umlage für erforderlich erachtet wird, so erfolgt ihr Ansatz hier, und zwar unter den Voraussetzungen und den Formen, welche in den §§ 489 u. 513 folg. näher erörtert sind. Instr. § 99.

Ordn.=Num. 74 u. 75. Ausschläge älterer Kriegsschulden und Zinsen davon sind in den Prov. St. u. O., woselbst die früher steuerfreien Objecte Nichts dazu beizutragen haben (s. unten § 516), unter einer dieser O.=Nr. einzutragen.

Eben so etwaige Kriegsschulden=Ausschläge, bei welchen der Beitrag der Einwohner aus dem Ertrag des Gemeindevermögens berichtigt werden soll.

Dieser letztere Beitrag wird alsdann, als im Ganzen aus dem Aerar zu bestreiten, unter einer der offen gelassenen Ordn.=Nummern der Ausgaben II. Klasse eingetragen, so daß demnächst nur die Beiträge der Forensen zu dieser Umlage wirklich erhoben werden, während der in einem Posten angesetzte Beitrag der Einwohner in Ausgabe decretirt wird. § 99.

f) Ausgabe.

§ 503. Unter den nachfolgenden Ordnungs=Nummern sind alle diejenigen Ausgaben vorzusehen, welche voraussichtlich in dem Jahre, für das der Voranschlag aufgestellt wird, sich ereignen werden.

g) Ausgaben I. Klasse.

1) Ordentliche:

Ordn.=Num. 76. Grundrenten und andere ständige Gefälle. Unter diese Nummer gehören die auf dem Gemeinde=Vermögen haftenden ständigen Renten und Gefälle, so wie alle diejenigen oben zu O.=Nr. 9 unter lit. b bemerkten, durch den Gemeinde=Einnehmer von den Einzelnen zu erhebenden Grundrenten und ständigen Gefälle, für welche die Gemeinde im Ganzen zu haften hat. Auch die Kosten der Ausmittelung und Ablieferung der Naturalgrundrenten, so wie für Registerfertigung gehören hierher, mit Ausnahme der unter O.=Nr. 104 zu verausgabenden Hebgebühren des Gemeinde=Einnehmers. Der Name der Berechtigten und die nähere Bezeichnung des Betrags der Renten und Gefälle sind, wenn es nicht schon zu O.=Nr. 9 geschehen, im Berathungsprotokolle anzugeben.

Ordn.=Num. 77. Landes= und Provinzialsteuern. Unter dieser Nummer sind die von steuerbarem Gemeindevermögen zu entrichtenden directen Steuern, Provinzialsteuern für den Provinzialstraßenbau und in den Prov. St. u. O. die Landkriegskostenbeiträge, in der Regel nach den Ansätzen in dem Voranschlag des dem Budget-Jahr unmittelbar vorhergehenden Jahres, vorzusehen. In dem Berathungsprotokolle sind die oben bemerkten verschiedenen Arten von Steuern abgesondert anzugeben.

Ordn.-Num. 78. Communalsteuern. Die Beiträge des steuerbaren Gemeindevermögens zu den im Budgetjahr erhoben werdenden Communalumlagen gehören hierher.

Ordn.-Num. 79. Brandversicherungs-Beiträge. Die Brandversicherungsbeiträge von den gemeinheitlichen Gebäuden, nach einem Durchschnitt der letzten 10 Jahre, jedoch mit Berücksichtigung des Zu- und Abgangs, sind hier einzutragen.

Ordn.-Num. 80. Unterhaltung und Kosten der Güter. Unter dieser Nummer sind vorzusehen: die muthmaßlichen Kosten für Verbesserung der Gemeindegüter, für Bewässerung und Entwässerung derselben, für Grenzberichtigung und Vermessung der Gemeindegüter (nicht Gemarkungsgrenzen), so wie der unter Nr. 2 in Einnahme vorgesehene Geldanschlag der an die einzelnen Ortsbürger verloosten Allmenden.

Ordn.-Num. 81. Unterhaltung und Kosten der Waldungen. Diese Ausgaberubrik begreift den Holzmacherlohn von dem aus dem Gemeindewald zu verkaufenden Holze, den Holzmacherlohn vom Loos- und Besoldungsholz, die Erndtekosten von den Nebennutzungen, namentlich der Waldstreu, den Holzzehnten im Geldanschlag, die Waldkulturkosten und den Geldanschlag der unentgeltlichen Holzabgaben, insbesondere auch des Loosholzes, in sich. In dem Berathungsprotokolle sind diese verschiedenen Posten speciell anzugeben und durch Berufung auf den Wirthschaftsplan der Forstbehörde, beziehungsweise die Tarifpreise, zu begründen.

Ordn.-Num. 82. Unterhaltung und Kosten der Torfgräbereien. Hierher gehören die zum Betrieb der Gemeinde-Torfgräbereien, für Taglohn, Werkzeuge ꝛc. erforderlichen Kosten, so wie der Geldanschlag des etwa vertheilt werdenden Loostorfes.

Ordn.-Num. 83. Kapital-Zinsen. Von den der I. Klasse privativ zur Last stehenden Gemeindeschulden sind die Jahreszinsen für das Budgetjahr hier in Ausgabe vorzusehen. Das Berathungsprotokoll hat auf die Uebersicht des Schuldenstandes zu verweisen, worin die einzelnen Schuldkapitalien I. Klasse mit den jährlich davon zu entrichtenden Zinsen angegeben sind. Wenn übrigens gleich das Verzeichniß der Schulden, welches dem Voranschlag beizulegen ist, alle nach der Rechnung des dem Budgetjahr zweitvorhergehenden Jahres vorhandenen Schulden enthalten muß, so dürfen doch nur die Zinsen von den im Budgetjahr noch vorhanden sein werdenden Schulden I. Klasse, und es müssen dagegen außerdem die Zinsen von den bis dahin durch Kapitalaufnahme hinzukommenden Zinsen hier in Ausgabe vorgesehen werden. Das Berathungsprotokoll muß vollständige Erläuterung hierüber enthalten.

Ordn.-Num. 84. Gerichtskosten. Hierunter sind die Kosten für Activ- und Passiv-Prozesse, welche die Gemeinde im Interesse der I. Klasse führt, in so weit sie von der Gemeinde vorzulegen oder in Folge richterlicher Urtheile definitiv von ihr zu tragen sind, und zwar sowohl die Kosten für Gerichtsstempel, als auch die Deserviten der Anwälte, aufzuführen. In dem Berathungsprotokolle müssen die einzelnen Rechtsstreite, unter Angabe der Namen der Gegner und des Streitgegenstandes, näher bezeichnet werden.

Unter die obige Rubrik sind auch die bei Theilung von Gemeinde-Allmenden, so wie bei Verkäufen oder Ankäufen von Grundstücken im Interesse der I. Klasse etwa für Gerichtsstempel entstehenden Kosten einzutragen.

Ordn.-Num. 85. Besoldungen. Zu den Besoldungen I. Klasse gehören die Gehalte der zum Schutze oder zur Beaufsichtigung von Gemeindegütern eigens angestellten Subjecte, der Aufseher bei den Torfgräbereien ꝛc., insbesondere die Gehalte der Gemeindewaldschützen und die Beiträge der Gemeinden zur Besoldung der Revierförster. Da das Besoldungsverzeichniß die Angabe Derjenigen, an welche die Gehalte auszuzahlen sind, so wie die Beträge der Letzteren enthalten muß, so genügt im Berathungsprotokolle eine Verweisung auf dieses Verzeichniß und es sind darin nur die Veränderungen zu bemerken und zu rechtfertigen, welche sich gegen das vorhergegangene Jahr ereignet haben oder voraussichtlich sich ereignen werden.

Unter dieser Rubrik sind auch die von den Waldeigenthümern zu erhebenden Beiträge zu den Gehalten der Unterförster in Ausgabe vorzusehen.

Ordn.-Num. 86. Diäten und Gebühren. Dahin sind namentlich zu setzen: die Diäten der Ortsvorstandspersonen in Geschäften außerhalb der Gemarkung, welche das Interesse der I. Klasse berühren, die Diäten der Kreisräthe 2c. in Geschäften derselben Art, so wie die Denunciationsgebühren oder Strafantheile der Forstschützen in den Gemeinden, welche zum Bezuge der Forststrafen berechtigt sind. — Die Ansätze müssen sich auf Durchschnittsberechnungen gründen und das Berathungsprotokoll die verschiedenen Bestandtheile separirt angeben.

Ordn.-Num. 87. Botenlohn und Verkündigungskosten. Außer den Kosten für expresse Boten in Geschäften, welche das Interesse der I. Klasse berühren, gehören die Kosten für Bekanntmachungen von Verkäufen, Verpachtungen 2c. von Gemeindegütern oder des Ertrages derselben, z. B. Inseratgebühren für Bekanntmachungen von Holzversteigerungen durch die Zeitungen und Wochenblätter, unter diese Rubrik.

Ordn.-Num. 88. Für Loosholz und andere Nutzungen aus fremden Waldungen. Die unter O.-Nr. 13 als von den Einzelnen zu erhebend in Einnahme vorzusehenden Zahlungen für Loosholz und andere Nutzungen in fremden Waldungen sind als durchlaufende Posten hier in Ausgabe vorzusehen 2c., jedoch nicht mit den unter O.-Nr. 104 zu verausgabenden Hebgebühren des Gemeinde-Einnehmers.

Ordn.-Num. 89—92. Offene Nummern.

Ordn.-Num. 93. Reservefonds für unvorhergesehene Fälle. Um einen Fond zu haben, zu Lasten dessen die für einzelne Ausgabsrubriken I. Klasse bewilligten, wegen eintretender unvorhergesehener Erhöhung der Ausgaben für dieselben nicht hinreichenden Credite erweitert und ganz zufällige, überhaupt nicht vorgesehene Ausgaben I. Klasse angewiesen werden können, ist als Reservefond eine Summe vorzusehen, deren Größe sich nach den eigenthümlichen Verhältnissen jeder Gemeinde und nach der größeren oder geringeren Wahrscheinlichkeit des Eintretens unvorhergesehener Ausgaben richten muß.

§ 504. 2) Außerordentliche:

Ordn.-Num. 94. Zurückzubezahlende Kapitalien. Wenn in dem Budgetjahre Passiv-Kapitalien der Gemeinde in I. Klasse abgetragen werden sollen, so gehört die Summe der abzutragenden Schulden hierher. — Das Berathungsprotokoll muß den Namen der Gläubiger, das Datum der Schuldurkunden, die Beträge der zurückzubezahlenden Kapitalien und den Zeitpunkt enthalten, wann sie abgetragen werden sollen. Bei den auf Inhaber lautenden Obligationen ist eine Beschreibung derselben nach Buchstaben, Nummern und Datum erforderlich, es sei denn, daß die Abtragung in Folge einer noch nicht stattgehabten Verloosung eintreten soll. Eben so ist auf die Stelle in dem Schuldenverzeichniß zu verweisen, wo sich die zurückzubezahlenden Kapitalien eingetragen finden. Besteht für eine Gemeinde ein Schuldentilgungsplan, so muß das Berathungsprotokoll dies erwähnen und die Nachweisung enthalten, daß derselbe eingehalten wird.

Ordn.-Num. 95. Auszuleihende Kapitalien. In so fern etwa in einer Gemeinde Activ-Kapitalien aus Einkünften der I. Klasse ausgeliehen werden sollen — was in der Regel nur dann zulässig sein wird, wenn die Gemeinde keine Schulden I. u. II. Klasse hat, oder wenn es sich davon handelt, einen Theil der in Einnahme vorgesehenen Ausstände den Schuldnern einstweilen als verzinsliche Kapitalien zu belassen — so ist, unter Angabe der näheren Verhältnisse, namentlich auch der Namen der Schuldner und der Gründe dieses Verfahrens im Berathungsprotokoll, die Summe der auszuleihenden Kapitalien unter der obigen Rubrik vorzusehen.

Ordn.-Num. 96. Rückständige Zinsen. Sollten etwa von früheren Jahren und bis zur Aufstellung der Rechnung des dem Budgetjahre zweitvorhergehenden Jahres Zinsen von Schulden der Gemeinde unbezahlt geblieben sein, so sind dieselben hier, der Regel nach vollständig, in Ausgabe vorzusehen und im Berathungsprotokolle, unter Verweisung auf die Uebersicht der Schulden, die einzelnen Passiv-Kapitalien, von welchen noch Zinsen und in welchem Betrage rückständig sind, anzugeben. Wenn etwa beabsichtigt werden sollte, die rückständigen Zinsen nicht vollständig abzutragen, so müssen die Gründe dafür im Berathungsprotokolle entwickelt werden.

Ordn.-Num. 97. Ankauf von Grundstücken. Sobald im Interesse der I. Klasse der Ankauf eines Grundstücks beabsichtigt wird, so ist der dazu erforderliche Kostenaufwand hier vorzusehen. Im Berathungsprotokolle muß der Zweck des Ankaufs, die Beschreibung des Grundstücks, der Namen des Eigenthümers desselben enthalten sein, und es muß außerdem eine Abschätzung des Grundstückes, von verpflichteten Personen aufgestellt, beigelegt werden. Die Kaufpreise für zu Bauplätzen für gemeinheitliche Gebäude, für Kirchen, Schulen oder zu Weganlagen anzukaufenden Grundstücke gehören nicht hierher, sondern zu den übrigen Kosten dieser Bauten.

Ordn.=Num. 98. Vertheilung unter die Ortsbürger. In denjenigen Fällen, in welchen der nach Bestreitung sämmtlicher Ausgaben I. und II. Klasse verbleibende Ueberschuß von Einnahmen I. Klasse unter die Ortsbürger nach Köpfen vertheilt werden soll, ist die zu vertheilende Summe unter dieser Rubrik vorzusehen. Das Berathungsprotokoll muß einen desfallsigen Antrag näher zu begründen suchen. Jedenfalls ist ein Antrag auf Vertheilung dann unzulässig, wenn die I. oder II. Klasse Schulden hat, oder die Einkünfte der I. und II. Klasse nicht hinreichen, die Ausgaben beider Klassen ohne Umlagen zu decken.

Hier wird ferner der reine Erlös der Waldstreu, der nach dem G. v. 2. Juli 1839 unter die Ortsbürger vertheilt werden soll, vorgesehen.

Ordn.=Num. 99. Uneinbringliche Ausstände. Diejenigen Ausstände in I. Klasse, welche nach Maßgabe der Instruction über Beitreibung der Communaleinkünfte zur Zeit der Aufstellung des Voranschlags bereits als uneinbringlich in Ausgabe decretirt, jedoch noch in keiner vorderen Rechnung in Ausgabe verrechnet worden sind, so wie diejenigen, welche muthmaßlich als uneinbringlich zur ausgäblichen Verrechnung werden angewiesen werden, sind unter dieser O.=Nr. vorzusehen.

Ordn.=Num. 100—102. Offene Nummern.

b) Ausgaben II. Klasse.

§ 505. 1) Ordentliche:

Ordn.=Num. 103. Kapital=Zinsen. Dasjenige, was oben zu O.=Nr. 83 hinsichtlich der Kapital=Zinsen I. Klasse bemerkt ist, findet in gleicher Weise auch in Ansehung der hier vorzusehenden Zinsen von zu Bestreitung von Ausgaben II. Klasse aufgenommenen Kapitalien Anwendung.

Ordn.-Num. 104. Besoldungen. Zu den unter den Gemeinde-Ausgaben II. Klasse zu verrechnenden Besoldungen gehören:

a) Die herkömmlich von der Gemeinde an Geistliche zu entrichtenden Besoldungstheile. Sind es Geistliche verschiedener Confession, an welche Gehaltstheile zu entrichten sind, so muß dies das Besoldungsverzeichniß detaillirt enthalten.

b) Gehalte der Schullehrer, nämlich:
   1) Der aus der Gemeindekasse — sei es aus dem Ueberschuß der I. Klasse, sei es aus Umlagen auf die Einwohner oder Confessionsverwandten — zahlbare fixe Gehalt.
   2) Anschlag der Wohnung in dem Gemeindeschulhaus (vergl. O.-Nr. 1).
   3) Geldanschlag der als Besoldungstheil zur Benutzung hingegebenen Gemeindegüter (vergl. O.-Nr. 2).
   4) Vergütung für eine gemiethete Wohnung des Schullehrers. Bezieht der Lehrer auch den Miethzins für ein gemiethetes Schullokal, so gehört solcher gleichfalls hierher.
   5) Kosten der Heitzung des Schullokals, einschließlich des Fuhrlohns für Holz.
   6) Das Schul- und Holzgeld und die sonstigen von den Einzelnen durch den Gemeinde-Einnehmer zu erhebenden Leistunstungen (vergl. O.-Nr. 44).
   7) Die aus dem Schulverbesserungsfond oder sonstigen Fonds — letzteres unter der Beschränkung in O.-Nr. 44 unter f und unter den dort bemerkten Bedingungen — zu entrichtenden Besoldungstheile.

   Sind mehrere, namentlich verschiedene Confessions-Schullehrer in einer Gemeinde, so sind in dem Besoldungsverzeichniß bei jedem Einzelnen jene Gehaltstheile separat anzugeben.

c) Gehalt des Gemeinde-Einnehmers, nämlich die Hebgebühren von den Einnahmen I. und II. Klasse, oder in den Gemeinden, wo der Gemeinde-Einnehmer einen fixen Gehalt bezieht, der dem Verhältniß der Einnahmen der zwei ersten Klassen entsprechende Theil desselben. Da der Gemeinde-Einnehmer aus seinem Gehalt alle mit der regelmäßigen Dienstführung verbundenen Kosten zu bestreiten hat, so können weder hier noch in einer anderen Rubrik für einzelne Theile seiner Geschäftsführung, z. B. Formularpapier zu Büchern und Rechnungen, Rechnungsstellung ꝛc., Kosten in Ausgabe vorgesehen werden.

d) Angestellte bei den Meß-, Aich- und Waag-Anstalten.

e) Angestellte bei der Krahnen-, Lagerhaus- und Hafen-Verwaltung.

f) Angestellte bei der Octroiverwaltung.

g) Angestellte bei der Brücken- und Pflastergelderhebung.

h) Angestellte bei der Straßenbeleuchtung.

Unter den fünf letztgenannten Rubriken sind jedoch in dem Besoldungsverzeichnisse nur die Namen, Diensteigenschaften und Gehalte der wirklich Angestellten, nicht aber die an bloße Taglöhner zu zahlenden Vergütungen, welche unter die O.-Nr. 110, 111, 112, 113 u. 116 gehören, anzugeben.

i) Gehalte des Polizeipersonals, nämlich der Polizeicommissäre, Polizeiagenten ꝛc.

k) Der Gemeindediener.

l) Nachtwächter.

m) Hirten, und

n) Hebammen, wobei bemerkt wird, daß die Gehalte der Gemeindediener, der überall ständig anzustellenden Nachtwächter und der Hebammen nicht durch Ausschläge auf Einzelne, sondern nur aus dem Ueberschuß der I. Klasse, den Privativ-Einkünften der II. Klasse oder durch Umlagen auf das Steuerkapital der Einwohner aufgebracht werden können.

Sollten in einer Gemeinde Angestellte vorkommen, welche unter keine der obigen Rubriken passen, so sind solche unter besonderen Nummern anzuführen.

Da das Besoldungsverzeichniß alle Namen und Gehalte der Angestellten detaillirt enthalten muß, so genügt im Berathungsprotokolle im Allgemeinen eine Verweisung auf das Besoldungsverzeichniß und es sind in jenem nur die Veränderungen speciell anzugeben und zu rechtfertigen, welche sich seit Aufstellung des letzten Voranschlags ergeben haben oder sich noch ereignen werden.

Ordn.-Num. 105. Gerichtskosten. Hinsichtlich der im Interesse der II. Klasse geführt werdenden Activ- und Passiv-Prozesse findet dasjenige Anwendung, was oben unter O.-Nr. 84 wegen der für die I. Klasse geführt werdenden Prozesse angegeben ist.

Ordn.-Num. 106. Diäten und Gebühren. Hierher gehören die Diäten der Ortsvorstandspersonen, so wie der Kreisämter und Kreisbauämter, der Mitglieder der Bezirksschulcommissionen ꝛc. in Geschäften, welche das Interesse der II. Klasse berühren, so wie die Denunciationsgebühren der Feldschützen und Polizeiagenten in denjenigen Gemeinden, welche zum Bezug der Feld- und Polizeistrafen berechtigt sind, und die Gebühren der Steuercommissäre für Fertigung der Hebregister über Umlagen II. Klasse, für Impfgebühren u. s. w. Diesen verschiedenen Ansätzen sind so weit möglich Durchschnittsberechnungen zu Grunde zu legen.

Ordn.-Num. 107. Bureaukosten des Bürgermeisters. Unter dieser O.-Nr. ist die Entschädigung vorzusehen, welche der Bürgermeister für die in seinem Dienste vorkommenden Schreibereien — mag er sie selbst besorgen oder dafür einen oder mehrere von ihm zu wählende und zu besoldende Gemeindeschreiber halten — für Holz zur Heitzung des Gemeindehauses oder des zu Gemeinderaths-Versammlungen benutzt werdenden Lokals, für Licht, Papier und Druckkosten, namentlich auch für Formulare zu den Voranschlägen, zu Berichtsköpfen, zu dem Anweisungsregister, zu Anweisungen und sonstigen von dem Bürgermeister zu besorgenden Ausfertigungen, ferner für Dinte, sonstige Schreibmaterialien, Briefporto ꝛc., nach dem Umfange der in jeder Gemeinde vorkommenden und dem Bürgermeister obliegenden Geschäfte, zu erhalten hat. Sollten einzelne der oben genannten Posten bisher direct auf die Gemeindekasse angewiesen worden sein, so kann um so viel die dem Bürgermeister bewilligte Aversionalsumme erhöht werden.

Kommen Kosten für Anschaffung von Bureaugegenständen vor, welche einen bleibenden Werth für die Bürgermeistereiverwaltung haben und von den jeweiligen Bürgermeistern mit den Dienstacten an ihre Nachfolger im Dienste abgeliefert werden müssen, namentlich für Bürgermeistereisiegel, Actenschränke und Reposituren ꝛc., so können diese zwar auch unter der Rubrik „Bureaukosten" vorgesehen werden, sie sind aber dann nicht in der Aversionalsumme begriffen, sondern von dem Bürgermeister auf die Gemeindekasse zur Zahlung an die Interessenten und ausgäblichen Verrechnung unter der Rubrik „Bureaukosten" anzuweisen. Es folgt hieraus, daß in dem Berathungsprotokolle Posten dieser Art getrennt von der Aversionalsumme der Bureaukosten aufgeführt werden müssen. In denjenigen Gemeinden, welche mehr als 5000 Einwohner zahlen, oder wo etwa ganz besonders verwickelte Verhältnisse des Gemeindevermögens die unausgesetzte Thätigkeit des Bürgermeisters auf eine sehr ausgezeichnete Weise in Anspruch nehmen, und wo daher nach Art. 16 der G.O. dem Bürgermeister für Repräsentationskosten eine Summe zur Verfügung gestellt ist oder für denselben von dem Gemeinderath in Antrag gebracht wird, ist diese Summe gleichfalls unter die O.-Nr. 107, jedoch im Berathungsprotokolle unter besonderer Unterabtheilung, vorzusehen. Da, wo die Aversionalsumme für Bureaukosten und die Repräsentationskosten aus dem vorigen Budget in das folgende unverändert übergehen, genügt im Berathungsprotokolle eine Verweisung auf das frühere Budget; soll aber eine Veränderung in den Ansätzen stattfinden, so ist ein solcher Antrag im Berathungsprotokolle näher zu begründen.

Ordn.-Num. 108. Zeitungen, Formularien und Buchbinderkosten. Hierunter sind vorzusehen: die Kosten für die von den Gemeinden zu haltende Darmstädter Zeitung, für Einband des aus Staatsmitteln ihnen geliefert werdenden Regierungsblattes, für das in jeder Gemeinde zu führende Bürgerregister, für Stempel, Druck und Papier zu den Civilstandsregistern in Rheinhessen, für die Civilstandsregister der Israeliten in den Prov. Starkenburg und Oberhessen, für sonstige Geschäftsbücher (Gesinderegister, Listen über beurlaubte Soldaten, Verordnungspublikations-Bücher &c.), welche für die Gemeinde einen bleibenden Werth haben, für die Kreis- und Bezirks-Intelligenz- und Wochenblätter, für das Controlebuch über die nichtständigen Gemeinde-Einnahmen, für den Einband dieser verschiedenen Register, Geschäftsbücher und Blätter, für die landwirthschaftliche Zeitung und für das nach § 104 der Instr. v. 24. Mai 1833 aus der Gemeindekasse anzuschaffende Formularpapier zu dem Verfahren für Beitreibung der Communaleinkünfte (die sonstigen Kosten und Gebühren für das Beitreibungsverfahren, welche aus der Gemeindekasse blos vorzulegen sind, kommen weder im Voranschlag, noch in der Rechnung vor).

Ordn.-Num. 109. Botenlohn und Verkündigungskosten. Unter diese Rubrik gehört der Lohn für expresse Boten und für Bekanntmachungen, z. B. von Versteigerungen in Bezug auf Gegenstände der Verwaltung, welche das Interesse der II. Klasse berühren, so wie die Kosten für die Schelle zu Bekanntmachungen im Ort. Auch gehört hierher der Botenlohn für Ueberbringung des Regierungsblattes und der Zeitung.

Ordn.-Num. 110. Für Maaß-, Aich- und Waag-Anstalten. Die Kosten für Unterhaltung dieser Anstalten, so wie die von den Gebühren für Benutzung der öffentlichen Waage oder Faßaiche an die Staatskasse zu entrichtenden 10 Prozent sind hier in Ausgabe vorzusehen. Eine Durchschnittsberechnung ist den Ansätzen zu Grund zu legen.

Ordn.-Num. 111. Krahnen-, Hafen- und Lagerhaus-Verwaltung. Darunter sind die nach einem Durchschnitt zu berechnenden Kosten dieser Verwaltung (ausschließlich der Gehalte der dabei förmlich Angestellten) begriffen.

Ordn.-Num. 112. Für Octroi-Verwaltung. Hier sind nicht allein die Kosten dieser Verwaltung, nach einem Durchschnitte berechnet, mit Ausschluß der Gehalte der dabei förmlich Angestellten, insbesondere die Druckkosten, sondern auch die Rückvergütungen an die von Octroi Befreiten vorzusehen.

Ordn.-Num. 113. Für Straßen-Beleuchtung. Die durch Beleuchtung der Straßen im Orte bei einzelnen Gemeinden entstehenden Kosten an Brennmaterial, Laternen rc. (ausschließlich der Gehalte der dabei Angestellten), nach einem Durchschnitt berechnet, gehören hierher.

Ordn.-Num. 114. Feuerlösch-Anstalten. Die durch Reparatur von Feuerspritzen, durch Anschaffung und Reparatur der Feuerleitern, Feuerhaken, Feuereimer muthmaßlich entstehenden, durch Ueberschläge verpflichteter Personen zu begründenden Kosten, so wie die muthmaßlich durch Fuhrlohn für die Feuerspritzen entstehenden Kosten und der Geldanschlag der in Natur geliefert werdenden Feuereimer (O.-Nr. 38) sind hier vorzusehen.

Ordn.-Num. 115. Wasserleitungen und Brunnen im Ort. Diese Nummer begreift die nach einem Ueberschlage verpflichteter Personen durch Unterhaltung der öffentlichen Wasserleitungen, Kanäle und Brunnen im Orte muthmaßlich entstehenden Kosten in sich. Im Berathungsprotokolle sind die einzelnen Brunnen rc., durch welche Kosten veranlaßt werden, zu bezeichnen.

Ordn.-Num. 116. Brücken und Straßen im Ort. Hierunter gehören sowohl die durch Unterhaltung der Brücken und Straßen, namentlich des Pflasters im Orte, als auch durch Unterhaltung der öffentlichen Spaziergänge und Baumpflanzungen im Orte, nach einem Ueberschlag verpflichteter Personen, veranlaßt werdenden Kosten. Das Berathungsprotokoll muß diese einzelnen Posten specificirt angeben.

Ordn.-Num. 117. Reinigung der Straßen, Plätze und Bäche im Ort. Die unbedeutenderen Kosten dieser Art können nach Durchschnittsberechnungen angesetzt, die bedeutenderen müssen durch Ueberschläge begründet werden.

Ordn.-Num. 118. Für gemeinheitliche Gebäude. Hierher gehören die durch Ueberschläge zu begründenden Kosten für die gewöhnliche Unterhaltung der gemeinheitlichen Gebäude, namentlich des Gemeindehauses, Wachthauses und Ortsgefängnisses, des Hirtenhauses, Backhauses, Gemeinde-Wirthshauses ꝛc., so wie für Unterhaltung und Anschaffung der etwa erforderlichen Mobilien in denselben. Ferner können hier die Kosten für Miethe eines Gemeindehauses und eines Gefängnisses, wenn die Gemeinde keine eigenthümlichen Lokale dafür besitzt, vorgesehen werden.

Ordn.-Num. 119. Für Uhren und Glocken. Diese Nummer begreift die muthmaßlichen Kosten der etwa für Unterhaltung der an öffentlichen Kirchen, Rathhäusern ꝛc. vorhandenen Uhren und Glocken, wie solche in dem beizulegenden Ueberschlag veranschlagt werden.

Ordn.-Num. 120. Für Kirchen und Kosten des Gottesdienstes. Wenn die Gemeinde vermöge einer besonderen rechtlichen Verbindlichkeit zunächst, oder wegen Unzulänglichkeit des Kirchenvermögens subsidiär, die Kosten für Unterhaltung der Kirche im Orte oder für sonstige Bedürfnisse des Gottesdienstes, z. B. für Communionwein, Tauftücher ꝛc., ganz oder theilweise zu bestreiten hat, so gehört der hierfür nach dem in Gemäßheit des Art. 20 der Verordnung über Verwaltung des Kirchenvermögens vom 6. Juni 1832 dem Gemeinderath mitzutheilenden Auszug aus dem Budget und Berathungsprotokolle des Kirchenvorstandes erforderliche Kostenaufwand hierher. Handelt es sich von Kosten für Reparaturen ꝛc. von Kirchen verschiedener Confessionen, so sind die desfallsigen Posten in dem Berathungsprotokolle des Gemeinderaths getrennt aufzuführen. (Vergl. Art. 44 der Verordnung über Verwaltung des Kirchenvermögens vom 6. Juni 1832.)

Existirt für die betreffende Confession kein Kirchenfond, so kann natürlich auch die Mittheilung eines Auszuges aus dem Kirchenvoranschlag, der in einem solchen Falle nicht aufgestellt wird, nicht stattfinden.

(Die Zuschüsse des Kirchen= und Schulfonds in der Prov. Rh. zur Bestreitung der Kosten für Unterhaltung der Kirche gehören nicht in das Gemeindebudget, sondern in den Voranschlag des Kirchenfonds, in dessen Rechnung jene Kosten zu verrechnen sind, in Einnahme; es sei denn, daß ein Kirchenfond nicht vorhanden wäre, in welchem Falle jene Zuschüsse unter eine der offen gelassenen Nummern in den außerordentlichen Einnahmen II. Klasse im Gemeindevoranschlag vorzusehen sind.)

Ordn.=Num. 121. Für Pfarrhäuser. Darunter gehören die nach dem beizulegenden Auszuge aus dem Voranschlage des Kirchenvorstandes erforderlichen und von der Gemeinde vermöge privatrechtlicher Verbindlichkeit oder wegen Unzulänglichkeit des Kirchenvermögens zu tragenden Kosten für Unterhaltung des Pfarrhauses. Sind auf diese Weise die Kosten für Unterhaltung der Pfarrhäuser verschiedener Confessionen zu bestreiten, so ist dies im Berathungsprotokolle unter getrennten Nummern anzugeben. Die etwa für Miethe eines Pfarrhauses von der Gemeinde zu bestreitenden Kosten sind gleichfalls hier vorzusehen. Im Uebrigen gelten auch hier die Vorschriften der vorhergehenden Nummer.

Ordn.=Num. 122. Für Schulhäuser. Hier sind die Kosten für Unterhaltung der für die Gemeinde= oder Confessions=Schulen vorhandenen Schulgebäude nach einem beizulegenden Ueberschlag vorzusehen. Sind mehrere, namentlich verschiedenen Confessionen angehörige Schulen vorhanden, so sind die Kosten der Unterhaltung jedes einzelnen Schulhauses im Berathungsprotokolle getrennt anzugeben. — Hierher gehören auch die Kosten für Miethgeld eines in Ermangelung eines eigenen Schulhauses gemietheten Schullokals, falls das Miethgeld nicht an den Schullehrer bezahlt wird. — Sind die Kosten von mehreren Gemeinden gemeinschaftlich zu bestreiten, so sind solche nur in dem Budget der Gemeinde, wo sich die Schule befindet, vollständig zu verausgaben und in den Voranschlägen der anderen Gemeinden nur deren Beiträge hier in Ausgabe vorzusehen, welche zugleich in dem Budget jener Gemeinde, in deren Rechnung der Gesammtbetrag der Kosten verrechnet wird, unter einer der offen gelassenen Nummern 48, 49 in Einnahme zu wahren sind. — Eben so sind auch die Zuschüsse, welche etwa aus anderen Fonds, z. B.

aus dem Kirchen- und Schulfond in der Prov. Rh., zur Bestreitung der Kosten der Unterhaltung der Schulhäuser geleistet werden, unter den bemerkten Nummern in Einnahme vorzusehen. Die dem Bürgermeister nach dem § 22 der Instruction für die Ortsschulvorstände vor Aufstellung des Voranschlags mitzutheilenden Verhandlungen des Ortsschulvorstandes über die Bedürfnisse in der Schule sind dem Budget beizulegen.

Ordn.-Num. 123. Schulgeräthschaften. Der muthmaßliche Bedarf für Anschaffung und Unterhaltung der Schulgeräthschaften, namentlich Tische, Bänke, Wandtafeln, Landcharten, Instrumente 2c., so wie auch für Material in den Industrie-Schulen ist, unter Verweisung auf die am Schluß der vorhergehenden Nummer erwähnten Verhandlungen des Ortsschulvorstandes, hier, für die verschiedenen etwa vorhandenen Schulen im Berathungsprotokolle getrennt, vorzusehen.

Ordn.-Num. 124. Schreibmaterialien und Bücher für arme Kinder. Die hierzu erforderlichen Kosten, zu deren Bestreitung vorzugsweise die Einnahme an Schulversäumnißstrafen bestimmt ist, sind in derjenigen Summe vorzusehen, welche nach dem am Schlusse der O.-Nr. 122 erwähnten Verhandlungen des Schulvorstandes erforderlich sein werden.

Ordn.-Num. 125. Schulprüfungskosten. Hierunter sind die nach den Anträgen der Ortsschulvorstände etwa erforderlichen Kosten für Schulprüfungen, namentlich für Prämien an Schulkinder, für s. g. Examens-Wecke, vorzusehen.

Ordn.-Num. 126. Jährlicher Zuschuß zur Schullehrer-Wittwenkasse. Unter dieser Nummer sind die Beiträge vorzusehen, welche die Gemeinden bei Schulstellen von 200 fl. Gehalt oder weniger zu dem jährlichen Beitrag des Schullehrers zur Schullehrer-Wittwenkasse mit 2 fl. zu leisten haben. Die Vorlagen für die dem Schullehrer selbst zur Last fallenden Beiträge, welche an dem Schulgehalte in Abzug zu bringen sind, gehören als bloße in demselben Jahre wieder ersetzt werdende Vorlagen weder in das Budget, noch in die Rechnung. (Vergl. Verordnung vom 25. August 1829.)

Ordn.-Num. 127. Communalsteuern von Pfarr- und Schulgütern. Die auf die Pfarr- und Schulbesoldungs-Güter fallenden Beiträge zu den nach dem Steuerfuß in dem Budgetjahre erhoben werdenden Communalumlagen (welche nach dem Gesetz vom

11. Juni 1827 von den Gemeinden, in deren Gemarkung die Steuerobjecte liegen, zu tragen sind) sind hier in Ausgabe vorzusehen, demnächst auch von den Steuercommissarien in den Hebregistern anzusetzen und nach der Executorisch-Erklärung der Letzteren von den Bürgermeistern zur ausgäblichen Verrechnung unter diese Rubrik zu decretiren.

Ordn.-Num. 128. Beitrag zu Kirchspielskosten. Wenn die Kosten für Unterhaltung der Kirche oder für sonstige Bedürfnisse des Gottesdienstes von mehreren Gemeinden (einem Kirchspiele) aufzubringen sind, so ist der nach dem Steuerkapital der Parochianen zu ermittelnde Beitrag der betreffenden Gemeinde zu diesen Kosten unter dieser O.-Nr. vorzusehen. Die desfallsige Anforderung des Kirchenfonds muß durch den nach Art. 20 der Verordnung über Verwaltung des Kirchenvermögens vom 6. Juni 1832 dem Ortsvorstande mitzutheilenden Auszug aus dem Budget des Kirchenvorstandes belegt sein.

Da diese Beiträge der einzelnen Gemeinden demnächst an den Rechner des Kirchenfonds vorschriftsmäßig zu verabfolgen sind, so folgt hieraus, daß die Gemeinde, wo die Mutterkirche sich befindet, die Beiträge der Filialgemeinden in ihrem Budget nicht in Einnahme vorsehen kann; nur dann muß dies geschehen, wenn ein Kirchenfond gar nicht existiren sollte, indem in diesem Fall die Verrechnung der Kosten in der Rechnung der Gemeinde, wo die Mutterkirche sich befindet, geschehen müßte.

Da, wo an Kirchenfonds für verschiedene Confessionen Beiträge zu leisten sind, ist dies im Berathungsprotokolle zergliedert in besonderen Unterabtheilungen anzugeben.

(Vergl. A. d. M. d. J. v. 25. März 1833, die Aufstellung der Voranschläge für die Kirchenfonds betreffend.)

Ordn.-Num. 129. Unterstützung der Armen. Der in der Regel nach einem Durchschnitt zu berechnende muthmaßliche Betrag der an Ortsarme aus der Gemeindekasse und aus den O.-Nr. 43 bemerkten Stiftungen rc. zu verabreichenden Natural- und Geldunterstützungen, der Taggelder der Kreisärzte für Behandlung armer Kranken außerhalb ihres Wohnsitzes und der Arzneikosten für dieselben, so wie das Schul- und Holzgeld für arme Kinder, ist hier vorzusehen.

Da, wo besondere Armencommissionen bestehen haben diese sich über den Bedarf zu äußern und ihr Gutachten ist dem Gemeinde-Voranschlag beizulegen.

Ordn.-Num. 130. Anschaffung und Unterhaltung des Fasselviehes. Sowohl die Kosten, welche durch Unterhaltung und Anschaffung des Fasselochsen, als auch diejenigen, welche durch den Gemeinde-Eber, falls ein solcher von der Gemeinde etwa gehalten wird, entstehen, gehören hierher.

Ordn.-Num. 131. Wachekosten. Hierunter sind die Kosten für Armatur der Sicherheitswache, für Holz und Beleuchtung der Wachtstube 2c., nach einem Durchschnitt berechnet, vorzusehen.

Ordn.-Num. 132. Für das Ortsholzmagazin. Außer den Kosten, welche überhaupt durch das Holzmagazin (Unterhaltung des Lokals 2c.) entstehen, sind auch die in Ermangelung gemeinheitlicher Waldungen, welche Holz abgeben können, entstehenden Kosten für Ankauf von Holz für dasselbe hier vorzusehen.

Ordn.-Num. 133. Für den Friedhof. Hierunter sind die nach einem Ueberschlage erforderlichen Bau- und sonstige Kosten der Unterhaltung des christlichen Friedhofs oder Kirchhofs vorzusehen.

Ordn.-Num. 134—138. Offene Nummern.

Ordn.-Num. 139. Reservefonds für unvorhergesehene Fälle. Hier gilt das wegen des Reservefonds für unvorhergesehene Fälle in I. Klasse zu O.-Nr. 93 Bemerkte.

§ 506. 2) Außerordentliche:

Ordn.-Num. 140. Zurückzubezahlende Kapitalien.
„ „ 141. Auszuleihende Kapitalien.
„ „ 142. Rückständige Zinsen.

Wegen dieser Kapitalien und rückständigen Zinsen in II. Klasse findet dasjenige Anwendung, was oben zu O.-Nr. 94, 95, 96 wegen der Kapitalien und rückständigen Zinsen in I. Klasse bemerkt worden ist.

Unter Nr. 141 insbesondere sind auch diejenigen Kapitalien vorzusehen, welche in Folge von Stiftungen, Vermächtnissen 2c. für Arme ausgeliehen und von welchen die Zinsen demnächst unter O.-Nr. 43 in Einnahme vorgesehen werden müssen.

Ordn.-Num. 143. Pensionen an Gemeinde-Angestellte, Schullehrer 2c. Wenn frühere Gemeinde-Angestellte, namentlich auch vormalige Schultheißen u. s. w., Schullehrer ꝛc., Pensionen zu beziehen haben, so sind deren Namen und frühere Diensteigenschaft und die einzelnen Beträge speciell in dem Berathungsprotokolle anzugeben. Veränderungen gegen frühere Budgets sind besonders herauszuheben.

Ordn.-Num. 144. Erbauung gemeinheitlicher Gebäude. Wenn gemeinheitliche Gebäude (O.-Nr. 118) neu erbaut oder eine einem Neubau gleich zu achtende Reparatur, womit eine wesentliche Veränderung in der Construction des Gebäudes verbunden ist, darin vorgenommen werden soll, so gehört der muthmaßlich erforderliche Kostenaufwand, worüber Ueberschläge von Technikern vorliegen müssen, unter diese O.-Nr.

Ordn.-Num. 145. Erbauung von Kirchen.

" " 146. Erbauung von Pfarrhäusern.

Sobald eine Gemeinde die Kosten des Neubaues oder einer einem Neubau gleichstehenden bedeutenden Reparatur (vergl. O.-Nr. 144) der Kirche oder einzelner Theile derselben, oder der Orgel, oder des Pfarrhauses, vermöge einer privatrechtlichen Verbindlichkeit oder weil der Kirchenfond zwar alle auf ihm lastenden Ausgaben und nur jene Kosten nicht bestreiten kann, subsidiär zu tragen hat, so sind diese Kosten hier vorzusehen, wobei im Uebrigen das zu O.-Nr. 120 u. 121 Bemerkte Anwendung findet.

Ordn.-Num. 147. Erbauung von Schulhäusern. Das zu O.-Nr. 122 Bemerkte gilt im Allgemeinen auch wegen der hier für Erbauung oder solche Reparaturen von Schulhäusern, womit eine wesentliche Veränderung in der Construction des Gebäudes verbunden ist, erforderlichen Kosten.

Ordn.-Num. 148. Kapital-Einschuß in die Schullehrer-Wittwenkasse. Hier ist der Beitrag vorzusehen, welchen die Gemeinde zu dem Kapital-Einschuß (Eintrittsgeld) derjenigen Schullehrer, deren Gehalte 200 fl. oder weniger betragen, zur Schullehrer-Wittwenkasse (mit 10 fl.) verordnungsmäßig zu entrichten hat.

Ordn.-Num. 149. Uneinbringliche Ausstände. Dasjenige, was von uneinbringlichen Ausständen I. Klasse zu O.-Nr. 99 bemerkt worden ist, findet auch wegen der hier in Ausgabe vorzusehenden uneinbringlichen Ausstände II. Klasse Anwendung.

Ordn.-Num. 150—153. Offene Nummern.

Ordn.-Num. 154. Betriebs-Kapital. Da häufig zu Anfang des Jahres bei vielen Gemeinden Ausgaben vorkommen, zu deren Bestreitung, weil die dafür vorgesehenen Einnahmen erst später im Laufe des Jahres fällig werden und baar in die Kasse eingehen, kein Fond vorhanden ist, wenn nicht das vorhergehende Jahr einen Ueberschuß abgeworfen hat, so erscheint es angemessen, daß ein dem Verhältniß der Einnahmen und Ausgaben der Gemeinde und den vorhandenen Mitteln entsprechendes Betriebskapital aus den Einnahme-Ueberschüssen vorderer Jahre und des Voranschlagsjahres in Ausgabe vorgesehen werde.

Sollten die Mittel einer Gemeinde in einem Jahre nicht hinreichen, um für sie ein Betriebskapital von der erforderlichen Größe vorzusehen, so sind hierzu mehrere Jahre zu verwenden, und es ist zu diesem Ende jedesmal, außer der im vorderen Voranschlage vorgesehenen Summe, noch ein weiterer Zusatz in Ausgabe vorzusehen. In der Einnahme muß das Betriebskapital unter dem übertragenen Kassenvorrath aus vorderen Jahren enthalten sein, und es bedarf dort eben so wenig einer besonderen Aufführung, als es überhaupt in der summarischen Uebersicht und der Rechnung besonders weder in Einnahme noch in Ausgabe vorkommen darf.

i) Ausgaben III. Klasse.

§ 507. 1) Ordentliche:

Ordn.-Num. 155. Kapital-Zinsen. Hierunter sind die Zinsen von den zur Bestreitung von Ausgaben III. Klasse aufgenommenen Kapitalien für das Budgetjahr in Ausgabe vorzusehen.

In den Prov. St. u. O. sind die Zinsen von älteren und von neueren Kriegsschulden (vergl. § 32) unter getrennten Ziffern im Berathungsprotokolle anzugeben.

Im Uebrigen findet das in § 108 zu O.-Nr. 83 Bemerkte auch hier Anwendung.

Ordn.-Num. 156. Besoldungen. Zu den im Interesse der III. Klasse zu verabreichenden Besoldungen gehören:

a) Gehalt des Gemeinde-Einnehmers, nämlich die Hebgebühren von den Umlagen und etwaigen sonstigen Privativeinnahmen der III. Klasse (also nicht von dem etwa zu Ausgaben III. Klasse zu verwendenden und in den Einnahmen III. Klasse nicht besonders vorzusehenden Ueberschuß der I. Klasse), so wie in den

Fällen, wo der Rechner einen ständigen Gehalt bezieht, den dem Verhältniß der Einnahmen III. Klasse entsprechenden Theil desselben;

b) Gehalte der Feldschützen und der Weinbergschützen;

c) Gehalt des etwa ständig für Vertilgung der Maulwürfe angenommenen Maulwurfsfängers;

d) Gehalt der etwa ständig angestellten Wegaufseher.

Dasjenige, was am Schluß zu O.Nr. 104 bemerkt worden ist, findet auch hier Anwendung.

Ordn.=Num. 157. Diäten und Gebühren. Darunter sind vorzusehen: die Diäten der Ortsvorstandspersonen, der Kreisämter, Kreisbauämter ꝛc. in Geschäften, welche das Interesse der III. Klasse betreffen, so wie die Gebühren der Steuercommissäre für Fertigung der Hebregister über Umlagen III. Klasse, so wie Gebühren der Feldgeschworenen bei Gränzbeaufsichtigungen und Regulirungen.

Ordn.=Num. 158. Unterhaltung der Brücken und Vicinalwege außerhalb des Ortes. Hierher gehören die Kosten der gewöhnlichen Unterhaltung der Brücken in der Gemarkung außerhalb des Ortes, so wie der Vicinalwege. In den über den muthmaßlichen Bedarf von Technikern aufzustellenden und den Voranschlägen beizulegenden Ueberschlägen sind die einzelnen Brücken und Wege speciell zu bezeichnen, für deren Unterhaltung Kosten aufgewendet werden sollen; sie müssen ferner einen Anschlag des erforderlichen Materials, so wie des Fuhrlohnes und der Handarbeiten ꝛc., detaillirt enthalten. — Beabsichtigt der Gemeinderath für den Wegbau nichts in Aussicht zu nehmen, weil die Wege sich in einem befriedigenden Zustande befinden, so ist dies in dem Berathungsprotokolle ausdrücklich anzugeben.

Ordn.=Num. 159. Unterhaltung der Gemarkungsgränze und Entwässerungsanstalten. Hierher gehören die theils nach einem Durchschnitt, theils nach Ueberschlägen zu berechnenden Kosten für Unterhaltung der Gemarkungsgränze (Herstellung der beschädigten oder entwendeten Gränzsteine, Gräben, wo solche die Gränze bilden ꝛc.)

Ferner sind hier die Kosten solcher Entwässerungsanstalten, welche einem größeren Theile der Gemarkung zum Vortheil gereichen, vorzusehen.

Ordn.-Num. 160. Baumpflanzungen an Gemeindewegen. In dem Berathungsprotokolle muß angegeben werden, welche Wege und Baumpflanzungen und mit welcher Art von Bäumen sie versehen oder unterhalten werden sollen. Ein Ueberschlag verpflichteter Personen ist beizulegen.

Ordn.-Num. 161—163. Unter diesen Nummern — oder bei außergewöhnlichen Ausgaben unter 169—172 — können theils die Kosten für das Ortshypothekenbuch, theils die Kosten der Vermessung und Aussteinung der Parzellen, theils endlich die Kosten für Geräthschaften und das Tagebuch der Feldgeschworenen, insoweit sie vorkommen, jedoch jede dieser Ausgaberubriken unter besonderer Nummer, vorgesehen werden.

Ordn.-Num. 164. Reservefonds für unvorhergesehene Fälle. Hier findet Dasjenige Anwendung, was zu O.Nr. 93 wegen des Reservefonds in I. Klasse bemerkt worden ist.

2) Außerordentliche:

§ 508. Ordn.-Num. 165. Zurückzubezahlende Kapitalien.

Ordn.-Num. 166. Rückständige Zinsen. Dasjenige, was oben zu O.Nrn. 94—96 bemerkt ist, gilt auch in gleicher Weise in Ansehung der in III. Klasse abzutragenden Kapitalien und rückständigen Zinsen.

Ordn.-Num. 167. Erbauung von Brücken und Anlegung von Wegen. Wenn neue Brücken in der Gemarkung gebaut oder Vicinalwege neu angelegt werden sollen, so gehört der muthmaßliche Ansatz, welcher durch detaillirte Ueberschläge von Technikern begründet sein muß, einschließlich der Kosten für etwa anzukaufendes Gelände, hierher.

Es sind ferner hierunter die von den Gemeinden bei Anlegung von Staats- oder Provinzial-Straßen durch ihre Gemarkungen zu tragenden Kosten zu setzen.

Ordn.-Num. 168. Uneinbringliche Ausstände. Das zu O.Nr. 99 Bemerkte findet auch wegen dieser in Ausgabe vorzusehenden uneinbringlichen Ausstände III. Klasse Anwendung.

Ordn.-Num. 169—172a. Offene Nummern.

Ordn.-Numm. 172b. Betriebskapital.

k) Abschluß des Voranschlages.

§ 509. 1) Der nach Bestreitung aller Ausgaben I. Klasse verbleibende Ueberschuß der I. Klasse muß, so weit als nöthig, gesetzlich zu Ausgaben II. Klasse verwendet werden.

Es ergibt sich hieraus von selbst, daß, insoweit die Ausgaben II. Klasse sich höher belaufen, als der Ueberschuß I. Klasse, Letzterer stets durch jene erschöpft wird.

2) Reichen die Privativeinnahmen II. Klasse mit dem Ueberschuß der I. zur Bestreitung der Ausgaben II. Klasse nicht hin, tritt also die Nothwendigkeit der Erhebung einer Umlage II. Klasse ein, so kann, da diese Umlage sich nicht höher belaufen darf, als zur Deckung des Deficits erforderlich ist, ein Ueberschuß in II. Klasse nicht entstehen.

3) Reichen die Einnahmen II. Klasse mit dem Ueberschuß der I. gerade hin, um die sämmtlichen Ausgaben der II. Klasse zu decken, so entsteht alsdann gleichfalls kein Ueberschuß in II. Klasse.

4) Wenn dagegen die Privativeinnahmen II. Klasse mit dem Ueberschuß der I. Klasse nicht allein genügen, um sämmtliche Ausgaben der II. Klasse zu decken, sondern auch nach deren Bestreitung noch ein Rest übrig bleibt, so könnte zwar hierdurch ein Ueberschuß entstehen; über die Verwendung eines solchen Ueberschusses muß indessen ebenfalls berathen und beschlossen werden. Soll oder kann er mithin weder zur Abtragung von Schulden, noch zur Bildung oder Vermehrung des Betriebskapitales, noch zu sonstigen Ausgaben verwendet werden, in welchen Fällen er also in Ausgabe vorgesehen wird und beim Abschluß des Voranschlages nicht als Ueberschuß mehr erscheinen kann, so muß er ausgeliehen und daher unter O.Nr. 95 oder 141, je nachdem er aus I. oder II. Klasse herrührt, in Ausgabe vorgesehen werden, wenn nicht etwa der aus der I. Klasse herrührende Ueberschuß unter die Ortsbürger, unter den zu O.Nr. 98 angegebenen Voraussetzungen, vertheilt werden soll, in welchem Falle er unter Nr. 98 in Ausgabe vorzusehen ist.

Auf diese Weise wird sich die II. Klasse in der Regel nicht mit einem Ueberschuß abschließen können, vielmehr werden Einnahmen und Ausgaben sich vergleichen.

5) Nur in dem Falle, wenn in Gemäßheit des Art. 90 der G.O. auf eine Umlage III. Klasse ganz oder theilweise verzichtet wird, oder wenn in Gemeinden, in welchen ein Octroi erhoben wird,

hieraus Ausgaben III. Klasse bezahlt (Gesetz vom 11. März 1824), somit der Ueberschuß der I. u. II. Klasse zur Deckung von Ausgaben III. Klasse verwendet werden soll, kann in dem Abschluß ein Ueberschuß II. Klasse erscheinen. Beträgt nun der Ueberschuß weniger, als die Ausgaben III. Klasse, so daß also der durch jenen Ueberschuß nicht gedeckte Theil der Ausgaben III. Klasse durch Umlage aufgebracht werden muß, so ergibt sich hieraus von selbst, daß die Ausgaben III. Klasse mit den Einnahmen derselben nebst dem Ueberschuß, und somit auch die Einnahmen und Ausgaben aller drei Klassen, sich vergleichen müssen.

Dasselbe ist der Fall, wenn der Ueberschuß der II. Klasse gerade so viel beträgt, als die damit zu deckenden Ausgaben III. Klasse, und es versteht sich hiernach auch von selbst, daß der im Abschluß erscheinende Ueberschuß der II. Klasse nie mehr betragen kann, als die Ausgaben III. Klasse, weil in einem solchen Falle rücksichtlich des Mehrbetrages nach dem unter 4 Bemerkten verfahren und über dessen Verwendung verfügt werden müßte.

Es bedarf endlich hiernach auch kaum einer Erwähnung, daß von einem Abschluß des Budgets mit einem Mangel, wofür der Voranschlag selbst das Deckungsmittel nothwendig enthalten muß, keine Rede sein kann. (§ 172.)

§ 510. Gemeindeumlagen. Eine Gemeindeumlage kann nur stattfinden, wenn der Ertrag des Gemeindevermögens zur Bestreitung der ihm obliegenden Ausgaben nicht zureicht, oder wenn Ausgaben vorkommen, zu deren Bestreitung das Gemeindevermögen nicht bestimmt ist.

Der Gemeinderath hat bei der Aufstellung des Gemeindevoranschlages in Erwägung zu ziehen, ob zur Bestreitung einer Ausgabe eine Umlage nothwendig ist.

Erkennt der Gemeinderath die Nothwendigkeit derselben, so hat er in dem bei der Aufstellung des Voranschlages zu führenden Protokolle unter Angabe der Gründe die Norm zu bezeichnen, nach welcher die Umlage erhoben werden soll.

Bei der Bezeichnung des Maaßstabes zur Bestreitung der Gemeindebedürfnisse soll im Allgemeinen von dem Grundsatze ausgegangen werden, daß die in einer Gemeinde Wohnenden oder Begüterten zu den Gemeindebedürfnissen und zu den dadurch veranlaßten Steuerausschlägen nur insofern beizutragen haben, als sie an den Nutzungen des Gemeindevermögens Theil nehmen oder von dem Zweck der Steuerausschläge Vortheil genießen. Art. 76—78 d. G.O.

§ 511. In Gemäßheit vorstehender Grundbestimmungen sind die Gemeindeausgaben, wie oben § 472 bemerkt, in III Klassen eingetheilt und die Normen der Beitragspflicht innerhalb dieser Klassen geregelt.

Das ihnen zum Grunde liegende Prinzip beruht darauf: daß jedes innerhalb einer Gemeinde befindliche steuerbare Vermögen, in Ermangelung anderer Mittel, zu denjenigen Bedürfnissen beitragen muß, von welchen sein Eigenthümer Nutzen hat oder wenigstens Nutzen ziehen kann. G.O. Art. 89 und Vortrag des Regierungs-Commissärs in der landständischen II. Kammer von 1821. Landständ. Verhandlungen v. 1821, Bd. IV, S. 57.

§ 512. Die besonderen Voraussetzungen für die Zulässigkeit von Umlagen zur Bestreitung der Ausgaben I. und II. Klasse sind oben in den §§ 496 und 499 bereits erörtert worden.

Es erübrigt nunmehr noch eine nähere Darlegung der Grundsätze, so wie der Verfahrungsweise bezüglich der Umlagen III. Klasse.

§ 513. Die Verwendung eines Theiles des Ertrages des Gemeindevermögens zu Ausgaben der III. Klasse in Gemäßheit der Art. 90 und 91 der G.O. ist nur dann zulässig, wenn alle Ausgaben der I. und II. Klasse aus den Privativeinnahmen der I. und II. Klasse ohne Umlagen (O.Nrn. 29—31 und 58—61) bestritten werden können.

Die zur III. Klasse gehörigen Gemeindeausgaben werden ferner durch Umlagen auf das gesammte steuerpflichtige Vermögen der Gemeinde, als solcher, der Einwohner und Ausmärker, auch in dem Falle aufgebracht, wenn die Gemeindekasse sie ganz oder zum Theil bestreiten könnte. Jedoch darf in solchem Falle auf diese Umlage für ein Jahr verzichtet und die Ausgabe aus der Gemeindekasse bestritten werden, wenn dies in dem Protokolle zum Voranschlage ausdrücklich erwähnt wird und die Mehrheit des Gemeinderathes dafür stimmt. G.O. Art. 90.

Dieser Verzicht ist nach der neueren Auslegung des Ministeriums jedes Jahr statthaft, insofern er nur in jedem Jahre von Neuem beschlossen wird. E. d. M. d. J. v. 7. Nov. 1848, zu Nr. D. 18,735, betr. die Gemeindevoranschläge von 1849.

§ 514. Wird auf eine Umlage zur Bestreitung von Ausgaben III. Klasse verzichtet, so werden diese Ausgaben definitiv aus der

Gemeindekasse berichtigt, und es ist der Antrag, daß sie nur vorlagsweise mit dem Vorbehalt demnächstiger Rückerstattung mittelst Umlagen aus der Gemeindekasse bestritten werden sollen, unzulässig.

§ 515. So oft der Gemeinderath auf eine Umlage für Ausgaben dieser **III.** Klasse antragen will, soll den in dieser Gemeinde nur Begüterten Gelegenheit gegeben werden, sich von der Nothwendigkeit der Umlage zu überzeugen oder die Gründe ihrer abweichenden Meinung bereits bei dem Gemeinderath zur Erwägung zu bringen.

In diesem Falle soll nämlich der Bürgermeister:

1) wenn die Gemeinde in einem standesherrlichen oder patrimonialgerichtsherrlichen Bezirke liegt und der Standesherr oder Patrimonialgerichtsherr in dieser Gemeinde begütert ist, dem von dem Standesherrn oder dem Patrimonialgerichtsherrn dazu zum voraus Bevollmächtigten;

2) außerdem und in jedem Falle einem Bevollmächtigten aller übrigen in dieser Gemeinde nur Begüterten oder in Ermangelung einer solchen Uebereinkunft dem am stärksten Begüterten oder seinem Bevollmächtigten spätestens drei Tage vor dem Schlusse der Berathungen des Gemeinderathes Nachricht davon geben, daß und warum dieser auf eine solche Umlage antragen will und ihm auf Verlangen die Einsicht der betreffenden Papiere gestatten, auch in Erm.ngelung einer Vereinigung mit demselben seine schriftlichen Bemerkungen dem Gutachten des Gemeinderathes beilegen. So lange sich nicht ein Bevollmächtigter der sämmtlichen in der Gemeinde nur Begüterten bei dem Bürgermeister gemeldet und als Bevollmächtigter derselben nachgewiesen hat, wendet sich der Bürgermeister nur an den am stärksten betheiligten Ausmärker. G.O. Art. 88.

§ 516. Hinsichtlich der Gemeinde-Kriegsschulden und der Zinsen davon gelten im Allgemeinen die vorbemerkten Grundsätze. Uebrigens lasten in den Prov. St. u. O. die älteren Gemeinde-Kriegsschulden (welche vor dem 1. Januar 1807, bz. 1. Juli 1816 [vergl. § 32] entstanden sind) auf allen Steuerobjecten der Gemarkung, mit Ausnahme der vor Aufhebung der Steuerfreiheit steuerfrei gewesenen Objecte der Einwohner und Forensen, und sind daher die von jenen Schulden abzutragenden Kapitalien und die Zinsen davon auf jene, mit Ausnahme der Letzteren, auszuschlagen. Die neueren Kriegsschulden (welche nach den erwähnten Normaltagen entstanden sind) haften auf allen und jeden Steuerobjecten der Gemarkung und sind auf diese auszuschlagen. G.O. Art. 89 u. Instr. v. 2. Mai 1836, § 99.

In der Prov. Rh. findet eine Unterscheidung der älteren Kriegsschulden nicht statt.

§ 517. Der Beitrag zu einer Umlage für Zinsen und Kapital von Gemeinde-Kriegsschulden — gleichviel ob älteren oder neueren — welche den in der Gemeinde Wohnenden (einschließlich Derjenigen, welche nach Art. 84 der G.O. als Gemeinde-Einwohner betrachtet werden sollen) zur Last fällt, kann aus dem Ertrage des Gemeindevermögens oder aus dem Erlös von veräußertem Gemeindevermögen, unter welche beide Rubriken jedoch das an die einzelnen Gemeindeglieder verabreicht werdende Loosholz in dieser Beziehung nicht gehört, ausnahmsweise berichtigt werden, wenn die Mehrheit des Gemeinderathes dafür stimmt und dieses in dem Berathungsprotokolle ausdrücklich erwähnt wird. G.O. Art. 91 u. a. Instr. § 99.

§ 518. Erhebung und deßfallsige Bedingungen. Jede Gemeindeumlage erfordert Genehmigung der höchsten Staatsregierung; die Regierungsbehörden haben für die jährliche Bekanntmachung der genehmigten Umlagen durch das Regierungsblatt, so wie für die Fertigung der Erhebregister zu sorgen und diese executorisch zu erklären.

Wer unbefugt eine Gemeindeumlage hebt oder unbefugt ihre Erhebung anordnet, muß als Erpresser vor Gericht gestellt werden. G.O. Art. 79.

Soll eine einmal im Regierungsblatte bekannt gemachte Umlage nicht erhoben werden, so soll dies ebenfalls im Regierungsblatte bekannt gemacht werden. A. d. M. d. J. v. 12. Juli 1833.

§ 519. Ausnahmsweise sind, herkömmlich und vermöge besonderer höherer Bestimmung, der Bekanntmachung im Regierungsblatte folgende Ausschläge nicht unterworfen:

1) auf die Loosholzberechtigten und Allmendnutznießer; O.Nr. 15 des Voranschlages;
2) auf die Privatwaldbesitzer für Forstwartlohn; O.Nrn. 16, 17 oder 18;

3) für Grundrenten u. dgl.; O.Nr. 9;
4) für Schul- und Holz-Gelder u. a. nach O.Nr. 84, Lit. b, von Einzelnen zur Besoldung des Lehrers zu leistenden Beiträge;
5) für dergleichen Leistungen der Einzelnen an Geistliche und Glöckner, insoweit sie überhaupt durch die Gemeinderechnung laufen;
6) für die Kosten des Fasselviehes und Hirtenlohnes, insofern solche nicht mit den Umlagen II. Klasse, sondern von den Mutterviehbesitzern erhoben werden wollen; O.Nrn. 45 u. 46;
7) zur Bestreitung der Kosten für das Wegfangen der Maulwürfe und für Entwässerungen, insofern solche nicht auf die allgemeine Umlage III. Klasse genommen werden wollen.

In allen diesen und ähnlichen Fällen sind übrigens dergleichen Ausschläge in der Gemeinde auf ortsübliche Weise bekannt zu machen und daß dieses geschehen in dem Hebregister zu bescheinigen. A. d. M. d. J. v. 3. April 1846.

§ 520. Die Erhebungsziele für die Gemeindeumlagen sind von der Regierungsbehörde zu bestimmen. Es sollen die 6 Monate März, Mai, Juli, August, September und Oktober oder ein Theil derselben dazu gewählt werden. A. d. M. d. J. v. 2. Sept. 1842.

§ 521. Die Fertigung der Hebregister, nebst dazu gehörigen Steuerzetteln, ist bezüglich der Umlagen auf Steuerkapitalien von den Steuercommissären zu vollziehen. Die Register für andere Ausschläge sind von den Lokalbehörden zu beziehen. Die Gebühren der Steuercommissäre sind durch die A. d. M. d. J. vom 29. Sept. 1833, 26. Juni 1834 und 18. April 1840 geregelt, bz. auf die verschiedenen Klassen der Gemeindeausgaben vertheilt.

§ 522. In allen Fällen ist vor Beginn der Erhebung die Executorisch-Erklärung der Register durch die Regierungsbehörde erforderlich. Die Bürgermeister haben alsdann, nach Empfang der executorisch erklärten Register, dieselben alsbald 8 Tage lang zu Jedermanns Einsicht offen zu legen und damit zugleich die Bekanntmachung zu verbinden, daß Beschwerden gegen die in den Hebregistern enthaltenen Ansätze binnen der ersten 4 Wochen nach Ablauf der Offenlegungsfrist entweder schriftlich oder mündlich zu Protokoll bei der Regierungsbehörde vorgebracht werden müßten, widrigenfalls dieselben keine Berücksichtigung mehr finden können.

Hierauf sind von den Bürgermeistern die Register, nachdem sie auf der Rückseite derselben die vorgeschriebene Bekanntmachungsbescheinigung vollzogen haben, den Gemeinde-Einnehmern zur Erhebung zuzustellen, auch die Gebührenverzeichnisse der Steuercommissäre zur Auszahlung anzuweisen und die Steuerzettel austheilen zu lassen. A. d. M. d. J. v. 22. Okt. 1833 u. 3. Sept. 1852.

§ 523. Die Gemeindeumlagen haben den nämlichen Vorzug (s. Abth. IX, § 178) und sollen gerade so beigetrieben werden wie die directen Steuern. G.O. Art. 81.

§ 524. Reclamationen. Wer sich durch eine Gemeindeumlage beschwert glaubt, hat seine Beschwerde in den ersten vier Wochen nach der Bekanntmachung der Umlage in dem Regierungsblatte bei der einschlägigen Provinzialregierung vorzutragen. Später vorgebrachte Beschwerden dürfen nicht berücksichtigt werden. Der Recurs von der Entscheidung der Provinzialregierung geht innerhalb gleicher Frist von der Bekanntmachung dieser Entscheidung an das Ministerium; jedoch muß die Entscheidung vorläufig befolgt werden. G.O. Art. 80.

Für Beschwerden, die nicht gegen die Erhebung der Umlage überhaupt, sondern gegen Beitragspflicht oder angenommenes Beitragsverhältniß des Einzelnen gerichtet sind, läuft die 4wöchige Reclamationsfrist erst von dem Ende der Offenlegungszeit an. A. d. M. d. J. v. 3. Sept. 1852.

§ 525. Nachlässe. Sobald den Steuercommissären die Entscheidungen auf Reclamationen wegen Nachlässen an den directen Steuern zugekommen sind, fertigen dieselben auch die Verzeichnisse über die entsprechenden Nachlässe an Communalsteuern, auf deren Grund alsdann die Bürgermeister zur ausgäblichen Decretur ohne Weiteres ermächtigt sind. A. d. O.Fin.K. an die Steuer-C. v. 5. Nov. 1832 u. A. d. M. d. J. v. 27. Nov. 1848.

§ 526. Anweisungen auf die Gemeindekasse (Decreturen). Innerhalb der Bestimmungen des Gemeindevoranschlages verwaltet der Bürgermeister im Namen der Gemeinde nach den allgemeinen Verwaltungsregeln und verfügt (decretirt) die einzelnen Posten in Einnahme und Ausgabe auf die Gemeindekasse. Er muß sich hierin unbedingt an den genehmigten Voranschlag halten, ohne Dasjenige, was er bei einer Klasse von

Ausgaben erspart, für eine andere nicht zum voraus genehmigte Ausgabe verwenden zu können. G.O. Art. 63.

§ 527. Anweisungsregister und Formular. Zum Behufe der vorschriftsmäßigen Einhaltung der in den Gemeindevoranschlägen vorgesehenen und bewilligten Credite für die einzelnen Ausgaberubriken und zur Vermeidung von Ueberschreitungen derselben ist die Führung eines Registers über die Zahlungsanweisungen, und zum Zwecke der Gleichförmigkeit der Letzteren ein bestimmtes Formular dazu vorgeschrieben.

Es ist in dieser Hinsicht von den Bürgermeistern Folgendes zu beachten:

I. Formular zur Zahlungsanweisung.

1) In der Regel ist die Zahlungsanweisung unmittelbar unter das Verzeichniß oder unter die Berechnung der zu decretirenden Posten zu setzen und dafür das folgende Formular anzuwenden:

Formular:

Anweisungsregister, Seite . . .

Der Gemeinde-Einnehmer von . . . . wird hiermit angewiesen, auf den Grund des Voranschlages für 18 . . Rubr.-Nr. . . . . an . . . . für (vorstehend berechnete) . . . . mit . . . . Gulden . . . . . Kreuzer zu bezahlen.

. . . . . . am . . ten . . . . . . 18 . .

Der Großherzogliche Bürgermeister

. . . .

Gründen sich die Decreturen auf besondere Urkunden, so sollen diese denselben beigeschlossen werden. A. d. M. d. J. v. 21. April 1836.

2) Liegt ausnahmsweise keine Berechnung über die anzuweisenden Beträge vor, so bleiben in der Anweisung die inclavirten Worte: „vorstehend berechnete“ weg und wird statt dessen der Gegenstand näher bezeichnet.

3) Reicht der Credit für diejenige Rubrik, auf welche die Zahlungsanweisung der Posten zu ertheilen ist, zur Bestreitung des ganzen Betrages derselben nicht hin und wird zur Ergänzung des Credites der erforderliche Betrag aus dem Reservefond für unvorhergesehene Fälle entnommen, so muß in der Anweisung, hinter der Benennung der Rubrik, dies noch besonders mit den Worten:

„wofür der nöthige Credit mit . . . . fl. . . . kr. aus dem Reservefond, Ordn.Nr. . . ., hiermit ergänzt wird“

bemerkt werden.

II. Formular zu dem Anweisungsregister.

Dieses Register ist nach folgendem Formular zu führen:

. . Klasse.

Monat.	Tag.	Beschreibung der Rubriken und der hierauf gegebenen Anweisungen.	Geld-Betrag. fl.	kr.

1) Für jede Klasse von Ausgaben und für jede Rubrik derselben ist so viel Raum in dem Register vorzusehen, als nöthig ist, um mit Deutlichkeit alle Anweisungen einschreiben zu können, welche nach den bisherigen Erfahrungen und dem neuesten Voranschlage wahrscheinlich vorkommen werden, und es kann hiernach zuweilen für eine Rubrik eine ganze Seite und mehr nöthig, dagegen öfter für mehrere Rubriken eine Seite hinreichend sein.

2) Unter jeder Rubrik ist die im Voranschlage dafür vorgesehene Summe (der Credit) einzuschreiben, und es bleiben daher in dem Register bei dessen Anlegung die Rubriken weg, für welche nichts vorgesehen, also auch nichts anzuweisen ist. (Vergl. 10.)

3) Um mit dem Credit die darauf bereits angewiesenen Zahlungen vergleichen oder prüfen zu können, in wie weit noch Ausgaben zulässig sind, werden die angewiesenen Beträge addirt und vor der Linie mit ihrer Summe angemerkt.

4) Für jede Rubrik wird, nach der letzten hierauf ertheilten Anweisung, die nun feststehende Summe gezogen und zur Auszeichnung von den anderen Einträgen mit einer Schlußlinie unterstrichen und daher zwischen zwei Linien gesetzt.

5) Für jedes Rechnungsjahr wird ein besonderes Register angelegt, und sämmtliche Einträge in demselben dürfen sich nur auf das Jahr beziehen, mit welchem das Register überschrieben ist.

6) Sind Anweisungen in einem anderen Jahre zu geben, als in dem, für welches sie gelten, dann muß, außer dem Monat und Tag der Anweisung, auch das Jahr derselben in dem Register angemerkt werden, z. B. bei dem Hauerlohn von Holz, welches zwar jetzt schon aufgemacht, doch zum Einkommen des folgenden Jahres gerechnet wird, oder bei Arbeiten, welche erst nach dem Jahr fertig und verzeichnet werden, für welches sie verrechnet werden müssen.

7) Das Register ist von Anfang bis zu Ende fortlaufend zu paginiren.

8) Jede Zahlungsanweisung muß auf der Stelle in das Register eingetragen und mit der Seitenzahl, wo dies geschehen ist, versehen werden.

9) Reicht der Credit für die Rubrik, auf welche die Zahlungsanweisung ertheilt wird, nicht hin, um den anzuweisenden Kostenbetrag ganz hieraus zu bestreiten, und wird daher unter Beobachtung der deßfallsigen Vorschriften der nöthige Betrag zur Ergänzung des Credits aus dem Reservefond für unvorhergesehene Fälle entnommen, so wird zwar in dem Register der ganze Kostenbetrag unter der betreffenden Rubrik als zur Zahlung angewiesen eingetragen, es muß aber zugleich bei diesem Eintrag nicht allein der Betrag bemerkt werden, welcher aus dem Reservefond für unvorhergesehene Fälle zur Ergänzung des Credits entnommen worden ist, sondern auch in dem Register in der betreffenden Klasse unter der Rubrik: „Reservefond für unvorhergesehene Fälle" der hieraus entnommene Betrag unter Angabe des Zweckes und der Rubrik, wohin die Ausgabe ihrer Natur nach gehört, eingetragen werden, damit der Bürgermeister zu jeder Zeit im Stande ist zu wissen, wie viel für jede einzelne Ausgaberubrik angewiesen, wie viel für

dieselbe aus dem Reservefond für unvorhergesehene Fälle entnommen und wie viel endlich bei diesem Letzteren noch verfügbar ist.

10) Auf gleiche Weise wird verfahren, wenn eine Ausgabe angewiesen und aus dem Fond für unvorhergesehene Fälle entnommen werden soll, für welche unter der Rubrik, wohin diese Ausgabe ihrer Natur nach gehört, gar kein Credit vorgesehen ist. Da jedoch in einem solchen Falle nach dem unter 2) Bemerkten in dem Register diese Rubrik nicht speciell aufgeführt, gleichwohl aber solche, wenn darauf Zahlungen angewiesen werden, in dem Register nicht fehlen darf, so ist am Ende der betreffenden Klasse, wohin diese Ausgabe gehört, die Rubrik nachträglich mit ihrer O.Nr. beizufügen und darunter die zur Zahlung angewiesene Ausgabe zu bemerken.

Es ist hiernach bei Anlegung des Registers darauf Bedacht zu nehmen, daß am Ende jeder Klasse Raum genug für solche außerordentliche Fälle bleibt. A. d. M. d. J. v. 25. Nov. 1835 u. 1. Okt. 1838.

§ 528. Decretur uneinbringlicher Posten. Wenn zur Niederschlagung uneinbringlich gewordener Rückstände die Ermächtigung der Regierungsbehörde ertheilt ist, so ist der Bürgermeister, auch ohne daß dafür im Voranschlage Vorsehung geschehen, zur Ausgabedecretur befugt. Eine besondere Crediteinholung deßhalb hat nicht stattzufinden. A. d. M. d. J. v. 29. Dezbr. 1848.

§ 529. Decreturbefugniß der s. g. durchlaufenden Posten. Wenn Ausgaben, welche durch Erhebung bestimmter Einnahmen entstehen und sich überhaupt nur nach dem Betrage der Einnahmen richten und mit denselben in unveränderlichem Verhältnisse steigen und fallen, in Folge des Mehrbetrages der entsprechenden Einnahmeposten die dafür durch den Voranschlag bewilligten Credite übersteigen, so bedürfen diese Ueberschreitungen der Budgetsansätze, als durch die entsprechenden Einnahmeposten gedeckt und als bei Fixation des Voranschlages bereits genehmigt, keiner Crediterweiterung durch die vorgesetzte Regierungsbehörde.

Wenn also namentlich der Holzmacherlohn, weil der wirkliche Betrag des Holzerlöses den dafür in Aussicht genommenen Betrag übersteigt; wenn Pfandgelder und Strafantheile, weil mehr Strafen als vorgesehen erkannt wurden; wenn die Schulgelder, weil die Zahl der schulpflichtigen Kinder gestiegen war, die für diese Ausgabeposten in dem Voranschlage vorgesehenen Ansätze übersteigen, so hat der Bürgermeister gleichwohl das Recht ohne vorher nachgesuchte Crediterweiterung auch den Mehrbetrag auf die einschlägige O.Nr. des Voranschlages zur Zahlung anzuweisen, und für den Rechner ist diese Decretur und die beigebrachte Quittung des Empfängers genügender Rechnungsbeleg. A. d. M. d. J. v. 25. Nov. 1835, Nr. I.

§ 530. Deßgleichen der durch die Rubrik im Allgemeinen bezeichneten Ausgaben. Diejenigen Beträge, welche unter einzelnen Rubriken des Voranschlages zur Verwendung für nicht besonders berechnete, durch die Rubrik im Allgemeinen jedoch bezeichnete Ausgaben vom Gemeindevorstand aufgenommen worden sind, weil sich nur im Allgemeinen die Nothwendigkeit einer Verwendung vermuthen läßt, sind hiermit ohne Weiteres dem Bürgermeister zur Verfügung durch ordnungsmäßige — nach dem Gesetz in Art. 71 ꝛc. zulässige — Zahlungsanweisung überlassen. Es bedarf für deren im Sinne der Verwilligung dadurch erfolgende Verwendung einer besonderen Credittheilung von Seiten der Regierungsbehörde nicht; a. A. Satz 1.

§ 531. Verwendung des Reservefonds. Wenn der Gemeindevorstand bei der Bestimmung der Beträge, welche als „Reservefond für unvorhergesehene Fälle" der Ausgabe in den verschiedenen Klassen im Ganzen zugesetzt worden sind, nicht nähere, die Befugniß des Bürgermeisters hinsichtlich der Verwendung beschränkende oder ausdehnende Beschlüsse gefaßt hätte, die dann zu beachten wären, soll der Bürgermeister befugt erachtet sein für eine nicht vorgesehene Ausgabe oder zur Deckung des Mehrbetrages einer vorgesehenen, den Bedarf durch Zahlungsanweisung auf die dem Gegenstande der Verwendung entsprechende Rubrik, mit gehöriger Vormerkung im Anweisungsregister, aus dem Reservefond zu entnehmen, — jedoch für die einzelne Ausgabe nur bis zum Betrage von 20 fl. in Gemeinden von 2000 Einwohnern und darunter, bis zu 50 fl. in Gemeinden über 2000 Seelen. Für größere Verwendungen aus dem Reservefond hat der Bürgermeister die Genehmigung des Gemeinderathes zu erwirken. Einer Credittheilung von Seiten der Regierungsbehörde für Verwendungen aus dem im Voranschlage vorgesehenen Reservefond bedarf es nicht. A. d. M. d. J. v. 29. Dezbr. 1848, Satz 2.

§ 532. Crediterweiterungen vermittelst Verwendung der Ueberschüsse. Würden für Ausgaben, deren Nothwendigkeit im Laufe des Jahres erkannt wird, die aber gar nicht vorgesehen oder in dem dafür angenommenen Betrage nicht hinlänglich gedeckt sind, die Reservefonds nicht zureichen, so kann dafür der Ueberschuß verwendet werden, welcher sich etwa durch nicht vorgesehene Einnahmen, wie durch unterlassene oder unter dem Ansatz des Voranschlages gebliebene Ausgaben im Ganzen ergibt.

Solche Verwendungen erfordern aber jedesmal Zustimmung des Gemeinderathes, welchem dafür überzeugende Nachweisung hinsichtlich des verwendbaren Ueberschusses zu geben ist. Es werden dann die in solcher Weise von dem Gemeinderathe gebilligten Verwendungen aus dem Ueberschuß durch den Bürgermeister zur vorlagsweisen Zahlung auf die Gemeindekasse angewiesen. Der Gemeinde-Einnehmer wird durch solche Anweisungen zur Zahlung befugt, wenn der Bürgermeister darin ausdrücklich durch die Worte: „nach Zustimmung des Gemeinderathes mit Verwendung der ihm nachgewiesenen Ueberschüsse" — seine Verantwortlichkeit anerkennt.

Mit Ende des Monats März, nach Ablauf des Verwaltungsjahres, hat aber der Bürgermeister unter Beistand des Einnehmers sogleich alle diese vorlagsweisen Zahlungen, nach Klassen und Rubriken getrennt, in ein Verzeichniß (nach A) zu bringen und daneben in einer klassenweise nach Rubriken geordneten, aus dem Handbuch gezogenen Uebersicht (nach B) den durch Mehreinnahme oder Minderausgabe für jene Zahlungen im Ganzen verwendbar gewordenen Ueberschuß zusammenzustellen und beide Stücke, in zweifacher Ausfertigung von dem Gemeinderathe durch Unterschrift anerkannt, der Regierungsbehörde vorzulegen, damit Credit für jenes Verzeichniß mit Verwendung des in der Uebersicht nachgewiesenen Ueberschusses ertheilt werde, worauf sodann die definitive Verrechnung erfolgen kann; a. A. Satz 3.

Zur Vermeidung von Mißverständnissen ist übrigens hier zu bemerken, daß mit vorstehenden Bestimmungen den Gemeindevorständen keineswegs die Befugniß eingeräumt erscheint, einen Ueberschuß durch willkührliche Unterlassung voranschlagsmäßiger Ausgaben zu gewinnen. Wenn in dieser Beziehung von der Verwaltungsvorschrift des Voranschlages abgewichen werden soll, so ist vielmehr vorerst Genehmigung der Regierungsbehörde erforderlich. — Von einem durch Unterlassen von Ausgaben gebildeten verwendbaren Ueberschusse kann daher nur die Rede sein, entweder wenn die fragliche Genehmigung vorliegt, oder wenn aus zufälligen Ursachen für den im Voranschlage beabsichtigten Zweck die vorgesehenen Mittel überhaupt nicht mehr bedurft werden, oder der vorgesteckte Zweck nicht zu erreichen, oder der Anlaß dazu weggefallen ist. E. d. M. d. J. an die R.C. zu Gsn. v. 26. Jan. 1849.

A. Verzeichniß

der im Voranschlage der Gemeinde .... für 18 . . nicht vorgesehenen, mit Zustimmung des Gemeinderathes aber durch Ueberschüsse an Mehreinnahme und Minderausgabe zu deckenden Ausgaben.

Ordn.-Nr.	Anlagen.	Bezeichnung der Ausgaben.	Betrag. fl.	kr.
		I. Klasse.		
		Rubrik 80. Unterhaltung 2c. der Güter.		
1	1 2	Für Herstellung der durch Fluth gestörten Wiesenanlagen 2c.	73	30
		u. s. w.		

B. Uebersicht

über die durch Mehreinnahme und Minderausgabe im Jahre 18 . . für die Gemeinde .... entstandenen Ueberschüsse.

Ordn.-Nr.	Bezeichnung der Rubriken.	fl.	kr.	Ueberschuß. fl.	kr.
	A. Bei der Einnahme.				
	I. Klasse.				
	Rubrik 3. Aus Gras und anderen Naturalien.				
1	Die Einnahme war im Voranschlag angenommen zu	230	—		
	beträgt aber nach den Versteigerungsprotokollen	310	—		
	sonach mehr	—	—	80	—
	u. s. w.				

§ 533. Andere Crediterweiterungen. Ergeben sich aber für nicht vorgesehene, im Laufe des Jahres als nothwendig erkannte Ausgaben die Deckungsmittel auch nicht durch die nach 3) verwendbaren Ueberschüsse, so muß, bevor eine Zahlungsanweisung erfolgen kann, zur Ergänzung des Voranschlags unter Beobachtung der dafür vorgeschriebenen Formen ein nachträglicher Voranschlag aufgestellt und dessen Genehmigung von Seiten der Regierungsbehörde eingeholt werden; a. A. Satz 4.

§ 534. Vorlagen für die III. Klasse. Die Leistung von Vorlagen aus I. oder II. Klasse an die III. Klasse zur Deckung eines Mangels der Letzteren in der Gemeinderechnung ist unzulässig. Ein solcher Mangel muß entweder zeitig und vor dem Bücherschlusse eines Rechnungsjahres durch ordnungsmäßig bewirkte Crediterweiterungen definitiv ausgeglichen, oder es müssen die den Einnahmebetrag III. Klasse übersteigenden Ausgaben als Vorlagen in das Ausstandverzeichniß eingetragen und demnächst unter den einschlägigen Rubriken, also nicht als Mangel, in den folgenden Voranschlag aufgenommen werden, worin zugleich die erforderlichen Mittel zu deren Deckung vorzusehen sind. A. d. M. d. J. v. 27. Juni 1846.

V. Abschnitt.

Gemeindevermögen.

§ 535. Das Vermögen der Gemeinden darf dem Finanzvermögen nicht einverleibt werden. V.U. Art. 46.

§ 536. A. Verwaltungsgrundsätze. Die Verwaltung des Gemeindevermögens ist dem Bürgermeister, unter gesetzlicher Mitwirkung des Gemeinderaths, anvertraut. G.O. Art. 12 u. 24 u. Tit. IV u. V.

Wesen und Zweck dieser Verwaltung besteht in der Wahl und Anwendung der geeigneten Wege und Mittel zur Erreichung der Erhaltung, Nutzbarmachung, Verbesserung und thunlichen Vermehrung des Gemeindevermögens.

§ 537. Regel der öffentlichen Versteigerung. Als Regel für alle Vermögensverwaltungsacte geben die Art. 71—73 der G.O. folgende Vorschriften:

Art. 71. Alle Verkäufe und Verpachtungen von Gemeindevermögen, alle öffentlichen um Lohn zu verrichtenden Arbeiten, alles Bauwesen und alle Lieferungen sollen durch öffentliche Versteigerung erfolgen, welche von dem Bürgermeister geleitet wird. Ein Ueberschlag, durch hierzu verpflichtete Personen gefertiget, soll jedesmal vorausgehen.

Ein A. d. M. d. J. v. 27. Mai 1840 schreibt den Gebrauch verordneter gedruckter Formularien zu Versteigerungen 1) von Gemeindenutzungen, 2) von gemeinheitlichen Bauarbeiten und Lieferungen und 3) von Handarbeiten für Vicinalwege-Unterhaltung vor.

Durch A. d. M. d. J. v. 5. Juni 1847 ist ferner die Vorschrift vorgängiger Ueberschläge oder Abschätzungen eingeschärft. Bei wichtigeren Versteigerungen sollen sie auf einem besonderen Bogen ausgefertigt werden, und bei Versteigerung verschiedener Stücke oder Loose die Abschätzung für jedes einzelne Loos stattfinden.

Verschiedenartige Gegenstände, zumal wenn sie in verschiedene Klassen gehören, dürfen ohne gehörige Unterscheidung niemals in einem und demselben Acte aufgenommen werden. A. d. R. zu Mz. v. 5. Okt. 1819.

Art. 72. Wenn die durch Versteigerung bestimmte Summe dem Betrag des pflichtmäßigen Ueberschlags entspricht, so ist der Bürgermeister berechtigt, die Versteigerung zu genehmigen. Glaubt ein Mitglied des Gemeinderathes, daß bei der Versteigerung eine gesetzlich vorgeschriebene, zur Gültigkeit des Geschäfts nothwendige Form verletzt worden sei, so hat es diese Sache zur Erwägung und Entscheidung der vorgesetzten Behörde zu bringen.

Dagegen ist die Genehmigung der Regierungsbehörde vorbehalten, wenn eine Summe nicht dem Betrag des pflichtmäßigen Ueberschlags entspricht und der Bürgermeister dennoch die Versteigerung bestätigen will.

Art. 73. Ausnahmsweise ist öffentliche Versteigerung nicht erforderlich, sondern ein Accord des Bürgermeisters aus freier Hand genügend, bei solchen Arbeiten, welche

1) entweder eine besondere Kunstfertigkeit voraussetzen, wobei jedoch der Ueberschlag vorangehen muß, oder welche

2) so unbedeutend sind, daß die Kosten der Versteigerung vielleicht den Gegenstand erreichen, oder
3) wobei Gefahr im Verzuge liegt, welche mithin auf der Stelle gemacht werden müssen.

Die Accorde über die unter Nr. 1 genannten Arbeiten erfordern Gutachten des Gemeinderaths und Genehmigung der Regierungsbehörde. Die Bestimmung über die unter Nr. 2 u. 3 genannten Arbeiten ist dem Bürgermeister überlassen, jedoch hat er über die unter Nr. 3 erwähnten Gegenstände zuvor das Gutachten des Gemeinderaths zu vernehmen.

§ 538. Das Mitbieten der Bürgermeister und Beigeordneten bei von ihnen abgehaltenen Versteigerungen ist bei Strafe verboten. A. d. M. d. J. v. 5. Februar 1834 u. 21. Februar 1844.

In Fällen, in welchen der Bürgermeister bieten will, ist die Protokollführung so lange an den Beigeordneten abzugeben, im umgekehrten Falle aber von Diesem an Jenen. E. d. M. d. J. an d. Kr. in Gsn. v. 6. April 1846.

§ 539. Die Benutzung und Nutzbarmachung der unbeweglichen Gemeindegüter ist durch die Grundsätze der Voranschlagswirthschaft (§ 474 folg.) und der Verwaltung überhaupt (§ 536), so wie die Regel des vorhergehendtn § bedingt.

§ 540. Der Bürgermeister hat sich stets im Besitze eines genauen und vollständigen Flur- oder Grundbuchs-Auszuges über das gesammte Immobiliarvermögen der Gemeinde zu erhalten. Er hat ferner darauf zu achten, daß die erforderlichen Einträge in den Grundbüchern, bz. Mutationsverzeichnissen, rechtzeitig geschehen, auch in den Prov. St. u. O. die Rechtstitel nach Maßgabe des G. v. 21. Febr. 1852 in dem Grundbuche eingetragen werden.

Eine besondere Sorgfalt des Gemeindevorstandes erfordert überdies die Wahrung des Besitzstandes der Gemeinde. Eingriffe in denselben sind nachdrücklichst von ihm abzuwehren, die Gränzen des Grundbesitzes der Gemeinde auch sorgsam in Steinen, Rainen und Hägen zu erhalten.

§ 541. Die neue Erwerbung unbeweglicher Gemeindegüter kann vermöge des Oberaufsichtsrechts nur mit Genehmigung der Regierungsbehörde geschehen.

Sollen von einer Gemeinde Güter erworben werden wollen, um sie parcellenweise zu vertheilen oder wieder zu veräußern, so ist die Entschließung des Min. d. Innern vorbehalten. A. d. M. d. J. v. 7. Juni 1843.

§ 542. Zur Veräußerung von unbeweglichem Gemeindevermögen und Realgerechtsamen ist der Gemeindevorstand ohne Regierungsgenehmigung nicht befugt.

Das Immobiliarvermögen einer Gemeinde gehört nicht dem jetzt lebenden Geschlechte, sondern vielmehr der zu ewig dauernden Zwecken gegründeten Gemeinde an, deren Erscheinungsform nur die gegenwärtigen Mitglieder des Gemeinwesens sind.

Dem zeitlichen Gemeindevorstande kommt daher auch nur das Recht der Bewirthschaftung und Verwaltung desselben nach den gesetzlichen Formen, nicht aber die Verfügung über die Substanz zu. Vergl. § 536.

Die in dem Oberaufsichtsrechte begründete Staatsgenehmigung ist sowohl bei zwangsweisen, als bei freiwilligen Veräußerungen nothwendig. V. v. 22. Juni 1799 u. 4. Juli 1812 u. E. d. M. d. J. an d. R. v. 21. Juli 1823.

§ 543. Dasselbe gilt von der Belastung des Gemeindeeigenthums durch Verpfändung, Bürgschaftsleistung u. dgl. m.

§ 544. Desgleichen bezüglich der Vertheilung von Gemeindevermögen. Derartige Vertheilungen, mögen sie nun dem Eigenthume oder nur der Nutznießung nach erfolgen, verdienen überhaupt in der Regel keine Empfehlung.

Das Gemeindevermögen ist zur Förderung der Gesellschaftszwecke bestimmt.

Eine Verwendung desselben in den Eigennutzen der einzelnen jetzt lebenden Gemeindeglieder widerstreitet daher seinem ursprünglichen Zwecke und läßt sich nur unter ganz besonderen Verhältnissen, bz. einem vorhandenen Uebermaß von Gemeindevermögen, aus nationalökonomischen Gründen rechtfertigen.

Es ist deshalb auch verordnet, daß, mit Ausnahme der üblichen Allmendgenuß-Vertheilungen, keine Vertheilung, weder von Gemeinde-Grund- oder Kapitalvermögen, noch auch von Erträgen des Gemeindevermögens, bestehen sie in Naturalien oder Geld, ohne vorher eingeholte Genehmigung des Ministeriums, von den Regierungsbehörden verstattet werden dürfen. A. d. M. d. J. v. 5. Juni 1851.

Regierungsseitig genehmigte Theilungen von Gemeindegrundvermögen, bz. Gemeinheitsauseinandersetzungen, erfolgen in den Prov. St. u. O. nach den Bestimmungen der V. v. 7. Sept. 1814, und in der Prov. Rh. nach der V. v. 19. Mai 1827.

Die desfallsigen Verhandlungen, in so weit sie sich auf das administrative Verfahren beziehen, sind stempel- und gebührenfrei. A. d. M. d. J. v. 13. Juli 1838 u. A. d. Administrativjustizhofes v. 29. Aug. 1833.

§ 545. Gemeindegebäude. Den Gemeindevorständen ist dringend eingeschärft, daß die Unterhaltung der gemeinheitlichen Gebäude zwar mit weiser Sparsamkeit und thunlichster Berücksichtigung der Kräfte der Gemeinde, aber auch mit Sorgfalt und regelmäßig durchgeführt werde. A. d. M. d. J. v. 1. Febr. 1843 u. 16. Juni 1847.

Zugleich sind die Regierungsbehörden und Kreisbauämter zu desfallsiger Beaufsichtigung und die Feuerstättenbesichtiger zur Einberichtung wahrgenommener Mängel in dieser Beziehung angewiesen. A. d. M. d. J. v. 17. Mai 1853.

§ 546. Kleine Reparaturen der Gemeindegebäude, d. s. die gewöhnliche Unterhaltung und solche Reparaturen, womit keine wesentliche Veränderung der Construction verbunden ist, sind gemäß Regulativ v. 17. Sept. 1832 den Administrativbehörden überlassen.

Die Bürgermeister haben daher dieselben unter Wahrung der Vorschriften der Budgetwirthschaft und der Art. 71—73 d. G.O., § 537 oben) vollziehen zu lassen.

Ersuchen an die Kreisbauämter um eine desfallsige Mitwirkung können in der Prov. Rh. von den Bürgermeistern unmittelbar erfolgen. Sie sollen bei allen Bauten, welche den Kostenanschlag von 50 fl. übersteigen, zuvor stattfinden. In den Prov. St. u. O. pflegen solche nur durch Vermittelung der Regierungsbehörden zu geschehen. Regul. v. 25. April 1823, § 2, A. d. O.Bau-Dir. an d. Kreisbaumeister v. 18. Febr. 1833, und für Rh. insbesondere V. v. 14. April 1826 u. d. A. d. R. zu Mz. v. 20. Okt. 1818, 8. März 1825, 27. Juni 1829 u. 30. Mai 1831 u. d. Prov.Dir. zu Mz. v. 28. März 1834.

§ 547. Neues Bauwesen und Hauptreparaturen sollen dagegen unter Vermittlung der Regierungsbehörde von der Oberbaudirection durch die Kreisbauämter zur Ausführung gebracht werden.

Es bleibt hierbei Aufgabe für die Lokalverwaltung, vorerst die räumlichen Bedürfnisse und die zu erreichenden Zwecke der Regierungsbehörde mitzutheilen. Diese hat hierauf die geeigneten Verhandlungen darüber mit der Oberbaudirection zu pflegen und schließlich auch den Bauplan festzustellen.

Die Versteigerungen oder Accorde über die Lieferung der Baumaterialien und über die Bauarbeiten sind von dem Bürgermeister nach den Bestimmungen der Art. 71—73 d. G.O. unter Zuziehung des Kreisbauamtes zu besorgen; a. Reg. v. 1832, §§ 8—12.

§ 548. Das Kreisbauamt hat alle doppelt auszufertigenden Rechnungen der Bauhandwerker und Lieferanten nach vorheriger Prüfung und Richtigstellung zu attestiren, worauf dann erst der Bürgermeister den Betrag zur Zahlung anzuweisen hat. Auch zur Anweisung von Abschlagszahlungen ist eine vorgängige Attestation und Bestimmung der Größe der Abschlagszahlung von Seiten des Kreisbauamtes erforderlich; a. Reg. § 13.

Für die Einhaltung der Bauvoranschläge ist die ausführende Baubehörde verantwortlich. V. v. 14. Nov. 1849.

§ 549. Wenn nach beendigtem Bauwesen die geprüfte Wirthschaftsrechnung des Kreisbauamtes von der Regierungsbehörde an den Bürgermeister zur Decretur abgegeben werden wird, so hat derselbe die letztere alsbald zu vollziehen und mit der Wirthschaftsrechnung dem Gemeindeeinnehmer zu übergeben, welcher sie als Beleg der Gemeinderechnung beizufügen hat; a. Reg. § 14 u. A. d. M. d. J. v. 24. April 1850.

§ 550. Der Ankauf bestehender Gebäude, um sie zu gemeinheitlichen Zwecken einzurichten, soll nur nach vorgängiger Prüfung und gutachtlicher Aeußerung von Seiten der technischen Behörde, bz. nach Benehmen der Regierungsbehörde mit der Oberbaudirection, stattfinden dürfen. A. d. M. d. J. v. 5. Juni 1835.

§ 551. Rücksichtlich der Unterhaltungsarbeiten, welche Bewohnern, bz. Nutznießern und Miethern, von Gemeindegebäuden selbst obliegen, gelten bz. dieselben Grundsätze, welche bereits oben in der Abth. XIII, §§ 360 u. 361, für Rh. vergl. A. d. R. der Prov. Rh. v. 20. Okt. 1818 u. 20. Mai 1831, bemerkt wurden.

§ 552. B. Gemeindenutzungen, s. g. Allmenden. Nach den im § 544 erörterten Grundsätzen erscheint die Hingabe des Gemeindevermögens in die Nutznießung der Einzelnen — die Allmende — als eine Abweichung von der ursprünglichen Bestimmung des Gemeindevermögens.

Unsere Gesetze erkennen bestehende Verhältnisse der Art an und regeln dieselben, sie weisen solche aber zugleich für die Zukunft in weise Schranken.

Denjenigen Ortsbürgern, welche schon zur Zeit der G.O. v. 1821 in einem bevorrechteten Genuße sich befanden, ist derselbe durch Art. 93 u. 94 d. G.O. lebenslänglich gewährleistet.

In Ansehung aller übrigen Ortsbürger aber sind die Gemeindenutzungen durch G. v. 21. Juni 1852 in nachstehender Weise geregelt:

Art. 1. In denjenigen Gemeinden, in welchen den einzelnen Ortsbürgern Nutznießung an dem Gemeindevermögen zukommt, können zur Theilnahme an diesen Nutzungen nur solche Ortsbürger zugelassen werden, welche

1) das 25. Lebensjahr zurückgelegt haben,
2) verheirathet sind und
3) in der Gemeinde wohnen.

Für diejenigen Ortsbürger, welche, ohne ihr Domicil aufzugeben, sich von ihrem Wohnorte entfernen und keine, eine eigene Haushaltung bildende Familie zurücklassen, ruht der Allmendengenuß von dem auf die zwölfmonatliche Abwesenheit solcher Ortsbürger folgenden nächsten ersten Januar an. Dagegen sind die Jahre der Abwesenheit mitzurechnen, wenn es sich von Bestimmung des Ranges, nach welchem die Bürger zum Allmendengenuß gelangen, handelt, in der Art, daß der Zurückkehrende in das erste vacant werdende Loos einrückt, wenn ihn sein Alter als Ortsbürger, einschließlich der Zeit der Abwesenheit, dazu berechtigt; sind jedoch während seiner Abwesenheit jüngere Ortsbürger in den Allmendengenuß eingerückt, so können diese durch die Rückkehr des Abwesenden aus ihrem Genusse nicht verdrängt werden.

Art. 2. Die Theilnahme an den nicht in Allmendloosen von Grundstücken bestehenden Gemeindenutzungen, z. B. Loosholz, beginnt mit dem Anfange des auf die Ortsbürgerrechts-Erwerbung oder Verheirathung nächstfolgenden Jahres, vorausgesetzt, daß die sonstigen in gegenwärtigem Gesetze oder in Lokalstatuten (Art. 6, 9, 11, 13) festgesetzten Bedingungen zum wirklichen Eintritt in diesen Genuß vorhanden sind.

Art. 3. Verwittwete oder geschiedene Ortsbürger sind in Bezug auf Theilnahme an den Gemeindenutzungen als verheirathete Ortsbürger zu behandeln.

Art. 4. Auf diejenigen Ortsbürger, welche zur Zeit des Erscheinens des gegenwärtigen Gesetzes bereits in die Theilnahme an dem Genusse der Gemeindenutzungen eingetreten sind, finden die beschränkenden Vorschriften unter Nr. 1 u. 2 im ersten Absatze des Art. 1 keine Anwendung.

Art. 5. Die Wittwen von Ortsbürgern treten, was den Antheil an den Gemeindenutzungen betrifft, für die Dauer ihres Wittwenstandes in das Recht ihres Ehemannes ein.

Art. 6. In denjenigen Gemeinden, in welchen den Ortsbürgern Nutznießung an dem Gemeindevermögen zukommt, kann in Lokalstatuten bestimmt werden, daß eine oder mehrere Klassen von ausschließlich oder in größerem Umfange zur Theilnahme an solchen Nutzungen zugelassenen Ortsbürgern gebildet werden sollen.

Art. 7. Besteht in einer Gemeinde eine besondere Klasse von ausschließlich oder in größerem Umfange zur Theilnahme an den Gemeindenutzungen berufenen Ortsbürgern, so rückt bei dem Abgange eines Angehörigen dieser Klasse aus der Zahl der übrigen gar nicht oder in einem geringeren Umfange allmendirten Ortsbürger der nach dem Datum des Eintrags in die Bürgerliste älteste Ortsbürger in jene Klasse und die damit verbundenen Gemeindenutzungen ein. Sind Mehrere an Einem Tage in die Bürgerliste eingetragen, so rückt Derjenige von ihnen in die Klasse ein, welcher im Lebensalter den Uebrigen vorgeht.

Art. 8. Wenn in einer Gemeinde mehrere Klassen von ausschließlich oder in größerem Umfange zur Theilnahme an den Gemeindenutzungen berufenen Ortsbürger bestehen, so findet der Uebergang von einer Klasse in die andere nach den Bestimmungen des vorhergehenden Artikels statt.

Art. 9. Soll die in einer Gemeinde bestehende Klassenabtheilung geändert oder aufgehoben werden, so kann dies durch Lokalstatuten nur dann geschehen, wenn die Mehrheit der Ortsbürger der betreffenden Klasse, in welcher eine Abänderung beabsichtigt wird, sich dafür erklärt.

Art. 10. Eine Verminderung der Loosholzabgaben aus Gemeindewaldungen findet in Folge verminderter nachhaltiger Ertragsfähigkeit der Waldungen oder der gesteigerten Zahl der Ortsbürger statt. In einem solchen Falle trifft die Verminderung sämmtliche zum Bezuge von Loosholz berechtigte Ortsbürger in gleichem Verhältniß.

Sinken aber die Loose auf einen halben Stecken oder fünf und zwanzig Wellen herab, so können sie nur in dem Falle in geringeren Quantitäten zur Vertheilung kommen, wenn die betreffende Loosholzabgabe nur eine einmalige oder die letzte ist, welche in der Gemeinde stattfindet. In jedem anderen Falle dürfen die Holzloose nicht unter einem halben Stecken oder fünf und zwanzig Wellen betragen.

Der hierdurch etwa nöthige Ausfall einer Zahl Berechtigten trifft nach der Reihenfolge die zuletzt Eingetretenen. Ist dieser Ausfall nur für ein Jahr nöthig, so muß den so Ausgeschlossenen im nächsten Jahr ein halber Stecken Loosholz oder fünf und zwanzig Wellen mehr geliefert werden. Ist er aber für zwei oder mehrere Jahre nöthig, so findet nach Verhältniß ein jährlich wechselnder, eine Gleichstellung Aller sichernder Ausfall der Berechtigten statt.

Art. 11. Die als Allmenden den Ortsbürgern zur Benutzung überlassenen Grundstücke sollen in Loose von wenigstens einem halben Morgen in zusammenhängender Fläche abgetheilt werden, es sei denn, daß durch Lokalstatuten in einzelnen Gemeinden Loose von geringerem Flächengehalt gebildet würden.

Waren jedoch in Gemeinden bisher Loose von geringerem, als dem gesetzlichen oder durch Lokalstatuten bestimmten Flächengehalt den Ortsbürgern überwiesen, so können die Nutznießer, in so weit nicht nach Art. 6 eine andere Einrichtung getroffen wird, in dem bisherigen Genusse bleiben; mit den durch Abgang allmendirter Ortsbürger erledigt werdenden Loosen sind aber zunächst die Allmendloose Derjenigen, welche bereits dergleichen von geringerem, als dem gesetzlichen oder durch Lokalstatuten festgesetzten Betrage benutzen, nach der Reihenfolge ihres Eintrags in das Bürgerregister bis zu jenem Betrage zu vergrößern.

Die noch nicht im Genusse von Allmenden sich befindenden Ortsbürger rücken nach Maßgabe der Art. 6—8 erst dann nach und nach in den Allmendengenuß ein, wenn Jeder der bisherigen Berechtigten im Genusse eines dem festgesetzten Flächengehalt entsprechenden Allmendlooses sich befindet.

Art. 12. In Gemeinden, in welchen den Ortsbürgern Nutzungen von dem Gemeindevermögen zukommen, kann von dem Gemeinderath mit Genehmigung der Regierungsbehörde bestimmt werden, daß, unabhängig von dem allgemeinen Einzugsgeld, welches bei dem Eintrag in das Bürgerregister Diejenigen zu entrichten haben, welche das Ortsbürgerrecht nicht vermöge der Geburt in Anspruch nehmen können, entweder von solchen Ortsbürgern bei ihrer Aufnahme ein Einkaufsgeld, welches den fünffachen Werth der einem Ortsbürger durchschnittlich jährlich zukommenden Nutzung nicht übersteigen darf, zu entrichten sei, oder daß ein solcher Ortsbürger erst nach einer bestimmten Zeit, längstens nach zehn Jahren nach Denjenigen, welche gleichzeitig mit ihm oder vor ihm als Ortsbürgersöhne in das Bürgerregister eingetragen worden sind, in den Antheil am Allmendengenuß treten solle.

Die Söhne eines solchen Aufgenommenen werden bei ihrer Aufnahme als Ortsbürger, wenn ihr Vater von dem Genusse der Gemeindenutzungen bei seiner Aufnahme für die Dauer einer bestimmten Reihe von Jahren in Gemäßheit vorstehender Bestimmungen ausgeschlossen worden ist, während dieses Zeitraumes, oder wenn er den Betrag der Gemeindenutzungen bei seiner Aufnahme für eine Reihe von Jahren bezahlt hat, für die Dauer dieser Jahre als Ortsfremde angesehen.

Für diejenigen aufgenommenen Ortsbürger, welche zuerst nach dem Ablauf einer bestimmten Anzahl von Jahren in den Allmendengenuß gelangen können, bestimmt der Zeitpunkt ihres Einrückens in diesen Genuß den Rang, nach welchem sie zur Theilnahme an den Gemeindenutzungen in einer höheren Klasse gelangen. Sind mehrere solcher Ortsbürger an Einem Tage zu dem Genuß der Allmenden gelangt, so geht Derjenige vor, welcher früher in das Ortsbürgerregister eingetragen worden ist, und bei gleichzeitigem Eintrag der Aeltere.

Art. 13. An Orten, wo noch eine engere Gemeinde im Sinne der Art. 93 u. 94 d. G.O. besteht, kann an den Nutzungsrechten der Mitglieder solcher engeren Gemeinden nur mit deren ausdrücklicher Zustimmung eine Abänderung durch Lokalstatuten vorgenommen werden.

Art. 14. Lokalstatuten können in den Fällen der Art. 6, 9, 11, 13 errichtet werden, wenn dies entweder durch Beschluß des Gemeinderaths oder von mindestens dem vierten Theile aller Ortsbürger, welche das 25. Lebensjahr zurückgelegt haben, beantragt oder von der Regierungsbehörde veranlaßt worden ist. Ist der Antrag von dem Gemeinderathe oder mindestens dem vierten Theile sämmtlicher 25jährigen Ortsbürger ausgegangen, so muß er alsbald der Regierungsbehörde mitgetheilt werden.

Nachdem in allen Fällen der Gemeinderath sich gutachtlich über die vorgeschlagenen Lokalstatuten geäußert hat, müssen dieselben 14 Tage lang, nach vorheriger ortsüblicher Bekanntmachung dieses Termins, auf dem Gemeindehause oder in dessen Ermangelung in dem hierzu dienenden Lokal offen gelegt werden. Wenn sich an einem hierauf von dem Bürgermeister in ortsüblicher Weise vorher bekannt gemachten Termine die Mehrheit der Ortsbürger, welche das 25. Lebensjahr zurückgelegt haben, für die vorgeschlagenen Statuten erklärt, so haben dieselben, nach erfolgter Genehmigung der Regierungsbehörde, Gültigkeit.

Nach den Bestimmungen dieses Artikels ist auch zu verfahren, wenn bestehende Lokolstatuten abgeändert werden sollen.

§ 553. Ueber das bei Entwerfung von **Lokalstatuten** einzuhaltende Verfahren sind folgende besondere Vorschriften ertheilt:

1) Es ist darüber ein förmliches Berathungsprotokoll des Gemeinderaths aufzunehmen.
2) Zur Beurkundung der Stimmberechtigten muß ein vollständiges Verzeichniß der Ortsbürger, welche das 25. Lebensjahr zurückgelegt haben, zugleich mit den Statuten offen gelegt werden. In einem Nachtrage desselben sind auch die Ortsbürgerswittwen, so wie die noch nicht 25 Jahre alten Ortsbürger zu verzeichnen.
3) In den Verhandlungen ist ferner zu beurkunden, ob besondere Genußberechtigte (Mitglieder der s. g. engeren Gemeinde) in der Gemeinde vorhanden sind. Bejahenden Falls ist dies bei den einzelnen betreffenden Namen und Ordnungs-Nummern des Verzeichnisses anzumerken und die Zustimmung derselben zu den neuen Lokalstatuten beizubringen.

4) Die Acten müssen genaue Auskunft darüber enthalten, in welcher Weise das Gemeindevermögen, insbesondere die Allmenden, über deren Benutzung Statuten errichtet werden, bisher benutzt worden sind.

5) Die im § 38 des Landtags-Abschiedes vom 25. Juni 1827 aufrecht erhaltene Observanz, wonach zwei Allmendloose nicht in eine Haushaltung kommen durften, ist durch das Gesetz vom 21. Juni 1852 aufgehoben.

6) Die im Art. 12 des Gesetzes vom 21. Juni 1852 enthaltenen Bestimmungen bilden keinen Gegenstand der Lokalstatuten.

7) Es versteht sich von selbst, daß keine der Vorschriften des erwähnten Gesetzes, welche feste, unabhängig von Lokalstatuten gegebene Bestimmungen über die Nutzungsrechte der Ortsbürger enthalten, wie Art. 1, 2 (erster Satz), 3 2c., durch Lokalstatuten modificirt werden können.

8) Die Anträge auf Errichtung von Lokalstatuten sind bei der Regierungsbehörde einzureichen, welche vor deren definitiver Genehmigung die Entschließung des Ministeriums einzuholen hat. A. d. M. d. J. v. 6. Mai 1853 u. 28. Sept. 1853.

§ 554. Erbliche Theilung der Allmenden ist nach den Art. 95—98 d. G.O. unter folgenden Bestimmungen und Beschränkungen verstattet:

Art. 95. Wo alle Bürger oder Gemeindsleute gleichen Antheil an der Benutzung der Gemeindegüter haben (Art. 93), da steht es Denjenigen, welche ein Gemeindevermögen oder seinen Ertrag gemeinschaftlich genießen, frei, eine Theilung derselben unter sich zu fordern. Diese Theilung erfolgt, so bald sie von der Mehrheit dieser Mitglieder der engeren Gemeinde verlangt wird.

Wo sich aber die Gemeindegüter im ausschließlichen oder größeren Besitz eines Theils der Mitglieder der engeren Gemeinde befinden (Art. 94), da kann die Theilung nur mit Einwilligung der übrigen jetzigen Mitglieder der engeren Gemeinde erfolgen.

Art. 96. Durch die Theilung, welche unter Leitung der Regierungsbehörde, bz. des Administrativjustizhofes, erfolgt, erhält Jeder, welcher bisher Theil an dem Genuß hatte (also einschließlich der Beisassen, wenn sie bisher Theil daran hatten), nach Verhältniß der jetzigen Theilnahme an dem Genuß einen Theil des bisherigen Gemeindevermögens erb- und eigenthümlich. Gemeindewaldungen sind von dieser Theilung ausgeschlossen.

Art. 97. Auf die zu vertheilenden Gemeindegüter wird eine Grundrente zum Vortheil der Gemeindekasse gelegt, mit Ausnahme des Falles, wenn die Einkünfte einer Gemeinde so beträchtlich sind, daß diese Summe doch wieder an die einzelnen Gemeindeglieder vertheilt werden würde.

Die Größe der Grundrente bestimmt die Staatsbehörde. Wenn eine solche Grundrente zur Bestreitung der dem Gemeindevermögen obliegenden Ausgaben erforderlich ist, so wird bei Bestimmung ihrer Größe der Durchschnitt der Ausgaben der vorhergehenden zehn Jahre zum Grunde gelegt.

Art. 98. Die Theilung kann nur mit Einwilligung oder mit gleichzeitiger Befriedigung der auf das zu theilende Vermögen hypothekarisch versicherten Gemeindegläubiger erfolgen.

Wenn Pfarr- und Schulpfründen bisher auf irgend eine Weise von dem jetzt zu vertheilenden Vermögen Nutzen zogen, oder, besonders letztere, nicht genügende Einnahmen haben, so muß ihnen ein Theil als Besoldungsstück unentgeltlich überwiesen werden, welcher in jenem Falle mindestens dem bisherigen Nutzen entspricht, in diesem Falle von dem Gemeinderath, mit Bestätigung der Regierungsbehörde, billig bestimmt wird.

Wenn weltliche Staatsdiener bisher einen solchen Nutzen zogen, so wird der bisherige Werth desselben in Geld angeschlagen und der Staatskasse, als eine jährlich aus der Gemeindekasse zu zahlende Rente, zugetheilt.

§ 555. C. Nutzbare Rechte, und zwar: I. Schäfereien. Die Grundsätze, welche für den Umfang der Schafweideberechtigungen der Gemeinden und Weidegemeinschaften, so wie deren ermöglichte Aufhebung gesetzlich entscheidend sind, finden sich des Zusammenhanges wegen in der Abth. XXI, §§ 964—968, näher ausgeführt.

Was die Verwaltung bestehender Gemeinde-Schäfereien betrifft, so liegen allgemeine Vorschriften darüber nicht vor; die Regelung derselben, in Gemäßheit der sehr verschiedenartigen örtlichen Verhältnisse, ist vielmehr den Gemeindevorständen unter der Aufsicht und mit Genehmigung der Regierungsbehörden anheimgegeben. Immerhin erscheinen aber die Art. 71—73 d. G.O. dafür maßgebend, dergestalt, daß also, wenn an der Stelle der Verpachtung der Gemeindeschäferei die Selbstverwaltung derselben unter einem Gemeindeschäfer beliebt wird, der Pferchnutzen in der Regel nachtweise versteigt werden muß.

§ 556. II. Sonstige Hut- und Weiderechte. Auch bezüglich der Art und Weise der Ausübung und zulässigen Aufhebung dieser ist auf Abth. XXI a. a. O. zu verweisen.

Für die Ausübung von Weide-Servituten der Gemeinden sind innerhalb der allgemein gesetzlichen Schranken die besonderen Verträge oder sonstigen Rechtstitel entscheidend.

§ 557. III. Jagd. Die Ausübung der Jagd, in so weit sie überhaupt den Gemeinden zusteht und gesetzlich statthaft ist — vergl. Abth. XXII, § 1031 — darf nur durch öffentliche Verpachtung geschehen.

Der Versteigerung muß ein Pachtüberschlag vorausgehen, als welcher das einzuholende Gutachten des Oberförsters anzusehen ist.

Die Bekanntmachung der Versteigerung hat in dem Kreisblatte und in sonst ortsüblicher Weise — in der Prov. Rh. auch noch in einem zweiten in der Umgebung viel gelesenen Blatte — zeitig zu erfolgen.

Es ist angemessen, die Feld- und Waldjagd derselben Gemarkung zusammengenommen zum Ausgebot zu bringen. Soll eine Gemarkung, bz. ein bestehender Jagdbezirk, in mehrere Jagdbezirke getheilt oder abgeändert werden, so ist dazu die Genehmigung der Regierungsbehörde, welche sich deshalb mit der Forstbehörde benehmen wird, einzuholen. Jagdbezirke von weniger als 1000 Morgen sind nicht rathsam.

Die Versteigerung selbst hat der Bürgermeister unter Zuziehung des Controleurs, und in der Prov. Rh. auch des Gemeinde-Einnehmers (nicht mehr auch der Forstbehörde) vorzunehmen. Derselbe hat sich dabei der vorgeschriebenen gedruckten Formulare für Jagdverpachtungen zu bedienen und darf sich an deren Inhalt keine willkührlichen Abänderungen oder Zusätze erlauben.

Auswärtige Steigerer müssen, ihre Befähigung vorausgesetzt, zugelassen werden. Für die Prov. St. u. O. G. v. 26. Juli 1848 u. A. u. E. d. M. d. J. v. 5. Aug. u. 28. Aug. 1848; und für die Prov. Rh. V. v. 21. Sept. 1815 u. A. d. M. d. J. v. 11. Aug. 1846.

Bezüglich der Frage, in welcher Klasse der Jagdpacht zu vereinnahmen ist, wird auf § 494 zu O.-Nr. 7 verwiesen.

§ 558. Die Bedingungen, unter welchen die Jagdverpachtungen stattzufinden haben, sind in den erwähnten gedruckten Protokollformularen enthalten. Was die Pachtzeit betrifft, so soll dieselbe in den Prov. St. u. O. höchstens 6 Jahre, in der Prov. Rh. aber in der Regel 9 Jahre betragen, und eine neue Verpachtung stets erst gegen den Schluß des letzten Pachtjahres hin wieder eintreten.

Für einen Jagdbezirk dürfen nicht mehr als 3 Pächter zugelassen werden. Afterverpachtungen sind der Regierungsbehörde zur Genehmigung vorzulegen; a. G. Art. 10 u. 11, a. V. § 6, u. a. A. Satz 2; auch A. d. Reg. z. Mz. v. 7. Juni 1833.

Die Bedingung der Vorauszahlung des Pachtgeldes soll strenge eingehalten und vollzogen werden. A. d. M. d. J. v. 22. November 1849.

§ 559. Befähigung des Jagdpächters. Als Pächter von Gemeindejagden sollen in der Prov. Rh. nur bekannte und rechtliche Leute zugelassen werden, von welchen eine vorschriftsmäßige Benutzung der Jagd zu erwarten steht, keine Jagdfrevler, Wilddiebe, Leute ohne alles Vermögen oder solche, die durch die Jagd ihr Gewerbe vernachlässigen oder in ihrem Nahrungsstande zurückkommen würden; a. V. v. 1815, § 6 b.

In den Prov. St. u. O. sind unzulässig:

1) wer sich nicht im Genusse des Staatsbürgerrechts befindet, oder, wenn er Ausländer ist, nicht die nach unseren Gesetzen dazu erforderlichen Bedingungen in sich vereinigt;
2) wer durch gerichtliches Erkenntniß unter polizeiliche Aufsicht gestellt ist;
3) wer armuthshalber Unterstützungen aus öffentlichen Kassen oder Ortsanstalten erhält;
4) wer wegen Landstreicherei, Betteln, Diebstahls, Unterschlagung, Betrugs, boshafter Eigenthumsbeschädigung, Wilderei oder wegen Einschwärzung von Waaren bestraft worden ist, wie auch jeder zahlungsunfähige Forstfrevler;
5) wer wegen Aufruhrs, Gewaltthätigkeit und Drohungen oder Widersetzung zu einer Freiheitsstrafe von mindestens 3 Monaten verurtheilt worden ist.

Die Unfähigkeitsgründe unter 4 u. 5 hören 5 Jahre nach Ablauf der Strafzeit auf; a. G. Art. 9.

§ 560. Die Genehmigung der Jagdverpachtungen ist: 1) in den Prov. St. u. O. unter der Voraussetzung der Erfüllung aller gesetzlichen Vorschriften, in so fern der Ueberschlag erreicht wird, den Bürgermeistern überlassen. Dieselben sind indessen nur dem wirklich Letztbietenden, wenn er befähigt ist, den Zuschlag zu ertheilen befugt. Ist von der Regierungsbehörde die Stellung der Bedingung einer Auswahl unter den 3 Letztbietenden gestattet worden, so ist derselben auch die Entscheidung über den Zuschlag an den Einen oder Anderen vorbehalten. A. d. M. d. J. v. 24. Okt. 1852.

Ungesetzliche Versteigerungsacte sind von den Regierungsbehörden aufzuheben. Ist eine Jagdverpachtung genehmigt, so liegt dem Bürgermeister ob, unverweilt dem Oberförster anzuzeigen, wer die Pächter sind und für welchen Zeitraum der Pachtcontract gilt. A. d. M. d. J. v. 22. Nov. 1849.

2) In der Prov. Rh. ist in allen Fällen der Regierungsbehörde die Genehmigung der Jagdverpachtungen vorbehalten. Die Bürgermeister haben zu dem Ende die Versteigerungsprotokolle zunächst an den Oberförster einzusenden, durch dessen Vermittelung solche an die Regierungsbehörde gelangen sollen. A. d. M. d. J. v. 11. Aug. 1846.

§ 561. IV. Fischerei. Die Benutzung der Gemeindefischereien darf in der Regel ebenfalls nur durch öffentliche Verpachtung geschehen. G.O. Art. 71, u. für die althess. Lande V. v. 16. März 1776. Vergl. im Uebrigen Abth. XXII, Abschn. V. Auch § 494, Ordn.-Nr. 7 oben.

§ 562. V. Weg-, Brücken- und Pflastergeld. Eine Erhebung solcher Gelder von Seiten der Gemeinden ist nur ausnahmsweise, in Folge besonderer landesherrlicher Verwilligung, statthaft. Auch wo eine Vergünstigung der Art vorliegt, soll dieselbe aber nach dem Gesetze v. 6. März 1824 in so weit wieder erlöschen und aufgehoben sein, als die Wege, Brücken und Pflaster, von welchen eine Erhebung stattfand, in den Chausseezug aufgenommen werden.

Die Verwaltung bestehender Berechtigungen der Art bemißt sich nach den in den Einzelfällen ertheilten Vorschriften. In deren Ermanglung ist eine Erhebungsweise und Controlirung in der Art wie bei dem fiscalischen Chausseegelde (Instr. v. 31. Jan. 1825) anzuempfehlen.

In den Fällen, in welchen für Uebertretungen der fraglichen Berechtigungen keine Strafnorm besteht, soll für jeden unterschlagenen Kreuzer eine Strafe von 1 fl. erkannt werden. V. v. 19. Juni 1826.

Die Bestrebungen mancher Gemeinden zur Erlangung neuer Verwilligungen zur Erhebung von Wege-, Brücken- oder Pflaster-Geld verdienen im wohlverstandenen Interesse eines freien ungehemmten Verkehrs in der Regel keine Begünstigung.

§ 563. **VI.** Octroi-Erhebung ist nur für größere Städte, welche die Bedürfnisse ihrer gesteigerten Civilisation außerdem nur durch übermäßige Communalumlagen zu erschwingen vermöchten, rathsam und wünschenswerth. Denn abgesehen von anderem Drucke und mannigfacher Belästigung wirkt eine Octroiabgabe störend auf den Gewerbsbetrieb, bz. die Concurrenz nach Außen, ein.

Die Befugniß zur Erhebung eines Octroi's ist gleichfalls von der Genehmigung der höchsten Staatsregierung abhängig. Für die Bedingungen, die Normen und Formen der Erhebung sind die in den Einzelfällen erlassenen Lokalreglements maßgebend.

§ 564. **VII.** Was die Marktstandgelder, die Thorsperre und dergl. nutzbare Rechte mehr betrifft, welche hin und wieder den Gemeinden verwilligt sind oder werden, so sind die Erhebung und Verwaltung derselben nach den besonderen Verleihungsurkunden zu bemessen.

Die an manchen Orten bestandenen Wirthschafts- und anderen Gewerbsprivilegien der Gemeinden sind durch die Gesetze vom 30. Juli 1848 und 15. Sept. 1851 aufgehoben.

§ 565. **VIII.** Strafen. Wo den Gemeinden der Bezug von Geldstrafen zusteht, hat die Erhebung derselben gleichwohl durch die Staatsfinanzbehörden zu geschehen. Die Letzteren haben hiernächst die Strafen nebst Nebenbeträgen, nach Abzug der Heb- und Control-Gebühren, an die berechtigten Kassen abzuliefern. V. v. 10. Dezbr. 1841.

§ 566. **D.** Darlehen. Wenn Gemeinden in der günstigen Lage sind Kapitalien ausleihen zu können, so haben die Bürgermeister und Gemeinde-Einnehmer sowohl rücksichtlich der sicheren Anlage, als der ordnungsmäßigen Verwahrung der Kapitalbriefe bz. die Vorsichtsmaßregeln und das Verhalten zu beobachten, welches nach Abth. **XIII**, § 344—348, hinsichtlich der Kirchen- und Stiftungskapitalien vorgeschrieben ist.

§ 567. E. Inventarium. Dem Bürgermeister liegt ob über alle der Gemeinde gehörigen Mobilien ein ordnungsmäßiges Inventarium zu führen und die Ab- und Zugänge darin mit den geeigneten Bemerkungen stets zu wahren.

Den Ausgaberechnungen für neue Inventariumsstücke soll immer die Bescheinigung beigefügt werden: „daß die Zugänge vorhanden und im Inventar eingetragen seien". A. d. M. d. J. v. 17. Mai 1836.

VI. Abschnitt.

Gemeinheitliche Anstalten.

§ 568. Im Allgemeinen wird bei Beantwortung der Frage, ob die Gründung und Erhaltung einzelner öffentlicher Anstalten für das Gemeinwesen dienlich sei, die Rücksicht entscheiden, ob dieselben dem Gesellschaftsbedürfnisse der Mehrheit entsprechen oder nicht.

Muß der Gemeindevorstand das Erstere anerkennen, so erheischt es auch seine Pflicht Fürsorge dafür zu treffen, auf daß das öffentliche Bedürfniß durch Gemeindemittel befriedigt werde.

Auf die gute Unterhaltung der bestehenden öffentlichen Anstalten muß stets eine besondere Sorgfalt verwendet werden.

§ 569. I. Gemeindewaagen empfehlen sich besonders für Landgemeinden, woselbst sie dem Landmanne Sicherung gegen Uebervortheilung durch trügerische Händler gewähren. Es wird von dem Beschlusse des Gemeinderathes abhängen, ob die Gemeindewaage den Einzelnen unentgeltlich oder gegen eine geringe Abgabe zum Gebrauche zu überlassen ist.

§ 570. II. Gemeindebacköfen. Als besonders wirksames Mittel zur Herbeiführung von Holzersparnissen für die Gemeindeglieder erscheint in der Regel die Abschaffung der Privatbacköfen und die Einrichtung von Gemeindebacköfen an denjenigen Orten, wo sich keine Bäcker von Gewerbe in genügender Anzahl befinden.

Von dem Min. d. J. sind vermittelst A. vom 18. Juni 1839 Musterzeichnungen für Gemeindebackhäuser den Regierungsbehörden zur Empfehlung mitgetheilt und dieselben zugleich ermächtigt worden über die Art des Gebrauches dieser Backhäuser, nach Anhörung der Lokalpolizeibehörde, die erforderlichen Reglements — Backordnungen — zu erlassen.

§ 571. III. Brunnen und Wasserleitungen. Gutes Trinkwasser ist ein allgemeines Gesellschaftsbedürfniß. Die G.O. Art. 85 hat deßhalb auch mit Recht die Brunnen und Wasserleitungen als eine auf Kosten der Gemeinde in II. Klasse zu bestreitende Anstalt aufgeführt.

Gleichwohl mangeln noch vielerwärts hinreichende öffentliche Brunnen, so daß die Einzelnen nicht selten zu dem erhöhten Kostenaufwande der Errichtung eigener Brunnen genöthigt sind.

Einsichtige Ortsvorstände werden die dadurch für den Wohlstand der Gemeindeangehörigen erwachsenden Nachtheile erkennen und dafür bedacht sein das allgemeine Bedürfniß auch durch gemeinheitliche Mittel zu befriedigen.

Wegen gehöriger Bedeckung und Verwahrung der Gemeindebrunnen haben die Bürgermeister die in Abtheilung XVII, Abschnitt IV, erörterten Vorschriften zu beachten.

§ 572. IV. Thierschwemmen werden zweckmäßigerweise überall da anzulegen sein, wo ein größerer Viehstand vorhanden ist und es an fließendem Wasser gebricht.

§ 573. V. Straßenbeleuchtung. Eine Zwangsverbindlichkeit dazu liegt nicht vor. Die nächtliche Beleuchtung erscheint indessen als eine für die Sicherheits- und Gesundheitspolizei so nützliche Anstalt, daß ihre Einrichtung den Gemeindevorständen größerer Städte und gewerbreicher Orte, deren Mittel es zulassen, nur sehr empfohlen werden kann. Eine strenge Aufsicht und Controle hinsichtlich der Unterhaltung solcher Anstalten ist besonders nöthig.

VII. Abschnitt.

Gemeindewaldungen.

§ 574. Die Gemeindewaldungen des Großherzogthums umfassen einen Flächenraum von 393,203 Morgen.

Ein so beträchtlicher Theil des Nationalvermögens, dessen Erhaltung zumal durch das dringende Bedürfniß aller folgenden Geschlechter geboten ist, konnte der freien Verfügung zeitlicher Gemeindevorstände um so weniger überlassen werden, als diesen die zu seiner Behandlung erforderlichen technischen Kenntnisse ermangeln.

Die technische Bewirthschaftung und die Handhabung der Forstpolizei in den Gemeindewaldungen ist deßhalb in den Geschäftskreis der Staatsforstbehörden, unter der oberen Leitung der Oberforst- und Domänen-Direction, verwiesen. — Organische Forst-Ordnung vom 16. Januar 1811.

Den Gemeindevorständen ist jedoch dabei die dem Eigenthumsrechte der Gemeinden entsprechende Mitwirkung und den Regierungsbehörden bei der Erwägung und Feststellung des Bedürfnisses die entscheidende Stimme vorbehalten. Vergleiche die folgenden §§.

§ 575. Mitwirkung des Gemeindevorstandes. Ohne die Einwilligung und Mitwirkung des Gemeindevorstandes darf im Allgemeinen kein Holz oder anderes nutzbares Produkt in einem Gemeindewalde angewiesen und abgezählt oder aus demselben verabfolgt, auch überhaupt keinerlei Nutzung in dem Walde verstattet werden.

Die Verwendung des gefällten Holzes ist lediglich Sache des Gemeindevorstandes. Alle Verkäufe von Holz oder sonstigen Forstprodukten nimmt der Bürgermeister vor und alle Geldeinnahmen und Geldausgaben von dem Walde sind, mit gänzlichem Ausschlusse der Forstdiener, durch den Gemeinde-Einnehmer zu besorgen. Org. F.O. v. 1811, §§ 21, 23, 28 u. 33.

Die den Gemeindevorständen im Besonderen zukommende Mitwirkung findet sich in den folgenden §§ verhandelt.

§ 576. Einwirkung der Regierungsbehörde. Der Regel nach kommt es der oberen Forstbehörde zu nach forstwirthschaftlichen Gründen zu bestimmen, wie viel Holz in einem jeden Jahre in einem Gemeindewalde gehauen werden darf und welche Nebennutzungen stattfinden sollen.

Wenn jedoch der Gemeindevorstand dagegen Widerspruch erhebt und mit Rücksicht auf die wirthschaftlichen Verhältnisse der Gemeinde die Verabfolgung größerer Mengen in Anspruch nimmt, so entscheidet darüber nach vorgängiger sorgfältiger Prüfung die Regierungsbehörde und ersucht sofort die Oberforst- und Domänen-Direction den Vorhieb oder die betreffende Nebennutzung anzuordnen, unter dem Bemerken, daß sie (die Regierungsbehörde) die deßfallsige Verantwortung auf sich nehme. Die O.F. u. D.Dir. hat hierauf die erhöhte Anforderung in den Wirthschaftsplan aufzunehmen und die Ausführung durch die Lokalforstbehörde anzuordnen. V. v. 7. Juni 1831.

§ 577. Instruction über Behandlung der Einnahmen und Ausgaben von Gemeindewaldungen.

Zur Regelung der fraglichen Verhältnisse und des deßfallsigen Geschäftsganges ist eine ausführliche Instruction — V. vom 29. März 1837 — erlassen.

Die wesentlicheren Bestimmungen derselben finden sich in den folgenden §§ 578—604, unter gleichzeitiger Einflechtung der darauf bezüglichen besonderen Erlasse, näher erörtert.

Ueberall, wo darnach der Gebrauch bestimmter Geschäftsformularien verordnet ist, dürfen nur die vorgeschriebenen gedruckten Formularien angewendet werden. A. d. M. d. J. v. 25. Mai 1837.

§ 578. Jährliche Wirthschaftspläne. (§ 1 der Instr.) Die Aufstellung derselben ist Sache des Oberförsters. Derselbe hat sich jedoch zuvor mit dem Bürgermeister darüber zu benehmen. Auch ist der Letztere von dem Termine der Lokalrevision derselben durch das Forstamt zu benachrichtigen, damit er, wenn er will, beiwohnen kann. Die Forstämter haben Auszüge aus den Wirthschaftsplänen für jede Gemeinde an den Bürgermeister, nach Form. 1 der Instr., vor dem zur Aufstellung des Gemeindevoranschlages bestimmten Termine mitzutheilen.

Die Einrichtung der Auszüge aus den Wirthschaftsplänen bezüglich der Waldstreu hat gemäß A. d. M. d. J. v. 24. August 1839, Satz 1, zu geschehen.

§ 579. Aufnahme des Resultats derselben in die Gemeindevoranschläge — Tarifpreis. — (§ 2.) Der Geldanschlag des Brutto-Ertrages der Waldungen einer Gemeinde, wie er sich aus dem Wirthschaftsplane nach Maßgabe des Holzpreistarifs und der etwa davon abweichenden muthmaßlichen Versteigerungserlöse ergibt, ist in den Gemeindevoranschlag aufzunehmen. Vergl. Abschn. IV, § 494, O. Nr. 5.

Die Holzpreistarife sollen nach A. d. M. d. J. v. 9. April 1836 von Zeit zu Zeit, in der Regel alle 6 Jahre, durch die Regierungsbehörden festgesetzt und dem Bürgermeister mitgetheilt werden. Dieselben gelten für alle Holzabgaben um den laufenden Preis und als Maßstab der Versteigerungserlöse.

Der gutachtliche Entwurf der Tarife liegt dem Oberförster ob. Nach Einholung der Erklärung des Gemeinderathes darüber revidirt ihn derselbe und sendet ihn an das Forstamt, durch dessen Vermittelung er, nebst Gutachten, an die Regierungsbehörde zu gelangen hat.

§ 580. Anschaffung des Holzsaamens. (§ 3.) Die Forstbehörden ziehen mit den Bürgermeistern in Erwägung, wie viel von dem erforderlichen Culturmaterial in den Waldungen selbst gewonnen werden kann, welcher Holzsaamen dagegen von den Bürgermeistern und welcher besser im Ganzen durch die Regierungsbehörden anzukaufen ist.

In ersterer Beziehung ist durch E. d. M. d. J. v. 22. April 1843 die Beförderung von Saat- und Pflanzschulen in den Gemeindewaldungen besonders anempfohlen.

Will der Ankauf von den Gemeindevorständen aus dem Großherzoglichen Holzsaamenmagazin bewirkt werden, so haben dieselben ihre Bestellung dem Oberförster mitzutheilen, worauf durch Vermittelung des Forstamtes und der Regierungsbehörde die Lieferung daher gemäß A. d. M. d. J. vom 2. Oktbr. 1846 in Vollzug zu setzen ist.

Für die Saamenankäufe bei Anderen sind die Vorschriften des A. d. M. d. J. vom 9. Febr. 1836 und ihnen zufolge die von den Forstbehörden vorzuzeichnenden Bedingungen maßgebend. Die Bürgermeister haben daher den Entwurf der Versteigerungs- oder Accordsbedingungen jedesmal zuvor dem Oberförster zur Revision mitzutheilen, auch demselben den Termin der Versteigerung oder des Accords anzugeben, damit er nach Befinden der Umstände beiwohnen könne.

§ 581. Auszeichnung des zu fällenden Holzes. (§ 4.) In allen Fällen, worin nach den bestehenden Vorschriften das zu fällende Holz mit dem Waldhammer zu bezeichnen ist, soll der Bürgermeister eingeladen werden, um unter den Waldhammer des Oberförsters auch denjenigen der Gemeinde anzuschlagen.

§ 582. Holzhauerlohn und Waldculturaccorde. (§ 5.) Baldmöglichst nach Empfang des Auszuges aus dem Forstwirthschaftsplane hat der Bürgermeister

1) mit dem Oberförster sich wegen der technischen und polizeilichen Anordnungen zu benehmen und denselben um einen Ueberschlag mit Ansatz des zu bewilligenden höchsten Maaßes zu ersuchen,

2) In der Regel 4 Wochen vor Beginn der Holzhauereien sind von dem Bürgermeister die Holzhauerlohnaccorde für das ganze bevorstehende Holzerndtejahr abzuschließen.

3) Es sind dabei die Art. 71 u. 72 der G.O. zu beachten. Die Bekanntmachung der Versteigerungen soll 8 Tage zuvor, sowohl in der Gemeinde selbst, als auch in den Nachbargemeinden erlassen werden.

4) Die Accorde müssen nach dem Formular 2 der Instruction auf gedrucktem Papier ausgefertigt und von den Betheiligten unterschrieben werden.

5) Kein Holzhaueraccord erhält eher Gültigkeit, als bis der Oberförster dabei bescheinigt hat, daß er nichts dagegen zu erinnern habe.

6) Die Genehmigung ertheilt der Bürgermeister, wenn der Ueberschlag, das Maximum des Lohnes, nicht überschritten ist.

7) Die Anweisung des Hauerlohnes geschieht durch den Bürgermeister auf den Grund einer Bescheinigung des Oberförsters. (Formular 3 der Instruction.)

8) Bei länger andauernden Holzhauereien ist die Anweisung von Abschlagszahlungen bis zur Hälfte des nach vorläufiger Bescheinigung des Forstwartes verdienten Lohnes zulässig, es sei denn, daß der Oberförster dagegen Einsprache thut.

9) Hinsichtlich des Setzerlohnes, der Erndte- und Aufbewahrungskosten der Nebennutzungen, so wie der Waldcultur-Arbeitsaccorde, für welch Letztere Form. 4 der Instr. als Anhaltspunkt dienen kann, finden bz. die vorstehenden Bestimmungen ebenfalls Anwendung.

Die Loose der Waldstreu (Haufen oder Schichten) sollen möglichst gleichgemacht und bei der Versteigerung so bestimmt werden, des ihre Größe die Theilnahme der Einzelnen möglichst erleichtert. A. d. M. d. J. v. 24. August 1839.

§ 583. Das Nummeriren des Holzes (§ 6) erfolgt durch den Oberförster ohne Mitwirkung des Bürgermeisters.

§ 584. Abzählung. (§ 7.) Zum Zwecke der Abzählung sind von dem Oberförster:

1) 2 Nummerbücher, 1 für das Brennholz und 1 für das andere Holz nach Form. 5 der Instr. einzurichten, welche zugleich dem Forstwart demnächst als Abfuhrregister dienen;

2) die Abzählungsprotokolle nach Form. 6 der Instr. aufzustellen. Bei der Abzählung hat der Oberförster den Bürgermeister, den Forstwart und einen Rottmeister oder Beauftragten der Holzhauer zuzuziehen. — Bei der Abzählung trägt der Bürgermeister jede einzelne Nummer in das betreffende Nummerbuch. Der Oberförster trägt die Nummern in das Abzählungsprotokoll. Der Bürgermeister hat jedesmal, ehe er mit den einzelnen Einträgen einer Abtheilung beginnt, darüber in einer Querlinie das Datum, den Namen des Districts, die Nummer der Abtheilung und die römische Hauptnummer des Schlages zu bemerken, auch jede Abzählung von der anderen durch einen doppelten Querstrich zu trennen.

3) Die Nummerbücher und Abzählungsprotokolle sind von dem Bürgermeister mit zu unterzeichnen und an denselben abzugeben; Erstere durch den Forstwart, nachdem alle Holzabgaben darnach vollzogen sind.

4) Für die kleineren Fällungen und Windfälle führt der Oberförster vierteljährlich ein besonderes, von dem Forstwart zu bescheinigendes Abzählungsprotokoll, welches er jedesmal zu Ende eines Vierteljahres an den Bürgermeister gelangen zu lassen hat.

   Auch zu diesen kleineren Abzählungen ist zwar der Bürgermeister einzuladen, aber nicht verpflichtet denselben beizuwohnen.

5) Rücksichtlich des ganzen sonstigen Verfahrens des Oberförsters gelten die deßfalls für die Domanialwaldungen ertheilten Vorschriften.

6) Am Ende des Rechnungsjahres sind die Abzählungsprotokolle von dem Bürgermeister zusammengeheftet aufzubewahren.

§ 585. Abzählungscontrole. (§ 8.) Der Oberförster überträgt den Inhalt der Wiederholung der Abzählungsprotokolle in seine Abzählungscontrole, wobei ebenfalls der Bürgermeister zuzuziehen ist.

§ 586. Vorgesehene Holzabgaben aus der Hand. (§ 9.)

1) Die vorgesehenen oder vorausbestimmten Holzabgaben sind solche, welche bereits bei Aufstellung des Voranschlages (§ 494) in Aussicht genommen wurden.

2) In Gemeinden, worin diese Abgaben bedeutend sind, hat der Bürgermeister die voranschlägliche Repartition derselben dem Oberförster bis längstens zum September zur Einsicht mitzutheilen, um hierauf, so viel es der Wirthschaftsplan zuläßt, bei Anordnung der Fällung und der Holzsortirung Rücksicht zu nehmen.

3) Die Abgabe von Bau-, Werk- und Nutzholz aus den Gemeindewaldungen an Ortsbürger unentgeltlich oder gegen geringere als die laufenden Preise ist untersagt. Den bisher berechtigten Ortsbürgern muß ihr Bedarf nach Maßgabe ihrer Berechtigung nach dem Tarifpreise abgegeben werden.

Holzberechtigungen, welche nicht aus dem Gemeindeverbande herrühren, sind jedoch unter jenem Verbote nicht inbegriffen. G. v. 10. Febr. 1824.

Wo Abgaben nach dem erwähnten Gesetze stattfinden, hat der Bürgermeister jährlich im August einen Termin anzuberaumen, in welchem diejenigen Ortsbürger, welche Bau-, Werk- und Nutzholz zu erhalten wünschen, sich anmelden sollen. Diese Anmeldungen sind, so weit sie Bauholz betreffen, mit einem Bedarfsverzeichniß zu belegen, welches ein verpflichteter Baumeister oder Zimmermeister nach Form. 7 der Instr. aufzustellen hat. Die Anmeldungs- und Bedarfsverzeichnisse werden, nachdem sie dem Oberförster zur Einsicht mitgetheilt worden sind, von dem Bürgermeister an den Gemeinde-Einnehmer abgegeben.

4) Die Verloosung des Loos- und Gabholzes hat der Bürgermeister nach vorheriger Bekanntmachung des Termines, unter Zuziehung des Controleurs, vorzunehmen und darüber ein Protokoll nach dem durch E. d. M. d. J. v. 22. März 1848 vorgeschriebenen Formular aufzunehmen. Sämmtliche Loosholzempfänger können diesem Akte beiwohnen, nach dessen Vollziehung der Gemeinde-Einnehmer das Verloosungsprotokoll erhält.

§ 587. Unvorhergesehene Holzabgaben. (§ 10.)

1) Im Allgemeinen ist der Bürgermeister nur zu solchen Verkäufen und Abgaben aus der Hand befugt, welche entweder nach dem vorigen § vorausbestimmt oder nach Art. 73 der G.O. zulässig sind. Ist zur Vollziehung der Abgabe kein verfügbares Holz vorhanden, so hat sich der Bürgermeister deßfalls an den Oberförster zu wenden.

2) Wenn schützende Forstdiener oder andere zur Handhabung des Forstschutzes amtlich Verpflichtete Frevlern geringfügiges Holz in Lasten oder Schiebkarren wegnehmen und die alsbaldige vorläufige Abgabe desselben zur Vermeidung des Entkommens nöthig ist, so sind sie zwar dazu ermächtigt, sie müssen aber binnen acht Tagen den Oberförster davon zur Controlirung und den Bürgermeister zur Verfügung der Gelderhebung benachrichtigen. Ueberdies ist in dem Nummerbuche das Nöthige zu bemerken.

Hat das weggenommene Holz einen höheren Werth oder größeren Naturalbetrag, so ist zwar eben so zu verfahren, jedoch der Bürgermeister davon sogleich und vor der Abgabe zu benachrichtigen, damit Letztere und die Verwerthung nach den allgemeinen Vorschriften und ohne Verzug stattfinde.

3) Die Oberförster haben in den jährlichen Wirthschaftsplänen die geeigneten Reserveorte für Fälle unvorhergesehenen Bedürfnisses an geringeren Nutzholzsortimenten zu beantragen und erhalten daraufhin die Ermächtigung des Forstamtes: das nöthige Holz auf Antrag des Bürgermeisters daselbst fällen und verabfolgen zu lassen.

4) Nothholzabgaben, welche eine Ueberschreitung des Wirthschaftsplanes begründen, können von dem Forstamte auf Antrag des Bürgermeisters bis zu 10 summarischen Stecken angeordnet werden. Dergleichen Extra-Anweisungen dürfen sich jedoch nicht oft wiederholen und in einem Jahre den Betrag von 20 summarischen Stecken nicht übersteigen.

5) Bei größerem Bedürfnisse hat das Forstamt, nach vorgängiger Zustimmung der Regierungsbehörde, an die Oberforst- und Domänen-Direction zu berichten.

§. 588. Holzversteigerungen. (§ 11.)

1) Alles zu Abgaben aus der Hand nicht bestimmte Holz ist nach Art. 71 der G.O. unter freier Concurrenz zu versteigern und der Bürgermeister verpflichtet die Holzversteigerungen möglichst frühe und bald anzuordnen.

2) Der Bürgermeister hat zu dem Ende das zur Versteigerung verfügbare Holz unter Zuziehung des Gemeindecontroleurs aus den betreffenden Abzählungsprotokollen auszuscheiden und in den Entwurf des Versteigerungsprotokolles (Form. 8 der Instr.) überzutragen. Dieses geschieht in der durch den Holzpreistarif

vorgeschriebenen Aufeinanderfolge der Sortimente in Loosen, welche höchstens zwei Stecken oder zweihundert Wellen derselben Preisabtheilung enthalten dürfen und so, daß am Schlusse jeder Sortimentsabtheilung der Naturalbetrag im Entwurfe des Versteigerungsprotokolles summirt und dann erst zum Uebertrag einer folgenden Sortimentsabtheilung übergegangen wird.

3) Der Versteigerung muß jedesmal eine ordnungsmäßige Bekanntmachung vorhergehen. Der Bürgermeister hat hierbei Folgendes zu beobachten:

a) die Bekanntmachung muß mindestens 8 Tage vor der Versteigerung erfolgen;

b) sie muß Ort, Tag und Stunde der Versteigerung und die Summe jeder dazu bestimmten Sortimentsabtheilung enthalten;

c) dieselbe soll in der Regel durch die Lokal-, Wochen- oder Intelligenzblätter, insoweit solche vorhanden, so wie die bedeutenden Holzverkäufe in der Darmstädter Zeitung, nach Umständen auch in auswärtigen öffentlichen Blättern, und muß überdies durch besondere zweimalige Verkündigung in der Gemeinde geschehen;

d) bei bedeutenden Holzversteigerungen ist außerdem noch die Bekanntmachung in den benachbarten, Concurrenz versprechenden Gemeinden zu veranlassen. Die deßfallsigen Rundschreiben werden nach Form. 9 der Instr. erlassen, und der Bürgermeister hat dafür zu sorgen, daß die Bescheinigungen der Bekanntmachung mindestens 3 Tage vor dem Versteigerungstermine zu seinen Akten einlangen;

e) nur ganz besondere Verhältnisse, z. B. Gefahr des Diebstahls bei kleineren sich zufällig ergebenden Holzquantitäten, können eine Abweichung von diesen Vorschriften rechtfertigen.

4) Der Bürgermeister hat bei der an dem bestimmten Tage und Orte von ihm vorzunehmenden Versteigerung, den Gemeinde-Controleur zuzuziehen, auch den Forstwarten dazu einzuladen. Die Versteigerung darf nicht angefangen werden, als bis die Stunde des Versteigerungstermines erschienen und nicht zu erwarten ist, daß in der Kürze noch weitere Steiglustige sich

einfinden. Die Versteigerung beginnt mit Verlesung der Steigbedingungen, worauf zum Ausgebot geschritten wird.

5) Ueber jede Versteigerung ist ein besonderes Protokoll (nach Form. 8 der Instr.) aufzunehmen und dabei Folgendes zu beobachten:

   a) Schon vor der Versteigerung werden auf dem Titelblatt im Eingange des Protokolls hinter dem Worte „Holzerndte" das Rechnungsjahr, wofür diese statthatte, oben rechts die römische Nummer des oder der betreffenden Abzählungsprotokolle, die Hauptnummer, womit jedes Protokoll zur Unterscheidung von einem anderen nach der Zeitfolge zu bezeichnen ist und im Protokoll die den allgemeinen (vorgedruckten) Bedingungen etwa beizufügenden besonderen, die Districte, wo versteigert wird, so wie der zu versteigernde Naturalbetrag, Letzterer nach der bereits unter 2) enthaltenen Vorschrift, eingetragen.

   b) Bei Anfang der Versteigerung sind der Ort und die Stunde, so wie die amtlich Anwesenden, einzutragen.

   c) Die Versteigerung selbst findet in der Reihenfolge, in der das Holz im Walde sitzt, jedoch mit möglichster Beobachtung der Aufeinanderfolge der Sortimente, in welcher der Naturalbetrag eingetragen ist, statt. So oft ein Sortiments- oder Holzarten-Unterschied vorkommt, wird die betreffende, nach Satz 2) dieses § schon im Protokoll vorbereitete Abtheilung in diesem aufgesucht und nach erfolgtem Zuschlag jedesmal auf die Querlinie der ausgebotenen Holznummer, zuerst das Meistgebot und dann Namen und Wohnort des Steigerers, eingetragen. Der District, wo das Holz sitzt, muß jedesmal über dem Namen des ersten darin vorkommenden Steigerers bezeichnet werden.

6) Der Bürgermeister führt nach diesen Vorschriften das Protokoll; der Controleur trägt die Namen der Steigerer und deren Meistgebot in ein **Controlverzeichniß** und der Forstdiener bei den betreffenden Nummern des Nummerbuches Namen und Wohnort der Steigerer ein.

7) Nach Beendigung der Versteigerung ist unverzüglich das Versteigerungsprotokoll mit den Aufzeichnungen des Controleurs

und des Forstwarten zu collationiren und die auf der vorletzten Seite des Protokollmusters angedeutete Zusammenstellung (Wiederholung) mit aller Genauigkeit zu fertigen.

8) Am Schlusse des Versteigerungsaktes wird den Steigerern eröffnet, ob die Versteigerung sogleich genehmigt oder die Genehmigung vorbehalten wird. Die alsbaldige Genehmigung hat der Bürgermeister zu ertheilen, wenn der erzielte Durchschnittspreis dem Tarif- oder Schätzungspreise gleichkommt und sonst kein erheblicher Umstand obwaltet. Im entgegengesetzten Falle hat der Bürgermeister unverweilt ein Gutachten des Oberförsters darüber, ob ein Mehrerlös zu hoffen stehe oder nicht, einzuholen und dieses Gutachten mit dem Versteigerungsprotokolle an die Regierungsbehörde einzusenden, welche über Genehmigung der Versteigerung entscheidet.

9) Der erste Abfuhrtag wird den Steigerern jedesmal sogleich mit der Genehmigung bekannt gemacht.

10) Das Versteigerungsprotokoll wird von dem Bürgermeister und dem Controleur unterschrieben.

Die pünktliche Befolgung der Vorschriften unter Satz 2), 4)—7) und 10) ist durch A. d. M. d. J. v. 25. Okt. 1852 wiederholt und auf das Strengste eingeschärft.

§ 589. Anordnung der Nebennutzungen. (§ 12.) Der Bürgermeister hat die gestatteten Nebennutzungen mit Beobachtung der forstpolizeilichen Anordnungen vollziehen zu lassen und, soweit nicht nach dem Voranschlage oder nach rechtlichen Verbindlichkeiten eine unentgeltliche Abgabe stattfindet, für deren bestmögliche Verwerthung, gemäß §§ 71—73 der G.O., zu sorgen.

Der Verkaufswerth oder die Preise, welche zum Anhaltspunkt der Versteigerungserlöse oder bei Abgaben aus der Hand als Tarifpreis der Zahlung dienen sollen, sind von der Regierungsbehörde, nach vorgängiger Begutachtung des Oberförsters, zu genehmigen.

Noch Besonderes ist über einzelne Nebennutzungen verordnet. Was nämlich:

§ 590. I. die Waldstreu betrifft, so ist darüber Folgendes bestimmt:

1) Insoweit nicht die Gemeindevorstände selbst eine geringere Nutzung verlangen, soll die Abgabe der Waldstreu in Gemeindewaldungen von den Forstbehörden, unter genauer Berücksich-

tigung der Verhältnisse, innerhalb nachstehender Gränzen bewirkt werden:

a) in Nadelholzwaldungen von je 100 Morgen in 6—20 Morgen;
b) in Laubholzwaldungen von je 100 Morgen in 5—19 Morgen;
c) in gemischten Beständen nach diesen Bestimmungen, je nachdem eine oder die andere Art vorherrscht;
d) außerdem in Schluchten von Windwehen und wo sonst ein Entkommen voraussichtlich ist.

2) Die zu verabfolgende Streunutzung soll in den jährlichen Wirthschaftsplan aufgenommen und dem Ortsvorstande Mittheilung davon gemacht werden. Verlangt dieser Abänderungen oder ausgedehntere Nutzung, was in besonderem Protokolle niederzulegen und zu begründen ist, auf welche die Forstbehörde nicht eingehen zu können glaubt, so hat dieselbe der Regierungsbehörde darüber Vorlage zu machen, welcher in solchem Falle die Entscheidung zukommt.

3) Der Forstverwaltung steht über die Frage, ob und an wen Streu aus der Hand abgegeben oder versteigert werden soll, keine Verfügung zu. V. v. 3. Okt. 1848.

Das Verfahren, bz. die Mitwirkung der Forstbehörden bezüglich der Waldstreuabgabe, ist durch ausführliches A. der O.F.Dir. v. 20. Juni 1848 geregelt.

Ein besonderes G. v. 2. Juli 1839 enthält im Wesentlichen nachstehende weitere Vorschriften:

4) Die Waldstreu, welche aus Gemeindewaldungen oder auch aus anderen Waldungen, vermöge einer der Gemeinde zustehenden Berechtigung, für die Gemeindeglieder bezogen wird, soll in schicklichen Loosen in der Regel auf dem Wege öffentlicher Versteigerung verwerthet werden.

5) Der reine Erlös (d. i. der Erlös nach Abzug der Erndtekosten — und zwar bei eigenen Gemeindewaldungen ohne Abzug der Hebgebühren des Gemeinde-Einnehmers — A. d. M. d. F. v. 20. Juli u. 24. August 1839 u. 6. Okt. 1843) soll unter die berechtigten Einwohner auch in dem Falle vertheilt werden, wenn die Einnahmen I. u. II. Klasse zur Deckung der Ausgaben nicht hinreichen sollten.

6) Ausnahmsweise kann jedoch, auf Antrag des Ortsvorstandes mit Zustimmung der Regierungsbehörde, auch eine Verwendung zu Gemeindeausgaben stattfinden, wenn der deßfallsige Beschluß vor der Versteigerung bekannt gemacht wird und die Mehrheit der Berechtigten binnen 8 Tagen (a. A. v. 20. Juli 1839), nach erfolgter Bekanntmachung der Offenlegung des Protokolls, keinen Widerspruch einlegt.

Damit den wenig bemittelten Einwohnern nicht die Gelegenheit benommen wird, wenigstens bis zu dem Betrage ihres Antheils an dem Reinerlöse von Waldstreu, bei der Versteigerung behufs Deckung ihres Bedürfnisses mitbieten zu können, soll die fragliche Ausnahme nur aus erheblichen Gründen gestattet werden. A. d. M. d. J. v. 8. Mai 1847.

7) In allen Fällen bleibt es dem Ortsvorstande unbenommen bedürftigen Familien entweder eine Quantität Waldstreu in Natur unentgeltlich abzugeben oder denselben den Steigerungspreis ganz oder theilweise zu erlassen.

8) Sämmtliche bei der Waldstreuverabfolgung mitwirkenden Behörden sind zur schleunigsten und ineinandergreifenden Thätigkeit angewiesen, damit dem sonst besorglichen Verderb oder Verkommen derselben vorgebeugt werde. Insbesondere soll auch die Versteigerung von dem Bürgermeister zeitig und dergestalt vorbereitet werden, daß sie unmittelbar, nachdem die Erndte der Streu vollendet ist, abgehalten werden kann. Ebenso soll die Vorbereitung der Verabfolgungsscheine schon vor der Versteigerung und die Ausstellung erforderlicher Bürgscheine in der Regel am Tage derselben geschehen. A. des M. d. J. v. 25. April 1846.

Zu dem Versteigerungsprotokolle ist nach A. des M. d. J. v. 24. August 1839 das Form. 8 der Instr., worin nur „Holz" in „Waldstreu" und „Stecken" in „Schichten" oder „Haufen" abzuändern ist, zu gebrauchen. Am Schlusse des Protokolles soll zugleich eine Berechnung nach folgendem Muster beigefügt werden:

A. Es sind lt. Verst.Prot. v. 2c. für 180 Hfn. Laub erlöset	341 fl. 20 kr.
B. Die Erndtekosten betragen	60 „ — „
C. Verbleibt zu vertheilender Reinerlös . . .	281 fl. 20 kr.

D. Die Anzahl der Betheiligten beträgt 119, folglich der Antheil eines Jeden $\frac{281,\ 20}{119}$ . . . . . 2 fl. 21 kr.

(Folgt übliche Anweisung, unter dem Bemerken, daß denjenigen Steigerern, welche zugleich betheiligt sind, ihr Antheil an ihrer Steigschuld in Aufrechnung anzunehmen ist.)

Für das Verzeichniß D. ist durch das erwähnte Amtsblatt folgende Form vorgeschrieben:

1.	2.	3.		4.			5.				6.
Ordnungs-Nummer.	Namen der Betheiligten.	Antheil am Erlöse.		Schuld für Streu			Unterschied				Namensunterschrift statt Quittung für den Empfang des Erlöses.
				lt. Nr. des Versteigerungs-Protokolls.	Betrag.		zu bezahlen.		zu empfangen.		
		fl.	kr.		fl.	kr.	fl.	kr.	fl.	kr.	

Die Spalten 1. und 2. werden von dem Bürgermeister, die Spalten 4. und 5. dagegen von dem Gemeinde-Einnehmer ausgefüllt. Obige Bestimmungen sind auch bei Streuberechtigungen der Gemeindeglieder als solcher in fremden Waldungen bz. zur Anwendung zu bringen; doch kommen bei Letzteren auch noch die Hebgebühren des Gemeinde-Einnehmers von der Brutto-Einnahme in Abzug.

§ 591. II. Leseholz. Die unentgeltliche Leseholznutzung in Gemeindewaldungen findet nach Art, Zeit und Ort innerhalb derselben Gränzen statt wie in den Domanialwaldungen. Es wird daher deßhalb auf das in Abth. XXII, Abschnitt I, Gesagte verwiesen. Es kann übrigens nach dem Ermessen der Ortsvorstände die Leseholznutzung in Gemeindewaldungen einer größeren Beschränkung unterworfen werden. V. v. 3. Okt. 1848 u. A. des M. d. J. v. 10. Dezbr. 1851.

§ 592. Abzählung der Nebennutzungen (§ 13.)

1) Der Oberförster hat von denjenigen Nebennutzungen, welche nach Verkaufsmaaßen oder nach der Stückzahl berechnet werden, die sich ergebende Menge unter Zuziehung des Bürgermeisters

und Forstwarts aufzunehmen. (Ein A. d. M. d. J. v. 17. März 1846 schreibt dafür ein besonderes Abzählungs-Formular vor.) Von den Regierungsbehörden und Forstämtern werden sodann diejenigen Anordnungen getroffen, welche die Beschaffenheit und Sicherstellung der Gegenstände, die Bedingungen der Abgabe und die Lokalverhältnisse mit sich bringen.

2) Der Abfuhr der Rinden insbesondere muß jederzeit eine ordentliche Abzählung vorhergehen. Hierbei ist Folgendes zu beobachten:

a) Die Käufer sind dazu mit dem Anfügen einzuladen, daß, im Fall sie nicht erscheinen, es so angesehen werden soll, als hätten sie der Abzählung beigewohnt und bei dem Ergebnisse nichts zu erinnern gefunden.

b) Die Abzählungsprotokolle sind von den Käufern mit zu unterschreiben und sie dienen im Fall des Handverkaufs zugleich als das Verzeichniß, mittelst dessen die Gelderhebung durch den Gemeinde-Einnehmer geschieht. Ist vorher ein Accord abgeschlossen oder eine Versteigerung abgehalten worden, so wird das desfallsige Protokoll bei der Abzählung fortgesetzt und dient zugleich zum Abzählungsprotokoll.

c) Die Abzählung und definitive Ueberweisung zur Abfuhr an die Rindenkäufer muß möglichst schnell auf das Aufschichten und bz. Binden erfolgen.

d) In den Protokollen der Abzählung junger, in Gebunden aufgemachter Rinden muß die sich ergebende Anzahl von Gebunden, das sich ergebene Durchschnittsgewicht eines Gebundes und die hiernach zu berechnende Gewichtssumme angegeben werden. Es ist gestattet, statt alle Gebunde zu wiegen, die Gewichtssumme, namentlich bei größeren Quantitäten, dergestalt auszumitteln, daß von jedem Haufen von 20 Gebunden oder von je 20 Gebunden eines gewogen, aus diesen Gewichtsergebnissen das Mittel genommen und damit die Gesammtanzahl der Gebunde multiplicirt wird.

e) Im Uebrigen sind die Vorschriften der Holzabzählung zu befolgen.

§ 593. Ueberweisung der Einnahmen an den Gemeinde-Einnehmer. (§ 14.)

1) Die Urkunden über Vereinnahmung der Geldbeträge für aus dem Gemeindewald abgegebene Walderzeugnisse hat der Bürgermeister an das mit der Controlführung beauftragte Gemeinderathsmitglied zum Behuf der Controlirung und Weiterbeförderung an den Gemeinde-Einnehmer gelangen zu lassen.

2) Ueber die nach § 2, 2 d. Instr. erwähnten Abgaben bilden die Repartitions- und Vertheilungs-Verzeichnisse rc. die Belege für die nach dem Tarifpreis zu berechnende Einnahme.

3) Alsbald nach einer jeden Versteigerung von Holz oder Nebennutzungen oder doch zeitig genug vor dem Eintritte des ersten Abfuhrtermins hat der Bürgermeister das Versteigerungsprotokoll dem Gemeinde-Einnehmer in Einnahme zu decretiren. Die Decretur des Erlöses von außerordentlichen Fällungen ist getrennt zu ertheilen, da dieser Erlös unter den außerordentlichen Einnahmen verrechnet wird.

4) Ueber alle zufälligen und unvorhergesehenen Abgaben an Holz und Nebennutzungen, so wie überhaupt alle sonstigen Einnahmen, über welche keine Versteigerung stattgefunden hat, sind von dem Bürgermeister besondere Einnahmsurkunden auszufertigen. Bei Holzabgaben kann für jedes Vierteljahr zusammen eine Einnahmsurkunde ausgestellt werden. Die Einnahmedecreturen sind in der Regel unter die Accorde selbst zu setzen.

5) Wenn etwa bei dem Bücherschlusse des betr. Rechnungsjahres noch ein Naturalvorrath vorhanden sein sollte, so ist darüber von dem Bürgermeister mit dem Controleur und Forstwart ein Protokoll aufzunehmen, worin der Grund, aus welchem ein solcher Vorrath stattfindet, anzuführen ist. Eine Ausfertigung dieses Protokolls ist der Gemeinderechnung des abgelaufenen Rechnungsjahres beizufügen, die zweite Ausfertigung gilt als Abzählungs-Protokoll für das beginnende Jahr, und der Vorrath wird als Bestandtheil der Holzerndte des letzteren behandelt.

§ 594. Verborgen, Bürgscheine, Zahlungsfristen. (§ 15.)

1) Im Allgemeinen soll die Bezahlung der Verabfolgung der Walderzeugnisse vorhergehen. Ausnahmen hiervon dürfen stattfinden:

a) wenn die zu leistende Zahlung keine 2 fl. erreicht und hinsichtlich der Zahlungsfähigkeit des Empfängers kein Zweifel obwaltet;

b) bei versteigerten Walderzeugnissen, wenn auf Credit versteigert wurde. Die Bürgermeister sind jedoch strenge angewiesen, solchen Personen, welche für zahlungsunfähig erklärt sind oder Rückstände verschulden, in so lange von der Versteigerung auszuschließen oder nur gegen Baarzahlung zuzulassen, bis sie ihre Schuld vollständig getilgt oder legale Fristen erwirkt haben. A. d. M. d. J. v. 24. Mai 1852.

2) Es darf niemals eine längere Zahlungsfrist verwilligt werden, als bis drei Monate vor dem Schlusse des Rechnungsjahres, für welches die Zahlung in Einnahme kommen soll.

3) Wenn geborgt und Zahlungsfrist gestattet wird, so hat der Schuldner einen zahlungsfähigen Bürgen zu stellen, welcher die Bürgschaft in dem nach Form. 10 d. Instr. aufzustellenden Verzeichniß unterschreibt. Die Bürgscheine werden von dem Bürgermeister (des Orts, wo der Schuldner wohnt) beglaubigt. Der Bürgermeister hat hierfür weder eine Gebühr noch Vergütung des zu verwendenden Formulars anzusprechen. A. d. M. d. J. v. 26. Sept. 1853.

Nur bei solchen Schuldnern, deren Zahlungsfähigkeit nicht dem mindesten Zweifel unterliegt, kann von Beibringung eines Bürgscheins abgestanden werden.

4) Der Gemeinderath hat über die näheren Bestimmungen zur Befolgung der vorstehenden Vorschriften einen Beschluß zu fassen. Dies kann so weit thunlich jährlich im Voraus für das ganze Jahr bei Gelegenheit der Berathung des Voranschlags geschehen.

5) Wenn der Bürgermeister Zahlungsfristen gestattet, wozu er nicht ermächtigt ist, oder ohne genügende Gründe keinen Bürgschein beibringen läßt, so geschieht dies auf seine Gefahr, und

die Schuld soll, wenn der Schuldner zahlungsunfähig ist, von dem Bürgermeister beigetrieben werden.

6) Der Gemeinde-Einnehmer hat die Bürgscheine so lange sorgfältig aufzubewahren, bis Zahlung vollständig geleistet ist.

§ 595. Verabfolgung des Holzes und Ausstellung der Verabfolgungs-Anweisungen. (§ 16.)

1) Kein Holz darf verabfolgt werden ohne einen Verabfolgungsschein, welcher jedesmal, ehe das Holz weggebracht wird, dem schützenden Forstdiener vorzuzeigen ist. Hiervon findet nur in den Fällen des § 587, 2 und bei der Leseholznutzung (bei dieser nach Maßgabe der dafür getroffenen forstpolizeilichen und örtlichen Anordnungen) eine Ausnahme statt.

2) Die Verabfolgungsscheine können nicht eher ausgestellt werden, als bis das Holz abgezählt und der rechtmäßige Empfänger nach den obigen Vorschriften bestimmt ist.

3) Die Verabfolgungsscheine sind von dem Bürgermeister nach Form. 11 d. Instr. auszustellen. War bei der Versteigerung ꝛc. baare Zahlung bedungen, so sind die Verabfolgungsscheine — deren Ausfertigung in diesem Falle auch dem Gemeinde-Einnehmer von dem Bürgermeister übertragen werden kann — nicht eher gültig, als bis die Quittung über die geschehene Zahlung beigefügt ist.

4) Bei allen Verabfolgungen sind die forstpolizeilichen Anordnungen der Abfuhr pünktlich zu befolgen. Ueber dasjenige Holz, welches nach Ablauf der Termine noch nicht abgefahren ist, hat der Oberförster unter Zuziehung des Bürgermeisters und Forstwarts mit Beibehaltung der ersten Abzählungs-Nummern ein Verzeichniß aufzunehmen, dieses dem Bürgermeister zur unverzüglichen Bewirkung der Wiederversteigerung und Abfuhr mitzutheilen und ist das Erforderliche desfalls in dem Nummerbuche zu bemerken.

§ 596. Verabfolgung des Loosholzes. Damit Dasjenige, was die Loosholz-Empfänger, sei es für Macherlohn oder an sonstiger Auflage (Loosholzauflage) an die Gemeindekassen zu entrichten haben, ordnungsmäßig und rechtzeitig vor dem Bezuge des Loosholzes entrichtet werde, sind durch A. d. M. d. J. v. 10. Dez. 1845 folgende Vorschriften erlassen:

1) Binnen drei Tagen nach Ablauf des in dem Verloosungsregister zu bestimmenden Abfuhrtermins hat der Gemeinde-Einnehmer ein Verzeichniß Derjenigen, welche, ohne Frist oder Erlaß erwirkt zu haben, in der festgesetzten Zeit die Loosholzauflage nicht bezahlt haben, unter Anmerkung der von den Restanten gezogenen Nummern, aufzustellen und dem Bürgermeister einzuhändigen.

2) Der Bürgermeister hat dieses Verzeichniß ohne Verzug dem Forstwart zuzustellen, damit dieser bemerke, welche Nummern noch nicht abgefahren sind. Binnen drei Tagen hat der Forstwart dem Bürgermeister dieses Verzeichniß wieder zurückzuliefern.

3) Hiernach ordnet der Bürgermeister die Wegbringung des noch nicht abgefahrenen Holzes auf Kosten und Gefahr der Restanten an. Die Fuhrleute sind mit spezieller schriftlicher Legitimation zu versehen.

4) Das auf Anordnung des Bürgermeisters weggebrachte Holz wird den Besitzern der Nummern überliefert, unter Zurückbehaltung eines solchen Theiles, welcher zur Deckung der Auflage und der Kosten des Wegbringens erforderlich ist.

5) Dieser Abzug soll in allen Fällen nicht unter einem Viertheil Stecken Holz oder 25 Wellen oder nach Bedürfniß mehreren Viertheilen betragen, auch wenn die Größe der Loosholzauflage den Werth dieses Holzquantums nicht erreicht, so daß demnach eine Abmessung nach kleineren Theilen als je nach Viertheilen Stecken Holz oder je 25 Wellen nicht stattfindet.

6) Das zurückbehaltene Holz wird von dem Bürgermeister versteigert, wobei es gestattet ist das von mehreren Restanten Zurückbehaltene in eine Versteigerungsnummer zu vereinigen.

7) Von dem Erlöse werden zuvörderst die rückständigen Auflagen und die Kosten gedeckt. Der Ueberschuß bleibt der Gemeinde, wenn er den Preis von einem Viertheil Stecken Holz oder 25 Wellen von jeder Nummer nicht erreicht. Ist Letzteres der Fall, so bleibt der Gemeinde der Ueberschuß so weit, als er den Preis von einem oder mehreren Viertheilen Hundert Wellen übersteigt; das Uebrige wird den Nummernbesitzern nach Verhältniß ihrer Betheiligung zurückgegeben.

8) Wird das Loosholz von den Nummerubesitzern weggebracht, ehe die nicht creditirte oder erlassene Auflage bezahlt worden ist, so unterliegt es der Beschlagnahme nach § 10 Nr. 2, § 11 Nr. 2 u. f., § 12 der Instr. für die Forstwarte vom 8. Juli 1841. Die Beschlagnahme ist indessen auf den zur Deckung der Auflage und der etwaigen Kosten genügenden, nach Nr. 5 zu bemessenden Theil zu beschränken, oder wenn dieser Theil im Augenblick der Beschlagnahme nicht sogleich bemessen werden kann, alsbald auf denselben zu reduciren. Mit diesem Theil ist nach Nr. 6 u. 7 zu verfahren.

9) Die durch die Befolgung der obigen Bestimmungen veranlaßten Einnahmen und Ausgaben sind in der Gemeinderechnung zu verrechnen.

10) Es bleibt den Ortsvorständen überlassen, den Oberförstern zum Behufe der Controle der Thätigkeit der Forstwarte diejenigen Loosholz-Empfänger, welche ihr Holz nicht nach Zahlung der Auflage in der festgesetzten Zeit weggebracht haben (Art. 73 des Forststrafgesetzes), so wie diejenigen, welche das Holz vor der Zahlung der Auflage weggebracht haben (Art. 71 des Forststrafgesetzes), anzuzeigen.

11) Die Loosholz-Empfänger sind bei der Verloosung von den Nachtheilen in Kenntniß zu setzen, welche sie treffen werden, wenn sie das Holz nicht nach Zahlung der Auflage zur festgesetzten Zeit wegbringen oder wenn sie es vor der Zahlung wegbringen. In dem Verloosungsregister ist zu bemerken, daß den Empfängern diese Eröffnung gemacht worden ist.

12) Die Bewilligung von Fristen zur Zahlung der Auflage nach der Abfuhr ist der Genehmigung der Regierungsbehörde unterworfen.

13) Für dürftige Einwohner kann die Auflage mit Genehmigung der Regierungsbehörde aus der Gemeindekasse bestritten werden, was jedesmal auf dem Abfuhrschein zu bemerken ist.

§ 597. Verabfolgungs-Anweisungen sind auch für die Nebennutzungen, in so weit solches zur Controle der Abfuhr erforderlich ist, auszustellen, wobei im Allgemeinen die Vorschriften des vorigen § zu befolgen sind.

§ 598. Verrechnung von entkommenem Holze. (§ 18.) Alles Holz, welches nach der Nummerirung entkommt, muß gleichwohl zur Vereinnahmung überwiesen werden. Es passirt in Ausgabe, wenn nicht die Angestellten wegen mangelnder Diensthätigkeit zum Ersatze verpflichtet sind. Unter der letzteren Voraussetzung passirt dasselbe auch nach der Ueberweisung an den Empfänger in Ausgabe, wenn das Entkommen während der Währzeit stattgefunden hat.

Ueber das im Laufe des Jahres entkommene Holz ist von dem Bürgermeister am Ende des Jahres ein Verzeichniß nach Form. 12 d. Instr. aufzustellen, solches dem Oberförster zur Prüfung mitzutheilen und sodann der Regierungsbehörde behufs der Ermächtigung zur Decretur vorzulegen.

§ 599. Falsch gefallene Bau- und Werkholzstämme. (§ 19.) Wenn ein Bau- oder Werkholzstamm vor der Abzählung falsch fällt, so wird er ins Brennholz geschlagen und als solches vereinnahmt. Wenn aber ein solcher erst nach der Ueberweisung an einen Empfänger beim Bearbeiten falsch fällt und etwa nach den Bedingungen eine Preisminderung oder ein Ersatz rechtlich zu verlangen ist, so wird der Minderbetrag der Einnahme in Ausgabe decretirt oder der Naturalersatz als besondere Abgabe behandelt.

§ 600. Verausgabung des unentgeltlich abgegebenen Holzes. (§ 20.) Der Geldanschlag des unentgeltlich abgegebenen Holzes ist nach dem Tarifpreis besonders in Ausgabe zu decretiren. Vergl. Abschn. IV, § 503 zu O.Nr. 81.

Haben die Empfänger des Holzes den Holzmacherlohn oder eine sonstige Abgabe davon zu entrichten, so wird der desfallsige Betrag in Ausgabe decretirt.

§ 601. Decretur der sonstigen forstlichen Ausgaben. (§ 21.) Die Decretur der sonstigen auf die Bewirthschaftung sich beziehenden Ausgaben (für Unterhaltung der Waldungen, Steuern, Besoldungen, uneinbringliche Ausstände ꝛc.) erfolgt nach den allgemeinen Vorschriften.

§ 602. Buchführung der Oberförster. (§ 22.) Der Oberförster hat für jeden Gemeindswald seiner Oberförsterei eine besondere Controle über die Naturalien-Einnahmen nach Maßgabe der Vorschriften des § 22 d. Instr. und unter Anwendung der darin vorgeschriebenen Formulare 13, 14, 15 zu führen.

§ 603. Naturalienrechnung der Oberförster. (§ 23.) Nachdem von dem Oberförster die vorgeschriebenen Controlen von dem abgelaufenen Jahre im Monat März abgeschlossen und Abschriften derselben als Naturalienrechnung nach Form. 16 der Instr. Anfangs April an das Forstamt eingesendet worden sind, hat dieses solche zu prüfen und zu berichtigen und hierauf nach Beifügung seines Visa's, bei Gelegenheit der Zufertigung der Auszüge aus dem Wirthschaftsplane für das folgende Jahr, dem Bürgermeister zu übersenden.

Die Bürgermeister haben diese Naturalienrechnung demnächst mit der Gemeinderechnung an die Ober-Rechnungskammer zum Gebrauche bei der Rechnungsrevision einzusenden.

§ 604. Kosten der Formularien. Die Kosten des Formularpapiers, welches die Forstämter für die Auszüge aus den Wirthschaftsplanen zu verwenden haben, werden aus der Staatskasse bestritten; die Kosten des Formularpapiers, welches die Oberförster und Forstwarte gebrauchen, werden von der Staatskasse auf Anweisung der O.F. u. Dom.-Dir. vorgelegt, von den Gemeinden aber demnächst wieder erhoben. Alle übrigen Formularien sind von den Bürgermeistern aus ihren Bureaukassen zu bestreiten. A. d. M. d. J. v. 25. Mai 1837, 24. Nov. u. 21. Dez. 1838, 2. Febr. 1847 u. 26. Sept. 1853.

§ 605. Märkerschaften. Nach der Org.F.O. v. 1811, § 9, werden unter dem Ausdrucke „Communalwaldungen" außer den Waldungen der Stadt- und Dorfgemeinden auch die Waldungen aller übrigen Corporationen und Stiftungen, insbesondere auch diejenigen der Märkerschaften verstanden.

Dieselben stehen daher auch in gleicher Weise unter der Aufsicht und Obsorge der Staatsforstbehörden wie die Gemeindewaldungen, und es kommt dabei den betreffenden Vorständen beziehungsweise dieselbe Mitwirkung zu, wie sie bei jenen den Gemeindevorständen eingeräumt ist und obliegt. Vergl. auch V. v. 3. August 1819 u. 7. Juni 1831.

§ 606. Holzmagazine. Die Einrichtung von Ortsholzmagazinen, worin ein dem örtlichen Bedarf entsprechender Vorrath sowohl von trockenem Brennholz oder sonstigen Brennstoffen, als auch von geringen Werk- und Nutzholzsortimenten stets bereit gehalten werden, hat sich überall, wo sie getroffen wurde, als sehr zweckmäßig bewährt und ist den Gemeinden von der höheren Forstbehörde und dem Ministerium dringend empfohlen.

Sie erscheint besonders als eine Wohlthat für den ärmeren Theil der Einwohner, indem sie ihnen den Ankauf ihres Bedarfs in guter Qualität erleichtert und in möglichst kleinen, ihren jeweiligen Mitteln angemessenen Quantitäten ermöglicht.

Dieselben verdienen daher die ganze Aufmerksamkeit der Ortsvorstände. E. d. M. d. J. an d. R. v. 9. Sept. 1829 u. A. dess. an d. Kr. v. 12. Sept. 1838 u. 5. Dez. 1846.

Zweckmäßige Anleitung für die Anlage und Verwaltung der Ortsholzmagazine und eine Widerlegung dagegen erhobener Einwände enthalten die A. d. O.F.Dir. v. 3. Jan. 1829 u. 7. September 1830.

§ 607. Berechtigungen, Auseinandersetzungen und Waldtheilungen. Privatberechtigungen in Gemeindewaldungen werden durch die für die Gemeinden und ihre Mitglieder als solche angeordneten Beschränkungen nicht betroffen. Dieselben sind nur den allgemeinen forstpolizeilichen Bestimmungen unterworfen.

Die Ablösung solcher Berechtigungen und die Auseinandersetzung zwischen den Betheiligten, gleichwie die Auflösung und Theilung von Forstgemeinheiten überhaupt, ist gemäß der Theilungsordnung v. 7. Sept. 1814 zulässig.

Der Beschluß, ob eine Abfindung oder Theilung zugelassen werden solle, geht von der Regierungsbehörde aus; es wird jedoch die Zustimmung der O.F. u. Dom.Dir. dazu erfordert; a. V. §§ 61 u. 85.

Die Leitung des Theilungsverfahrens selbst und die Entscheidung, mit Ausnahme der reinen Rechtsfragen, als welche den ordentlichen Gerichten competiren, steht dem Administrativjustizhofe, vorbehaltlich des Recurses an den Staatsrath, zu.

§ 608. Execution durch Holzfällungen. Executionen öffentlicher, selbst richterlicher, Behörden gegen eine Gemeinde, welche durch Holzfällungen ausgeführt werden sollen, dürfen nicht vollstreckt werden, bevor der Gläubiger die Genehmigung der O.F. u. Dom.-Dir. in authentischer Form dazu erwirkt hat. Org.F.O. v. 1811, § 103.

§ 609. Der Verkauf des Loosholzes ist nach Art. 74 des F.Strafg. v. 4. Febr. 1837 im Allgemeinen und folglich auch im Executionswege untersagt, wenn nicht zuvor die Zustimmung der

Forstbehörde dazu erwirkt worden ist. E. d. M. d. J. v. 11. Juni 1842.

§ 610. Forstwarte. Die Verhältnisse der Gemeinde-Forstwarte zu den Gemeinden und der untergeordnete Einfluß der Gemeindevorstände auf ihre Anstellung und Entlassung ist in Abth. XXII, Abschn. III, verhandelt.

VIII. Abschnitt.

Gemeindeschulden.

§ 611. Die Kapital-Aufnahmen der Gemeinden erfordern Genehmigung der Regierungsbehörde, mit Ausnahme der zur Abtragung von vorhandenen Schulden unter gleichen oder besseren Bedingungen aufzunehmenden Kapitalien gleicher Größe. G. O. Art. 74.

§ 612. Zu Kapital-Aufnahmen, welche eine Vermehrung der Schulden erzeugen, soll nur in dringenden Fällen, wenn eine durchaus nothwendige außerordentliche Ausgabe zu machen ist, deren Aufbringung aus dem Gemeindevermögen nicht möglich oder durch Umlagen für den Einzelnen zu drückend wird, die Genehmigung ertheilt werden. Es sind dabei stets zugleich die Ziele zu bestimmen, in welchen die Rückzahlung stattfinden soll. A. d. M. d. J. v. 20. Aug. 1834.

Kapital-Aufnahmen zu gewöhnlichen (laufenden) Ausgaben erscheinen nicht gerechtfertigt.

§ 613. Die Beantragung nothwendig erachteter Kapital-Aufnahmen hat der Gemeinderath in der Regel schon bei der Berathung des Gemeindevoranschlags vorzubringen und zu begründen.

Nur in ganz besonderem Ausnahmsfalle kann ein im Laufe des Voranschlagsjahres vorgebrachtes Gesuch der Art Berücksichtigung finden. Wird es für statthaft erkannt, so ist zugleich in der Regel eine Creditergänzung nach Maßgabe der im § 533 erörterten Vorschriften erforderlich.

§ 614. Der Gemeindevorstand muß bestrebt sein, einen möglichst niedrigen Zinsfuß bei Kapital-Aufnahmen zu erlangen. Sodann ist derselbe mit dem Gemeinde-Einnehmer auch für eine pünktliche Zinsenzahlung von den Kapitalschulden Sorge zu tragen auf das Strengste verpflichtet. Das wichtige Interesse der Gemeinde, die Erhaltung ihres Credits, ist dadurch wesentlich bedingt; a. A. v. 1834.

§ 615. Auch auf die allmälige Schuldentilgung haben die Gemeindevorstände mit aller Sorgfalt und allem Nachdrucke hinzuwirken. Bei stark verschuldeten Gemeinden, deren Credit schwankend geworden ist, wird die Entwerfung besonderer Schuldentilgungspläne nöthig; a. A. v. 1834, Satz 1 u. 2.

Es ist eine Belobung derjenigen Gemeinden im Regierungsblatte in Aussicht gestellt, welche einen besonderen Eifer in der Tilgung oder Verminderung ihrer Gemeindeschulden bethätigen. A. d. M. d. J. v. 6. Okt. 1834.

Damit das Ministerium des Innern in beständiger Kenntniß über die Schulden- und Vermögensverhältnisse der Gemeinden bleibe, ist den Regierungsbehörden auferlegt, alle 3 Jahre im Dezember (das nächstemal 1854) eine Uebersicht darüber einzusenden. A. d. M. d. J. v. 24. Okt. 1833 u. 11. Jan. 1849.

§ 616. Wenn eine Kapitalabtragung oder Kapitalausleihung, welche im Gemeindevoranschlage vorgesehen ist, gar nicht oder nur theilweise vollzogen werden zu können glaubt, so hat dies der Bürgermeister zeitig vor Ablauf des Rechnungsjahres bei der Regierungsbehörde anzuzeigen und zu rechtfertigen. Sollte er dies unterlassen, so muß der Gemeinde-Einnehmer es selbst, und zwar vor dem Bücherschlusse, der Regierungsbehörde zur Kenntniß bringen und um die erforderliche Genehmigung bitten. Ohne diese Genehmigung ist der Nichtvollzug des Budgets in dieser Beziehung untersagt und strafbar. A. d. M. d. J. v. 9. März 1840.

IX. Abschnitt.

Einbringung und Beitreibung der Gemeindeeinkünfte.

§ 617. Die G.O. Art. 81 verordnet, daß die Gemeindeumlagen den nämlichen Vorzug haben und gerade so beigetrieben werden sollen, wie die directen Steuern.

§ 618. Allgemeine Normen. Die vermöge V. v. 12. April 1833 ursprünglich nur für die Prov. St. u. O. erlassene Instr. v. 24. Mai 1833 für die Einbringung der Communal-intraden, d. i. der Gemeindeumlagen und der sonstigen Gemeindeausstände überhaupt, ist vermöge Instr. v. 8. März 1837 und G. v. 12. Nov. 1852 unter geringen Einschränkungen auch auf die Prov. Rh. ausgedehnt worden.

Als im Allgemeinen beachtenswerthe Einschränkungen für Rh. sind hier folgende, jedoch nur auf die Beitreibung gewöhnlicher Ausstände, nicht auch der Umlagen, anwendbare Bestimmungen aufzuführen, nämlich:

1) Soll daselbst die administrative Beitreibung der Ausstände nur zulässig sein, so lange solche auf dem Wege der Verfolgung in das Mobiliarvermögen geschehen kann.

2) Die Vorschriften der in Rh. geltenden Civilprozeßordnung bleiben anwendbar:

   a) wenn schon eine Pfändung von Seiten eines anderen Gläubigers vorliegt;

   b) wenn Nachpfändungen oder Einsprüche hinsichtlich des Versteigerungserlöses oder gegen die Pfändung selbst von Seiten dritter Personen erfolgen;

   c) rücksichtlich derjenigen Executionsarten gegen das Mobiliarvermögen des Schuldners, über welche die Instr. keine Verfügung enthält;

   d) wenn es sich von dem Vollzuge eines executorischen Titels (titre exécutoire) handelt.

§ 619. Instruction für die Einbringung der Gemeinde-Einkünfte, und zwar:

I. Erhebung der Gemeinde-Einkünfte. (§ 1—8 d. Instr. v. 24. Mai 1833.)

1) Die Gemeinde-Umlagen werden in denjenigen monatlichen Zielen erhoben, welche in den executorisch erklärten Communalsteuer-Registern, bz. Steuerzetteln, bestimmt sind. Die sonstigen Gemeinde-Einkünfte sind in den Terminen zu erheben, welche entweder in den betreffenden, von den Verwaltungsbehörden executorisch erklärten Hebregistern, oder in besondern Verträgen, bz. Versteigerungsprotokollen, festgesetzt oder nach der Observanz hergebracht sind.

Die Instruction setzt dabei voraus, daß der Bürgermeister stets seiner Pflicht genügt, die Einnahme-Decretur zeitig und stets vor der Verfallzeit der Gemeinde-Einkünfte zu vollziehen.

§ 620. 2) Es steht jedem Debenten frei, den Betrag seiner Schuldigkeit an die Gemeindekasse für das ganze Jahr ganz oder theilweise voraus zu entrichten; jedoch dürfen die Zahlungen auf Communalsteuern nicht weniger als ein volles Monatsziel betragen.

Vorausbezahlungen auf ein künftiges Jahr oder einen Theil desselben dürfen von dem Gemeinde-Einnehmer nicht angenommen werden.

§ 621. 3) Zahlungsfristen. Dem Gemeinde-Einnehmer ist es untersagt Zahlungsfristen zu gestatten, und es können solche nur von der Regierungsbehörde bewilligt werden. Die Debenten, welche darum bitten, haben sich an den Bürgermeister zu wenden. Der Bürgermeister kann ein Gesuch, welches ihm unzulässig erscheint, abweisen. In dem Falle, daß er das Gesuch für zulässig erachtet, hat er darüber von Amtswegen an die Regierungsbehörde unter Angabe seiner Gründe zu berichten.

Eine Frist, die sich nicht über den Termin des Rechnungsschlusses erstreckt, kann auf Gutachten des Bürgermeisters, längere Befristung aber nur mit Zustimmung des Gemeinderaths ertheilt werden, welcher in solchen Fällen von dem Bürgermeister zu vernehmen ist.

Wenn der Gemeinderath sich gegen die Bewilligung erklären sollte, so hat der Bürgermeister den Bittsteller schriftlich darnach zu bedeuten, damit derselbe, im Falle er Beschwerde bei der Regierungsbehörde führen will, der Letzteren den Bescheid vorzeigen kann.

Die Ortsvorstände haben bei Begutachtung von Fristgesuchen zu Folge A. d. M. d. J. v. 26. Juni 1833 namentlich folgende Fragen zu beantworten:

1) ob den Schuldner bei augenblicklicher Beitreibung ein bedeutender Vermögensnachtheil treffe oder dessen Nahrungsstand gefährdet würde; besonders werden in dieser Beziehung solche Schuldner Rücksicht verdienen, welche durch sie betroffene Unglücksfälle, z. B. Verlust ihrer Erndte, gefallenes Vieh, Krankheiten u. s. w., in ihren Vermögensverhältnissen zurückgekommen und dadurch außer Stand gesetzt worden sind augenblicklich Zahlung zu leisten;

2) ob die Vermögensverhältnisse der Schuldner von der Art sind, daß für die Gemeinde nicht der Verlust des Rückstandes bei Verzögerung der Beitreibung zu befürchten steht, oder wie, etwa durch Stellung eines Bürgen, die Gemeindekasse gesichert werden kann;

3) ob durch dergleichen Fristgestattungen die voranschlagsmäßig vorgesehenen gemeinheitlichen Ausgaben nicht gefährdet erscheinen;

4) auf wie lange die Zahlungsfrist zu bewilligen wäre.

Zum Zweck einer vollständigen Beurtheilung der Fristgesuche ist ferner zu erfordern, daß sie stets eine Beschreibung der Schuld nach Art, Klasse und Rechnungsjahr, woraus sie stammt, so wie die Bemerkung enthalten, ob und wie vielmal schon deshalb etwa früher eine Zahlungsfrist bewilligt worden ist.

§ 622. 4) Kein Zahlungspflichtiger hat das Recht zu verlangen, daß der Gemeinde-Einnehmer den Schuldbetrag bei ihm abholen lasse. Eine Ausnahme findet theilweise nur bezüglich des Großherzogl. Cameral- und Forstfiscus statt.

Das A. d. M. d. J. v. 22. Juni 1836 enthält in dieser Beziehung folgende Vorschriften:

1) Die Beiträge, welche der Fiscus zu den Communal-Umlagen zu leisten hat, sind von den betreffenden fiscalischen Behörden in Gemäßheit des Art. 5 der Steuerexecutions-Ordnung vom 2. März 1820 und des § 4 der Instruction über Beitreibung der Communal-Intraden vom 24. Mai 1833 an die betreffenden Gemeinden kostenfrei abzuliefern.

2) Einnahmen, welche der Großherzogl. Fiscus für die Gemeinden erhebt, namentlich Holzwerth und Strafantheil, oder welche aus der Staatskasse vermöge besonderer Bewilligung der Staatsregierung den Gemeinden zufließen, wie z. B. Beiträge zur Schullehrer-Besoldung aus der Staatskasse, sind von den Gemeinden bei den betreffenden fiscalischen Kassen erheben zu lassen.

3) In Bezug auf die von dem Fiscus vermöge eines Privatrechtsverhältnisses zwischen diesem und einer Gemeinde zu leistenden Zahlungen entscheiden die vorliegenden Contracte, die einschlägigen gesetzlichen Bestimmungen und die Observanz über

den Ort der Zahlung. (Bei etwaigen Streitigkeiten hierüber erkennt das competente Gericht.)

4) In denjenigen Fällen, in welchen der Fiscus seine Zahlungen an dem Ort der betreffenden Gemeinde zu leisten hat, können dem Gemeinde-Einnehmer für Abholung solcher Gelder bei den fiscalischen Kassen, wenn er solcher sich gleichwohl unterziehen sollte, keine Gebühren und Auslagen bewilligt werden.

5) Hat die Gemeinde für Abholung der von dem Fiscus zu zahlenden Gelder bei den herrschaftlichen Kassen zu sorgen, so hat der Gemeinde-Einnehmer darauf zu sehen, daß dies mit möglichster Kostenersparung geschieht. Auch ist für die Erhebung zur gehörigen Zeit und namentlich bei den Rentbeamten so frühzeitig zu sorgen, daß durch den Mangel der Empfangnahme die Letzteren an der Stellung der Rechnung nicht gehindert werden.

6) Vorstehende Bestimmungen finden bz. auch hinsichtlich der Zahlungen aus standesherrlichen und patrimonialgerichtsherrlichen Kassen an die Gemeinden Anwendung.

§ 623. 5) Der Gemeinde-Einnehmer ist verbunden über jede Zahlung sogleich Quittung zu geben, und es muß dieselbe genau enthalten, wofür die Zahlung geleistet worden ist.

§ 624. 6) Die Zustellung der Steuerzettel über Communal-Umlagen an die Steuerpflichtigen hat der Bürgermeister in derselben Weise vollziehen zu lassen, wie bei den directen Steuern; s. Abth. IX, § 180 oben.

§ 625. 7) Der Gemeinde-Einnehmer ist verbunden jedem Communalsteuerpflichtigen die Einsicht des ihn betreffenden executorisch erklärten Hebregisters im Original auf Ansuchen zu gestatten.

§ 626. 8) Findet ein Communalsteuerpflichtiger, daß sein Steuerbeitrag unrichtig berechnet sei, so hat er dies dem Gemeinde-Einnehmer anzuzeigen, welcher alsdann eine weitere Anzeige deshalb von dem Bürgermeister an die Regierungsbehörde zu veranlassen hat, damit von der Letzteren, nach vorheriger Vernehmung des Steuercommissärs, das weiter Nöthige verfügt werden kann.

§ 627. II. Beitreibung der Gemeinde-Einkünfte. Zahlungs-Aufforderung. (§ 9.) Längstens 3 Tage nach der Verfallzeit der Gemeinde-Ausstände — mit Ausnahme der Communalsteuern — hat der Gemeinde-Einnehmer die Bürgermeister derjenigen Gemeinden, in welchen Schuldner seiner Kasse wohnen, in gedruckten, nach Form. 1 der Instr. abgefaßten Schreiben zu ersuchen, auf ortsübliche Weise öffentlich bekannt machen zu lassen, daß alle Diejenigen, welche dergleichen hierin bezeichnete Communalgefälle zu entrichten haben, dieselben bei Vermeidung von Zwangsmaßregeln binnen einer festzusetzenden Frist, welche 14 Tage nicht überschreiten darf, abführen sollen.

Diese Bekanntmachungen müssen sogleich und unentgeltlich vollzogen und die Bescheinigungen darüber dem Gemeinde-Einnehmer vor Ablauf der bestimmten Frist zugestellt werden.

§ 628. Rückstandsverzeichniß. (§ 10.) Erfolgt die Zahlung der Schuld, in so weit sie Communalsteuern betrifft, nicht längstens bis zum 10. desjenigen Monats, welcher auf den zur Zahlung eines Ziels bestimmten Monat folgt, und in so weit sie sonstige Gemeinde-Einkünfte betrifft nicht innerhalb des im vorigen § festgesetzten Termins, so hat der Gemeinde-Einnehmer die säumigen Schuldner aus seinen Büchern oder Hebregistern nach Form. 2 d. Instr. auszuziehen und ortsweise (zweckmäßiger Weise auch in alphabetischer Ordnung) in der Art zu verzeichnen, daß sämmtliche fällige Schuldposten eines Debenten beisammen erscheinen.

Es ist zugleich erforderlich, daß in der Spalte „Bezeichnung des Rückstandes" das Rechnungsjahr, woher dieselben stammen, und die Verfallzeit eingetragen wird.

Sollte ein Schuldner verstorben sein, so ist erforderlich, daß die Erben, auf welche die Schuld übergegangen ist, einzeln benannt und der Schuldantheil eines Jeden derselben beigefügt werde.

§ 629. Mahnung. (§ 11.) Zugleich hat der Gemeinde-Einnehmer für jeden in dem Rückstandsverzeichniß vorkommenden Schuldner einen Mahnzettel nach dem Form. 3 der Instr. auszufertigen.

§ 630. Die auf diese Art ausgefertigten Rückstandsverzeichnisse, welche alle rückständigen Posten bei Vermeidung, daß der Gemeinde-Einnehmer persönlich für jeden ausgelassenen Posten haftet, enthalten müssen, hat der Gemeinde-Einnehmer, in so weit sie Restanten in seinem Wohnorte betreffen, mit den dazu gehörigen Mahnzetteln alsbald dem Gemeindediener oder Mahnboten, gegen Empfangsbescheinigung nach dem Muster Nr. 4, unmittelbar zuzustellen. (§ 12.)

Die Verzeichnisse über Rückstände außerhalb seines Wohnortes übersendet der Gemeinde-Einnehmer mit den dazu gehörigen Mahnzetteln dem Bürgermeister oder Beigeordneten des Wohnortes der Schuldner.

Dieser Bürgermeister oder Beigeordnete ist verpflichtet auf das Verzeichniß den Tag des Empfanges zu bemerken und dasselbe mit den Mahnzetteln sogleich dem ihm untergebenen Gemeindediener, gleichfalls gegen Empfangsbescheinigung hierüber, nach dem Muster Nr. 4, zuzustellen. (§ 13.)

Der Gemeindediener hat die Pflicht, innerhalb längstens 6 Tagen nach Zustellung der Verzeichnisse nebst Mahnzetteln, Letztere den betreffenden Schuldnern oder deren Stellvertretern, und zwar bei Strafe der Entlassung, nur in Selbstperson zu behändigen, auch bei Verrichtung dieses Geschäftes die Ausstandsliste stets bei sich zu führen und solche auf Verlangen des betreffenden Schuldners demselben vorzuzeigen. (§ 14.)

§ 631. (§ 15.) Wird der zu Mahnende nicht zu Hause angetroffen, so hat die Insinuation in der Weise, wie in Abth. IX, § 146, bezüglich der Domanialgefälle bemerkt ist, zu geschehen.

§ 632. Mahngebühr. (§ 16.) Für jeden Mahnzettel, welchen der Gemeindediener einhändigt, erhält derselbe von dem Schuldner oder dessen Stellvertreter 2 Kreuzer, welche Jener selbst einzuziehen hat.

Im Falle der Verweigerung der Zahlung hat der Gemeindediener dem Gemeinde-Einnehmer bei Aushändigung der bescheinigten Mahnlisten ein Verzeichniß der restirenden Mahngebühren zuzustellen, worauf dieser verpflichtet ist, dieselben in das nach § 18 der Instr. aufzustellende Verzeichniß der Ausstände bei den betreffenden Schuldnern einzutragen und mit der Hauptschuld beizutreiben, hiernächst aber dem Gemeindediener zu behändigen. A. d. M. d. J. v. 29. Mai 1845.

§. 633. Insinuationsbescheinigung. (§ 17.) Der Gemeindediener im Wohnort des Gemeinde-Einnehmers bescheinigt nach vollzogener Mahnung in der Rückstandsliste auf die in Form. 2 bemerkte Art, daß, wann und auf welche Weise die Mahnung geschehen ist und liefert sodann die Liste binnen der in § 14 bestimmten Frist dem Gemeinde-Einnehmer persönlich zurück.

Der Gemeindediener aber, dem die Mahnung von Restanten einer auswärtigen Gemeinde-Einnehmerei von dem Bürgermeister übertragen worden ist, stellt diesem die Liste mit der Bescheinigung über den Vollzug zu.

Der Bürgermeister hat diese Bescheinigung zu beglaubigen und ungesäumt die Liste dem betreffenden Gemeinde-Einnehmer zu übersenden.

§ 634. Pfändungsverzeichniß. (§§ 18 u. 19.) Sobald der Gemeinde-Einnehmer die Rückstands-(Mahn-)Listen zurückerhält, so trägt er in dieselben diejenigen Zahlungen ein, welche er empfangen hat, seitdem er die Listen zur Mahnung abgegeben hatte (§§ 12 u. 13), bemerkt hiernach in denselben ob und wie viel noch bei den einzelnen Debenten rückständig ist und stellt nach Muster Nr. 5 das Verzeichniß der nach der Mahnung gebliebenen Rückstände auf, die nun durch Pfändung beizutreiben sind.

Dieses Verzeichniß muß alle nach vollzogener Mahnung vorhandenen Rückstände enthalten und zwar um so mehr, als der Gemeinde-Einnehmer für jeden hierin ausgelassenen Rückstandsposten persönlich haften muß und nicht befugt ist ihn in eine spätere Rückstandsliste zu bringen.

Eine Ausnahme findet nur in Ansehung der Schuldigkeiten des Großh. Fiscus statt. Dieserhalb soll im Falle des Verzuges Bericht an die Regierungsbehörde erstattet werden. A. d. M. d. J. vom 25. April 1838.

Der Gemeinde-Einnehmer hat dieses Rückstandsverzeichniß, wovon er Abschrift zurückbehalten muß, nach Ablauf von längstens 14 Tagen, vom Tage der vollzogenen Mahnung an gerechnet, seinem Bürgermeister (Beigeordneten) zuzustellen, zugleich aber auch, daß dies geschehen der Regierungsbehörde berichtlich anzuzeigen und diesem Berichte die Bescheinigungen über die nach § 9 erlassenen Aufforderungen und die Mahnliste (§ 10) beizufügen.

Der Bürgermeister ist verpflichtet innerhalb 3 Tagen nach Empfang des Verzeichnisses dasselbe, nach vorheriger genauer Einsicht, an die Regierungsbehörde abzusenden und dabei berichtlich anzugeben, was er im Interesse der Gemeindeverwaltung oder einzelner Debenten von Amtswegen oder in Rücksicht auf angebrachte Gesuche zu bemerken findet und damit Anträge auf alsbaldigen Vollzug der Pfändung oder gänzliche oder theilweise Aufschiebung derselben zu begründen.

§ 635. Pfändungsbefehl. (§ 20.) Wenn hierauf die Regierungsbehörde Pfändungsbefehl (Form. 5 der Instr.) erkennt, so bestimmt dieselbe darin zugleich den Termin, binnen welchem die Pfändung vorzunehmen ist, trägt sodann den Pfändungsbefehl in das vorgeschriebene Register (Form. 6) ein und stellt denselben sodann dem Kreisboten zum Vollzuge zu.

Sind in dem Ausstandsverzeichnisse Schuldner enthalten, welche außerhalb des Kreises wohnen, so werden die deßfalls besonders aufgestellten Verzeichnisse (Auszüge) an die betreffenden Regierungsbehörden zur Decretur der Pfändung gesendet.

§ 636. (§ 21.) Der Kreisbote ist verpflichtet nach Empfang des Pfändungsbefehles sogleich mit der Pfändung vorzuschreiten, dieselbe unausgesetzt zu vollziehen und längstens bis zu dem von der Regierungsbehörde festgesetzten Termine zu Ende zu bringen.

§ 637. Zeugenstellung. (§§ 21—25.) Die erforderliche Stellung zweier Zeugen hat der Kreisbote in derselben Weise wie nach § 147 der Domänenpfandmeister zu erwirken.

§ 638. Hindernißprotokolle. (§ 26.) Während die Frau des zu pfändenden Schuldners im Kindbette liegt oder der Mann oder die Frau bedeutend krank sind darf die Pfändung, insofern der Kreisbote von der Wahrheit solcher Umstände überzeugt sein kann und weßhalb ein Hindernißprotokoll nach Form. 7 aufzunehmen ist, nicht vollzogen werden. Ebenso dürfen die Pfändungen und andere amtliche Handlungen dieser Art weder bei Nacht, noch an Kirchweih-, Sonn- und Feiertagen vorgenommen und in der Regel nur in Gegenwart des Debenten oder dessen Ehefrau vollzogen werden.

§ 639. Entfernung des Schuldners. (§ 27.) Im Falle der Abwesenheit des Schuldners oder seiner Ehefrau ist wie im § 148 oben bemerkt zu verfahren.

§ 640. Von der Pfändung ausgenommene Gegenstände. (§ 28.) Folgende Gegenstände sollen von der Pfändung gänzlich ausgenommen sein:

a) Alle Sachen, welche, obgleich an sich beweglich, doch mit dem Boden oder einem Gebäude dergestalt in Verbindung stehen, daß sie deßhalb als unbeweglich zu betrachten sind, z. B. Thüren, Fenster, Oefen, eingemauerte Kessel, in der Erde befestigte Planken 2c.

Dagegen sind nicht hierzu zu zählen die Früchte auf eigenen, gepachteten oder Allmend-Gütern, welche sich noch auf dem Halme, dem Baume, dem Stocke oder in der Erde befinden, als welche im geeigneten Falle allerdings in Beschlag genommen und zur Berichtigung der Schuld veräußert werden können und sollen.

b) Das zur Landwirthschaft des Gepfändeten schlechterdings unentbehrliche Zugvieh, Geschirr und Geräthe, als Pflüge, Eggen, Wagen 2c., nebst dem zur Streu und Ernährung dieses Zugviehes auf einen Monat erforderlichen Stroh und Futter.

c) Der Dünger, der zur Landwirthschaft des Gepfändeten erforderlich ist.

d) Werkzeuge der Handarbeiter und Handwerker, insoweit solche zu ihrer persönlichen Beschäftigung erforderlich sind.

e) Bücher, die zum Gebrauche des Schuldners oder seiner Familie in Kirchen und Schulen bestimmt sind.

f) Die zur Ausstellung der Grundstücke des Schuldners erforderlichen Saatfrüchte.

g) Waffen und Montirung, deren der zu Pfändende im öffentlichen Dienste oder zu seinem Lebensberufe bedarf.

h) Bettung und Kleidung, deren der zu Pfändende und seine Familie zu ihrem nothdürftigen Gebrauche bedürfen.

i) Mehl und andere gewöhnliche Lebensbedürfnisse, soweit solche zur Nahrung des zu Pfändenden und seiner Familie auf einen Monat nöthig sind.

k) Eine Kuh oder zwei Ziegen, nach der eigenen Auswahl des zu Pfändenden, nebst dem zur Streu und Ernährung derselben auf einen Monat erforderlichen Stroh und anderem Futter.

l) Loosholz, was der zu Pfändende aus landesherrlichen oder Communal-Waldungen erhalten oder zu empfangen hat, jedoch nur insoweit, als er solches den bestehenden Verordnungen nach nicht verkaufen darf.

m) Loostorf, welchen derselbe von der Gemeinde erhalten oder zu empfangen hat, jedoch ebenfalls nur insoweit, als er denselben nicht verkaufen darf.

Ueber die Anwendung dieser Ausnahmen auf einzelne Fälle, insofern es hierbei auf das Ermessen des Kreisboten ankommt, findet, jedoch ohne das Pfändungsverfahren zu hemmen, der Recurs an die Regierungsbehörde statt, welche ermächtigt ist den Verkauf der gepfändeten Sachen bis zur Entscheidung zu sistiren.

§ 641. (§ 29.) Alle sonstigen beweglichen Vermögenstheile sind soweit nöthig der Pfändung unterworfen. Jedoch ist darauf Bedacht zu nehmen, daß das Entbehrliche immer zuerst genommen wird. Der Kreisbote hat den Schuldner aufzufordern, selbst schickliche Pfänder vorzuschlagen. Thut der Schuldner dies nicht oder schlägt er zum Verkaufe offenbar unpassende Sachen vor, so bestimmt der Kreisbote die Pfänder nach eigenem Ermessen.

Vor Allem sollen alsdann Wein und Branntwein, geerndtete Früchte, Waaren angegriffen werden, dann das Vieh und zuerst dann Hausrath, Früchte auf dem Halm 2c.

§ 642. Pfändung bei Dritten. (§ 30.) Wenn ein Schuldner Gegenstände, die der Pfändung unterworfen sind, an dritte Personen abgegeben hat, so können auch diese gepfändet werden und die Inhaber sind schuldig sie dem Kreisboten auf dessen Verlangen, gegen Bescheinigung des Empfanges, verabfolgen zu lassen, sobald sie nicht in Abrede stellen, daß die Sachen Eigenthum des zu Pfändenden sind und sie nicht behaupten, daß ihnen selbst ein Recht an denselben zustehe.

In den Prov. St. u. O. kann in einem solchen Falle der Kreisbote die Ablieferung der Sache nicht verlangen und es hat das competente Gericht die Entscheidung zu ertheilen, zu welchem Ende der Kreisbote die nöthige Anzeige der Regierungsbehörde zur Erwirkung dieser Entscheidung zu machen hat. Der Inhaber solcher Gegenstände ist übrigens alsdann schuldig solche so lange in Verwahrung zu behalten, bis über die eintretende Untersuchung die Entscheidung erfolgt ist.

In der Prov. Rh. hat dagegen der Kreisbote in einem solchen Falle diese Gegenstände genau zu verzeichnen und sie in der Hand des dritten Inhabers in vorläufigen Beschlag zu legen, indem er diesen bedeutet, daß er sich bei Vermeidung persönlicher Verantwortlichkeit für die ganze in Execution begriffene Forderung vorerst und bis zur entschiedenen Sache jeder Verfügung darüber zu enthalten und solche in Verwahrung zu behalten verbunden sei. Auf die der

Regierungsbehörde unverzüglich zu machende Anzeige dieses Verhältnisses hat diese sofort nach Befund der Sache entweder den vorläufigen Beschlag wegen Geringfügigkeit oder als nicht zu rechtfertigen aufzuheben und in diesem Falle den dritten Inhaber durch den Kreisboten davon zu benachrichtigen oder die wirkliche Beschlagnahme jener Mobilien — saisie-arrêt — zu verfügen. In diesem Falle wird sie den Bürgermeister zu dem im Tit. 7, Buch V, Th. I der bürgerlichen Prozeßordnung vorgeschriebenen Verfahren veranlassen. Nach erfolgter richterlicher Entscheidung hat der Gemeinde-Einnehmer das Urtheil, insoweit es die gepfändeten Gegenstände als Eigenthum des Steuerpflichtigen erklärt, vollstrecken zu lassen und der Kreisbote hat sich in Beziehung hierauf nach den Vorschriften des § 651 folg. zu richten. Der Termin beginnt vom Tage der vom Kreisboten zu bewirkenden abschriftlichen Zustellung des Urtheils an den dritten Besitzer.

§ 643. Ordnungsfolge der Pfändung. (§ 31.) Ist von der Regierungsbehörde nicht bestimmt, in welcher Ordnung die Pfändung vorgenommen werden soll, so soll der Kreisbote vorerst die zum Ortsvorstande gehörigen Schuldner, ferner diejenigen, bei denen vorzugsweise Zahlungsmittel zu erwerben sind oder bei welchen Gefahr auf dem Verzuge steht, pfänden.

§ 644. Verwahrung der Pfänder. (§ 32.) Hierbei ist dieselbe Verfahrungsweise wie bei Pfändungen auf Domänen, § 150 oben, einzuhalten.

§ 645. Stellung eines Bürgen. (§ 33.) Ebenso in dieser Beziehung gleichwie im § 152 oben.

Die Bürgschaftsurkunde ist nach Form und Inhalt nach Form. 8 der Instr. auszustellen.

§ 646. Pfändung von Vieh. (§ 34.) Ebenso hier wie in § 151 erörtert.

§ 647. Kosten der Pfändung. (§ 35.) Die Pfändungskosten für das ganze Beitreibungspersonal zusammen sind durch E. d. M. d. J. v. 15. Mai 1848 wie folgt ermäßigt und festgesetzt:

> „für Schuldposten bis zu 5 fl. auf 8 kr., bis zu 10 fl. auf 12 kr., bis zu 20 fl. auf 20 kr. und über 20 fl. auf 36 kr., ohne weitere Beschränkung auf ein Maximum an einem Tage und an einem Orte".

Rücksichtlich der Theilung dieser Gebühren unter das Pfändungspersonal, so wie dem gänzlichen oder theilweisen Wegfallen derselben im Falle erfolgter Zahlung oder Zahlungsunfähigkeit finden die Normen des § 153 Anwendung.

Ebenso rücksichtlich der Kosten für den etwa bestellten Aufseher und die verlangte Abschrift des Pfändungsprotokolles. (8 kr.)

Diejenige Abschrift des Pfändungsprotokolles, welche in der Prov. Rh. dem Schuldner auch ohne sein Verlangen in den Fällen zugestellt werden soll, in welchen ihm der einstweilige Besitz der gepfändeten Sache belassen wird, ist jedoch kostenfrei. G. v. 12. Nov. 1852, Art. 3.

§ 648. Pfändungsprotokoll. (§§ 36 u. 37.) Ueber die Pfändung ist von dem Kreisboten ein Protokoll nach dem Muster Nr. 9, in welchem auch die Kosten (§ 35) zu verzeichnen sind, aufzusetzen und dasselbe innerhalb 24 Stunden nach vollzogener Pfändung dem Bürgermeister vorzulegen, der es mit der Bemerkung, ob und was er wegen des Kostenansatzes zu erinnern habe, zu unterschreiben und an den Kreisboten zurückzugeben hat, nachdem ihm von demselben eine von ihm aufzubewahrende Abschrift zugestellt worden ist. Verlangt der Gepfändete Abschrift des Pfändungsprotokolles, so ist ihm solche innerhalb 24 Stunden gegen die Gebühr zu ertheilen.

§ 649. Kostenverzeichniß. (§ 38.) Der Kreisbote hat hierauf dem Gemeinde-Einnehmer das Pfändungsprotokoll vorzulegen, damit von diesem die etwa in der Zwischenzeit erfolgte Zahlung, unter Angabe des Datums, darin bemerkt und die Zahlung der Pfändungskosten in dem von dem Bürgermeister in dem Protokoll als richtig bescheinigten Betrage an den Kreisboten, gegen Bescheinigung in dem nach Muster Nr. 10 von dem Gemeinde-Einnehmer deßfalls zu führenden Verzeichnisse, zur Vertheilung an die Interessenten vorlagsweise geleistet werde.

Der Gemeinde-Einnehmer hat diese vorlagsweise bezahlten Kosten bei der nächsten Zahlung von dem betreffenden Schuldner gegen Quittung wieder einzuziehen. Sowohl die vorlagsweise Ausgabe, als die Wiedereinnahme ist in dem Tagebuch und Handbuch, in Letzterem unter der Rubrik „Vorlagen", gehörig zu buchen. R. d. M. d. J. v. 17. August 1835.

§ 650. (Vorlage der Pfändungsprotokolle. (§ 39.) Vor Ablauf des (§ 20) festgesetzten Termines hat sich der Kreisbote bei der Regierungsbehörde über den Vollzug der sämmtlichen ihm übertragenen Pfändungen und Beschlagnahmen, insoweit sie nicht durch stattgefundene Zahlungen unnöthig geworden sind, speciell und vollständig auszuweisen, unter Vorlegung der Pfändungs- und Beschlagnehmungsprotokolle.

Außerdem hat sich der Kreisbote von 8 zu 8 Tagen bei der Regierungsbehörde einzufinden und sich über den Fortgang der Beitreibung auszuweisen, so wie die etwa entstandenen Hindernisse und Anstände zur Anzeige zu bringen.

§ 651. Versteigerung der Pfänder. (§ 40.) Hat der Gepfändete in den ersten 21 Tagen nach der Pfändung nicht bezahlt und dem Kreisboten die Quittung des Gemeinde-Einnehmers nicht vorgezeigt, so soll vom 22. Tage an zum Verkauf der gepfändeten Sachen geschritten werden.

Ausgenommen hiervon sind das gepfändete Vieh, dessen Ernährung der Schuldner nicht selbst besorgt, so wie die dem Verderben ausgesetzten Pfänder, wobei mit dem Verkauf sogleich am 9. Tage vorgeschritten werden muß, wenn die Zahlung des Rückstandes nicht in den ersten 8 Tagen nach der Pfändung erfolgt.

Ebenso erfolgt die Versteigerung gepfändeter Früchte auf dem Felde erst innerhalb der letzten 14 Tage vor der Erndte.

Bittet der Schuldner um Hinausschiebung des Versteigerungstermines, so hat er sich deßhalb an den Bürgermeister zu wenden, welcher darüber, unter Vorlegung der Erklärung desselben, an die Regierungsbehörde zu berichten hat und zwar, wenn die Frist über 6 Wochen erstreckt werden soll, nach Anhörung des Gemeinderathes.

§ 652. Vorschriften für den Verkauf. (§§ 41—44.) Der Kreisbote hat, ehe er zum Verkauf schreitet, das Pfändungsprotokoll dem Bürgermeister vorzulegen, der darunter, daß dieses wegen des Verkaufes geschehen, zu bescheinigen hat.

Der Verkauf geschieht durch den Kreisboten mit Zuziehung von zwei Zeugen, hinsichtlich welcher die Vorschriften des § 147 gelten.

Die öffentliche Bekanntmachung der Versteigerung muß in üblicher Weise drei Tage vor der Versteigerung und außerdem am Tage des Verkaufes, vor diesem, geschehen.

Der Kaufpreis darf nur an den Gemeinde-Einnehmer oder an den von demselben schriftlich hierzu Bevollmächtigten bezahlt werden.

§ 653. (§ 45.) Im Falle sich keine Käufer finden, soll die Versteigerung entweder auf einen anderen Tag verlegt oder es sollen die gepfändeten Sachen unter sicherer Bedeckung an einen anderen

Ort gebracht und daselbst öffentlich verkauft werden. Die Kosten des Transportes hat der Kreisbote in Gemeinschaft mit dem Bürgermeister so wohlfeil wie möglich zu veraccordiren.

§ 654. (§ 46.) Wenn für Feldfrüchte u. s. w., welche auf dem Halme oder Stocke verkauft werden sollen, sich keine Käufer finden, so soll der Bürgermeister im Einverständniß mit dem Kreisboten einen Aufseher bestellen, welcher die Früchte erndten und die Trauben herbsten zu lassen hat, um sodann nach den obigen Vorschriften verkauft zu werden.

Die dadurch entstehenden Kosten regulirt und vertheilt der Bürgermeister auf die betreffenden Schuldner nach Maßgabe ihres Rückstandes.

§ 655. Abgabe des Versteigerungsprotokolles. (§§ 47 u. 48.) Ueber die Versteigerung der Pfänder eines jeden Debenten ist von dem Kreisboten ein besonderes Protokoll nach dem Muster Nr. 11 aufzunehmen und darunter von ihm unentgeltlich das Verzeichniß der Kosten zu setzen. Das Protokoll wird sogleich nach abgehaltener Versteigerung dem Bürgermeister vorgelegt.

Der Bürgermeister prüft, ob der Versteigerungspreis dem Werthe der Sachen entspreche und ob die angesetzten Kosten nach den im § 52 bestimmten Sätzen richtig stehen, ermäßigt die Letzteren erforderlichen Falles darnach und bescheinigt unter das Protokoll, daß er weiter nichts hierbei zu erinnern findet.

§ 656. (§ 49.) Der Kreisbote händigt sodann das Versteigerungsprotokoll unverzüglich an den Gemeinde-Einnehmer aus, welcher den ganzen Betrag des Erlöses erhebt und damit den Rückstand des Schuldners nebst Pfändungs- und Versteigerungskosten berichtigt, den Rest aber dem Schuldner gegen seine unter das Protokoll zu setzende Quittung alsbald zurückgibt.

Ueber den Betrag des Rückstandes und der Kosten gibt der Gemeinde-Einnehmer dem Schuldner Quittung und macht hierüber unter dem Versteigerungsprotokoll eine Bemerkung. Den Betrag der Kosten zahlt er dem Kreisboten, gegen Bescheinigung in dem nach Muster Nr. 10 deßfalls zu führenden Verzeichnisse, zur weiteren Vertheilung an die Interessenten und bringt diesen Betrag gehörig in Einnahme und Ausgabe. (Vergl. §§ 694 u. 695.)

§ 657. Ueberlieferung an die Regierungsbehörde. (§ 50.) Sobald nach den vorstehenden Vorschriften das Executionsverfahren beendigt ist, hat der Kreisbote

a) den Pfändungsbefehl,
b) das Pfändungsprotokoll,
c) das Versteigerungsprotokoll,
d) die Bescheinigung über das etwa nach § 84 aufgenommene und an den Bürgermeister abgelieferte Protokoll über Zahlungsunfähigkeit,
e) das Protokoll über Beschlagnahme (§ 66)

an die Regierungsbehörde zur Verwahrung abzuliefern und sich von dieser in dem nach Muster Nr. 12 zu führenden Verzeichnisse dies bescheinigen zu lassen.

Die Regierungsbehörde läßt gleichfalls in dem bei ihm nach Muster Nr. 6 zu führenden Verzeichnisse das Nöthige bemerken.

§ 658. Kostenregister. (§ 51.) Der Kreisbote hat über die empfangenen Zeugengebühren und sonstigen durch das Beitreibungsverfahren erwachsenen Kosten ein Register zu führen und sich darin von den Betheiligten die geschehene Berichtigung quittiren zu lassen.

Dieses Register ist wenigstens monatlich einmal der Regierungsbehörde vorzulegen.

§ 659. Versteigerungskosten. (§ 52.) In Ansehung der Versteigerungsgebühren und Kosten gelten die Bestimmungen des § 158.

Hat eine Vertheilung der Kosten auf mehrere Schuldner zu geschehen, so wird der ganze Betrag auf einem der Versteigerungsprotokolle berechnet und bei den übrigen Protokollen darauf verwiesen.

§ 660. Einschreitung gegen den Bürgen. (§ 53.) Hat ein Bürge die gepfändeten Sachen zur Zeit der Versteigerung nicht herbeigebracht, so soll gegen ihn selbst, wenn er nicht den Rückstand nebst Kosten auf der Stelle bezahlt, sogleich mit der Pfändung vorgeschritten und so verfahren werden, wie es in vorstehenden §§ gegen den Schuldner selbst bestimmt ist.

Der Bürge kann nicht verlangen, daß ihm die gepfändeten Sachen gegen Stellung eines Bürgen belassen werden.

§ 661. (§§ 54 u. 55.) Wenn eine Gemeinde als solche einer anderen Gemeinde Rückstände verschuldet, so wird die derselben vorgesetzte Regierungsbehörde ermessen, ob der Verzug in der Schuld des Gemeinde-Einnehmers liegt, in welchem Falle gegen diesen persönlich mit Disciplinarstrafen oder auf dem Wege der Execution vorzuschreiten ist.

§ 662. Verkauf von Immobilien. (§ 56.) Im Falle bei einem Schuldner keine pfändbaren Mobiliar-Gegenstände, wohl aber Immobilien vorhanden sind, wird die Regierungsbehörde, oder in deren Auftrag der Bürgermeister oder Gemeinde-Einnehmer, wenn es sich von gewöhnlichen Ausständen, nicht auch Umlagen, handelt, in den Prov. St. u. O. bei dem Stadt- oder Landgerichte, unter Mittheilung des Zahlungsunfähigkeitsprotokolles und eines Flur- oder Grundbuchsauszuges, um den Verkauf der Immobilien, so weit nöthig, anstehen. In der Prov. Rh. ist dagegen das in der das. gültigen Civ.Proz.O. für den Eingriff in das Immobiliar-Vermögen vorgeschriebene gerichtliche Verfahren zu veranlassen.

§ 663. (§§ 57 u. 58.) Die Gerichte der Prov. St. u. O. haben nach den Bestimmungen der Executionsordnung vom 10. März 1807 mit dem Verkauf der Immobilien von Amtswegen vorzuschreiten. Erfolgt die Erledigung oder eine Benachrichtigung über die Anstände von da binnen acht Wochen nicht, so ist deßfalls nochmals bei dem Gerichte anzurufen, alsdann aber, wenn dies erfolglos bleibt, der Regierungsbehörde die Anzeige zu machen.

§ 664. (§ 59.) Wegen rückständiger Communalsteuern können Grundstücke und Gebäude ihrer Substanz nach in der Regel niemals angegriffen werden. Wenn indessen alle übrigen Executionsmittel fruchtlos erschöpft worden sind, so kann auch der Verkauf von Häusern und Grundstücken ausnahmsweise von der Regierungsbehörde, jedoch nach vorgängiger Vernehmung des Gemeinderathes über die Räthlichkeit, verfügt werden. Erfolgt aber ihr Verkauf auf irgend eine andere Veranlassung, gezwungen oder freiwillig, so müssen die für das laufende und verflossene Jahr rückständigen Communalsteuern vorzugsweise vor allen anderen Schulden aus dem Kaufschilling berichtigt werden, und es ist der Käufer verpflichtet, ehe er den Kaufschilling zahlt, sich bei dem Gemeinde-Einnehmer zu erkundigen, ob noch solche Communalsteuern rückständig sind, damit er sie berichtigen kann.

§ 665. Verpachtung und Vermiethung von Immobilien. (§§ 60 u. 62.) Wegen rückständiger Communalsteuern können Grundstücke nicht pfändbarer Besitzer verpachtet werden, wenn der Besitzer sie unbebaut liegen läßt, und können Gebäude vermiethet werden, insoweit nach Befriedigung des Wohnungsbedürfnisses des Schuldners und seiner Familie noch vermiethbarer Raum übrig ist.

Diese Akte geschehen durch den Bürgermeister, jedoch ist dazu die Ermächtigung der Regierungsbehörde erforderlich.

§ 666. (§ 63.) Wenn der Eigenthümer eines steuerbaren verpachteten Gegenstandes und sein Stellvertreter außerhalb der Gemeinde und des Kreises an Orten wohnen, die so gelegen sind, daß mit der Mahnung nicht gegen sie selbst verfahren werden kann, so vertritt der Pachter oder Miethsmann dieses Gegenstandes, was die Zahlung der darauf haftenden Communalsteuern betrifft, die Stelle des Eigenthümers, und es können gegen ihn die Mahnung und die weiteren Zwangsmaßregeln gerichtet werden ohne Rücksicht, ob der Pacht- oder Miethzins fällig ist oder nicht.

Können vorstehende Bestimmungen gegen Ausländer nicht zur Anwendung gebracht werden, so ist derselbe gemäß Art. 78. d. St.E.O. v. 2. März 1820 anzuhalten längstens bis zum 10. desjenigen Monats, welcher auf den zur Zahlung des ersten Zieles bestimmten Monat folgt, seinen ganzen Communalsteuerbeitrag für das betreffende Jahr zusammen zu bezahlen oder vor Ablauf dieser Zeit einen annehmbaren Bürgen und Selbstzähler in vorgeschriebener Form und Weise (§ 152) zu stellen. Ist weder das Eine noch das Andere geschehen, so hat durch Vermittelung des Bürgermeisters die Anzeige bei der Regierungsbehörde behufs weiterer Verfügung zu erfolgen. A. d. M. des J. v. 16. März 1837.

§ 667. (§ 64.) Wohnen dagegen Eigenthümer oder deren Stellvertreter so, daß sie gemahnt werden können, so werden Mahnung und die übrigen Zwangsmaßregeln zuerst gegen den Eigenthümer oder dessen Stellvertreter gerichtet.

Erfolgt auf diese die Zahlung nicht, so läßt die Regierungsbehörde (in den Prov. St. u. O. auch in deren Auftrag der Bürgermeister oder Gemeinde-Einnehmer) von dem Pacht in den Händen des Pachters oder Miethmannes oder von Forderungen eines Communalsteuerpflichtigen bei einem anderen Schuldner so viel in Beschlag nehmen, als nöthig ist, um die schuldigen Steuern und Kosten zu decken.

In den Prov. St. u. O. hat die Beschlagnahme selbst vermittelst Ersuchungsschreibens an das zuständige Gericht zu geschehen.

§ 668. **Beschlagnehmung.** (§§ 65 u. 66.) Die Regierungsbehörde hat auch das Recht alle sonstigen Gelder und Naturalien eines Communalsteuerpflichtigen, welche sich in den Händen von Verwaltern und Oekonomen befinden, auf Antrag in Beschlag nehmen und die Pfändung und Verkauf derselben vollziehen zu lassen.

Der Kreisbote hat den Beschlagnehmungsbefehl (Form. Nr. 13) bei der Vollziehung vorzuzeigen.

§ 669. **Beschlagnahmeprotokoll.** (§§ 67—69.) Ueber die vollzogene' Beschlagnehmung hat der Kreisbote ein Protokoll nach dem Muster Nr. 14, welches beide Zeugen mit ihm zu unterschreiben haben, unter dem Beschlagnehmungsbefehle zu verfertigen.

Innerhalb 8 Tagen nach vollzogener Beschlagnehmung ist das Protokoll (§ 67), nebst Abschrift desselben, dem Bürgermeister der Gemeinde, worin die Beschlagnehmung geschehen ist, einzuhändigen, welcher jenes mit dem Datum, wann es ihm vorgelegt worden ist, versieht, unterschreibt und der Regierungsbehörde zurückfolgen läßt.

Nur auf eine solchergestalt (§ 68) eingerichtete Urkunde darf gegen den, bei welchem Beschlag angelegt ist, mit der Pfändung u. s. w. verfahren werden.

§ 670. Die **Gebühren** für die Beschlagnehmung, das Protokoll darüber und dessen Abschrift sind die nämlichen, wie die § 35 für die Pfändung vorgeschriebenen, und es ist hiermit gerade so, wie mit den Pfändungs- und Versteigerungskosten zu verfahren. (Vergl. § 647 oben.

§ 671. **Widerspruch des Schuldners.** (§ 71.) Ein **Widerspruch** gegen das administrative Zwangsverfahren auf **Gemeindeumlagen** berechtigt nicht zum Einhalt, es sei denn, daß die Regierungsbehörde solchen verfügt. Eine Einschreitung der Gerichte ist dabei ausgeschlossen. Vergl. übrigens Abschnitt IV, § 524.

Das eingeleitete Zwangsverfahren auf **andere Ausstände** aber muß in der Prov. Rh. unverzüglich eingestellt werden, sobald der Schuldner Widerspruch bei dem Bürgermeister erklärt, welcher hierüber sofort ein Protokoll kostenfrei zu errichten hat.

Es bleibt alsdann der Gemeinde überlassen ihre Forderung bei dem zuständigen Gerichte geltend zu machen.

Ebenso ist in den Prov. St. u. O. zu verfahren, wenn im Laufe des Zwangverfahrens, welches wegen einer nicht auf Umlagen oder sonstigen von der Verwaltungsbehörde genehmigten Ausschlägen sich gründenden Forderung eingeleitet worden ist, von Seiten des Schuldners die Liquidität der Forderung bestritten und dieser Widerspruch bei dem Bürgermeister seines Wohnortes erklärt worden ist; a. G. v. 12. Nov. 1852, Art. 5, und V. v. 12. Nov. 1852.

§ 672. Register über die Kosten. (§ 72.) Ueber sämmtliche Beschlagnehmungs-, Pfändungs- und Verkaufskosten hat der Gemeinde-Einnehmer ein Register nach Form. 15 zu führen und nach Ablauf eines jeden Quartales eine Abschrift hiervon durch den Bürgermeister an die Regierungsbehörde zur Revision und Aufbewahrung einzusenden.

§ 673. III. Einbringung der Gemeinde-Einkünfte in die Kassen und uneinbringliche Posten. (73—75.)

Einbringung. Der Gemeinde-Einnehmer ist für den richtigen Eingang aller Einkünfte, deren Erhebung er zu besorgen hat, persönlich verantwortlich.

Sämmtliche ausstehende Posten, von welchen er nicht darthun kann, daß er zur Beitreibung derselben alle in den §§ 627 folg. als erlaubt erklärte und nach Beschaffenheit des Falles geeignete Maßregeln zur rechten Zeit ergriffen habe, können ihm von der höheren Behörde persönlich zur Last gesetzt und von ihm selbst oder von seinem Bürgen beigetrieben werden. Der Beweis, daß der Gemeinde-Einnehmer hiernach seine Obliegenheit erfüllt hat, kann nur durch die bei der Regierungsbehörde niedergelegten Aktenstücke über das Beitreibungsverfahren (§§ 18 u. 50) geliefert werden; dieselben sind daher bei der Prüfung der Liquidation zur Hand zu nehmen, und es ist diese Letztere nur dann zu decretiren, wenn in der vorliegenden Beziehung kein Anstand obwaltet.

Gleichwohl wird der Schuldner selbst seiner Schuldigkeit nicht entbunden, sondern es bleibt vielmehr sowohl der höheren Behörde, als dem Gemeinde-Einnehmer der Rückgriff an denselben vorbehalten.

Kein ausstehender, nach den obigen Bestimmungen beizutreibender Posten darf dem Gemeinde-Einnehmer als uneinbringlich passirt werden, von welchem nicht der Beweis, daß er uneinbringlich sei, auf die unten bestimmte Art beigebracht ist.

§ 674. (§§ 76 u. 77.) Ausstehende Communalgefälle, einschließlich der Communalsteuern, sind für den Gemeinde-Einnehmer uneinbringlich:

a) entweder nur für einige Zeit, oder
b) für immer.

Auf einige Zeit sind dem Gemeinde-Einnehmer ausstehende Communalgefälle als uneinbringlich zu passiren:

a) wenn der Schuldner von der höheren Behörde Zahlungsfrist erhalten hat, während des Laufes derselben;
b) wenn wegen der Schuld ein Rechtsstreit obwaltet;
c) wenn über das Vermögen eines Debenten der Concurs ausgebrochen ist und von dem zuständigen Civilrichter alle pfändbaren Vermögensstücke des Schuldners unter Siegel gelegt sind;
d) wenn von dem Gericht das eingeleitete Zwangsverfahren inhibirt worden und deßhalb dem Gemeinde-Einnehmer von der höheren Administrativbehörde die geeignete Verfügung zugegangen ist;
e) wenn der Gemeinde-Einnehmer Dasjenige, was ihm zur Einbringung ausstehender Communalgefälle obliegt, angefangen hat, während der Zeit, welche nach den Bestimmungen des § 627 folg. zur Vollendung der Zwangsmaßregeln oder zur Beseitigung der ihnen etwa entgegenstehenden besonderen Hindernisse erforderlich ist;
f) wenn der Rückstand zwar augenblicklich uneinbringlich ist, dessen Beitreibung aber in Zukunft zu erwarten steht.

§ 675. (§§ 78 u. 79.) Der Umstand, daß das Gericht dem Schuldner, um die Rechte seiner sämmtlichen Gläubiger zu sichern, alle Veräußerung seiner Vermögensstücke untersagt hat, soll nicht als Grund gelten die Communalsteuerbeiträge einstweilen als uneinbringlich zu passiren.

Auch in einem solchen Falle sind alle Vermögensstücke, die sich nicht wirklich unter gerichtlichem Siegel befinden, zu pfänden, in Beschlag zu nehmen und zu verkaufen, jedoch mit dem Vorbehalt, daß demnächst in dem richterlichen Erkenntnisse darüber, ob etwa ein anderer Gläubiger der Gemeindekasse in Bezug auf die solchergestalt beigetriebenen Communalsteuern vorgehe, entschieden werden und im geeigneten Falle die Rückerstattung geschehen soll.

Wenn über das Vermögen eines Schuldners ein Curator bestellt ist, so kann gegen diesen hinsichtlich rückständiger Communalsteuerbeiträge in eben der Art, wie es hinsichtlich der Verwalter von Gemeindevermögen (Gemeinde-Einnehmer, §§ 54 u. 55) bestimmt ist, verfahren und vorgeschritten werden, wenn er nicht durch ein Zeugniß des zuständigen Gerichts beweisen kann, daß es ihm unmöglich sei und gewesen sei die Gelder zur Zahlung der Communalsteuer herbeizuschaffen.

§ 676. Zahlungsunfähigkeitsprotokoll. (§§ 80—84.) Im Falle keine pfändbaren Gegenstände des Schuldners vorhanden sind, so ist darüber ein Zahlungsunfähigkeitsprotokoll nach Form. 16 der Instr. aufzunehmen, worin alle in der Wohnung des Schuldners und sonst noch in seinem Besitze vorgefundenen beweglichen Sachen, wenn sie auch angeblich Anderen angehören, einzeln verzeichnet werden müssen, und solches dem Bürgermeister zu behändigen. Dieser stellt darüber dem Kreisboten eine Empfangsbescheinigung nach Form. 17 aus, welche derselbe unverzüglich an die Regierungsbehörde abzuliefern hat.

§ 677. (§§ 85—88.) Der Bürgermeister hat hierauf dieselben Erforschungen anzustellen, welche ihm nach § 160 o. bezüglich der Zahlungsunfähigkeitsprotokolle bei Domanialgefällen obliegen, und die Protokolle sofort mit seiner Bescheinigung, bz. seinen Bemerkungen, zu versehen.

Ist der Ausstand nicht in die eigene Gemeinde des Bürgermeisters gehörig, so sendet der Bürgermeister das Protokoll binnen 8 Tagen an den Bürgermeister, für dessen Gemeinde der Ausstand beizutreiben ist. Ist dagegen der Bürgermeister zugleich der Bürgermeister der einfordernden Gemeinde, so hat er sowohl die ihm von dem Kreisboten, als auch die von Bürgermeistern anderer Orte ihm zugekommenen Zahlungsunfähigkeitsprotokolle vorerst dem Gemeinderath zur Einsicht und Erklärung darüber vorzulegen, ob und welche Posten definitiv als uneinbringlich erkannt und wegen welcher weitere Schritte vorbehalten — namentlich etwa auf Verkauf von Immobilien, insofern solche vorhanden sind, angetragen — werden sollen.

Die Erklärung des Gemeinderathes hat sodann der Bürgermeister alsbald, nebst den Protokollen über Zahlungsunfähigkeit, an die Regierungsbehörde einzusenden und ein besonderes Verzeichniß der als definitiv uneinbringlich erkannten Ausstände beizufügen. Es ist zweckmäßig, zu diesem Verzeichnisse das gedruckte Formular für Liquidationsverzeichnisse unter geeigneter Abänderung zu verwenden.

§ 678. (§§ 89—94.) Wenn hierauf von der Regierungsbehörde alle nach der vorliegenden Instruction anwendbaren Mittel zur Beitreibung erschöpft worden sind und auf legale Weise die Zahlungsunfähigkeit festgestellt ist, so finden weitere Verfolgungen nicht mehr statt, es sei denn, daß von den Lokalbehörden in Folge nie zu unterlassender Nachforschungen in Erfahrung gebracht würde, daß der Schuldner zu neuen Mitteln gekommen sei, welchen Falls das Zwangsverfahren von Neuem einzuleiten ist.

Liegt keine Wahrscheinlichkeit dazu vor, so ertheilt die Regierungsbehörde zur Ausgabedecretur des Verzeichnisses der uneinbringlichen Posten die Ermächtigung und sendet dasselbe unter Anschluß der Zahlungsunfähigkeits-Protokolle an den Bürgermeister.

Ist dagegen die Wahrscheinlichkeit eines zukünftigen Eingangs noch vorhanden, so verfügt dieselbe die Aufnahme des Ausstandes in das bei dem Bücherschlusse ihr vorzulegende Ausstandsverzeichniß, die s. g. Liquidation.

§ 679. IV. Aufsicht über das Beitreibungspersonal. (§§ 95, 97 u. 98.) Die Kreisboten stehen unter der Aufsicht und Disciplin der Regierungsbehörde. Die Bürgermeister haben etwaige Dienstwidrigkeiten derselben der Regierungsbehörde anzuzeigen. Die unmittelbare Aufsicht über das untergeordnete Personal kommt dem Bürgermeister, die Disciplin über dasselbe aber ebenfalls der Regierungsbehörde zu.

§ 680. Allgemeine Pflichten. (§§ 96, 99 u. 101.) Die Kreisboten müssen, so oft sie ein dienstliches Geschäft vornehmen, ihr Anstellungsdecret bei sich haben und solches auf Verlangen vorzeigen.

Sie dürfen sich durch bloße Drohungen von der Vollziehung ihrer Amtsverrichtungen nicht zurückhalten lassen, sondern müssen darin fortfahren, bis ihnen ein solcher Widerstand entgegengesetzt wird, der ihrer Gesundheit Gefahr droht. In diesem Falle haben sie dem Bürgermeister, und wenn dieser das Hinderniß nicht entfernt, der Regierungsbehörde die Anzeige zu machen und sich, sobald das Hinderniß gehoben ist, dem Geschäfte wieder zu widmen.

Der Bürgermeister ist verpflichtet, auf Ansuchen die Hinwegräumung eines unbefugten Widerstandes durch die ihm zu Gebot stehenden Mittel zu bewirken.

§ 681. Verbot der Zahlungsannahme. (§ 100.) Die Kreisboten dürfen schlechterdings keine Zahlungen von Debenten auf Abschlag oder zur gänzlichen Tilgung schuldiger Communalgefälle in Empfang nehmen, unter welchem Vorwande es auch immer geschehen möchte, bei Strafe der Entlassung.

Eben so wenig dürfen sie ihre Pfändungs-, Versteigerungs- und andere gesetzlichen Gebühren unmittelbar von den Schuldnern einziehen, sondern sie haben solche nach §§ 38 u. 49 der Instruction von den Gemeinde-Einnehmern zu empfangen, bei einer Strafe von 5 bis 10 fl. für jeden Fall.

Sollte ein Kreisbote höhere als die gesetzlichen Gebühren unmittelbar von den Schuldnern erhoben haben, so trifft ihn die Strafe der Entlassung.

Die Restanten, welche an Kreisboten solche Zahlungen leisten, werden dadurch von ihrer Verbindlichkeit gegen die Gemeindekasse nicht befreit, sondern können zur Zahlung an dieselbe angehalten werden.

§ 682. (§§ 102 u. 103.) Der Bürgermeister, bz. Beigeordnete, als solcher darf für die Besorgung der Geschäfte, welche ihm nach der vorstehenden Instruction obliegen, von den Schuldnern keinerlei Gebühren annehmen oder beziehen.

§ 683. Kosten für die Formularien. (§ 104.) Die gedruckten Formularien, deren Anwendung in der Instruction vorgeschrieben ist, erhalten die betreffenden Beamten auf Kosten der Gemeindekassen. Die Gemeinde-Einnehmer haben dafür zu sorgen, daß stets eine angemessene Quantität dieser Formularien bei ihnen vorräthig ist.

§ 684. Nachlässe und Schenkungen. Zum Nachlasse beitreiblicher Forderungen, gleichwie zu Schenkungen, sind die zeitlichen Verwalter eines Vermögens nicht berechtigt. Die Gemeindevorstände haben daher hierzu Regierungsgenehmigung einzuholen.

X. Abschnitt.

Gemeinderechnungswesen.

§ 685. Gemeinde-Einnehmer. Die Gemeinde-Einnahme und Ausgabe hat ein Gemeinde-Einnehmer zu besorgen, welcher für eine Bürgermeisterei oder einen Theil derselben angestellt wird und in dem Bezirk seiner Einnehmerei wohnen muß.

Der Gemeinde-Einnehmer wird von der Regierungsbehörde nach Anhörung des Gemeinderathes ernannt.

Dieses Amt ist mit dem Amte eines Steuereinnehmers vereinbarlich, jedoch unvereinbarlich mit dem Amte eines Bürgermeisters, eines Beigeordneten, eines Mitglieds des Gemeinderathes und eines Schullehrers. Art. 55 u. 56 d. G.O.

Nur da, wo in einer Gemeinde keine zum Gemeinde-Einnehmer-Dienste befähigte Person gewonnen werden kann, erscheint die Anstellung eines Auswärtigen gerechtfertigt.

§ 686. Sicherheits-Leistung. Der Gemeinde-Einnehmer hat eine Sicherheit entweder in baarem Gelde oder in liegenden Gütern zu leisten. Der Gemeinderath bestimmt die Größe der Sicherheit. Wird sie in Geld geleistet, so muß sie verzinset werden. G.O. Art. 57.

Ein Nachlaß der Cautionsstellung findet nicht statt. Sie hat auf Kosten des Rechners selbst zu geschehen. A. d. M. d. J. v. 11. Jan. 1837 u. 24. Aug. 1842.

Wie überhaupt Dienstcautionen für Lokalfonds nicht in die Staatsschulden-Tilgungskasse eingelegt werden dürfen, so ist dies auch bezüglich derjenigen für Gemeindekassen der Fall. A. d. M. d. J. v. 28. Dez. 1835.

Die Cautionsurkunden sind der Regierungsbehörde zur Prüfung vorzulegen und von dieser sodann den Bürgermeistern zuzusenden, welche für deren Aufbewahrung in verschlossenen Behältern in denjenigen Lokalen zu sorgen haben, wo sie die übrigen Gemeinde-Urkunden von Werth verwahren. A. d. M. d. J. v. 31. Okt. 1834.

§ 687. Gehalt. Der Gehalt des Gemeinde-Einnehmers wird auf Antrag des Gemeinderathes durch die Regierungsbehörde nach Verhältniß seiner Einnahme bestimmt. Für die gewöhnliche Einnahme dürfen nicht mehr als höchstens vier vom Hundert bestimmt werden; bei außergewöhnlichen Einnahmen, z. B. bei Kapitalaufnahmen, bei Empfang von Kaufschillingen, bei außerordentlichem Holzhieb, bei nicht gewöhnlichen Umlagen u. s. w., bestimmt die Regierungsbehörde auf Antrag des Gemeinderathes die Größe der zu verwilligenden Procente.

In allen Fällen dürfen die Hebgebühren nur von den wirklich baar oder durch Gegenrechnung eingehenden Geldern berechnet werden. Ein Ansatz für durchlaufende oder noch ausstehende Posten ist unzulässig. A. d. M. d. J. v. 10. Mai 1839.

Wenn in dem Berathungsprotokoll zum Voranschlag nichts ausdrücklich über die Größe der Erhebgebühr von den gewöhnlichen Umlagen festgesetzt ist, so soll stets stillschweigend angenommen werden, daß drei Prozent Erhebgebühren davon verwilligt worden seien. A. d. M. d. J. v. 2. Dez. 1853.

Gemeinden, welche eine höhere gewöhnliche jährliche Einnahme als 10,000 fl. haben, können ihrem Gemeinde-Einnehmer eine bestimmte Besoldung bewilligen. G.O. Art. 58.

Es ist den Gemeinde-Einnehmern untersagt, außerdem für irgend welche mit ihrem Dienste verbundenen Geschäfte und Auslagen Gebühren zu beziehen. A. d. M. d. J. v. 1. Nov. 1834.

§ 688. Diensteinweisung. Die Diensteinweisung der Gemeinde-Einnehmer erfolgt nach vorgängiger Verpflichtung durch die Regierungsbehörde oder von dieser beauftragte Personen. Die Ueberlieferung der Geschäftsführung, so wie die Auseinandersetzung zwischen dem abgehenden und dem eintretenden Rechner hat in der durch A. d. M. d. J. v. 9. Juni 1841 vorgeschriebenen Form und Weise zu geschehen.

§ 689. Disciplin und Entlassung. Der Gemeinde-Einnehmer ist der Disciplin der Regierungsbehörde unterworfen. Kr.-Instr. § 19.

Er kann aus Gründen der Verwaltung von der Regierungsbehörde nach Anhörung des Gemeinderathes entlassen werden. Eben so kann er von derselben suspendirt und vor Gericht gestellt werden. G.O. Art. 59.

Zur Entlassung und Vorgerichtstellung ist zuvor Einholung von Ministerial-Entschließung erforderlich. Kr.Instr. § 68.

Das Gesetz v. 18. Jan. 1831, betreffend das Verfahren gegen Kassenbeamte, welche Recesse machen, findet auf die Gemeinde-Einnehmer Anwendung.

§ 690. Unmittelbare Beaufsichtigung. Die unmittelbare Aufsicht über die Geschäftsführung des Gemeinde-Einnehmers hat der Bürgermeister zu führen. G.O. Art. 60.

Derselbe überwacht, daß die Beobachtung aller hinsichtlich des Gemeinderechnungswesens ertheilten Vorschriften pünktlich erfolgt, und zeigt Zuwiderhandlungen der vorgesetzten Behörde an.

Da öftere Visitationen der Kassenbeamten diesen Zweck am besten fördern und zur Erhaltung der Ordnung und Regelmäßigkeit im Rechnungswesen besonders dienlich erscheinen, so ist deren öftere Vornahme den Bürgermeistern als Lokalverwaltungsbehörden zur ausdrücklichen Pflicht gemacht. Ihre Visitationen haben sich jedoch auf die Untersuchung des Kassenbestandes und dessen Vergleichung mit dem Ergebnisse des gleichzeitigen Tagebuchs-Abschlusses zu beschränken. Dieselben sind nach dem Anlage V beiliegenden Formular vorzunehmen. Anl. V.

Außerordentliche, auch auf eine Vergleichung der Handbücher mit den Tagebüchern sich erstreckende Visitationen erfolgen in der Regel durch die Regierungsbehörden oder die von denselben hierzu bestellten Commissäre gleichfalls nach besonders vorgeschriebener Form. A. d. M. d. J. v. 9. Juni 1841.

Die Commissäre erhalten bei Entfernungen von über eine halbe Stunde von ihrem Wohnort 3 fl. Diäten einschließlich 1 fl. 30 kr. für jeden Tag zu berechnenden Transports, und werden die Reisekosten bei Visitationen verschiedener Fonds verhältnißmäßig repartirt. A. d. M. d. J. v. 10. Mai 1839 u. E. dess. M. v. 26. Mai 1853.

Sollte die Oberrechnungskammer ausnahmsweise eine außergewöhnliche Visitation anordnen, so erhalten ihre Commissäre 4 fl. Diäten einschließlich Service- und Transportkosten. A. d. M. d. J. v. 6. Okt. 1847.

§ 691. Controlebuch. Zur Controle des Gemeinde-Einnehmers soll ein Gegenbuch (Controlebuch), in welches alle nicht ständigen Einnahmeposten eingetragen werden müssen, geführt werden. Ein Mitglied des Gemeinderathes führt dieses Buch und wohnt daher allen Verkäufen, Verpachtungen und sonstigen, die nicht ständigen Einnahmen betreffenden Vorgängen bei. G.O. Art. 68.

Rücksichtlich der Einrichtung, Form und Art und Weise der Führung dieses Controlebuchs sind durch A. d. M. d. J. v. 4. April 1834 im Wesentlichen ganz dieselben Vorschriften ertheilt, welche nach Abth. XIII, § 338, für die Controle der unständigen Einnahmen der Kirchenfonds Anwendung finden.

Nur ist für die Gemeinden bei den Einträgen auch noch die Klasse anzuführen, in welche eine Einnahme gehört, und ist deshalb auch für dieselben das Formular zum Controlebuch durch die Spalte „Klasse" vervollständigt.

Die strenge Beobachtung dieser Vorschriften ist in den A. d. M. d. J. v. 1. Okt. 1838 u. 10. Dez. 1842 wiederholt eingeschärft.

§ 692. Instruction zur Dienstführung der Gemeinde-Einnehmer. Für die Geschäftsführung der Gemeinde-Einnehmer ist eine umfassende, mit ausführlichen Muster-Formularien [20]) begleitete Instruction v. 11. Nov. 1840 erlassen. Da ein vollständiger Abdruck hiervon im Buchhandel und auch überall in den Händen der Gemeinde-Einnehmer und Vorstände sich befindet, so darf ich mich hier nur auf eine Hervorhebung der Hauptgrundzüge, so wie auf eine Bemerkung derjenigen Bestimmungen beschränken, welche eine besondere mitwirkende Thätigkeit der Gemeindevorstände bedingen.

§ 693. Buchführung. (§§ 1—40 d. Instr.) Für jedes Rechnungswesen muß der Grundsatz bestehen: alle darauf sich beziehenden Handlungen niederzuschreiben, keine aber dem Gedächtnisse zu überlassen, damit der Rechner selbst und jeder Andere stets Auskunft und überzeugende Rechenschaft daraus schöpfen könne. Es dienen hierzu vorzugsweise:

I. das Tage- und Kassebuch,

II. das Handbuch.

§ 694. I. Das Tagebuch (§§ 5—24) soll alle und jede Einnahme und Ausgabe nach der Zeitfolge und ohne Rücksicht auf Rechnungsjahr oder Fond, dem sie angehören, enthalten. Der Eintrag in dasselbe muß auf der Stelle geschehen.

Für jedes Kalenderjahr wird ein besonderes Tagebuch angelegt und die Reste des vorhergehenden darin übertragen. Dasselbe

---

20) Bei dem Gebrauch dieser Formularien ist überall gedrucktes Formularpapier vorgeschrieben.

muß eingebunden oder, wenn es nur aus wenigen Bogen besteht, wenigstens geheftet sein und vor dem Gebrauche durch den Bürgermeister des Wohnorts des Rechners mit Seitenzahlen und Handzeichen, so wie auf der ersten und letzten Seite mit Wohnort, Datum und Namen desselben beschrieben werden.

Am Ende eines jeden Monats wird summirt, Einnahme und Ausgabe verglichen und der Rest als erster Einnahme-Artikel in den nächsten Monat übertragen.

Sind einem Gemeinde-Einnehmer mehrere Gemeindekassen oder sonstige öffentliche Fonds anvertraut, so hat er daher über sämmtliche nur ein allgemeines Tagebuch zu führen.

Ist das Rechnungswesen von größerem Umfange, so können für einzelne Zweige Hülfsbücher von gleicher Natur wie die Tagebücher gebraucht werden, in welche dann die verschiedenen Posten zergliedert einzutragen, hiernächst aber von Zeit zu Zeit, längstens aber am Monatsschluß, in das allgemeine Tagebuch zu übertragen sind.

Für das allgemeine Tagebuch ist nachstehendes Formular vorgeschrieben:

Allgemeines Tagebuch.

Ordn.-Nr. der Artikel.	Der Handbücher		18	Einnahme.		Ausgabe.	
	Benennung.	Seite.		fl.	kr.	fl.	kr.

§ 695. II. Das Handbuch (§§ 25—40) hat den doppelten Zweck, einmal für einen jeden besonderen Fond eine Uebersicht der Einnahmen und Ausgaben in „Soll", „Empfang" und „Rest" zu geben, und ferner das vollständige Material für die Rechnungsstellung zu liefern.

Es muß zu dem Ende für jeden besonderen Fond und für jedes besondere Rechnungsjahr ein besonderes gebundenes Handbuch angelegt werden.

Die Handbücher müssen in Einnahme und Ausgabe alle Abtheilungen oder Rubriken genau in der für die Voranschläge vorgeschriebenen Ordnung und unter jeder derselben so viel freien Raum, wenigstens eine leere Seite, enthalten, um alle unter sie gehörigen Einträge mit der erforderlichen Ordnung und Bestimmtheit einschreiben zu können.

Das Uebertragen sämmtlicher Einnahmen und Ausgaben aus dem allgemeinen Tagebuche in die Handbücher muß längstens am Ende einer jeden Woche geschehen.

Für die Einrichtung des Handbuchs ist das folgende Formular vorgeschrieben:

Einnahme.

Soll eingehen		Artikel-Nummer des Tagebuchs.		Ist eingegangen	
fl.	kr.			fl.	kr.

Ausgabe.

Soll bezahlt werden		Artikel-Nummer des Tagebuchs.		Ist bezahlt worden	
fl.	kr.			fl.	kr.

§ 696. Sind aus dem allgemeinen Tagebuche alle Einnahmen und Ausgaben in die betreffenden Handbücher gehörig übertragen, dann müssen auch beiderlei Bücher in Beziehung auf die Kasse genau übereinstimmen.

Um sich hierüber zu vergewissern, sollen die Gemeinde-Einnehmer am Ende eines jeden Vierteljahrs probeweise Abschlüsse von ihren sämmtlichen zu der Zeit offenen Handbüchern nach dem Form. VIII der Instr. fertigen.

§ 697. Werden Auszüge aus den Handbüchern verlangt, so müssen dieselben dergestalt ausgefertigt werden, daß sie in der Spalte „Schuldigkeit" die ganze Soll-Einnahme, in der folgenden Spalte die wirkliche Einnahme (Abstattung) und in der dritten den Rückstand (Rest) enthalten. Am Schlusse wird das Gesammt-Ergebniß summirt.

Von jedem besonderen Handbuche und Rechnungsjahr ist der Auszug besonders nach Form. IX der Instr. zu fertigen.

Sind mehrere zu fertigen, so muß das Ergebniß derselben nach dem Muster Form. X der Instr. auf einem besonderen Blatte zusammengestellt werden.

Ist überall richtig verfahren worden, so muß der sich hierbei ergebende Rest genau mit dem derzeitigen Abschlusse des allgemeinen Tagebuchs übereinstimmen. Jede Abweichung zwischen beiden erscheint als Beweis, daß in der Buchführung Fehler unterlaufen oder Regelwidrigkeiten vorgefallen sind. Es müßte dies sowohl dem Rechner als der aufsehenden Behörde zur näheren Prüfung und Aufklärung, bz. zur Untersuchung, Anlaß geben.

§ 698. Kassenverwaltung. (§§ 41—51.) Der Rechner hat die Dienstkasse von jedem anderen nicht zum Dienste gehörigen Vermögen scharf getrennt zu halten. Dieselbe muß an dem sichersten Orte, in der Regel in des Rechners Schlafstube, aufbewahrt werden.

Der Rechner hat wenigstens zwei Wochentage als Zahltage zu bestimmen.

Er ist zur pünktlichen ordnungsmäßigen Erhebung der ihm überwiesenen Einnahmen, so wie zur Leistung aller Zahlungen der Kasse in den bestimmten Terminen verpflichtet.

Wegen der Einhaltung der vorbestimmten Credite, bz. der Erwirkung ihrer Erweiterung im Falle des Erfordernisses, dienen die oben §§ 528—533 bemerkten Vorschriften auch zur Richtschnur für ihn. Er hat sich im letzteren Falle zunächst an den Bürgermeister zu wenden.

Anweisungen, welche den Credit überschreiten oder nicht vorschriftsmäßig abgefaßt oder sonst mangelhaft sind (§ 527 oben), soll derselbe auf der Stelle, mit Angabe des Grundes, zur Berichtigung zurückgeben.

Alle vorschriftswidrige, insbesondere die den Credit überschreitenden Ausgaben werden dem Rechner gestrichen und persönlich zur Last gesetzt. G.O. Art. 63.

§ 699. Rechnungsurkunden. In der Regel gelten nur Urschriften und solche Ausfertigungen als unverwerfliche Urkunden (Belege der Rechnung), welche vollständig Alles enthalten, was mit ihnen bewiesen werden soll. Ausnahmsweise genügen beglaubigte Abschriften von denjenigen Urkunden, welche, wie z. B. Kaufbriefe über Immobilien und Schuldverschreibungen, für die Gemeinde einen bleibenden Werth haben und daher von dem Bürgermeister im Original aufzubewahren sind.

Der Rechner ist für die vollständige Beurkundung seiner Rechnung verantwortlich.

Fehlen bei einer Decretur die Actenstücke, worauf dieselbe sich gründet, z. B. Versteigerungsprotokoll, Accord, Ueberschlag ꝛc., so hat der Rechner zwar die im Uebrigen formgerechte Decretur so weit möglich zu vollziehen, zugleich aber bei dem Bürgermeister die nachträgliche Mittheilung des Fehlenden zu verlangen und im Falle des Verzugs der Regierungsbehörde die Anzeige zu machen.

Ist eine Urkunde sonst mangelhaft, fehlt z. B. bei der Einnahmedecretur einer unständigen Einnahme die Controlebescheinigung (§ 691), oder bei einer Ausgabedecretur die Angabe der Nummer des Anweisungsregisters, oder sind die Anweisungen sonst nach Form oder Inhalt vorschriftswidrig, so muß sie der Rechner sogleich, unter Angabe des Grundes, zur Ergänzung zurückgeben.

Die Rechnungsurkunden sollen in der Regel und wo nur immer thunlich auf Papier von der Größe des vorgeschriebenen Actenformats geschrieben sein. Kleinere Papiere als Quartformat sind auf halbe Bogen zu heften.

§ 700. Wo Maaß- und Gewichts-Verhältnisse in einer Urkunde vorkommen, darf stets nur das gesetzliche Maaß und Gewicht angewendet und berechnet werden. A. d. M. d. J. v. 24. Febr. 1843.

§ 701. Stempelpapier wird zu den Urkunden der Gemeinderechnungen als solchen nicht erfordert. Wo indessen der Gebrauch von Stempelpapier bei einzelnen Klassen von Urkunden nach vorliegenden Stempelgesetzen geboten ist, darf derselbe nicht unterbleiben. Es müssen demzufolge z. B. in der Prov. Rh. alle

Versteigerungs- und Verpachtungsprotokolle und alle Accorde und Verträge, welche bei der Rechnung als Belege dienen, auf Dimensions-Stempelpapier geschrieben oder für Stempel visirt werden. A. d. M. d. J. v. 4. Aug. 1834 u. Instr. § 55. Vergl. auch Abth. IX, §§ 204 u. 205.

§ 702. Die Urkunden sind von dem Rechner, nach den Voranschlags-Rubriken getrennt, in eben so vielen mit den Nummern und Rubriken überschriebenen Umschlagebogen zu sammeln und aufzubewahren.

§ 703. Quittungen. Es darf Nichts empfangen und Nichts ausgegeben werden, ohne daß hierüber quittirt wird, und umgekehrt darf Nichts quittirt werden, ohne daß eine wirkliche Abstattung geschieht.

Quittungen ohne wirkliche Einnahme oder Ablieferung und nur gegen Rückscheine sind auf das strengste untersagt.

Ausgenommen von dem eigenhändigen Quittiren durch die Empfänger sind nur die in Ausgabe verwilligten Unterstützungen von Armen. Hierzu genügt die Bescheinigung der Vertheilung durch das dabei anwesende Controlepersonal: eine Ortsvorstandsperson oder öffentlicher Diener.

§ 704. Liquidation der Ausstände. (§§ 86—95.) Nach § 73 der Instr. v. 24. Mai 1833 (vergl. § 673 oben) und § 88 der Instr. v. 11. Nov. 1840 ist eine Liquidation von Ausständen nur zuläßig, wenn der Gemeinde-Einnehmer den Nachweis liefert, daß er seiner instructionsgemäßen Obliegenheit in der Beitreibung Genüge geleistet hat, der Rückstand aber unvermeidlich war.

Es ist durchaus erforderlich, daß die Erfüllung dieser Verpflichtung durch eine genaue und strenge Prüfung der Liquidations-Verzeichnisse gehörig überwacht werde, indem dies als das wirksamste Mittel erscheint, um einestheils die Gemeinde-Einnehmer zu einer fortdauernd pflichtmäßigen Thätigkeit anzuregen, und anderntheils namhafte Verluste von den Gemeinden abzuwenden.

§ 705. Die bezüglich der Aufstellung und Prüfung der Ausstandsverzeichnisse zu beobachtenden Vorschriften finden sich, mit Rücksicht auf die a. §§ der Instr., so wie die A. d. M. d. J. v. 15. April 1833, 15. Mai 1838, 10. Dez. 1842, 10. Dez. 1845 u. 11. Febr. 1853, in Folgendem zusammengefaßt:

1) Die Ausstands-Verzeichnisse sind genau nach dem Muster Form. XII der Instr. einzurichten und hierzu nur die gedruckten Formularien zu verwenden. Jeder Schuldner darf darin nur einmal vorkommen.

2) Creditüberschreitungen aus vorderen Jahren können in diese Verzeichnisse nicht aufgenommen werden, indem derartige Posten niemals in Liquidation passiren dürfen.

3) Es ist unstatthaft, irgend einen Theil des aus der vorhergehenden Rechnung hervorgegangenen, in der folgenden Rechnung zu vereinnahmenden baaren Kassenvorraths mit Ausständen zu decken, die nicht als solche in der vorhergehenden Rechnung verzeichnet und zur Liquidation genehmigt waren.

4) Die Gelder über überwiesenes Loosholz und die Pachtgelder für die Feldjagd dürfen in der Regel niemals in dem Ausstandsverzeichnisse erscheinen, indem das Loosholz vor dem Wegbringen bezahlt, das Jagdpachtgeld aber vor dem Beginne des Pachtjahres berichtigt werden muß. (Vergl. §§ 558 u. 596 oben.)

5) Es dürfen nur diejenigen Posten in das Ausstandsverzeichniß aufgenommen werden, welche im Beitreibungsverfahren begriffen und durch die Pfandbefehle begründet oder durch Friststattung belegt sind.

6) Jeder einzelne betreffende Schuldposten muß die erforderlichen Nachweise enthalten, in welchem Pfandbefehle und unter welcher Ordn.-Nr. desselben er enthalten ist. Es kann dies in dem Ausstandsverzeichnisse selbst geschehen, wenn demselben noch die 2 Spalten „Nr. des Pfandbefehls“ und „Ordn.-Nr. des Schuldpostens“ beigefügt werden.

7) Sind für einzelne Schuldner oder einzelne Schuldposten Fristen bewilligt worden, so ist dies geeigneten Orts zu bemerken, zugleich aber auch die erlassene Bewilligung dem Ausstandsverzeichnisse beizulegen, und wo auf diesen Bewilligungen mehrere Schuldner vorkommen, darauf bei den einzelnen Posten des Ausstandsverzeichnisses, unter Beischrift der Ordn.-Nr. desselben, zu verweisen.

8) Da nach § 91 der Instr. für die Gemeinde-Einnehmer vom 11. Nov. 1840 das Ausstandsverzeichniß mit dem Schlusse der

Handbücher gefertigt werden muß, so haben die Bürgermeister darauf zu bestehen, daß jenes Ausstandsverzeichniß längstens 10 Tage nach dem Bücherschlusse durch die Gemeinde-Einnehmer vorgelegt werde. Die Bürgermeister werden der Regierungsbehörde unverweilt anzeigen, wenn dies nicht geschehen ist, um eintretenden Falles gegen die Gemeinde-Einnehmer sogleich vorschreiten zu können.

9) Nach Empfang des Ausstandsverzeichnisses haben die Bürgermeister dasselbe einer gründlichen Prüfung zu unterwerfen. Die zu dem Ende erfolgte Ladung der Schuldner ist besonders zu bescheinigen und diese Bescheinigung dem Ausstandsverzeichnisse beizulegen. Die erschienenen Schuldner haben sodann ihre Schuldposten mittelst Unterschrift, welche von den Bürgermeistern zu beglaubigen ist, anzuerkennen. Verweigern einzelne Schuldner die Unterschrift oder erscheinen sie auf Vorladung zur Anerkenntniß nicht oder stellen sie die Richtigkeit der Schuld in Abrede, so ist dieses speciell, nöthigenfalls in darüber aufzunehmenden Protokollen, zu bemerken, welche von den Bürgermeistern beglaubigt und ebenfalls dem Ausstandsverzeichniß beigelegt werden.

10) Die Bürgermeister haben bei der von ihnen vorzunehmenden Prüfung der Ausstandsverzeichnisse darauf zu sehen, daß die Nachweise der Vereinnahmung der Schuldposten aus früheren Rechnungen in denselben angemerkt und auch diejenigen Verfügungen in der letzten Columne angezogen werden, welche etwa wegen einzelner Schuldposten erlassen worden sein mögen.

11) Die Bürgermeister haben hierauf unverzüglich den Gemeinderath zu versammeln und über die einzelnen Schuldposten berathen zu lassen. Sollte der Gemeinderath zu keinen Bemerkungen veranlaßt worden sein, so ist dies in dem unter das Ausstandsverzeichniß zu setzenden Protokoll kurz anzudeuten; in dem Falle aber, wo von dem Gemeinderathe Anstände erhoben und sonst Bemerkungen gemacht worden sind, ist sich in dem ebenfalls unter das Ausstandsverzeichniß zu setzenden Protokoll auf diese in einer besonderen Anlage aufgeführten Beschlüsse oder Anträge des Gemeinderaths zu beziehen, und sind auch diese besonderen Beschlüsse von dem Gemeinderath mit zu unterschreiben.

§ 706. Gemeinderechnung. (§§ 96—120.) Eine Rechnung soll vollständige genügende Rechenschaft über das verwaltete Vermögen ablegen. Sie muß deshalb die beurkundete bildliche Darstellung der Verwaltung während des Rechnungsjahres und deren in Zahlen ausgedrückte Ergebnisse enthalten und so eingerichtet sein, daß sie eine augenblickliche Uebersicht so im Einzelnen, wie im Ganzen bezüglich aller Einnahmen und Ausgaben gewährt.

§ 707. Der Gemeinde-Einnehmer hat nach Art. 65 der G.O. längstens drei Monate nach Ablauf des Jahres die Gemeinderechnung nach vorgeschriebener Form — d. i. ganz gemäß der Instr. v. 11. Nov. 1840 und dem darin enthaltenen Muster Form. XIII, und zwar auf gedrucktes stempelfreies Formularpapier von Actengröße (§ 113 der Instr. und V. v. 28. Febr. 1833) — zu stellen und dem Bürgermeister zu übergeben. Da indessen jener Termin in der Regel allzukurz erscheint, so pflegt derselbe alljährlich durch den Min. d. J. erweitert und besonders festgesetzt zu werden. Das neueste A. d. M. d. J. v. 10. Febr. 1854 bestimmt den Termin zum Abschluß der Bücher auf den 30. April und zur Ablieferung derselben an den Bürgermeister auf den 31. Mai.

Hält der Gemeinde-Einnehmer diese Frist nicht ein, oder übergibt er die Rechnung in vorschriftswidrigem Zustande, z. B. ohne die gehörige Auf- und Unterschrift oder ohne beigebundenes genehmigtes Liquidations-Verzeichniß, so ist der Bürgermeister, letzterenfalls unter gleichzeitiger Zurückgabe der Rechnung, verbunden, davon sogleich die Anzeige bei der Oberrechnungskammer zu machen, welche alsdann gegen den säumigen Rechner gemäß der ihr eingeräumten Befugnisse zwangsweise vorschreitet. V. v. 6. Juni 1832, Art. 3.

Die dadurch erwachsenden Kosten werden von der Hauptstaatskasse vorgelegt und durch den Districts-Einnehmer von dem betreffenden Rechner wieder erhoben. A. d. M. d. J. v. 3. April 1840.

§ 708. In die Gemeinderechnung muß alle und jede Gemeindeausgabe gebracht werden, somit alle Geld- und Natural-Einnahme und Ausgabe, auch das Loosholz und das Bau- und Werkholz, das den Gemeindegliedern und Andern verabreicht wird.

Es können daher ohne besondere Erlaubniß der Regierungsbehörde durchaus keine Nebenrechnungen und Nebenkassen bei der Gemeinderechnung und Gemeindekasse stattfinden, und die Theilnehmer an solchen Nebenrechnungen sind zum Ersatz der heimlich verausgabten Summe verbunden, mit Vorbehalt der weiter verdienten, vom Richter zu erkennenden Strafe. G.O. Art. 66.

§ 709. Nachdem der Bürgermeister die Rechnung des Gemeinde-Einnehmers geprüft hat, legt er schriftlich seine Verwaltungsrechenschaft ab, hinterlegt beide nach vorheriger ortsgewöhnlicher Bekanntmachung acht Tage lang auf dem Gemeindehaus, damit jeder Interessent sie einsehen und schriftliche Bemerkungen darüber dem Bürgermeister übergeben könne, und legt sie alsdann mit diesen Bemerkungen dem versammelten Gemeinderathe zu Anfang seiner jährlichen regelmäßigen Sitzung vor. G.O. Art. 67.

Die Verwaltungsrechenschaft muß die Erläuterung und ausführliche Rechtfertigung der Verwaltung hinsichtlich der in Vergleichung mit dem Gemeindevoranschlag sich ergeben habenden Mehr- oder Minder-Einnahmen und Ausgaben für jede Rubrik enthalten. Vergl. § 487 oben (Beilage 4 zum Gemeindevoranschlag).

§ 710. Der Gemeinderath hat ohne Beisein des Bürgermeisters unter dem Vorsitz eines aus seiner Mitte von ihm gewählten Mitgliedes nach vorgängiger ebenmäßiger Wahl eines Secretärs die Gemeinderechnung und Verwaltungsrechenschaft genau zu durchgehen und zu prüfen und diejenigen Erinnerungen, worüber er sich mit dem Bürgermeister, bz. Gemeinde-Einnehmer, durch die von denselben gegebenen Erläuterungen nicht vereinigt, in sein Gutachten aufzunehmen. Bei dieser Prüfung ist das Controlebuch zu vergleichen. G.O. Art. 68.

Ein zweckmäßiges Formular für diese Acte findet sich in dem A. d. O.Rechnungskammer v. 23. Jan. 1840 vorgezeichnet.

§ 711. Rechnungs-Revision und Abschluß. (§§ 121—133.) Die schließliche Prüfung (Revision) und der Abschluß der Gemeinderechnungen ist der Oberrechnungskammer übertragen.

Der Bürgermeister hat nach Beendigung des im vorstehenden § erörterten Verfahrens und innerhalb der dazu zeitweise von dem Ministerium verordneten Frist (gewöhnlich bis zum 30. Juni) die Rechnung nebst Urkunden, den dazu gehörigen Protokollen und der betreffenden Controle an die Oberrechnungskammer-Justificatur, II. Abtheilung, einzusenden, widrigenfalls er deren Abholung durch einen Wartboten auf seine Kosten zu gewärtigen hat. V. v. 6. Juni 1832. V. v. 2. Febr. 1833 u. 28. Nov. 1822. Die

Vorlage und Erhebung dieser Kosten geschicht, wie im § 707 bemerkt.

§ 712. Fristgesuche, welche eine Erweiterung des Termins zum Schlusse der Handbücher bezwecken, sind zunächst bei der Regierungsbehörde vorzubringen, welche dieselben an die Oberrechnungskammer befördert. Fristgesuche dagegen, welche lediglich eine Verlängerung des Termins zur Einsendung der Rechnung zur Revision bezielen, sind bei der Oberrechnungskammer unmittelbar einzureichen. A. d. M. d. J. v. 17. Juni u. 11. Okt. 1850.

§ 713. Die Rechnungs-Revisions-Beschlüsse und Abschlüsse der Oberrechnungskammer nebst Rechnungs-Duplikaten werden den Rechnern durch Vermittelung der Regierungsbehörden in der durch die V. v. 30. Jan. 1837 vorgeschriebenen Weise insinuirt. Die Bürgermeister haben die Insinuation nach Maßgabe des ihnen zugehenden Formulars zu vollziehen und die Insinuationsbescheinigung sofort an die Regierungsbehörde einzusenden.

Einer Vollziehbar-Erklärung, Einnahme-Decretur und Controlirung der Ergebnisse der Rechnungsabschlüsse von Seiten der Verwaltungsbehörden bedarf es nicht. Dieselben sollen von der Revisionsbehörde, so weit nicht unterdessen eine Vereinnahmung bereits stattgefunden, stets in die nächstfolgende Rechnung übertragen werden. A. d. M. d. J. v. 31. Jan. 1838 u. 5. Juni 1841.

§ 714. Recurs. Gegen die Oberrechnungskammer-Abschlüsse kann der Recurs an den Staatsrath (welcher jedoch hierbei über Verfügungen der Regierungsbehörde nicht zu erkennen hat, V. v. 6. Juni 1832, Art. 7) innerhalb 3 Monaten vom Tage der Insinuation derselben ergriffen werden.

Wird, daß dies geschehen, nicht binnen der bemerkten Frist durch eine Bescheinigung des Generalsecretariats bei der Oberrechnungskammer nachgewiesen, folgeweise von dieser der verwaltenden Behörde davon keine Nachricht gegeben, so hat diese wegen Vollziehung der Rechnungsabschlüsse das Erforderliche zu verfügen.

Die Oberrechnungskammer-Abschlüsse erhalten alsdann die Eigenschaft rechtskräftiger Erkenntnisse und dieselbe Vollziehbarkeit.

Gesuche um Wiedereinsetzung in den vorigen Stand können nur unter beschränkenden Bedingungen bei der Recursbehörde vorgebracht werden. G. v. 14. Juni 1836 u. V. v. 30. Januar 1837.

§ 715. Will der Rechner nach erfolgtem Abschlusse neue Thatumstände oder Rechtfertigungsmittel geltend machen, so kann er sich damit an die Verwaltungsbehörde oder in den dazu geeigneten Fällen an die Gerichte wenden; a. G. v. 1836, Art. 5.

§ 716. Die Original-Rechnungen selbst, sammt Urkunden, sobald sie von der Ober-Rechnungskammer, als dort zur Revision späterer Rechnungen nicht mehr erforderlich, zurückgesendet werden, sind von dem Bürgermeister gehörig aufzubewahren. G.O. Art. 70 u. A. d. M. d. J. v. 23. Juli 1834.

XI. Abschnitt. [21])

Gemeindeprozesse und Vergleiche.

§ 717. Prozesse. Nach Art. 75 der Gemeindeordnung kann Jeder als Kläger gegen eine Gemeinde ohne besondere Ermächtigung auftreten und der Bürgermeister kann in jedem Falle sich conservatorischer Rechtsmittel zur einstweiligen Erhaltung des Besitzstandes bedienen; in allen übrigen Fällen darf der Gemeinderath Activ- und Passivprozesse nach eigener Ueberzeugung durch den Bürgermeister führen lassen; geschieht dies aber ohne Ermächtigung der Regierungsbehörde und das Gericht findet, daß der Prozeß von Seiten der Gemeinde muthwilliger Weise (frivol) geführt worden sei, so muß das Gericht erkennen, daß die Mitglieder des Gemeinderathes, welche die Führung des Prozesses bestimmt haben, persönlich verpflichtet sind alle Prozeßkosten zu tragen und dem Gegner zu erstatten.

Um die gehörige Vollziehung dieser gesetzlichen Vorschrift zu sichern und namentlich von den Gemeinden die Nachtheile möglichst abzuwenden, welche dieselben in Folge unüberlegter oder pflichtver-

21) Dieser Abschnitt findet sich in dem Registraturplane nicht vor. Ich glaubte denselben beifügen zu müssen, weil es an einem anderen passenden Platze zur Behandlung seines Gegenstandes fehlt.

gessener Prozeßführung von Seiten der Ortsvorstände treffen können, hat das M. d. J. durch A. v. 9. Okt. 1844 im Wesentlichen das Folgende verfügt:

1) Wenn der Gemeinderath beschließt, daß von der Gemeinde eine Klage angestellt werde oder daß die Gemeinde auf eine gegen sie angestellte Klage sich einlasse, so muß über diesen Beschluß ein die wahre Darstellung des Sachverhaltes enthaltendes förmliches Berathungsprotokoll nach Vorschrift des Art. 31 der G.O. abgefaßt und unterschrieben werden. Das Berathungsprotokoll muß der geschehenen Einladung der sämmtlichen Gemeinderathsmitglieder ausdrücklich erwähnen, und wenn einzelne Mitglieder des Ortsvorstandes, weil sie persönlich bei dem Rechtsstreite interessirt sind, an der Berathung keinen Antheil nehmen können, so ist auch dieses in dem Protokolle zu bemerken.

Ist der Beschluß des Gemeinderathes von dessen Mitgliedern nicht einstimmig, sondern nur nach Stimmenmehrheit gefaßt worden, so muß das Protokoll die Namen derjenigen Gemeinderathsmitglieder, welche für, und derjenigen, welche gegen Führung des Prozesses gestimmt haben, ausdrücklich bezeichnen.

2) Beschließt der Gemeinderath, daß zur Führung eines Activ- oder Passivprozesses von Seiten einer Gemeinde die Ermächtigung des Administrativ-Justizhofes eingeholt werden soll, so hat der Bürgermeister das deßfallsige Berathungsprotokoll zur Erwirkung jener Ermächtigung der Regierungsbehörde berichtlich vorzulegen. Diese hat hierauf, wenn sie den Beschluß des Gemeinderathes für begründet hält oder ihre Abmahnung von Führung eines ihrer Ansicht nach der Gemeinde nachtheiligen Prozesses und der nach Umständen zu machende Versuch einer gütlichen Vermittelung der Sache erfolglos geblieben ist, die Akten nöthigenfalls nach Vervollständigung der Materialien mit Gutachten an den Administrativ-Justizhof baldigst einzusenden.

Wenn

a) von dem Administrativ-Justizhofe die nachgesuchte Ermächtigung ertheilt wird, so ist die deßfallsige Verfügung (ohne Beischluß des unter Nr. 1 erwähnten Berathungsprotokolles) dem Gericht, bei welchem die Klage der Gemeinde angebracht oder deren Erklärung auf eine gegen sie angestellte Klage abgegeben wird, vorzulegen.

Wird dagegen

b) von dem Administrativ-Justizhofe die nachgesuchte Ermächtigung verweigert, so ist eine neue Berathung des Gemeinderathes darüber erforderlich, ob gleichwohl der beabsichtigte Prozeß geführt werden soll. Beschließt der Gemeinderath die Führung des Prozesses, so muß das Berathungsprotokoll, ohne weiteres Eingehen auf die Gründe, nur die einfache aber ausdrückliche Erklärung enthalten, daß, der von der höheren Regierungsbehörde verweigerten Ermächtigung ungeachtet, der Prozeß geführt werden solle.

Diese Erklärung muß sofort dem betreffenden Gericht übergeben werden. Gleichzeitig ist aber auch eine Abschrift davon durch den Bürgermeister an die Regierungsbehörde einzusenden.

Gegen die verweigernde Verfügung des Administrativ-Justizhofes ist der Recurs an das Min. d. J. statthaft.

3) Beschließt der Gemeinderath, daß zur Führung eines Activ- oder Passivprozesses die Ermächtigung des Administrativ-Justizhofes eingeholt werden soll, die Dringendheit des Falles gestattet aber nicht diese Ermächtigung vor dem Auftreten vor Gericht zu erwirken, so können zwar die zur Wahrung der Interessen der Gemeinden erforderlichen Schritte (z. B. zur Erhaltung des Besitzstandes, ferner in der Prov. Rh. insbesondere die E i n l a s s u n g auf O p p o s i t i o n — A. d. M. d. J. v. 6. Juli 1836 —) einstweilen vor Gericht geschehen, es ist aber wegen Einholung jener Ermächtigung, wenn förmlicher Rechtsstreit entsteht, ungesäumt das Erforderliche nachträglich einzuleiten und im Uebrigen nach den Vorschriften unter 2) zu verfahren.

4) Wenn etwa der Gemeinderath beschließen sollte, daß zur Führung eines Prozesses um eine Ermächtigung gar nicht nachgesucht werden solle, so ist dieses in dem nach Nr. 2 b) abzufassenden Berathungsprotokolle ausdrücklich zu erklären und dieses Protokoll dem betreffenden Gericht vorzulegen, gleichzeitig aber auch eine Abschrift oder andere Ausfertigung des Protokolles von dem Bürgermeister an die Regierungsbehörde, unter Beischluß eines besonderen nach Nr. 1 aufzunehmenden, also die wahre Darstellung enthaltenden Berathungsprotokolles, einzusenden.

5) Wenn insbesondere eine Gemeinde bei Gericht belangt wird, so ist auch über den etwaigen Beschluß des Gemeinderathes, den

gegen die Gemeinde von dem Kläger gemachten Anspruch anzuerkennen, ein Berathungsprotokoll nach Vorschrift Nr. 1 aufzunehmen und eine Ausfertigung desselben durch den Bürgermeister unverzüglich und jedenfalls vor Ablauf der zur Erklärung auf die Klage bestimmten Frist bei der Regierungsbehörde einzureichen.

6) Sowohl in dem Falle unter Nr. 4, als dem unter Nr. 5 werden die Regierungsbehörden, sobald sie Kenntniß von dem durch den Ortsvorstand gefaßten Beschlusse erhalten, das Interesse der Gemeinde in geeigneter Weise zu wahren suchen.

7) Sollten Bürgermeister die nach den vorstehenden Bestimmungen zu machenden Anzeigen zur gehörigen Zeit zu erstatten versäumen, oder in anderer Weise den obigen Bestimmungen entgegenhandeln, namentlich eine Vernehmung des Gemeinderathes über eine gegen die Gemeinde angestellte Klage (5) etwa ganz unterlassen, so ist gegen sie — vorbehaltlich der hieraus den Gemeinden gegen sie etwa erwachsenden regressorischen Ansprüche — disciplinarisch vorzuschreiten.

Um die den oberen Verwaltungsbehörden durchaus erforderliche Kenntnißnahme von den Activ- und Passivprozessen der Gemeinden noch mehr zu sichern, sind

8) die Gerichte in den Prov. St. u. O. beauftragt worden in allen Fällen, in welchen Gemeinden ohne Autorisation des Administrativ-Justizhofes eine Klage anstellen oder eine Klage gegen sie erhoben wird, alsbald oder wenigstens gleichzeitig mit der richterlichen Verfügung auf die Klage die betreffende Regierungsbehörde von der angestellten Klage in Kenntniß zu setzen.

In der Prov. Rh. sind die Staatsprocuratoren angewiesen in Fällen der bezeichneten Art sich die Schriften vor dem Vortrage der Sachen mittheilen zu lassen und von dem Mangel einer Autorisation sogleich der einschlägigen Regierungsbehörde die Anzeige zu machen, so wie auch den Friedensrichtern aufgegeben ist von den an sie gebracht werdenden Sachen, in denen nicht autorisirte Gemeinden als Partheien erscheinen, alsbald den Regierungsbehörden Kenntniß zu geben. Erhalten diese eine solche Benachrichtigung, so ist von ihnen nicht allein wegen etwaiger Nichtbefolgung obiger Vorschriften von Seiten der Ortsvorstände, sondern auch, soweit es von ihrem Standpunkte aus geschehen kann, wegen Wahrung der Interessen der Gemeinden das Geeignete vorzukehren.

9) So wie überhaupt nach Art. 12 der G.O. der Bürgermeister die handelnde und ausführende Behörde in der Gemeindeverwaltung ist, so bestimmt insbesondere auch der Art. 75 der G.O., daß die Activ- und Passivprozesse der Gemeinden durch den Bürgermeister geführt werden sollen.

Es folgt hieraus, daß, sobald die Führung eines Rechtsstreites, sei es mit oder ohne Genehmigung des Administrativ-Justizhofes, beschlossen ist, der Bürgermeister allein und zwar durch die Autorisationsurkunde des Administrativ-Justizhofes, bz. des Berathungsprotokolles des Gemeinderathes, ohne daß es einer weiteren Vollmacht des Gemeinderathes bedarf, zur Prozeßführung als legitimirt erscheint, daß daher nur er, bz. der Beigeordnete, als sein gesetzlicher Stellvertreter (nicht der Gemeinderath) Namens der Gemeinde vor Gericht aufzutreten hat und daß, wenn ein Anwalt oder ein sonstiger Bevollmächtigter für die Gemeinde bestellt werden soll, die demselben auszustellende Vollmacht nur von dem Bürgermeister, nicht von dem Gemeinderath, zu unterschreiben ist.

§ 718. Kosten-Decreturen der Advocaten, und zwar:

A. in gerichtlichen Prozessen.

Die Kosten und Gebühren der Anwälte und Advocaten bezüglich gerichtlicher Prozesse dürfen von den Bürgermeistern nur in dem Falle, unter der betr. Rubrik des Voranschlages, auf die Gemeindekasse zur Zahlung angewiesen werden, wenn dieselben:

1) in Ansehung der Prov. St. u. O. von dem Gericht nach Vorschrift der V. v. 23. August 1810 revidirt und festgestellt worden sind;
2) in Ansehung der Prov. Rh. von dem Präsidenten des betreffenden Gerichts nach Maßgabe des § 25 der V. v. 28. August 1827 zuvor taxirt worden sind. A. d. M. d. J. v. 29. Mai 1835.

B. Für Vorstellungen und Verhandlungen in Verwaltungsangelegenheiten bei den Administrativbehörden.

In dieser Beziehung ist verordnet, daß die Anwälte in den Prov. St. u. O. die Verzeichnisse ihrer deßfallsigen Deserviten und Auslagen kurzer Hand an die Lokalverwaltungsbehörde zur Erwirkung der Decretur einreichen sollen.

Wenn dieselben dem zuwider Vorträge um Deserviten-Revision bei den oberen Verwaltungsbehörden selbst einreichen, so soll das Deservit dafür gestrichen werden. V. v. 10. Febr. 1838.

Zugleich ist weiter verfügt:

1) daß die Lokalverwaltungsbehörden, sobald eine solche Deservitenrechnung bei ihnen einlangt und die Rechnung mehr als 10 fl. beträgt, solche an die Regierungsbehörde einsenden sollen, damit durch diese die Revision bewirkt, bz. veranlaßt werde;

2) daß aber, wenn die Deservitenrechnung 10 fl. oder weniger beträgt, die Lokalverwaltungsbehörden selbst zur Decretur ermächtigt sind und demzufolge die Rechnungen nur in dem Falle der höheren Verwaltungsbehörde zur Revision und Decretur vorzulegen haben, wenn sie dieselben für übersetzt halten oder sonst beanstanden. A. d. M. d. J. v. 10. Febr. 1838.

§ 719. Vergleiche. Vergleiche über einen Rechtsstreit können Gemeinden nur mit Genehmigung der oberen Verwaltungsbehörde abschließen. Die Bürgermeister haben daher den Vorbehalt dieser höheren Genehmigung in den Urkunden über abzuschließende Vergleiche jedesmal aufzunehmen. Unterlassungen ziehen die oben unter 7) bemerkten Folgen nach sich.

Es ist den Bürgermeistern angelegentlich empfohlen, auch während des Laufes von Prozessen auf deren gütliche Beilegung hinzuwirken. A. d. M. d. J. v. 9. Okt. 1844, Satz 10.

XII. Abschnitt. [22]

Gemeindedienste oder Frohnden.

§ 720. Das die Ablösung der Staatsfrohnden und gutsherrlichen Frohnden regelnde G. v. 8. April 1819 hat im § 12 die Gemeindefrohnden aufrecht erhalten.

---

22) Auch dieser Abschnitt fehlt in dem Registraturplane.

Die G.O. von 1821 schweigt ganz darüber. Da sie indessen genau die Normen und das Verhältniß bezeichnet hat, nach welchen inskünftige die Gemeindebedürfnisse aufgebracht werden sollen, siehe § 510 folg. o., so erscheinen dadurch die Gemeindedienste für eigentliche Communalverwaltungszwecke, z. B. Handdienste und Fuhren für Bauwesen, Wegbauten u. s. w., mittelbar aufgehoben. Sollen dergleichen Arbeiten forthin in Natur geleistet werden, so muß ihre Vertheilung auf die Einzelnen nach dem gesetzlichen Repartitionsfuße geschehen, so daß sie nicht mehr als wirkliche Frohnden anzusehen sind, sondern vielmehr nur die Befugniß darstellen den schuldigen Geldbeitrag persönlich abzuverdienen.

Dagegen bestehen die Gemeindedienste für öffentliche Sicherheit und überhaupt polizeiliche Zwecke nach wie vor fort.

Es entspricht dies nicht allein der Natur des öffentlichen Gemeinwesens, welche erfordert, daß alle demselben verbundenen Glieder ihm auch persönlich ihre Kräfte widmen, sondern auch den allgemeinen und besonderen Gesetzen.

Dergleichen Dienstleistungen erweisen sich überhaupt, besonders in Nothfällen und bei unglücklichen Ereignissen, z. B. bei Feuerausbruch, Wassersgefahr, ungewöhnlichem Schneefall u. dgl. m., als ganz unentbehrlich.

Diejenigen, welche bei solchen Unfällen oder auch zu sonstigen polizeilichen Zwecken, von den Lokalbehörden aufgefordert, den Dienst oder Hülfeleistung verweigern oder versäumen, sollen in der Prov. Rh. mit einer Polizeistrafe von 6—10 Franken bestraft werden. Crim.-Gb. Art. 475, Satz 12. In den Prov. St. u. O. werden sie von der Regierungsbehörde mit Disciplinarstrafen belegt. Kr.-Instr. § 19.

XVI. Abtheilung.

Armen- und Wohlthätigkeits-Polizei.

I. Abschnitt.

Armen- und Wohlthätigkeits-Anordnungen im Allgemeinen.

§ 721. Verpflichtung der Gemeinden. Die Unterstützung armer Gemeinde-Einwohner und die Gewährung ärztlicher Hülfe für sie ist gesetzlich ausgesprochene Pflicht der Gemeinden. G.O. Art. 84 u. 85.

Die Mittel dazu sind, insoweit nicht freiwillige Gaben, die Erträge etwa vorhandener Allmosenfonds oder Beiträge aus Kirchenfonds, bz. herkömmlich dazu verwendete Spenden des Klingelbeutels, ausreichen, in II. Klasse aufzubringen.

Sollten in einer Gemeinde freiwillige Beiträge und ein Ausschlag zu diesem Behufe stattfinden, so muß die Aufrechnung der freiwilligen Beiträge auf den Ausschlag verwilligt werden. E. des M. d. J. an die R. v. 24. März 1830.

§ 722. Prinzip derselben. Eine wirksame Armenunterstützung wird zwar vorzugsweise in der allgemeinen Menschen- und christlichen Nächstenliebe ihre Wurzel haben, aber auch der Stütze des polizeilichen Prinzipes nicht entbehren können.

Während in ersterer Beziehung die Lokalbehörden Hand in Hand mit dem kirchlichen Elemente wirken, ist es die besondere Aufgabe für die polizeiliche Thätigkeit die Regelung der Hülfe zu vermitteln und den Mißbrauch derselben durch arbeitsscheue Müßiggänger und Taugenichtse abzuwenden. Sie schafft dem arbeitslosen, doch arbeitsfähigen Armen nährende Beschäftigung und Verdienst, überliefert aber den bettelnden Müßiggänger und Landstreicher den Gerichten zur Bestrafung.

Die Mittel für die Armenverpflegung können und werden auf diese Weise ungeschmälert nur zur Linderung wahrer Noth verwendet werden.

§ 723. Verfahren. In Gemäßheit dieser Grundsätze ist von dem Min. d. J. durch Erlaß an die vormaligen Regierungen vom 24. März 1830, eingeschärft den 11. August 1842, bezüglich der Ausmittelung und Verwilligung der erforderlichen Armenunterstützungen im Wesentlichen folgendes Verfahren vorgeschrieben worden:

1) In allen Gemeinden, mit Ausnahme derjenigen größeren Städte und Orte, in welchen mit höherer Genehmigung eigene Armen-Commissionen bestehen oder noch gebildet werden, hat der Bürgermeister, oder in Filialorten der Beigeordnete, vierteljährig (kann auch wohl, wenn es erforderlich scheint, monatlich geschehen) ein Verzeichniß aller hülfsbedürftigen Armen aufzustellen und dabei zu bemerken, was jeder dieser Armen wöchentlich an Geld, Naturalien oder Kost empfangen soll. (Das in Beil. VI enthaltene Formular zu diesen Verzeichnissen ist mehrwärts in Anwendung und dient zur Vereinfachung des Geschäftsganges.) Anlage VI.

2) Bei der Bestimmung des wöchentlichen Bedarfs soll jedesmal auch ein angemessener Fond für unvorhergesehene temporäre Unterstützungen ausbehalten und so weit nöthig zur Verwendung ausgesetzt werden. E. d. M. d. J. an die R. vom 18. Okt. 1831.

3) Das Verzeichniß oder eintretenden Falles die Nachricht, daß der Ortsvorstand in der betr. Periode gar keine Unterstützung für nöthig erachte, ist sodann dem Pfarrer des Ortes mitzutheilen, welcher es mit dem Kirchenvorstande zu durchgehen und die hierbei nöthig findenden Bemerkungen zu machen hat, auch berechtigt ist selbst Vorschläge für Unterstützungen zu stellen; s. a. A. v. 1831. Wird das vorgeschlagene Formular angewendet, so kann dies in der bezeichneten Spalte geschehen. Im Falle des Einverständnisses erscheint der Eintrag „Einverstanden" nebst der Unterschrift des Kirchenvorstandes genügend.

Sind in einem Orte Geistliche verschiedener Confessionen, so ist das Verzeichniß jedem derselben zu dem erwähnten Zwecke mitzutheilen.

4) Im Falle des Einverständnisses ist alsdann das Verzeichniß sogleich von dem Bürgermeister auf die Gemeindekasse oder, wo besondere Ortsarmenkassen oder Fonds bestehen, auf diese zur Ausgabe zu decretiren.

5) In den Fällen aber, in welchen zwischen den bezeichneten Behörden Meinungsverschiedenheiten obwalten, deren Vereinigung den anzuwendenden Bemühungen des Geistlichen und Bürgermeisters nicht gelingt, soll der Letztere das Verzeichniß (oder auch wohl nur den Auszug über die beanstandeten Posten) der Regierungsbehörde mit Bericht über die Anstände zur Entscheidung vorlegen.

6) Bei der Aufstellung der Verzeichnisse ist möglichst darauf Rücksicht zu nehmen, daß der in dem laufenden Rechnungsjahre verfügbare Fond nicht überschritten wird.

7) Die Bürgermeister haben dafür zu sorgen, daß die erforderliche Aufsicht und Controle bei Abgabe, bz. der Verwendung der verwilligten Unterstützungen nicht fehlt. Eine Austheilung der Allmosen durch die Pfarrer soll, insoweit sie nicht in Folge stiftungsmäßiger Bestimmung zu erfolgen hat, nicht stattfinden.

§ 724. Das in dem vorstehenden § erörterte Verfahren bezieht sich nur auf die gewöhnlichen Unterstützungen, kann aber nicht wohl auch in denjenigen außerordentlichen Fällen angewendet werden, in welchen eine bloße Unterstützung unzureichend erscheint, vielmehr wegen gänzlicher Hülfslosigkeit, bz. dem Mangel ernährungspflichtiger Verwandten, die Last der ganzen Erhaltung eines Armen der Gemeinde oder einem Hülfsfond zufällt, z. B. die Verpflegung einer ganz mittellosen blödsinnigen, einer einzeln stehenden, verkrüppelten oder ganz arbeitsunfähigen armen Person u. dgl. m. In allen diesen außerordentlichen Fällen ist schleunig eine besondere Verhandlung einzuleiten und unter Mitwirkung und Mitunterschrift des Ortsgeistlichen Verpflegungscontrat mit rechtschaffenen Leuten abzuschließen und der Regierungsbehörde zur Genehmigung vorzulegen.

Eine Veraccordirung an den Wenigstnehmenden ist dabei unzulässig und von dem Ministerium in vorgekommenen Fällen untersagt worden. E. d. M. d. J. an d. Kr. zu Biedenkopf v. 10. Febr. 1842 u. d. Kr. zu Gßn. v. 8. Januar 1845.

§ 725. Abstellung des Bettelns. Wenn von den Lokalbehörden, der vorderen Anleitung gemäß, mit Humanität und Einsicht verfahren und unter außergewöhnlichen Umständen die Privatmildthätigkeit angeregt und zu Hülfe genommen wird, so erscheint die Aufgabe der Polizeibehörden, das sittenverderbliche Betteln zu unterdrücken, wesentlich erleichtert.

Bettler, welche nicht als Gewohnheitsbettler (— d. s. solche, welche, obgleich im Verlauf des letzten Jahres zweimal polizeilich bestraft, abermals betteln —) nach Art. 147 u. 148 des Str.Gb. in peinliche Strafe zu verfällen sind, sollen in der Regel mit einer Polizeistrafe von 14 Tagen Gefängniß belegt werden. G. d. Einführung d. Str.Gb. betr. v. 17. Sept. 1841, Art. 23.

Bettler, welche unter Drohungen oder auf falsche Zeugnisse, oder durch Verkleidung, erdichtete Wunden, Gebrechen oder Unglücksfälle von sich oder ihren Begleitern Mitleid zu erregen suchen, werden mit geschärftem Gefängniß bestraft. Str.Gb. Art. 249.

In allen Fällen der Art. 247—249 d. Str.Gb. kann und bei Rückfällen muß gegen den Bettler zugleich Stellung unter polizeiliche Aufsicht bis zu 4 Jahren erkannt werden. Art. 250.

§ 726. Der auf frischer That ertappte Bettler soll immer festgenommen und, wenn er Gewohnheitsbettler ist, dem ordentlichen Richter, im anderen Falle aber dem Polizeigerichte zur Untersuchung und Bestrafung übergeben werden; a. Art. 23.

Die Regel, daß Anzeigen von Polizeicontraventionen in den Prov. St. u. O. nur durch Vermittelung der Regierungsbehörde an die Polizeigerichte gelangen sollen, erleidet hierbei die Ausnahme, daß die Lokalpolizeibehörden des Ortes der Ergreifung des Bettlers zur unmittelbaren Abgabe solcher Denunciationen ermächtigt sind, wenn der Ort der Betretung des Bettlers nicht der Kreissitz ist und Letzterer auch auf dem Transporte nicht berührt wird. Doch soll alsdann die Benachrichtigung der Regierungsbehörde von der geschehenen Ueberlieferung erfolgen. A. d. M. d. J. v. 9. Juni 1843.

In der Prov. Rh. kann von der Regierungsbehörde verordnet werden, daß Bettler und Landstreicher nach Verbüßung der ihnen vom Gericht zuerkannten Strafe noch eine Zeit lang in das Bettelhaus zu Mainz aufgenommen werden sollen. G. v. 29. August

1809 u. E. d. Min. d. J. v. 19. Dezbr. 1808 u. 17. Mai 1811; auch Kr.Instr. v. 1835, § 117. — Die Lokalbehörden werden daher nicht unterlassen in geeigneten Fällen deßhalb Anträge zu stellen.

§ 727. Sogen. Bettelfuhren. Das Zuführen ausländischer kranker Bettler ist in den Prov. St. u. O. bei 5 fl. Strafe verboten. Die Lokalpolizeibehörden sollen überhaupt dergleichen durchaus nicht annehmen, sondern unverzüglich deren Zurückführung über die Gränze, unter Bedeckung von 2 Mann Wache, anordnen, wenn irgend der Transport ohne Lebensgefahr für den Kranken möglich ist, anderen Falles aber sofort Anzeige bei der Regierungsbehörde machen. B. d. R. d. Prov. St. v. 10. August 1808 und A. d. R. d. Prov. O. v. 20. Sept. 1808.

Ausnahmsweise sind unbemittelte kranke Ausländer nur dann über die Gränze des Großherzogthums einzulassen, wenn entweder besondere Staatsverträge dazu verpflichten (s. § 758) oder von den Behörden des angränzenden Nachbarstaates, aus welchem der Kranke transportirt werden soll, die schriftliche Versicherung gegeben wird, daß die allenfalls im Großherzogthum erwachsenden Verpflegungs- und Heilungskosten dieser Kranker ersetzt werden sollen. A. d. M. d. J. v. 3. Juni 1836.

§ 728. Wegen der Armen- und Armenkranken-Fuhren überhaupt gelten dieselben Grundsätze und Bestimmungen wie für die Schubfuhren; s. §§ 848—852.

Wo die Beförderung armer Kranken auf Eisenbahnen zulässig erscheint, ist vorzugsweise dieses Transportmittel zu wählen. E. des M. d. J. an d. Kr. Gsn. v. 18. April 1853.

II. Abschnitt.

Armen- und Wohlthätigkeits-Anstalten.

§ 729. Weltliche milde Stiftungen. Bei der Verwaltung der weltlichen milden Stiftungen sind, insoweit die Stiftungsurkunden nicht eine Ausnahme begründen, im Allgemeinen bz. die Verwaltungsvorschriften anzuwenden, welche für die Verwaltung des Gemeindevermögens gelten. Kr.Instr. § 78.

Nachfolgende Verordnungen sind jedoch für die Kirchen, Schulen und Stiftungen gemeinsam erlassen und von den betr. Lokalverwaltungsbehörden der weltlichen Stiftungen, welche hierbei die in jenen Verordnungen den Kirchenvorständen zugedachten Geschäfte zu übernehmen haben, besonders zu beobachten, nämlich:

1) Die Instruction zur Fertigung der Voranschläge für Kirchen, Stiftungen und Schulen vom 18. Sept. 1835: s. o. § 332.
2) Der Decreturen und Crediterweiterungen: §§ 334—337.
3) Die Vorschriften über Controlirung der unständigen Einnahmeposten und Führung eines Controlebuches: § 338.
4) Die in den §§ 344—348 erörterten Vorschriften über die Ausleihung, Aufbewahrung, Revision und Prüfung der Schuld- und Pfandverschreibungen.
5) Deßgleichen über die unterlassene Abtragung oder Anlegung verzinslicher Kapitalien: § 343.
6) Ueber die Beitreibung der Ausstände und Prozesse: § 351.
   Doch kommt nunmehr auch in den Prov. St. u. O. dem Syndicus p. c. die Führung der Prozesse der weltlichen Stiftungen **nicht** mehr zu.
7) Die Instruction für die Geschäftsführung der Rechner von Kirchen, Stiftungen und Schulen: § 354.
8) Die Verordnung wegen Revision der Lokal-, Kirchen-, Stiftungs- und Schul-Rechnungen vom 6. Juni 1832: § 356.
9) Die Vorschriften über sorgsame Unterhaltung der den Stiftungen zugehörigen Gebäude: § 357.

§ 730. Für die Prov. Rh. hat ein A. d. R. zu Mz. v. 31. Mai 1831 noch besondere, bei den **Kapitalanlagen** der Wohlthätigkeitsanstalten zu beobachtende Normen und Vorsichtsregeln vorgeschrieben. Es soll namentlich bei Darlehen an Privaten 200 fl. das Minimum des auszuleihenden Kapitalbetrages sein und bei Darlehen unter 300 fl. eine 4fache, bei größeren eine 3fache Sicherheit verlangt werden. Das über die Obligationen aufzustellende Verzeichniß soll ferner sowohl dem Vorsitzenden der Commission, als auch dem Rechner in Abschrift mitgetheilt werden, und sind Beide persönlich dafür verantwortlich gemacht darüber zu wachen, daß kein Renovationstermin verstreicht, ohne daß neue Einschreibung genommen ist. — Zugleich wird die Anlage bei Gemeinden vorzugsweise empfohlen.

§ 731. Annahme von Stiftungen. Wenn Güter, Kapitalien ꝛc. an Lokalanstalten und Stiftungsfonds durch Schenkung übergehen sollen, so haben die Lokalbehörden wegen Einholung der deßfalls erforderlichen Genehmigung Bericht an die Regierungsbehörde zu erstatten. V. v. 31. Januar 1820 u. Kr.Instr. § 80.

§ 732. Hospitäler. In größeren Städten bestehen vielerwärts Hospitäler, bald zur Unterkunft für alte oder gebrechliche Arme, bald für arme Kranke bestimmt, und eigentliche nur für Letztere bestimmte Krankenhäuser. Der Wirkungskreis und die Verwaltung dieser wohlthätigen Lokalanstalten ist in der Regel durch besondere Statuten geordnet. Insoweit diese eine Beschränkung der allgemeinen Verwaltungsvorschriften für weltliche Stiftungen nicht bedingen, finden dieselben auch auf sie Anwendung.

§ 733. Als in weiteren Kreisen für die Darreichung ärztlicher Hülfe und Pflege an bedürftige Kranke wirksam und empfehlenswerth verdienen erwähnt zu werden:

I. Das von Dr. Küchler gegründete und durch milde Beiträge, besonders aber die Municifenz unserer Fürstenfamilie, dotirte Land-Krankenhaus in der Residenz Darmstadt.

Ueber die Verpflegungskosten in demselben sind folgende Grundsätze angenommen:

1) Die Vergütung für die Krankenpflege wird an die Vereinskasse bezahlt und nach Pflegetagen zu 24 Stunden berechnet.

2) Die gesammte Krankenpflege, einschließlich aller Kosten derselben, für einen Tag beträgt:

a) für wenig Bemittelte . . . . . . — fl. 15 kr.
b) für Bemitteltere . . . . — „ 30 „
c) für Pflege in abgesonderten Zimmern 1 „ — „

3) Die Landgemeinden sind berechtigt für ihre armen kranken Gemeindeglieder Pflegeverträge (nach gedruckten Formularien) mit dem Vereinsvorstande abzuschließen, mit bedeutend ermäßigter Pflegevergütung.

Darnach kostet die gesammte Krankenpflege für einen Tag, wenn 150 Pflegetage gekauft werden, vorläufig 6 kr.
wenn 250 Pflegetage gekauft werden . . 6 bis 9 „

Auch können Gewerbsgehülfen und Dienstboten solcher Gemeinden auf Grund besonderer deßfallsiger Einrichtungen sich eine Pflege in Krankheitsfällen und Aufnahme im Land-Krankenhause versichern.

4) Privaten können sich durch bestimmte Jahresbeiträge zur Vereinskasse ein Recht erwerben, arme Landkranken in's Land-Krankenhaus zu senden zur gänzlich freien Verpflegung und Heilung.

II. Die in Gießen mit der Universität verbundene Krankenanstalt „Klinik", welche dieselben Leistungen an alle Kranken gegen eine nur sehr mäßige Vergütung gewährt. Es sind nämlich für jeden Kranken täglich nur 18 kr. zu entrichten und ist dabei zugleich weiter bestimmt, daß die Kur- und Verpflegungskosten im Ganzen nie den Betrag von 25 fl. übersteigen sollen.

Es bedarf zur Erwirkung der Aufnahme der auf Kosten der Gemeinden zu verpflegenden Kranken in die Klinik nur eines deßfallsigen Ersuchens von Seiten des Bürgermeisters an die Direction der Klinik, mit Zusicherung des Kostenersatzes aus der Gemeinde.

III. In der Prov. Rh. bestehen keine für die Bedürfnisse der Provinz bestimmten Hospitäler, wohl aber in vielen Städten, u. a. Mainz, Worms, Alzey, Bingen und Oppenheim, Lokalanstalten der Art, in welchen theilweise auch andere Gemeindeangehörige gegen Ersatz der Verpflegungskosten Aufnahme finden.

§ 734. Armencommissionen. Da die Mitwirkung des gesammten Gemeinderathes und Kirchenvorstandes, wie sie im § 723 als Regel bezeichnet ist, in größeren Städten und Orten allzu umständlich und unzuträglich sein würde, so ist daselbst die Bildung eigener Armencommissionen zugelassen, welche an deren Stelle die ganze Besorgung des Armenwesens, bz. die Verwaltung der Armenfonds, zu vollziehen haben.

Ueber die Art und Weise der örtlichen Zusammensetzung solcher Armencommissionen entscheidet die in den einzelnen Fällen ertheilte höhere Entschließung. In der Regel findet dabei ebenfalls die Vertretung so des weltlichen, als auch des kirchlichen Elementes statt und ist gewöhnlich auch der Kreisarzt zugezogen.

§ 735. Besondere Armenkassen sollen gemäß Art. 66 der G.O. in der Regel nicht gebildet und bestehende, soweit nicht stiftungsmäßige Bestimmungen entgegenstehen, mit den Gemeindekassen vereinigt werden. A. d. M. d. J. v. 6. Febr. 1833.

§ 736. Was die Errichtung und Verwaltung von Orts-Sparkassen, Leihkassen, Pfandhäusern, Armenvereinen, Viehassecuranzen und ähnlicher gemeinnütziger Anstalten betrifft, so wird die deßfallsige Bestimmung vorwiegend durch die örtlichen Verhältnisse und Bedürfnisse bedingt sein. — Nachahmungswürdige Vorbilder finden sich an vielen Orten. Es bleibt daher nur übrig, den Ortsvorständen ihre weise Benutzung, so wie eine sorgsame Aufsicht über bestehende Anstalten der Art zu empfehlen.

Die öffentliche neue Errichtung derselben erfordert Staatsgenehmigung.

§ 737. Collecten. Die Einsammlung von Allmosen, sei es für sich selbst oder Andere, ist im Allgemeinen verboten und darf in einem Verwaltungsbezirke ausnahmsweise nur stattfinden, wenn die betr. Regierungsbehörde in den dazu geeigneten Fällen, namentlich wenn einen Kreisangehörigen ein seinen Nahrungsstand untergrabendes Ereigniß betroffen, die besondere Genehmigung dazu (Sammelpatent) ertheilt hat. V. v. 16. Juli 1810 u. Kr.Instr. § 127.

Die Erlaubniß zur Einsammlung von Brandcollecten für Brandbeschädigte soll jedoch niemals gegeben werden. Brandass.-Ordnung v. 18. Nov. 1816, § 49, u. A. d. M. d. J. v. 27. Sept. 1843.

Uebrigens bleibt es Einzelnen unversagt, sich in Unglücksfällen zur Empfangnahme und Weiterbeförderung ihnen zugesendet werdender freiwilliger Gaben zu erbieten und solche Gaben zu besorgen.

§ 738. Ausstellung von Armuthszeugnissen. Den Bürgermeistern und anderen Lokalbehörden, gleichwie allen anderen öffentlichen Dienern, ist es durchaus untersagt Armuthszeugnisse auszustellen oder schriftliche Empfehlungen in die Hand zu geben, welche zum Zwecke des Bettelns dienen können, und zwar in den Provinzen St. u. O. bei 30 fl. Strafe; s. d. o. Alleg., ferner d. A. d. R. der Prov. St. v. 10. Mai 1823, u. für Rh. den Präf.E. v. 3. Febr. 1809 u. d. A. d. R. zu Mz. v. 30. Juni 1824 u. 20. Juli 1828.

§ 739. Wer ohne ordnungsmäßiges Sammelpatent (§ 737) oder auf unstatthafte Zeugnisse hin collectirt, dem sind die Letzteren abzunehmen und der ist zur Bestrafung anzuzeigen. Gegen Collectanten für eigene Zwecke ist zugleich wie gegen Bettler überhaupt (§§ 725 u. 726) vorzuschreiten.

§ 740. Bittschriften um Stipendien oder Stundung von Kollegiengeldern auf der Landesuniversität sollen mit einem vön dem Bürgermeister ausgestellten und von der Regierungsbehörde beglaubigten Zeugnisse belegt sein. V. v. 1. Juni 1832.

Das hierzu anzuwendende Formular ist durch A. d. M. d. J. v. 25. Mai 1853 vorgezeichnet.

§ 741. Armenrecht. Damit auch dem Armen die Möglichkeit gegeben sei, sein gekränktes Recht vor den Gerichten des Großherzogthums geltend zu machen, gewährt das Gesetz die Wohlthat des Armenrechts. Für Rh. G. v. 4. April 1817 und für St. u. O. V. v. 29. März 1836.

A. Um in der Prov. Rh. das Armenrecht zu erlangen, muß der Nachsuchende ein Zeugniß seines Bürgermeisters und zweier Gemeinderäthe darüber beibringen, daß er Armuths halber nicht im Stande sei, die Prozeßkosten zu bestreiten.

Der Bürgermeister soll in diesem Zeugniß die Familien-, persönlichen, Erwerbs- und Vermögens-Verhältnisse des Bittstellers genau und gewissenhaft schildern und dessen Unvermögenheit, die Prozeßkosten aufzubringen, näher begründen, auch bemerken, in welchem Rechtsstreit, gegen welchen Gegner und um welchen Gegenstandes wegen der Prozeß geführt werden soll. Dieses von dem Bürgermeister und 2 Gemeinderäthen zu unterschreibende, auf freies Papier taxfrei ausgefertigte Zeugniß ist sodann mit dem Dienstsiegel zu versehen und zugleich mit einem ebenfalls stempel- und taxfrei von dem Districtseinnehmer ausgestellten und von dem Bürgermeister legalisirten Auszug aus der Steuerrolle über alle von dem Nachsuchenden entrichtet werdenden directen Steuerquoten zu belegen.

Das Zeugniß wird hierauf der Regierungsbehörde vorgelegt, welche dasselbe prüft und nach Befinden darunter bemerkt, daß ihrerseits Nichts gegen die Ertheilung des Armenrechts zu erinnern sei.

Mit diesem Zeugniß versehen wendet sich der Nachsuchende sofort an den Staatsprocurator bei dem betr. Gerichte I. Instanz, bz. im Recurswege an den General-Staatsprocurator bei dem Obergerichte, welchem das weiter Erforderliche anzuordnen obliegt; s. d. a. G. v. 1817 u. d. A. d. R. zu Mz. v. 19. März 1824.

Ist der Nachsuchende ein Bewohner der Prov. St. u. O., so hat er ein ähnliches Armuthszeugniß bei seiner betr. Regierungsbehörde einzuholen und es sonach bei der einschlägigen Regierungsbehörde in der Prov. Rh. vorzuzeigen. V. v. 29. Mai 1819.

B. In den Prov. St. u. O. haben dagegen die Bürgermeister als solche zur Erlangung des erbetenen Armenrechts nicht mehr mitzuwirken. Die desfallsigen Dienstverrichtungen sind hier vielmehr an den Vorsteher des Ortsgerichts übergegangen. Der Vorsteher des Ortsgerichts des Wohnorts eines um das Armenrecht Nachsuchenden ist verbunden auf Verlangen desselben über seine Verhältnisse ein Zeugniß in der Art aufzustellen, daß er nach Anleitung des darüber vorgeschriebenen gedruckten Formulars an das einschlägige Gericht Bericht erstattet. Dieser Bericht soll jedoch zur Vermeidung von Mißbrauch niemals dem Nachsuchenden selbst eingehändigt, sondern stets unmittelbar an das Stadt- oder Landgericht eingesendet werden. Instr. v. 26. Okt. 1852, § 38, in Vergleichung der früheren Instr. v. 25. April 1836.

III. Abschnitt.

Vorsorge für arme Kinder.

§ 742. Waisenanstalt. Die unter der Regierung des Landgrafen Ernst Ludwig im J. 1695 gegründete Waisenanstalt für die christlichen Glaubensgenossen der damaligen hessischen Lande ist nunmehr auf das ganze Großherzogthum und auch auf die Israeliten ausgedehnt. V. v. 28. Okt. 1845.

Ein E. d. M. d. J. v. 26. Juli 1831 enthält die allgemeine Regel für die Verpflegung der Kinder. Die unmittelbare Aufsicht und Verwaltung über die Anstalt ist der Regierungsbehörde in der Residenz übertragen.

§ 743. Instruction für die Lokalbehörden. Was die unter der Aufsicht der verschiedenen Regierungsbehörden stattfindende Mitwirkung der Lokalbehörden bei der Besorgung der hierher bezüglichen Waisenangelegenheiten betrifft, so liegen darüber 2 besondere Instructionen des früheren Prov.C. zu Darmstadt v. 26. April 1843 u. 12. Dez. 1845 (letztere die Israeliten betr.) vor, welche ihrem zusammengefaßten Inhalte nach im Wesentlichen das Folgende besagen und verordnen:

I. Zweck der Landeswaisenanstalt.

(§ 1.) Der Zweck der Landeswaisenanstalt ist: arme vater- und mutterlose Waisen in der Religion ihrer Eltern gottesfürchtig und sittlich, in der Regel in ihrer Heimath, bei braven Leuten erziehen und sie mit den Kenntnissen ausrüsten zu lassen, die sie demnächst zu einem selbst gewählten Beruf nöthig haben.

II. Berechtigung zur Aufnahme.

(§ 2.) Nur ehelich geborne, von körperlichen Gebrechen freie (§ 4), unbemittelte Waisen haben Anspruch auf Aufnahme in die Großherzogl. Landeswaisenanstalt, sofern die Gemeinde, welcher der betreffende Waise angehört, keine eigenen Fonds oder Anstalten zur Waisenversorgung besitzt und zu dessen Erziehung auch sonst keine Verpflichtete vorhanden oder diese zu unbemittelt sind, der fraglichen Verpflichtung zu genügen.

(§ 3.) Unter armen oder unbemittelten Waisen sind auch solche zu verstehen, die zwar ein Einkommen besitzen, welches aber zu ihrer Erziehung unzureichend ist.

(§ 4.) Ausgeschlossen von der Theilnahme an der allgemeinen Landeswaisenanstalt sind solche Waisen, die an körperlichen Gebrechen leiden, welche sie zum künftigen Erwerb ihres Lebensunterhaltes voraussichtlich unfähig machen, z. B. Blödsinn, Wasserkopf, Verkrüppelung, Taubstummheit, Blindheit ꝛc.

Solche Waisen sind nach den für die Armen-Krankenpflege bestehenden Vorschriften zu behandeln.

(§ 5.) Die Verpflichtung der Landeswaisenanstalt beginnt mit der Zeit, wo ein Kind Waise wird. Jedoch wird erwartet, daß der Anspruch alsbald nach dem Ableben der Eltern erfolgt, und es macht sich der Bürgermeister verantwortlich, wenn er die Anzeige der Verwaisung ohne Grund verzögern sollte.

Die Waisenpflege endet bei Protestanten mit dem Tage der Confirmation, bei Katholiken mit der ersten Communion des Waisen. Sollte jedoch jene oder diese mit dem zurückgelegten 14. Lebensjahre noch nicht erfolgt sein, so ist davon wegen Verlängerung der Waisenpflege, unter der Angabe des Grundes, Anzeige zu machen. Bei israelitischen Waisen endet die Waisenpflege stets mit dem zurückgelegten 14. Lebensjahre des Waisen.

III. Erfordernisse zur Aufnahme.

(§ 6.) Wird ein nach Vorstehendem zur Aufnahme geeignetes Kind Waise, so hat der Bürgermeister alsbald darüber an die Regierungsbehörde Bericht zu erstatten und diesem Berichte folgende Urkunden beizuschließen:

a) den Todesschein beider Eltern,
b) den Geburtsschein des Waisen,
c) Bescheinigung über die Vermögens- und Familien-Verhältnisse des Waisen, namentlich ob Großeltern von väterlicher oder mütterlicher Seite noch am Leben und ob sie im Stande sind ihre verwaisten Enkel zu erziehen,
d) ein Physikatszeugniß über den Gesundheiszustand des Waisen und die erfolgreich geschehene Impfung.

Alle diese Urkunden sind auf stempelfreiem Papier auszufertigen.

(§ 7.) In dem Berichte ist dann noch anzugeben, ob sich Verwandte oder sonstige rechtschaffene Leute vorfinden, denen die Pflege und Erziehung des Waisen anvertraut werden kann.

(§ 8.) Bei vorhandenem, aber zur Erziehung eines oder mehrerer Waisen nicht zureichendem Vermögen hat sich der Bürgermeister eine Bescheinigung des einschlägigen Gerichts über den Bestand des Vermögens zu erbitten. Kann indessen diese Bescheinigung nicht alsbald ertheilt werden, so darf deshalb die Anzeige von der Verwaisung des Kindes nicht verschoben werden, sondern es hat sich der Bürgermeister einstweilen mit dem von dem einschlägigen Gericht bestellten Vormunde zu benehmen, oder auf andere Weise das Einkommen alsbald möglichst genau zu ermitteln zu suchen und ebensowohl von dem Resultate seine ihm vorgesetzte Behörde zu unterrichten.

In allen Fällen, in welchen Vermögen von Waisen vorhanden ist, fließt das Einkommen aus diesem Vermögen, nach Abzug der darauf ruhenden unvermeidlichen Kosten und Lasten, so lange in die Landeswaisenkasse, als der Waise sich der Vorsorge der Anstalt zu erfreuen hat. Es ist die Pflicht des Bürgermeisters darauf zu sehen, daß jener Ueberschuß der Einkünfte aus dem Vermögen eines Waisen auch wirklich und vollständig in die Landeswaisenkasse eingeliefert wird.

IV. Wahl und Eigenschaften der Pflegeltern.

(§ 9.) Bei der Wahl der Pflegeltern ist auf die individuellen Bedürfnisse des Waisen und die Eigenschaften der Pflegeltern zu sehen. Es sollen diese einen sittlichen Wandel und ordentlichen Haushalt führen; sie dürfen nicht durch eine zahlreiche eigene Familie von der nöthigen Aufsicht auf die ihnen anvertrauten Kinder abgehalten werden und sich nicht in der Lage befinden, daß sie in der übernommenen Waisenpflege blos ein Mittel zur Befriedigung eigener Bedürfnisse suchen. In der Regel müssen sich auch die Pflegeltern zu der christlichen Confession bekennen, in welcher der Waise erzogen werden soll. Endlich mögen zwar Wittwen die Erziehung von Mädchen übernehmen, einem Wittwer oder einem ledigen Mann soll aber kein Kind zur Erziehung übergeben werden.

(§ 10.) Unter Voraussetzung dieser wesentlichen Erfordernisse eignen sich am meisten zu Pflegeltern für Waisenkinder kinderlose Eheleute, nahe Verwandte, Pathen, Freunde und Bekannte der verstorbenen Eltern. Auch sind in der Regel in dem Geburtsorte des Kindes wohnende und solche Personen, die das Gewerbe treiben, welchem der Waise sich voraussichtlich demnächst widmen wird, ortsfremden und anderen Personen vorzuziehen. Eine Pflegbegebung ins Ausland soll in der Regel nicht und nie ohne die dringendste Veranlassung dazu stattfinden.

(§ 11.) Ist auf diese Eigenschaften bei dem in dem Berichte an die Regierungsbehörde gemachten Vorschlage wegen der Pflegeltern vollständig Rücksicht genommen worden und ist bei christlichen Waisen der Geistliche des Orts und bei israelitischen der Rabbiner in Ansehung der Waisenkinder seines Wohnorts, in Ansehung der Waisenkinder anderer Orte aber der Vormund derselben mit der Wahl der Pflegeltern einverstanden, so wird der Accord auf das vorgeschriebene gedruckte Formularpapier in doppelter Ausfertigung aufgenommen und zur Genehmigung an die Regierungsbehörde eingesendet. Es ist hierbei genau darauf zu achten, daß Vor- und Zuname sowohl des Waisenkindes als auch der Pflegeltern genau und vollständig in dem Pflegcontract angegeben werden.

(§ 12.) Sobald die Genehmigung erfolgt ist, hat der Bürgermeister die Pflegeltern zu unterrichten, was sie bei der halbjährigen, am Ende Juni und Ende Dezember jeden Jahres erfolgenden Erhebung des Pfleggeldes zu beobachten haben (§ 14). Sodann hat er gleichzeitig dem Kreisarzte die Aufnahme des Waisen in die Landeswaisenanstalt und den Namen des Pflegers, dem das Kind anvertraut worden ist, anzuzeigen, damit derselbe dieses in das Verzeichniß der in seinem Bezirk befindlichen, von ihm zu beaufsichtigenden Waisen eintragen kann.

V. Beaufsichtigung der Waisen.

(§ 13.) Sobald eine Waise ihren Pflegeltern übergeben ist, liegt die Aufsicht über Verpflegung und Erziehung des Kindes dem Bürgermeister des Orts, in welchem sich der Waise befindet, unter Mitwirkung des Geistlichen bei christlichen Waisen, bei israelitischen aber der in § 11 gedachten Personen, ob. Der Bürgermeister hat insbesondere darüber zu wachen, daß das Pflegkind dem Contracte gemäß gut genährt, reinlich in Wäsche und Kleidung unterhalten wird und eine gesunde Schlafstätte erhalt. Daß die Waise zum regelmäßigen Besuch der Kirche und Schule angehalten und sittlich erzogen wird, unterliegt hauptsächlich der Aufsicht des Geistlichen, allein auch der Bürgermeister hat hierüber zu wachen und sich deshalb nach Befund mit dem Geistlichen zu benehmen. Auch hat der Kreisarzt nach der V. v. 6. Jan. 1830 die Waisenpflege zu überwachen und der Bürgermeister ist verbunden dessen Erinnerungen Folge zu geben.

(§ 14.) Der Bürgermeister hat unter die halbjährig einzusendende Quittung des Pflegers über den Empfang des Pfleggeldes die eigenhändige Unterschrift des Pflegers und weiter zu attestiren, daß die Unterhaltung und Erziehung des Waisen contractmäßig, oder worin Vernachlässigungen stattgefunden haben. Außerdem hat er vor der Attestation darauf zu sehen, daß unter der Quittung die Unterschrift des Pflegers vollständig mit Vor= und Zuname gesetzt ist, auch daß der Vor= und Zuname des Waisen in der Quittung den vorderen Angaben in dem Pflegcontracte vollkommen entspricht. Endlich ist in der Attestation zu bemerken, daß der Waise noch nicht oder an welchem Tage er confirmirt oder zur ersten Communion zugelassen, bz. bei Israeliten 14 Jahre alt geworden ist. Nachstehendes Formular dient zum Muster für die Ausstellung und Attestation solcher Quittungen.

Muster zu Quittungen über Pflegegeld für Waisen.

Anm. Diese sind auf halben Bogen in Actenformat auszustellen und darf in denselben nichts radirt oder sonst abgeändert werden.

(Die Summe ist mit Buchstaben zu schreiben) Gulden . . . . kr. contractmäßige Vergütung für die Verpflegung und Erziehung des Waisenkindes (Name desselben, so wie des Heimathsortes und des Kreises, wozu der Heimathsort gehört) vom . . ten . . . . . . bis den . . ten . . . . . . 18 . . aus jährlichen (Angabe des Betrages des jährlichen Pfleggeldes mit Ziffern) aus Großherzogl. Landeswaisenkasse zu Darmstadt empfangen zu haben, quittirt

(Name des Wohnortes und Kreises) den . . ten . . . . . . 18 . .

(Unterschrift des Pflegers.)

Muster zu dem darunter zu setzenden Attest.

Die eigenhändige Namensunterschrift des Pflegers (Name), so wie daß das Pflegkind (Name) contractmäßig verpflegt wird und

— wenn es evangelische betrifft — noch nicht confirmirt worden ist (oder am . . ten . . . . . . 18 . . confirmirt wurde),

— wenn katholische — noch nicht communicirt hat (oder am . . ten . . . . . . 18 . . zum erstenmal communicirt hat),

— wenn israelitische — noch nicht das 14. Lebensjahr zurückgelegt hat (oder am . . ten . . . . . . 18 . . das 14. Lebensjahr zurückgelegt hat),

bescheinigen

(Name des Wohnortes und des Kreises, wozu derselbe gehört) den . . ten . . . . . . 18 . .

Bei Christen der Pfarrer (Siegel.) Der Bürgermeister
Bei Israeliten der Rabbiner, bz. Vormund (Name.)
(Name.)

Es versteht sich von selbst, daß vorstehendes Muster nur für Fälle Anwendung finden kann, in welchen gegen die contractmäßige Verpflegung kein Anstand vorliegt. Im entgegengesetzten Falle muß dies unter der Quittung ausdrücklich bemerkt werden.

(§ 15.) Sollte der Bürgermeister zu irgend einer Zeit Vernachlässigungen in der Erfüllung der contractmäßigen Verbindlichkeit des Pflegers, in der Verpflegung oder Erziehung des Waisen wahrnehmen, so hat er solche unverzüglich bei seiner vorgesetzten Behörde zur Anzeige zu bringen und dafür zu sorgen, daß entweder das Desiderium alsbald abgestellt oder nach Befund die Pflege im Einverständniß mit dem Geistlichen, bz. den in § 11 gedachten Personen, anderen zuverlässigen Pflegern anvertraut wird.

(§ 16.) Ohne die im § 14 bezeichnete Attestation und ohne daß diese pünktlich und vollständig nach Vorschrift erfolgt, darf keine Pfleggeldzahlung aus der Landeswaisenkasse geleistet werden.

(§ 17.) Ereignen sich im Laufe des Jahres sonstige Umstände, welche eine Aenderung in der Person der Pflegeltern nöthig machen, z. B. der Tod des Pflegvaters oder der Pflegmutter, Veränderung des Wohnortes der Pflegeltern, so liegt es ebensowohl dem Bürgermeister ob, gleichfalls im Einverständnisse mit dem Geistlichen, bz. den in § 11 gedachten Personen, in Zeiten Vorkehrungen wegen anderweiter Unterbringung des Waisen zu treffen.

VI. Krankheitsfälle der Waisen.

(§ 18.) Der Bürgermeister hat auf desfallsige Anzeige des Pflegers alsbald dafür zu sorgen, daß zur Behandlung des erkrankten Waisen ein Arzt herbeigerufen wird. Wohnt der Kreisarzt im Ort oder näher als ein practischer Arzt, so ist stets der Kreisarzt zu requiriren, derselbe aber auch dann von der Erkrankung eines Waisen stets zu benachrichtigen, wenn wegen der Entfernung vom Wohnorte des Waisen und wegen Dringenheit des Falles die Behandlung einem practischen Arzte übergeben worden sein sollte.

(§ 19.) Der Bürgermeister hat mit darauf zu sehen, daß die Anordnungen des Arztes befolgt werden. Die ärztlichen Besuche eines nicht im Orte wohnenden Arztes bei einem Waisenkinde hat er genau zu bemerken und von den Pflegern bemerken zu lassen, um diese Besuche demnächst mit Gewißheit attestiren zu können.

(§ 20.) Geht eine Waise mit Tode ab, so hat der Bürgermeister darauf zu sehen, daß die Kosten der Leichenbestattung sich nur so hoch wie für andere Arme belaufen und sich auf das unumgänglich Nothwendige beschränken. Er ist übrigens in diesem Fall verbunden, der Regierungsbehörde unverzüglich Anzeige von dem Ableben zu machen und zu berichten, ob der Waise einiges Vermögen hinterläßt.

VII. Von dem Austritt der Waisen aus der Anstalt.

(§ 21.) Ist die Zeit des Austritts des Waisen aus der Landeswaisenanstalt gekommen (§ 5), so hat sich bei Knaben der Bürgermeister mit dem Geistlichen (s. § 11) über die zweckmäßige Unterbringung des Waisen zur Erlernung eines Handwerkes zeitig zu berathen, hierbei auf Neigung und Geschick des Waisen Rücksicht zu nehmen und seine desfallsigen motivirten Vorschläge, so wie auch darüber, in wie weit der Waise auf die Dauer der Lehrzeit Unterstützung bedarf, an die Regierungsbehörde gelangen zu lassen.

(§ 22.) Widmet sich der Waise einem Handwerke, so hat der Bürgermeister mit dem Vormund des Waisen für die Unterbringung des Waisen bei einem tüchtigen Meister in- oder außerhalb des Heimathsortes, jedoch innerhalb des Großherzogthums, zu sorgen. Mit dem Lehrmeister ist deshalb ein Lehrcontract abzuschließen.

(§ 23.) In diesem mit dem Lehrmeister abzuschließenden und doppelt auszufertigenden Lehrcontract ist die Dauer der Lehrzeit, sodann daß der Meister dem Lehrling angemessene Kost an seinem Tisch, eine gesunde Lagerstätte zu geben hat, ihn zu keiner anderen Arbeit, als zu der Profession, gebrauchen darf, zu bedingen. Der Lehrmeister muß darin außerdem versprechen, den sittlichen Wandel des Waisen zu überwachen, denselben zur Gottesfurcht und zum Besuche der Kirche anzuhalten. Statt des Lehrgeldes hat der Waisen-Lehrling den Meister durch längere Lehrzeit zu entschädigen.

Von den Gebühren für Aufdingen und Lossprechen sind die auf öffentliche Kosten erzogen werdenden Waisen eben so befreit, wie überhaupt alle arme Lehrjungen.

(§ 24.) Während der Dauer der Lehrzeit wird aus der Landeswaisenkasse eine Unterstützung zur Unterhaltung in Leibwäsche und Kleidung bewilliget. Uebernimmt der Lehrmeister die Verpflichtung hierzu, so ist dieses ebenfalls in dem Lehrcontract auszudrücken. Macht sich hierzu aber der Vormund oder der Pfleger oder eine dritte Person verbindlich, so ist er gehalten dieses Versprechen schriftlich abzugeben, damit darauf hin die Auszahlung der Unterstützung an Denjenigen verfügt werden kann, der die Verbindlichkeit der Unterhaltung übernommen hat.

(§ 25.) Die Auszahlung der verwilligten Unterstützung erfolgt jährlich, je nach der Zeit des Eintritts in die Lehre, entweder zu

Ende Juni oder zu Ende Dezember, gegen Quittung des Empfängers und gegen Bescheinigung des Bürgermeisters:

a) über die Richtigkeit der Unterschrift des Empfängers,

b) daß der Waisen-Lehrling noch am Leben ist und

c) daß derselbe contractmäßig in Wäsche und Kleidung unterhalten und zu keiner dem Handwerk fremden Arbeit verwendet wird.

Auch ist genau darauf zu sehen, daß die im § 14 gegebene Vorschrift rücksichtlich der Unterschrift des Lehrmeisters und des Vor- und Zunamens des Waisen-Lehrlings genau beobachtet wird. Ein Formular zu dieser Quittung und Attestation folgt hierunter und wird hier ausdrücklich die oben im § 14 gemachte Bemerkung rücksichtlich des dort erwähnten Formulars wiederholt.

Muster zu Quittungen über Unterstützungen für Lehrlinge.

Anm. Diese sind auf halben Bogen in Actenformat auszustellen und darf in denselben nichts radirt oder sonst abgeändert werden.

(Die Summe ist mit Buchstaben zu schreiben) Gulden . . . . kr. Unterstützung für die Unterhaltung in Wäsche und Kleidung des Waisen und Lehrlings (Name desselben, so wie des Heimathsortes und des Kreises, wozu der Heimathsort gehört) während der Lehrzeit für das . . . . Jahr aus Großherzogl. Landeswaisenkasse zu Darmstadt empfangen zu haben, quittirt

(Name des Wohnortes und Kreises, Datum und Unterschrift des Empfängers wie oben § 14).

Attestat, welches unter die vorstehende Quittung zu setzen ist.

Die eigenhändige Namensunterschrift des (Name), so wie daß der Waise und Lehrling (Name) noch am Leben ist, angemessen in Kleidung und Wäsche unterhalten und zu keiner dem Handwerke fremden Arbeit verwendet wird, bescheinigt

(Name des Wohnortes und des Kreises, wozu derselbe gehört)

den . . ten . . . . . . 18 . .

Der Bürgermeister

(Siegel.) (Name.)

(§ 26.) Weiblichen Waisen wird in der Regel nach Ablauf der Pflegzeit eine Unterstützung nur dann bewilligt, wenn sie vermöge ihrer körperlichen Beschaffenheit zum Dienen nicht geschickt und genöthiget sind, durch weibliche Handarbeiten ihr demnächstiges Fortkommen zu suchen. In diesem Falle wird zur Erlernung solcher Arbeiten eine einmalige Unterstützung aus der Landeswaisenkasse bewilliget.

(§ 27.) Von dem Austritte eines Waisen-Lehrlings aus seiner Lehre vor Ablauf der Lehrzeit ist alsbald Anzeige an die vorgesetzte Behörde zu machen, so wie auch dann, wenn der Waise während der Lehrzeit mit Tode abgehen sollte.

VIII. Erhebung und Einsendung der Büchsengelder.

(§ 28.) In Folge des höchsten Publicandums v. 5. Aug. 1824 sind in den Bürgermeisterei-Bureaux, an allgemeinen Versammlungsorten, in Post- und Wirthshäusern Büchsen zur Sammlung milder Gaben mit der Aufschrift: „Für arme Waisen" aufgestellt.

(§ 29.) Diese Büchsen stehen unter doppeltem Verschluß des Bürgermeisters und eines Gemeinderathsmitgliedes, und zwar mit zwei verschiedenen Schlössern und Schlüsseln.

(§ 30.) Die Eröffnung dieser Sammelbüchsen erfolgt von dem Bürgermeister unter Zuziehung des erwähnten Gemeinderathsmitgliedes jährlich nur Einmal, und zwar am 1. September.

(§ 31.) Sogleich nach Eröffnung der Büchsen ist darüber ein von dem betr. Gemeinderathsmitgliede mit zu unterzeichnender Sortenzettel aufzunehmen und derselbe mit dem eingekommenen Gelde, oder falls Nichts eingegangen ist, eine von dem Gemeinderathsmitgliede ebenfalls mit zu unterschreibende Bescheinigung an die Regierungsbehörde zur Weiterbeförderung einzusenden. A. d. M. d. J. v. 16. Jan. u. 9. Aug. 1837.

(§ 32.) Dem Bürgermeister liegt es übrigens ob, dafür zu sorgen, daß diese Sammelbüchsen auf Kosten der Landeswaisenanstalt an allen dazu bestimmten Orten aufgestellt und unterhalten und daß bei entstehenden Mängeln an der Befestigung, den Büchsen selbst oder dem Verschlusse alsbald die erforderlichen Reparaturen vorgenommen werden. Die desfallsigen Kostenverzeichnisse sind zur Zahlungsanweisung einzusenden.

(§ 33.) Alle von den Bürgermeistern oder deren Stellvertretern zu versehenden, auf die Waisenpflege sich beziehenden Geschäfte sind unentgeltlich zu verrichten und dürfen dafür keinerlei Gebühren in Anspruch genommen werden.

§ 744. Waisen-Collecten. Zum Besten der Waisenanstalt sollen überdies in den Kirchen am Sonntag Palmarum und auf Neujahr Collecten erhoben werden; eben so in den Synagogen am Vorabend des Versöhnungsfestes und des Purimsfestes; sodann auch bei allen kirchlichen und israelitischen Trauungen, Taufen und Beschneidungen. Die desfallsigen Sammlungen sind von den Geistlichen an die Dekane am 1. Oktober, und von den israelitischen Gemeindevorständen an den einschlägigen Rabbinen am 1. September jeden Jahres einzusenden, bz. durch diese an den Rechner der Waisenkasse abzuliefern.

Die mit der Post direct an den Letzteren versendeten Geldpakete genießen Freiheit von Einschreibgebühren und Porto, wenn sie mit der Aufschrift „Waisen-Collecten", oder „Waisen-Büchsengelder", oder „Waisen-Geschenke", oder „Waisen-Vermächtnisse" und mit der Unterschrift und dem Dienstsiegel des Absenders versehen sind. V. v. 5. Aug. 1824. A. d. Prov.C. zu D. v. 29. Dezember 1843. Regulativ dess. v. 12. Dezember 1845 u. A. d. O.Cons. an die Dekane v. 18. März 1836.

§ 745. Damit auch die Verpflegung derjenigen Waisenkinder, welche nicht aus Staatsmitteln geschehen kann (z. B. der unehelichen Kinder), vielmehr von den Gemeinden selbst zu bestreiten ist, ordnungsmäßig erfolge, ist für die Prov. St. u. O. weiter Nachstehendes verordnet:

1) Die Wahl der Pflegeltern soll ebenfalls gemeinschaftlich von dem Ortsgeistlichen und Bürgermeister geschehen und in dieser Beziehung dasselbe wie § 743 beachtet werden.
2) Der Bürgermeister hat sodann den Verpflegungscontract abzuschließen und hierzu die Zustimmung des Gemeinderaths und sodann die Genehmigung der Regierungsbehörde einzuholen. Soumissionen dürfen nur dann stattfinden, wenn es nicht gelingen will Verpflegungsaccorde aus freier Hand abzuschließen. Versteigerung an den Wenigstnehmenden ist gänzlich untersagt.
3) Der Ortsgeistliche und Bürgermeister haben eine sorgfältige Aufsicht darüber zu führen, daß die Pflegeltern die Contractbedingungen gehörig erfüllen. Erst auf die desfalls gemeinschaftlich von ihnen ausgestellte Bescheinigung darf die Auszahlung des Pfleggeldes erfolgen. A. d. M. d. J. v. 1. Dez. 1847.

In der Prov. Rh. besteht zwar grundsätzlich dieselbe Verpflichtung der Gemeinden, es werden indessen dort die fraglichen Kinder, wenn sie elternlos oder von ihren Eltern, ohne daß deren Aufenthalt bekannt ist, verlassen sind, gleich den Findelkindern und nach denselben Normen wie diese auf Kosten der für diese Provinz bestehenden Centralkasse verpflegt; s. die folg. §§ u. die dortigen Allegationen.

§ 746. Findlinge. Die Verpflegungskosten der Findlinge werden in den Prov. St. u. O. aus den Ober-Polizeikassen dieser Provinzen, in der Prov. Rh. aber aus der besonderen zur Verpflegung der Findel- und verlassenen Kinder gebildeten Centralkasse bestritten, welche durch die von dem Staate für den früheren Bezug der Polizeistrafen und Abgaben von Lustbarkeiten geleisteten jährlichen Beiträge dotirt ist. V. v. 6. Aug. 1818, 26. Sept. 1817 u. 23. Juni 1819 u. A. d. R. zu Mz. v. 21. Nov. 1820.

§ 747. In so weit Findelkinder nicht in bestehenden Hospizien — wie z. B. in Mainz und Worms — erzogen werden können, geschieht ihre Erziehung und Verpflegung durch Veraccordirung an Private in ähnlicher Weise und Beaufsichtigung wie bei den Waisenkindern.

Für die Prov. Rh. ist zu dem Ende der Gebrauch gedruckter Contract-Formulare und Verpflegungs-Bescheinigungen vorgeschrieben. Unter Letzteren soll der Bürgermeister stets besonders bescheinigen, ob der Aufenthalt der Eltern verlassener Kinder nicht bekannt geworden ist.

§ 748. Taubstumme. Für den Unterricht und die Erziehung taubstummer Kinder ist durch die Errichtung der Taubstummen-Institute zu Friedberg (für evangelische) und zu Bensheim (für katholische) von Staatswegen Vorsorge getroffen. V. v. 6. April 1837 u. 26. Febr. 1840.

Die Aufnahme vermögensloser taubstummer Kinder in diese Anstalten findet auf öffentliche Kosten unter folgenden Bestimmungen statt:

1) Die Kinder müssen das 8. Lebensjahr erreicht und das 12. noch nicht zurückgelegt haben. Es ist dies durch Beibringung ihres Taufscheins nachzuweisen.
2) Ist ein Zeugniß des Kreisarztes darüber erforderlich:

a) daß die Einimpfung der Blattern geschehen ist,
b) daß das taubstumme Kind bildungsfähig ist (B. § 2), und
c) daß es an keiner ansteckenden Krankeit oder auffallenden körperlichen Gebrechen leidet.

3) Der Eintritt kann zu jeder Zeit erfolgen.

4) Die Dauer des Aufenthalts in der Anstalt erstreckt sich in der Regel auf 6 Jahre.

5) Die Unterrichts- und Verpflegungskosten (dermalen 150 fl. jährlich) sind zu ⅔ vom Staate und zu ⅓ von der betr. Gemeinde zu bestreiten. Nur bei ganz armen Gemeinden übernimmt der Staat das ganze Kostgeld.

Können die Eltern eines Taubstummen einen Theil des Kostgeldes bestreiten, so wird dessen Betrag vorerst an dem Beitrag der Gemeinde und dann an dem des Staats in Abzug gebracht.

6) Den Taubstummen sind beim Eintritt in die Anstalt folgende Kleidungsstücke zu stellen: a) ein Sonntags- und ein Werktags-Anzug, b) 2 Paar Schuhe, c) 4 Paar Strümpfe, d) 6 Hemden, e) 2 Halstücher, f) 3—4 Sacktücher, g) eine Kappe. Diese Kleider sind von den Eltern und in so weit sich diese außer Stande dazu befinden, von der betr. Gemeinde zu stellen.

7) Die Vergütung für Waschen und Flicken ist unter dem Kostgelde begriffen. Hinsichtlich der Unterhaltung der übrigen Kleider treten die Bestimmungen unter 6) ein. Uebrigens ist

8) den Gemeinden freigestellt, die Anschaffung des etwa fehlenden zweiten Anzugs und der Kleider-Unterhaltungskosten während der Dauer des Aufenthalts in der Anstalt dem betr. Director gegen die jeweilig dafür bestimmte Taxe (jetzt 18 fl., bz. 12 fl.) zu überlassen.

9) Bei eintretenden Krankheiten werden die Heilungskosten aus der Staatskasse bestritten.

§ 749. Blinde Kinder. Für die Erziehung der blinden Kinder besteht noch zur Zeit keine Staatsanstalt, sondern nur eine durch Privatmildthätigkeit gegründete Privatanstalt in der Stadt Friedberg.

Außerdem hat das Min. d. J. verfügt, daß dahin gewirkt werden solle, auf daß die Blinden thunlichst in ihrer Heimath Unterricht erhalten. Den Lehrern, welche sich darin auszeichnen, ist eine Gratification in Aussicht gestellt. E. d. M. d. J. an die Ober-Stud.Dir. v. 23. Okt. 1852.

IV. Abschnitt.

Unterstützungen.

§ 750. Bei außerordentlichen Unglücksfällen und Schicksalen leisten unter Umständen die Staatskasse oder die vorhandenen Staatshülfsfonds besondere Hülfe. Die desfallsigen Gesuche können unmittelbar bei dem Ministerium eingereicht werden.

§ 751. Wer die Gnade des Großherzogs um eine Unterstützung aus der geheimen Kabinetskasse anzusprechen beabsichtigt, darf seine Vorstellung nicht unmittelbar einsenden, sondern muß dieselbe vielmehr der Regierungsbehörde übergeben, welche sie mit dem geeigneten Zeugniß versehen an die Direction des Geh. Kabinets zu befördern hat.

Den Bürgermeistern ist es verboten, selbst dergleichen Zeugnisse zu ertheilen oder beizufügen. Unterstützungsgesuche, bei welchen das vorgeschriebene Verfahren nicht eingehalten wird, sollen unberücksichtigt und unbeantwortet bleiben. E. d. M. d. J. v. 10. Dez. 1852.

Die Bürgermeister werden übrigens in der Erwägung, daß die Unterstützung der Hülfsbedürftigen zunächst den Gemeinden selbst obliegt und die Geh. Kabinetskasse begreiflich nicht im Stande ist überall die Lokal-Armen zu erhalten, möglichst dahin wirken, daß jene Unterstützung nur in besonderen Unglücksfällen oder von solchen Armen, welchen keine Hülfe aus der Gemeindekasse zu Theil werden kann, in Anspruch genommen wird.

§ 752. Aerztliche Behandlungskosten. Der Kreisarzt, bz. Kreiswundarzt, ist dienstlich, der practische Arzt aber moralisch verpflichtet alle körperlich-leidende Arme an ihrem Wohnorte unentgeltlich ärztlich zu behandeln.

Es ist ferner dem Kreisarzte zur Pflicht gemacht, so oft Geschäfte ihn in Orte seines Bezirks führen, sich bei dem Bürgermeister zu erkundigen, ob arme Kranke vorhanden sind, und Denen, welche ihm angezeigt werden, mit ärztlichem Rath und thätiger Hülfe unentgeltlich beizustehen. Med.O. §§ 13, 33, 34, 40, u. Instr. für die Sanitätsbeamten, § 27.

Bei Ordinationen für Arme, Hospitäler und Krankenanstalten soll die Hufeland'sche Armenpharmacopöe angewendet werden. A. d. M. d. J. v. 6. Aug. 1834 u. 3. Febr. 1835.

§ 753. Zu besonderen Reisen behufs Behandlung armer Kranken außerhalb ihres Wohnorts sind die Sanitätsbeamten in der Regel nur in dem Falle verbunden, wenn sie von der Regierungsbehörde oder dem Bürgermeister dazu aufgefordert worden sind. Sie beziehen alsdann dafür die Hälfte der ihnen sonst gebührenden Taggelder aus der betreffenden Gemeinde- oder Armenkasse, haben aber keinen weiteren Anspruch für dabei vorkommende ärztliche oder wundärztliche Verrichtungen.

Ihre Rechnungen müssen mit der Requisition der Behörde und der Bescheinigung, daß der betr. Leidende wirklich in die Klasse der Armen gehöre, versehen, der Regierungsbehörde zur Decretur vorgelegt werden.

§ 754. Die practischen Aerzte sind zur auswärtigen Behandlung armer Kranken im Allgemeinen nicht berufen und haben daher, wenn sie sich derselben in humaner Gesinnung gleichwohl unterziehen, keinen Gebührenanspruch an öffentliche Kassen. Nur ausnahmsweise kommt ihnen ein solcher zu, wenn sie von der Regierungsbehörde besonders ermächtigt oder beauftragt waren. Sie beziehen alsdann, in so weit nicht eine anderweite specielle Bestimmung darüber getroffen ist, die den practischen Aerzten nach der Med.-Taxordnung für die Behandlung auswärtiger Kranken überhaupt festgesetzten Gebühren (Taxe für Wenigbemittelte) und Transportkosten.

§ 755. Armenkrankenpflege. Hinsichtlich der allgemeinen Verpflichtung der Gemeinden zur Leistung der Pflege und ärztlichen Hülfe für ihre armen Kranken gilt das oben, § 721, Gesagte.

Die Tragung der deßfallsigen Kosten liegt darnach, in Ermangelung verpflichteter ausreichender Fonds, in der Regel der Heimathsgemeinde ob. G.O. Art. 85, A. der R. zu Mz. vom 3. Febr. 1829.

§ 756. Der Bürgermeister ist verpflichtet für die Wartung und benöthigte ärztliche Pflege aller armen Kranken in der Gemeinde, einerlei ob sie derselben angehören oder nicht, Vorsorge zu treffen. Er hat sich deßhalb, insoweit nicht seine Gemeinde dem Armenkrankenbezirk eines anderen Arztes überwiesen sein sollte, in vorkommenden Fällen zunächst an den Kreisarzt zu wenden. Med.O. v. 14. August 1822, § 33, IV.

§ 757. Gehört der arme Kranke einer anderen Gemeinde an, so hat der Bürgermeister zugleich eine sofortige Benachrichtigung der Heimathsbehörde des Kranken zu veranlassen, damit diese darüber Bestimmung treffen könne, ob der Kranke, wenn möglich behufs fernerer Behandlung, in seine Heimath verbracht werden soll oder nicht. A. d. M. d. J. an d. R. zu Gsn. v. 9. Sept. 1829.

§ 758. Eine Ausnahme von der Regel der Kostenersatzpflicht der Heimathsgemeinde findet in allen denjenigen Fällen statt, welche Angehörige eines fremden Staates betreffen, mit welchem eine Uebereinkunft wegen unentgeltlicher Verpflegung und Heilung erkrankter armer Staatsangehörigen bis zu ihrer möglichen Rückkehr in ihre Heimath besteht. — Die Kur- und Verpflegungskosten fallen alsdann wechselseitig denjenigen Gemeinden, bz. öffentlichen Fonds, zur Last, wo die Erkrankung oder der Unfall sich zugetragen hat. Aeltere Staatsverträge der Art bestehen u. a. mit Baden, Baiern, Hessen-Homburg und Lippe-Detmold.

Ein neuerer Staatsvertrag dieses Inhalts, welcher zugleich auch die Beerdigungskosten inbegreift, ist am 11. Juli 1853 mit Preußen, Sachsen, Hannover, Kurhessen und einer Reihe anderer Staaten, denen sich später auch Oesterreich, Würtemberg, Nassau u. a. angeschlossen haben, zu Eisenach abgeschlossen worden. V. d. M. des H. u. Aeuß. v. 11. Jan. 1854, u. A. d. M. d. J. v. 21. Jan. 1854.

§ 759. Arzneikosten. Der Bürgermeister ist verpflichtet auf dem ersten Rezepte, welches von einem Kreisarzte oder praktischen Arzte für einen armen Kranken verordnet wird, die Armuthsbescheinigung mit den Worten „arm" oder „zahlungsunfähig" beizufügen. Ausnahmsweise kann auch eine besondere Bescheinigung —

in welcher jedoch der Zweck derselben, d. i. die Erlangung der Arznei aus der Apotheke, ausdrücklich erwähnt sein muß — ertheilt werden. Auf den Grund des einen oder anderen Attestes ist der Apotheker berechtigt die Arzneikosten, so für das erste, als die folgenden Rezepte erwachsen, zu Lasten der betreffenden Gemeinde- oder Armenfondkasse zu berechnen. Med.O. § 70 u. A. d. M. d. J. v. 3. Dezbr. 1833 u. 14. Jan. 1839, u. d. Prov.Dir. v. Rh. v. 14. Febr. 1834.

§ 760. In allen Fällen, in welchen ein Rezept von dem ordinirenden Arzte mit „eilt!“ bezeichnet wurde, haben die Apotheker die verordnete Arznei, auch in Ermangelung eines Attestes, ohne Baarzahlung zu verabfolgen. Es bleibt ihnen aber alsdann überlassen, nachträglich entweder das Armuthszeugniß oder eine von dem Bürgermeister unentgeltlich auszustellende Bescheinigung über die Vermögensverhältnisse des Kranken zu erwirken (vergl. den folg. §), bz. sich darüber zu verlässigen.

§ 761. Verweigert in nicht eiligen Fällen ein Apotheker die alsbaldige Abgabe der Arznei ohne vorgängige Baarzahlung, wozu er im Falle der Unbekanntschaft mit den Vermögensverhältnissen eines Kranken berechtigt ist, so ist der Bürgermeister auf Verlangen verbunden ohne Verzug ein Zeugniß über die Zahlungsfähigkeit unentgeltlich auszustellen.

Der Apotheker ist alsdann gegen Uebergabe dieses Zeugnisses seinerseits zur alsbaldigen Abgabe der Arzneien verpflichtet, andererseits aber auch die Gemeinde- oder Armenkasse zur Bezahlung seiner Forderung verbunden, wenn sich später ergeben sollte, daß der Kranke schon zur Zeit der Abgabe der Arznei zahlungsunfähig war; s. d. a. A.

§ 762. Wenn die in den vorderen §§ erörterten Voraussetzungen zur Uebernahme der Arzneikosten auf öffentliche Fonds im Allgemeinen vorliegen, so hat der Apotheker die betreffenden Arzneirechnungen, nachdem sie zuvor hinsichtlich der Richtigkeit der Abgabe und der ordnungsmäßigen Taxe von dem Kreisarzte geprüft und attestirt worden sind, unter Beischluß der Zeugnisse und Original-Rezepte, an die Regierungsbehörde zur Decretur einzusenden.

Diese Einsendung soll zu Ende eines jeden halben Jahres und zwar vor dem 1. Juli und 1. Januar erfolgen, widrigenfalls die säumigen Apotheker sich selbst den Verlust beizumessen haben, der ihnen durch Nichtbeachtung älterer Forderungen erwachsen wird. Med.O. § 72.

Hinsichtlich der Form und der Art und Weise der Aufstellung der Arzneirechnungen für öffentliche Fonds ertheilt d. A. d. M. d. J. v. 3. Jan. 1843 besondere Vorschriften.

§ 763. Alle Arzneirechnungen, welche zur Zeit der Abgabe der Arzneien bemittelte und später verarmte Personen und Familien betreffen, können niemals auf Bezirks=, Gemeinde= oder Armenkassen decretirt und sollen überhaupt von der Administrativbehörde nicht berücksichtigt werden. Med.O. § 73.

§ 764. Bei allen Arzneilieferungen für Hospitäler, Besserungs= und Arbeitshäuser, auch Verwahrungsorte, so wie für Waisenhäuser und Armenanstalten jeder Art werden, wenn die Rechnung 10 fl. und mehr beträgt, 10 Prozent in Abzug gebracht.

Bei Arzneirechnungen in herrschenden Menschenkrankheiten findet, wenn die Zahlung nicht von Einzelnen, sondern von Districten oder Gemeinden zu leisten ist, ein Abzug von 5 Prozent statt. Arzneimitteltare vom 12. Mai 1832.

§ 765. Die Kosten für die Wartung und sonstige Verpflegung armer Kranken sind von dem Bürgermeister, bz. den Vorständen der pflichtigen öffentlichen Fonds, nach vorgängiger Prüfung unmittelbar zur Zahlung anzuweisen.

XVII. Abtheilung.

Medizinalwesen und Sanitätspolizei.

I. Abschnitt.

Verordnungen und allgemeine Bestimmungen.

§ 766. Organische Einrichtung. Die oberste Leitung der Gesundheitspolizei geht von dem Ministerium des Innern aus. Med.O. v. 14. August 1822, § 1.

Die Ober-Medizinaldirection bildet die ihm untergeordnete berathende und begutachtende Landesbehörde.

In ihren Wirkungskreis gehören zugleich die Prüfungen des menschen- und thierheilkundigen Personals, so wie die Anordnung der Untersuchung der Apotheken. Eine Theilnahme an der Medizinal-Verwaltung selbst kommt der Ober-Medizinaldirection nicht zu, doch sind die Bezirks-Sanitätsbeamten, so wie auch die Aerzte und Thierärzte verbunden die Seitens derselben von ihnen geforderten Berichte und Gutachten zu erstatten. Ed. v. 6. Juni 1832 u. V. v. 14. April 1853.

Innerhalb der Kreise ist unmittelbar unter dem Ministerium die Aufsicht über das gesammte Medizinalwesen und Medizinalpersonal unter die Verwaltung der Regierungsbehörden gestellt. Denselben dienen dabei zunächst die Bezirks-Sanitätsbeamten, d. h. die Kreisärzte, Kreiswundärzte und Kreisveterinärärzte, als Organe. Ed. v. 6. Juni 1832, Art. 13, u. Instr. für d. Kr., §§ 82 u. 83. — V. v. 10. Aug. 1850 u. 14. April 1853.

II. Abschnitt.

Heilkundiges Personal.

§ 767. Sanitätsbeamten. Unter den für die Gesundheitspflege und -Polizei besonders angestellten Aerzten ist:

I. der Kreisarzt der erste Sanitätsbeamte des Medizinalbezirks. Ihm liegt zunächst die Sorge so für die Erhaltung des bestehenden und des gefährdeten Wohlseins, als auch für Wiederherstellung des gestörten Wohlseins ob. Ebenso die Armenkrankenpflege, gleich wie die Mitwirkung bei der Rekrutirung und die Ausübung der gerichtlichen Arzneikunde.

Die übrigen Angestellten in der Gesundheitspflege sind ihm untergeordnet und auch das praktizirende heilkundige Personal verbunden seinen auf die Gesundheitspflege bezüglichen Aufträgen Folge zu leisten. Med.O. u. Instr. für die Kreisärzte von 1822. — A. d. M. d. J. v. 4. Juli 1833, 7. April 1836 u. 17. Jan. 1844. — Vergl. auch Abth. XVI, §§ 752 u. 753.

II. Der Kreiswundarzt ist der amtliche Gehülfe des Kreisarztes und diesem untergeordnet. Ueber seinen Wirkungskreis und seine Berufspflichten bestimmt das Nähere die Instr. für die Kreiswundärzte vom 22. Dezbr. 1834. — A. d. M. d. J. v. 10. Jan. 1835, 19. April 1837 u. § 752.

III. Der Kreisveterinärarzt ist der für den öffentlichen Dienst angestellte Thierarzt des Bezirks. Seine Verpflichtungen enthält die Med.O., §§ 43—48. Sie bestehen im Allgemeinen in der Sorge für die Gesundheitspflege und -Polizei bezüglich der Thiere in seinem Bezirke unter der Aufsicht, bz. Leitung der Kreisärzte und Regierungsbehörden. Im Besonderen liegt demselben die unentgeltliche Behandlung des Faßelviehes der Gemeinden seines Bezirks ob. — Außerdem pflegen:

IV. für einzelne Staatsanstalten, Hospitäler, Gefängnisse rc. hin und wieder noch besondere Aerzte von Staatswegen angestellt zu sein. Die Verpflichtungen, so wie die Unterordnung derselben wird alsdann durch deren besondere dienstliche Stellung und Instruction bestimmt.

§ 768. Im Allgemeinen gilt der Grundsatz, daß die vom Staate angestellten Sanitätsbeamten alle Geschäfte, welche die Gesundheitspolizei betreffen, als Pflichtgeschäfte innerhalb ihres Bezirks unentgeltlich zu verrichten haben. Außerhalb ihres Wohnortes kommen ihnen jedoch in der Regel Tagegelder, im Bezirke aber keine Transportvergütung zu. Med.O. § 30. u. derselben angefügte Taxe Lit. B, so wie V. v. 31. März 1829 u. A. d. M. d. J. v. 3. Mai 1839.

§ 769. Praktische Aerzte. Jeder Inländer erlangt durch die von der Landesuniversität erhaltene Doctorwürde in der gesammten Heilkunde das Recht dieselbe aller Orten des Großherzogthums auszuüben. Ehe er jedoch davon Gebrauch machen darf, hat er der Regierungsbehörde des Ortes, an welchem er seinen Wohnsitz nehmen will, Anzeige zu machen und seine Verpflichtung bei derselben zu erwirken. Med.O. §§ 9—13 u. Kr.R.Instr. § 84.

Die Pflichten des Arztes, sowohl gegen den Staat und die Staatsbehörden, als gegen seine Kranken und Mitärzte, sind in der besonderen Instruction für praktische Aerzte vom 23. Mai 1846 näher vorgezeichnet. A. d. M. d. J. v. 30. Juli 1846. Vergl.

auch A. dess. M., das homöopathische Heilverfahren betr., v. 13. Juni 1832 u. 5. Dezbr. 1833 u. Abth. XVI, §§ 752 u. 754, auch § 799.

Den Civilärzten ist nur mit Genehmigung der Militärbehörde die Behandlung von Unteroffizieren und Soldaten erlaubt. A. d. M. d. J. v. 13. August 1834 u. 16. Januar 1844.

Wenn praktische Aerzte in Ermangelung der Sanitätsbeamten zu medizinisch-polizeilichen Geschäften zugezogen werden, so soll ihnen dafür eine billige Belohnung zu Theil werden. Med.Taxe B. 42.

Die Gemeinden können, vorbehaltlich höherer Genehmigung, Verträge mit praktischen Aerzten ihres Wohnortes sowohl hinsichtlich der Armenpraxis, als der Praxis überhaupt, vorbehaltlich der Aufkündigung, abschließen. Landtagsabschied v. 1830, § 47, und E. d. M. d. J. an d. R. v. 1830 u. an d. Kr. zu Gsn. v. 18. Dezbr. 1846, zu Nr. D. 21,204.

§ 770. Wundärzte. Wer die äußere Heilkunde studirt und seine theoretische und praktische Befähigung darin in der gesetzlichen Prüfung dargethan hat, erhält von der betreffenden Regierungsbehörde die Erlaubniß zur Niederlassung an dem Orte seiner Wahl und zur Uebung der chirurgischen Praxis nach vorgängiger Beeidigung. Die Behandlung aller in das Gebiet der inneren Heilkunde gehörenden Leiden ist ihm dagegen untersagt. Zur Uebung der Geburtshülfe ist er nur, wenn er auch darin geprüft und approbirt wurde, befugt. Med.O. §§ 14—17. Instr. für die Wundärzte von 1822 u. für diej. in der Prov. O. insbes. v. 23. Juli 1830.

§ 771. Geburtshelfer. Die Taxe für die Wundärzte, wenn sie als Geburtshelfer praktiziren, ist gemäß der V. vom 31. März 1829 verschieden von derjenigen, welche graduirte Aerzte als praktizirende Geburtshelfer zu beziehen haben, und zwar geringer bestimmt.

§ 772. Hebammen, insbesondere Gemeinde-Hebammen. Damit Niemand, selbst auf dem Lande, in den Fall kommen möge die erforderliche Entbindungshülfe entbehren zu müssen, so soll jeder Medizinalbezirk in Hebammendistricte eingetheilt und jeder derselben mit einer gehörig unterrichteten, geprüften, approbirten und verpflichteten Hebamme versehen werden. Med.O. § 49.

§ 773. Wahl und Eigenschaften. Wenn für eine Gemeinde oder einen Hebammendistrict, wegen des Todes einer Hebamme oder aus anderer Ursache, die Anstellung einer neuen Hebamme erforderlich wird, so hat der Bürgermeister der Regierungsbehörde hierüber alsbald Anzeige zu machen. Diese veranstaltet sodann unter Zuziehung des Kreisarztes, des Ortsgeistlichen und des Bürgermeisters (A. d. M. d. J. v. 23. Juni 1853) die Wahl einer neuen Hebammenschülerin. Dieselbe muß folgende Eigenschaften haben:

1) von guten Sitten und unbescholtenem Rufe, auch den weiblichen Einwohnern nicht unangenehm sein;
2) mindestens das 25. Lebensjahr erreicht und das 35. noch nicht überschritten haben; A. d. M. d. J. v. 10. Febr. 1840;
3) das nöthige Fassungsvermögen besitzen und im Lesen und Schreiben bewandert sein; a. A. v. 1853;
4) nicht schwanger oder wenigstens in der Schwangerschaft noch nicht so weit vorgerückt sein, daß voraussichtlich ihre Niederkunft in die Zeit des Unterrichts fallen wird. Med.O. § 50.

Die Wahl bedarf der Bestätigung der Regierungsbehörde, welche sonach die Aufnahme der Schülerin in den nächsten Lehrcursus der betreffenden Entbindungsanstalt bewirkt. M.O. § 51 u. Kr.Instr. § 87. — A. d. M. d. J. v. 21. März 1833.

§ 774. Unterricht der Hebammen. Für den Unterricht der Hebammen ist in den unter der oberen Verwaltung der betreffenden Regierungsbehörden der Provinzialhauptstädte stehenden Entbindungsanstalten zu Mainz und Gießen ein eigener Lehrcursus eröffnet, und zwar:

1) in Mainz vom 1. Januar bis 30. April und 1. Septbr. bis 31. Dezbr.;
2) in Gießen vom 1. März bis Ende Mai und vom 1. Septbr. bis Ende Novbr. jeden Jahres.

Die Anmeldung dazu hat zeitig, wo möglich 4—6 Wochen vor dem Beginn des Unterrichts, zu geschehen. A. d. R. d. Prov. St. v. 15. Novbr. 1827.

Bedingung für die Theilnahme daran ist der Besitz und Nachweis der in dem vorigen § gedachten Eigenschaften.

Die Gemeinden sind verbunden für jede ihrerseits in dem Unterricht befindliche Hebammenschülerin in Mainz für Kostgeld 66 fl. und für Nebenausgaben 15 fl., in Gießen aber für Kostgeld, einschließlich Unterricht und Logis, 46 fl. in die Kasse des betreffenden Instituts einzuzahlen. A. d. R. d. Prov. O. v. 4. Jan. 1823 und d. R. d. Prov. St. v. 20. April 1825. — B. d. R. v. Rh. vom

15. Dezbr. 1829 u. 14. Jan. 1830 u. A. d. Prov.C. zu Gsn. vom 26. Novbr. 1841.

Außerdem empfängt die Hebammenschülerin für die Hin- und Herreise in der Regel eine Wegvergütung aus der Gemeindekasse, welche in der Prov. Rh. auf 30 kr. von der Wegstunde und in der Prov. O. für 4—6 Stunden Weges auf 15—20 kr., für 6—8 St. auf 20—30 kr. und wenn mehr auf 30 kr. bis 1 fl. bestimmt ist. In der letzteren Provinz soll dieselbe ferner während ihres Aufenthaltes in der Anstalt 6 kr. täglich erhalten. A. d. R. d. Prov. Rh. v. 6. Juni 1820 u. d. R. d. Prov. O. v. 7. Sept. 1816.

§ 775. Prüfung der Hebammen. Diejenigen Hebammen, welche in Mainz oder Gießen ihren Lehrcursus vollendet haben, werden von den betreffenden Directionen der Entbindungsanstalten mit den Zeugnissen über ihre vollständige Befähigung versehen. Diejenigen dagegen, welche anderwärts ihre Ausbildung gesucht haben, sind von der Ober-Medizinaldirection zu prüfen und haben ein Befähigungszeugniß von dieser Behörde beizubringen, um zur Ausübung der Hebammenkunst zugelassen zu werden. Med.O. § 52 u. A. d. M. d. J. v. 21. März 1833.

Vier Jahre nach Anstellung einer jeden Hebamme soll ferner der Kreisarzt eine wiederholte Prüfung mit derselben vornehmen und über den Erfolg der Regierungsbehörde berichten. Auch soll dieser darauf achten, daß die Hebammen stets in dem Besitz des in dem Institut empfangenen Lehr- und Handbuches sind. Med.O. § 53 und A. d. M. d. J. v. 28. April 1847.

§ 776. Anstellung und Gehalt. Die Anstellung und Verpflichtung der Hebammen geschieht durch die Regierungsbehörden. Diese haben auch den Gehalt derselben nach Anhörung der Gemeinderäthe, und zwar wo thunlich schon vor dem Abgang einer Hebammenschülerin in das Institut, zu bestimmen.

Ueberdies bezieht jede Hebamme die in der Med.-Taxe v. 1822 verordneten Gebühren für ihre Dienstverrichtungen. Auch soll ihr Ehemann und, wenn sie Wittwe ist, das sie verpflegende Kind von der persönlichen Leistung der Gemeindefrohnden befreit sein.

Ein A. d. R. d. Prov. O. v. 7. Sept. 1816 will den fixen Gehalt mindestens auf den Werth von 1 Klafter Holz und 1 Malter Korn festgesetzt wissen.

Als Pension haben Gemeinde-Hebammen, welche durch Alter oder unverschuldete Umstände unfähig geworden sind, die Hälfte ihrer Besoldung fortzubeziehen. Med.O. §§ 52—54.

Die den Gemeinde-Hebammen erforderlichen Instrumente sind die Gemeinden auf ihre Kosten anzuschaffen verpflichtet. Dieselben sind zusammen um den Preis von 15 fl. zu haben. Sie bleiben Eigenthum der Gemeinde. A. d. M. d. J. v. 8. April 1840.

§ 777. Instruction für die Hebammen. Ueber die Dienstpflichten der Hebammen liegt eine ausführliche allgemeine Instruction v. 9. Febr. 1842 vor. A. d. M. d. J. v. dems. Datum.

§ 778. Privat-Hebammen. Unter den persönlichen Voraussetzungen des § 773 und gegen Erfüllung der Bedingungen des § 774 können auch andere Personen auf ihre eigenen Kosten an dem Hebammenunterrichte zu Mainz oder Gießen zugelassen werden.

Dieselben haben sich mit ihren deßfallsigen Gesuchen unmittelbar an die Regierungsbehörden dieser Provinzialhauptstädte zu wenden.

Wenn sie demnächst die Prüfung (§ 775) bestanden haben, so soll ihnen, nach vorgängiger Verpflichtung, die Praxis als Privat-Hebammen und der Bezug der gesetzlichen Gebühren zustehen. A. des M. d. J. v. 6. Juli 1848.

§ 779. Heildiener und Krankenwärter. Bei der ärztlichen Behandlung der Kranken kommen nicht selten Verrichtungen vor, zu deren Ausführung unterrichtete Gehülfen, Heildiener, nöthig sind. Auch sind zur Wartung und Pflege von Kranken öfters besondere Krankenwärter oder Krankenwärterinnen erforderlich.

Die Anstellung zu Beidem, oder zu dem Einen oder Anderen, erfolgt von der Regierungsbehörde, nachdem der Ansuchende sich durch ein Zeugniß des Kreisarztes über seine Fähigkeit ausgewiesen hat. Med.O. §§ 75—79 u. Kr.Instr. § 89.

Die V. v. 14. Mai 1847 enthält eine neue Gebühren-Taxe für die Krankenwärter und Heildiener, worin zugleich deren wesentlichen Obliegenheiten näher bezeichnet sind. — Besondere Instructionen für dieselben waren früher von der R. d. Prov. O. am 25. Juni u. 27. Juli 1831 erlassen worden.

§ 780. Thierärzte. Die Thierheilkunst in allen ihren Zweigen darf nur von Demjenigen ausgeübt werden, welcher nach vorgängiger Prüfung durch die Staatsregierung dazu ermächtigt worden ist. Med.O. §§ 43—48 u. Kr.Instr. § 86.

Die Ausübung einer beschränkten Praxis in der Thierheilkunde kann dagegen von der Regierungsbehörde denjenigen Empirikern verstattet werden, welche von dem Kreisarzte und Kreisveterinärarzte geprüft und fähig gefunden worden sind.

Es ist von den Lokalpolizeibehörden darüber zu wachen, daß solche Empiriker die Gränzen ihres beschränkten Wirkungskreises nicht überschreiten. A. d. M. d. J. v. 19. Aug. 1829 u. Kr.Instr. § 86.

Die Gebühren der Thierärzte sind dieselben wie diejenigen der Kreisveterinärärzte. Med.O. § 47 u. V. v. 31. März 1829.

§ 781. Pfuscher in der Heilkunde. Die Med.O. § 8 verordnet, daß die unbefugte Ausübung der Heilkunst bei gesetzlicher Strafe verboten sei. Ein allgemein gültiges Strafgesetz gegen Pfuscher existirt indessen im Großherzogthum nicht.

In den Prov. St. u. O. finden die V. v. 16. Juni 1788 und 14. Dezbr. 1789, welche die Pfuscherei in der Medizin und Chirurgie mit einer Strafe von 20 Reichsthalern bedrohen, Anwendung. Die darin enthaltene Bestimmung, daß auch Derjenige, welcher sich eines Pfuschers bedient, in diese Strafe verfallen soll, ist aber vermöge Ministerialentschließung im J. 1831 wieder aufgehoben, bz. dahin beschränkt worden, daß den Regierungsbehörden die Herabsetzung oder Erlassung derselben verstattet sein solle.

In der Prov. Rh. besteht dagegen ein ausführlicheres und strengeres Strafgesetz gegen dergleichen Pfuscher vom 19. Ventose XI (19. März 1803), s. auch A. d. R. v. Rh. v. 20. März 1830.

Den Lokalpolizeibehörden ist die strengste Aufsicht und Einschreitung gegen Pfuscher und Quacksalber eingeschärft.

Wider die Pfuscherei in der Thierheilkunde liegen keine Strafgesetze vor.

III. Abschnitt.

Apotheken.

§ 782. Die Errichtung einer Apotheke, die Arzneibereitung und deren Verkauf ist an die Concession der Staatsregierung gebunden. Med.O. §§ 55 u. 56.

Diese Concession wird nach dem Gewerbesteuergesetz v. 16. Juni 1827, Art. 29, nur für die Person ertheilt. Die hieraus folgenden Beschränkungen der Veräußerungsbefugniß, so wie der Vererbung von Apotheken, insoweit sie nicht auf früher ertheilten Realgerechtsamen beruhen, führt ein A. d. M. d. J. v. 29. März 1851 näher aus.

§ 783. Die gesetzliche Regelung der Verwaltung der Apotheken so wie die Amtsverpflichtungen der Apotheker sind zu ersehen im Allgemeinen: aus der Med.O. §§ 57—74 und der Instruction für die Apotheker vom 5. Mai 1834; sodann im Besonderen: wegen Halten von Gehülfen aus der V. v. 17. Juni 1828 u. den A. d. M. d. J. v. 27. Dezbr. 1832, 5. Mai 1835 u. 16. Mai 1837; ferner wegen Anwendung der 6. Auflage der Preußischen Pharmacopöe aus d. V. v. 19. Juli 1848 und wegen Bereitung der Blausäure v. 22. Okt. u. 22. Nov. 1834.

§ 784. Bezüglich der Arzneimittel-Taxen haben sich die Apotheker genau nach den Bestimmungen der revidirten Taxordnung v. 1848, V. v. 19. Juli 1848 und den später bekannt gemachten einzelnen Abänderungen derselben zu richten.

Rechnungen für öffentliche Fonds sind nach der in Abth. XVI, § 762, erwähnten Form aufzustellen und findet dabei, so wie bei herrschenden Menschenkrankheiten, der im § 764 bemerkte Abzug statt.

Auch bei allen Thierkrankheiten soll, und zwar ohne Rücksicht auf den Betrag der Summe, oder ob die Zahlung von Einzelnen oder durch Beiträge im Ganzen geschieht, ein Abzug von 20 Prozent statthaben. A. d. M. d. J. v. 4. März 1835.

Was die Abgabe der Arzneien auf Borg betrifft, so wird auf das in §§ 759—761 u. 763 Gesagte verwiesen.

§ 785. Arzneihändler. Der Handel mit Arzneien, so wie die Bereitung und Abgabe derselben, ist Allen, welche nicht dazu concessionirt sind, bei Strafe verboten. Med.O. § 55.

Das Gesetz über den Handel mit Giftwaaren v. 31. Mai 1821, § 9, verordnet, daß alle herumziehenden Arzneikrämer angehalten und den Polizeibeamten zur Bestrafung angezeigt werden sollen. In dem ersten Betretungsfalle sei ein solcher mit Confiscation seiner sämmtlichen Waaren zu bestrafen, im Wiederholungsfalle aber mit weiteren Geld- oder Leibesstrafen nach Befund der Umstände zu belegen. — Aeltere, nur in den Prov. St. u. O. gültige Verordnungen vom

6. August 1727, von 1775, 1796, 1808 und 1812 enthalten ähnliche Bestimmungen. Die Erstere verbietet überhaupt die unbefugte Abgabe von Arzneien bei willkührlicher Strafe.

Speciellere und hohe Strafbestimmungen verfügen die in Rh. geltenden Gesetze und Verordnungen sowohl gegen Spezereihändler und Materialisten, welche in die Apothekerkunst einschlägige Mischungen verkaufen (G. v. 21. Germ. XI), als gegen alle Diejenigen überhaupt, welche unbefugt Arzneimittel verkaufen. G. v. 19. Ventose u. 21. Germ. XI, 29. Pluvios XII u. Präf.E. v. 25. März 1808.

IV. Abschnitt.

Gesundheitsschädliche Einflüsse.

§ 786. Steinbrüche, Lehm- und Sandgruben. Das Feldstrafgesetzbuch vom 11. Sept. 1841, Art. 46, bestimmt, daß „wer unbefugt einen Steinbruch oder eine Torf-, Lehm-, Kies-, Sand-, Thon- oder Mergelgrube neu eröffnet, oder dergleichen alte Brüche oder Gruben wieder eröffnet, blos dafür mit 3 fl. bestraft werden solle“.

Zur Verhütung der durch fehlerhafte Anlagen der Art und die schlechte Behandlung derselben so häufig vorkommenden Unglücksfälle wurde von den Regierungen der Prov. St. u. O. vermittelst A. vom 12. Okt. u. 17. Dezbr. 1811 Folgendes verfügt:

1) Der Lehm darf, gleichviel ob er überhaupt oder der bessere an der Oberfläche der Erde oder mehr in der Tiefe gefunden wird, nur von oben herab ausgegraben werden.
2) Ein Gleiches gilt von den Sandgruben, bei welchen auch diese Anlage mit der nach den Lokalitäten erforderlichen Vorsicht zu machen ist.
3) Es ist sonach durchaus verboten Lehm oder Sand aus Gruben, welche nach der Seite hin in die Erde getrieben werden, auszugraben.
4) Die Steinbrüche sind da, wo sie nicht in festes Gestein getrieben werden, so anzulegen, daß das Zusammenstürzen der Seiten und die für das Leben der darin arbeitenden Menschen daraus

entstehende Gefahr verhütet wird. Namentlich ist daher die über den Steinen liegende lockere Erde sorgfältig und unter gehöriger Abdachung wegzuräumen.

5) Wer von nun an eine solche gefährliche Anlage macht oder Material aus derselben fördert, ist unnachsichtlich mit einer in dem Orts- oder Amtsgefängnisse zu verbüßenden 14tägigen Strafe zu belegen. Außerdem soll die gefährliche Grube auf Kosten Desjenigen, der sie geöffnet hat, alsbald zugeworfen und verschüttet werden.

6) Die Ortsvorstände haben darüber, daß dies alles befolgt werde, auf das Sorgfältigste und um so mehr zu wachen, als sie, wenn sie die Contravenienten nicht sofort dem Amte zur Bestrafung anzeigen und die unverzügliche Verschüttung der in ihren Ortsbezirken etwa gemacht werdenden gefährlichen Gruben nicht veranlassen werden, mit einer nach den Umständen zu bestimmenden angemessenen Strafe belegt werden sollen.

Auch in der Prov. Rh. wurden die Bürgermeister von der Prov.Dir. v. Rh. durch A. v. 24. April 1834 zum Erlaß ähnlicher Lokalpolizeiverordnungen angewiesen.

Die Handhabung aller dieser Vorschriften, so wie die Anordnung auch der Einfriedigung solcher Anstalten, wo sie erforderlich scheint, wurde zu wiederholten Malen von dem Ministerium eingeschärft. A. d. M. d. J. v. 14. April 1842 u. 20. Juni 1851.

§ 787. Sümpfe. Die Lokalpolizeibehörden haben für die Entfernung von Sümpfen und schädlichen Ausdünstungen, von Gewässern und Flüssigkeiten überhaupt, mitzuwirken. Kr.Instr. § 91, u. für Rh. G. v. 11. Sept. 1792.

§ 788. Schädliche Nahrungsmittel. Ebenso haben sie für die Beseitigung schädlicher Nahrungsmittel, z. B. des Mutterkornes, der Tollgerste ꝛc., ihre Bemühungen mit denjenigen der Kreisärzte zu vereinigen und geeigneten Falles die erforderlichen Anträge bei der Regierungsbehörde zu stellen. Instr. für die Kreisärzte § 6.

Die nähere Aufsicht über die Lebensmittel s. Abtheilung XXIII, Abschnitt II.

§ 789. Ein sorgsames Augenmerk verdient die Erhaltung eines guten und gesunden Trinkwassers. Auch ist darauf zu achten, daß die Brunnen in gefahrlosem Zustande erhalten werden. Ein

Regulativ vom 6. Januar 1838 verordnet in dieser Beziehung im Wesentlichen das Folgende:

1) Alle Brunnen und Cisternen sollen entweder mit einer mindestens 4 Fuß hohen Einfriedigung oder einer gehörigen Bedeckung versehen sein. Beide müssen dem Drucke eines starken menschlichen Körpers Widerstand zu leisten vermögen.

2) Beschädigung an der Einen oder Anderen müssen unverweilt wiederhergestellt werden.

3) Zuwiderhandlungen der Privaten werden mit einer Polizeistrafe von 1—10 fl. und der Ortsvorstände disciplinär bestraft.

4) Wer die Einfriedigung oder Bedeckung öffnet und bei dem Verlassen derselben nicht wieder schließt, soll in eine Polizeistrafe von 45 kr. — 1 fl. 30 kr. verfallen.

§ 790. Gifte und giftartige Substanzen. Der Verkauf und die Verwendung von Giften ist durch G. v. 31. Mai 1821 besonderen Beschränkungen und Vorsichtsmaßregeln unterworfen worden. (Einschärfung s. A. d. M. d. J. v. 4. Dezbr. 1837.) Die Gifte sollen nur allein von den Apothekern und Spezereihändlern, insoweit Letztere überhaupt einzelne Giftsorten führen dürfen (Ausnahmen s. § 6 d. G.), so wie von den Materialisten, von diesen jedoch nur im Großen, geführt und nebst Gewichten und Maaßen stets in abgesondertem verschlossenem Behälter verwahrt werden. Der Verkauf selbst darf nur an bekannte zuverlässige Leute, niemals an Kinder, an Dritte aber nur gegen eine schriftliche Bescheinigung des Vollmachtgebers statthaben. Im Zweifelsfalle ist die Beibringung eines Erlaubnißscheines von Seiten der Polizeibehörde erforderlich. Die Abgaben sind gehörig zu verpacken, zu versiegeln und mit der Aufschrift „Gift“ zu versehen. Die Verkäufer müssen ferner ein von der Polizeibehörde mit Seitenzahl und Handzug versehenes Register nach vorgeschriebener Form führen, worin alle Verkäufe von Gift einzutragen und, wo thunlich, von dem Einkäufer eigenhändig zu bescheinigen sind. Es sind dabei die erbrachten Vollmachten und Erlaubnißscheine als Beilagen aufzubewahren.

Auf die Uebertretung der einen oder der anderen dieser Vorschriften ist eine Strafe von 100 fl. bis 500 fl. gesetzt. — Die Polizeibehörden sollen, unter Zuziehung der Kreisärzte, einigemal im Jahre Visitationen vornehmen. (§ 5.)

Den Ratten- und Mäusevertilgern darf nur, wenn sie mit Erlaubnißscheinen der Regierungsbehörde versehen sind (A. d. M. des J. v. 9. Okt. 1839), Gift abgegeben werden.

Arsenik als Ratten- und Mäusegift soll zuvor mit einer Mischung von Kienruß versetzt werden. Die Abgabe von Gift an Köche, Gastwirthe, Bäcker, Bierbrauer, Müller, Fleischer, Mehl- und Obsthändler ist gänzlich untersagt.

§ 791. Gefährliche Thiere. Eine allgemeine polizeistrafgesetzliche Vorsorge gegen das Halten gefährlicher Thiere überhaupt enthält nur das für Rh. geltende Crim.Gb. Dasselbe verordnet: daß Diejenigen, welche bösartige und wilde Thiere herumlaufen lassen, mit einer Strafe von 6—10 Franks und, wenn dadurch Schaden an fremdem Eigenthum oder Thieren veranlaßt wurde, mit 10—15 Franks belegt werden sollen. Rückfällige sollen Gefängnißstrafe erleiden. Art. 475, 7; Art. 478, 2; Art. 479, 2 u. Art. 482.

§ 792. Bezüglich der Hunde ist

I. in Betreff des Haltens der Hunde überhaupt,

in Folge Entschließung d. M. d. J. vom 30. Juni 1831, von den Regierungen der 3 Provinzen nachstehendes Regulativ erlassen:

1) Zur Nachtzeit dürfen keine Hunde, von welcher Art sie auch sein mögen, auf die Straße gelassen, sondern sie müssen in den Häusern oder Hofraithen eingehalten werden.

2) Auch zur Tageszeit müssen alle Metzgerhunde, alle Hetz- und Fanghunde, die sogenannten Bullenbeißer, alle bissigen und diejenigen Hunde, welche die vorüber Gehenden, Reitenden oder Fahrenden anfallen, mit Maulkörben versehen werden, wenn sie frei laufen, oder, wenn dieses nicht der Fall ist, in den Häusern oder Hofraithen eingehalten oder an Ketten gelegt werden. — E. d. M. d. J. v. 10. Okt. 1832.

3) Läufige Hündinnen dürfen weder bei Tag noch bei Nacht auf die Straße gelassen und auch nicht über Feld mitgenommen, sondern sie müssen wohlverwahrt in den Häusern oder Hofraithen gehalten werden.

4) Wer den in den vorhergehenden §§ 1, 2 und 3 angeordneten Verboten und Geboten zuwiderhandelt, verfällt in eine Polizeistrafe von 1 fl. 30 kr. bis zu 5 fl., vorbehaltlich des etwaigen von dem Richter zu erkennenden Schadenersatzes.

5) Auch das Hetzen der Hunde auf Menschen und andere Thiere, wenn auch schon dadurch kein Schaden gestiftet werden sollte, ist bei 1 fl. Strafe verboten. (Das in Rh. geltende Crim.-Str.Gb., Art. 475, 7, bedroht weiter mit Recht auch Diejenigen mit Strafe, welche ihre die Vorübergehenden anfallenden oder verfolgenden Hunde nicht zurückhalten.) Schulkinder sind dem Lehrer zur Bestrafung anzuzeigen.

Die Eigenthümer oder Besitzer der Hunde müssen in allen vorbezeichneten Fällen für ihr Gesinde und sonstigen Angehörigen einstehen.

6) Herrenlose und unbekannte, in einem Orte oder dessen Gemarkung erscheinende Hunde haben die Bürgermeister einfangen und — wenn sich auf vorgängige Bekanntmachung in den zunächst gelegenen Ortschaften der Eigenthümer oder Besitzer nicht meldet und ausweiset, auch Niemand sich findet, der den aufgefangenen Hund vorläufig in Verwahrung nehmen will — todtschlagen oder todtschießen zu lassen.

7) Erhalten die Bürgermeister Anzeigen oder Beschwerden über Uebertretungen der in den §§ 1, 2 und 3 enthaltenen Bestimmungen, dann haben sie die Besitzer der Hunde ungesäumt darüber zu vernehmen, ihnen deren baldige Einhaltung bei doppelter Strafe anzubefehlen, auch nach Befinden bei Anzeigen bissiger oder die Passanten anbellender Hunde die Nachbarn, oder wer sonst darüber Auskunft zu geben vermag, zu vernehmen und das deßfallsige Protokoll zu weiterer Verfügung und allenfallsiger Erkennung der Strafe an die Regierungsbehörde einzusenden.

8) Von allen in Folge dieses Regulativs angesetzt werdenden Strafen erhält der Denunciant ein Drittheil.

II. Hinsichtlich des Fahrens mit Hunden ist ferner verfügt:

1) Wenn auf den Straßen innerhalb der Städte und Dörfer oder auf den Landstraßen Hunde zum Ziehen gebraucht werden, so müssen sie von einem Führer, mit Vermeidung aller Mißhandlung, gelenkt werden.

2) Auf den mit Hunden bespannten Gefährden dürfen keine erwachsenen Personen sitzen.

3) Die betreffenden Fuhrwerke haben die Fahrbahn der Straßen einzuhalten und alle Vorschriften über das Ausweichen der Fuhrwerke zu beobachten.

4) Als Führer sind nur Erwachsene oder solche Kinder zulässig, welchen die nöthige Einsicht und Körperkraft zugeschrieben werden kann. Den Lokalpolizeibehörden steht zu, dem Eigenthümer eines Hundes zu verbieten eine bestimmte Person als Führer oder einen Hund überhaupt zum Ziehen zu gebrauchen.

5) Wenn mit Hunden bespannte Fuhrwerke längere Zeit anhalten, so sind die Führer dafür zu sorgen verbunden, daß die Hunde nicht gequält werden und die Vorübergehenden nicht belästigen.

6) Bei Zuwiderhandlungen soll der Eigenthümer des Hundes mit einer Strafe von 1—5 fl. belegt werden. A. d. M. d. J. v. 17. Januar 1854.

§ 793. Für die Prov. St. enthält ein A. d. R. v. 30. Juni 1831 auch besondere Vorschriften zur Verhütung des Schadens durch Fasselstiere, namentlich bei 1 fl. 30 kr. Strafe das Verbot des Neckens derselben.

Sodann für die Prov. Rh. ein Präf.E. v. 30. Aug. 1806 das Verbot des freien, bz. ungefesselten Umherschweifens der Hengste.

§ 794. In Bezug auf die Tollwuth der Thiere ist verordnet, daß der Lokalpolizeibeamte, sobald er Nachricht erhält, daß Menschen oder Hausthiere von einem mit Wuth befallenen Thiere gebissen worden sind, sogleich den Kreisarzt requiriren, im Einvernehmen mit demselben die nöthigen Vorkehrungen zur Verhütung weiterer Unglücksfälle treffen und zugleich die Regierungsbehörde benachrichtigen soll.

Ist ein wüthendes oder der Tollwuth dringend verdächtiges Thier entlaufen, so muß ferner, außer der speciellen Benachrichtigung der Regierungsbehörde, die Bekanntmachung auch in den benachbarten Gemeinden veranlaßt werden, damit die Verfolgung des Thieres allenthalben bewirkt und Vorsehung wegen Entfernung der Kinder von der Straße und wegen Anlegung aller Hunde getroffen werden kann.

Ist aber ein wüthendes Thier bereits eingefangen oder erlegt, so soll es im ersteren Falle nicht eher getödtet oder im zweiten Falle nicht eher verscharrt werden, als nachdem sich der Kreisarzt von der wirklichen Wuth desselben überzeugt hat. Instr. für die Sanitätsbeamten § 15.

Speciellere Anleitung zu polizeilichen Maßregeln gegen Gefahren der Tollwuth enthalten für die Prov. O. d. A. d. R. v. 15. Okt. 1814, 20. Nov. 1819, 7. u. 15. Jan. 1825, u. für Rh. d. Präf.E. v. 11. Mai 1808 u. 14. Sept. 1809.

§ 795. Anger und Abledern der Thiercadaver. In dieser Beziehung ertheilt eine besondere Verordnung v. 8. Nov. 1837 nachfolgende Vorschriften: [23])

1) Für jede Gemeinde oder mehrere nahe beisammen gelegene Gemeinden, für welche noch kein Wasenplatz zum Abledern und Verscharren des gefallenen Viehes vorhanden ist, soll ein solcher Platz bestimmt werden.

   Bei der Wahl dieses Platzes ist darauf zu sehen, daß derselbe das Auswerfen tiefer Gruben gestatte, nicht in einer sumpfigen Tiefe liege, von Straßen, gemeinen Wegen und stark besuchten Plätzen entfernt, wo möglich nördlich von dem Orte gelegen und gegen das Wühlen der Schweine durch irgend eine Einfriedigung geschützt sei.

2) Das Hinausbringen des gefallenen Viehes auf den Wasenplatz darf, bei Vermeidung einer Strafe von 1—5 fl., nicht anders als auf einem hierfür von jeder Gemeinde besonders anzuschaffenden, eingerichteten und für keinen anderen Zweck zu benutzenden Karren geschehen.

3) In Gemeinden, wo keine Wasenmeistereien mehr bestehen (vergl. darüber B. v. 28. Jan. 1820), soll von dem Ortsvorstande ein Mann angestellt werden, welcher die nächste Aufsicht über den Wasenplatz zu führen und gegen eine mit demselben zu vereinbarende bestimmte Gebühr das Hinausbringen des gefallenen Viehes, so wie das Hinausbringen und Verscharren des an einer ansteckenden Krankheit gefallenen Viehes ausschließlich zu besorgen, auch das Hinausbringen, Abledern und Verscharren des an keiner ansteckenden Krankheit gefallenen Viehes auf dem Wasenplatze in dem Falle zu verrichten hat, wenn der Vieh-

---

23) Daß diese Verordnung bezüglich kranken geschlachteten Viehes ihrem ganzen Geiste nach anwendbar sei, besagt ein E. d. M. d. J. an die Prov.E. zu Gsn. v. 15. Sept. 1841.

Eigenthümer jene Geschäfte, nämlich das Abledern und Verscharren, nicht selbst übernehmen will.

4) Der Eigenthümer des an keiner ansteckenden Krankheit gefallenen Viehes ist zwar befugt dasselbe auf dem Wasenplatze selbst abzuledern und zu verscharren, jedoch darf er dieses nur — bei Vermeidung einer Strafe von 1—5 fl. — in Gegenwart des nach Satz 3) Angestellten thun. Der für den Wasenplatz Angestellte erhält alsdann nur Ein Drittel der erwähnten Vergütung für seine Bemühung. Will der Eigenthümer des gefallenen Viehes von der ihm gestatteten Befugniß keinen Gebrauch machen, so hat der nach Satz 3) Angestellte auch dann Haut, Haare, Fett, Hörner, Hufen, Klauen und Sehnen an den Vieh-Eigenthümer unverkürzt abzuliefern, wenn das Vieh an keiner ansteckenden Krankheit gelitten hat.

5) Ist das Vieh an einer erklärtermaßen ansteckenden Krankheit gefallen oder herrscht überhaupt in dem Orte eine ansteckende Krankheit unter dem Vieh, so darf das gefallene Vieh ohne besondere Erlaubniß des Bezirks-Sanitätspolizeibeamten nicht abgeledert werden, vielmehr ist dessen Haut vielfach zu durchschneiden und mit allen übrigen Theilen zu verscharren.

6) Fleisch darf in keinem Falle von dem gefallenen Vieh, sei es an einer ansteckenden oder nicht ansteckenden Krankheit verendet, zurückbehalten werden, bei Vermeidung einer Strafe von 2—7 fl.

7) Die Gruben, in welchen das Vieh zu verscharren ist, müssen, bei Vermeidung einer Strafe von 1—5 fl., so tief sein, daß die Erdbedeckung über das darin verbrachte Stück mindestens fünf Fuß hoch ist.

8) Der Eigenthümer eines gefallenen Stück Viehes ist verbunden, längstens innerhalb drei Stunden bei warmer und sechs Stunden bei kalter Witterung nach dem Verenden solchen Viehes, davon dem für den Wasen Angestellten und sodann auch dem Ortsvorstande Anzeige zu machen, bei Vermeidung einer Strafe von 20 kr. bis zu 1 fl. Bei ansteckenden Viehkrankheiten kann diese Strafe auf das Zehnfache gesteigert werden.

9) Der für den Wasenplatz Angestellte erhält seine Gebühr für jedes einzelne Stück gefallenen Viehes vom Eigenthümer

desselben oder, wenn dieser etwa nicht auszumitteln, aus der Gemeindekasse.

Sollte der bekannte Eigenthümer des gefallenen Viehes die Bezahlung der Gebühr nicht alsbald leisten, so ist dieselbe aus der Gemeindekasse vorlagsweise zu entrichten und auf von dem Bürgermeister halbiährig aufzustellende und von der Regierungsbehörde executorisch zu erklärende Verzeichnisse durch den Gemeinde-Einnehmer, gleich anderen Gemeindeausständen, von dem schuldnerischen Eigenthümer beizutreiben.

10) Der nach Satz 3) Angestellte hat das Vieh, dessen Verenden ihm angezeigt worden, innerhalb zwei Stunden nach dieser Anzeige aus der Stallung auf den Wasenplatz abzuholen, sodann dem Eigenthümer das Abledern und Verscharren zu überlassen und dabei zugegen zu bleiben oder, falls jenes der Eigenthümer nicht thun will, es vorzunehmen, oder endlich bei Vieh, welches an ansteckender Krankheit gefallen ist, nach den Bestimmungen der Sätze 5) und 6) zu verfahren. Fehlt derselbe gegen diese Vorschriften, so verfällt er in eine von der Regierungsbehörde zu verfügende Disciplinarstrafe von 1—5 fl.

Bei Vieh, welches an einer ansteckenden Krankheit gefallen ist, kann diese Strafe bis auf das Zehnfache erhöht werden.

11) Zur Zeit herrschender ansteckender Viehkrankheiten muß das Verscharren des gefallenen Viehes stets in Gegenwart einer von der Ortspolizeibehörde hierzu beauftragten Person, bei Vermeidung einer Strafe von 1—5 fl., geschehen.

12) Crepirte Hunde und Katzen, so wie crepirte neugeborene Schweine (Ferkel) und anderes dergleichen kleines Vieh können auf beliebige Weise von dem Eigenthümer, oder in dessen Auftrag von dem nach Satz 3) Angestellten, auch an einem anderen ihnen zur Verfügung stehenden Orte, als auf auf dem Wasenplatze, verbracht und verscharrt werden.

Dieselben auf die Straße oder in's Wasser zu werfen ist bei einer Strafe von 20 kr. bis 1 fl. verboten.

13) Der Wasenplatz darf zu keinem anderen Zwecke, als wozu er bestimmt, benutzt, also weder angesäet noch bepflanzt werden.

Die Hirten haben das Beweiden desselben, bei 1—5 fl. Strafe, zu unterlassen und ihre Hunde davon, bei gleicher Strafe, fern zu halten.

Das Beweiden des Wasenplatzes ist Jedem, bei 30 kr. bis 1 fl. Strafe für jedes Stück Vieh, verboten.

V. Abschnitt.

Ansteckende Krankheiten.

§ 796. A. Bei Menschen; im Allgemeinen. Wenn in einem Orte mehrere Menschen gleichzeitig von einer Krankheit befallen werden oder die Menschenblattern auch nur bei einem Einzigen erscheinen, so ist es Pflicht des Bürgermeisters den zunächst wohnenden Arzt zur Untersuchung des Leidens rufen zu lassen und zugleich der Regierungsbehörde schriftliche Anzeige zu machen. Med.O. § 80. Die Lokalpolizeibehörden haben ferner mit den Sanitätsbeamten über die gegen die Verbreitung einer ansteckenden Krankheit zu treffenden Maßregeln in Benehmen zu treten und das Erforderliche polizeilich vorzukehren. Instr. für die Sanitätsbeamten §§ 9 bis 12. Für Rh. Präf.E. v. 30. Floreal XIII.

§ 797. Die Kosten, welche im Allgemeinen durch solche polizeiliche Anordnungen bei ansteckenden Krankheiten erwachsen, liegen den Gemeinden ob.

Die Kosten des Sanitätspersonals für auswärtige Reisen in solchen Fällen werden aber, jedoch nur insoweit die Anordnung der erforderlichen polizeilichen Anordnungen es erheischt (höchstens 2—3 Besuche in einem Orte), auf die Oberpolizei-, bz. in Rh. die Criminalkasse übernommen. Die Behandlungs- und Heilungskosten selbst fallen dagegen bz. den Gemeinden oder den betreffenden vermögenden Privaten selbst zur Last. A. d. R. zu Gsn. v. 7. Okt. 1818. E. d. M. d. J. an die Pr.C. zu Gsn., betr. die Blatternkrankheit der Marie Alexander v. Herbstein v. 1. Juni 1833. E. dess. an die Pr.C. in D. v. 27. Dezbr. 1837, zu Nr. D. 19,965, und an den Kr. d. Landbez. Mz. v. 18. April 1838, zu Nr. D. 5202.

§ 798. Menschenblattern. Bei dem Ausbruche der Blatternkrankheit insbesondere sollen die Häuser, worin sich Blatternkranke befinden, mit Täfelchen bezeichnet und abgesperrt werden. V. v. 6. August 1807, § 5. Es besteht in dieser Beziehung zwischen ächten und modificirten Menschenblattern (Varioliden) kein Unterschied. In Betracht jedoch, daß, wenn bereits Kranke in mehreren Häusern ergriffen sind, eine Absperrung schwierig ist, soll bei Varioliden gestattet sein die Absperrung blos auf die Wohnstube des Kranken oder das Anheften eines Täfelchens oberhalb der Hausthüre zu beschränken. A. d. M. d. J. v. 27. März 1833.

§ 799. Impfung. Als bewährtes Vorbeugungsmittel gegen die Menschenblattern ist die Schutzpocken-Impfung verordnet. V. v. 6. August 1807 u. 30. Januar 1854; ferner Instr. für die Geistlichen v. 15. Sept. 1807, Instr. für die Impfärzte v. 15. Sept. 1807 u. Regulativ für dieselben A. d. M. d. J. v. 16. April 1834, V. v. 18. Febr. 1809 u. Instr. für die Sanitätsbeamten § 14 und V. f. Rh. v. 10. Dezbr. 1827.

Zur Impfung ist zwar jeder inländische Arzt und Wundarzt befugt, es sollen indessen zu regelmäßiger und minder kostspieliger Bewirkung derselben Impfdistricte gebildet und von dem dafür bestimmten Personal jährlich 2mal Gesammt-Impfungen vorgenommen werden.

Die Zeit dieser Gesammt-Impfungen ist auf 1. Mai bis 15. Juni u. 1. Sept. bis 15. Okt. jeden Jahres festgesetzt.

Alle Kinder eines Ortes, welche bis zum Tage der Gesammt-Impfung 3 Monate alt werden, gehören der Gesammt-Impfung an und dürfen nur von dem Impfarzte geimpft werden; a. V. von 1854, § 5, und A. d. M. d. J. vom 29. Novbr. 1839 und 16. Januar 1847.

Die Eltern oder nächsten Angehörigen derjenigen Kinder, welche zur Zeit der Gesammt-Impfung bereits geimpft oder krank sind, haben auf Verlangen des Impfarztes ihre Impfscheine oder Krankheitsbescheinigungen diesem vorzulegen. Im Weigerungsfalle hat dieser der betr. Verwaltungsbehörde Anzeige zu machen; a. V. § 6.

§ 800. Verzeichniß über die Impffähigen. Zum Zwecke der Gesammt-Impfung haben die Bürgermeister, die überhaupt zu möglichster Unterstützung des Impfgeschäfts angewiesen sind, zuvor dem Impfarzte ein Verzeichniß aller Impffähigen in der Gemeinde zuzustellen, auch den Eltern, Pflegeeltern rc. den Tag der öffentlichen Impfung bekannt zu machen. Das Verzeichniß wird nach beifolgendem Muster aufgestellt:

Verzeichniß der in der Gemeinde . . . . zu impfenden Personen.

Nummer des Hauses.	Namen des Vaters oder Erziehers.	Namen des Kindes oder der Person, welche zu impfen ist.	Alter desselben.	Bemerkungen.

Es sind darin aufzunehmen:

1) alle impffähigen, über 3 Monate alten neugeborenen Kinder von Civil- und Militärpersonen, insofern Letztere nicht in Militärgebäuden wohnen, welchen Falles sie ausnahmsweise der militär-polizeilichen Aufsicht unterworfen bleiben.

In Ansehung der christlichen Kinder in den Prov. St. u. D. haben die Geistlichen den Bürgermeistern deßfalls Listen zuzustellen;

2) die Neuaufgenommenen oder Eingezogenen unter 24 Jahren, welche sich nicht durch ordnungsmäßige Impfscheine über ihre frühere Impfung ausweisen können;

3) die fremden Gesellen, Gehülfen und Dienstboten unter denselben Voraussetzungen.

Instr. für die Sanitätsbeamten § 14, 3. A. d. R. zu Gsn. v. 20. Juli 1824 u. 22. März 1828, des Med.Collegs zu Mainz v. 21. Mai 1829. A. d. M. d. J. v. 17. April u. 2. Mai 1833, 13. Febr. 1834 u. A. d. Kr.Min. v. 12. Juli 1834.

§ 801. Zum Zwecke der Erhaltung des ursprünglichen Impfstoffes soll den Viehbesitzern, welche von der Wahrnahme der Kuhpocken den Kreisveterinärärzten die Anzeige machen, sobald der Kreisarzt einen gelungenen Versuch mit der davon gewonnenen frischen Lymphe gemacht hat, eine Prämie aus der Staatskasse ausgezahlt werden. A. d. M. d. J. v. 15. Febr. 1833 u. 4. Juli 1842 u. B. v. 16. Dezbr. 1833.

Auch die Bürgermeister sollen darauf achten und den Impfärzten davon Kenntniß geben. A. d. M. d. J. v. 27. Jan. 1837.

Das Impfen mit Menschenblatterngift oder Varioliden-Lymphe ist bei 50 Thlr. Strafe verboten. A. d. M. d. J. v. 12. Okt. 1835.

§ 802. Mit der Klinik der Landesuniversität ist ein eigenes Impfinstitut verknüpft, worin alle Impffähigen unentgeltlich geimpft werden können. E. d. M. d. J. an die L.Univers. v. 13. Dezbr. 1837, u. v. dems. Dat. an die mediz. Fakultät, so wie d. Kr. in Gsn.

§ 803. Revaccination. Da eine wiederholte Impfung nach Verlauf von 10—15 Jahren die Schutzkraft der Impfung sehr erhöhen soll, so ist deren Anwendung angerathen und den Lokalbehörden, namentlich bei dem Ausbruche der Blatternkrankheit, darauf hinzuwirken besonders empfohlen. A. d. M. d. J. v. 19. Mai 1830 u. 5. Febr. 1845.

§ 804. Impfgebühren. Das Medizinalpersonal hat für die Impfung Armer an seinem Wohnort keine Gebühren zu beziehen; für Andere 30 kr., einschließlich des Revisionsbesuches; außerhalb des Wohnortes, wenn die Gesammtzahl der Impflinge 10 beträgt, ebenfalls für Jeden 30 kr., wenn über 3—10 45 kr. und wenn unter 3 1 fl. Med.Tax.O. Satz 24. Bei Revaccinationen die Hälfte. A. d. M. d. J. v. 5. Febr. 1845.

Wenn übrigens die auswärtige Wiederimpfung bei dem Ausbruche der Blatternkrankheit irgendwo als sanitätspolizeiliche Maßregel allgemein besonders angeordnet würde, so hat das Sanitätspersonal nur die vorgeschriebenen Tagegelder, aber keine Gebühren im Einzelnen zu berechnen. E. d. M. d. J. an die Prov.C. zu Gsn. v. 3. Jan. 1846.

Die Gebühren der Impfärzte für die Gesammt-Impfungen sollen auf die Gemeindekassen angewiesen werden. Der Impfarzt hat zu dem Ende dem Bürgermeister das Verzeichniß derselben zuzustellen. Diejenigen Beträge, welche nicht wegen Unvermögenheit der Einzelnen der Gemeinde selbst zur Last fallen, werden durch den Gemeinde-Einnehmer auf den Grund des von der Regierungsbehörde für executorisch zu erklärenden Registers, in Folge der Decretur des Bürgermeisters, von den Einzelnen wieder erhoben. A. d. M. d. J. v. 6. Juli 1836, 26. April 1837 u. 24. April 1839.

§ 805. Viehseuchen. In Ansehung ausbrechender Viehseuchen ist von dem Sanitätspersonal und den Lokalpolizeibehörden in ähnlicher und in gleich zusammenwirkender Weise wie bei Menschen-Epidemieen zu verfahren. Auch gelten rücksichtlich der Scheidung der in sanitätspolizeilichem Interesse erwachsenen Kosten von den Behandlungskosten dieselben Grundsätze (vergl. § 797), dergestalt jedoch, daß in ersterer Beziehung in der Regel nicht mehr als höchstens 2 Tagegelder auf die betr. Staatskassen übernommen werden sollen. Instr. für die Sanitätsbeamten § 17. E. d. M. d. J. an den Pr.C. zu D., den in Oberaltsteinach und Seidelsbrunnen unter den Schafen ausgebrochenen Milzbrand betr., v. 9. Febr. 1838, u. deßfallsiges A. d. Pr.C. in D. v. 16. Febr. 1838 u. E. dess. M. an den Pr.C. zu D., den Ausbruch der Lungenseuche zu Löhrbach betr., v. 29. Sept. 1838.

In der Prov. Rh. finden die Strafbestimmungen des Crim.Gb., Art. 459—461, gegen Besitzer oder Hüter von Vieh statt, welche die alsbaldige Anzeige von dem Verdachte einer ansteckenden Krankheit ihres Viehes bei dem Bürgermeister unterlassen, oder welche dem polizeilichen Absonderungsgebote der Verwaltung nicht Folge leisten.

§ 806. Viehgesundheitsscheine. Zur gleichförmigen Behandlung dieses Gegenstandes hat das M. d. J. durch A. v. 21. Sept. 1840, unter Aufhebung des deßfalls Bestehenden, Nachfolgendes verordnet:

1) Alles dasjenige Rindvieh, welches auf öffentliche Märkte zur Veräußerung getrieben wird, muß hierbei durch einen Viehgesundheitsschein begleitet sein.
2) Außer den öffentlichen Märkten sollen blos diejenigen Transporte Rindvieh von einem Orte zum anderen mit Gesundheitsscheinen stets versehen sein, welche aus Orten kommen, in deren Umgegend Krankheiten unter dem Rindvieh herrschen.
3) In allen sonstigen Fällen kann und soll jedem Inhaber von Rindvieh zu jedem beliebigen Gebrauch ein Viehgesundheitsschein ausgestellt werden, wenn er einen solchen verlangt.
4) Die Viehgesundheitsscheine sind nach vorgeschriebenem Formular auf stempelfreies Papier von der Polizeibehörde des Ortes, woraus das Rindvieh ausgeführt wird, auszufertigen.

(Formular):

Viehgesundheitsschein,
gültig für Tage.

Kreis . . . . Gemeinde . . . .

Signalement des neben bemerkten Thieres.
Gattung:
Geschlecht:

Der Großh. hessische (Bürgermeister, Beigeordnete, Polizeicommissär) der Gemeinde . . . . bezeugt

Farbe:
Hörner:
Mähnen:
Schweif:
Besondere Abzeichen:

Unterschrift
des Inhabers:

hiermit dem . . . . aus . . . . welcher von hier das neben signalisirte Stück Rindvieh nach . . . . verbringen will, daß an dem hiesigen Orte keine ansteckende Krankheit unter der Thiergattung herrscht, welcher das fragliche Stück angehört, und daß Letzteres, nach genommener pflichtmäßiger Verlässigung, gesund ist.

Das Thier geht am . . . . um Uhr an seinen Bestimmungsort ab.

den ten 18

5) Für Ausfertigung oder Ausstellung eines Viehgesundheitsscheines nach den Bestimmungen unter 1) und 2) hat der Aussteller keinerlei Gebühr, dagegen für diejenige nach der Bestimmung unter 3) eine solche von 10 kr. nach Maßgabe der V.O. v. 24. Febr. 1837, § 1, pos. 1, von dem Inhaber des Viehes in Anspruch zu nehmen. Es kann sich hierbei gedruckter Formulare bedient werden.

6) Die nach den Bestimmungen unter 1) und 2) erforderlichen Viehgesundheitsscheine sollen von dem Inhaber des Rindviehes der Polizeibehörde des Marktortes, oder für den Fall unter 2) des Ortes, in welchen das Vieh als verbleibend gebracht wird, innerhalb drei Stunden nach der Ankunft daselbst zur Verificirung und Visirung vorgelegt werden.

7) Dasjenige Rindvieh, welches mit dem nach 1) und 2) erforderlichen Viehgesundheitsscheine nicht versehen ist, soll an dem Orte seiner Bestimmung nicht eher zugelassen und aufgenommen werden, als bis es, und zwar auf Kosten seines Inhabers, von den zur Prüfung und Besichtigung berufenen Sachverständigen untersucht und rücksichtlich seines Gesundheitszustandes unverdächtig befunden und bezeugt worden ist.

VI. Abschnitt.

Tragische Fälle (Unfälle).

§ 807. Verhalten dabei. Wird Jemand von einem Anderen körperlich verletzt, durch einen Unglücksfall beschädigt, vom Blitz getroffen, von einem tollen Thiere gebissen, mit oder ohne Zeichen des Lebens aus dem Wasser gezogen, von Kälte erstarrt, in verdorbener Luft erstickt oder auf sonstige Weise leblos geworden, gefunden, so ist für Jeden, der dies wahrnimmt oder entdeckt, die erste Pflicht dem Beschädigten oder Verunglückten mit thätiger Hülfe beizustehen und ihn nach Möglichkeit in eine solche Lage zu versetzen, in welcher für ihn vor der Hand die wenigste Gefahr zu befürchten steht; sodann aber ist der Vorfall dem Bürgermeister des Ortes oder dessen Gemarkung anzuzeigen. Diesem liegt alsdann ob den nächsten autorisirten Arzt zur Hülfe für den Beschädigten und noch möglichen Rettung für den etwa Scheintodten eilends rufen zu lassen, gleichzeitig aber auch die Anzeige des Vorfalles an die zunächst vorgesetzte Regierungsbehörde und den Kreisarzt, bei vorhandener Todesgefahr aber gleichzeitig an die Justizbehörde zu machen, damit von diesen erforderlichen Falles die polizeiliche oder gerichtliche Untersuchung des Gegenstandes vorgenommen werden kann. M.O. § 83.

Wenn in einer Gemarkung eine Person entseelt gefunden wird oder in Folge eines Unglücksfalles stirbt, ohne daß irgend Anzeichen eines verübten Verbrechens vorliegen, so darf die Beerdigung von der Lokalpolizeibehörde verfügt werden. Ist aber die Person unbekannt, so soll zuvor ein möglichst genaues Signalement, zum Behuf des Erlasses einer deßfallsigen Bekanntmachung in der Darmstädter Zeitung, aufgenommen werden. A. d. Prov.Dir. v. Rh. v. 15. Dezbr. 1834.

§ 808. Kosten. In dieser Beziehung ist allgemein Folgendes verfügt:

A. Diejenigen Kosten, welche 1) durch das Länden von Leichen, 2) das Reinigen und die ärztliche Untersuchung von Leichen, 3) den Transport von Leichen, 4) Botenlohn, 5) Inserate in den Zeitungen und 6) überhaupt durch das Einschreiten von

Polizeibehörden und eintretende polizeiliche Untersuchungen entstehen, sollen, insoweit sie nicht aus dem Vermögen der betreffenden Personen oder ihrer nächsten Angehörigen zu bestreiten sind, als im allgemeinen polizeilichen Interesse entstanden, in den Prov. St. u. O. aus der Oberpolizeikasse und in der Prov. Rh. aus der Criminalkasse bestritten werden. — Insoweit ein Einschreiten der Justizbehörden dabei statthatte, tritt die zuletzt genannte Kasse überall ein.

B. Die Beerdigungskosten sind dagegen von der betreffenden Gemeinde, worin die Auffindung der Leiche erfolgte, vorlagsweise zu bestreiten und derselben aus dem Vermögen des Verunglückten oder von dessen hinterlassenen Angehörigen, insoweit sie dazu verpflichtet und im Stande sind, und wo dieser Fall nicht eintritt, von der Heimathsgemeinde, in Gemäßheit der ihr für ihre Ortsarmen im Allgemeinen obliegenden Verpflichtung, zu ersetzen (s. Abth. XVI, § 721 u. die Ausnahme in § 758).

Es ist stets und überall auf möglichste Kostenersparniß Rücksicht zu nehmen und, wo die Decretur auf die Staatskassen zu erfolgen hat, das gehörig belegte Kostenverzeichniß an die Regierungsbehörde einzusenden. A. d. M. d. J. v. 14. Febr. 1844.

§ 809. Die versuchte oder wirkliche Rettung Anderer von einem tragischen Tode ist zwar im Allgemeinen als ein Akt der Menschenliebe zu betrachten, der auf keine äußere Belohnung Anspruch hat; da wo sie unter besonderen Umständen und namentlich mit eigener Lebensgefahr geschah, soll jedoch der Bürgermeister den ganzen Hergang unverzüglich ermitteln und einberichten, damit je nach dem Befund eine Ehrenauszeichnung für den Retter erwirkt werde (vergl. Abtheilung II, Abschnitt II).

§ 810. Die Errichtung allgemeiner Rettungsanstalten ist, besonders an größeren an Flüssen gelegenen Städten, zu empfehlen. Das Lokal zur Aufbewahrung, bz. Section verunglückter oder todt gefundener Menschen, wie auch das Untersuchungslokal, haben die Gemeinden auf ihre Kosten zu stellen. E. d. M. d. Just. (im Einverständniß mit dem M. d. J.) v. 15. Mai 1850.

VII. Abschnitt.

Vorsorge für Geisteskranke, Blinde, Gebrechliche.

§ 811. Die Fürsorge für solche bemitleidenswerthe Personen, gleichwie die Obhut über die Irren, ist im Allgemeinen den Kreisärzten und Bürgermeistern anempfohlen. Dieselben sollen in dieser Beziehung im Einvernehmen miteinander handeln. Der Bürgermeister hat, als Lokalpolizeibehörde, die angeordneten Maßregeln zur Unschädlichmachung der Wahnsinnigen zu vollziehen und geeigneten Falles Bericht an die Regierungsbehörde, namentlich wegen der Aufnahme in das Irrenhaus, zu erstatten. Instr. für die Sanitätsbeamten § 24.

In der Prov. Rh. ist denjenigen Personen eine besondere Strafe angedroht, welche Narren oder Rasende, die in ihrem Gewahrsam standen, entweichen ließen. Crim.Gb. Art. 475, 7, u. Art. 479.

§ 812. Hospital Hofheim. Das Hospital Hofheim, eine Stiftung Philipps des Großmüthigen, war ursprünglich nur für alte, schwache und preßthafte Personen des flachen Landes bestimmt, wurde aber schon frühe auch als Bewahrungsanstalt für geisteskranke, blödsinnige, epileptische und Abscheu erregende Personen benutzt, und dient jetzt ihrem Hauptzwecke nach vorzüglich zur Bergung solcher Kranken.

Die Theilnahme an dieser wohlthätigen Anstalt war jedoch bis zum Jahre 1827 nur auf die Einwohner der althessischen Landestheile, bz. diejenigen neuhessischen Gemeinden beschränkt, welche sich gemäß der im Jahre 1817 von dem Großherzoge ertheilten Verwilligung durch besondere Beiträge in die Stiftung eingekauft, mithin eine Gleichstellung erworben hatten.

Erst im Jahre 1827 wurde die Hospitalanstalt Hofheim, doch nur in Ansehung der Aufnahme:

1) von Rasenden und Wahnsinnigen, und
2) von Personen, welche mit Abscheu erregenden Krankheiten behaftet sind,

auf das ganze Großherzogthum Hessen in gleicher Weise ausgedehnt. E. d. M. d. J. an die R. v. 19. Juli 1827 u. A. d. R. zu D. u. Gßn. v. 2. u. 14. August 1827.

Die obere Verwaltung des Hospitals Hofheim steht unter der Regierungsbehörde der Residenz.

§ 813. Aufnahme und Entlassung der Hospitaliten im Hospital Hofheim. Hierüber bestehen in Gemäßheit der von dem M. d. J. erlassenen Regulative v. 15. Nov. 1823 u. 21. Aug. 1828 folgende Vorschriften:

A. Aufnahme der Hospitaliten.

1) In das Hospital Hofheim sind aufzunehmen:

I. aus dem ganzen Großherzogthum:

1) Rasende und Wahnsinnige;

2) Personen, welche mit Abscheu erregenden Krankheiten behaftet sind;

II. außerdem noch aus denjenigen Landestheilen, welche schon vor dem Jahre 1827 Anspruch auf Aufnahme von darin geborenen Personen in das Hospital Hofheim hatten:

1) Blinde;

2) in hohem Grade Blödsinnige;

3) Personen, welche solche körperliche Gebrechen haben, die sie zu aller Arbeit unfähig machen.

Alle diese Leiden qualificiren, sobald sie nur vorübergehend sind, nicht zur Aufnahme in das Hospital Hofheim. Nur bei Rasenden und Wahnsinnigen tritt insoweit eine Ausnahme ein, daß sie auch zur Heilung in das Hofheimer Hospital aufgenommen werden können, aus welchem sie, wenn die Heilung gelungen ist, wieder zu enlassen sind.

2) Rasende und Wahnsinnige können stets sogleich nach erfolgter Reception in die Hospitalanstalt eintreten.

Die mit sonstigen Leiden behafteten Personen sind in der Reihefolge, in welcher sie recipirt worden sind, so wie und so viel es der Raum und die Kräfte der Hospitalanstalt gestatten, einzuberufen. Die Regierungsbehörde zu Darmstadt, welche die Oberaufsicht über die Hospitalanstalt hat, ist jedoch ermächtigt auch diesen Personen in besonders dringenden Fällen den Eintritt in diese Anstalt ausnahmsweise, noch ehe sie die Reihe trifft, zu bewilligen.

3) Dem Gesuch um Aufnahme einer Person in das Hospital Hofheim muß beiliegen:

1) Der Taufschein oder Geburtsschein des Aufzunehmenden.

2) Ein gehörig motivirtes Zeugniß des Kreisarztes über den Krankheitszustand desselben; in größeren Städten ist es auch dem Arzt, welcher den Aufzunehmenden in seiner Krankheit behandelt, gestattet ein solches Zeugniß auszuzustellen. Dieses Zeugniß soll der Gleichförmigkeit wegen in Form der Beantwortung des über die Erstattung solcher Gutachten vorgeschriebenen gedruckten Fragbogens ausgestellt werden. E. d. Prov.C. für die Prov. St. v. 9. Sept. 1840.

Da die betr. Aerzte darin anzugeben haben, welche Bemerkungen auf eigener und welche auf fremder Wahrnehmung beruhen, so haben die Lokalpolizeibehörden dieselben hierbei auf Verlangen in geigneter Weise zu unterstützen.

Hat eine ärztliche Behandlung des Kranken stattgefunden, so soll der Kreisarzt selbst, oder der behandelnde Arzt, zugleich eine Krankengeschichte dem Gutachten beifügen. A. der R.C. zu D. v. 19. Dezbr. 1850.

3) Ein von der competenten obrigkeitlichen Behörde ausgestelltes Attestat über die Vermögens- und Familienverhältnisse des Aufzunehmenden; worin dessen Vermögen oder sonstige Einkünfte irgend einer Art und nach Umständen auch das Vermögen oder sonstige Einkünfte der nächsten Verwandten, welche ihn zu ernähren rechtlich verpflichtet sind, anzugeben ist.

4) Nur vermögenslose Personen werden unentgeltlich in die Hospitalanstalt aufgenommen. Besitzen hingegen die aufzunehmenden Personen eigenes Vermögen oder Einkünfte sonstiger Art, oder ist dieses bei den nächsten Verwandten derselben, welche sie zu ernähren rechtlich verpflichtet sind, der Fall, so hat die Regierungsbehörde zu Darmstadt, unter Berücksichtigung der vorliegenden Vermögens- und Familienverhältnisse, zu bestimmen, ob für die Aufnahme derselben das festgesetzte volle jährliche Kostgeld oder nur ein Theil desselben, oder endlich welches demselben entsprechende einmalige Einbringen, wenn solches von den Interessenten vorgezogen wird, zu entrichten ist.

Das volle Kostgeld besteht ferner, wie bisher:

a) für die Honoratiorenkost in	300 fl.
b) für die mittlere Kost in	150 „
c) für die gemeine Kost in	100 „

Jede aufgenommene Person hat, insoweit sie es vermag, ein vollständiges Bett in das Hospital mitzubringen.

5) Bei dem Ableben eines Hospitaliten, für welchen das volle jährliche Kostgeld oder ein demselben entsprechendes einmaliges Einbringen entrichtet worden ist, fällt dessen ganzes hinterlassenes Vermögen, nach Abzug der Beerdigungskosten, seinen Erben zu. Bei dem Ableben eines Hospitaliten hingegen, für welchen ein geringeres Kostgeld oder einmaliges Einbringen entrichtet, oder welcher unentgeltlich aufgenommen worden ist, sind vorerst der Hospitalanstalt die Unterhaltungs- und Beerdigungskosten, nach Abzug des empfangenen Kostgeldes oder Einbringens, zu ersetzen und nur der allenfalls verbleibende Ueberrest den Erben des verstorbenen Hospitaliten auszuliefern.

B. Transport.

6) Der Transport eines Irren nach Hofheim soll, wenn er vermögend ist, auf seine oder seiner Familie Kosten, wenn er arm ist, auf Kosten derjenigen Gemeinde geschehen, welche den Vortheil genießet, der Bewachung und Pflege des Irren durch diese öffentliche Anstalt überhoben zu sein.

C. Entlassung aus der Anstalt.

7) Jede auf diese Weise nach Hofheim aufgenommene geistes- oder gemüthskranke Person kann nur nach besonderer Erlaubniß der Regierungsbehörde zu D. aus dieser Anstalt entlassen werden.

Wird die Entlassung von den Verwandten oder Vormündern verlangt, so soll dieselbe, wenn sie nachweisen, daß sie auf andere Art für die sichere Verwahrung und noch mögliche Heilung Sorge tragen können und wollen, nicht versagt werden.

Ist die Entlassung wegen erfolgter Genesung entweder von den Verwandten verlangt oder durch den Hospitalmeister und den Arzt der Anstalt darauf angetragen worden, so soll dieser ein Gutachten über den gegenwärtigen Zustand in Vergleichung mit dem früheren und mit Anführung der Gründe, warum er den in Frage Stehenden für genesen erklärt, an die Regierungsbehörde zu D. erstatten und auch hierunter von dem Hospitalmeister bescheinigt sein, daß der früher Verrückte geraume Zeit hindurch sich verständig und ruhig betragen habe.

8) Auf dieses Gutachten wird die Regierungsbehörde die Entlassung des Geheilten verfügen, und in Folge dieser Verfügung hat

ihn der Hospitalmeister auf Kosten Derjenigen, welche ihn eingesendet hatten, dahin bringen zu lassen, woher er in die Anstalt gebracht worden war.

9) War für einen solchen geheilt entlassenen Irren bei seiner Aufnahme eine gewisse Summe vertragsmäßig in die Anstalt abgeliefert worden, so sollen die Verpflegs- und Arzneikosten während seines Aufenthalts in der Anstalt von dem Hospitalmeister berechnet, diese von der bedungenen Aufnahmssumme in Abzug gebracht, der Rest aber zurückgegeben werden.

10) Wird ein Genesener entlassen, so hat der Arzt der Anstalt eine Beschreibung von dessen gegenwärtigem Zustande nebst der Vorschrift, wie er zu behandeln ist, um allmälig wieder an die Freiheit gewöhnt zu werden, auch womit er am Schicklichsten zu beschäftigen ist, aufzusetzen und solche dem Kreisarzte des Bezirks, worin der Entlassene wohnt, zu überschicken.

D. Beurlaubung.

11) Da Fälle eintreten können, in welchen der Arzt der Irrenanstalt zum Zweck der völligen Genesung eines oder des anderen Geisteskranken für nöthig findet, daß derselbe auf bestimmte oder unbestimmte Zeit mit Urlaub aus der Anstalt entlassen werde, so soll, wenn ein solcher Fall sich ergibt,

a) der Hospitalmeister den Verwandten oder der betr. Regierungsbehörde diese Verfügung bekannt machen und solche zur Abholung des fraglichen Irren einladen, auch sind diese gehalten dieser Einladung ohne Verzögerung zu entsprechen.

b) Findet die Beurlaubung auf bestimmte Zeit statt, so soll der Beurlaubte nach Ablauf derselben in die Anstalt zurückkehren, es sei denn, daß bei fortdauerndem Wohlbefinden von den Verwandten die Verlängerung des Urlaubs gewünscht wird, in welchem Falle aber bei dem Hospitalmeister vor Ablauf des Urlaubs die Bewilligung einzuholen ist.

c) War aber der Urlaub auf unbestimmte Zeit gegeben, so dürfen weder Behörden noch Verwandten sich beigehen lassen den Beurlaubten ohne dringende Veranlassung zurückzusenden. Nur der Rückfall in seinen vorherigen Krankheitszustand, wodurch die Aufbewahrung im Institut wieder nöthig wird, kann hiervon eine Ausnahme begründen, in welchem Falle der Beurlaubte ohne weitere Anfrage unter den nöthigen Vorsichtsmaßregeln in die Anstalt zurückzusenden ist.

Der wirkliche Rückfall, bz. die Nothwendigkeit der Wiederaufnahme, muß aber in solchen Fällen stets durch ein ärztliches Zeugniß festgestellt sein und dieses dem Hospitaliten oder dessen Begleitung mitgegeben werden. A. d. M. d. J. v. 3. März 1836.

d) Wird ein solcher Beurlaubter von einer Krankheit befallen, welche seine Entfernung aus dem bürgerlichen Leben nicht erfordert, so müssen die Behörden oder Verwandten für dessen Heilung und Unterstützung außerhalb der Anstalt Sorge tragen und dürfen den Beurlaubten jener Krankheit wegen nicht in die Anstalt zurücksenden. Noch viel weniger darf derselbe dahin gewiesen werden, wenn er von einem ansteckenden Uebel befallen ist.

E. Behandlung und Aufsicht während der Entlassung oder Beurlaubung.

12) Sowohl in Beziehung auf früher geisteskranke und geheilt entlassene, als auf die absichtlich ihrer Genesung beurlaubte Irren haben die Ortsbehörden und Befreundeten alle mögliche Vorsicht anzuwenden, der erlangten Heilung der Ersteren Dauer zu verschaffen und die beabsichtigte Genesung der Letzteren zu unterstützen. Jede Verspottung und Neckerei des ehemals Unglücklichen muß strenge gerügt und Jedermann ermahnt werden, demselben mit Schonung und Freundlichkeit zu begegnen, um dadurch seinen gesunkenen Muth zu beleben.

Den Pfarrern und Schullehrern ist empfohlen, ihrerseits hierzu durch sachgemäße Vorstellungen und Ermahnungen mitzuwirken, und den Kreisärzten ist zur Pflicht gemacht, solchen Entlassenen ihre besondere Aufmerksamkeit und Thätigkeit zu widmen.

§ 814. Sorge für Curatel. Wenn in Folge der Verbringung einer Person in das Landeshospital die Anordnung einer Curatel erforderlich werden sollte, so ist die Lokalbehörde verpflichtet dem einschlägigen Gerichte alsbald hiervon Anzeige zu machen. E. d. Prov.C. d. Prov. St. v. 22. Nov. 1842.

VIII. Abschnitt.

Beerdigungen.

§ 815. Beerdigungsplätze, Friedhöfe. Ueber die Begräbnißplätze für Menschen (Kirchhöfe, Friedhöfe) bestehen folgende gemeingültige Bestimmungen:

1) Die Begräbnißplätze sollen in der Regel außerhalb der Städte und Dörfer in entsprechender Entfernung (in der Prov. Rh. 35—40 Mètres = 14—16 Klafter) und in nördlicher Richtung angelegt werden.

   Die rheinheſſ. Geſetze verbieten die Beerdigung innerhalb der Orte, gleichwie in Kirchen, Kapellen und Gebäuden, worin Menschen sich zu versammeln pflegen, absolut, dagegen gestatten sie dieselbe auf eigenem Grund und Boden in der vorgeschriebenen Entfernung davon.

2) Dieselben sind mit einer ordnungsmäßigen Einfriedigung (in der Prov. Rh. mit einer Mauer, in den a. Prov. sind auch Zäune zuläſſig) zu umgeben.

3) Die Auswahl der Begräbnißplätze hat unter der Leitung der Regierungsbehörde mit Zuziehung des Kreisarztes und des Ortsgeistlichen und Bürgermeisters zu geschehen.

4) Die Anlegung der allgemeinen Friedhöfe ist Gemeindeangelegenheit und geschieht zu Lasten der II. Klasse der Gemeindeausgaben. Es bleibt übrigens einer jeden Kirchengesellschaft (Confession) unbenommen, sich auf ihre Kosten einen besonderen Friedhof anzulegen.

5) Die Polizei über die Friedhöfe kommt in allen Fällen nur der Lokalpolizeibehörde zu. Dieser liegt der Vollzug und die Handhabung der bezüglichen Gesetze und Verordnungen, wie auch die Sorge ob, daß an den Begräbnißorten kein Unfug verübt werde.

6) Jede Leiche soll in ein abgesondertes Grab von angemessener Räumlichkeit und Entfernung von anderen versenkt werden. (In den Prov. St. u. O. ist nur seine Tiefe zu 6—7 Fuß, in der Prov. Rh. eine Tiefe von 1 Mètre und 5 Decimètres und eine Breite von 8 Decimètres verordnet; ferner sollen in

den ersteren Provinzen die Gräber nach besonderen Reihen für die Erwachsenen und für Kinder geordnet werden.)

7) Die Gräber sollen erst nach einer Reihe von Jahren (in den Prov. St. u. O. in der Regel nach 30, in der Prov. Rh. in Perioden von 5 zu 5 Jahren) wieder für neue Begräbnisse eröffnet werden dürfen.

8) Die Verwilligung eigenthümlicher Begräbnisse (s. g. Familien-Begräbnisse) auf den Friedhöfen erfordert Regierungs-Genehmigung.

Dieselbe soll in der Prov. Rh. nur ertheilt werden, wenn der Bittsteller außer der Zahlung für den Platz an die Gemeinde noch eine Schenkung zu Gunsten der Armen oder Hospitäler macht.

G.O. Art. 85. Kr.Instr. § 91. A. d. M. d. J. v. 10. Januar 1838; sodann für St. u. O. V. v. 16. Sept. 1804. A. d. K. u. Sch.R. v. 9. April 1812. Für O. A. d. R. v. 10. Juli 1813. Für Rh. G. v. 23. Prairial XII. E. d. M. d. J. v. 8. Messidor XII. Präf.E. v. 28. Mai 1807. A. d. R. zu Mz. v. 14. August 1820 u. 10. Nov. 1831 u. Crim.G.B. Art. 360.

In der Prov. Rh. besteht das besondere Verbot, daß Niemand ohne Erlaubniß ein Wohnhaus oder einen Brunnen näher als 100 Mètres von den Friedhöfen anlegen darf. G. v. 7. März 1808.

§ 816. Hinsichtlich der Benutzung der Friedhöfe enthält ein E. d. Staatsministeriums an die R. u. den K. u. Sch.R. zu Gsn. v. 5. Juni 1820 im Wesentlichen das Folgende:

1) Ueber bestehende Nutzungsrechte hätten die Verträge, bz. das Herkommen, zu entscheiden.

2) Bei neuer Regelung, bz. neuen Friedhofsanlagen, sei vorzugsweise auf die Glöckner und Lehrer Rücksicht zu nehmen.

3) Eine Verpachtung der Friedhöfe als Gärten u. dergl. sei nicht zulässig, wohl aber

4) eine andere Benutzungsweise, welche dieselben ihrer Bestimmung nicht entzieht; daher auch das Pflanzen von Bäumen und Reben nur in so weit, als es das reihenweise Begraben nicht stört und den Raum nicht beengt, geduldet werden könne.

Die Bestimmungen 3 u. 4 sind auch in der Prov. Rh. in ähnlicher Weise verordnet. G. v. 23. Prairial XII, §§ 3 u. 9.

§ 817. Leichenhäuser. Die Errichtung derselben ist für Gemeinden, deren Verhältnisse und Umstände es erlauben, unter Beifügung von Plan und Kostenvoranschlag dafür, empfohlen durch A. d. M. d. J. v. 23. August 1845.

Wo sie sich vorfinden stehen sie gleichfalls unter der Aufsicht der Lokalpolizeibehörde, bz. des Kreisarztes.

§ 818. Beerdigungen. In diesem Betreffe ist für das ganze Großherzogthum durch A. d. M. d. J. v. 18. Febr. 1841 im Wesentlichen verordnet:

I. Sobald ein Sterbefall sich ereignet oder ein Mensch plötzlich oder nach vorausgegangener Krankheit aufhört Zeichen des Lebens zu äußern und darnach für todt gehalten wird, haben Diejenigen, denen die Pflicht der Beerdigung obliegt, die Stunde des Ablebens unverzüglich denjenigen Beamten anzuzeigen, welche die Sterberegister zu führen und die Erlaubniß zur Beerdigung zu ertheilen haben.

(Es sind dies in der Prov. Rh. die Civilstandsbeamten und in den Prov. St. u. O. bezüglich der Christen die Geistlichen und bezüglich der Israeliten die Bürgermeister. G. v. 23. Prairial XII, 4. Thermidor XII u. 23. Juli 1805. Crim.G.B. Art. 158 u. 159. A. d. M. d. J. v. 5. März 1836. Vergl. auch Abth. XI, §§ 260 u. folg.)

II. Der Verblichene ist von dem Augenblick der letzten Lebensäußerung an in der Regel wenigstens acht Stunden lang auf dem Sterbelager ruhig liegen zu lassen.

Ihn vor Ablauf dieser Zeit aus dem Sterbebett zu bringen kann nur in dem Falle nachgelassen werden, wenn von zwei Kranken, welche in einem Bette liegen, einer stirbt, oder wo, zumal nach ansteckenden Krankheiten, die Zeichen der Verwesung schnell eintreten.

Der hier und da übliche Gebrauch, dem kaum Erblaßten das Kissen unter dem Kopfe wegzuziehen, ihm Mund und Nase zuzubinden, das Gesicht zu bedecken, Brust und Unterleib zu beschweren, ist höchst verwerflich und daher zu unterlassen, weil hierdurch ein etwa Scheintodter natürlicher und begreiflicher Weise nur zu sehr dem wirklichen Tode ausgesetzt wird.

III. Erst nach Verlauf von acht Stunden von dem Augenblicke der letzten Lebensäußerung an ist der Verblichene mit Vorsicht aus dem Sterbebette in das etwa bestehende Leichenhaus oder an einen mit reiner Luft versehenen, wo möglich im Winter erwärmten Ort zu bringen und daselbst auf einem den Umständen angemessenen Lager, mit dem Kopfe etwas erhaben und den Körper bedeckt, bis zur Beerdigung aufzubewahren.

Tritt bei heißer Witterung oder nach hitzigen, zumal ansteckenden Krankheiten die Verwesung sehr schnell ein, so darf schon nach Verlauf jener acht Stunden, bei ansteckenden Krankheiten mit schnellen Verwesungszeichen auch wohl noch früher, die Leiche in den Sarg gelegt werden. Außerdem aber soll damit noch zwölf Stunden gewartet, der Sarg jedoch in keinem Falle eher, als bis die Leiche zu Grabe gebracht werden soll, bedeckt werden.

IV. Die Beerdigung soll in der Regel erst nach Ablauf von zwei und siebenzig Stunden von dem Zeitpunkte des Ablebens an stattfinden, ausnahmsweise früher bei schnell eintretender Fäulniß einer Leiche oder bei ansteckenden Krankheiten, jedenfalls, mithin sowohl vor als nach Ablauf von zwei und siebenzig Stunden, nur dann, wenn ein Zeugniß

a) in den Orten, wo Aerzte oder Wundärzte ihren Wohnsitz haben, von einem solchen,
b) in den Orten, wo keine Aerzte oder Wundärzte wohnen, von dem hierin deshalb anzuordnenden Leichenbeschauer,

über den anzunehmenden wirklichen Tod ausgestellt ist und vorgelegt wird.

V. Zur Vollziehung der unter IV b enthaltenen Bestimmung sollen von den Regierungsbehörden in denjenigen Orten, worin keine Aerzte oder Wundärzte domicilirt sind, nach dem sich darstellenden Bedürfnisse e i n oder in größeren Orten m e h r e r e Leichenbeschauer für bestimmte Ortsbezirke angestellt werden.

Es sind dieselben aus den dazu sich eignenden Ortsbewohnern, die rücksichtlich ihres Rufs untadelhaft und des Lesens und Schreibens wie nöthig kundig erscheinen, vorzugsweise den Barbieren, Heilgehülfen, Krankenwärtern — unter Zuziehung der betreffenden Kreisärzte — zu wählen und von diesen für ihre Dienstverrichtungen gehörig zu instruiren, hiernächst auch, wenn ihre Instruirung nach dem Ausspruch der Kreisärzte für genügend erkannt worden ist, von den Regierungsbehörden in Dienstpflichten zu nehmen.

VI. Die Aerzte oder Wundärzte oder Leichenbeschauer haben an Gebühren zu beziehen 24 kr., für Wenigbemittelte 12 kr. und für Arme 8 kr., letztere aus der betreffenden Gemeindskasse.

Den Gemeinden soll verstattet sein anstatt dieser Gebühren einen fixen Jahresgehalt zu verabreichen.

Die von den Ersteren behufs der Beerdigung auszustellenden Zeugnisse dürfen von denselben nur nach einer kurz vor der Ausstellung von ihnen persönlich vorgenommenen Besichtigung und Untersuchung der Leichen abgegeben werden. Auch müssen diese Zeugnisse motivirt und nach beigesetztem Formular eingerichtet und abgefaßt sein, mithin auch die Kennzeichen des Todes angeben, welche sie an der Leiche bei deren Beaugenscheinigung und Untersuchung bemerkt haben.

Formular zu dem Todeszeugniß.

Daß geschehener Angabe zufolge der N. N., ... alt, in . . . . am . . ten . . . . Vormittags . . Uhr nach . . tägigem Krankenlager zu leben aufgehört hat und daß bei der heute vorgenommenen Besichtigung und Untersuchung des Leichnams folgende Kennzeichen des Todes bemerkt worden sind:

(einzurücken die bemerkten Kennzeichen)

so daß derselbe für todt anzusehen ist, solches bescheinigt auf Pflichten . . . .

. . . . am . . ten . . . . 18 . .

Der . . . .

N. N.

VII. Die Angehörigen der Verstorbenen oder Diejenigen, welchen deren Beerdigung zu veranlassen oder zu besorgen obliegt, haben die Zeugnisse zu verlangen und an die Beamten abzuliefern, welche die Erlaubniß zur Beerdigung zu ertheilen haben. Diese Zeugnisse sind von diesen Beamten bei den von ihnen zu führenden Sterb- oder Beerdigungs-Registern sorgfältig aufzubewahren, um dieselben auf dienstliches Erfordern zur Einsicht vorlegen zu können.

VIII. Wegen nicht nach Vorschrift ausgefertigten Todes-Zeugnisses ist der Aussteller mit einer Disciplinarstrafe von 1 bis 5 Gulden, wegen ertheilter Erlaubniß zur Beerdigung, ohne daß vorher das hierzu erforderliche Zeugniß beigebracht worden, ist der concedirende Beamte mit einer Disciplinarstrafe von 3 bis 15 Gulden und wegen einer geschehenen Beerdigung, ohne daß vorher die dazu erforderte Erlaubniß vorgelegt worden, der Friedhofsdiener, Todtengräber oder derjenige Diener, welcher, damit beauftragt, dieselbe entweder selbst bewerkstelligt hat oder in seinem Auftrag durch Andere hat bewerkstelligen lassen, mit einer Disciplinarstrafe von 5 bis 20 Gulden, vorbehaltlich der Entlassung vom Dienste, zu belegen, in so fern nicht in solchem ordnungswidrigen Benehmen und Verfahren Vergehen aufgefunden und erkannt werden, wodurch andere und härtere Strafen verwirkt erscheinen.

(Für Rh. enthält das Crim.G.B. Art. 358 u. 359 auch strenge Strafen gegen alle Personen, welche ohne Erlaubniß des Civilstandsbeamten, bz. gegen die Verordnungen über voreilige Beerdigungen, handeln. Da ähnliche allgemeine Strafbestimmungen für die anderen Provinzen mangeln, so ist es rathsam sie durch Lokalpolizei-Verordnungen zu ergänzen.)

§ 819. Ueber die Frage, in wie fern bei tragischen Fällen oder bei äußeren Anzeichen eines begangenen Verbrechens Beerdigungen verstattet werden dürfen, s. § 807.

§ 820. Wenn ansteckende Krankheiten an einem Orte herrschen, so sollen von der Regierungsbehörde alle öffentlichen Leichenbegängnisse verboten werden. A. d. R. zu Gsn. v. 7. Februar 1807 u. 25. Mai 1814 u. d. R. zu D. v. 16. Nov. 1813. Kr.Instr. §§ 91 u. 92.

§ 821. Die Art des Transports der Leichen wird mit Zustimmung der Regierungsbehörde von dem Bürgermeister geregelt. Für Rh. G. v. 23. Prairial XII, § 21, und allgemein nach Observanz.

Wegen des Transports außerhalb des Sterbeortes jedoch s. § 825.

Eine öffentliche Ausstellung der Leichen, sowohl während des Transports, als in der Kirche, ist in der Prov. O. in Folge Ermächtigung des Staatsmin. v. 2. Okt. 1812 durch A. d. R. zu Gsn. v. 17. Okt. 1812 gänzlich verboten.

§ 822. Der Erlaß besonderer Begräbnißordnungen, von Instructionen für Todtengräber, Todtenfrauen u. s. w. ist der lokalen Fürsorge, vorbehaltlich der Genehmigung der Regierungsbehörde, überlassen.

§ 823. Die Beerdigungskosten für Arme haben nach den Grundsätzen der Armenkrankenpflege die Heimaths-Gemeinden, bz. vorhandenen Armenfonds, zu tragen.

Ausnahmen finden in Bezug auf Ausländer in Folge von Staatsverträgen statt. Es bestehen solche namentlich mit Baiern, Lippe-Detmold und den der Uebereinkunft zu Eisenach vom 11. Juli 1853 beigetretenen Staaten. Die Kosten fallen hier gegenseitig den Gemeinden, worin der Sterbefall stattfand, zur Last. Vergl. oben §§ 755 u. 758. A. d. M. d. J. v. 23. August 1849 u. 16. Oktober 1852.

§ 824. Ablieferung von Leichen an die Anatomie zu Gießen. Da der anatomische Unterricht die wesentlichste Grundlage für das Studium der Medicin bildet, so ist, damit das Material für diesen Unterricht auf der Landesuniversität nicht mangele, für die Prov. Oberhessen (mit Ausnahme des entlegenen Kreises Vöhl) verordnet, daß aus dieser Provinz die Leichen folgender Personen an das anatomische Theater nach Gießen abgeliefert werden sollen, nämlich:

1) die Körper der Selbstmörder, ausgenommen wenn Melancholie oder Raserei als Ursache der Selbstentleibung angesehen werden kann;
2) die Körper der Ertrunkenen und Erfrorenen oder durch einen sonstigen Vorfall um das Leben Gekommenen, deren Heimath unbekannt und von denen nicht ausfindig zu machen ist, ob sie durch einen Zufall oder mit Vorsatz um das Leben gekommen sind;
3) die Körper der Vagabunden, fremden Bettler und ähnlichen herumstreichenden Gesindels, welche auf der Durchreise sterben;
4) die Körper der zum Tode Verurtheilten;
5) die Körper der im Zuchthaus Verstorbenen;
6) die Körper der in Hospitälern unentgeltlich Aufgenommenen.

Dabei ist übrigens zu bemerken, daß überhaupt nur Leichen, welche noch nicht allzusehr in Fäulniß übergegangen sind, nach Gießen gebracht werden dürfen und im Zweifel darüber der Kreisarzt zu befragen ist.

Alle Kosten, sowohl für den Sarg, der übrigens nur aus rohen Dielen von Stammholz zu bestehen hat, als auch für Transport und Erhaltung der Leichen, werden alsbald nach deren Ablieferung von dem Director der anatomischen Anstalt berichtigt, dem zu dem Ende auch eine Abschrift des mit dem Fuhrmann abgeschlossenen Contracts vorzulegen ist. Der Fuhrmann ist jedesmal mit einem Begleitschein zu versehen und der Transport möglichst zu beschleunigen.

Den Lokalpolizeibehörden ist eingeschärft, allen diesen Bestimmungen, so weit es ihren Wirkungskreis betrifft, genau nachzukommen, insbesondere also die Einlieferung der unter 2, 3 u. 6 gedachten Personen pünktlich zu vollziehen. V. v. 28. Nov. 1812. E. d. M. d. J. an den Prov.C. zu Gsn. v. 6. April 1840 u. 27. Nov. 1844 u. an die Reg.C. d. Prov. O. v. 7. Febr. 1849. Auch A. d. Prov.C. d. Prov. O. an die Kr. v. 4. Jan. 1845.

§ 825. **Transport von Leichen außerhalb des Sterbeortes.** Der Transport der Leichen, welche an einem anderen als dem Sterbeort beerdigt werden sollen, darf, die für die Anatomie bestimmten Leichname ausgenommen (§ 824), nur nach zuvor von der oberen Polizeibehörde eingeholtem Leichenpasse stattfinden. Auch behufs des Einlasses oder Durchlasses von auswärts Verstorbenen in das Großherzogthum ist ein von der oberen Polizeibehörde des Gränzortes ertheilter Leichenpaß erforderlich.

Die Bedingungen, unter welchen dergleichen Leichenpässe ausgestellt werden dürfen — darunter namentlich die Bescheinigung, daß der Tod nicht in Folge ansteckender Krankheit erfolgte, so wie gehörige doppelte Einsargung — sind in der betr. V. v. 8. Dezember 1853 vorgezeichnet.

Eine Entrichtung von Stolgebühren von solchen Leichen findet alsdann innerhalb des Großherzogthums nicht statt. A. d. O.Cons. v. 4. Mai 1841.

XVIII. Abtheilung.
Sicherheitspolizei.

I. Abschnitt.
Allgemeine Anordnungen.

§ 826. Fürsorge für Erhaltung der Ruhe und Ordnung. Oeffentliche Ruhe, Ordnung und Sicherheit sind nothwendige Bedingungen für das allgemeine Staatswohl und das Gedeihen des bürgerlichen Wohlstandes. Ihre mit Einsicht und Kraft gepaarte Aufrechterhaltung innerhalb der Gemeinden gehört daher zu den wesentlichsten Berufspflichten der Lokalbehörden. Dieselben haben allen besorglichen Störungen durch eine wachsame und kräftige Polizeithätigkeit vorzubeugen und insbesondere die Verübung von Verbrechen und Vergehen möglichst zu verhüten.

§ 827. Die Lokalpolizeibehörden dürfen keine Gewaltthätigkeit gegen Personen und Sachen und keinerlei Zusammenrottungen dulden; namentlich liegt ihnen bei schwerer Verantwortlichkeit ob, alle diejenigen Zusammenrottungen unverzüglich zu zerstreuen, welche einen aufrührerischen Charakter haben, eine Auflehnung gegen die Obrigkeit bezwecken oder gegen die Sicherheit von Personen oder Eigenthum gerichtet erscheinen. Vergl. für das ganze Land d. Str.G.B. v. 1841, Art. 154—163; sodann d. A. d. M. d. J. v. 5. Sept. 1848 u. 24. August 1850; für die Prov. St. u. O. d. V. v. 24. April 1809 u. 31. Dez. 1813; und für die Prov. Rh. G. v. 24. Aug. 1790, 3. Aug. 1791 u. v. 3. Brum. IV.

§ 828. Wenn eine Menschenmenge sich zusammengerottet hat, so ist dieselbe erforderlichenfalls: „im Namen des Großherzogs“ auseinander zu gehen, deutlich und vernehmlich aufzufordern. Str.G.B. Art. 163.

Wird keine Folge geleistet, so haben die Lokalbehörden die ihnen zu Gebote stehenden Mittel der Macht anzuwenden, um dem Gesetze Achtung zu verschaffen und die Aufrührer oder wenigstens die Rädelsführer zu arretiren. Sie befehligen zu dem Ende die Sicherheitswache (§ 872) und rufen im Nothfall die Hülfe der Bürger an (s. d. Alleg. d. vor. §). Jeder Bürger ist den desfallsigen Aufforderungen zu entsprechen verpflichtet. Das Gesetz erklärt im Allgemeinen die Mitwirkung für die Erhaltung der gesetzlichen Ordnung für eine allgemeine Bürgerpflicht. Die Gemeinden, deren Bürger diese Pflicht vernachlässigen, können zur unentgeltlichen Einquartirung und Verpflegung der alsdann zum Schutze der gesetzlichen Ordnung zu beordernden Truppen verurtheilt werden. Es kann dies selbst in dem Falle geschehen, wenn, obgleich keine positive Aufforderung erfolgt war, doch in genügend kund gewordenen Thatsachen der Anlaß für die Einwohner lag, unaufgefordert zur Erhaltung der öffentlichen Ordnung mitzuwirken. G. v. 31. Aug. 1848.

In der Prov. Rh. sind außerdem die Gemeinden, welche entweder Theil genommen oder nicht Alles aufgeboten haben, um offene Gewaltthätigkeiten abzuwenden, zum Schadensersatze verpflichtet. G. v. 22. Juli 1791 u. 10. Vend. IV.

Zugleich trifft daselbst die Bürger, welche der Aufforderung der Lokalbehörden zur Hülfeleistung keine Folge geleistet haben, eine Polizeistrafe von 6 bis 10 Franken. Crim.G.B. Art. 475, Nr. 12.

II. Abschnitt.

Maßregeln für öffentliche Sicherheit.

§ 829. Vorkehrungen bei verübten Verbrechen. Wenn Verbrechen verübt worden sind, deren Begehung die administrative Polizei nicht zu verhindern vermochte, so ist es, in so weit eine Einschreitung von Amtswegen nicht ausnahmsweise ausgeschlossen ist (vergl. § 837), vorerst Aufgabe der Lokalpolizeibehörde, dafür zu sorgen, einestheils daß die Verbrechen in ihren Folgen möglichst unschädlich gemacht und anderntheils, daß die Merkmale begangener Verbrechen festgestellt und nicht unkenntlich gemacht oder verändert werden, z. B. daß Blutflecken, Fußtritte und andere Spuren nicht verwischt und zurückgelassene Gegenstände, Werkzeuge rc. nicht verbracht werden.

Die Lokalpolizeibehörden haben sich zu dem Ende unverweilt an Ort und Stelle zu begeben und das Erforderliche anzuordnen, auch, falls nicht augenblicklich Einschreitung des Gerichts stattfinden konnte, über den Thatbestand des Verbrechens, so wie überhaupt den Befund, ein Protokoll (Verbal-Prozeß) aufzunehmen. G. v. 3. Brum. IV u. Crim.Pr.O. Art. 32 u. 50.

§ 830. Verfolgung der Verbrecher. Den Lokalbehörden liegt ferner ob die Anzeichen zu erkunden und sorgfältig zu sammeln, welche zur Erforschung des muthmaßlichen Thäters führen können.

Zur Vornahme förmlicher Untersuchungshandlungen und ins Einzelne eingehender Verhöre sind dagegen, wenigstens in den Prov. St. u. O., die Lokalbehörden nicht berufen.

Erweiterte Amtsverpflichtungen finden in dieser Beziehung in der Prov. Rh. statt. Die Lokalbeamten sind dort in ihrer Eigenschaft als Hülfsbeamte der gerichtlichen Polizei, so lange der Staatsprokurator oder Friedensrichter selbst nicht eingeschritten sind, zugleich zur Untersuchung competent und haben diese nach denselben Regeln und Formen, wie sie für jene vorgeschrieben sind, zu vollziehen. Crim.Pr.O. Art. 32—54.

§ 831. Verhaftungen. Im Allgemeinen liegt es im Bereich der Befugnisse und Verpflichtungen der Lokalbehörden, bei allen schwereren, besonders den die öffentliche Sicherheit gefährdenden Verbrechen die auf frischer That ertappten oder durch den öffentlichen Ruf bezeichneten oder sonst dringend verdächtigen Thäter vorführen zu lassen und in Verwahrung zu nehmen (s. g. Mandats d'amener et Mandats de dépôt in der Prov. Rh.). Crim.Pr.O. Art. 40, 41, 50, 95 u. 106 in Vergleich mit dem Compet.G. v. 17. September 1841, Art. 10, u. d. G. v. 26. April 1852, II.

Ueberdies bezeichnen die Gesetze eine Reihe von Fällen, in welchen auch bei geringeren, ja selbst nur bei Polizeivergehungen polizeiliche Verhaftungen eintreten dürfen und sollen. Es werden dieselben bei den betr. Materien näher erörtert werden. (Vergl. z. B. § 982.)

In allen Fällen sind indessen die Polizeibehörden verbunden, über vollzogene Verwahrungen den zuständigen Gerichtsbehörden ohne Verzug Mittheilung zu machen. Art. 53, 54, 101 u. 102.

Zum Erlaß der in der rheinh. Gesetzgebung begründeten förmlichen Verhaftsbefehle, Mandats d'arrêt, sind dagegen die Lokalbehörden nicht ermächtigt.

Wo Staatsverträge es gestatten kann die Verfolgung und Verhaftung der Verbrecher selbst in fremdem Staatsgebiete geschehen, anderenfalls sind die Nachbarbehörden ohne Verzug deshalb zu requiriren. Vergl. V. v. 31. Mai 1851, § 12.

§ 832. Haussuchungen. Wenn die Verfolgung der Verbrecher selbst oder der Spuren der Verbrechen es erfordert, so sind die Lokalbehörden zum Zwecke von Haussuchungen selbst in das Innere der Privathäuser einzudringen ermächtigt. Diese Befugniß ist jedoch durch das Vorhandensein dringenden Verdachts bedingt und in so weit nicht das Gesetz sie in einzelnen Fällen erweitert hat (vergl. z. B. §§ 982 u. 1016) auf schwerere Vergehungen beschränkt.

Bei den Haussuchungen soll in der Regel und so weit thunlich der Bewohner zugezogen werden. Verschlossene Räume und Behälter darf dabei die Ortspolizeibehörde öffnen lassen. Dieselbe hat über den Haussuchungsact ein Protokoll aufzunehmen und von den Anwesenden unterschreiben zu lassen oder zu bemerken, warum diese solches nicht thun wollten oder konnten. Es soll bei den Haussuchungen mit aller Umsicht und Genauigkeit, zugleich aber auch mit möglichster Schonung der Bewohner verfahren werden. (§ 982.)

§ 833. Beschränkungen in Rheinhessen. In der Prov. Rh. soll

1) in der Regel Niemand das Recht haben, Nachts das Haus eines Bürgers zu betreten, als nur im Falle des Brandes, einer Ueberschwemmung oder eines Hülferufs aus dem Innern des Hauses. Man muß sich daher darauf beschränken, ein solches Haus zur Nachtzeit nur zu umstellen und bewachen zu lassen, zur Vornahme der Haussuchung selbst aber den Tag abwarten. Ausnahmsweise kann auch in Rh. zu jeder Zeit Haussuchungen in den Häusern, worin Jedermann Zutritt hat, z. B. den Wirths- und Caffehäusern, Boutiquen u. dergl. m., gleich wie in den der Ausschweifung oder des Hasardspiels anrüchtigen Häusern, stattfinden. G. v. 19—22. Juli 1791 u. v. 16. Sept. 1792. E. d. M. d. Just. v. 23. Germ. IV. Constitution v. 22. Frim. VIII.

2) Ferner sollen daselbst Haussuchungen in der Regel nur unter den Voraussetzungen eintreten dürfen, unter welchen auch Verhaftungen begründet sind. Crim.Pr.O. Art. 32, 36 u. 50. Vergl. oben § 831.

Specialgesetze und Verordnungen zählen übrigens eine Menge von Fällen auf, in welchen auch abgesehen davon, ja selbst bei blosen Polizeivergehen, Haussuchungen platzgreiflich sind. Es wird bei den betr. Gegenständen darauf zurückgekommen werden.

§ 834. Wenn die Lokalbehörden in dringenden Fällen an ihrer Stelle einen verpflichteten Specialcommissär, z. B. einen Polizeiofficianten, mit der Leitung einer Haussuchung zu beauftragen veranlaßt sind, so muß derselbe mit einer schriftlichen Ermächtigung dazu versehen sein, welche er sofort dem betr. Hausbewohner vorzuzeigen hat. A. d. M. d. J. v. 13. Jan. 1844 u. für Rh. G. v. 16. Sept. 1792, Art. 4.

§ 835. Anzeige der Verbrechen und zwar bei der Gerichtsbehörde. Bezüglich aller von Amtswegen zu verfolgender Verbrechen haben die Lokalbehörden alsbald der zuständigen Gerichtsbehörde, in der Prov. Rh. dem Staatsprokurator, ausführliche Anzeige zu machen, denselben auch die sämmtlichen Protokolle nebst den in Beschlag genommenen Effecten, Werkzeugen ꝛc. zu übergeben. Zugleich liefern sie den etwa verhafteten Thäter an dieselben ab.

Der Anzeigeact muß eine nähere Beschreibung der That mit möglichst genauer Orts- und Zeitbestimmung, so wie thunlichst auch eine Bezeichnung des ermittelten oder muthmaßlichen Thäters mit Vor- und Zunamen, Stand und Heimath enthalten. Ist er Militär oder Kriegsreservist, so darf dies, neben Bemerkung des Regiments, Truppencorps und der Garnison, wozu er gehört, anzuführen nicht unterlassen werden. Auch muß die Anzeige eine Darlegung der Verdachtsgründe und der möglichen Ueberführungsmittel, insbesondere die Benennung der erforschten Zeugen enthalten. G. v. 3. Brum. IV. Crim.Pr.O. Art. 53 u. 54. Mil.Str.G.B. v. 1822, Art. 180—185, u. V. d. Staatsprocurators zu Mz. v. 26. April 1825.

§ 836. Anzeige auch bei der Regierungsbehörde. In wichtigen Fällen ist es erforderlich, daß die Lokalbehörden zugleich eine Anzeige an die Regierungsbehörde gelangen lassen. Es sollte dies namentlich geschehen:

1) bei Vergehen, welche gegen das Staatsoberhaupt oder die besonderen Staatsinteressen oder gegen die Obrigkeit gerichtet waren, wie z. B. Hoch- und Landesverrath, Münzverbrechen, Fälschung von Staatspapieren, Aufruhr u. dgl. m.;
2) wenn das Verbrechen zu den die öffentliche Sicherheit in hohem Grade gefährdenden gehört, z. B. Mord, Raub, großer Diebstahl mit Einbruch verübt, Brandstiftung 2c.;
3) so oft die Mitwirkung der Regierungsbehörde erforderlich ist, um entweder Störungen der gesetzlichen Ordnung zu unterdrücken oder flüchtige Verbrecher zu verfolgen. Kr.Instr. § 12.

§ 837. Fälle, in welchen nicht von Amtswegen einzuschreiten ist. Das Strafgesetzbuch von 1841 und die darauf bezüglichen Gesetze haben eine Reihe von geringeren Vergehungen bezeichnet, welche nicht von Amtswegen, sondern nur auf Klage des Beschädigten, bz. seiner Angehörigen, untersucht und bestraft werden sollen. Es gehören dahin folgende Vergehen:

1) Widerrechtliches Eindringen in eine Privatwohnung oder dazu gehörigen geschlossenen Bezirk, wenn es nicht in Verbindung mit Anderen geschah und keine Gewalt gegen Personen oder Sachen geübt wurde. G. v. 23. Febr. 1849.
2) Gewaltthätigkeit gegen die Person eines Anderen, um eine Beleidigung zu rächen oder um ein behauptetes Recht eigenmächtig zu verfolgen. Art. 167 d. Str.G.B. v. 1841.
3) Ausstoßung gefährlicher Drohungen gegen einen Anderen, ohne die Absicht ihn zu einer Handlung, Duldung oder Unterlassung zu nöthigen. Str.G.B. Art. 171.
4) Nöthigung von Kindern oder Pflegebefohlenen zur Eingehung einer Ehe von Seiten der Eltern, Pflegeltern oder Vormünder. Art. 169.
5) Geringere Körperverletzungen, welche höchstens eine Krankheit oder Arbeitsunfähigkeit von ganz kurzer Dauer zur Folge hatten, in so ferne sie nicht mit Störung der öffentlichen Ruhe und Ordnung verknüpft waren oder der Beschädigte außer Stand ist sich selbst an die Obrigkeit zu wenden.

Bedeutendere Körperverletzungen müssen dagegen immer von Amtswegen angezeigt werden, mit alleiniger Ausnahme des Falles, wenn eine solche lediglich aus Fahrlässigkeit stattgefunden und keine Verletzung des Lebens oder Beraubung eines Sinnes, einer Hand, eines Fußes, des Gebrauchs der Sprache oder der Zeugungsfähigkeit, auch keine bleibende Krankheit und Unfähigkeit zu seinen Berufsarbeiten verursacht hat. Art. 262 u. 272.

6) Entführung. Art. 298.

7) Beihülfe mit Gewalt, List, Drohung oder Betrug, auf daß Minderjährige, welche das 16. Jahr zurückgelegt haben, ihren Aufenthaltsort verlassen, um sich dadurch der Gewalt ihrer Eltern oder Vormünder zu entziehen. Art. 300.

8) Verläumdungen und Beleidigungen, vorbehaltlich des Verfahrens von Amtswegen gegen etwa dabei vorgefallene Störungen der öffentlichen Ruhe und Ordnung. Art. 319, 321.

9) Verunglimpfung des Andenkens eines Verstorbenen. Art. 321.

10) Ehebruch. Art. 327.

11) Entwendungen, Betrug und Schriftfälschung unter Ehegatten, Verwandten oder Verschwägerten in auf- oder absteigender Linie oder unter in gemeinschaftlichem Haushalte lebenden Geschwistern oder im zweiten Grade der Seitenlinie Verschwägerten, so wie zwischen Adoptiveltern und Adoptivkindern. Art. 398.

12) Entwendungen aus Hunger und Lüsternheit von Eß- und Trinkwaaren zum unmittelbaren Genusse, in so ferne nicht die Merkmale eines ausgezeichneten Diebstahls dabei eintreten. Art. 359 u. 366 d. Str.G.B. u. Art. 33 d. Einführungsgesetzes v. 17. Sept. 1841.

13) Betrug bei Vertragsverhältnissen. Art. 392.

14) Uebervortheilung eines Anderen in Creditgeschäften durch einen von den bürgerlichen Gesetzen für wucherlich erklärten Vertrag. Art. 400.

15) Nicht gewerbsmäßig betriebener Mißbrauch von Minderjährigen und unter Curatel Stehenden, um sich Schuldverschreibungen, Quittungen und andere verbindliche Papiere von denselben unterzeichnen zu lassen. Art. 401.

16) Eigenmächtige Eröffnung oder Bemächtigung von versiegelten Briefen oder anderen Urkunden, die nicht an ihn gerichtet sind. Art. 410.

17) Die Beschädigung oder Zerstörung fremden Privat-Eigenthums, in so ferne der angerichtete Schaden nicht über 50 fl. beträgt und dieselbe nicht durch einen der nachstehenden Umstände ausgezeichnet ist, nämlich:
  a) wenn sie nicht mittelst Einbrechens oder Einsteigens oder mit Gebrauch von Waffen verübt wurde;
  b) wenn sie nicht an Großherzoglichen oder öffentlichen Gebäuden, an Brücken, Teichen, Dämmen, Schleußen, Kanälen, an öffentlichen Brunnen oder Wasserleitungen, an Löschgeräthschaften, an öffentlichen Denkmälern, Grabmälern, Friedhöfen, an Gegenständen, welche zu öffentlichen Kunst- oder wissenschaftlichen Sammlungen gehören, an Vieh auf der Weide oder im Pferch, an im Freien aufgestellten Maschinen, Ackergeräthschaften und Fabrikaten oder anderen Sachen, welche nicht besonders verwahrt werden können, verübt wurde;
  c) wenn sie nicht in Verbindung von mehreren Personen stattfand;
  d) wenn keine Gewaltthätigkeit gegen eine Person dabei verübt wurde, und
  e) wenn die That nicht aus Rache wegen Amtshandlungen verübt wurde; endlich
  f) wenn sie nicht zu denjenigen Eigenthumsbeschädigungen gehören, über welche in den Forst-, Jagd-, Feld- oder Polizeistraforordnungen besondere Verfügungen bestehen. Art. 424, 425, 427 u. 428.

18) Der Verrath im Berufe anvertrauter Geheimnisse von Seiten der verpflichteten Rechtsanwälte, Aerzte, Wundärzte, Hebammen und Apotheker. Art. 479.

In allen diesen Fällen hat sich der Bürgermeister jeder amtlichen Einschreitung zu enthalten und in der Regel auch keine Anzeige darüber zu erstatten.

§ 838. Verfahren gegen Landstreicher. Wer ohne erlaubten Zweck und ohne einen ordentlichen Erwerbszweig oder zureichende Mittel zum Unterhalte außerhalb seines Wohnortes oder ohne einen Wohnort zu haben herumzieht, ist der Landstreicherei schuldig. Str.G.B. Art. 244.

Die Lokalpolizeibehörden sind strengstens angewiesen, auf diese für die öffentliche Sicherheit so gefährliche Klasse von Menschen ein wachsames Auge zu richten. Ausländer der Art sollen an der Gränze unter Strafandrohung zurückgewiesen, wenn sie im Inlande ergriffen werden aber durch Vermittelung der Regierungsbehörde auf dem Schub zurücktransportirt, bz. an ihr Heimathsgericht zur Bestrafung abgeliefert werden. V. v. 10. Dez. 1810 u. A. d. M. d. J. v. 18. Nov. 1852.

Da eine Anzahl im Herumziehen betriebener Gewerbe,[24] wie u. a. das Schau- und Herumführen der Bären, Affen und Kameele, ferner das Orgelspielen und überhaupt das Aufspielen fremder Bettelmusikanten vor den Thüren und in Wirthshäusern u. dgl. m., in der Regel ebenfalls nur von bestimmungslosen Leuten getrieben zu werden pflegt und ein ehrliches Auskommen nicht sichert, so sollen dergleichen Ausländer durchaus nicht in das Land gelassen, vielmehr bei Strafe zurückgewiesen werden; eben so ausländische herumziehende Zigeuner. Vergl. d. a. V. u. Kr.Instr. § 117, auch A. d. M. d. J. v. 10. Sept. 1852.

Inländer, welche auf der Landstreicherei betroffen werden, sind zu verhaften und an das Gericht zur Bestrafung abzuliefern. Vergl. oben §§ 725 u. 726; ferner A. d. R. zu Gsn. v. 26. September 1816, d. R. zu D. v. 30 Juni 1823, u. für Rh. G. v. 10. Vend. IV u. 5. Juli 1808.

§ 839. Ein besonderes Augenmerk haben die Lokalpolizeibehörden auf verdächtige Leute und Orte, so wie den Verkehr, welchen die Ersteren mit anderen Einwohnern unterhalten, zu richten. Verdächtige Herbergen sind einer öfteren Visitation zu unterwerfen; s. d. Alleg. d. vor. §; auch für Rh. G. v. 22. Juli 1791.

Werden von den oberen Behörden allgemeine Streifzüge angeordnet, so sind diese in vorgeschriebener Weise mit aller Strenge und Pünktlichkeit zu vollziehen.

§ 840. Unter polizeiliche Aufsicht Gestellte. Sind Leute durch gerichtliches Erkenntniß unter polizeiliche Aufsicht gestellt, so wird denselben in jedem einzelnen Falle von der oberen Polizei-

---

24) Diejenigen Gewerbe, deren Betrieb im Herumziehen nur allein verstattet ist, sind in der V. v. 6. Nov. 1846 aufgezählt; s. unten § 1058.

behörde bekannt gemacht, wie sie sich während der Dauer jener Aufsicht zu verhalten haben, und eine Abschrift des darüber aufgenommenen Protokolls sowohl dem betreffenden Individuum, als der Lokalpolizeibehörde mitgetheilt. Der Letzteren liegt es alsdann ob, die verordneten Maßregeln in Vollzug zu setzen und den strengen Befolg zu überwachen, auch Uebertretungen zur Anzeige zu bringen. Insbesondere ist darauf zu achten, daß dergleichen Leute dem Verbote, sich von dem ihnen angewiesenen Aufenthaltsorte nicht über Nacht zu entfernen und an andern bestimmten Orten sich nicht aufzuhalten, nicht zuwiderhandeln. Str.G.B. Art. 36 u. A. d. M. d. J. v. 29. Jan. 1848.

§ 841. Aufsicht auf entlassene Strafgefangene. Der zur Unterstützung, Besserung und Beaufsichtigung der entlassenen Strafgefangenen gegründete Verein ist der mitwirkenden Thätigkeit der Lokalbehörden empfohlen. Die Bürgermeister haben insbesondere nicht nur die von den Vereinsbehörden nach § 4 der Vereinsstatuten erforderten Nachrichten über die Verhältnisse der Entlassenen bereitwillig und gewissenhaft zu ertheilen, sondern auch selbst der nöthigen Beaufsichtigung 2c. sich zu unterziehen, auch den Geistlichen zum Zwecke ebenmäßiger Mitwirkung von dem Eintreffen der Sträflinge, unter Mittheilung der Begangenschaft und der Aufführung des Sträflings in der Strafanstalt, alsbald Kenntniß zu geben. V. v. 9. Okt. 1839. A. d. M. d. J. v. 18. März 1840 u. E. dess. M. v. 23. Febr. 1853.

Wenn dem Bürgermeister der von einem Sträfling in der Strafanstalt erworbene Arbeitsverdienst übersendet werden wird, so hat er sich dessen Verwendung zum wahren Nutzen und Besten des Entlassenen angelegen sein zu lassen. A. d. M. d. J. v. 22. Aug. 1838, 12. Aug. 1842, 28. Juni 1843 u. 22. Juni 1844.

§ 842. Politische Vereine. Alle politischen Vereine, d. h. solche, deren Zweck es ist, über öffentliche Angelegenheiten zu verhandeln oder auf dieselben einzuwirken, sind aufgelöst und verboten. Auch nicht politische Vereine, wenn sie politische Zwecke zu verfolgen oder in Verhandlung zu ziehen beginnen oder wenn sie als dessen verdächtig erscheinen, können von der Obrigkeit verboten werden. Die Uebertreter dieses Verbots trifft alsdann die im Str.-G.B. Art. 182 u. 183 angedrohte Strafe.

Die Lokalpolizeibehörden sind verpflichtet auf alle Vereine und Verbindungen ein wachsames Auge zu richten und je nach Befund Anzeigen oder Anträge deshalb bei der Regierungsbehörde zu stellen. V. v. 2. Okt. 1850 u. 17. Sept. 1852 u. E. d. M. d. J. v. 5. Okt. 1850.

§ 843. Volksversammlungen. Zur Verhütung des Mißbrauchs des Versammlungsrechts ist verordnet:

1) Die Unternehmer der Volksversammlungen haben mindestens 24 Stunden vor dem Beginne der Versammlung, unter Angabe des Orts und der Stunde des Beginnes derselben, schriftliche, eigenhändig unterzeichnete Anzeige sowohl bei der Regierungsbehörde, in deren Amtsbezirk der Ort der Versammlung liegt, als bei der Ortspolizei des Versammlungsortes zu machen. Diese Behörden haben hierüber sofort Bescheinigung zu ertheilen.

   Gleichzeitig soll der Lokalpolizeibeamte der Regierungsbehörde schleunigst darüber berichtliche Vorlage machen, was ihm von den Zwecken der Unternehmer bekannt ist und ob er etwa die Beiwohnung eines besonders beauftragten öffentlichen Beamten für nöthig erachtet.

   Sollte eine Volksversammlung mit Umgehung der vorgeschriebenen Anzeige beabsichtigt werden, so ist gleichfalls unverzüglich Bericht zu erstatten.

2) Die Polizeibehörden sind befugt, in jede Volksversammlung einen oder zwei öffentliche Beamten zu senden.

   Diese öffentlichen Beamten sollen, wenn sie nicht Polizeibeamte sind, welchen vermöge amtlichen Berufs die polizeiliche Aufsicht am Orte der Versammlung zusteht, mit einer schriftlichen Vollmacht von der zuständigen Polizeibehörde versehen sein.

   Wenn von Seiten der Regierungsbehörde keine besondere Beauftragung stattgefunden hat, so hat die Ortspolizeibehörde darüber zu bestimmen. Es sollen aber, falls die Lokalpolizeibehörde nicht selbst beiwohnen könnte, nur solche öffentliche Beamte damit betraut werden, von welchen die nöthige Einsicht erwartet werden kann. Niedere Polizeiofficianten, Gensdarmen und Polizeidiener dürfen dazu nicht verwendet werden.

3) Den öffentlichen Beamten ist in der Versammlung der von ihnen als für sie geeignet bezeichnete Platz einzuräumen. Dieselben sollen, wenn sie eine Dienstkleidung besitzen, diese anlegen.

4) Versammlungen, in welchen Anträge oder Vorschläge vorgebracht werden, die eine Aufforderung oder Anreizung zu strafbaren Handlungen enthalten, sind die nach 2) beauftragten Beamten, wenn auf ihre Einsprache der Gegenstand dieser Anträge und Vorschläge nicht unverzüglich verlassen wird, sofort aufzulösen befugt.

Diese Auflösung ist mit lauter Stimme zu erklären und diese öffentlichen Beamten haben sofort die Versammlung zu verlassen.

Ueber Vorgänge der Art, so wie überhaupt alle bemerkenswerthen Ereignisse bei Volksversammlungen, ist sogleich ein genaues Protokoll aufzunehmen und dieses der Regierungsbehörde mit Bericht vorzulegen.

5) Sobald eine Versammlung für aufgelöst erklärt ist, sind alle Anwesende verpflichtet, sich sofort von dem Orte der Versammlung zu entfernen. Die Entfernung kann nöthigenfalls durch die bewaffnete Macht zur Ausführung gebracht werden.

6) Niemand darf in einer Volksversammlung mit Waffen versehen erscheinen, mit Ausnahme der mit Bezug auf dieselbe im Dienst befindlichen Beamten, in so fern deren Amtstracht dieses mit sich bringt.

7) Den Ortspolizeibehörden steht es zu, Volksversammlungen unter freiem Himmel, um der öffentlichen Ordnung willen in dringenden Fällen und wenn die höhere Entschließung nicht mehr eingeholt werden kann, selbstständig zu verbieten.

Die Leiter, Ordner, Redner und Theilnehmer an Volksversammlungen, so wie Diejenigen, welche verbotenen oder aufgelösten Versammlungen den Platz zur Abhaltung eingeräumt haben, trifft namhafte Geld-, bz. Gefängnißstrafe. V. v. 17. Sept. 1849 u. 4. Sept. 1852, u. A. d. M. d. J. v. 19. September 1849.

§ 844. Aufrührerische, bz. staatsgefährliche Reden. Wer an öffentlichen Orten oder vor einer öffentlichen Versammlung mündlich Reden führt oder Handlungen begeht, welche, wären sie in einer Druckschrift niedergelegt, strafbar erscheinen, soll den in der V. v. 4. Okt. 1850 angedrohten Strafen verfallen. Vergl. Abth. XX, § 925.

§ 845. Aufrührerische Abzeichen rc. Es ist verboten an öffentlichen Orten äußere Abzeichen — Fahnen, Schärpen, Cocarden u. dgl. m. — welche geeignet sind den Geist des Aufruhrs zu verbreiten oder den öffentlichen Frieden zu stören, oder welche den Grundlagen der bestehenden Staatsverfassung feindselige Bestrebungen an den Tag legen, zu tragen oder aufzustecken.

Eben so ist an öffentlichen Orten alles aufrührerische Geschrei und das Singen aufrührerischer Lieder verpönt. V. v. 11. Sept. 1850.

§ 846. Revolutionäre Lieder. Um das Absingen revolutionärer und unsittlicher Lieder zu verhindern, ist Folgendes verordnet:

1) Die Erlaubniß zum Orgelspielen und ähnlichem Musiciren auf den Straßen oder in den Wirthshäusern ist nur für Jahrmärkte, Kirchweihen und dergleichen Gelegenheiten und nur an solche Inländer zu ertheilen, welche eine Bescheinigung ihrer Heimathsbehörde darüber beibringen, daß sie sich seither gut betragen haben, namentlich noch nicht wegen Diebstahls, Landstreicherei oder ähnlicher Vergehen bestraft worden sind.

2) Die Musikanten der bezeichneten Art sind vor Ertheilung der Concession dazu anzuhalten, daß sie diejenigen Lieder, welche sie abzusingen beabsichtigen, der Polizeibehörde zur Einsicht vorlegen, damit von dieser geprüft werden kann, ob die Lieder nicht gegen den Staat, die Religion oder die Sittlichkeit verstoßen. Nur solche Lieder, bei welchen in diesen Beziehungen kein Anstand obwaltet, sind zum Absingen zuzulassen; das Absingen anderer Lieder ist den Musikanten bei Ertheilung der Concession unter Androhung einer Geldbuße von 3 bis 5 Gulden, welche im Falle der Uneinbringlichkeit mit je einem Tage Gefängniß für einen Gulden zu verbüßen ist, ausdrücklich zu verbieten. Von selbst versteht sich, daß wenn in dem Absingen solcher Lieder in Rücksicht auf deren Inhalt ein sonst strafbares Vergehen liegt, die dafür in dem Gesetze vorgesehene Strafe neben jener Polizeistrafe einzutreten hat. Die zum Absingen

genehmigten Lieder sind als solche von der Polizeibehörde auf einem Exemplar eines jeden Liedes zu bezeichnen. Die Gensdarmen und Polizeidiener sind dahin zu instruiren, genau darauf zu achten, daß keine anderen als die auf diese Weise genehmigten Lieder abgesungen werden, und sich zu diesem Behufe die mit der Genehmigung der Polizeibehörde versehenen Exemplare der Lieder von den Musikanten vorzeigen zu lassen, jede Zuwiderhandlung hiergegen aber sofort zur Anzeige zu bringen.

3) Was den häufig vorkommenden Verkauf gedruckter oder lithographirter Lieder, Gedichte und Bilder von Seiten herumziehender Musikanten betrifft, so ist derselbe als Hausirhandel anzusehen und es findet deshalb auf solchen das im Art. 2 des Gesetzes vom 6. Febr. 1836, bz. in der Verordnung vom 6. Nov. 1846, enthaltene Verbot des Hausirens mit gedruckten oder lithographirten Schriften und Abbildungen Anwendung. Außerdem liegt hierin, in so weit solche Musikanten kein Patent für das Buchhändlergeschäft besitzen, eine Contravention gegen das Gewerbsteuergesetz. Es ist deshalb ein solcher Verkauf, welchen Inhalt und Gegenstand die Lieder und Bilder auch haben mögen, nicht zu gestatten und es sind die Zuwiderhandelnden zur Bestrafung zu bringen. Zweckmäßig erscheint es, die Musikanten bei Ertheilung der Concession hierauf ausdrücklich hinzuweisen. A. d. M. d. J. v. 10. Sept. 1852.

§ 847. Tragen verbotener Waffen. Es ist bei namhafter Strafe verboten, ohne polizeiliche Erlaubniß Stockdegen, Dolche, Stilets, wie überhaupt dolchartige, zum Stoß brauchbare Messer bei sich zu führen.

Ausgenommen von diesem Verbote sind nur Reisende, so lange sie unterwegs sind, und Gewerbtreibende während der Zeit des üblichen Gebrauchs solcher Messer zu ihrem Gewerbsbetriebe. V. v. 17. April 1850.

Gegen unverdächtige Reisende, von denen angenommen werden kann, daß sie von dem fraglichen Verbote keine Kenntniß haben und nur die zur Vertheidigung dienlichen Waffen bei sich tragen, soll mit Nachsicht verfahren werden. E. d. M. d. J. v. 29. Juni 1853.

§ 848. Schubwesen. Der Schub findet gewöhnlich statt: bald zur Verbringung verdächtiger, bz. legitimationsloser, Leute in ihre Heimath, bald zur Ablieferung von Bettlern, Landstreichern oder anderen Verbrechern und Arrestaten an die inländischen oder ausländischen Regierungs- oder Gerichtsbehörden. Die Schüblinge sind in der Regel nur unter Bedeckung von Gensdarmen, Sicherheitswache oder Polizeiofficianten zu transportiren. Wo zum Zwecke des Schubtransports Correspondenztage der Gensdarmerie eingerichtet sind, hat der Schub, dringende Fälle ausgenommen, an diesen Tagen zu geschehen. Wegen des Transports armer fremder Kranken vergl. Abth. XVI, §§ 727 u. 728.

§ 849. Gleich wie, wo nicht Staatsverträge (vergl. Abth. XI, § 269) ein Anderes bedingen, Ausländer weder zum Eingang noch zum Durchgang durch das Land angenommen werden dürfen, wenn sie nicht mit einer Annahmebescheinigung ihrer Heimathsbehörde begleitet sind, so dürfen auch im Inlande ergriffene Ausländer in der Regel ohne vorherige Erwirkung einer solchen Annahmebescheinigung nicht in das Ausland geschubt werden. Die Lokalbehörden haben sich daher zu dem Ende vorerst an die ihnen vorgesetzte Regierungsbehörde zu wenden. Kr.Instr. § 117.

§ 850. Es soll möglichst vermieden werden, daß ein Arrestat, der nicht an den Staat, dem er angehört, abzuliefern ist, durch das Gebiet dieses Staates transportirt werde. E. d. M. d. J. v. 13. März 1843 an sämmtl. Prov.C. zu Nr. D. 3251 u. 3395.

§ 851. Rücksichtlich der Verpflegung und der Behandlung der Schüblinge gelten dieselben Grundsätze wie bei den Gefangenen. Dieselben sollen insbesondere auch vor ihrer Absendung erst in reinlichen Stand gesetzt werden. E. d. M. d. J. an die Prov.C. zu Gsn. u. D. v. 29. März 1842. E. d. R. zu Mz. v. 21. August 1818. Siehe die §§ 886—889.

§ 852. Marschunfähige Schüblinge und arme Kranken (vergl. Abth. XVI, § 728) werden mit Fuhre weiter gebracht. Die Kosten dieser Fuhren trägt, in so weit nicht Staatsverträge ein Anderes bedingen (§ 296 o.), die Staatskasse (in den Prov. St. u. O. die Oberpolizeikasse, in der Prov. Rh. die Criminalkasse). E. d. M. d. J. an d. R.C. v. 10. März 1849 u. an d. R. zu Gsn. v. 3. Sept. 1851.

Wo dergleichen Schubfuhrtransporte öfter vorzukommen pflegen, haben die Bürgermeister für ein kommendes Jahr im Voraus Accorde mit zuverlässigen Fuhrleuten, möglichst an den Wenigstnehmenden, abzuschließen und an die Regierungsbehörde zur Genehmigung einzusenden.

Der Fuhrlohn ist zweckmäßig nach Wegstunden zu bedingen. Bis zu 3 oder 4 Schüblingen darf in der Regel nur eine einspännige Fuhre berechnet werden. Die Schubfuhren sind von der Entrichtung des Chausseegeldes befreit. B. v. 18. April 1825.

§ 853. Fuhren dürfen überhaupt in der Regel nur verwilligt und verrechnet werden, wenn ihre Nothwendigkeit durch ärztliches Zeugniß begründet wird oder, falls ein Arzt augenblicklich nicht zur Hand ist, von der Lokalpolizeibehörde anerkannt wurde. Letzterenfalls muß indessen auf der nächsten Station, woselbst ein Kreisarzt oder Kreiswundarzt wohnt, das fehlende Zeugniß nachträglich erhoben werden.

§ 854. Nach Ablauf eines jeden Vierteljahrs sind die Schubfuhrkosten in einem nach vorgeschriebenem Formular eingerichteten Verzeichnisse dergestalt zusammen zu stellen, daß die von jedem besonderen Accordanten geleisteten Fuhren, unter besonderen Absätzen nach der Zeitfolge geordnet, eingetragen werden.

Dieselben sind alsdann nebst allen erforderlichen ordnungsmäßig numerirten Belegen, namentlich den ärztlichen Zeugnissen und den mit Ablieferungsbescheinigungen versehenen Fuhrscheinen, an die Regierungsbehörde einzusenden; s. d. a. A. u. E.

Fuhren, welche Militärarrestaten oder kranke Soldaten betrafen, kommen nicht in diese Quartalsverzeichnisse, es ist vielmehr desfalls nach § 110 oben zu verfahren.

III. Abschnitt.

Fremden- und Paßwesen.

§ 855. Aufenthaltsgestattung an Fremde. Ortsfremde, welche einen temporären Aufenthalt irgendwo nehmen wollen, haben sich zuvor bei der Lokalpolizeibehörde über ihre Person, ihre Absichten und ihre Subsistenzmittel auszuweisen. Wird dieser erforderliche Ausweis binnen einer vorzusteckenden kurzen Frist nicht erbracht, so darf der Fremde nicht länger geduldet werden. Erfolgt dagegen eine genügende Legitimirung, so ist die Lokalpolizeibehörde bezüglich der Inländer und ausländischen Gewerbsgehülfen (s. § 859, 4) zur Aufenthaltsgestattung ermächtigt, hinsichtlich der übrigen Ausländer hat sie aber vorerst die Genehmigung der Regierungsbehörde einzuholen. Kr.Instr. §§ 117 u. 118. Für die Prov. St. A. v. 9. Febr. 1811; für die Prov. O. A. v. 8. Dez. 1812 u. 26. September 1816, und für die Prov. Rh. G. v. 10. Vend. IV u. A. d. Prov.Dir. v. 22. Okt. 1822.

Es ist angemessen, daß über die in der Gemeinde einen temporären Aufenthalt nehmenden Fremden von der Ortspolizeibehörde ein Register geführt werde.

Die Legitimationspapiere derselben sind in polizeiliche Verwahrung zu nehmen und dafür schriftliche Aufenthaltsscheine auszuhändigen.

§ 856. Beherbergung von Fremden. Rücksichtlich der Beherbergung von Fremden, welche ohne die Absicht eines längeren Aufenthalts an einem Orte logiren, sind folgende polizeiliche Vorschriften ertheilt:

1) Die Ortspolizeibehörden haben darüber zu wachen, daß nur in den dazu berechtigten Wirthshäusern Fremde beherbergt werden. In Privathäusern dürfen nur Freunde, Anverwandte oder im betreffenden Orte wohlbekannte Personen aufgenommen werden.

2) Sowohl die Wirthe als Privatpersonen, wenn sie eine der bezeichneten Personen logiren wollen, sind verbunden, alsbald nach Ankunft ihrer Gäste die Anzeige davon bei der Lokalpolizeibehörde des Ortes zu machen und derselben die Legitimationspapiere zu übersenden.

3) Den Lokalpolizeibehörden liegt hierauf ob, die Legitimationspapiere auf das Genaueste zu prüfen, etwaige Anstände aber sogleich an die Regierungsbehörde einzuberichten. Ergeben sich wirkliche Fälschungen, sei es durch Rasuren oder andere Veränderungen, so ist zugleich der Inhaber festzunehmen und dessen gerichtliche Bestrafung zu veranlassen.

4) Die Ortspolizeibehörden sollen ferner über alle ihnen also angemeldeten Fremden ein Register genau nach dem beifolgenden Muster führen.

Ordnungs-Nro.	Datum.	Vor- und Zuname, Geburtsort, Stand und Gewerbe.	Beschaffenheit der Legitim.-Urkunden.	Zweck der Reise und Reiseroute, woher sie kommen und wohin sie gehen.	Bemerkungen.

Die Uebertretung der Vorschriften unter 2) soll mit den für Unterlassung der Anmeldung von Fremden bereits bestehenden Strafen geahndet werden. A. d. M. d. J. v. 11. April 1833.

Die bestehenden Strafen sind für die Prov. St. u. O., in so weit sie nicht durch Lokalreglements ermäßigt wurden, in den im vorigen § angezogenen Regierungsausschreiben in St. für Wirthe auf 10 Reichsthaler und für Private auf 1 fl. 30 kr. für jeden Tag, in O. aber allgemein auf 5 Reichsthaler festgesetzt. Ein E. d. M. d. J. v. 11. Juli 1842 hat übrigens die von dem Kr. in Gsn. geschehene Ermäßigung der letzterwähnten Strafe auf 30 kr. bis 3 fl. gebilligt. In der Prov. Rh. hat die im Crim.G.B. Art. 475, 2, angedrohte Strafe einzutreten. A. d. Prov.Dir. v. Rh. v. 19. April 1833.

In der Prov. Rh. müssen zugleich alle Wirthe, welche Fremde über Nacht beherbergen, ein gestempeltes oder für Stempel visirtes und durch den Bürgermeister paraphirtes Register darüber (Fremdenbuch) nach vorgeschriebener Form führen und den Polizeibehörden jederzeit auf Verlangen vorlegen. Die Zuwiderhandelnden trifft eine Polizeistrafe von 6—10 Franken. G. v. 19.—22. Juli 1791, Art. 5. Crim.G.B. Art. 475, 2, u. A. d. M. d. J. v. 11. April 1846.

§ 857. Die Aufnahme ortsfremder Kinder ohne polizeiliche Erlaubniß ist besonders bei 3—10 fl. Strafe verboten. Wer ein solches Kind aufnehmen will, soll vorerst der Ortspolizeibehörde unter Mittheilung des Heimathsscheines Anzeige machen. Die Ortspolizeibehörde soll hierauf die Verhältnisse prüfen, namentlich auch erwägen, ob der Nachsuchende die Mittel und Fähigkeit zur Erziehung des Kindes besitzt, und darüber unter Anschluß des Heimathsscheines an die Regierungsbehörde berichten, welche alsdann über die Verwilligung oder Versagung entscheiden wird.

In der Regel soll bei Kindern von Ausländern zugleich eine Cautionsleistung von 50 fl. erfordert werden; die kurhessischen Unterthanen sind jedoch davon entbunden. A. d. M. d. J. v. 18. Juni 1845 u. 30. Sept. 1847.

Diese Bestimmungen sollen übrigens keine Anwendung auf die Städte Darmstadt, Gießen und Mainz, gleich wie alle anderen Orte finden, in welchen bereits strengere Vorschriften in dieser Beziehung bestehen.

§ 858. Handwerksgesellen. Die Uebermenge wandernder Handwerksgesellen erheischt die polizeiliche Wahrnehmung der öffentlichen Sicherheit in vielfacher Beziehung. Wenn es auch für begründet erachtet werden darf, daß ein großer Theil der wandernden Gesellen wirklich nur gewerbliche Bildungszwecke verfolgt, so ist es eben so gewiß, daß ein anderer Theil das Wandern nur als Mittel zu müßigem Umherziehen, ja selbst zur Ausführung verbrecherischer Absichten benutzt. Es ist ferner Thatsache, daß Viele auf der Wanderschaft das Gift revolutionärer Ideen eingesogen haben und es nun wandernd von Land zu Land fortpflanzen, zugleich auch häufig staatsgefährliche Verbindungen unterhalten.

Unter diesen Verhältnissen ist es Pflicht der Lokalpolizeibehörden auf diese Wanderschaar ein ganz besonderes wachsames Augenmerk zu richten und nicht allein die Aechtheit und Verlässigkeit ihrer Legitimationspapiere (Wanderbücher und deren Visa) stets genau zu prüfen, sondern auch das ganze Thun und Treiben der Handwerksgesellen überhaupt strenge zu überwachen.

§ 859. Einwandern ausländischer Handwerksgesellen. Um dem zwecklosen Umhertreiben der Handwerksgesellen Schranken zu setzen, sind nachstehende Vorschriften erlassen:

1) Ausländischen Handwerksgesellen, welche um Arbeit zu suchen wandern, ist nur dann der Eintritt in das Großherzogthum zu gestatten, wenn sie
   a) mit einem gültigen, ihr Signalement enthaltenden Wanderbuche oder Reisepasse versehen sind;
   b) eine Bescheinigung besitzen, daß sie die Blatternkrankheit gehabt haben oder mit den Schutzpocken eingeimpft worden sind;
   c) mit keiner ansteckenden Krankheit behaftet sind;

d) sich genügend darüber ausweisen können, daß sie während der letzten drei Monate mindestens einmal 14 Tage in Arbeit gestanden haben oder, wenn dies nicht der Fall war, deshalb hinreichende Entschuldigungsgründe besitzen;
e) ein Reisegeld von wenigstens 5 fl. aufweisen können und entweder ein Felleisen mit den unentbehrlichsten Kleidungsstücken bei sich führen oder dessen Transport auf anderem Wege, z. B. per Post, glaubhaft nachweisen;
f) nicht schon in ihrer Reiselegitimation als Bettler bezeichnet sind.

Sind alle diese Bedingungen vorhanden, so bemerkt die Lokalpolizeibehörde des Gränzortes in dem Wanderbuche die Erlaubniß zum Einwandern und macht den Handwerksgesellen zugleich mit den Bestimmungen der V. v. 3. Mai 1830 durch Vorlesen derselben bekannt. Im entgegengesetzten Falle muß dagegen der Geselle zurückgewiesen werden.

2) Wer zwar mit einem sonst ordnungsmäßigen Wanderbuch oder Reisepasse versehen, ohne diese Erlaubniß im Lande betroffen wird, soll der Regierungsbehörde vorgeführt und von dieser, in so fern sie nicht zur nachträglichen Erlaubniß veranlaßt ist, auf dem kürzesten Wege mit gebundener Route über die Gränze gewiesen werden. Diejenigen, welche gar keine Legitimation besitzen, sind als Landstreicher anzusehen und zu behandeln (vergl. § 838).

3) Bei blos durchreisenden Handwerksgesellen soll es mit den Bedingungen 1 d, e u. f nicht so genau genommen werden. Es sind dieselben aber alsdann stets auf der kürzesten Route vermittelst desfallsigen Eintrags in ihre Legitimationspapiere über die Gränze, bz. in ihre Heimath, zu verweisen.

4) Die Handwerksgesellen müssen in jedem Orte, wo sie übernachten, ihre Wanderbücher oder Pässe von der Ortspolizeibehörde visiren lassen. Finden sie in einem Orte keine Arbeit, so kann ihnen in der Regel nur ein 24stündiger, und nur dann, wenn sie sich über genügende Mittel ausweisen, ein längerer Aufenthalt gestattet werden. Treten sie aber in einem Orte in Arbeit, so müssen sie ihre Legitimationspapiere bei der Ortspolizeibehörde abgeben. Bei dem Austritte aus der Arbeit wird alsdann von der Ortspolizeibehörde auf den Grund

eines Zeugnisses ihres Meisters darin bemerkt, wie lange sie an dem Orte gearbeitet und wie sie sich betragen haben.

5) Wenn die Reiselegitimation eines Handwerksburschen nicht von der Heimathsbehörde ausgestellt ist, so muß derselbe bei längerem Aufenthalte noch einen besonderen Heimathschein beibringen. Es ist demselben von der Lokalpolizeibehörde hierzu eine angemessene Frist vorzustecken, nach deren fruchtlosem Ablaufe er ausgewiesen werden soll. Wird der Heimathschein beigebracht, so ist derselbe an die Regierungsbehörde einzusenden.

6) Handwerksgesellen, welche unbefugter Weise ihren Aufenthalt an einem Orte verlängern, sollen durch den Ortspolizeidiener ausgewiesen, im Wiederholungsfalle, so wie bei allen anderen Zuwiderhandlungen gegen obige Vorschriften aber von den Polizeigerichten mit Arreststrafe belegt und nach Befund sofort auf dem Schub über die Gränze gebracht werden.

Den Polizeicommissären in Städten stehen örtlich die betr. Amtsverrichtungen der Regierungsbehörden zu. V. v. 3. Mai 1820. Instr. v. 13. Juli 1820 u. Kr.Instr. § 117.

§ 860. Gesellenverbindungen. Wenn Handwerksgesellen an unerlaubten Gesellenverbindungen, Gesellengerichten, Verhängung von Strafen, Verrufserklärungen, Ausstellung von Gesellenscheinen u. dgl. m. Antheil nehmen, so sollen sie verhaftet und an die Regierungsbehörde zum Behuf des Schubs nach ihrer Heimathsbehörde verbracht werden.

Inländer, welche sich im Auslande solcher Vergehungen schuldig gemacht haben, sollen von den Lokalpolizeibehörden genau überwacht und es soll denselben ohne besondere Genehmigung des Ministeriums keine Wandererlaubniß mehr ertheilt werden. Beschluß der deutschen Bundesversammlung v. 3. Dez. 1840 u. A. d. M. d. J. v. 26. März 1841.

§ 861. Reisepässe und Wanderbücher. Die Ausfertigung der Reisepässe zu Reisen innerhalb der deutschen Bundesstaaten (mit Ausnahme von Oesterreich, E. d. M. d. J. v. 5. Sept. 1851) ist den Regierungsbehörden übertragen. Andere Reisepässe werden nur allein von dem Ministerium des Aeußeren ausgefertigt. Die Ausstellung der Wanderbücher steht unbeschränkt den Regierungsbehörden zu. Kr.Instr. §§ 119 u. 121 u. E. d. M. d. J. v. 10. Mai, 22. Juni u. 5. Aug. 1853.

Diejenigen, welche Reisepässe oder Wanderbücher zu erhalten wünschen, haben sich deshalb zunächst an die Lokalpolizeibehörde zu wenden, welche gemäß ihrer genaueren Wissenschaft der örtlichen und persönlichen Verhältnisse darüber Bericht an die Regierungsbehörde zu erstatten hat. Die Paßberichte sind auf dem vorgeschriebenen Formular-Stempelpapier, in den Prov. St. u. O. zu 6 kr. und in der Prov. Rh. zu 7 kr., auszufertigen.

Die Lokalbehörden haben von Vermögenden eine Ausfertigungsgebühr von 6 kr. in Anspruch zu nehmen. A. d. M. d. J. v. 26. Juni 1833.

§ 862. Bei Erstattung der Paß- und Wanderbuch-Berichte sind als allgemeine Rücksichten ins Auge zu fassen:

1) daß Niemand eine Legitimation zum auswärtigen Aufenthalt erhalten darf, der dadurch in den Stand gesetzt würde, sich seiner Verbindlichkeit gegen den Staat, gegen Dritte oder seinen gesetzlichen Richter zu entziehen. A. d. M. d. J. v. 6. Nov. 1837. Für Rh. Präf.E. v. 5. Frim. V u. 20. März 1809. V. d. prov. Landesadmin. v. 27. Juli 1814 u. A. d. Prov.Dir. v. 22. Okt. 1822 u. 15. Sept. 1830.

   Wer also Feld- oder Forststrafen zu verbüßen hat, wer sich in Untersuchung befindet oder in Folge einer solchen verurtheilt worden ist und wer seiner Kriegsdienstpflicht Genüge zu leisten hat, kann keine solche Legitimation erhalten. In letzterer Beziehung sind insbesondere die Bestimmungen und Beschränkungen der höchsten Verordnung v. 30. Mai 1838, betr. das Verhalten der Civilbehörden in Bezug auf beurlaubte Soldaten, zu beachten. (Siehe auch § 271 oben u. § 109, Satz 15.)

   Minderjährige haben zum Zwecke der Erwirkung von Reiselegitimationen Bescheinigung ihrer Eltern oder Vormünder über ertheilte Erlaubniß vorzulegen. A. d. M. d. J. v. 25. Mai 1842.

2) Da Reiselegitimationen wesentlich eine Beurkundung darüber enthalten, wo der Inhaber heimathsberechtigt ist, so kann nur die Lokalbehörde des Ortes, wo Derjenige, der sich auswärts begeben will, seßhaft ist, den Bericht wegen eines Passes oder eines Wanderbuches erstatten.

3) Es liegt im öffentlichen Interesse, daß die Ortsbehörde jederzeit Kenntniß von dem Aufenthalte derjenigen Ortsangehörigen

hat, welche sich auf längere Zeit vom Hause wegbegeben wollen.

Den Ortsbehörden ist deßhalb zu empfehlen ein Register über Diejenigen zu führen, welche auf irgendwelche Reiselegitimation hin sich auswärts begeben haben, auch darin die jedesmalige Rückkehr anzumerken.

4) Bezüglich der Paßberichte ist noch besonders zu beachten:

a) daß darin die allgemeine Bezeichnung des Ziels der Reise, z. B. „nach dem Ausland“ nicht genügt, vielmehr die Länder, wohin sich der Reisende begeben will, z. B. „nach der Schweiz“ oder „in die deutschen Bundesstaaten mit Ausnahme von Oesterreich“ 2c., benannt werden müssen. A. d. M. d. J. v. 7. Dezbr. 1833 u. 27. August 1834, u. E. deff. M. v. 1. Dezbr. 1841. — Ferner:

b) daß in denjenigen Bezirken, worin Bestimmungen gegen den sittenverderblichen Fliegenwedelhandel getroffen sind (vergl. u. XIX, § 901), die Lokalpolizeibehörden dafür zu sorgen haben, daß Kinder, Frauenspersonen (mit Ausnahme der eigenen Frau eines Händlers) und ledige Burschen zu dem fraglichen Zwecke keine Reiselegitimation erlangen, auch bei Erstattung der Paßberichte prüfen und eintretenden Falles bemerken, ob ein Nachsuchender nachweisen kann, daß er eine Kunst oder ein Handwerk erlernt habe, wodurch er sich zu ernähren im Stande sein werde, oder ob zu vermuthen steht, daß er sich seinen Unterhalt nur im Umherziehen werde verschaffen müssen. E. d. M. d. J. v. 24. Febr. 1841 u. 28. Febr. 1845;

c) daß zur Begleitung ausländischer Hausirer und herumziehender Musikanten für unverheirathete Frauenzimmer und schulpflichtige Knaben niemals Reiselegitimationen ertheilt werden sollen. Vergl. Abth. XIX, § 902. — Endlich:

d) daß Kindern, welche das schulpflichtige Alter noch nicht zurückgelegt haben, zur Begleitung von Kleinhändlern, Schauträgern und ähnlichen herumziehenden Individuen gar keine Reiselegitimation ertheilt werden darf. A. d. M. d. J. v. 23. Novbr., 16. Dezbr. 1853 und 3. April 1854.

5) Bei den Wanderbuchberichten ist noch besonders zu beachten und zu bemerken:
   a) ob der Nachsuchende geimpft ist, ob er seine Profession gehörig erlernt und ob und wie lange er etwa schon als Geselle darin gearbeitet hat. A. d. M. d. J. vom 25. Mai 1842;
   b) daß in Preußen das Wandern von Gesellen, die über 30 Jahre alt sind, verboten ist. A. d. M. d. J. v. 14. Sept. 1853.

§ 863. Paßkarten. Zum Reisen in denjenigen Staaten, welche dem in der V. v. 31. Mai 1851 gedachten Paßkartenvereine beigetreten, sind die Regierungsbehörden ermächtigt ohne Mitwirkung der Lokalbehörden Paßkarten unter den in der gedachten V. erwähnten Voraussetzungen zu ertheilen. Eine Visirung der Paßkarten findet nicht statt. Siehe auch A. d. M. d. J. v. 19. Juli 1851.

§ 864. Visirung. Bei der den Lokalpolizeibehörden obliegenden Visirung der Wanderbücher und Reiselegitimationen ist mit großer Vorsicht zu verfahren. Insbesondere ist darauf zu achten, ob das Signalement auf die Person paßt, ob keine Rasuren oder Veränderungen in den Legitimationspapieren vorgenommen worden sind und ob die Zeit der Gültigkeit derselben nicht abgelaufen ist. Vergl. § 856. Die Zahlenverhältnisse sollen dabei mit Buchstaben geschrieben werden. A. d. M. d. J. v. 1. Juli 1836.

Die Visirung darf ferner nicht blos mit den Worten „gesehen" oder „passirt den rc." geschehen. Es muß vielmehr in der Regel bei jedem Visa zugleich die Reiseroute und der Ort angegeben sein, welchen der Reisende als Ziel seiner Reise am nächsten Tage zu erreichen gedenkt. Die vollzogenen Visa sind in ein Buch einzutragen, worin Namen, Wohnort, Gewerbe, der Ort, woher der Reisende kommt, wohin er geht, so wie der Tag des ertheilten Visa enthalten sein müssen. Darauf, daß die eingeschriebene Route genau eingehalten wird, haben die Lokalpolizeibeamten genau zu sehen und ein Umvisiren nie vorzunehmen, ohne den vorher visirt habenden Beamten, daß und wohin sie ein solches vorgenommen haben, zu unterrichten.

Ausnahmen von jener Regel zu verwilligen steht nur den landesherrlichen Polizeicommissären in Städten zu. E. d. M. d. J. v. 23. Juli 1851 u. E. dess. M. an d. Kr. Gsn. v. 18. März 1853.

A. d. Prov.Dir. v. Rh. v. 24. Dezbr. 1834 u. d. R.C. zu Mz. v. 26. Nov. 1849.

Da Heimathscheine niemals als Reiselegitimation benutzt werden sollen, so dürfen dieselben auch durchaus nicht mit einem Visa zu einer Reise versehen werden. A. d. M. d. J. v. 3. Jan. 1854.

Eben so sind die Visirungen in allen denjenigen Fällen zu beanstanden, in welchen bezüglich bestimmter Personen oder Länder die Ertheilung von Reiselegitimationen überhaupt verboten ist. Vergl. § 862. Namentlich soll auch den preußischen Gesellen nicht nach der Schweiz visirt werden. A. d. M. d. J. v. 19. Okt. 1852.

Eine Beurkundung der an Handwerksgesellen verabreichten Stadtgeschenke durch Aufdrückung des Dienstsiegels darf nicht geschehen. A. d. M. d. J. v. 4. Okt. 1852.

§ 865. Gesinde. Bezüglich der Dienstboten ist verordnet:

1) Alle Personen beiderlei Geschlechts, welche sich als Dienstboten verdingen, müssen bei der Polizeibehörde sich melden, um in das Gesinderegister eingetragen zu werden.

2) Jeder nach 1) eingeschriebene einheimische Dienstbote erhält, sobald er einen Dienst gefunden hat, ein paginirtes und von der betreffenden Regierungsbehörde auf der ersten und letzten Seite paraphirtes Dienstbuch, welches zugleich den Abdruck der Verordnung enthält.

Für dieses Buch hat der Dienstbote den festgesetzten Preis zu entrichten.

Es ist den Ortspolizeibehörden strengstens eingeschärft darauf zu achten, daß jeder Dienstbote mit diesem Dienstbuche versehen wird. E. d. M. d. J. v. 3. Febr. 1838, 27. März 1843 u. 5. März 1853.

3) Auswärtige Dienstboten — mögen sie Ausländer oder ortsfremde Inländer sein — haben:

I. binnen 24 Stunden nach ihrer Ankunft in dem Orte, wo sie in Dienst treten wollen, bei der Polizeibehörde sich zu melden, und

II. über ihre Heimaths- und sonstigen persönlichen Verhältnisse durch Beibringung von Reisepässen, Dienstbüchern von den Orten, wo sie etwa früher gedient haben, oder sonstigen genügenden obrigkeitlichen Attestaten, sich auszuweisen. Insbesondere müssen sie mit Heimathsscheinen versehen sein, welche für Inländer von der

Regierungsbehörde, für Ausländer aber von der betreffendenausländischen höheren Polizeiverwaltungsbehörde ausgestellt sein müssen.

III. Hat der auswärtige Dienstbote schon einen Dienst, so kann ihm, wenn auch seine Legitimationspapiere nicht vollständig sein sollten, provisorisch der Diensteintritt gestattet, es muß ihm aber zugleich aufgegeben werden, binnen einer zu setzenden Frist Dasjenige, was die Polizeibehörde in Bezug auf seine Legitimation noch vermißt, bei Vermeidung der Ausweisung beizubringen.

IV. Hat der auswärtige Dienstbote noch **keinen** Dienst, so kann ihm zwar:

a) wenn seine Legitimationspapiere vollständig sind, der provisorische Aufenthalt gestattet werden, er muß aber binnen einer ihm zu setzenden Frist, bei Vermeidung der Ausweisung, nachweisen, daß er einen Dienst erhalten;

b) sind die Legitimationspapiere nicht vollständig in Ordnung, so kann ihm zwar auch der provisorische Aufenthalt gestattet werden, er muß aber alsdann binnen einer zu setzenden Frist, bei Vermeidung der Ausweisung, nicht allein den unter a) bemerkten Nachweis beibringen, sondern auch für Vervollständigung seiner Legitimation sorgen.

V. Nur dann, wenn die Legitimationspapiere vollständig sind und der Dienstbote nachgewiesen hat, daß er einen Dienst erhalten, übergibt ihm die Polizeibehörde das in 2) bezeichnete Dienstbuch.

VI. **Ausländische** Dienstboten bedürfen zu ihrem Aufenthalt im Großherzogthum auch der durch die Lokalpolizeibehörde einzuholenden Erlaubniß der Regierungsbehörde.

4) **Tritt ein Dienstbote in einen Dienst wirklich ein**, so hat er davon binnen 24 Stunden nach erfolgtem Diensteintritte, bei Vermeidung einer Strafe von 30 Kreuzern, die Anzeige bei der Polizeibehörde zu machen. — Beim Diensteintritte hat der Dienstbote das Dienstbuch an seine Herrschaft abzugeben, welche darin den Tag des Diensteintrittes einträgt. Verläßt er den Dienst, so hat die bisherige Dienstherrschaft in das ihm zurückzugebende Dienstbuch auch den Tag des Dienstaustrittes einzutragen. Hiermit kann auch ein Aufführungsattestat für den Dienstboten verbunden werden.

Verweigert eine Dienstherrschaft ihrem Dienstboten die Herausgabe des Dienstbuches, so kann die Polizeibehörde solches von der

Herrschaft verlangen oder dem Dienstboten, unter Vorbehalt seiner Rechtsansprüche auf Auslieferung, ein neues Dienstbuch zustellen.

Auch während der Dienstzeit ist die Polizeibehörde berechtigt die Einsicht des Dienstbuches, so oft sie es für nöthig hält, zu fordern.

5) Die Dienstherrschaften sind verbunden den Diensteintritt sowohl, als den Dienstaustritt ihrer Dienstboten binnen 48 Stunden nach erfolgtem Diensteintritte oder Austritte bei der Polizeibehörde mündlich oder schriftlich anzuzeigen.

Für Diejenigen, welche Dienstboten aus dem Auslande mitbringen, wird die oben bestimmte Frist zur Anzeige von dem Diensteintritte von 48 Stunden auf 3 Täge nach der Ankunft ausgedehnt.

Zuwiderhandlungen gegen die Vorschriften dieses Artikels werden mit 30 Kreuzern bis 2 fl., und zwar innerhalb dieser Gränzen mit Rücksicht auf die im einzelnen Falle vorliegenden besonderen Verhältnisse, bestraft.

Nimmt Jemand einen wegen Abwesenheit von seinem Regiment oder Corps nicht legitimirten Soldaten (V. v. 10. Nov. 1835) aus demselben oder einem anderen Orte des Großherzogthums in Dienst, so wird, wenn er dessen militärische Eigenschaften kannte, nach dem Gesetz v. 29. Sept. 1835 verfahren.

6) Einheimische und auswärtige Dienstboten sind, wenn sie aus einem Dienste austreten, bei Vermeidung einer Strafe von 30 Kreuzern, gehalten dies bei der Polizeibehörde unter Vorlegung ihres Dienstbuches binnen 24 Stunden nach erfolgtem Dienstaustritte anzuzeigen und anzugeben, welcher weiteren Bestimmung sie nun sich widmen wollen, wovon im Dienstbuche Meldung geschieht.

7) Bei auswärtigen Dienstboten hat die Polizeibehörde über den ferneren Aufenthalt des Dienstboten 2c. (Art. 3) das Geeignete zu verfügen. Zur Zeit der Abreise oder dem Wiedereintritte in einen Dienst wird das Dienstbuch, mit dem erforderlichen Eintrage der Polizeibehörde versehen, dem Dienstboten zurückgegeben.

8) In folgenden Fällen sollen auswärtige Dienstboten aus dem Kreise ausgewiesen, nöthigen Falles auf dem Schub in ihre Heimath gebracht und ihnen nach Befund der Umstände der Wiedereintritt in den Dienst in dem Kreise auf ein oder mehrere Jahre, oder für immer, untersagt werden:

I. wenn sie binnen der ihnen nach 3) gesetzt werdenden Frist keinen Dienst erhalten und keine rechtmäßigen Erwerbsmittel nachweisen oder keinen für hinlänglich erkannten Bürgen stellen können;

II. wenn sie binnen der nach 3) gesetzt werdenden Frist ihre Legitimationspapiere nicht beibringen;

III. wenn sie ohne rechtmäßige und wichtige Gründe vor abgelaufener Contractszeit ihre Herrschaft verlassen, oder

IV. aus einem rechtmäßig befundenen Grunde, vorzüglich wegen nächtlicher Abwesenheit aus der Wohnung der Herrschaft ohne Erlaubniß derselben, wegen Einbringung schlechter Weibs- oder Mannspersonen in deren Wohnung, oder anderer Thatsachen dieser Art, von ihrer Herrschaft aus dem Dienste geschickt worden;

V. wenn sie in einem Jahre öfters und in kurzen Zwischenräumen ihre Herrschaften aus wahrscheinlich eigenem Verschulden gewechselt haben; wenn sie

VI. ohne genügenden Grund sich weigern, des zweifellos abgeschlossenen Dienstvertrages ungeachtet, den Dienst anzutreten, oder

VII. sich gleichzeitig an mehrere Herrschaften vermiethen.

Es versteht sich übrigens von selbst, daß, wenn solche Dienstboten sich Vergehen schuldig gemacht haben, welche sich zur richterlichen Untersuchung und Bestrafung eignen, sie zu diesem Zweck an das competente Gericht abzugeben sind.

9) Keinem Dienstboten, der schon ein Dienstbuch von der Polizeibehörde erhalten hat, kann ein neues ausgefertigt werden, wenn er nicht das alte vorgezeigt oder auf glaubhafte Weise die rechtmäßigen Ursachen nachweiset, welche ihn an dieser Vorzeigung hindern.

In das vorzuzeigende alte Dienstbuch ist, wenn ein neues ausgefertigt wird, dies von der Polizeibehörde, mit Bezeichnung des Tages der Ausfertigung des neuen Dienstbuches, zu notiren.

10) Die wissentliche Aufnahme auswärts verheiratheter Dienstboten, ohne besondere bei der Polizeibehörde eingeholte Erlaubniß, ist bei 3—5 fl. Strafe verboten.

11) Entdeckt eine Herrschaft, daß ein in ihrem Dienste stehender weiblicher Dienstbote schwanger ist, so hat sie davon, bei Vermeidung einer Bestrafung von 3—5 fl., binnen 24 Stunden, nachdem sie Kenntniß davon erhalten, der Polizeibehörde Anzeige zu machen.

12) Ohne besondere polizeiliche Erlaubniß darf, bei Vermeidung einer Strafe von 1—5 fl., weder ein Dienstbote außer der Wohnung seiner Dienstherrschaft Stuben oder Kammern miethen, noch ein Dritter einem Dienstboten dergleichen Räume vermiethen. Diese besondere polizeiliche Erlaubniß wird jedoch dann nicht verweigert werden, wenn ein verheiratheter Dienstbote für seine Familie, welcher der Aufenthalt gestattet ist, eine Wohnung miethen will, oder wenn Dienstboten, welche Söhne, Töchter, Verwandte oder Mündel einheimischer Bürger sind, die ihnen eigenthümlich zustehenden Mobilien, deren sie zu ihrem täglichen Gebrauche nicht bedürfen, in den Wohnungen ihrer Eltern, Verwandten oder Vormünder stehen lassen wollen.

13) Um es den Einwohnern der größeren Städte, welche Dienstboten suchen, zu erleichtern brauchbares Gesinde zu erhalten, und um dem dienstlosen Gesinde Gelegenheit zu baldigem Unterkommen zu verschaffen, insbesondere auch um das sämmtliche dienende und dienstlose Gesinde leichter controliren zu können, sollen für das Dingen und Verdingen des Gesindes besondere zuverlässige Leute, und zwar:

1) ein Verdinger für die männlichen Dienstboten;
2) eine oder mehrere Verdingerinnen für die weiblichen Dienstboten

widerruflich bestellt werden.

Dieselben müssen im Orte wohnen, sich über ihr sittliches Betragen ausweisen, deutsch lesen und schreiben können, und werden auf Erfüllung ihrer Obliegenheiten von der Polizei in Eidespflicht genommen.

14) Die Dienstbotenverdinger stehen unter der Aufsicht der Polizeibehörde, werden von dieser ernannt und instruirt und haben vor ihrer Wohnung eine Tafel mit einer ihr Geschäft bezeichnenden Aufschrift aufzuhängen.

Die Nichterfüllung ihrer Pflichten wird von der Regierungsbehörde innerhalb der derselben zustehenden Disciplinargewalt geahndet. Bei gröberen Vergehen werden sie an das Gericht zur Untersuchung und Bestrafung abgegeben.

Aus Gründen der Verwaltung können sie von der Regierungsbehörde entlassen werden.

15) Von dem Augenblicke an, da die Dienstbotenverdinger in Thätigkeit treten, wird jeder Andere, der sich ein Geschäft daraus macht das Verdingen von Dienstboten gegen Bezahlung zu besorgen, mit drei Gulden für jeden Uebertretungsfall bestraft.

16) Wenn es gleich einem Jeden überlassen bleibt, sich ohne Mitwirkung der Verdinger Dienstboten zu miethen, und eben so den Dienstboten ohne diese Mitwirkung in den Dienst einer Herrschaft einzutreten und daraus auszutreten, so sind doch alle Dienstboten, einheimische sowohl, als auswärtige, verpflichtet, und zwar männliche Dienstboten dem für sie angestellten Verdinger, weibliche aber der Vermietherin des Districts, in welchem sie wohnen, Anzeige zu machen:

1) sobald sie in einen Dienst eingetreten sind;
2) sobald sie ihren Dienst aufgekündigt haben oder solcher von ihren Herrschaften ihnen aufgekündigt worden ist;
3) sobald sie aus einem Dienste austreten.

In dem Falle des Diensteintrittes (Nr. 1), so wie in dem Falle des Dienstaustrittes (Nr. 3) haben die Dienstboten ihre Dienstbücher dem Verdinger zum Eintrag in sein Register vorzulegen und erhalten solche mit seinem Visa und mit der Anweisung zurück, solche nunmehr, in Gemäßheit der Nrn. 1, 2, 3, 4, 6, 7, der Polizeibehörde zum Einschreiben, und um in den geeigneten Fällen Aufenthaltserlaubniß zu erwirken, vorzulegen.

Dienstboten, welche unterlassen binnen 24 Stunden nach erfolgtem Eintritte, Aufkündigung oder Austritte dem betreffenden Verdinger davon Anzeige zu machen, verfallen in eine Strafe von 10 Kreuzern bis zu 1 fl.

17) Die Verdinger empfangen das Begehren der Dienstherrschaften, welche Gesinde, und das Begehren der Dienstboten, welche Dienste suchen und tragen diese Begehren in die dafür bestimmten Register nach der Zeitfolge der gestellten Begehren ein. Wenn übrigens auch die weiblichen Dienstboten bei jedem Dienstwechsel, bei jeder Dienstaufkündigung und jedesmal wenn sie dienstlos werden der Vermietherin des Districts, in welchem sie gedient haben und beziehungsweise in Dienst eintreten, nach 16) Anzeige machen müssen, so steht es ihnen doch frei, bei welcher der verschiedenen Vermie-

therinnen oder ob bei mehreren sie sich als dienstsuchend melden wollen.

18) Die Verdinger haben ein Register über das vermiethete Gesinde — worin bei jedem Dienstboten der Tag des Diensteintrittes, der Aufkündigung und des Dienstaustrittes einzutragen ist — zu führen. Die Kosten für Anschaffung und Einband dieser Register sind von den Gemeinden zu tragen. E. d. M. d. J. v. 3. Febr. 1838. — Die Verdinger haben dasselbe wöchentlich einmal der Polizeibehörde zur Einsicht vorzulegen und sind verpflichtet derselben bei den Nachforschungen nach dem dienstlosen Gesinde behülflich zu sein, auch ihr dessen Aufenthalt anzuzeigen, überhaupt aber sich die Aufsicht über sämmtliche Dienstboten angelegen sein zu lassen.

19) Es ist den Verdingern strenge untersagt Dienstboten, mögen sie im Dienste stehen oder dienstlos sein, Wohnung bei sich zu geben.

20) Für ihre Bemühungen erhalten die Verdinger:

a) von der Herrschaft, die einen Dienstboten sucht, für das Einschreiben des deßfallsigen Begehrens 4 Kreuzer;

b) für das Vermiethen eines männlichen oder weiblichen Dienstboten sowohl von der Herrschaft, als von dem Dienstboten 24 Kreuzer;

c) für das Einschreiben des Diensteintrittes, der Dienstaufkündigung und des Dienstaustrittes (16) von dem Dienstboten 2 Kreuzer. Fordert oder nimmt ein Verdinger mehr, als die ihm zukommenden Gebühren, so ist derselbe, außer der deßfalls (nach 14) zu erkennenden Strafe, auch der Gebühr für den betreffenden Fall verlustig.

21) Es ist den Regierungsbehörden überlassen die Städte zu bezeichnen, in welchen die Nrn. 13—20 Anwendung finden sollen. V. v. 1. Febr. 1838.

Da sich nicht selten Personen nur zum Scheine als Dienstboten ausgeben und aufgenommen werden, in Wirklichkeit aber anderen und unerlaubten Zwecken dienen, so werden die Lokalpolizeibehörden auf solche Scheindienste ein wachsames Augenmerk richten und eintretenden Falles dagegen einschreiten.

IV. Abschnitt.

Sicherheitsdienst.

§ 866. Gensdarmen. Die Gensdarmerie erscheint als eigentliche Landessicherheitsgarde und hat vorzugsweise die Bestimmung die öffentliche Sicherheit, Ruhe und Ordnung im Großherzogthum zu handhaben. Vergl. Instr. v. 1. Nov. 1821 u. V. v. 11. Okt. 1822 u. 5. Juni 1840.

Ueber den Sicherheitsdienst der Gensdarmen ist eine besondere gedruckte Belehrung vom 6. Januar 1825 ertheilt. Einen Nachtrag dazu gibt das A. d. M. d. J. v. 25. Juni 1844.

Die Gensdarmen stehen im Allgemeinen unter den Kriegsgesetzen und unter der Disciplin ihrer militärischen Vorgesetzten. Bezüglich der Dislocation und der landespolizeilichen Verwendung ist aber die Gensdarmerie dem Ministerium des Innern unterworfen. Die innerhalb der Kreise stationirten Gensdarmerie-Brigaden stehen unter der Aufsicht und Leitung der Regierungsbehörden. Nur in dringenden Fällen ist es auch den anderen Behörden verstattet die Gensdarmerie unmittelbar zu requiriren. Die Brigade-Commandanten sollen der Regierungsbehörde wöchentlich melden, was sie für die öffentliche Sicherheit und mit welchem Erfolg geleistet haben, auch bei dieser Gelegenheit Verhaltungsmaßregeln für die künftige Woche empfangen. E. d. M. d. J. v. 27. März 1833, Satz 3, u. A. deff. Min. v. 27. Nov. 1845.

Requisitionen um Verwendung von Gensdarmen aus anderen Kreisen sind an den Divisions-Commandanten in der Provinz zu richten.

§ 867. Ueber das besondere Dienstverhältniß der Gensdarmen zu den Civilbehörden in den Kreisen sind folgende genauere Vorschriften erlassen, und zwar:

A. über die Dienstverhältnisse zwischen den Polizei- und Gerichts-Behörden und den Gensdarmen:

1) Die Gensdarmen haben den Sicherheitsdienst im Großherzogthum nach Anleitung und nach den Weisungen der Regierungsbehörden zu verrichten und dürfen keine damit im Widerspruch stehenden Dienstverrichtungen vornehmen.

2) Rücksichtlich des örtlichen Vollzuges polizeilicher Maßregeln sind dieselben ihrer Instruction zufolge in der Regel zunächst an die Lokalpolizeibehörden (Bürgermeister und Polizeicommissäre) verwiesen. Diesen Lokalbehörden steht auch die Befugniß zu, den Gensdarmen Dienstverrichtungen, welche sie nach ihren allgemeinen Instructionen und nicht in Folge erhaltener besonderer Aufträge höherer Civilbehörden vornehmen wollen, auf ihre Verantwortung zu untersagen. In einem solchen Falle haben die Gensdarmen ihre Functionen einzustellen, jedoch sowohl der Regierungsbehörde, als auch ihren militärischen Vorgesetzten alsbald davon Anzeige zu machen.

3) Haben jedoch die Gensdarmen besondere Aufträge oder Weisungen der höheren Polizeibehörden oder der Gerichtsbehörden zu vollziehen, so steht den Lokalpolizeibehörden keine Einmischung hierin und keine Untersagung der Dienstfunctionen der Gensdarmen zu.

B. Ueber die Dienstverhältnisse der Gensdarmen zu den niederen Lokalpolizeiofficianten (Polizeisoldaten, Polizeidienern und Ortsdienern):

1) In den größeren Städten, in welchen eine förmlich organisirte, vollkommen ausreichende Polizeiverwaltung besteht, nämlich in Darmstadt, Mainz, Gießen, Offenbach, Worms, Bingen und Alzey, haben die Lokalpolizeiofficianten die Lokalpolizei ausschließend zu versehen und die Gensdarmen haben nur zur Aufrechthaltung gestörter polizeilicher Ordnung dann einzuschreiten, wenn keine Lokalofficianten zugegen oder sie von denselben zur Assistenz aufgefordert worden sind.

In allen übrigen Orten des Großherzogthums sind die Gensdarmen befugt und verpflichtet zur Aufrechthaltung der Lokalpolizei nach ihren allgemeinen Instructionen in allen Fällen und zu jeder Zeit einzuschreiten. Ist jedoch bereits eine Einschreitung von Seiten der Lokalpolizeiofficianten erfolgt, so haben sich die Gensdarmen eines gleichmäßigen Einschreitens zu enthalten und nur auf Aufforderung der Lokalpolizeiofficianten Assistenz zu leisten. Dasselbe muß im umgekehrten Falle stattfinden.

2) Wenn Gensdarmen von Lokalpolizeiofficianten oder umgekehrt Lokalpolizeiofficianten von Gensdarmen zur Unterstützung aufgefordert werden, so hat sich der dazu aufgeforderte Theil lediglich auf die Assistenz zu beschränken.

3) Wenn Gensdarmen und niedere Lokalpolizeiofficianten (Polizeisoldaten, Polizeidiener, Ortsdiener) bei Ausübung der Lokalpolizei

in Anwesenheit höherer Polizeibeamten concurriren, so sind die Gensdarmen nur diesen höheren Polizeibeamten untergeordnet.

4) Zu speciellen lokalpolizeilichen Dienstverrichtungen, welche eben so gut von den niederen Polizeiofficianten und der Sicherheitswache, als von den Gensdarmen verrichtet werden können, sind in der Regel die Gensdarmen nicht zu verwenden, und nur in den Fällen, wo aus besonderen Gründen die Versehung dieser Dienstverrichtungen durch Gensdarmen vorzüglicher erscheint, sind Gensdarmen damit zu beauftragen, und ist alsdann ein solcher Auftrag so viel nur immer möglich den Gensdarmen allein und nicht in Gemeinschaft mit Lokalpolizeiofficianten und Sicherheitswachen zu übertragen.

5) Ist es unvermeidlich, daß Gensdarmen zugleich mit niederen Lokalpolizeiofficianten oder Sicherheitswachen zu lokalpolizeilichen Dienstverrichtungen beauftragt werden, so sind die niederen Lokalpolizeiofficianten und Sicherheitswachen den Gensdarmen untergeordnet.

Sollte es aber bei solchen gemeinschaftlichen polizeilichen Dienstverrichtungen von Gensdarmen und niederen Lokalpolizeiofficianten sachgemäßer erscheinen, den Letzteren aus besonderen Gründen, z. B. weil sie mit dem Geschäft und den Intentionen ihrer Vorgesetzten in Bezug auf dieses Geschäft vertrauter sind, die Leitung der Dienstverrichtungen zu übertragen, so ist der ganze Auftrag den niederen Polizeiofficianten allein zu ertheilen und sind die Gensdarmen nur zur Assistenz anzuweisen. A. d. M. d. J. v. 16. Nov. 1842 und 17. Febr. 1841.

§ 868. Die Gensdarmen haben in dem ihnen angewiesenen Bezirk fleißig und dergestalt zu patrouilliren, daß eine jede Gemeinde ihres Bezirks wenigstens einmal von ihnen besucht wird. Die Lokalpolizeibehörde hat in den Patrouillebüchern Tag und Stunde ihrer Anwesenheit, wie auch Ursache und Dauer des nöthigen Aufenthalts zu bescheinigen. Instr. § 28.

§ 869. Gensdarmen, welche zum Zweck ihres Dienstes genöthigt sind Felder, Wiesen oder verbotene Wege zu betreten, begehen keinen Frevel. A. d. M. d. J. v. 9. März 1842.

§ 870. Es ist den Gensdarmen zur Pflicht gemacht von Uebertretungen abzumahnen, nicht aber dazu zu verlocken.

Wenn sie Jemand auf Zuwiderhandlungen betreten, die sich zur Anzeige eignen, so sollen sie demselben sogleich eröffnen, daß er angezeigt werden würde und, daß dies geschehen, in der Denunciation ausdrücklich erwähnen. E. d. M. d. J. v. 14. April 1841.

Ihre Anzeigen geben sie nicht durch Vermittelung der Lokalpolizeibehörde, sondern unmittelbar an die Staatsbehörde ab. A. d. M. d. J. v. 30. Okt. 1844 u. Abth. X, § 222.

§ 871. Die Gensdarmen haben nur in folgenden Fällen Gebühren zu beziehen:

1) Die verordneten Anzeigegebühren bei Verurtheilung zahlungsfähiger Denunciaten.
2) Zeugengebühren von 24 kr. pro Tag, wenn sie in Untersuchungssachen, in welchen sie keine Strafantheile beziehen, vernommen werden und sich über Mittag auswärts aufhalten müssen. A. d. M. d. J. v. 29. Juni 1836.
3) Für die Eskortirung von Gefangenen und Schüblingen über den erstfolgenden Stationsort hinaus, wenn ein Uebernachten stattfinden muß, für den Unteroffizier täglich 48 kr. und für den Gemeinen 36 kr. E. d. M. d. J. v. 20. Juli 1839.
4) Für Assistenzleistung bei Untersuchungen, insofern dieselbe nicht blos in einzelnen aufgetragenen Arrestationen besteht, unter der Voraussetzung nöthigen Uebernachtens außerhalb ihres Stationsortes dieselbe Gebühr von 48 kr., bz. 36 kr.
5) Für Arretirung und Transport zahlungsfähiger Personen, welche auf Ladung der Behörden ungehorsamlich ausgeblieben sind, wenn sie außer ihrem Stationsorte erfolgt, eben so viel; s. d. a. M.E.
6) Für die Beiwohnung bei Hinrichtungen außer ihrem Stationsbezirke, für den Unteroffizier 1 fl. 30 kr. und für den Gemeinen 1 fl. täglich. E. d. M. d. J. v. 11. Januar 1837 u. 6. März 1838.
7) Für die Aufsicht bei Tanzbelustigungen, wozu übrigens nur ausnahmsweise Gensdarmen verwendet werden sollen, außerhalb ihrer Station, wenn der Tanz nicht über 10 Uhr dauert, eine tägliche Gebühr von 40 kr. und wenn der Tanz über 10 Uhr dauert von 1 fl. E. d. M. d. J. an d. R. vom 18. Juni 1831.

§ 872. Sicherheitswache. Ein Gesetz v. 21. Febr. 1824 verordnet hierüber das Folgende:

1) Zur Unterstützung und Aufrechthaltung sowohl der allgemeinen Landes-, als der Ortspolizei soll in allen Gemeinden des Großherzogthums, neben der Gensdarmerie und den Ortspolizeiofficianten, noch eine eigene Civil-Polizeianstalt unter der Benennung „Sicherheitswache“ errichtet werden.

2) Diese Sicherheitswache besteht aus allen Ortsbürgern von dem vollendeten 26. Jahre bis zu dem vollendeten 48. Jahre, welche diesen Dienst der strenge einzuhaltenden Reihe nach zu versehen verpflichtet sind.

3) Frei von dem Sicherheitswachedienst sind:
   1) die Standes- und adeligen Gerichtsherren;
   2) Militärpersonen während des Dienstes;
   3) Geistliche und Schullehrer;
   4) Ortsbürger, welche einen ständigen Gemeindedienst bekleiden, d. s. solche, welche ihre Dienstverrichtungen ununterbrochen fort zu versehen haben, z. B. Hirten, Polizeidiener, Feldschützen und Forstwarte, nicht aber auch die Gemeinderäthe. E. d. M. d. J. an d. R. zu Gßn. v. 1. April 1824;
   5) Ortsbürger, welche durch körperliche Gebrechlichkeit diesen Dienst zu versehen verhindert sind.

4) Jedem Ortsbürger steht es frei, sich durch ein anderes dazu qualificirtes Subject auf seine Kosten vertreten zu lassen.

5) Ortsbürger, welche zu einer peinlichen, im Zuchthaus zu verbüßenden Strafe verurtheilt worden sind, dürfen den Sicherheitswachedienst nicht selbst verrichten und müssen sich durch ein anderes dazu qualificirtes Subject auf ihre Kosten vertreten lassen.

6) Die Sicherheitswache steht unter den unmittelbaren Befehlen der Ortspolizeibehörde.

7) Die Ortspolizeibehörde hat in den Fällen, wo sie eine Anführung der zum Dienst bestellten Sicherheitswachen für nöthig hält, den Führer zu ernennen.

8) Dieser Sicherheitsdienst wird sowohl in, als außer dem Orte ohne irgend eine Vergütung aus der Staats- oder Gemeindekasse geleistet. Von zahlungsfähigen, in die Kosten verurtheilten Arrestaten, so wie von Privaten, in deren Interesse bei öffentlichen Veranstaltungen Sicherheitswache beigegeben

wurde, kann jedoch eine Gebühr in Anspruch genommen werden, und zwar im Orte täglich 24 kr., auswärts für 1 Tag 30 kr., für ½ Tag 15 kr. und für Tag und Nacht 40 kr. E. d. M. d. J. an d. R. v. 1. April 1824, für Rh. A. d. R. v. 11. Januar 1825.

9) Die aus einer Flinte, Seitengewehr und Koppel bestehende Armatur der Sicherheitswache wird, insoweit sie nicht schon vorhanden ist, auf Kosten der Gemeinden angeschafft und unterhalten und verbleibt ihr Eigenthum. Sie muß mindestens vorhanden sein:

a) in Gemeinden unter 250 Seelen für 2 bis 3 Mann;
b) „ „ von 250 bis zu 500 Seelen für 5 Mann;
c) „ „ von 501 bis zu 1500 Seelen für 10 Mann;
d) „ „ von 1501 bis zu 3000 Seelen für 15 Mann;
e) „ „ über 3000 Seelen für 20 Mann.

Die Armaturstücke der Sicherheitswache werden von der Ortspolizeibehörde aufbewahrt. Der Ortsbürger, an welchem die Dienstreihe steht, erhält sie jedesmal nur für die Zeit der Dienstversehung zugestellt und ist während dieser Zeit für allen durch sein Verschulden daran entstehenden Schaden oder Verlust verantwortlich.

10) Der Sicherheitswache liegt lediglich die Vollstreckung der ihr von den vorgesetzten Polizeibehörden zugehenden Befehle, ohne sie einer Berathung unterziehen zu dürfen, ob.

Die Polizeibehörden sind für jeden der Sicherheitswache von ihnen ertheilt werdenden Auftrag, so lange die Sicherheitswache die Gränzen desselben nicht überschreitet, verantwortlich. Aus der Weigerung, diesen Sicherheitsdienst zu versehen, entsteht die Verbindlichkeit alle dadurch entstehenden Kosten und Schaden zu tragen.

Außerdem soll der Contravenient zu einer Geldstrafe von 2—5 fl. zu Gunsten der Gemeindekasse, der Zahlungsunfähige aber zu einer Arreststrafe von 2—5 Tagen verurtheilt werden, unbeschadet der größeren Strafe, welche die bestehenden Gesetze auf gewaltsame Widersetzlichkeit oder grobe Beleidigungen gegen die vorgesetzten Behörden in ihren Amtsverrichtungen verhängen.

§ 873. Es ist angemessen, daß die Bürgermeister über den Bestand der Sicherheitswache in ihrer Gemeinde besondere Listen führen, worin Namen, Alter und Dienstleistung der Einzelnen, so wie die Rotten=Eintheilung derselben eingetragen wird.

§ 874. Die Sicherheitswache ist auch zum Transport von Arrestaten und im Nothfalle von Schüblingen, jedoch nur von Ort zu Ort, verpflichtet. E. d. M. d. J. v. 15. August 1834 und E. d. M. d. J. an den Prov.C. zu Gsn., in Betreff des Dienstes der Gensdarmerie, v. 27. März 1833.

§ 875. Niedere Polizeiofficianten. Zur örtlichen Handhabung der öffentlichen Sicherheit, Ruhe und Ordnung sind in der Regel in jeder Gemeinde eigene Diener, unter der Benennung „Polizeidiener", anzustellen. A. d. M. d. J. v. 11. Febr. 1846.

In kleineren Gemeinden ist die Verbindung dieser Stelle mit derjenigen des Ortsdieners zulässig. Die Anstellung und Entlassung der Polizeidiener erfordert Zustimmung der Regierungsbehörde. Bei Besetzung von Polizeidienerstellen in denjenigen Städten und Orten, wo besondere Polizeidiener angestellt werden, soll auf gediente Militärs, namentlich Unteroffiziere, vorzugsweise Rücksicht genommen werden. A. d. M. d. J. v. 14. Sept. 1850 u. E. dess. M. an d. R.C. v. 17. Sept. 1850 u. an d. R.C. zu Gsn. vom 5. Okt. 1850.

§ 876. Die Verpflichtung der Polizeidiener erfolgt durch die Gerichte nach vorgeschriebener Eidesformel. A. d. M. d. J. v. 17. Okt. 1834.

Eine besondere Instruction für die Polizeidiener besteht zur Zeit noch nicht.

§ 877. Die Polizeidiener haben im Dienste die vorgeschriebene Dienstkleidung (Uniform) zu tragen. A. d. M. d. J. v. 13. Jan. 1851 u. Uniformsreglement für die niederen Civildiener, III. Abtheilung.

§ 878. Bezüglich des Dienstverhältnisses der Polizeidiener zu den Gensdarmen wird auf das in § 867 Gesagte verwiesen.

§ 879. Auch die für besondere Dienstzweige bestellten polizeilichen Agenten, z. B. die Feldschützen und Forstwarte, sind innerhalb ihres Wirkungskreises zur Mitwirkung für die allgemeine öffentliche Sicherheit und Ordnung instructionsmäßig verpflichtet.

Dieselben haben ihre deßfallsigen Wahrnehmungen unverzüglich zur Kenntniß der Lokalpolizeibehörde zu bringen.

§ 880. Nachtwachen. Zur Versehung des nächtlichen Polizeidienstes ist die Nachtwache bestimmt. Die Anstellung der Nachtwächter erfolgt gemäß Art. 19 der G.O.

Allgemein gültige Vorschriften über die Einrichtung der Nachtwache fehlen. In den Prov. St. u. O. enthalten die R.A. vom 19. Dezbr. 1807 u. 26. Sept. 1816 mehrere Anordnungen. Die Einrichtung im Einzelnen ist den Lokalbehörden überlassen. Als Regel wird im Allgemeinen dabei zu beachten sein, daß der Nachtwachedienst durch Nachtwächter und eine Nachtbeiwache in organisirter Ablösung und mit gegenseitigem Beistand bei Hülferuf zu versehen ist. [25]) Ein Aufenthalt des Nachtwachepersonals in Wirthshäusern während ihres Nachtdienstes darf nicht gestattet werden. Es liegt den Gemeinden ob dafür besondere Lokale zu beschaffen. G.O. Art. 85.

Wo keine Mittel zur Veraccordirung der Nachtbeiwache aufgebracht werden können oder wollen, wird die Sicherheitswache zur Mitwirkung bei diesem nächtlichen Sicherheitsdienst in Anspruch zu nehmen sein.

V. Abschnitt.

Sicherheitsanstalten.

§ 881. Bezirks- und Ortsgefängnisse. Die obere Aufsicht über sämmtliche Bezirks- und Ortsgefängnisse steht den Regierungsbehörden zu. Eine Mitwirkung der Gerichte tritt bezüglich der Untersuchungsgefangenen, bz. der Bezirksgefängnisse in Rh., ein. Auch ist eine solche in der Prov. Rh. dem Staatsprokurator zuständig. Kr.Instr. § 99 u. E. d. M. d. I. an den Prov.C. zu Gsn. vom 28. Nov. 1835, betr. die anderweite Verwendung des alten Arresthauses zu Gsn. Für Rh. Crim.Pr.O. Art. 605, 606, 611—613 u. E. d. M. d. Just. v. 20. Okt. 1810, Art. 15.

§ 882. In den Prov. St. u. O. ist die örtliche Aufsicht über diejenigen Bezirksgefängnisse, welche sich nicht am Sitz der Regie-

25) Eine specielle Instruction für das Nachtwachepersonal ist für den Kreis Giessen am 11. August 1853 erlassen.

rungsbehörde, wohl aber an dem Sitze des Landgerichts befinden, den Landgerichten übertragen. E. d. M. d. J. an den Prov.C. zu Gßn. v. 1. Juni 1843, zu Nr. D. 8341.

In der Prov. Rh. liegt dagegen die örtliche Aufsicht vorzugsweise dem Bürgermeister, bz. da wo ein Polizeicommissär angestellt ist, diesem ob. Er soll sämmtliche in dem Bereich der Gemeinde befindlichen Gefängnisse mindestens einmal in jedem Monat besuchen. Siehe d. v. Allegate.

§ 883. Die unmittelbare Aufsicht über das Ortsgefängniß kommt ebenfalls dem Bürgermeister, bz. Lokalpolizeibeamten, zu. Er hat dabei die Rücksichten auf Sicherheit, Gesundheit, Reinlichkeit, gute Verpflegung, Trennung der Gefangenen nach dem Geschlechte und wo thünlich auch nach dem Alter möglichst zu beachten.

§ 884. Gefangenwärter. Die Anstellung und Entlassung der Gefangenwärter in den Bezirksgefängnissen ist dem Ministerium des Innern vorbehalten; a. E. d. M. d. J. v. 1. Juni 1843.

Die Aufsichtsbehörden haben die Dienstführung derselben zu überwachen. Siehe d. o. Allegate.

Wo, wie häufig in den Prov. St. u. O., keine Gefangenwärter bei den Bezirksgefängnissen angestellt sind, liegt die Sorge für die gerichtlichen Untersuchungsgefangenen den Landgerichtsdienern, diejenige für alle übrigen Gefangenen aber den Kreisamtsdienern ob.

Die Gefangenwärter, bz. diese Diener, haben von zahlungsfähigen Arrestaten eine Schließgebühr von 6 kr. zu beziehen. E. d. M. d. J. an d. R. v. 22. April u. 4. Nov. 1824, u. an den Prov.C. zu Gßn. v. 20. Jan. 1840, betr. die Gefangenwärterstelle zu Vöhl. Eine allgemeine Dienstinstruction für die Gefangenwärter besteht nicht, wohl aber sind örtlich hin und wieder Instructionen erlassen. [26])

§ 885. Bewachung und Wartung. Die regelmäßige Bewachung ist Sache des Gefangenwärters. Etwa erforderliche außerordentliche Bewachung aber haben die Gemeinden am Orte des Gefängnisses zu leisten.

---

26) U. a. im Kreise Gießen vom 15. Nov. 1852 eine umfassende Instruction, welche durch Verfügung des Hofgerichts der Provinz Oberhessen sämmtlichen Untergerichten der Provinz zur Beachtung empfohlen worden ist; ferner eine ausführliche Instruction für das Aufsichtspersonal in den Civilgefängnissen zu Mainz vom Jahre 1831, u. a. m.

Die Wache hat alsdann von zahlungsfähigen Gefangenen pro Mann 24 kr. Taggebühren zu beziehen, bei unzahlfähigen aber keinen Anspruch auf Vergütung. E. d. M. d. J. an d. R. v. 22. April 1824.

Dem Gefangenwärter liegt auch die Wartung erkrankter Arrestaten ohne besondere Vergütung ob. Nur in dem Falle, wenn der Kreisarzt es anordnet, darf ein besonderer Wärter beigegeben werden. In diesem Falle soll aber der Gefangenwärter diese Wärterdienste nur dann übernehmen, wenn dies ohne Benachtheiligung seiner übrigen Dienstverrichtungen geschehen kann. Er erhält alsdann je nach Umständen eine mäßige, im Einvernehmen mit dem Kreisarzte im Einzelfalle zu bestimmende Vergütung, keineswegs aber dieselbe Vergütung wie ein anderer Krankenwärter. E. d. M. d. J. an die R.C. zu Nidda v. 18. Febr. 1850, betr. die Kosten der Verpflegung kranker Arrestaten.

§ 886. Verpflegung. Die Verpflegung der Bezirksgefangenen und der Schüblinge gehört ausschließlich zur Competenz der Verwaltungsbehörden und wird durch die Regierungsbehörde oder in deren Auftrag durch die Bürgermeister, vorbehaltlich der Genehmigung der Ersteren, in der Regel wenigstnehmend, veraccordirt. Die Verköstigung soll bestehen:

1) Bei denjenigen Feld- und Forstfrevlern, welche wegen Ungehorsams im Arbeitsabverdienste Gefängnißstrafe zu verbüßen haben, lediglich in Wasser und 1½ Pfund Brod. V. v. 13. Mai 1842, §§ 19 u. 20, u. G. v. 1. April 1845.

2) Bei allen übrigen Gefangenen:

   a) wenn sie gesund sind:

      Morgens in ½ Pfund Brod aus ⅔ Korn- und ⅓ Gerstenmehl;

      Mittags in ½ Pfund Brod gleicher Qualität und 2 Schoppen substantiöser Suppe oder Gemüse;

      Abends in ½ Pfund Brod gleicher Qualität oder abwechselnd 1 Pfund Kartoffeln mit ½ Loth Salz; außerdem:

      alle 14 Tage 8 Loth Fleisch ohne Knochen.

Ausnahmen erfordern besondere Verwilligung der betr. oberen Behörde, ohne welche auch einem Gefangenen auf seine oder Anderer Kosten keine Verköstigung anderswoher zugeführt werden darf.

b) Kranke erhalten die von dem Arzte angeordnete Krankenkost. — A. d. M. d. J. v. 7. August 1833.

§ 887. Reinlichkeit. Kein Arrestat darf in unreinlichem Zustande in die Bezirks- und anderen Gefängnisse eingeliefert werden. E. d. M. d. J. v. 22. Okt. 1841, betr. Beschwerde über Unreinlichkeit in den Gefängnissen, u. v. 4. April 1848, den Transport der Schüblinge betr.; auch A. d. Prov.C. zu D. v. 23. Febr. 1839, betr. den Reinlichkeitszustand der in's Correctionshaus einzuliefernden Sträflinge.

§ 888. Kleidung. Die Lokalbehörden der Heimathsgemeinde eines Gefangenen sind bei dessen Einlieferung dafür zu sorgen verpflichtet, daß derselbe mit einer der Jahreszeit entsprechenden vollständigen Kleidung versehen sei, gegenfalls zu gewärtigen ist, daß, abgesehen von disciplinärer Ahndung, die durch nöthig gewordene Bekleidung eines Arrestaten erwachsenden Kosten von der Heimathsgemeinde beigetrieben werden.

Die Bekleidung der Strafgefangenen während der Haft geschieht, soweit erforderlich, auf Kosten des Staates. A. d. R. zu D. v. 28. April 1831, 8. März u. 5. April 1832; A. d. Prov.C. der Prov. St. v. 29. Okt. 1841 u. E. d. M. d. J. an d. R.C. Gsn. v. 12. Okt. 1849, betr. die Verwaltung der Arresthäuser im Regierungsbezirk Nidda.

§ 889. Sonstige Bedürfnisse. Die Veraccordirung der sonstigen nothwendigen Bedürfnisse, sowohl an absolut nöthigen geringeren Mobiliargegenständen für die Bezirksgefängnisse, als zu Verwendungen für Gefangene, erfolgt in gleicher Weise wie die Veraccordirung der Verpflegung auf Verfügung der betr. Regierungsbehörden. In der Prov. Rh. pflegen jedoch Kleidung und Bettwerk nach Bedarf von der Regierungsbehörde zu Mainz geliefert zu werden. Zu kostspieligeren Anschaffungen wird Genehmigung des Ministeriums erfordert; a. E. d. M. v. 12. Okt. 1849. Ferner E. d. M. d. J. an d. Prov.C. zu Gsn. v. 18. März 1847, betr. die Lieferung der Speisen in dem Bezirksgefängniß Ortenberg, u. E. des M. d. J. an den Kr. in Gsn. v. 27. Okt. 1852, betr. den Voranschlag der Oberpolizeikasse zu Gsn. für 1850.

§ 890. Kostenverzeichnisse. Am Schlusse eines jeden Vierteljahres hat der Bürgermeister, bz. Polizeicommissär, den Gesammtaufwand für ein jedes Bezirksgefängniß und Arresthaus nach vorgeschriebenem Muster in so viel verschiedene Verzeichnisse zusammenzustellen, als verschiedene dazu zahlungspflichtige öffentliche Kassen vorhanden sind. Diese Verzeichnisse sind in den Prov. St. u. O., soweit sie gerichtliche Arrestaten betreffen, den Gerichtsbehörden zur erforderlichen Bescheinigung vorzulegen, insoweit sie polizeiliche Arrestaten betreffen aber von der Lokalpolizeibehörde selbst zu prüfen und zu attestiren.

In der Prov. Rh. sind insbesondere die Quartalsverzeichnisse über die Verpflegungskosten der Gefangenen in den Bezirksgefängnissen von den Friedensrichtern zu visiren und mit executorischer Form zu versehen.

Hierauf werden die Verzeichnisse mit den von dem Gefangenwärter bescheinigten Rechnungen der Accordanten in geordneter Folge begleitet an die Regierungsbehörde zur Vermittelung der Decretur übersendet. E. d. M. d. J. an die R. zu D. u. Gsn. v. 22. April 1824. A. des Prov.C. d. Prov. St. v. 24. August 1841 u. E. des M. d. J. an den Prov.C. zu Gsn. v. 18. März 1847.

XIX. Abtheilung.

Sittenpolizei.

I. Abschnitt.

Vorkehrungen gegen Sittenverderbniß.

§ 891. Die Bewahrung der öffentlichen Sitte ist der Mitwirkung der Lokalbehörden anvertraut. Dieselben haben das Sittengesetz vor öffentlicher Verletzung zu schützen.

Gröbere Verletzungen unterliegen den im Strafgesetzbuche angedrohten Strafen. Str.G.B. Art. 322—343.

Wegen der Angriffe auf die Religion und der Störung der Sonntagsfeier s. Abth. XIII, §§ 295 u. 303.

§ 892. Unzüchtige Handlungen. Wer durch Ausstellung oder Verbreitung unzüchtiger Darstellungen, oder durch öffentliche Vornahme unzüchtiger Handlungen die Schamhaftigkeit verletzt, soll zu Geldbuße, Gefängniß- oder Correctionshausstrafe verurtheilt werden.

Die Lokalpolizeibehörde hat die Beschlagnahme bildlicher Darstellungen der Art eintreten zu lassen. Str.G.B. Art. 341 und Crim.G.B. Art. 477.

§ 893. Häuser, welche der Lüderlichkeit gewidmet oder der Begünstigung der Kuppelei verdächtig erscheinen, sind unter besondere polizeiliche Aufsicht zu nehmen und können zu jeder Zeit von der Lokalpolizeibehörde visitirt werden. Vergl. o. § 833.

Lüderliche fremde Dirnen sind auszuweisen. Im Falle der Wiederkehr wird der Schub derselben in ihre Heimath oder das Verfahren wider Landstreicher gegen sie eingeleitet. Vergl. o. § 838.

Wegen des Einschreitens gegen einheimische lüderliche Dirnen, insoweit nicht die Lokalreglements darüber Vorschriften enthalten, ist die Bestimmung der Regierungsbehörde in den einzelnen Fällen einzuholen.

§ 894. Wilde Ehen. Wenn Personen verschiedenen Geschlechts auf eine öffentliches Aergerniß erregende Weise in unehelicher Geschlechtsverbindung zusammenleben, so ist davon, unter näherer Erörterung der Verhältnisse, der Regierungsbehörde zur geeigneten Verfügung Anzeige zu machen. E. d. M. d. J. an d. Kr. zu Heppenheim v. 5. Okt. 1852 u. an d. Kr. v. 14. März 1853.

§ 895. Zur Verhütung der Verbreitung revolutionärer oder unsittlicher Lieder durch herumziehende Musikanten sind die oben Abth. XVIII, § 846, bereits erwähnten Vorschriften erlassen.

In gleicher Weise soll darauf geachtet werden, daß durch öffentliche Darstellungen die Gegenstände religiöser Verehrung nicht mißbraucht und kein Aergerniß in dieser Beziehung gegeben werde. E. d. M. d. J. v. 28. August 1852.

Keine öffentliche Darstellung darf ohne polizeiliche Erlaubniß stattfinden. Vergl. §§ 172, 912 u. 1104; für Rh. G. v. 16.—24. August 1790, Tit. II, Art. 4.

§ 896. Leute, die sich mit Wahrsagen, Zeichen- und Traumdeuten u. dgl. auf den blinden Aberglauben der Menge berechneten Dingen mehr abgeben, sind nicht zu dulden. In der Prov. Rh. trifft dieselben die im Crim.G.B. Art. 479, 7), 481 u. 482 angedrohte Strafe.

§ 897. Aller öffentliche, Aergerniß erregende oder nächtliche Lärm, wodurch die Ruhe der Einwohner gestört wird, ist bei Strafe verboten. In den Prov. St. u. O. ist die deßfallsige Strafe auf berechtigter Observanz beruhend und, wo nicht lokale Reglements bestehen, eine willkührliche. Ed., betr. die Uebertragung der Polizeigerichtsbarkeit an die Gerichte, v. 6. Juni 1832, Art. 14. In der Prov. Rh. sind dagegen die Bestimmungen des Crim.Str.G.B., Art. 479, 8), 480, 5) u. 482, in Verbindung mit dem Einführungsgesetze zum Str.G.B. v. 17. Sept. 1841, Art. 31, maßgebend.

§ 898. Sowohl in sittlicher Beziehung, als auch im Interesse der öffentlichen Ruhe unterliegen besonders die Wirthshäuser der polizeilichen Beaufsichtigung. Vergl. o. §§ 833 u. 839, ferner Kr.-Instr. § 124 u. für Rh. G. v. 16.—24. August 1790.

Bezüglich der Schließung der Wirthshäuser zu einer bestimmten Feierabendstunde ist in den Prov. St. u. O. im Wesentlichen Folgendes verfügt:

1) Die Feierabendstunde (Polizeistunde) wird von den Regierungsbehörden festgesetzt und ist von den Polizeibehörden strenge zu handhaben.
2) Sollten ganz besondere Umstände vorliegen, dann ist den Bürgermeistern gestattet einem Wirth auf deßfallsiges Nachsuchen schriftlich zu erlauben Gäste auch über die bestimmte Feierabendstunde in seinem Wirthshause zu dulden. Ist ein Bürgermeister selbst Wirth und wünscht er in seinem Wirthshause die Feierabendstunde über die gesetzte Zeit hinauszuschieben, dann bedarf er hierzu Erlaubniß der Regierungsbehörde oder, wenn es die Zeit nicht erlaubt diese einzuholen, wenigstens schriftliche Erlaubniß des Beigeordneten seines Wohnortes. In allen Fällen haben jedoch bei Verlängerung der Feierabendstunde die Bürgermeister und im letzteren Falle die Beigeordneten

streng darauf zu achten, daß nichts Polizeiwidriges vorfällt und sie bleiben verantwortlich, wenn sie eine solche Erlaubniß ohne zureichende Gründe ertheilt haben.

3) Nicht blos ortsheimische, sondern überhaupt alle Gäste sind, wenn sie nicht in dem Gasthause über Nacht bleiben, dem Gebot des Feierabends unterworfen.

4) Jeder Wirth, welcher gegen diese Vorschriften handelt und Gäste über die Feierabendstunde ohne besondere Erlaubniß noch in seiner Wirthsstube behält, verfällt in eine Polizeistrafe von 3 fl., und

5) jeder Gast in eine Strafe von 1 fl.

6) Diejenigen Gäste, welche auf die Bemerkung des Polizeiofficianten, daß die Feierabendstunde übertreten sei, das Wirthshaus nicht sogleich verlassen, sind zu einer weiteren Strafe bis zu 3 fl. zu verurtheilen.

E. d. M. d. J. an d. R. v. 29. März 1831.

In der Prov. Rh. bestehen ähnliche Anordnungen vermöge lokaler Satzungen.

§ 899. Wird auch durch die vorstehenden besonderen Bestimmungen der Nachtschwärmerei bereits ein Damm entgegengesetzt, so gebietet es doch die Pflicht der Lokalpolizeibehörden, derselben überhaupt und überall, wo sie sich öffentlich kundgibt, entgegenzutreten.

§ 900. Einen besonderen Gegenstand sittenpolizeilicher Aufsicht bilden in der Prov. O. die s. g. Spinnstuben. Ein A. d. R. der Prov. O. v. 14. August 1832 schreibt in dieser Beziehung vor: daß ohne Erlaubniß des Beamten keine öffentliche Spinnstube, wozu der Wirth oder eine andere Person Stube, Feuer und Licht dergestalt hergibt, daß darin Jeder, dem es beliebt, sich einfinden kann, bei namhafter Strafe mehr statthaben dürfe; ferner, daß der Hausvater oder die Hausmutter, welchen die Abhaltung einer öffentlichen Spinnstube verstattet worden ist, dafür verantwortlich sein sollen, daß bei diesen Zusammenkünften keine unsittlichen Lieder gesungen, keine unsittlichen Reden geführt oder Handlungen begangen, nicht mit Würfeln oder Karten gespielt, keine Gastereien gehalten und keine leicht berauschenden Getränke genossen werden.

§ 901. Fliegenwedelhandel. Gleichfalls nur in der Prov. O., und beschränkt auf die Kreise Gießen, Friedberg, Grünberg und Vilbel, sind zur Unterdrückung des daselbst eingerissenen groben Unfugs des Reisens zum s. g. Fliegenwedelhandel durch E. d. M. d. J. v. 20. Dezbr. 1852 strenge, das Umherziehen lediger Frauenspersonen und Burschen, so wie das Mitnehmen von Kindern und Frauenspersonen verhindernde Strafverfügungen ertheilt.

Alle Diejenigen, welche etwa auf Anwerbungen zu Reisen der Art oder auf solchen Reisen selbst betreten werden, sollen arretirt und an die Regierungsbehörde eingeliefert werden. E. d. M. d. J. v. 24. Febr. 1841.

Wegen Nichtertheilung von Reisepässen an dergleichen Leute siehe Abth. **XVIII**, § 862.

§ 902. Außerdem ist *allgemein* verordnet, daß:

1) künftighin *ausländischen Hausirern* ebenso, wie den Fliegenwedelhändlern und umherziehenden Musikanten die Mitnahme unverheiratheter Frauenzimmer gar nicht, die Mitnahme unselbstständiger Knaben aber nur dann gestattet werden soll, wenn sich dieselben in Begleitung ihrer Eltern befinden und aus der Schule entlassen sind — und daß

2) diejenigen Personen, welche von der in ihrem Passe ausdrücklich vorgeschriebenen Richtung abweichen oder in Begleitung unlegitimirter Personen betroffen werden, sie mögen Unterthanen sein oder nicht, angehalten und ebenso wie die unlegitimirten Personen in ihre Heimath, unter Beobachtung der bestehenden Vorschriften, zurücktransportirt werden sollen.

A. d. M. d. J. v. 27. Sept. 1847 u. § 838 o.

§ 903. *Lotterieen.* Alles Collectiren und Hausiren mit Loosen nicht ausdrücklich erlaubter *Klassen- und Zahlen-Lotterieen*, sie mögen *Geld* oder *Geldeswerth* (folglich auch Güter- und Häuserausspielungen, A. d. M. d. J. v. 28. Nov. 1835) zum Gegenstande haben, ist in dem ganzen Umfange des Großherzogthums verboten.

Wer hiergegen handelt und irgendwie zum Verkaufe oder zur Verbreitung von dergleichen Lotterieen mitwirkt, unterliegt strengen Strafen.

Ausländer sollen festgenommen werden.

Schuldforderungen aus solchen Lotterieen sind nicht klagbar und die Zusendung unbestellter Lotterieloose ist ohne alle Verbindlichkeit für den Empfänger. G. v. 22. April 1830 u. 9. Dezbr. 1834.

Auch dürfen Ankündigungen und Plane solcher Lotterieen nicht in öffentliche Blätter des Inlandes aufgenommen werden. A. d. M. d. J. v. 24. August 1835.

§ 904. Auf Anleihen, deren Verzinsung und Tilgung mit einer Verloosung und mit Prämien verbunden ist, sind die Bestimmungen des vorigen § nicht anwendbar, wohl aber auf den Handel mit Promessen auf Prämien von dergleichen Anleihen, insofern nicht die Original-Loose selbst dem Miether gleichzeitig eingehändigt wurden. G. v. 9. Dezbr. 1834, Art. 8; V. v. 5. Mai 1837 u. A. d. M. d. J. v. 10. Juni 1846.

§ 905. Auch das Teller- und Würfelspiel und überhaupt das Geld- und Waarenausspielen jeder Art auf Jahrmärkten und Kirchweihen ist in jenen Verboten inbegriffen und soll dazu keine Concession ertheilt werden. V. v. 22. Febr. 1819; für Rh. A. der R. zu Mz. v. 23. August 1822.

§ 906. Die Concession zu einfachen, d. i. nicht mit einer Klassen-Lotterie verbundenen Waarenausspielungen kann von den Regierungsbehörden ertheilt werden. E. d. M. d. J. vom 23. Febr. 1826.

Die für deßfallsige Berichte der Bürgermeister zu erlegende Gebühr beträgt 6 kr.

Die Strafe für Umgehung dieser Erlaubniß bestimmt die V. vom 21. März 1843.

§ 907. Hazardspiele. Alle Hazardspiele, d. s. solche, wobei Gewinn oder Verlust allein vom Zufall abhängt, sind verboten. Sogenannte Commercespiele, wenn die Einsätze nicht so unverhältnißmäßig hoch sind, daß sie den Spielenden so verderblich wie Hazardspiele werden können, sind jedoch in diesem Verbote nicht inbegriffen. A. d. Geh. Min. an d. R. v. 27. Sept. 1808.

In den Prov. St. u. O. trifft neben Confiscation der Spielkasse Jeden, der Hazardspiele auflegt oder unternimmt, oder in seinem Hause duldet oder Theil daran nimmt, eine Strafe von 50 Reichsthalern. V. v. 18. Nov. 1809.

Noch höhere Strafen verhängt in der Prov. Rh. der Code pénal gegen Diejenigen, welche Spielhäuser halten, so wie die Banquiers, Verwalter, Vorsteher und Agenten solcher Häuser. Crimin.G.B. Art. 410, in Vergl. mit dem Einf.Ges. z. Str.G.B. Art. 20. — Nur mit einer Strafe von 6—10 Franks, zugleich aber mit Confiscation aller Mittel und Werkzeuge zum Spiel, so wie aller Einsätze und der ausgesetzten Gelder, sind jedoch daselbst Diejenigen bedroht, welche an öffentlichen Plätzen oder Orten Hazardspiele errichten oder halten. Art. 475, 5), u. 477.

§ 908. Luxus in Kleidern rc. Wenn auch die früheren Kleiderordnungen als veraltet zu betrachten sind und forthin von Seiten der Lokalbehörden nur mittelbar auf Minderung des Kleideraufwandes eingewirkt werden dürfte, so wird es doch als ein Verdienst derselben zu erkennen sein, wenn es ihnen gelingt in dieser Beziehung die einfache Sitte und die herkömmliche Volkstracht zu erhalten.

§ 909. Steuerung übertriebenen Aufwandes. Auch die alten Aufwandsgesetze, namentlich die Beschränkung der Mahlzeiten bei Kindtaufen, Hochzeiten und Begräbnissen, erscheinen, wenigstens in ihrer ursprünglichen Fassung, nicht wohl mehr anwendbar. Doch verletzen Zechereien bei Beerdigungen in der That das sittliche Gefühl allzusehr, als daß ihr örtliches Vorkommniß nicht Veranlassung zu lokalen Verboten geben sollte. Ermächtigung dazu wurde u. a. durch E. d. M. d. J. an den Kr. in Gsn. v. 30. Okt. 1844 ertheilt.

§ 910. Mißhandlung der Thiere. Den Geistlichen, Schullehrern und Ortsvorständen ist dringend anempfohlen auf möglichste Verminderung der empörenden Mißhandlung der Zug-, Last- und sonstigen Hausthiere hinzuwirken. A. d. M. d. J. vom 11. Sept. 1833.

Das Hetzen des Schlachtviehes durch Hunde ist bei Meidung einer Strafe von 30 kr. bis 3 fl. verboten. A. d. M. d. J. v. 9. Juli 1851.

II. Abschnitt.

Volksbelustigungen.

§ 911. Theater. Die Erlaubniß zu theatralischen Vorstellungen wird von der Regierungsbehörde ertheilt. V. v. 1. Dezbr. 1827, § 44, u. für Rh. Präf.E. v. 15. März 1807.

Den Lokalbehörden liegt dafür zu sorgen ob, daß dabei die Ordnung gehandhabt und die gute Sitte und der Anstand nicht verletzt werde. Dieselben haben die Stücke, welche aufgeführt werden sollen, in dieser Hinsicht vorerst zu prüfen. Sie lassen die Theater schließen, welche den öffentlichen Geist zu verschlimmern drohen. Vergl. insbes. für Rh. d. G. v. 2. Aug., 1. Sept. 1793 u. 25. April 1807, u. für das Theater in Mainz den Präf.E. v. 2. März 1808.

Die Strafe für das Unternehmen oder Beginnen theatralischer Vorstellungen ohne Erlaubniß bestimmt die V. v. 21. März 1843.

§ 912. Andere öffentliche Darstellungen. Die Erlaubniß zum Marionettenspiel, zum Kunstreiten, zum Seiltanzen, zu Concerten und anderen öffentlichen Darstellungen muß ebenfalls bei der betreffenden Regierungsbehörde nachgesucht werden. Die Bürgermeister sind zur Ertheilung der Erlaubniß dazu nicht befugt. Dagegen liegt denselben bezüglich der Ueberwachung dieselbe polizeiliche Thätigkeit wie nach § 911 ob. Namentlich haben sie Darstellungen, welche die Religion und Sitte verletzen, sogleich aufhören zu lassen und Anzeige zu machen. Auch treten gleiche Strafnormen dabei ein. V. v. 1. Dezbr. 1827, § 44, u. A. d. M. des J. v. 2. März 1854, u. für Rh. G. v. 16.—24. Aug. 1790; siehe auch Abth. IX, § 172, u. die §§ 895 u. 1104.

§ 913. Ausländischen Orgelspielern und Bettelmusikanten soll das Aufspielen weder auf den Straßen, noch in den Wirthshäusern gestattet werden. Dieselben sind vielmehr auszuweisen. Für die Prov. St. u. O. V. v. 10. Dezbr. 1810 u. für die Provinz Rh. A. d. Prov.Dir. v. 11. Juli 1834; s. auch o. §§ 838 u. 846.

Inländische Musikanten, welche ihr Gewerbe im Herumziehen betreiben wollen, bedürfen, auch wenn sie patentisirt sind, örtlich stets der Erlaubniß der Lokalpolizeibehörde. A. d. M. d. J. v. 5. August 1847.

Bezüglich des Absingens oder Verkaufes unsittlicher Lieder und Gedichte sind dieselben durch die Lokalbehörden strenge zu beaufsichtigen. A. d. M. d. J. v. 10. Sept. 1852. Vergleiche oben die §§ 846 und 912.

§ 914. Privatvereine und Unterhaltungsgesellschaften, als Casino's, Club's 2c., bedürfen zwar keiner besonderen Erlaubniß der Behörde zu ihrer Bildung, sie können aber jeder Zeit, wenn ihre Tendenz sittenwidrig erscheint, aufgelöst und verboten werden. Str.G.B. Art. 182.

§ 915. Oeffentliche Tänze. Allgemein ist verordnet:

1) daß Tanzbelustigungen an öffentlichen Orten niemals vor 12 Uhr Mittags und an denjenigen Sonn- und Feiertagen, an welchen dergleichen Belustigungen überhaupt gestattet sind (vergleiche Abtheilung **XIII**, § 303, Satz 7), niemals vor 4 Uhr Nachmittags beginnen und nicht länger als 12 Stunden dauern dürfen; ferner:

2) daß Nachmittagstänze auf die Dauer von 6 Stunden beschränkt sein sollen und um die Zeit der Feierabendstunde enden müssen.

In den Erlaubnißscheinen soll stets die Dauer vorbestimmt werden. V. v. 3. April 1832.

Als Strafe für Zuwiderhandlungen ist der 3fache Betrag des Tarifsatzes für die Erlaubnißscheine festgesetzt (V. vom 21. März 1843, in Vergl. mit der V. v. 1. Dezbr. 1827, § 45, u. der V. v. 22. Jan. 1829) und außerdem bestimmt, daß denjenigen Wirthen, welche, obgleich ihnen die Erlaubniß zum Halten einer Tanzmusik verweigert worden ist, demunerachtet dieselbe abhalten lassen, zeitweise oder nach Umständen auf immer die Concession zum Wirthschaftsbetriebe entzogen werden soll. A. d. M. d. J. v. 30. August 1843.

§ 916. Außer den im Art. 7 der V. v. 2. April 1841 (§ 303) bemerkten Tagen sollen auch für den Vorabend des ersten Advents, so wie für die ganze Advents- und Fastenzeit, mit Ausnahme der in dieselbe fallenden, nicht wohl verlegbaren Markttage, keine Concessionen zu Tanzbelustigungen ertheilt werden. Nur bei geschlossenen Gesellschaften kann unter Umständen davon abgewichen werden, ohne daß es deßhalb einer besonderen Dispensation bedarf. A. d. M. d. J. v. 13. Okt. 1853.

Aehnliche Beschränkungen finden sich bereits in der für die Provinzen St. u. O. erlassenen Tanzordnung v. 9. Okt. 1808; s. auch V. v. 6. Juni 1811 u. E. d. M. d. J. an d. R. v. 13. Okt. 1830.

Die Spielleute, welche über die festgesetzte Zeit aufspielen, sind nach der a. V. v. 1808 ebenfalls, und zwar für jede Stunde mit einer Strafe von 5 fl., haftbar Einer für Alle, bedroht.

§ 917. Die Tanzconcessionen auf Fastnacht, am Ostermontag, Pfingstmontag, Christmontag und dem Namenstage des Großherzogs oder den darauf fallenden Sonntag sollen in der Regel nicht verweigert werden.

Nachkirchweihtänze sind dagegen in der Regel nicht zu gestatten.

In kleineren Dörfern unter 50 Einwohnern soll außer den vorbenannten Tagen keine, in den größeren Orten und kleineren Landstädten nur alle 4—6 Wochen und in den größeren Städten nur alle 14 Tage einmal Tanzerlaubniß ertheilt werden. E. des M. d. J. an die R. v. 13. Okt. 1830.

§ 918. Wer Erlaubniß zum Tanz und Musikhalten wünscht, hat sich zunächst an die Lokalpolizeibehörde zu wenden, welche, insoweit sie nicht ausnahmsweise zur Ertheilung selbst ermächtigt wird, darüber gegen die Gebühr von 6 kr. Bericht an die Regierungsbehörde zu erstatten hat. Die Concession unterliegt der vorgeschriebenen Stempeltaxe. V. v. 1. Dezbr. 1827, § 45, u. E. d. M. d. J. an die R. v. 18. März 1831, 27. August u. 22. Sept. 1835.

§ 919. Keine Concession bedürfen und keiner Taxe sind unterworfen:

1) alle in Privathäusern veranstalteten, nicht öffentlichen Tanzvergnügungen.

   Hierzu gehören auch die Hochzeitstänze in Privathäusern, vorausgesetzt, daß nicht Jeder, sondern nur die geladenen Gäste dabei Zutritt haben und daß die Kosten für Musik, Speisen und Getränke u. s. w. der Hochzeitgeber allein trägt. A. d. M. d. J. v. 12. Dezbr. 1832 u. 13. Okt. 1834;

2) die Tanzbelustigungen in s. g. geschlossenen Gesellschaften, Casino's, Club's u. s. w., jedoch nur unter der Voraussetzung, daß die Gesellschaft selbst die Speisen und Getränke ꝛc. stellt oder ein sogenanntes Pikenik statt hat, nicht aber auch, wenn die Speisen ꝛc. von einem Wirthe oder Traiteur verkauft werden. Letzteren Falles liegt, wenn der Tanz in einem Wirthslokal abgehalten wird, dem Wirthe, wenn aber in einem anderen Lokal, der Gesellschaft, bz. ihrem Beauftragten, die Lösung des Erlaubnißscheines ob. A. d. M. d. J. v. 27. August 1835 und V. v. 21. Juni 1852;

3) die Tänze nach einem Clavier, wofür keine Bezahlung geleistet wird, in geschlossenen Gesellschaften, ohne weitere Beschränkung.

Dergleichen Tanzbelustigungen in einem Wirthslokale, wohin Jeder Zutritt hat, sind dagegen hierin nicht inbegriffen, vielmehr als öffentliche Tanzbelustigung zu betrachten und der Verpflichtung zur Einholung der Concession unterworfen. A. d. M. d. J. v. 12. Sept. 1831 u. 12. Febr. 1836.

§ 920. Aller Straßenunfug bei Kirchweihen und Tanzbelustigungen ist verboten. Wo Mißbräuche der Art stattfinden, oder Schlägereien oder sonstige Unordnungen dabei vorfallen, sollen die Behörden einschreiten und soll nach Befund der Umstände einzelnen Wirthen oder auch allen Wirthen eines Ortes auf angemessene Zeit gar keine Tanzconcession ertheilt werden. Landtagsabschied vom 25. Juni 1827, § 33, u. E. d. M. d. J. v. 11. Juli 1827; auch A. d. R. zu Gsn. v. 14. Sept. 1811.

§ 921. Die gewöhnliche Aufsicht bei öffentlichen Tänzen steht allein der Ortspolizei zu. Gensdarmen sollen nur ausnahmsweise aus besonderen Gründen dabei zugezogen werden. Wegen der Aufsichtsgebühren in solchen Fällen s. v. die §§ 871 u. 872. E. d. M. d. J. v. 18. Juni 1831 u. 27. März 1833.

§ 922. Schützengesellschaften. Für die Prov. St. u. O. ist bezüglich des Scheibenschießens Nachstehendes verordnet:

1) Förmliche ständige Schützengesellschaften können nur mit Genehmigung des Ministeriums errichtet werden.

2) Das Scheibenschießen in größeren Gesellschaften, insofern sie nicht zu denjenigen unter 1) gehören, ist nur dann gestattet, wenn dazu von der Regierungsbehörde die Erlaubniß ertheilt worden ist.

Die Theilnehmer an solchen Belustigungen, wozu keine polizeiliche Erlaubniß eingeholt worden ist, trifft eine Strafe von 5 fl., die Unternehmer aber, so wie die Wirthe, welche dabei Speisen und Getränke verkaufen, eine Strafe von 10 fl.

3) Ist der Platz, wo Scheibenschießen stattfinden sollen, dazu in polizeilicher Hinsicht nicht geeignet, so soll dessen Gebrauch als Schießplatz, unter Androhung einer Strafe von 5 fl. für jeden Theilnehmer, untersagt werden.

4) Die Theilnehmer an Scheibenschießen müssen, insoweit nicht nach der V. v. 28. Juni 1827, § 2, eine Befreiung für sie eintritt (vergl. Abth. XXII, § 1039), mit Jagdwaffenpässen versehen sein. A. d. M. d. J. v. 19. Nov. 1836.

In der Prov. Rh. sind die Schützengesellschaften und Scheibenschießen in ähnlicher Weise unter polizeiliche Aufsicht gestellt. Namentlich ist ihre Errichtung ebenfalls durch höhere Genehmigung bedingt, und darf keine Zusammenkunft stattfinden, ohne daß zuvor die Gensdarmerie benachrichtigt und von der Polizeibehörde wegen der Beaufsichtigung instruirt worden ist. Präf.E. v. 4. Okt. 1806.

XX. Abtheilung.

Aufsicht über Presse und Buchhandel.

§ 923. Die Freiheit der Presse und die Aufhebung der Censur ist durch G. v. 16. März 1848 verordnet. — Jede Druckschrift muß jedoch mit dem Namen des Druckers und Redakteurs versehen werden.

§ 924. Mißbrauch der Presse. Wenn der freie Ausdruck der Gedanken entfesselt worden ist, so darf darum die Presse nicht das Werkzeug werden, dessen sich der Frevel ungescheuet bedienen könnte, um verbrecherische Zwecke zu verfolgen oder die Sitten zu vergiften. Unsere allgemeinen Strafgesetze enthalten zur Verhinderung dessen eine Reihe von Strafbestimmungen. (Vergl. z. B. die Art. 131, 145, 146, 149, 152, 153 u. 181.) Dieselben erschienen indessen zur Unterdrückung der Preßmißbräuche nicht ausreichend. Es war den provisorischen V. v. 4. Okt. 1850 u. 27. März 1851 vorbehalten die fühlbare Lücke zu ergänzen.

§ 925. Die V. v. 4. Okt. 1850 bestimmt: daß die strafrechtliche Verantwortlichkeit für den Inhalt einer Druckschrift eintreten soll, sobald dieselbe veröffentlicht, ausgestellt, ausgegeben oder sonst in Umlauf gesetzt ist. Sie erklärt die allgemeinen Grundsätze des Strafrechts über Urheber, Gehülfen und Begünstiger bz. auch auf Preßvergehen anwendbar (Art. 1 u. 4) und gibt zugleich bezüglich einzelner durch Schrift, Rede ꝛc. begangener Vergehen geschärfte Strafbestimmungen. (Art. 5—17.)

§ 926. In derselben Verordnung (Art. 18—29) sind ferner eine Reihe preßpolizeilicher Bestimmungen getroffen, deren Kenntnißnahme und Beachtung den Lokalbehörden eingeschärft ist. Namentlich soll

1) jeder in dem Großherzogthum herauskommenden Druckschrift Name und Wohnort des Druckers oder Verlegers beigesetzt werden. (Art. 18.)

2) Für jede in dem Großherzogthum herauskommende Zeitung oder periodische Druckschrift soll ununterbrochen ein verantwortlicher, gehörig befähigter Redacteur bestehen, welcher, außer dem Namen des Druckers, auf jedem Blatt, Stück oder Heft der Zeitung oder periodischen Schrift genannt sein muß. (Art. 21.)

3) Von jedem einzelnen Blatte, Stücke oder Hefte einer im Großherzogthum herauskommenden Zeitung oder periodischen Druckschrift ist wenigstens eine Stunde bevor die Austheilung und Versendung beginnt, durch den Verleger ein mit der eigenhändigen Unterschrift des verantwortlichen Redacteurs versehenes Exemplar an dem Ort, wo das Blatt, Stück oder Heft ausgegeben wird, in den Prov. St. u. O. bei der Ortspolizeibehörde, in der Prov. Rh. an den Orten, wo sich ein Staatsprokurator befindet, bei diesem, an den Orten, wo ein Polizeicommissär ernannt ist, bei diesem, und an den übrigen Orten bei der Ortspolizeibehörde, mit beigefügter Bemerkung des Tages, an welchem dieses geschieht, zu hinterlegen. (Art. 23.)

4) Einfache Ankündigungen gesetzlich erlaubter Versammlungen, denen die erforderliche Anzeige oder Genehmigung vorausgegangen ist, so wie Anzeigen über öffentliche Vergnügungen, über gestohlene, verlorene und gefundene Sachen, über Verkäufe und Vermiethungen und Nachrichten für den gewerblichen Verkehr dürfen zwar ohne vorherige polizeiliche Erlaubniß, jedoch nur an solchen Stellen öffentlich angeschlagen werden, welche als hierzu geeignet von der Polizeibehörde bezeichnet worden sind. (Art. 27.)

§ 927. Die auf den Grund der V. v. 4. Okt. 1850 erkannten Geldstrafen, welche sich als uneinbringlich darstellen, werden im Gefängniß, und zwar mit 24 Stunden für jeden Gulden, verbüßt. (Art. 31.)

§ 928. Den Druckschriften im Sinne dieser V. werden gleichgestellt alle auf mechanischem Wege irgend einer Art vorgenommene Vervielfältigung von Schriften, bildlichen Darstellungen mit oder ohne Schrift und von Musikalien mit Text oder sonstigen Erläuterungen. (Art. 32.)

§ 929. Wenn eine durch gerichtliches Erkenntniß unterdrückte oder von dem Ministerium verbotene Druckschrift gleichwohl in Verkehr gesetzt wird oder wenn Zuwiderhandlungen gegen die Art. 18—21 u. 27 begangen werden, so hat die Lokalpolizeibehörde alsbald die Beschlagnahme der betr. Druckschrift 2c. zu vollziehen und dem Gerichte — in der Prov. Rh. dem Staatsprokurator bei dem Bezirksgerichte — davon Anzeige zu machen. (Art. 22.)

Eben so ist zu verfahren, wenn im Falle des Art. 23 der Inhalt der hinterlegten Schrift verbrecherisch erscheint oder wenn sonst eine Schrift verbrecherischen Inhalts verbreitet wird.

Es ist zugleich die Regierungsbehörde, wo möglich unter Mittheilung eines Exemplars der Druckschrift, davon unverweilt in Kenntniß zu setzen.

Bezüglich des Vollzugs der Vorschrift des Art. 27 bleibt es den Ortspolizeibehörden überlassen, die Stellen und Plätze zu bezeichnen, wo Placate angeschlagen oder nicht angeschlagen werden dürfen. E. d. M. d. J. v. 20. Juli 1848 u. 8. Okt. 1850.

§ 930. Das Hausiren mit lithographirten oder gedruckten Schriften ist gänzlich verboten. Zuwiderhandlungen werden mit der Confiscation der Schriften und einer Strafe von 1—5 fl. bestraft. G. v. 6. Febr. 1836.

Als Hausirer sind auch Diejenigen anzusehen, welche auf Bestellung und Subscription zu Büchern und Schriften, die sie zur Einsicht und alsbaldigen Abgabe mit sich führen, herumreisen. A. d. M. d. J. v. 23. Nov. 1837.

§ 931. Die Verbreitung von Schriften, welche den Preßgesetzen und Vorschriften nicht zuwiderlaufen, auf andere Weise ist, so weit nicht die Rechte der Buchhändler und Schriftsteller dadurch beeinträchtigt erscheinen (s. die §§ 933 u. 936), verstattet; die Verbreitung lehrreicher Schriften ist zu begünstigen.

§ 931. Buchhandel. Die Errichtung neuer Buchhandlungen erfordert Genehmigung des Ministeriums des Innern. V. v. 1. Dezember 1827. V. v. 27. Juni 1828 u. A. d. M. d. J. v. 11. Dezember 1852.

In der Regel sollen nur in Städten von 8000 Seelen und darüber Buchhandlungen bestehen. Der um die Concession Nachsuchende muß 1) von völliger Unbescholtenheit und Unverdächtigkeit sein; 2) die zum Buchhandelbetrieb unerläßlich nothwendige Bildung besitzen; 3) den Buchhandel in einer als solid bekannten Buchhandlung erlernt haben, und 4) die zur Errichtung und zum Betriebe einer soliden Buchhandlung erforderlich scheinenden Geld- oder andere Mittel nachweisen. A. d. M. d. J. v. 23. Nov. 1837.

In der Prov. Rh. haben die Buchhändler bei dem Civilgerichte den Eid abzuleisten, kein den Pflichten gegen den Souverän und dem Besten des Staates zuwiderlaufendes Werk zu verkaufen, abzusetzen und auszugeben. Decr. v. 5. Febr. 1810.

§ 932. In den Prov. St. u. O. liegt den Buchhändlern ob, von ihren eignen Verlagsschriften alsbald nach deren Erscheinung im Drucke drei Exemplare an die Provinzialbibliotheken einzusenden. In der Prov. Rh. ist dieselbe Verpflichtung dem Buchdrucker auferlegt. V. v. 30. Aug. 1808. Kais. Decr. v. 5. Febr. 1810 u. V. v. 5. Okt. 1836.

§ 933. Der Eingriff der Antiquare in das Buchhändlergewerbe dadurch, daß sie regelmäßig Bücher aus den Verlagshandlungen kaufen, binden lassen und sodann scheinbar als Antiquen damit handeln, ist untersagt und nach dem Gewerbsteuergesetz strafbar.

Eben so sind die Buchbinder nach ihrem Patente allein zur Buchbinderarbeit befugt; doch bleibt ihnen als herkömmlich verstattet, von ihnen aus den Verlags- oder Buchhandlungen roh bezogene Bibeln, Gesangbücher, Spruch- und Katechismus-Bücher, A-B-C-Bücher und sonstige Schulbücher, die sie selbst eingebunden, zu verkaufen. A. d. M. d. J. v. 23. Nov. 1837.

§ 934. Leih- und Lesebibliotheken bedürfen zu ihrer Errichtung gleichfalls die Genehmigung des Ministeriums. V. v. 27. Juni 1828.

Bei der Verwilligung entscheidet besonders die Rücksicht auf den Besitz der erforderlichen Bildung und das seitherige Betragen.

Bezüglich der polizeilichen Aufsicht über die Leih- und Lesebibliotheken ist Folgendes verordnet:

1) Jeder Besitzer einer Leih- und Lesebibliothek hat einen vollständigen Katalog der in dieser befindlichen Druckschriften (Art. 32 d. V. v. 4. Okt. 1850) an die Regierungsbehörde einzusenden und derselben zu Ende eines jeden Monats ein Verzeichniß der für die Bibliothek neu angeschafften Druckschriften vorzulegen.

2) Es darf keine Druckschrift ausgeliehen werden, wenn sie nicht in dem Haupt-Katalog oder in einem Verzeichnisse der Nachträge eingetragen ist. Wünscht der Besitzer der Bibliothek eine neu angeschaffte Druckschrift früher auszuleihen, so ist davon vor oder gleichzeitig mit der Ausleihung besondere Anzeige bei der Regierungsbehörde zu machen.

3) Zuwiderhandlungen gegen die Bestimmungen unter Nr. 1 u. 2 werden mit einer Geldbuße von 1—5 fl. bestraft.

4) Es ist untersagt, Druckschriften, deren Verbreitung in den Gesetzen und Verordnungen mit Strafe bedroht oder durch besondere Anordnungen verboten ist, auszuleihen oder in Leih- und Lesebibliotheken aufzustellen.

Bei wiederholten Uebertretungen wird die Concession von dem Ministerium entzogen. A. d. M. d. J. v. 18. März 1853.

Bezüglich der Lesegesellschaften gelten bz. dieselben Normen und Beaufsichtigungsregeln.

§ 935. Buchdruckereien und Lithographieen. Zur Anlage einer Buchdruckerei oder Lithographie ist Genehmigung der Staatsregierung erforderlich. V. v. 27. Juni 1828. A. d. M. d. J. v. 11. Dez. 1852 u. 28. Mai 1841.

Ein Verlagsrecht, selbst beschränkt auf ihre selbstgedruckten Werke, steht den Buchdruckern nicht zu. E. d. M. d. J. an die Kr. zu D. u. Gsn. v. 28. Sept. 1842.

Für die Prov. Rh. ist gemäß der daselbst gültigen französ. Gesetze noch Folgendes zu bemerken. Das Buchdruckergewerbe soll daselbst nur in geschlossener Zahl bestehen. Es ist den Buchdruckern verboten, Etwas zu drucken oder drucken zu lassen, was den Pflichten der Unterthanen gegen den Souverän und dem Besten des Staates zuwider ist. Sie werden beeidigt. Jeder Buchdrucker ist gehalten, ein von der Regierungsbehörde numerirtes und paraphirtes Register zu führen, in welches er, nach der Zeitfolge geordnet, den Titel eines jeden Werkes, das er drucken will, so wie den ihm bekannten Namen des Verfassers einzutragen hat. Diejenigen, welche das Buchdruckergewerbe nicht mehr treiben, gleich wie Alle die, welche, ohne Drucker zu sein, Eigenthümer, Besitzer oder Inhaber von Pressen, Schriftgießereien, Schriften oder anderem Geräthe sind, sollen in Monatsfrist die Declaration über die gedachten Gegenstände bei der Regierungsbehörde machen. Dem Minister d. J. kommt alsdann zu über die weitere Verwendung derselben zu verfügen. Die Uebertretung aller vorbemerkten Bestimmungen ist mit namhaften Geld-, bz. Gefängnißstrafen verboten. Decr. v. 5. Febr. 1810 u. 18. November 1810. Vergl. auch § 931 a. E.

§ 936. Nachdruck. Die nöthige Sicherstellung der Rechte der Schriftsteller und Verleger gegen den Nachdruck gewähren das G. v. 23. September 1830 und die vorliegenden Bundesbeschlüsse des deutschen Bundes. B. v. 29. Sept. 1832 u. 9. Dez. 1837.

Der Nachdruck wird übrigens nur auf Klage eines Berechtigten untersucht und bestraft. Art. 15 d. G.

Der Abdruck von Gesetzbüchern, Gesetzen, Verordnungen, Instructionen und anderen Verfügungen der Staatsbehörden, um sie zum Verkaufe in das Publikum zu bringen, ist verboten. Bei wissenschaftlichen Commentationen ist jedoch der beiläufige Abdruck erlaubt. Art. 10 d. G.

XXI. Abtheilung.
Landwirthschaftspolizei.

I. Abschnitt.
Sorge für Verbesserung der Landwirthschaft.

§ 937. Die Landwirthschaft ist die Grundlage und zugleich vorzüglichste Quelle für den National-Wohlstand. Der überwiegend größte Theil unserer Bevölkerung gehört der Ackerbau treibenden Klasse an.

Es folgt daraus die wichtige Berufspflicht der Gemeindevorstände, die Interessen der Landwirthschaft auf das Thätigste zu fördern und die ihre Entwickelung störenden Hemmnisse möglichst beseitigen zu helfen.

§ 938. Landwirthschaftliche Vereine. V. v. 30. April 1831 u. Statuten v. 13. Okt. 1831.

Zur Beförderung der landwirthschaftlichen Industrie in dem Großherzogthum sind besondere landwirthschaftliche Provinzialvereine ins Leben gerufen. Eine landwirthschaftliche Centralstelle vermittelt ihre Correspondenz mit dem Ministerium d. Innern. Die landwirthschaftliche Zeitschrift dient zur allgemeineren Verbreitung gemeinnütziger landwirthschaftlicher Erfahrungen und Kenntnisse. Es ist wünschenswerth, daß die Gemeinden als solche diese Zeitschrift halten. Der Bürgermeister hat diesenfalls dafür zu sorgen, daß sie am Jahresschlusse gehörig geordnet und geheftet in der Gemeinde-Registratur aufbewahrt werden. E. d. M. d. J. v. 11. Dez. 1841.

In einzelnen Kreisen sind noch besondere landwirthschaftliche Bezirksvereine gegründet. Ihre Begünstigung ist zu empfehlen, weil sie vorzugsweise zur Prüfung und Wahrung der örtlichen landwirthschaftlichen Interessen geeignet erscheinen.

II. Abschnitt.

Landbau.

§ 939. Ackerbau. Wissenschaft und Erfahrung haben den althergebrachten Betrieb des Ackerbaues — die Dreifelderwirthschaft — überwunden und es sind an deren Stelle verbesserte rationelle Landwirthschafts-Systeme in Aufnahme gekommen. Doch hat sich zugleich die Einsicht immer mehr Bahn gebrochen, daß eben so wenig ein bestimmtes Wirthschafts-System, als bestimmte Bodenbereitungs-Werkzeuge unbedingt den Vorzug in Anspruch nehmen können. Es kommt in dieser Beziehung vor Allem auf die besonderen örtlichen und klimatischen Verhältnisse an.

Einsichtig prüfende Gemeindevorstände werden aus dem reichen Schatze der in der landwirthschaftlichen Zeitschrift hierüber enthaltenen Verhandlungen das für ihre Gemarkung am meisten Angemessene leicht herausfinden können. Eine erhöhte Bodenkultur, besonders auch die Urbarmachung etwa noch vorhandener Wüstungen, muß stets ihre angelegentliche Sorge sein.

In den althess. Landestheilen findet zur Nutzbarmachung unbebaut liegen gelassener Grundstücke gesetzlicher Zwang statt. G. v. 7. März 1770 u. V. v. 17. Mai 1813.

§ 940. Wiesenbau. Zur Emporhebung der Wiesenkultur hat das Wiesenkulturgesetz v. 7. Okt. 1830 umfassende Vorsorge getroffen.

Dasselbe bestimmt nicht nur ausführlich die Verhaltungsregeln für die Einleitung und Vollziehung der Wiesenverbesserungen, sondern gibt auch die geeigneten Vorschriften über die zu dem Ende erforderliche Abtretung oder Beschränkung des Privateigenthums. Es verordnet ferner die Errichtung eigner Orts-Wiesenpolizei-Ordnungen, so wie die Bildung besonderer Wiesenvorstände.

§ 941. Wiesenpolizei-Ordnungen. Die Lokal-Wiesenpolizei-Ordnungen sind überall ins Leben getreten und im Einklang mit dem Feldstrafgesetze vom 21. Sept. 1841 in dem Jahre 1844 erneuert worden. Den Ortspolizeibehörden liegt die strenge Handhabung dieser Ordnungen ob. Dem zur Mitwirkung hierbei verpflichteten Personal, namentlich den Wiesenvorständen, den Feldschützen,

Ortspolizeidienern und Wiesen- und Wegwärtern, sollen Exemplare der Wiesenpolizei-Ordnung auf Kosten der Gemeinden zugestellt werden. A. d. M. d. J. v. 22. Juni 1844.

§ 942. Wiesenvorstände. In allen Gemeinden, innerhalb deren Gemarkungen sich Wiesenfluren befinden, welche unter mehrere Eigenthümer vertheilt oder Gemeindeeigenthum sind, sollen Wiesenvorstände gebildet werden. Dieselben sollen bestehen

1) aus dem Bürgermeister oder Beigeordneten der Gemeinde und
2) aus Ortseinwohnern, welche Wiesen besitzen oder solche zu benutzen oder zu verwalten haben.

Die Zahl derselben wird nach den örtlichen Bedürfnissen von der Regierungsbehörde bestimmt (in der Regel nicht unter 2 und nicht über 6). A. d. M. d. J. v. 12. Juli 1833.

Die eine Hälfte derselben wählt der Ortsvorstand, die andere Hälfte ernennt die Regierungsbehörde.

Ihr Amt ist ein Ehrenamt und kann nur aus dringenden, von der Regierungsbehörde zu beurtheilenden Gründen abgelehnt oder vor Ablauf der ersten zehn Jahre nach der Wahl oder Ernennung niedergelegt werden.

Die nicht im Gemeindeverbande befindlichen Wiesenbesitzer (Nichtortsbürger), welchen mindestens der 12. Theil des in der Gemarkung befindlichen Flächenraums an Wiesen zusteht, haben das Recht der Regierungsbehörde ein Subject zu bezeichnen, welches, wenn nicht besondere Gründe entgegenstehen, von Letzterer zum Mitgliede des Wiesenvorstandes ernannt werden muß.

Die Wiesenvorstände sind verpflichtet:

1) Alles, was zur Verbesserung und zum Schutze der Wiesen in ihrer Gemarkung dienen kann, in Anregung zu bringen oder vorzuschlagen;
2) über Gegenstände der Wiesenkultur auf Erfordern Gutachten abzugeben;
3) bei der Ausführung der Wiesenverbesserungspläne thätig mitzuwirken und die ihnen desfalls zugehenden Aufträge und Instructionen genau zu befolgen.

Den Wiesenvorständen ist es gestattet, die denselben hierbei zufallenden Geschäfte unter ihre Mitglieder zu vertheilen. Nur wenn bei größeren Verbesserungen ein Mitglied ausschließlich die Aufsicht übernimmt, darf für dasselbe ausnahmsweise ein Taggeld bestimmt werden, dessen Belauf aber in den Voranschlag zu den Kosten der Verbesserung mit aufzunehmen ist. A. d. M. d. J. v. 11. Sept. 1833;

4) über die Beobachtung der Orts-Wiesenpolizei-Ordnung mit Strenge zu wachen und die Zuwiderhandlungen zur Bestrafung zu bringen. G. v. 7. Okt. 1830, Art. 40—42.

Zum Zwecke der näheren Vollziehung ihrer Verpflichtungen sollen die Wiesenvorstände zeitweise Zusammenkünfte und Wiesengänge halten, über deren Ergebniß auch der Regierungsbehörde Vorlage zu machen ist.

Wo die Anstellung besonderer Wiesenwärter erforderlich erscheint, geschieht sie auf Vorschlag der Wiesenvorstände. Anhaltspunkte zu einer entsprechenden Instruction für dieselben finden sich in Nr. 6 u. 8 der landwirthschaftlichen Zeitschrift von 1844.

§ 943. Torfgraben. Ueber die Anlage und den Betrieb der Torfgräbereien in den Prov. St. u. O. enthält ein A. d. M. d. J. v. 23. Febr. 1841 ausführliche reglementäre Bestimmungen.

Von Seiten der Bürgermeister, bz. Lokalpolizeibehörden, ist in dieser Beziehung besonders wahrzunehmen, daß keine Torfgräberei anders als nach zuvor eingeholter Genehmigung der Regierungsbehörde und nur genau den gegebenen Vorschriften gemäß betrieben werden darf. Wer hiergegen handelt soll mit einer Polizeistrafe von 1—10 fl. belegt werden.

Für die Torfgräbereien, welche von Gemeinden betrieben werden, ist die Anwendung eines von dem Aichamte zu stempelnden Torfmaaßes von bestimmter Größe vorgeschrieben. A. d. M. d. J. v. 29. Nov. 1843 u. 7. Okt. 1844.

Das G. v. 27. Mai 1821, die Abtretung des Privateigenthums zu öffentlichen Zwecken betr. (Art. 24), findet auf die Ausbeutung der Torflager zu Gunsten der Gemeinden Anwendung.

§ 944. Obstbaumzucht. Für viele Gemeinden ist die Obstkultur bereits eine reiche Einnahmequelle geworden und verspricht dies bei sorgsamer Pflege immer mehr zu werden. Es ist deshalb wünschenswerth, daß die Ortsvorstände derselben ihre besondere Fürsorge zuwenden und den Sinn dafür allgemeiner rege zu machen sich bestreben.

§ 945. Nach bestehender Vorschrift soll wo möglich in jeder Gemeinde eine Gemeinde-Obstbaumschule von entsprechender Größe angelegt werden. Dieselbe ist mit einer gehörigen Einfriedigung zu schützen. Die Aufsicht darüber soll gegen eine mäßige Vergütung wo thunlich den Schullehrern, anderenfalls aber einem kundigen Baumwärter übertragen werden. Es ist dahin zu wirken, daß der Aufseher der Baumschule den älteren Schulknaben und sonstigen Einwohnern, namentlich auch den Feldschützen, praktischen Unterricht in der Obstbaumzucht ertheilt.

Wo unter der Leitung der Forstbehörden eigene Pflanzschulen für Gemeinden bestehen, dürfen die Obstbaumschulen damit verbunden werden. A. d. M. d. J. v. 17. August 1843 u. 9. Juli 1845. A. d. O.F.Dir. v. 24. März 1843.

§ 946. Wichtig für das Gedeihen der Obstkultur ist besonders eine richtige Pflanzung und Behandlung der Obstbäume. Beachtungswerthe Regeln dafür sind seiner Zeit von der Centralstelle des landwirthschaftlichen Vereins entworfen und durch A. d. M. d. J. v. 28. Febr. 1842 empfohlen worden. Namentlich darf nicht übersehen werden, die jungen Obstbäume an starken Stangen aufrecht zu erhalten und dieselben mit Dornen zu schützen. Vergl. für Rh. Präf.E. v. 23. März 1807.

Daß und in welcher Weise Obstbäume an den öffentlichen Wegen gepflanzt werden sollen, ist in alter und neuer Zeit vielfältig verordnet. Präf.E. v. 18. Germ. XI. B. d. R. zu Mz. v. 10. November 1820. V. v. 17. März 1824, § 6, u. 29. Juli 1826. A. d. R. zu Mz. v. 1. Okt. 1827 u. 14. Juli 1830. Instruction v. 11. Juli 1838.

Zweckmäßige Vorschriften über die bei Obstbaumpflanzungen neben Privatbesitzungen einzuhaltende Entfernung enthält das Civil-G.B. Art. 671 u. 672. Eine ähnliche Bestimmung findet sich zwar auch in dem römischen Rechte, die betreffende Stelle ist aber nicht glossirt und darum nicht anwendbar.

§ 947. Zum Schutze der Obstbaumzucht verhängt das Strafgesetzbuch und das Feldstrafgesetz gegen Entwendungen und frevelhafte Beschädigungen strenge Strafen. Feldstr.G. Art. 35, 36, 43, 44, 45, 49 u. 56.

Zugleich ist bei boshaften Freveln an Obst- und anderen Bäumen, im Falle die Thäter nicht ermittelt werden konnten, den Eigenthümern Ersatz des erlittenen Schadens (in der Prov. Rh. jedoch nur bezüglich der an öffentlichen Wegen gepflanzten Bäume) durch die Einwohner der betr. Gemeinde=Gemarkung zugesichert. Siehe für St. u. O. die V. v. 18. März 1718, 3. Febr. 1797 u. 30. September 1817, und für Rh. die Präf.=V. v. 12. Nivose XII (12. Januar 1804).

Das in dieser Beziehung in den Prov. St. u. O. einzuhaltende Verfahren ist durch das A. d. M. d. J. v. 18. Nov. 1837 u. 19. Mai 1845 u. E. dess. M. v. 13. Febr. 1850 in folgender Weise geregelt:

1) Sobald der Bürgermeister von dem Vorkommen solcher Beschädigungen Kenntniß erlangt, hat er für sofortige Taxation des verübten Schadens Sorge zu tragen. Beträgt dieser nicht mehr als ungefähr 5 fl., so genügt bei unter dem Feldschutze stehenden Sachen die Taxation durch die Feldschützen, bei Chausseebäumen diejenige der angestellten Bauaufseher; bei bedeutenderen Beschädigungen hat aber der Bürgermeister die Abschätzung des Schadens unter seiner Leitung durch die Feldgeschwornen vornehmen zu lassen.

   Diese Abschätzungen sind sofort durch öffentliche Bekanntmachung zur Kenntnißnahme der Gemeindeangehörigen zum Zwecke allenfallsiger Reclamationen der Ersatzpflichtigen zu bringen. Es kann, falls sich diese durch die zuerst vollzogene Abschätzung beschwert erachten, eine Wiederholung derselben bei Gericht beantragt werden.

2) Die Anzeigen über dergleichen Frevel sind in der Regel unter Anschluß der Abschätzung unmittelbar bei dem betr. Stadt= oder Landgerichte einzureichen, indem vorerst von dem Richter zu entscheiden ist, ob derjenige Fall wirklich eingetreten sei, in welchem nach den erwähnten Gesetzen der Ersatz von den Ortseinwohnern geleistet werden müßte.

3) Wenn hiernächst den Bürgermeistern die Vornahme des am Schlusse des Jahres vorzunehmenden Ausschlags aufgetragen worden ist, so haben sie denselben sofort zur Executorisch=Erklärung an die Regierungsbehörde einzusenden. Außer dem wirklichen Schadensersatze sind die nicht fiscalischen Untersuchungskosten, so wie die ordentlichen Hebgebühren mit in Ausschlag zu bringen, desgleichen auf Verlangen etwa ver=

willigte Repartitionsgebühren, welche nach Bestimmung des M. d. J. v. 25. April 1853, ad Nr. D. 5350, 10 kr. von 100 Item nicht übersteigen dürfen.

4) Nach erfolgter Executorisch-Erklärung ist sodann das Erhebregister dem Gemeinde-Einnehmer in Einnahme, bz. die Entschädigung in Ausgabe zu decretiren und muß Einnahme und Ausgabe als durchlaufender Posten in der Gemeinderechnung in II. Klasse unter einer offenen Rubrik des Voranschlags-Formulars verrechnet werden. Eine desfallsige Nebenrechnung ist durchaus verboten. Vergl. §§ 827 u. 828.

§ 948. Weinbau. Ueber den Schluß der Weinberge, so wie den Beginn des Herbstes hat der Bürgermeister nach Maßgabe der darüber bestehenden Lokal-Reglements Bestimmung zu treffen. Die Zuwiderhandelnden trifft die im Art. 69 des Feldstrafgesetzes angedrohte Strafe.

Auf Verlangen einzelner Weingutsbesitzer soll von den Bürgermeistern auch vor dem Beginne der allgemeinen Weinlese und während der Dauer der abgeschlossenen Hut die Vorlese zum Behufe des Einherbstens überreifer oder fauler Trauben unter Aufsicht gestattet werden. Die Weinberge sollen, so lange der Herbst nicht völlig beendigt ist, geschlossen bleiben. Kommen jedoch in den geschlossenen Districten unaufschiebliche Feld- oder Wingertsarbeiten vor, so müssen die Arbeiter wenigstens eine Stunde vor dem Hinausgehen dem Ortsvorstande die Anzeige davon machen, damit dieser den Feldschützen die nöthige Weisung ertheilen kann.

Kinder unter 16 Jahren dürfen während der Dauer der Weinbergshut nur in Begleitung ihrer Eltern oder Vormünder die Weindistricte betreten. Die Kosten der Aufsicht bei der Vorlese werden von den betreffenden Eigenthümern bezahlt. Die Nachlese in den Weinbergen ist auch nach völlig beendigtem Herbste untersagt. A. d. Prov.Dir. v. Rh. v. 7. Sept. 1833. Feldstr.G. Art. 72.

§ 949. Hanf-, Flachs- und Tabaksbau. Eine besonders für die Industrie wichtige Urproduktion ist der Hanf- und Flachsbau. Wo die lokalen Verhältnisse ihre Verbreitung empfehlen, werden die Ortsvorstände hauptsächlich auf das Bedürfniß einer Verbesserung, so der Kultur als der Zubereitung, ihr besonderes Augenmerk zu richten haben.

Ob und in wie weit der Tabaksbau einer allgemeineren Ausdehnung zu empfehlen ist, darüber mangeln bis jetzt genügende Erfahrungen.

§ 950. Vertilgung schädlicher Pflanzen und Thiere. Die Lokalpolizeibehörden sollen die Säuberung der Bäume, Sträucher und Hecken von Raupennestern, so wie der Weinberge von Rebstichlern, anordnen und überwachen. Wer nicht Folge leistet, verfällt für jedes auf seinem Besitzthume gefundene Raupennest in eine Strafe von 2 kr. und wegen Zuwiderhandlung gegen das letztere Gebot in 30 kr. Strafe. Ueberdies sind die Zuwiderhandelnden zur Tragung der Kosten der von der Lokalpolizeibehörde nöthigenfalls anzuordnenden Säuberung verbunden. Feldstr.G. Art. 80.

Eine zweckmäßige Belehrung zur Vertilgung der Raupen enthält die V. v. 14. März 1812.

§ 951. Wo sich Maulwürfe, Feldmäuse, Maikäfer und dergleichen schädliche Thiere im Uebermaße zeigen, darf die Anordnung der geeigneten Vertilgungsmittel nicht verabsäumt werden.

Es ist verstattet für die Einlieferung einer gewissen Menge eine Gebühr, welche jedoch bei Maikäfern 12 kr. für den Kumpf nicht übersteigen soll, aus der Gemeindekasse zu verwilligen. Die Verrechnung dieser Kosten hat unter O.Nr. 157 des Gemeindvoranschlags zu geschehen. A. d. M. d. J. v. 16. Februar 1839 u. 10. März 1841.

Bewährte Mittel zur Vertilgung der Feldmäuse bezeichnen und empfehlen d. E. d. M. d. J. an d. R. zu Mz. v. 4. Dez. 1822 u. d. A. d. R. zu Mz. v. 10. März 1832 u. 25. April 1835; so wie besonders d. A. u. E. d. M. d. J. an d. Kr. v. 27. August, 9. u. 14. Sept. u. 4. Okt. 1842.

§ 952. Zum Zwecke der Schonung der Insecten vertilgenden, dagegen der Verminderung der der Landwirthschaft schädlichen Vögel ertheilt die V. v. 7. April 1837 ausführliche Vorschriften.

Das Fangen oder Tödten der erstgenannten Vögelarten, so wie das Ausheben oder Zerstören der Nester, Eier oder Nestbrut ist darnach mit namhaften, in den Prov. St. u. O. von den Forstgerichten, in Rh. von den Polizeigerichten zu erkennenden Strafen verboten.

Dagegen ist das Ausheben der Nester ꝛc. der Sperlinge, Raben, Dohlen und Krähen nicht nur Jedermann auf seinem Eigenthum erlaubt, sondern es sollen auch, in so weit nicht zeitweise eine Ausnahme von der Regierungsbehörde erwirkt worden sein wird, noch besondere Vertilgungsmittel gegen sie angewendet werden.

Behufs der Anwendung dieser Mittel werden die Ortsvorstände zu erwägen haben, ob nicht durch die bereits eingetretene Verminderung einer Vögelgattung das überall wünschenswerthe Gleichgewicht in der Natur gestört zu werden droht. In der Natur hat jedes Geschöpf seine gewisse Bestimmung. Das Eine hält das Andere in Schranken. Einzelne Vögelgeschlechter sind unseren Erndten gefährlich, aber sie nützen denselben zugleich wieder durch Bekriegung anderer schädlichen Thiere. Die Sperlinge z. B. verzehren eine Menge für die Obstbaumzucht verderblicher Raupen und Insecten und die Raben sind natürliche Feinde und Vertilger der höchst schädlichen Feldmäuse. Es sind daher wohl Maßregeln zu ihrer Verminderung gerechtfertigt, aber ihre Ausrottung wäre unweise.

Zum Zwecke der Verminderung der nachtheiligen Vögelarten sind nun als Regel folgende Vorschriften ertheilt:

1) Jeder Eigenthümer oder nutznießliche Besitzer eines bewohnten Hauses soll jährlich vor Ablauf des Monats März (nicht später, weil alsdann die Sperlinge ihre Jungen mit Insecten zu ernähren pflegen, mithin der Landwirthschaft nützlich werden) eine nach Maßgabe der desfalls von den Lokalpolizeibehörden nach vorgängigem Benehmen mit einsichtsvollen Landwirthen und den Feldgeschwornen zu erstattenden Berichte durch die Regierungsbehörde festzusetzende Anzahl (als regelmäßiges Maximum 6) Sperlinge an einen von der Lokalpolizeibehörde zu bezeichnenden Erheber abliefern.

Die Sperlinge müssen stets ganz (damit nicht möglicherweise entstellte Köpfe von Singvögeln untergeschoben werden) und frisch abgeliefert werden. Der Erheber hat alsdann erst die Köpfe von den Leibern zu trennen und Letztere den Liefernden zurückzugeben.

Das Verzeichniß der Lieferungspflichtigen erhält derselbe durch die Lokalpolizeibehörde, welche nach Ablauf der Lieferungsfrist das Register sofort zu vergleichen und die Köpfe in ihrer Gegenwart verbrennen zu lassen hat.

Dem Erheber darf eine Belohnung bis zu 2 Heller vom Stück bewilligt werden. Wer seinen Lieferungsverbindlichkeiten nicht Genüge leistet, hat für jeden nicht gelieferten Sperling eine Gebühr von sechs Kreuzer in die Gemeindekasse zu bezahlen. Die Lokalpolizeibehörde hat das Register darüber zu fertigen und nebst Hauptverzeichniß an die Regierungsbehörde zur Executorisch-Erklärung einzusenden. Nach deren Erfolg ist sodann die Erhebung durch den Gemeinde-Einnehmer (in III. Klasse) zu bewirken.

In so weit die erforderliche Zahl von Sperlingen von den Pflichtigen nicht abgeliefert wird, so ist deren Lieferung gegen einen Preis von höchstens ein Kreuzer pro Stück zu veraccordiren.

Sollten einzelne Lokalpolizeibehörden in Uebereinstimmung mit den Gemeinderäthen anstatt der Lieferung durch die Pflichtigen das Wegfangen der Sperlinge auf Kosten der Gemeinde wünschen, so ist dazu besondere Genehmigung der Regierungsbehörde erforderlich. A. d. M. d. J. v. 8. April 1837 u. 6. Jan. 1845.

2) Zur nöthigen Verminderung der Raben, Dohlen und Krähen sollen die Lokalpolizeibehörden die Anordnung treffen, daß die Nester dieser Vögel durch zuverlässige Männer unter Aufsicht, im Walde der Forstdiener, außerhalb derselben der Feldschützen, ausgehoben werden. Für jeden von denselben abgelieferten Vogel dieser Art sind 4 kr. und für jedes Ei 2 kr. aus der Gemeindekasse (III. Klasse) zu vergüten.

Ferner sind die Forstdiener, Jagdeigenthümer und Jagdpächter zu veranlassen, gegen ein gleich hohes Schußgeld pro Stück diese Vögel wegzuschießen. Sollten dieselben diesem Verlangen nicht entsprechen, so kann die Lokalpolizeibehörde von der Regierungsbehörde ermächtigt werden, das Wegschießen durch andere verpflichtete Männer besorgen zu lassen.

Für die Empfangnahme der einzelnen Lieferungen (bei ausgewachsenen Raben &c. genügt die Ablieferung der Köpfe und Fänge) darf ein Erheber gegen dieselbe Gebühr wie ad 1 bestellt werden. Ueber die Lieferung ist eine Liste zu führen. Die gelieferten Vögel sollen gleichfalls in Gegenwart der Lokalpolizeibehörde verbrannt, die Eier aber zerschlagen werden.

Auch der Vertilgung schädlicher Pflanzen, z. B. der Wucherblume, müssen die Ortsvorstände und Lokalpolizeibehörden ihre Fürsorge widmen. A. d. R. d. Prov. O. v. 25. Mai 1819.

§ 953. Tauben. Zur Saatzeit, deren Anfang und Ende im Frühjahr und Herbste jedesmal von den Lokalpolizeibehörden zu bestimmen ist, so wie während der gleichfalls jedesmal bekannt zu machenden Zeit der Reife der Hülsenfrüchte und des Repses oder Rapses darf Niemand seine Tauben ausfliegen lassen, bei Meidung einer Strafe von **einem** Gulden für jeden einzelnen Fall. Feldstr.=G. Art. 79.

§ 954. **Wildschaden.** Zum Schutze der landwirthschaftlichen Erzeugnisse gegen Beschädigungen durch Wildpret ist die Gesetzgebung im Großherzogthum bezüglich der **Prov.** St. u. O. eine besondere Fürsorge zu treffen veranlaßt gewesen. G. v. 6. Aug. 1810, ausgedehnt auf die neu erworbenen Landestheile durch V. v. 2. März 1811; sodann V. v. 1. Juli, 20. Okt. u. 19. Dez. 1812 u. 8. Januar 1813.

Diese Special=Gesetze und Bestimmungen haben jedoch sehr an practischer Bedeutung verloren, seitdem die besonderen Jagdberechtigungen in diesen Provinzen durch G. v. 26. Juli 1848 aufgehoben worden sind.

In der **Prov.** Rh. war das Bedürfniß ähnlicher Bestimmungen nicht fühlbar geworden, weil dort die ausschließlichen Jagdberechtigungen schon durch die G. v. August 1789 u. April 1790 aufgehoben worden sind. Zur Erlangung des Schadensersatzes bietet sich dort nur das Mittel der Civilklage.

Allen Provinzen gemein ist die Bestimmung, daß bei übermäßigem Wildstande unter Umständen das Wegschießen von Amtswegen verfügt werden kann; a. G. v. 1810, § 20. V. v. 21. September 1815, § 16, u. A. d. M. d. J. v. 9. Sept. 1848.

§ 955. **Wetterschaden.** Wenn die Feldfrüchte durch außerordentliche **Unglücksfälle**, als Heereszug, Hagelschlag, Ueberschwemmung, Quellwasser oder Wolkenbrüche beschädigt worden sind, so kann von den Beschädigten unter der Voraussetzung ein **Steuernachlaß** in Anspruch genommen werden, daß

1) die einjährigen Früchte eines Grundstücks wenigstens zu ⅓ verdorben worden sind, und
2) die Beschädigung mindestens ⅕ des eigenthümlichen Grundvermögens eines Beschädigten an Gärten, Weinbergen, Aeckern und Wiesen in der Gemarkung betroffen hat.

Die Gesuche um Steuernachlaß müssen binnen längstens 14 Tagen bei der Regierungsbehörde eingebracht werden. Dieselben sind stempelfrei. Wird das Gesuch unbegründet gefunden, so hat der Nach=

suchende die Schätzungskosten zu tragen. V. v. 1. Dezbr. 1819 und V. v. 12. Nov. 1821.

Die Bürgermeister sollen in eintretenden Fällen ihre Gemeindeangehörigen hiernach belehren, zugleich aber dergleichen Ereignisse unverzüglich an die Regierungsbehörde einberichten.

Als Hagelversicherungsgesellschaften sind diejenigen für das Großherzogthum Hessen in Darmstadt und die Kölnische concessionirt.

§ 956. Zusammenlegung vereinzelter Grundstücke. Zur Beförderung einer angemessenen Zusammenlegung und zweckmäßigeren Vertheilung der Grundstücke ist eine ausführliche Instruction erlassen. J. v. 5. Dezbr. 1834.

Je nachtheiliger die eingetretene allzugroße Güterzersplitterung für die Cultur erscheint, um so mehr werden die Gemeindevorstände auf dergleichen Consolidationen hinzuwirken sich bemühen. Sobald die Grundbesitzer eine solche wünschen, so hat der Bürgermeister bei der Regierungsbehörde davon Anzeige zu machen. Die deßfallsigen Verhandlungen sind vom Stempel befreit. V. v. 26. Juli 1845.

§ 957. Theilung geschlossener und einzelner Güter. Die frühere Untheilbarkeit der s. g. geschlossenen Güter in den Provinzen St. u. O. wurde durch V. v. 9. Febr. 1811 aufgehoben. Dagegen ist daselbst zur Verhütung nachtheiliger Güterzersplitterungen die Vertheilung einzelner Grundstücke an einige, wiewohl mehr hemmende, als hindernde Förmlichkeiten geknüpft. Darauf haftende Grundbeschwerden sollen nämlich vorerst abgelöst oder anderweit verunterpfändet werden. Auch soll hinsichtlich der Räthlichkeit der Theilung eine Berathung mit dem Ortsfeldgerichte stattfinden. V. von demf. Datum.

In der Prov. Rh. bestehen ähnliche Beschränkungen nicht.

Dagegen ist das für die Cultur so wichtige Gesetz v. 7. Sept. 1814, Gemeinheitstheilungen betr., durch G. v. 19. Mai 1827 auch auf die Prov. Rh. ausgedehnt worden.

§ 958. Zusammenlegung und Theilung von Grundbeschwerden. Die in dieser Beziehung bei der Steuerrectification in den Prov. St. u. O. erwachsenen Beschwerden sind durch die V. v. 10. Sept. 1819 beseitigt worden.

Es sollen zu dergleichen Akten, außer den zinspflichtigen Grundeigenthümern, stets der Bürgermeister und ein Mitglied des Ortsvorstandes zugezogen werden. Im Falle von Reclamationen haben die Regierungsbehörden die Entscheidung.

§ 959. Zehnten. Zehntberechtigungen bestehen in Rheinhessen nicht mehr. Dieselben sind gemäß Reglements des Regierungs-Commissärs vom 6. Germinal VI (26. März 1798) gänzlich aufgehoben und abgeschafft worden. Auch in den beiden anderen Provinzen ist diese Belastung des Culturfleißes, Dank der Weisheit unserer Gesetzgebung, seiner Erlöschung nahe.

Ein Gesetz v. 7. Febr. 1821 hebt für alle Zeiten den Novalzehnten auf.

Die Gesetze v. 15. August 1816, 13. März 1824 u. 20. Juni 1839 geben den Pflichtigen das Recht die Verwandlung des fiscalischen und des Privat-Zehntens in Grundrenten zu verlangen, und der Art. 7 des Gesetzes v. 27. Juni 1836 dehnt diese Befugniß, jedoch lediglich zum Behufe der Ablösung, auch auf die Berechtigten aus. Vergl. Abth. IX, § 164.

Die Pflichtigen können die Zehntverwandlung nur beanspruchen, wenn die Besitzer des größten Theiles der einem und demselben Berechtigten in einer Gemarkung zehntbaren Grundstücke sich zu diesem Verlangen vereinigen. Dieselben haben, insoweit nicht eine gütliche Uebereinkunft zu erzielen ist, ihre deßfallsige Erklärung, welche für alle Pflichtigen bindend erscheint, bei der Regierungsbehörde abzugeben.

Die in der Prov. Rh. als Ueberbleibsel gutsherrlicher Verhältnisse noch hier und da bestandene Abgabe von Weinbergen (s. g. Drittelswingerte 2c.) wurde durch G. v. 9. August 1836 nach ähnlichen Grundsätzen für verwandlungsfähig und ablösbar erklärt.

Für die Entrichtung der regulirten Grundrente auf Martinitag eines jeden Jahres an den Berechtigten hat die betr. Gemeinde als Selbstschuldnerin zu haften. Sie erhebt dieselbe wieder von den einzelnen Pflichtigen und besitzt in dieser Beziehung ein gesetzliches Vorzugsrecht. Zur Bestreitung der Erhebungs- und Lieferungskosten der Gemeinde werden dem Betrage der Grundrente 2 Prozent zugeschlagen. V. v. 5. Sept. 1817.

Die Hebregister sind von den Steuercommissären zu fertigen. A. d. M. d. J. v. 21. Januar 1839.

Alle Verhandlungen behufs der Zehntverwandlung sind stempel- und taxfrei.

§ 960. Grundrenten und Grundzinsen. Nach den beiden Gesetzen vom 27. Juni 1836 sind die Grundrenten, welche als Reallasten auf gewissen Grundstücken ruhen, unter Mitwirkung der Staatsschuldentilgungskasse zwangsweise ablösbar.

Ständige Abgaben, welche eine Beziehung auf das Obereigenthum haben, z. B. Erbpächte und Lehnsgefälle, waren hierunter nicht inbegriffen. Art. 1 d. G.

Die Anwendbarkeit dieser Gesetze auf die in der Prov. Rh. vermöge kais. Decr. v. 9. Vendose XIII aufrecht erhaltenen nicht feudalen Grundrenten ist durch bes. G. v. 2. Febr. 1841 näher bestimmt.

Eine V. v. 6. Juli 1836 normirt die Berechnung des Geldwerthes der Natural-Grundrenten.

Der Berechtigte ist nur dann verbunden sich die Ablösung in der Regel gefallen zu lassen, wenn alle ihm in derselben Gemarkung zustehenden Grundrenten zu gleicher Zeit abgelöst werden sollen. Art. 5.

Wenn eine Anzahl Pflichtiger, welche mehr als die Hälfte der Grundrente zu entrichten haben, die Ablösung verlangen, so sind die übrigen Pflichtigen ebenfalls dazu verbunden, vorausgesetzt, daß, was nichtfiscalische Grundrenten betrifft, die Darleihung des Ablösungskapitales aus der Staatsschuldentilgungskasse gesichert ist. Art. 15 d. G.

Der Vorstand der politischen Gemeinde ist der gesetzliche Vertreter der Grundrentepflichtigen und alle seine darauf bezüglichen Handlungen sind für dieselben verpflichtend. Art. 6.

Das Verlangen der Ablösbarkeitserklärung wird bei dem Bürgermeister vorgebracht. Das darüber aufzunehmende Protokoll soll enthalten:

1) die genaue Angabe des jährlichen Betrages und des gesetzlichen Geldanschlages der abzulösenden Grundrente;
2) den Betrag des für dieselbe zu entrichtenden Abkaufskapitals, und
3) den Betrag der wegen dessen Darleihung der Staatsschuldentilgungskasse zu constituirenden Tilgungsrente.

A. d. M. d. J. v. 31. August 1838.

Das Protokoll ist von den betreffenden Pflichtigen und dem Ortsvorstande zu unterschreiben.

Der Letztere hat dabei sorgfältig zu prüfen, ob die Pflichtigen von mehr als der Hälfte der Grundrente unterzeichnet haben. Bejahenden Falles fügt er seine unterschriftliche Bescheinigung darüber bei und sendet das Protokoll, wenn es sich von fiscalischen Grundrenten handelt, an das Rentamt, sonst aber an die Regierungsbehörde ein. Verneinenden Falles sucht er das Fehlende zu ergänzen. V. v. 10. Januar 1837.

Der Ortsvorstand stellt ferner die der Staatsschuldentilgungskasse zu leistende Schuld- und Unterpfandverschreibung aus (Art. 19), wogegen ihm die quittirte Ablösungsurkunde für die Pflichtigen behändigt wird.

Das G. v. 7. August 1848 enthält im Art. 11 bezüglich der Standesherren noch mehrere Modificationen der Gesetze vom 27. Juni 1836 zu Gunsten der Pflichtigen.

§ 961. Ein neueres Gesetz vom 3. Okt. 1849 verordnet die Ablösbarkeit auch der nachbenannten nach Art. 1 d. G. vom 27. Juni 1836 früher davon ausgeschlossenen Lasten und Abgaben, nämlich:

1) der Besoldungslasten zu Gunsten von Kirchen- und Schuldienern;
2) der Anschaffungs- und Unterhaltungspflicht von Bedürfnissen für Kirchen- und Schuldienst;
3) der Erbauung von Kirchen, Kapellen, Pfarr-, Glöckner- und Schulhäusern;
4) der Anlegung und Unterhaltung von Friedhöfen, und
5) der Anschaffung und Unterhaltung von Fasselvieh.

Die deßfallsigen Anträge und Verhandlungen sollen bei den Regierungsbehörden gepflogen werden.

Die Ablösungskapitalien von 1)—3), insoweit sie auf Schuldiener, Schuldienst und Schulhäuser sich beziehen, so wie diejenigen von 4) u. 5) fließen als Einnahmen II. Klasse in die betreffenden Gemeindekassen, welche dagegen forthin die fraglichen Lasten nach den bestehenden allgemeinen Normen zu übernehmen haben.

§ 962. Was die Mitwirkung des Ortsvorstandes bei Aufstellung des Grundrentencatasters betrifft, so ist dieselbe im Ganzen derjenigen gleich, welche ihm bei der Aufstellung des Steuercatasters überhaupt obliegt. Instr. v. 12. Januar 1837.

Für die Prov. Rh. bestehen jedoch noch einige besondere Bestimmungen. Die Regierungsbehörde hat dort bezüglich der Offenlegung des Rentencatasters die erforderliche öffentliche Aufforderung zu erlassen. Die demzufolge vorgebrachten Einwendungen sind von dem Bürgermeister in Gegenwart zweier Mitglieder des Gemeinderathes zu Protokoll zu nehmen, und ist dieses nach vorgängiger Vorlesung von allen Anwesenden zu unterschreiben, oder Meldung zu thun, daß der Reclamant nicht unterschreiben kann.

Der Bürgermeister ist, bei Meidung persönlicher Entschädigungspflicht, verbunden, allen Auszügen aus den Steuercatastern und Grundbüchern die auf den bezüglichen Grundstücken ruhenden Tilgungsrenten beizufügen oder die Freiheit von solchen ausdrücklich zu bescheinigen. G. v. 2. Febr. 1841, Art. 3, 4 u. 9.

§ 963. Die Protokolle und sämmtlichen Verhandlungen über Grundrentenablösungen sind stempel- und taxfrei.

§ 964. Weideberechtigungen. Die langjährigen Bestrebungen der Großh. Staatsregierung, um die in den Prov. St. u. O. bestehende, durch Hutberechtigungen veranlaßte Beschränkung der freien Benutzung des Grundeigenthums zu beseitigen (s. V. vom 27. April u. 25. Nov. 1776 u. 24. Okt. 1781, die erstere und letztere das Verbot des Behütens der Wiesen, die andere der Klee- und ausgestellten Felder betr.; v. 9. Okt. 1810, betr. das Beweiden der Brachfelder, u. v. 21. Mai 1817, betr. die Ablösung der fiscalischen Weiden), haben zu dem umfassenden Ablösungsgesetze vom 7. Mai 1849 geführt.

Die wesentlicheren, besonders zur Kenntnißnahme und Beachtung der Ortsvorstände geeigneten Bestimmungen dieses einflußreichen Gesetzes sind folgende:

§ 965. I. Rechtlicher Umfang der Weidenutzungen.

1) Das Recht zur Ausübung der Ackerweide gewährt nur die Befugniß die nicht angebauten Grundstücke des Weidedistricts, ohne jedoch die Urbarmachung und den beliebigen Gebrauch des Feldes überhaupt hindern zu können, beweiden zu lassen. Es müssen daher alle eingesäeten, bepflanzten, so wie die zur Saat oder Pflanzung zubereiteten Grundstücke mit der Weide verschont bleiben.

2) Auf eingefriedigten Grundstücken, welche im unmittelbaren Anschluß an Hofraithen oder daran stoßenden Gärten liegen und als Hofraithen oder Gärten eingefriedigt werden, ist der Weidegang ausgeschlossen.

3) Jeder Ackerbesitzer ist berechtigt seine weidepflichtigen Stoppeläcker zu einem weiteren Ertrage zu benutzen, in welchem Falle die

zu einem solchen weiteren Ertrage bestellten Aecker mit der Weide verschont werden müssen.

4) Die Beweidung eines angebauten Feldes darf, ehe die Früchte darauf abgeerndtet und davon entfernt sind, nicht stattfinden. Die Zeit dieser Erndte hängt von der freien Willkühr des Landwirthes ab.

5) Die Schafweide darf auf Wiesen nur vom 15. Oktober bis 22. Februar, oder so lange harter Frost anhält, ausgeübt werden.

6) Weideberechtigungen auf Wiesen mit anderem als Schafvieh dürfen nur im Herbst, und zwar vom 1. bis 15. Oktober, ausgeübt werden.

Schweine und Gänse sind von der Weide auf Wiesen ganz ausgeschlossen.

7) Die Polizeibehörden sind befugt und verpflichtet den Anfangstermin für Ausübung der Weideberechtigung auf Wiesen mit anderem als Schafvieh ,auf einen späteren Termin als den 1. Oktober in dem Falle festzusetzen, wenn wegen nasser Witterung oder wegen anderer unverschuldeter Umstände und dadurch zurückgesetzter Erndte die Besitzer der Wiesen an der letzten Schur früher verhindert worden sind. Diese Verfügungen haben jedoch nur dann Wirkung, wenn sie den Hutberechtigten wenigstens drei Tage vor dem 1. Oktober bekannt gemacht worden sind.

8) In den Fällen, in welchen das Weiderecht nur vermöge eines wechselseitigen Koppelhutrechtes oder von Gemeinden auf Grundstücken, die zu ihrer Feldgemarkung gehören, ausgeübt wird, sind demselben Wiesendistricte, insoweit sie künstliche Wässerungsanlagen haben, entzogen.

9) Eine Weideberechtigung von größerem, als dem in vorstehenden Absätzen zugelassenen Umfange darf nicht ausgeübt werden.

§ 966. II. Aufhebung der Weideberechtigung durch Auflösung von Gemeinschaften.

10) Die Weidegemeinschaft, das ist die Vereinigung mehrerer oder sämmtlicher Grundbesitzer einer Feldgemarkung, um ihre in dieser Gemarkung liegenden Aecker und Wiesen oder Weiden (zu ihren Gunsten) beweiden zu lassen, soll aufhören, sie mag auf ein persönliches Recht oder auf eine gegenseitig erworbene Servitut sich gründen, sobald die Besitzer des größeren, nach dem Flächengehalt

zu berechnenden Theiles der weidepflichtigen Grundstücke für deren Aufhebung sich erklären.

11) Jeder Theilnehmer an der Weidegemeinschaft ist befugt aus der Gemeinschaft mit der Wirkung auszutreten, daß seine Grundstücke von den übrigen Mitgliedern der Weidegemeinschaft, so wie die Grundstücke dieser, nicht mehr von ihm behütet werden dürfen.

Der auf solche Weise Austretende muß sich jedoch von den in der Gemeinschaft bleibenden Theilnehmern den Viehtrieb über seine Grundstücke, um auf die weidepflichtigen Grundstücke zum Behufe erlaubter Weidenutzung gelangen zu können, wenn keine andere Gelegenheit hierzu vorhanden ist, gefallen lassen, immer aber nur in der Weise, die ihn am wenigsten beschädigt oder belästigt.

12) Wenn die Weide Namens der Gemeinde innerhalb ihrer Feldgemarkung ausgeübt wird, so steht jedem Grundbesitzer in der Gemeinde das Recht des Austrittes aus der Gemeinschaft nach Maßgabe des vorhergehenden Satzes zu.

13) Diejenigen, welche von der ihnen in den vorstehenden drei Artikeln ertheilten Befugniß Gebrauch machen wollen, haben ihre Erklärungen bei dem Bürgermeister der betr. Gemarkung schriftlich einzureichen oder zu Protokoll zu geben. — Der Besitzer hat hiervon sofort die übrigen Besitzer der weidepflichtigen Grundstücke in Kenntniß zu setzen, welche indeß auf die Dauer von einem Vierteljahre die Fortsetzung der Gemeinschaft noch verlangen können.

14) Da, wo die Weide Namens der Gemeinde in ihrer Feldgemarkung ausgeübt wird, kann die gemeine Weide durch einen Beschluß des Ortsvorstandes, welchen die vorgesetzte Regierungsbehörde genehmigen wird, ganz aufgehoben werden, wenn dagegen in einem festzusetzenden und gehörig bekannt zu machenden angemessenen Zeitraume von Seiten der Besitzer des nach dem Flächengehalte zu berechnenden größeren Theiles der Grundstücke kein Widerspruch eingelegt wird.

15) Wenn mehrere Gemeinden ihre Feldgemarkungen wechselseitig behuten (bekoppeln), so kann diese Koppelhut durch einen übereinstimmenden Beschluß der betr. Ortsvorstände, mit Genehmigung der vorgesetzten Regierungsbehörde, aufgehoben werden; es kann aber auch außerdem nicht nur jede einzelne Gemeinde, vermöge Beschlusses ihres Ortsvorstandes, mit Genehmigung der vorgesetzten Regierungs-

behörde aus der Gemeinschaft mit der im ersten Absatz des Satzes 11 bemerkten Wirkung austreten, sondern es tritt auch hier die in demselben den einzelnen Grundbesitzern ertheilte Befugniß mit den dort und im Satz 13 bemerkten Beschränkungen ein.

16) Wenn Grundstücke verpachtet sind, so steht dem Pachter gegen die gemäß Satz 10—15 erfolgende Aufhebung der Weideberechtigungen weder ein Widerspruchsrecht, noch gegen den Verpachter ein Entschädigungsrecht zu.

§ 967. III. Aufhebung der Weideberechtigungen durch Verwandlung und Ablösung.

17) Alle auf eine Dienstbarkeit sich gründenden Weideberechtigungen auf Feldern, Wiesen oder Weiden, insoweit sie nicht schon nach den vorstehenden Bestimmungen einer gänzlichen oder theilweisen Aufhebung unterliegen, können nach Maßgabe dieses Gesetzes auf Verlangen der Besitzer der weidepflichtigen Grundstücke, gegen Entschädigung des Berechtigten, aufgehoben werden. Die Entschädigung wird durch eine in Geld bestehende ablösbare Grundrente geleistet, welche, wenn keine Vereinigung darüber zu Stande kommt, durch Abschätzung zu ermitteln ist. Art. 1—7 d. a. G.

18) Die Verwandlung der Weidenutzung in eine ablösbare Grundrente kann von Seiten der Besitzer der pflichtigen Grundstücke zwangsweise verlangt werden:

a) sobald die Besitzer des nach dem Flächeninhalte zu berechnenden größeren Theiles der zu einer Weideberechtigung gehörenden Grundstücke einer Gemarkung sich dafür erklären, und
b) wenn sie für sämmtliche derselben Weideberechtigung unterworfenen Grundstücke einer Gemarkung begehrt wird.

Nur in einigen wenigen Ausnahmefällen ist auch eine theilweise Verwandlung zugelassen. Art. 20.

Sodann verordnet das Gesetz die Stempelfreiheit für alle zur Beseitigung der Weideberechtigungen vor den Verwaltungsbehörden stattfindenden Verhandlungen und untersagt die Bestellung neuer Weidedienstbarkeiten unter Androhung der Nichtigkeit.

§ 968. In der Prov. Rh. hat das G. v. 26. Sept. u. 6. Okt. 1791 die Freiheit des Grundeigenthums in so ausgedehntem Maße sanctionirt, daß daselbst eine Beeinträchtigung der Cultur durch Weideberechtigungen gegen den Willen des Eigenthümers nicht mehr möglich ist. Jeder Eigenthümer ist berechtigt einestheils sein Grundeigenthum durch sein Vieh selbst beweiden zu lassen und anderentheils es durch Abschließung der Weide Anderer zu entziehen. Die Weide darf ferner nur auf abgeerndteten, bz. noch nicht ausgestellten Grundstücken ausgeübt werden.

In Folge dieser Grundsätze kann in der Prov. Rh. von eigentlichen Weide-Servituten kaum mehr die Rede sein. Das Weiderecht besteht dort mehr in dem auf Gegenseitigkeit begründeten Rechte der Weidegemeinschaften (droit de parcours et de vaine pâture). Vergl. Präf.E. v. 9. Sept. 1809.

III. Abschnitt.

Viehzucht.

§ 969. Verbesserung derselben. Ein entsprechender Viehstand und eine gute Viehzucht sind die vorzüglichste Stütze für die Landwirthschaft. Sie erhöhen die Bodenkraft durch Zuführung fruchtbringender Dungmittel, vermehren ausnehmend die Arbeitskräfte und gewähren dem Landwirthe, neben mannigfaltiger Nahrung, zugleich reichen Haushaltungsgewinn. Auf Verbesserung und Hebung der Viehzucht in der Gemeinde muß deßhalb das angelegentlichste Bestreben der Ortsvorstände, besonders in den Landgemeinden, gerichtet sein.

Das Gelingen ist vorzugsweise durch die Züchtung guter Racen und die Begattung durch fehlerfreie Thiere bedingt.

Die Anschaffung und gute Unterhaltung tüchtigen Fasselviehes ist deßhalb der ganz besonderen Fürsorge der Gemeindevorstände anempfohlen.

§ 970. Zuchtstiere (Bullen). Ein A. d. M. d. J. vom 20. Sept. 1853 enthält hierüber folgende nähere Vorschriften:

1) Von Seiten der Ortsvorstände ist für Anschaffung und Unterhaltung der Zuchtstiere in der Art zu sorgen, daß sie entweder

a) die erforderlichen Bullen selbst kaufen und die Gemeinde selbst deren Unterhaltung in Bullenställen übernimmt, oder daß sie

b) die Bullen zwar selbst ankaufen, deren Unterhaltung aber einem Bullenhalter überlassen, oder

c) mit einem Bullenhalter dahin übereinkommen, daß derselbe gegen Vergütung die Anschaffung und Unterhaltung der Bullen auf seine Gefahr übernimmt.

Zu dieser Art der Behandlung der Sache (c) ist Genehmigung der Regierungsbehörde erforderlich, da der Ankauf nur solchen Bullenhaltern überlassen werden darf, von denen kein nachtheiliger Wechsel durch unzeitigen Verkauf von noch tüchtigen Zuchtstieren zu besorgen ist.

2) Das an einzelnen Orten noch bestehende, schon durch die V. v. 12. Sept. 1781 untersagte Reihumhalten des Faſselviehes bei den einzelnen Ortsbürgern ist nirgends mehr zu gestatten.

3) Es gilt als Regel, daß auf 80 bis 100 Stücke faſselbaren Rindviehes ein kräftiger Ochse gehalten wird. In Gemeinden, welche nahe an 400 und mehr Kühe haben und wo die Bullen beisammen stehen, kann jedoch die Zahl der Kühe auf einen Bullen auch über 100 sein.

Eine Einschreitung von Seiten der Regierungsbehörde soll übrigens hierbei nur dann veranlaßt sein, wenn nach der Ansicht von Viehbesitzern in der Gemeinde die Zahl der Bullen zu der Stückzahl des faſselbaren Rindviehes in einem entschiedenen Mißverhältnisse steht.

4) Kleine, nahe aneinander liegende Gemeinden werden wohl thun wegen gemeinschaftlicher Unterhaltung der Bullen Vereinbarungen zu treffen.

5) Welche Art der Anschaffung und Unterhaltung der Zuchtstiere (nach Nr. 1) gewählt werden mag, so ist doch:

a) von den Ortsvorständen darüber zu wachen, daß nur tüchtige Bullen, von gutem, regelmäßigem Körperbau, von dem erforderlichen Gewicht, von entsprechendem Alter, in der Regel nicht unter 2 und nicht über 5 Jahren, zur Nachzucht in den Gemeinden verwendet werden.

b) Es können Verträge über Unterhaltung der Bullen — welche entweder auf dem Versteigerungs- oder Soumissionswege, so wie auch aus der Hand zu Stande kommen können — nur mit solchen Einwohnern abgeschlossen werden, die als gute Viehhalter, welche ihr eigenes Vieh mit Fleiß und Sorgfalt pflegen, bekannt und vom Bürgermeister und Gemeinderath als zulässig erklärt worden sind.

c) Für den Fall, daß die Unterhaltung der Bullen an den Wenigstnehmenden versteigert wird, erscheint es als zweckmäßig, in die Versteigerungsbedingungen den Vorbehalt der Auswahl unter mehreren Steigerern, so daß dieselben, auch wenn sie abgeboten werden, an ihr Gebot gebunden bleiben, aufzunehmen.

d) Unter mehreren Concurrenten wird in der Regel demjenigen der Vorzug einzuräumen sein, welcher schon früher einem deßfalls mit ihm abgeschlossenen Vertrage vollkommen Genüge geleistet hat.

e) Vor Abschluß der Verträge sind in der Regel mehrere Viehbesitzer, welche nicht Gemeinderathsmitglieder sind, namentlich einige Besitzer von größerem Viehstande, mit Gutachten, besonders über die Race der zu haltenden Bullen, über Ankaufsgelegenheit 2c., zu hören.

f) Die über die Unterhaltung der Bullen abgeschlossenen Verträge sind vor Ertheilung der Ratification der Regierungsbehörde vorzulegen.

6) Dem Ankaufe eines Bullen soll in der Regel eine Besichtigung des anzuschaffenden Bullen durch den Kreisveterinärarzt oder einen oder mehrere andere Sachverständige (z. B. aus der Zahl tüchtiger Oekonomen) vorausgehen. Mit Genehmigung der Regierungsbehörde kann diese Besichtigung unterbleiben.

7) Den Ortsvorständen, welche in dem Falle sind Bullen ankaufen zu müssen, wird empfohlen, dies vor dem Beginne der Viehpreisvertheilungen ihrer Provinz zur Anzeige zu bringen, damit bei dem An- und Wiederverkauf tüchtiger Bullen durch den landwirthschaftlichen Verein auf das Bedürfniß Rücksicht genommen werden kann. Sofort wird es im Interesse solcher Gemeinden liegen, ihre Ankäufe auf den Preisstationen zu bewirken.

8) Bei dem Abschluß der Verträge über Unterhaltung der Zuchtstiere ist, außer den nach dem Obigen stets zu beachtenden Eigenschaften der Bullenhalter, geräumige und gesunde Stallung, sorgsame Pflege und Reinigung, gute Strohstreu, hinreichendes gesundes Futter, angemessene Behandlung überhaupt erste und wesentliche Bedingung. Es ist daher bei dem Abschlusse solcher Verträge vorzugsweise darauf zu sehen, welche Stallungen der Bullenhalter besitzt, ob er einen geschlossenen, eben liegenden und gut erhaltenen Hofraum zum Sprungplatz besitzt oder in dem Falle ist einen besonderen Sprungplatz einrichten

zu können. Ebenso sind die Verträge nicht anders, als unter Aufnahme der erforderlichen Sicherungsmaßregeln, insbesondere in Bezug auf Vernachlässigung in der Haltung, mag der Bulle auf Kosten der Gemeinde oder des Halters angekauft werden, abzuschließen.

9) In Fällen, wo die Bullenhalter zugleich die Eigenthümer der Bullen sind, tragen diese zwar die Gefahr des Verlustes oder der Untauglichkeit des Thieres, es kann aber an solche Unternehmer, wenn sie es wünschen und genügende Sicherheit darbieten, ein Vorschuß aus der Gemeindekasse, der jedoch ⅔ des Pachtbetrages nicht überschreiten darf, zur Erleichterung des Ankaufes geleistet werden. Eben so kann für unverschuldete Fälle des Verlustes oder der Untauglichkeit eine verhältnißmäßige Entschädigung zugesichert werden.

10) Wenn Gemeinden ihre Bullen in eigenen Bullenställen selbst unterhalten (Nr. 1 a) — was namentlich für diejenigen Orte, wo mehr als drei Bullen erforderlich sind, vorzugsweise empfohlen wird — ist besonders auch zu beachten, daß die Pflege zuverlässigen Männern übertragen werde.

11) Die Bürgermeister sind verpflichtet darüber zu wachen, daß die Bullenhalter den übernommenen Verbindlichkeiten Genüge leisten, und sowohl dann, wenn sie von Amtswegen eine Nichterfüllung der Vertragsbedingungen wahrnehmen, als auch dann, wenn Beschwerden Einzelner vorgebracht werden, worüber auf Verlangen Protokolle aufzunehmen sind, davon der Regierungsbehörde die Anzeige zu machen.

12) Es ist räthlich, in die Vertragsbedingungen auch folgende Bestimmung aufzunehmen:

„Sollten über die Frage, ob ein Bullenhalter den übernommenen Verbindlichkeiten Genüge leiste oder nicht, Anstände entstehen, welche auf gütlichem Wege nicht beigelegt werden können, so unterwerfen sich beide Theile der Entscheidung der Regierungsbehörde, welche diese nach Anhörung des Kreisveterinärarztes und einer Commission, welche aus drei Mitgliedern besteht, wovon das eine durch die Gemeinde, das andere durch den Bullenhalter und das dritte durch die Regierungsbehörde aus der Zahl von Viehbesitzern benachbarter unbetheiligter Gemeinden zu ernennen ist, zu ertheilen hat".

13) Die Kreisveterinärärzte haben alljährlich die Bullen gelegentlich zu untersuchen und im Frühjahr Berichte an die betreffende Regierungsbehörde zu erstatten, von welcher solche den landwirth-

schaftlichen Provinzialvereinen zur Einsicht mitzutheilen sind. In dringenden Fällen soll alsbald Bericht erstattet werden.

14) Es ist möglichst darauf hinzuwirken, daß die Zuchtstiere nicht mit der Heerde den Tag über auf die Weide gebracht, sondern nur mit dem periodisch zur Begattung bestimmten Vieh, wenn die Viehbesitzer es verlangen, täglich 1 bis 2 Stunden auf einen dazu geeigneten, soweit thunlich in gehöriger Entfernung von frequenten Straßen einzurichtenden Platz zusammengetrieben werden. Sind mehrere Zuchtstiere vorhanden, so muß mit denselben abgewechselt werden.

15) Die Kosten für Anschaffung und Unterhaltung der Zuchtstiere sind, wie § 497 zu O.Nr. 45 bemerkt, aufzubringen.

16) In denjenigen Gemeinden, in welchen es bisher üblich war, daß Besitzer eines bedeutenden Viehstandes, die für diesen einen Bullen hielten, die Mitbenutzung desselben gegen eine Sprunggebühr den übrigen Viehbesitzern der Gemeinde gestatten, kann es hierbei unter der Voraussetzung, daß der Zuchtstier die erforderlichen Eigenschaften besitzt und daß der Bedingung unter 3) des gegenwärtigen Ausschreibens entsprochen wird, fernerhin einstweilen belassen und somit von Anschaffung eines Gemeinde-Bullen abgestanden werden.

17) Wenn an einem Orte, wo ein Gemeinde-Zuchtstier gehalten wird, Viehbesitzer für ihren Viehstand einen eigenen Bullen halten, so sind dieselben zu Beiträgen zu besonderen Ausschlägen der Kosten für Anschaffung und Unterhaltung des Gemeinde-Faſselochsen auf die Viehbesitzer nicht zuzuziehen. Wird von mehreren Viehbesitzern ein Privat-Bulle für ihren Viehstand gemeinschaftlich gehalten, so ist nur der Besitzer des Privat-Bullen, also derjenige, in dessen Stall dieser Bulle gehalten wird, von Beiträgen zu den erwähnten Ausschlägen frei. Eine Befreiung Derjenigen, welche vorziehen den Privat-Bullen eines anderen Viehbesitzers für ihr Vieh statt des Gemeinde-Bullen zu benutzen, von Beiträgen zu Ausschlägen der Kosten für Anschaffung und Unterhaltung des Gemeinde-Bullen findet nicht statt.

§ 971. Landgestüt. Zur Verbesserung der Pferdezucht dient die gegen ein Sprunggeld von 2 fl. verwilligte, bz. angeordnete Verwendung der Hengste des Großherzoglichen Landgestüts. V. v. 27. Okt. 1836.

Es ist dieserhalb Folgendes bestimmt:

1) Die Anmeldung einer Stute zum Bedecken durch die Landgestütsbeschäler hat unter näherer Bezeichnung der Stute bei dem Bürgermeister des Wohnortes zu geschehen.

2) Der Bürgermeister hat darüber, jedoch nur in dem Falle, wenn die Stute nicht mit notorisch erblichen Fehlern behaftet ist, dem Eigenthümer einen Schein nach folgendem Muster unentgeltlich auszustellen:

(Muster.)

Bürgermeisterei: **Fürth.**

Gemeinde: **Crumbach.**

Nachdem **Adam Bartel** von **Crumbach** angezeigt hat, daß er seine Stute (— **Rappe mit Stern** —) auf der Beschälstation zu **Fürth** durch die Landgestütsbeschäler bedecken lassen wolle, so wird ihm hierüber dieser Schein ausgestellt, welcher unter Ordn.-Nummer **1** in dem Verzeichnisse für das Jahr 1854 eingetragen ist.

Fürth, den **20. Februar** 1854.

Der Großherzogliche Bürgermeister:
(Name).

3) Von den Bürgermeistern sind Verzeichnisse über die von ihnen ausgestellten Scheine in nachstehender Form zu führen:

Ordnungs-Nr.	Des Eigenthümers der Stute		Bezeichnung der Stute.	Namen der Beschälstation.	Datum der Ausstellung des Scheines.
	Vor- und Zunamen.	Wohnort.			

Die Einträge darin haben streng nach der Zeit und Reihefolge zu geschehen.

Das Verzeichniß soll alle in einer und derselben Bürgermeisterei, auch wenn mehrere Orte dazu gehören, vorgekommenen Fälle enthalten.

Der Vornamen ist vor den Familien-Namen zu setzen.

4) Im Falle eine Stute nicht bedeckt wird, so kann sich der Eigenthümer durch Rücklieferung des Scheines vor Ende des Monats Juli an den Bürgermeister von Zahlung des Sprunggeldes befreien. Der Bürgermeister hat alsdann die betreffende Ordnungsnummer im Verzeichnisse, unter Bemerkung der Rückgabe und Beifügung des Scheines, zu streichen.

5) Die Bürgermeister haben die Verzeichnisse oder Bericht, daß keine Scheine ausgestellt worden seien, längstens bis zum 1. August jeden Jahres in deutlicher Reinschrift, mit Datum und Unterschrift versehen, an die Regierungsbehörde einzusenden. V. v. 2. Dezbr. 1836 u. A. d. M. d. J. v. 29. Dezbr. 1837 u. 22. Febr. 1838.

Zuwiderhandlungen gegen die Instruction der Landgestütsdiener (von 1850) zeigen die Bürgermeister in der Regel, und namentlich bezüglich vorschriftswidriger Bedeckungen, bei der Regierungsbehörde, in anderen Fällen auch wohl direct bei der Landgestütsbehörde an.

§ 972. Hengste von Privat-Personen (Privat-Beschäler) dürfen, bei 5 fl. Polizeistrafe, zur Bedeckung nicht verwendet werden, bevor dieselben von der dazu ernannten Commission untersucht und der Eigenthümer einen Schein über ihre Tauglichkeit empfangen hat. V. v. 21. Januar 1831 u. 28. April 1836.

§ 973. Der Hufbeschlag der Pferde darf, bei Strafe der Pfuscherei, nur von geprüften und durch die Regierungsbehörde über ihre Befähigung legitimirten Schmieden ausgeübt werden.

Ohne Vorlage eines solchen Nachweises darf daher auch kein Patent zum Hufbeschlag ausgefertigt werden. V. v. 6. Juli 1826.

§ 974. Viehweiden 2c. Mit der besseren Erkenntniß eines rationellen Landwirthschaftsbetriebes sind die eigentlichen Viehweiden größtentheils abgeschafft, bz. wesentlich eingeschränkt worden.

Nur ein beschränkter Raum zur zeitweisen Ergehung des Rindviehes mit dem Bullen und, wo die Pferdezucht im Schwunge ist, entsprechende Fohlenweiden bleiben nothwendig. Dem letzteren Bedürfnisse wird auch durch die verstattete Zulassung von Privat-Fohlen in dem herrschaftlichen Gestütspark zu Ulrichstein abgeholfen.

§ 975. Viehseuchen. Wenn eine Mehrzahl landwirthschaftlicher Thiere erkrankt oder auch nur ein Stück derselben an einer ungewöhnlichen, dem Landwirthe durch seine Erfahrung nicht bekannten Krankheit fällt, so soll der Bürgermeister sowohl bei der Regierungsbehörde als dem Kreisarzte gleichbaldige Anzeige davon machen. Med.O. v. 14. Aug. 1822, §§ 81 u. 82.

Die von den Sanitätsbeamten gegen die weitere Verbreitung einer Seuche angeordneten Vorkehrungen hat der Bürgermeister in Vollzug zu setzen und durch seine Autorität zu unterstützen.

§ 976. Viehgesundheitsscheine. Durch A. d. M. d. J. v. 21. Sept. 1840 ist Folgendes hierüber verordnet:

1) Alles Rindvieh, welches auf öffentliche Märkte zur Veräußerung getrieben wird, muß mit einem Gesundheitsschein begleitet sein.
2) Außerdem sollen blos diejenigen Transporte Rindvieh von einem Orte zum anderen mit Gesundheitsscheinen stets versehen sein, welche aus Orten kommen, in deren Umgegend Krankheiten unter dem Rindvieh herrschen.
3) In allen sonstigen Fällen kann und soll nur auf besonderes Verlangen ein Viehgesundheitsschein ausgestellt werden.
4) Die Scheine sind nach vorgeschriebenem Formular auf stempelfreies Papier von der Ortspolizeibehörde auszufertigen.
5) Für die Ausstellung der Scheine nach Satz 1 u. 2 ist keinerlei Gebühr, dagegen für diejenige nach Satz 3 eine solche von 10 kr. in Anspruch zu nehmen.
6) Die nach Satz 1 u. 2 erforderlichen Scheine sollen von dem Inhaber des Rindviehes der Polizeibehörde des Marktortes, bz. des Ortes, in welchen das Vieh als verbleibend gebracht wird, innerhalb 3 Stunden nach der Ankunft zur Verificirung und Visirung vorgelegt werden.
7) Dasjenige Rindvieh, welches mit dem nach 1) u. 2) erforderlichen Gesundheitsscheine nicht versehen ist, soll an dem Orte seiner Bestimmung nicht eher zugelassen werden, als bis es, und zwar auf Kosten seines Inhabers, von den zur Prüfung

und Besichtigung berufenen Sachverständigen untersucht und rücksichtlich seines Gesundheitszustandes als unverdächtig befunden und bezeugt worden ist.

§ 977. Viehassecuranzen. Es ist eine wohlthätige Frucht des Gesellschaftslebens, daß die Kräfte der Gesammtheit sich vereinen, um Mißgeschicke, die den Wohlstand des Einzelnen bedrohen, gemeinsam tragen zu helfen.

Die Gründung, bz. Beförderung, von Viehassecuranzen ist hiernach um so mehr zu empfehlen, als sonst der minder wohlhabende, durch Viehsterben heimgesuchte Landmann leider nur allzuoft dem Wucherer in die Hände fällt.

§ 978. Viehsalz-Abgabe. Landwirthe, welche Vieh besitzen und kein salzverbrauchendes technisches Gewerbe betreiben, sollen aus den dafür bezeichneten Großherzogl. Salzmagazinen Viehsalz zu dem ermäßigten Preise von 1 fl. 20 kr. für 50 Pfund erhalten können. V. d. M. d. F. v. 1. April 1853.

Die Anmeldung dazu muß (wo möglich schon im Januar) nach vorgeschriebenem Formular geschehen. Letzteres ist bei den Bürgermeistern, die ihren Bedarf von den Salzmagazin-Verwaltern einzuholen haben, unentgeltlich zu beziehen.

Als höchster Jahresbedarf wird bewilligt:

a) für Rindvieh unter 2 Jahren, Schafe und Schweine pro Stück 10 Pfund,

b) für Rindvieh über 2 Jahre und Pferde pro Stück 25 Pfund.

Es ist gestattet, daß 2 Landwirthe zusammen einen Sack Viehsalz kaufen, in welchem Falle jedoch Jeder die vorgeschriebene Anmeldung zu vollziehen hat.

Die Richtigkeit der Anmeldungen hat der Bürgermeister zu bescheinigen.

Gegen Abgabe des bescheinigten Anmeldescheins kann das Viehsalz auf einmal oder auch nach und nach bezogen werden.

Die Bürgermeister haben Register zu führen, worin die Namen der Landwirthe, an welche Anmeldungs-Formularien verabfolgt wurden, unter Bemerkung der Nummern der betr. Formularien, einzutragen sind.

Dieses Register soll nach Ablauf jedes Jahres, unter Angabe des jeweiligen Vorraths an Formularien, an den Salzmagazins-Verwalter übersendet werden.

§ 979. Viehstands-Tabellen. Jedes Jahr im Monat Juli soll in den Gemeinden eine genaue Aufnahme des Viehstandes nach dem dafür vorgeschriebenen gedruckten Formular stattfinden.

Der Eintrag des Kapitalwerths geschieht nach dem Durchschnitts-Mittelpreise, welcher von der Regierungsbehörde jährlich bestimmt wird.

Die Tabelle soll längstens bis zum 1. Oktober jeden Jahres an die Regierungsbehörde eingesendet werden. Etwaige auffallende Veränderungen im Vergleich zu dem vorangegangenen Jahre sind dabei in besonderem Berichte zu erläutern. A. d. M. d. J. v. 7. Jan. 1839 u. 10. Mai 1842.

IV. Abschnitt.

Feld- und Garten-Polizei.

§ 980. Verhütung der Frevel. Eine wachsame und strenge Feldpolizei ist ein nothwendiges Erforderniß, damit der Landwirth die Früchte seines Fleißes unverkümmert genießen könne.

Damit die Lokalpolizeibehörden ihren desfallsigen Verpflichtungen der Aufsicht und Mitwirkung genügen können, haben sie sich mit den einschlägigen Verordnungen, namentlich dem Feldstrafgesetze v. 21. Sept. 1841, so wie der Instruction für die Feldschützen v. 10. Febr. 1842 genau bekannt zu machen.

§ 981. Frevel, Verfahren dabei. Die Thätigkeit der Lokalpolizeibehörde in Beziehung auf begangene Frevel erstreckt sich auf die Mitwirkung

I. zur Feststellung des Thatbestandes und der Thäter,

II. zur Anzeige bei dem Polizeigerichte ꝛc.

§ 982. I. In ersterer Beziehung ist die Lokalpolizeibehörde namentlich befugt und verpflichtet

1) Personen, welche auf frischer That betroffen wurden, wenn sie unstäter Lebensart oder fremd und unbekannt sind und ihr Name und Wohnort nicht alsbald ermittelt werden konnte, festzunehmen und dem Polizeigerichte ohne Aufschub zu überliefern; es sei denn, daß die angehaltenen Personen die muthmaßliche Strafe nebst Kosten, Pfandgeld und Schadensersatz

bei der Ortspolizeibehörde hinterlegen oder einen sicheren Bürgen stellen, in welchem Falle die Entlassung zu verfügen, davon die Anzeige bei dem Polizeigerichte zu machen und dessen Entscheidung zu erwarten ist.

Die Lokalpolizeibehörde wird in einem solchen Falle dem Frevler vor seiner Entlassung bekannt machen, daß alle Verfügungen des Polizeigerichts dem Bürgermeister oder einem anderen von dem Denunciaten zu bezeichnenden Ortseinwohner, oder, falls er einen Bürgen stellt, diesem für ihn würden zugestellt werden und daß er solche bei diesen Personen abholen oder sie sich durch dieselben schicken lassen könne, und daß, wenn er auf die ergehenden Ladungen nicht erscheine, das Pfand für confiscirt erklärt, bz. der Bürge in Anspruch genommen werde. Hierüber hat die Ortspolizeibehörde ein von dem Denuncianten und dem Frevler zu unterzeichnendes Protokoll aufzunehmen;

2) den Feldschützen gegen Zusammenrottungen und anderen ungesetzlichen Widerstand der Frevler, nöthigenfalls durch Beigebung von Mannschaft, zu unterstützen.

3) Dieselbe nimmt ferner von unbekannten Frevlern gepfändete, zur Verübung des Frevels verwendete Werkzeuge 2c. einstweilig in Beschlag und Verwahrung;

4) desgleichen muthmaßlich oder wirklich entwendete Gegenstände, in so weit sie nicht dem beschädigten Eigenthümer sofort zugestellt werden können. Sind dieselben bei fernerer Aufbewahrung dem Verderben ausgesetzt, so hat deren Veräußerung und die Verwahrung des Erlöses einzutreten.

5) Liegen dringende Verdachtsgründe vor, daß entwendete Gegenstände in Häuser, Werkstätten, Gebäude oder anstoßende Hofräume gebracht worden seien, so hat die Lokalpolizeibehörde unter Zuziehung des Feldschützen und wo thunlich des Eigenthümers oder Bewohners des Hauses Haussuchung vorzunehmen.

Es ist darüber ein von dem Feldschützen mit zu unterzeichnendes Protokoll aufzunehmen, welches gleichzeitig mit der Anzeige an das Polizeigericht abzugeben ist, und zwar, wenn eine Beschlagnahme stattgefunden hat, ohne daß zugleich ein Geständniß vorliegt, sogleich, anderenfalls aber innerhalb der gewöhnlichen Fristen. Instr. für die Feldschützen v. 10. Febr. 1842. Vergl. auch § 832.

§ 983. II. Die Anzeigen bei den Polizeigerichten haben nur in Ansehung wirklicher Feldfrevel stattzufinden.

Wenn daher das Feldschutzpersonal ein gemeines Verbrechen oder Vergehen wahrnimmt oder wenn es sich von Zuwiderhandlungen handelt, welche das Feldstrafgesetz (Art. 8, 43, 47, 56 u. 57) vor den ordentlichen Richter verweist, so ist nach den deshalb vorgezeichneten allgemeinen Normen zu verfahren.

Die von den Feldschützen, bz. den auf den Feldschutz verpflichteten Personen, nach dem dafür vorgeschriebenen gedruckten Formular zu machenden Anzeigen müssen enthalten:

1) Vor- und Zunamen, Gewerbe und Wohnort des Frevlers, wenn solcher dem Feldschützen bekannt ist, so wie Namen und Wohnort Derjenigen, welche gesetzlich für den Frevel des Angeschuldigten zu haften haben, nebst dem diese Haftbarkeit nach Art. 11 des Feldstrafgesetzes begründenden Verhältnisse und der Bemerkung, ob und wann jenen haftbaren Personen die Anzeige von dem Frevel gemacht worden; ist der Frevler ein Schulkind, so ist dies besonders zu bemerken; hat der Feldschütze den Thäter nicht selbst entdeckt, so sind die etwa vorhandenen Verdachtsgründe gegen den muthmaßlichen Frevler, unter Namhaftmachung der Beweismittel, z. B. Zeugen, anzugeben.
2) Bezeichnung des Ortes, wo der Frevel vorgefallen, und Angabe des durch eine Feldentwendung oder Feldbeschädigung benachtheiligten Grundbesitzers, so wie in den Fällen der Art. 7, 60 u. 71 des Feldstrafgesetzes die Angabe, daß das Familienhaupt, der Beschädigte, bz. der betr. Grundbesitzer, die Bestrafung des Frevlers verlange.
3) Monat, Tag und Tageszeit, wann der Frevel vorgefallen und entdeckt worden ist.
4) Bezeichnung der Art des Vergehens und in wie weit dasselbe zur Vollendung gekommen ist.
5) Genaue Angabe der Menge und Beschaffenheit dessen, was entwendet oder beschädigt worden ist.
6) Abschätzung des Werthes des entwendeten Gegenstandes und des zu leistenden Schadensersatzes.

7) Wenn eine Beschlagnahme von Sachen oder Vorführung von Personen, wenn Haussuchung stattgefunden, wenn ein entwendeter Gegenstand dem Beschädigten auf Verlangen des Letzteren oder seines Stellvertreters zurückgegeben worden ist, wenn der Frevel von Mehreren zusammen verübt wurde, wenn der Frevler auf Befehl oder Geheiß dritter Personen, namentlich der Eltern, den Frevel begangen hatte, wenn bei dem Frevel Thätlichkeiten oder sonstige gesetzwidrige Handlungen gegen obrigkeitliche Personen oder Solche, welche von Amtswegen zum Schutze des Feldes verpflichtet sind, oder gegen den Feldeigenthümer stattgefunden haben, so ist dies zu bemerken, und wenn der Frevler gepfändet worden ist, dies und der Gegenstand der Pfändung anzugeben.
8) Bezeichnung der durch einen Frevel etwa verletzten besonderen lokalpolizeilichen Vorschriften.
9) Angabe der besonderen Umstände, welche nach Art. 12 u. 13 des Feldstrafgesetzes auf die Größe der zu erkennenden Strafe Einfluß haben.

§ 984. Die Abschätzung des Werthes und Schadens bei Freveln hat, auch wenn andere auf den Feldschutz verpflichtete Personen die Anzeige davon machten, stets durch die Feldschützen zu geschehen. Denselben liegt ferner die Ermittelung des Thatbestandes und die förmliche Anzeige selbst ob, wenn die Beschädigten oder sonstige nicht verpflichtete Personen einen Frevel anzeigen.

§ 985. In der Prov. Rh. haben die Feldschützen die Frevel-Anzeigen binnen 24 Stunden zu affirmiren, und zwar, wenn die Frevel in der Gemarkung eines Ortes vorgefallen sind, wo ein Friedensrichter seinen Sitz hat oder wohnt, bei diesem, oder in seiner Verhinderung bei dem Ergänzungsrichter des Friedensrichters, in Verhinderung auch dessen aber, gleichwie in allen anderen Gemeinden vor dem betreffenden Bürgermeister.

§ 986. In den 3 Provinzen, und zwar in Rheinhessen alsbald nach der Affirmation, liegt sodann den betr. Bürgermeistern, bz. Lokalpolizeibehörden, die Prüfung der Anzeigen und die Ergänzung etwaiger Mängel ob. Sie haben dabei zu bemerken:
1) wenn ein Angeschuldigter notorisch unvermögend ist, die ihm etwa zuerkannt werdende Geldstrafe zu bezahlen, oder wenn sein Vermögen unter Curatel steht (Art. 27 d. Feldstr.G.);

2) wenn ein Denunciat im Laufe des letzten Jahres zweimal oder mehrmals wegen Feldentwendungen, bz. Hutfrevel (Art. 33—37 u. 59—62 d. Feldstr.G.), bestraft worden und solcher nun wiederholt beschuldigt ist; und

3) wenn ein Denunciat Soldat ist, in welchem Regimente er steht.

§ 987. Was dagegen das weitere Verfahren betrifft, so treten nunmehr in Ansehung der verschiedenen Provinzen wesentliche Abweichungen ein.

A. In den Prov. St. u. O. ist nämlich den Lokalpolizeibehörden aufgetragen, die Anzeigen von den Feldschützen in Empfang zu nehmen und an die Polizeigerichte abzugeben.

Die Feldschützen sind zu dem Ende verpflichtet, denselben in der Regel am Schlusse jeder Woche, in bedeutenderen Fällen oder solchen, wobei Gefahr auf dem Verzuge haftet, aber alsbald und längstens binnen 24 Stunden Anzeige zu machen.

Die Ortspolizeibehörden haben diese Anzeigen hierauf in ein eigenes gebundenes, mit Formularpapier nach vorgeschriebenem Muster anzulegendes Feldfrevelbuch einzutragen.

Erfordern die Anzeigen eine schleunige Erledigung, so sind dieselben ohne Verzug an das Polizeigericht von ihnen einzusenden. Ist dies aber nicht der Fall, so hat die Einsendung erst alle zwei Monate, und zwar in den letzten 10 Tagen der Monate Januar, März u. s. f., vermittelst eines nach verordnetem Muster auf Formularpapier eingerichteten Registers zu erfolgen.

Dieses Register muß alle in der unmittelbar vorangegangenen zweimonatlichen Rügegerichtsperiode (das erste Rügegericht vom Februar umfaßt den Zeitraum vom 20. November bis 20. Januar, das vom April den Zeitraum vom 20. Januar bis 20. März u. s. f.) vorgefallene Frevel, so weit die Anzeigen nicht vorschriftsmäßig besonders an das Polizeigericht bereits abgegeben wurden, enthalten.

Die Angeschuldigten sind darin ortsweise in alphabetischer Reihenfolge ihrer Namen einzutragen und sollen, wenn ein und derselbe Denunciat in mehreren Posten vorkommen sollte, diese verschiedenen Posten unmittelbar hinter einander folgen.

Sind mehrere Angeschuldigte der gemeinschaftlichen Verübung eines Frevels bezüchtigt, so ist dieser Posten bei dem Namen desjenigen Angeschuldigten einzutragen, welcher nach der alphabetischen Ordnung der Mitschuldigen zuerst kommt, und zwar so, daß unmittelbar unter dem Namen dieses Denunciaten die Namen der Uebrigen, Jeder in einer neuen Linie, aufzuführen und hierunter nun der Inhalt der Anzeige zu setzen ist. Der Name der Letzteren muß aber außerdem noch jedesmal an der Stelle, wo solches die alphabetische Ordnung mit sich bringt, angeführt, dabei jedoch nur auf den früheren Namen, unter welchem der Posten eingetragen ist, verwiesen werden.

Diejenigen Frevel, wobei der Thäter noch nicht ermittelt ist, folgen in dem Register zuletzt, mit Angabe der Gegenstände, welche unbekannten Frevlern gepfändet sind.

Das Register muß auf der ersten Seite den Namen der Gemeinde, des Gerichts und des Kreises, so wie die Monate, in welchen die darin verzeichneten Frevel entdeckt worden sind, und die Unterschrift der Ortspolizeibehörde enthalten.

Die Register sind von der Letzteren jedesmal bis zum ersten der Monate Februar, April u. s. f. alle zwei Monate an das Polizeigericht I. Instanz, ohne Begleitungsbericht, jedoch unter besonderem Couverte, einzusenden und der Tag der Absendung auf der äußeren Seite des Registers zu bemerken.

Sollten in einer Feldrügegerichts-Periode keine Frevel vorgekommen sein, so ist dies bei dem Polizeigericht berichtlich anzuzeigen.

Den Lokalpolizeibehörden ist es verstattet den Feldrügegerichten beizuwohnen. Sie können aber deshalb, in so weit sie nicht wirklich beigeladen waren, keine Diäten in Anspruch nehmen.

B. In der Prov. Rh. soll dagegen der Feldschütze nach geschehener Affirmation und Prüfung (§ 985) der Anzeigen dieselben zunächst der mit den Funktionen der Staatsbehörde bei dem einfachen Polizeigericht beauftragten Lokalpolizeibehörde am Sitze des Friedensgerichts zustellen und zwar in der Regel binnen 3 Tagen, in wichtigeren Fällen oder wobei Gefahr auf dem Verzuge steht aber unverzüglich und längstens binnen 24 Stunden.

Die mit den Funktionen der Staatsbehörde betraute Ortspolizeibehörde hat alsdann die ihr zukommenden Anzeigen gewöhnlich innerhalb der letzten 10 Tage eines jeden Monats, in denjenigen Fällen jedoch, welche eine schleunige Untersuchung erfordern, binnen 24 Stunden dem Friedensrichter zu übergeben.

Bezüglich der Vorladungen zum Rügegerichte und der Insinuation der Contumacial-Erkenntnisse liegt ferner den Bürgermeistern die Obliegenheit auf, im Falle der Gerichtsbote die Insinuation wegen Abwesenheit der betr. Personen nicht vollziehen konnte, die Zustellung nach deren Rückkunft zu bewirken und wie geschehen oder den Anstand zeitig zu bescheinigen. Er visirt zugleich die Vorladungsverzeichnisse, bz. Original-Ladungen der Gerichtsboten. V. über die Abhaltung der Feldrügegerichte v. 8. Febr. u. 24. Mai 1842 u. das G. v. 10. Mai 1842. Vergl. auch Abth. X, §§ 219—221.

§ 988. Uneinbringliche Feldstrafen sollen je nach Bestimmung der Polizeigerichte entweder durch Gefängniß oder Arbeit abverbüßt werden. Die Verbüßung durch Abverdienst wird von der Regierungsbehörde geleitet. Sie bestimmt zu dem Ende einen besonderen Vollzugsbeamten, wozu auch die Ortspolizeibehörde verwendet werden kann. Dieselbe hat diesenfalls die Vollziehung genau nach den in der V. v. 13. Mai 1842 vorgeschriebenen Normen und Formen zu bewirken. Es ist dabei überall das zur besseren Regelung des Verfahrens vorgezeichnete gedruckte Formularpapier zu verwenden. E. d. M. d. J. v. 22. Juni 1842.

Zur Verbüßung sind Arbeiten zu öffentlichen Zwecken und zwar vorzugsweise und wo thunlich solche, welche sonst durch Gemeinde-Ausgaben III. Klasse bestritten werden, zu wählen.

§ 989. Was die Frage betrifft, auf wessen Kosten das von den Lokalpolizeibehörden und Feldschützen in Feldrüge-Sachen zu verwendende Formularpapier anzuschaffen sei, so ist darüber Folgendes verfügt:

1) Das Formularpapier zu den von den Feldschützen zu erstattenden Anzeigen ist von den Feldschützen und
2) dasjenige zu den in den Prov. St. u. O. an die Polizeigerichte je zweimonatlich abzugebenden Registern von den Ortspolizeibehörden auf ihre Kosten anzuschaffen.
3) Alle übrigen Formularien, namentlich die von den Feldschützen zu führenden Taschenbücher, die von den Bürgermeistern in den Prov. St. u. O. zu führenden Feldfrevelbücher, so wie die zum Vollzug des Abverdienstes erforderlichen Formularien sollen dagegen auf Kosten der Gemeinden in III. Klasse bestritten wer-

den. A. d. M. d. J. v. 22. April 1842 u. E. dess. M. v. 22. Mai 1843.

§ 990. Flur-, Gewann- und Parcellen-Gränzen. Die Gränzen der Parcellen und die Umfänge der durch sie gebildeten Fluren und Gewanne gehören zu den Eigenthumsgränzen. Zur Entscheidung darüber entstehender Streitigkeiten sind die Gerichte zuständig. G. v. 23. Okt. 1830, Art. 8 u. 9. [27])

§ 991. Die Regulirung und Begränzung der Fluren und Gewanne, gleich wie der Gemarkungen, geschieht unter Mitwirkung des Bürgermeisters. Derselbe wohnt den desfallsigen Gränzbesichtigungen bei, sorgt für die Aufräumung der Gewanngränzen, so wie für die Anschaffung der nöthigen Pfähle und Gränzmale (Steine) und mitunterzeichnet die Gränzbeschreibungen, wovon ein Exemplar in der Gemeinde verwahrt wird. Instr. für die Begränzung v. 30. Juni 1824, §§ 2, 10, 14—16, 23, 26—29, 31 u. 35.

Die Vermessungskosten trägt der Staat, die Kosten der Aussteinung fallen den Gemeinden zur Last. G. v. 13. April 1824, Art. 32.

Der Bürgermeister hat keine Gebühren dafür zu beziehen.

Gegen die Vermessungs-Resultate ist binnen 3 Monaten nach deren Offenlegung auf dem Gemeindehause der Recurs bei der Obersteuer-Direction (Art. 33 d. G.) und sodann bei dem Ministerium der Finanzen zulässig. V. v. 28. Juni 1827.

Für die gehörige Erhaltung der Gränzmale (Steine), womit alle Dreieckspunkte, Gemarkungs-, Flur- und Gewann-Punkte bezeichnet sein sollen, ist die betr. Gemeinde in der Art verantwortlich, daß die beschädigten und entwendeten Gränzsteine auf deren Kosten wieder ersetzt werden müssen.

Die Grundeigenthümer sind verbunden bei der Feldbearbeitung einen Raum von mindestens 5 Zoll Breite um jeden Stein stehen zu lassen. Uebertretungen, so wie Beschädigungen der Gränzmale werden, in so weit nicht ein strafgesetzlich zu ahndendes Vergehen vorliegt, mit einer Gefängnißstrafe von 1—5 Tagen oder einer Geld-

---

27) Das Verhältniß der Gemarkungs-Gränzen ist in Abth. XV, § 412—417, erörtert.

strafe von 1—7 fl. bestraft. G. v. 23. Okt. 1830 u. Instr. v. 23. Febr. 1833, § 18.

§ 992. Parcellenvermessung. Ueber die Frage, ob auch die Parcellenvermessung in einer Gemarkung stattfinden soll, entscheidet zunächst der betreffende Gemeinderath. Sollte sich aber dieser dagegen erklären, so muß diese Frage von dem Bürgermeister den sämmtlichen betheiligten Grundbesitzern zur Entscheidung vorgelegt werden, wo dann die Mehrheit, nach dem Morgenmaaße ihrer Besitzungen in der Gemarkung berechnet, den Ausschlag gibt. G. v. 11. Jan. 1831.

Die Aussteinung der Parcellengränzen ist der freien Entschließung der einzelnen Betheiligten überlassen. G. v. 13. April 1824, Art. 32.

Wenn jedoch ein Grundbesitzer die Aussteinung eines ihm zugehörigen Grundstücks verlangt, so sind die Gränznachbarn verbunden zu den Kosten nach Verhältniß der Anzahl der Steine auf der mit Jenem gemeinschaftlichen Gränze beizutragen. G. v. 23. Okt. 1830, Art. 11.

Die Parcellenvermessung ist für die Sicherung der Eigenthums-Gränzen und zur Verhütung desfallsiger verderblicher Prozesse von dem größten Nutzen. Durch die in den Karten eingeschriebenen Dimensionen gewährt sie für alle Zeiten ein zuverlässiges und beweiskräftiges Kennzeichen für die Gränzen des Grundbesitzes. Sie erleichtert ferner die Ordnung im Hypothekenwesen, den Kauf und Verkauf, die Zusammenlegung und Theilung der Grundstücke, so wie die Regulirung der Gewanne, Wege und Flüsse, indem sie eine klare Auskunft über die Identität, die Größe, Lage, Form und den Zusammenhang der Güter gibt. B. v. 20. Juni 1831.

Erst durch die Parcellenvermessung werden die Grundbücher zugleich zum Beweismittel auch für die Flächengehalte des Grundeigenthums erhoben. Es erhellt daraus, wie dringend die Aufforderung für die Ortsvorstände sein muß, überall Parcellenvermessungen in ihren Gemeinden zu erwirken, zumal die von den Betheiligten zu tragenden Kosten derselben sehr mäßig erscheinen. G. v. 13. April 1824, Art. 34, u. Instr. für die geometrischen Arbeiten v. 30. Juni 1824, § 19.

Wird eine Parcellenvermessung beschlossen, so ist es ferner Pflicht der Ortsvorstände, die desfallsigen Vorbereitungsarbeiten, namentlich die Regulirung, Besteckung und bz. Aussteinung der Gränzen, möglichst zu fördern und zu unterstützen. Namentlich sind die betheiligten Grundeigenthümer zu dem Ende von dem Bürgermeister aufzufordern, alle Gränzpunkte ihrer Grundstücke mit Pfählen gehörig auszuzeichnen. Instr. § 36.

Die Thätigkeit des Bürgermeisters in allen diesen Beziehungen ist Officialsache und gebührenfrei.

§ 993. **Flur-, Grund- und Lagerbücher.** Die älteren Flur- und Lagerbücher sind wichtige, die Erkenntniß des Eigenthumsbesitzes in der Vergangenheit und Gegenwart befördernde Urkunden. Dem Bürgermeister ist daher deren sorgfältige Aufbewahrung und Erhaltung anzuempfehlen.

Das Gesetz über die Vollendung des Immobiliar-Katasters vom 13. April 1824 hat indessen zum Zwecke einer gleichförmigen Steuer-Regulirung eine neue Landesvermessung verordnet.

Wenn nach dem G. v. 29. Okt. 1830, betr. die Sicherung des Eigenthums und des Hypothekenwesens, die Errichtung neuer Grundbücher verlangt worden ist, so soll für jede Gemeinde und jeden Besitzer einer besonderen Gemarkung von den demzufolge aufgestellten neuen Flurbüchern und Karten auf eigene Kosten eine Copie angefertigt werden. Auch haben dieselben für deren gehörige Fortführung und Erhaltung Sorge zu tragen; a. G. u. B. v. 26. April 1837.

§ 994. Die **Personal-Einträge** in diesen Flur- und Grundbüchern müssen mit der größten Genauigkeit und, was die Bezeichnung gleichnamiger Grundbesitzer betrifft, nach den oben (§ 234) erörterten Vorschriften vollzogen werden.

§ 995. Unsere Gesetzgebung hat den **Ortsvorständen** sowohl bezüglich der Errichtung als der Fortführung der Grundbücher eine entsprechende Mitwirkung beigemessen, welche jedoch in den Prov. St. u. O. durch das Edict vom 16. Okt. 1852, Art. 13, nunmehr auf die Ortsgerichte übergegangen ist.

Sobald das Grundbuch einer Gemeinde nebst den Copien der dazu gehörigen Karten vollendet ist, soll vorerst auf Verfügung der Verwaltungsbehörde die **Offenlegung** unter Aufsicht des Ortsvorstandes, bz. des Ortsgerichts, auf dem Gemeindehause oder in dessen Ermangelung einem anderen passenden Lokale stattfinden, um

Während der bestimmten Offenlegungsfrist (G. v. 12. Jan. 1841) können die Betheiligten von dessen Inhalt Einsicht nehmen oder Auszüge auf ihre Kosten verlangen.

Diese Auszüge werden von dem Bürgermeister, bz. dem Vorsteher des Ortsgerichts, verfertigt, der dafür von jeder Parcelle 2 kr. zu beziehen hat. Sie müssen innerhalb 14 Tagen ausgefertigt werden.

§ 996. Nach erfolgter Offenlegung des Grundbuchs soll außerdem der Bürgermeister der Gemeinde mit den Feldgeschwornen, bz. das Ortsgericht, dasselbe genau durchgehen und den darin eingetragenen Besitzstand mit dem wirklichen Grundbesitze vergleichen. Von jedem dadurch aufgefundenen Widerspruch zwischen dem wirklichen und dem im Grundbuche eingetragenen Besitzstande sollen die betr. Grundbesitzer schriftlich in Kenntniß gesetzt und sie auf die sie treffenden gesetzlichen Nachtheile aufmerksam gemacht werden. Dieselben haben für diese Benachrichtigung für jeden Fehler, auf welchen sie aufmerksam machen, eine Gebühr von 2 kr. von dem Besitzer anzusprechen. G. v. 13. Dez. 1839, Art. 4.

Das Verzeichniß dieser Gebühren ist nach Ablauf der Offenlegungsfrist dem Steuercommissär zuzustellen, welcher dieselben in das von ihm über die sämmtlichen Gebühren zu fertigende Hebregister aufnimmt und dessen Executorisch-Erklärung und Erhebung durch die Districts-Einnehmer vermittelst der Regierungsbehörde erwirkt. A. d. M. d. J. v. 8. Okt. 1840. E. dess. M. v. 6. April 1844. E. d. O.Fin.K. I. Sect. an d. Kr. v. 22. April 1844 u. E. d. O.Steuer-Dir. an d. Kr. v. 3. Mai 1853.

§ 997. Allen Denjenigen, welche sich bei den Angaben des Grundbuchs über den Besitzstand beschwert erachten, steht während der in der Bekanntmachung festgesetzten Frist das Recht zu, Denjenigen, welcher bei einer Abänderung des Inhalts des Grundbuchs betheiligt ist, zunächst durch den Bürgermeister, bz. Vorsteher des Ortsgerichts der Gemeinde, deren Grundbuch offen liegt, zum Versuch einer gütlichen Verständigung einladen zu lassen oder sonstige Beseitigung des vorgefundenen Anstandes bei demselben zu erwirken.

Wenn Vereinigungen zu Stande kommen oder sich die Anstände in sonstiger Weise erledigen lassen, so sind darüber in ein geheftetes Buch förmliche Protokolle unter fortlaufenden Nummern aufzunehmen, dieselben von den Betheiligten unterzeichnen zu lassen und sie zu beglaubigen. Ihre Abgabe an den Steuercommissär ist demnächst zu bewirken.

Für die Aufnahme eines solchen Protokolls sind 10 kr. Gebühren von dem betreibenden Theile anzusprechen.

In Ansehung der nicht erledigten Anstände liegt den Interessenten die Betretung des Rechtsweges innerhalb der Offenlegungsfrist ob. G. v. 13. Dez. 1839, Art. 5 u. 6.

§ 998. Abänderungen an dem in dem Grundbuche eingetragenen Flächengehalte können nur auf den Grund eines beglaubigten Meßbriefes durch den Steuercommissär oder den mit Fortführung des Grundbuches etwa besonders beauftragten Beamten in Gegenwart des Bürgermeisters, bz. Vorstehers des Ortsgerichts, vorgenommen werden.

Abänderungen in der Parcellenkarte dürfen nur durch den von der Regierungsbehörde dazu bestimmten Geometer **I.** Klasse (E. d. M. d. J. an d. Kr. v. 6. Aug. 1842) unter Zuziehung der Bürgermeister, bz. Vorsteher, bewirkt werden. Diese haben darüber ein fortlaufendes Protokoll zu führen, welches mit dem von dem Geometer zu führenden Verzeichnisse und den dazu gehörigen Meßbriefen eine bei dem Grundbuch aufzubewahrende Anlage desselben bildet. Art. 13.

§ 999. Die legalisirten Grundbücher nebst den dazu gehörigen Karten sind in den betr. Gemeinden an sicherem Orte (dem Gemeindehause, bz. der Registratur) in einer verschlossenen Kiste aufzubewahren. Die Einsichtsnahme dieser Urkunden darf nur in Gegenwart des Bürgermeisters, bz. Vorstehers, gestattet werden.

§ 1000. Die Fortführung der Grundbücher ist, in so weit nicht ausnahmsweise besondere Beamte dazu beauftragt sind, den Steuercommissären übertragen. Sie geschieht gemäß der desfallsigen allg. V. v. 23. Jan. 1844 und des bes. G. für Rh. v. 3. Okt. 1843 auf den Grund der darin näher bezeichneten legalen Acte.

In der Prov. Rh. insbesondere ist die Vorlage eines authentischen Acts oder eines in Ansehung der Unterschriften vom Bürgermeister legalisirten Privatacts erforderlich. Diese Legalisation hat der Bürgermeister, nachdem er sich pflichtmäßig von der Aechtheit der Unterschriften überzeugt, unter Beidrückung des Bürgermeisterei-Siegels unter den Act zu setzen.

Das Dasein eines einzigen Intestaterben kann zu dem Ende in Rh. durch Zeugniß des Bürgermeisters erwiesen werden. V. v. 23. Jan. 1844, Art. 6.

Die Verzeichnisse über den Besitzwechsel selbst (Mutations-Verzeichnisse) haben nicht mehr die Bürgermeister, sondern die Gerichte, bz. in Rh. die Obereinnehmer, zu führen. Art. 7.

Das Ab- und Zuschreiben und die Wahrung der Veränderungen in den Grundbüchern überhaupt darf nur in Gegenwart eines Mitglieds des Ortsvorstandes, bz. Ortsgerichts, geschehen, welches zugleich das von dem fortführenden Beamten darüber zu führende General-Protokoll mit zu unterzeichnen hat. Art. 13 u. 22.

§ 1001. Zur Berichtigung von Irrthümern, welche in dem ersten Theile des Grundbuchs in Beziehung auf die Person des Besitzers vorgefallen sind, ohne daß sie vor der Legalisirung berichtigt worden wären, ist folgendes Verfahren vorgeschrieben:

1) Die Parthie, welche die Berichtigung des Grundbuchs auf den Grund des Art. 12 der V. v. 23. Jan. 1844 verlangt, hat Denjenigen, welcher bei Abänderung des Inhalts des Grundbuchs betheiligt ist, durch den Bürgermeister (in den Prov. St. u. O. nun durch den Vorsteher des Ortsgerichts) der Gemeinde, in welcher das betr. Grundstück liegt, zum Versuche einer gütlichen Verständigung einladen zu lassen.

2) Kommt eine Vereinigung zu Stande, so hat der Bürgermeister darüber ein Protokoll aufzunehmen und solches von den Interessenten unterzeichnen zu lassen. Dieses Protokoll muß enthalten:
   a) Namen, Stand und Wohnort der Parthien;
   b) genaue Bezeichnung des betr. Grundstücks, unter Beilegung eines Grundbuchsauszuges;
   c) summarische Angabe der Verhältnisse und Anführung der denselben zu Grund liegenden Urkunden, welche beizulegen sind;
   d) die bestimmt ausgesprochene Einwilligung des in das Grundbuch Eingeschriebenen, daß das Grundstück auf den Namen der andern Parthie überschrieben werde.

3) Hat der Besitzer eines Grundstücks inzwischen mehrmals gewechselt, so ist dasselbe Verfahren einzuhalten.

4) Handelt es sich von Uebertragung von Immobilien in einem Falle, wo die Einträge im Grundbuche nicht auf den Namen Desjenigen lauten, welcher in die Ueberschreibung einwilligt, so wird nach der Min.Verfügung vom 12. Mai 1847 an die Gerichte von diesen verfügt.

5) Ist die Besitzveränderung zugleich mit einer Veränderung in der Masse des Grundstücks verbunden, welche im Grundbuche noch nicht gewahrt ist, so muß ein Meßbrief mit vorgelegt werden. (Art. 5 der V. v. 23. Januar 1844.) In so fern hierbei das Interesse des Nebenlägers concurrirt, ist dessen Einwilligung einzuholen.

6) Das Land- oder Friedensgericht, welchem der Bürgermeister dieses Protokoll sammt Anlagen einzusenden hat, verfügt alsdann nach Prüfung und Befund den Eintrag in das Mutations-Verzeichniß.

Diese Verfügung ist in Rh. in Form einer Ordonnanz en brevet zu ertheilen und unterliegt der Einregistrirung.

7) Die Kosten fallen dem betreibenden Theile zur Last. Außer den Stempeltaxen 2c. sind dem Bürgermeister, bz. Vorsteher des Ortsgerichts, für das Protokoll eine Gebühr von 10 kr. zu bezahlen. A. d. M. d. J. v. 24. Jan. 1848.

§ 1002. Die Bürgermeister, bz. Vorsteher des Ortsgerichts, sind verpflichtet auf Verlangen Grundbuchs-Auszüge gegen eine Gebühr von 2 kr. von der Parcelle zu ertheilen.

Es ist dabei, sowohl was die genaue Bezeichnung des Objects anbelangt, als überhaupt mit der größten Pünktlichkeit und Gewissenhaftigkeit zu verfahren, indem eine große Verantwortlichkeit damit verknüpft ist.

Soll von diesen Auszügen ein gerichtlicher Gebrauch gemacht werden, so müssen sie auf Stempelpapier, in St. u. O. zu 6 kr. den Bogen, in Rh. auf Dimensions-Stempelpapier, geschrieben werden. Ausnahmsweise ist in Rh. jedoch auch deren Visirung durch die Obereinnehmer bei der Uebergabe zulässig. G. v. 29. Okt. 1830, Art. 9. V. v. 22. Okt. 1841 u. G. v. 3. Okt. 1843, Art. 14.

Wenn ein Auszug aus dem Grundbuch bezüglich eines Grundstücks begehrt wird, bei welchem das Wort „streitig" steht, so muß in dem Auszug immer die Vormerkung, daß dieses Grundstück streitig sei, beigesetzt werden. Art. 10 des letzteren G.

Sollte die Ablösung sämmtlicher ablösbaren Gefälle in einer Gemarkung noch nicht vollzogen sein, so ist der Grundbuchsauszug vor dessen Abgabe an den Steuercommissar zur Beifügung der betr. Grundlasten einzusenden. V. v. 23. Jan. 1844, Art. 15.

§ 1003. Feldpolizeipersonal, und zwar I. Güterschätzer. In den Prov. St. u. O. ist das öffentliche Schätzungsamt in Beziehung auf Immobilien den Ortsgerichten übertragen. Ed. v. 16. Okt. 1852, Art. 14.

In der Prov. Rh. pflegen die Güterschätzungen, in so weit die Gerichte nicht in einzelnen Fällen besondere Schätzer bestellen, durch die Feldgeschwornen vorgenommen zu werden.

§ 1004. II. Feldgeschworene. Zur Aufsicht über die Gemarkungs-, Flur-, Gewann- und Parcellen-Gränzen, zu ständigen Experten bei Gränzstreitigkeiten und zur Besorgung des Steinsatzes sollen in jeder Gemeinde oder wenigstens in jeder Bürgermeisterei mindestens vier Feldgeschworene, nach Anhörung der Ortsvorstände, durch die Regierungsbehörde bestellt werden.

Um einen gültigen Act vorzunehmen, ist die gemeinsame Mitwirkung von drei Feldgeschworenen erforderlich. G. v. 23. Okt. 1830, Art. 12.

Eine besondere Instruction v. 23. Febr. 1833 gibt die Verhaltungsregeln für ihre Dienstführung.

Es sind hauptsächlich folgende Bestimmungen derselben bemerkenswerth:

1) Die Feldgeschworenen haben nach § 19 der Instr. die Erhaltung der Gemarkungs-, Flur-, Gewann- und Parcellen-Gränzen, bz. der stattgehabten Aussteinungen, sorgfältig zu überwachen.

2) Nach § 9 ist der Bürgermeister der jedesmalige Vorstand der Feldgeschworenen, mithin bedürfen Letztere zu ihren speciellen Dienstverrichtungen stets besonderen Auftrages von Seiten der Bürgermeister, und sind daher eigenmächtige Geschäftsvornahmen unzulässig und strafbar.

Wirkliches Mitglied der Feldgeschworenen darf der Bürgermeister während seines Bürgermeisteramtes nicht sein. A. des M. d. J. v. 26. April 1849.

Nehmen die Feldgeschworenen Gränzmängel wahr, so haben sie dem Bürgermeister hiervon Anzeige zu machen und dessen Weisungen zu gewärtigen.

3) Alle Aussteinungen zum Behufe des Katasters dürfen (§ 12) nur im Beisein oder mit Vorwissen des betreffenden Kataster-Geometers erfolgen. Dasselbe gilt auch von der Aussteinung der Eigenthumsgränzen, sobald die Vermessung einer Gemarkung begonnen hat, in welchem Falle Nichts ohne Vorwissen des Geometers geschehen darf. Ferner dürfen

4) die Feldgeschworenen (§ 13) keine Veränderungen oder Versetzungen von Dreiecks-, Gemarkungs-, Flur- und Gewann-Gränzsteinen ohne Zuziehung eines Geometers I. Klasse vornehmen.

5) Die nach dem Abschlusse einer Parcellenvermessung eintretenden Aussteinungen von Parcellengränzen sind genau dem § 14 entsprechend und nur in Gegenwart der Betheiligten zu bewerkstelligen. Es muß sich dabei an die vorhandenen Kataster- oder Grundbücher gehalten werden und ist dafür zu sorgen, daß die vorgeschriebenen Protokolle aufgenommen und nach richterlicher Bestätigung dem Steuercommissär zur Wahrung der Veränderungen in den Katastern zugestellt werden.

6) Auch in denjenigen Gemarkungen, worin noch keine gesetzlichen Regulirungen und Aufnahmen der Gränzen stattgefunden haben, steht den Feldgeschworenen (§ 15) keine Entscheidung zu. Sie dürfen vielmehr Aussteinungen darin nur entweder nach Entscheidung der höheren Behörden oder in Uebereinstimmung mit den Betheiligten, welche zu solchen Acten stets beizuladen und zur gütlichen Vereinigung allen Fleißes anzumahnen sind, vornehmen. Die Beobachtung der unter 3) berührten Vorschrift darf übrigens auch hierbei nicht übersehen werden. Kann eine gütliche Vereinigung der Betheiligten nicht zu Stande gebracht werden, so haben die Feldgeschworenen gerichtliche Entscheidung abzuwarten und bis zu deren Erfolg sich jeder Aussteinung der streitigen Gränze zu enthalten. Dieselben haben

7) die in § 20 d. Instr. vorgeschriebene wichtige jährliche Gränzbegehung stets in der festgesetzten Form vorzunehmen, insbesondere auch dabei für die Wiederherstellung verlorener oder schadhafter Gränzmale unter Beobachtung der oben gegebenen Vorschriften zu sorgen. Endlich ist

8) das in § 21 d. Instr. vorgeschriebene Tagebuch von den Feldgeschworenen mit Gewissenhaftigkeit und Pünktlichkeit zu führen.

In den darin aufzunehmenden Protokollen muß die genaue Angabe des Gegenstandes der speciellen Geschäftsverrichtung, die namentliche Aufführung der vorschriftsmäßig zuzuziehenden Personen, insbesondere der Betheiligten, bz. deren legitimirten Bevollmächtigten, so wie die Bemerkung ihrer Zustimmung zu dem Steinsatze enthalten sein.

Vermessungen, welche auf Bestimmung des Flächeninhalts oder die Theilung einzelner Grundstücke Bezug haben, dürfen, wenn amtlicher Gebrauch davon gemacht werden soll, nicht von den Feldgeschworenen vorgenommen werden. Es können dieselben mit öffentlichem Glauben nur von den gehörig patentisirten Geometern ausgeführt werden. A. d. M. d. J. v. 19. Sept. 1838 u. E. d. O.Fin.K. I. Sect. an d. Kr. v. 15. Oct. 1838.

Die Gebühren der Feldgeschworenen bestehen in Taggeldern von 48 kr. innerhalb der Gemarkung, außerhalb 1 fl. und beim Uebernachten 1 fl. 30 kr. nebst 20 kr. für jede Stunde der Entfernung Transportkosten.

Bei bloßem Steinsatze ist denselben gestattet an der Stelle der Taggelder Gebühren zu beziehen, welche vom ersten Steine zusammen mit 40 kr., von jedem folgenden zusammen mit 8 kr. berechnet werden dürfen, vorbehaltlich jedoch deren vorgängiger Ermäßigung durch die Regierungsbehörde auf Antrag der Betheiligten. Instr. §§ 23 u. 24. Nachtrag v. 12. Sept. 1834. V. v. 8. Febr. 1840 u. A. d. M. d. J. v. dems. Datum.

§ 1005. III. Feldschützen. Die Ernennung der Feldschützen erfolgt nach Art. 19 d. G.O. auf Vorschlag des Gemeinderaths von dem Bürgermeister auf Widerruf. Dieselbe tritt erst in Vollzug, wenn die gerichtliche Verpflichtung zuvor durch die Regierungsbehörde veranlaßt worden sein wird.

Stimmt der Bürgermeister dem Vorschlage des Gemeinderaths nicht bei, so erfolgt die Ernennung durch die Regierungsbehörde.

Die Entlassung der Feldschützen aus Gründen der Verwaltung steht den Ortsvorständen nicht zu. Es ist dazu vielmehr Entschließung der Regierungsbehörde erforderlich. V. v. 8. Januar 1853.

Ein A. d. M. d. J. v. 10. Jan. 1853 ertheilt in dieser Beziehung noch folgende nähere Bestimmungen:

1) In jeder Gemeinde muß in der Regel ein Feldschütze angestellt sein.[28]) Es ist jedoch zulässig, Gemeinden von kleinen Gemarkungen mit anderen Gemeinden in einen Feldschutzbezirk zu vereinigen. Die Anstellung mehrerer Feldschützen wird erforderlich, wenn wegen Ausdehnung des Bezirks oder anderer Umstände es nicht möglich ist, den Bezirk durch einen Feldschützen gehörig schützen zu lassen.

2) Die Feldschützen dürfen nicht blos auf ein Jahr oder eine bestimmte Zahl von Jahren ernannt werden. In dem der Regierungsbehörde zur Bestätigung vorzulegenden Bericht oder Berathungsprotokoll muß über Alter, Gesundheitsumstände, bisherige Aufführung und Beschäftigung, insbesondere auch darüber, ob der ernannte Feldschütze lesen und schreiben kann, genaue Auskunft enthalten sein. Der Bürgermeister hat außerdem über die Person des ernannten Feldschützen mit mehreren, namentlich den bedeutenderen, dem Gemeinderath nicht angehörigen Grundbesitzern sich zu benehmen und deren Aeußerung über Brauchbarkeit, Zuverlässigkeit 2c. des Ernannten in der an die Regierungsbehörde zu machenden Vorlage zu erwähnen. Es wird oft von Nutzen sein, schon bei der Berathung des Gemeinderaths die Ansichten von Grundbesitzern zu vernehmen, weßhalb den Ortsvorständen zu empfehlen ist, mehrere namentlich der bedeutenderen Grundbesitzer zu den Sitzungen, in welchen über Anstellung von Feldschützen berathen werden soll, einzuladen.

3) Es ist dahin zu wirken, daß die Gehalte der Feldschützen, wo sie unzureichend sind, mit Beachtung der größeren oder geringeren Schwierigkeit der Handhabung des Feldschutzes, der Größe und Ausdehnung der Feldgemarkung und der sonstigen obwaltenden Lokalverhältnisse, namentlich aber auch der Vermögensverhältnisse der Gemeinden, in angemessener Weise festgesetzt werden.

(Bezüglich der desfallsigen Befugnisse der Regierungsbehörden in der Prov. Rh. vergl. G. v. 29. Sept. 1791,

---

28) Diese Vorschrift findet sich bezüglich der Prov. Rh. bereits in dem kaiserl. Decrete v. 11. Juni 1806 u. dem Präf.E. v. 28. Juni 1806.

20. Mess. III u. **28. Pluv. VIII**; auch A. d. R. zu Mz. v. 20. März 1821.)

4) Ist ein Feldschütze nachlässig in seinem Dienste oder macht er sich überhaupt einer Amtsverletzung schuldig, so ist von dem Bürgermeister darüber eine Anzeige an die Regierungsbehörde zu machen, welche nach vorausgegangener Untersuchung das Nöthige disciplinarisch zu verfügen oder den Feldschützen nach Befund zur Bestrafung an das Gericht zu verweisen, oder ihn, wenn die Umstände dazu geeignet sind, nach vorausgegangener Vernehmung des Ortsvorstandes rc. aus Gründen der Verwaltung zu entlassen hat. Erscheint die Entlassung eines Feldschützen aus anderen Ursachen, Kränklichkeit, Unbrauchbarkeit rc. nöthig, so ist vorerst die Entschließung der Regierungsbehörde einzuholen, welche vor Ertheilung einer definitiven Verfügung den Gemeinderath mit seiner Erklärung zu hören hat.

Wünscht ein Feldschütze selbst von seinem Amte entbunden zu werden, so ist ebenfalls Genehmigung einzuholen.

In Ansehung der Ueberwachung der Dienstführung der Feldschützen wird noch besonders darauf aufmerksam gemacht, daß diese in den Prov. St. u. O. in Bezug auf die zu machenden Denunciationen und das polizeigerichtliche Verfahren unter der Aufsicht der betreffenden Polizeigerichte und in der Prov. Rh. (nach Art. 17 d. Crim.Pr.O.) unbeschadet ihrer Unterordnung unter ihre Vorgesetzten in der Verwaltung in ihrer Eigenschaft als Beamte der gerichtlichen Polizei unter der Aufsicht der Staatsprokuratoren stehen.

5) Es ist unzulässig den Feldschützen auch zu anderen gemeinheitlichen Diensten, welche ihn von der Verrichtung der ihm als Feldschützen obliegenden Geschäfte abhalten (z. B. zu den Functionen eines Ortsdieners oder Nachtwächters) zu verwenden. Dagegen kann der Feldschutz und der Forstschutz, wo die Lokalverhältnisse es gestatten, in Uebereinstimmung mit der Forstverwaltung einer und derselben Person übertragen werden.

Handelt es sich von Entlassung eines Feldschützen, welcher zugleich die Stelle eines Forstwarts bekleidet, so haben die Regierungsbehörden vor der Entlassung des Schützen in seiner Eigenschaft als Feldschütze mit der O.Forst- u. Dom.-Dir. zur Erwägung der Frage, ob ein solcher Schütze auch als Forstwart sofort zu entlassen sei, sich zu benehmen und, wenn jenes Colleg mit der Entlassung nicht einverstanden ist, an das Min. des Innern zu berichten.

6) Neben den ständig angestellten Feldschützen können einige unbescholtene Güterbesitzer nach Vernehmung des Gemeinderaths und mit Genehmigung der Regierungsbehörde auf den Feldschutz verpflichtet werden. Die Güterbesitzer, welche sich auf den Feldschutz verpflichten lassen, sind übrigens ausdrücklich darauf aufmerksam zu machen, daß sie durch diese Verpflichtung die Verbindlichkeit übernehmen, alle von ihnen entdeckten Frevel zur Anzeige zu bringen.

7) Den Besitzern größerer Güter in einer Gemarkung kann auf ihren Wunsch, nach Vernehmung des Gemeinderaths, die Annahme besonderer Feldschützen für ihren Grundbesitz gestattet werden. Die Regierungsbehörden haben in solchen Fällen die Verpflichtung des angenommenen Schützen, sobald sie sich von dessen Zuverlässigkeit und sonstigen zur Bekleidung der Stelle erforderlichen Eigenschaften überzeugt haben, zu veranlassen. Die Grundbesitzer, welchen die Annahme solcher Schützen gestattet wird, bleiben zur Fortentrichtung ihrer Beiträge zu dem Gehalt des Gemeinde-Feldschützen verpflichtet.

Der Feldschütze ist unmittelbar der Ortspolizeibehörde untergeordnet und derselben zu dienstlichem Gehorsam verpflichtet.

Seine allgemeinen und besonderen Pflichten sind in der Instruct. für die Feldschützen vom 10. Febr. 1842 ausführlich erörtert.

Die Lokalpolizeibehörden haben dafür zu sorgen, daß jedem Feldschützen ein Exemplar dieser Instruction, gleichwie ein Exemplar des Feldstrafgesetzes und die zum Dienstgebrauche erforderlichen Taschenbücher (§ 15 der Instr.) auf Kosten der Gemeindekasse zugestellt werden. Dieselben sollen diese Gegenstände bei ihrem Abtreten an ihre Dienstnachfolger wieder abgeben. A. d. M. d. J. v. 30. Dez. 1852 u. A. d. R. d. Prov. St. v. 6. Sept. 1823.

Zur Beseitigung der früheren Ungleichheiten bezüglich der Anzeigegebühren des auf den Feldschutz verpflichteten Personals in den Prov. St. u. O. ist durch E. d. M. d. J. v. 16. Aug. 1843 bestimmt, daß dasselbe neben dem Pfandgelde ein Drittheil der eingehenden Strafen zu beziehen haben solle.

XXII. Abtheilung.

Forst-, Jagd- und Fischerei-Polizei.

(Organische Forst.O. v. 16. Jan. 1811. V. v. 1. April 1822 u. 29. Dez. 1823. Für die Privatwaldungen insbesondere V. v. 3. Aug. 1819, 26. Jan. 1838 u. 20. Dez. 1839.)

I. Abschnitt.

Abgabe von Holz, Waldstreu ꝛc. aus den herrschaftlichen Waldungen.

§ 1006. Die Einkünfte der Domanialwaldungen, wenn auch letztere zum Familiengut des Großherzogl. Hauses gehören, werden zu den Staatsausgaben verwendet. V.U. Art. 6 u. 7.

Wenn daher die Forstverwaltung die Aufgabe erfüllt, diese Waldungen in ihrem Bestande zu erhalten und ihren Ertrag zu erhöhen, ungemessene Anforderungen der Gemeinden aber in Schranken zu halten, so handelt sie nur im Interesse der Gesammtheit. E. d. M. d. J. v. 7. Aug. 1837.

§ 1007. Holz-Abgaben. Für die Verwerthung der Forstprodukte gilt als Regel das Meistgebot.

Die Abgabe von s. g. Nothholz, d. i. dem zur Befriedigung unvorhergesehener Bedürfnisse der Unterthanen erforderlichen geringem Bau-, Werk- und Nutzholz, soll jedoch da, wo sich keine ausreichenden Gemeindewaldungen befinden, durch die Oberförster jederzeit auch aus der Hand um den jeweiligen Tarifpreis erfolgen. B. d. M. d. F. v. 3. Febr. 1832.

§ 1008. Wenn und wo bestimmte Holzquantitäten aus der Hand um den Tarifpreis abgegeben zu werden pflegen, hat der Bürgermeister dies in der Mitte des August in der Gemeinde bekannt zu machen und zugleich die Stunde zu bestimmen, an welcher die Ortseinwohner an jedem Tage der folgenden Woche ihren Bedarf anmelden sollen.

Die Anmeldungen an den Holzschreibtagen werden sofort in ein Holzschreibregister nach vorgeschriebenem Formular eingetragen und dieses längstens 14 Tage nach der Eröffnung der Holzschreibtage an den Oberförster abgeliefert.

Der Bürgermeister darf von jedem Einwohner, den er darin einträgt, eine Schreibgebühr von 2 kr. in Anspruch nehmen. V. v. 4. Mai 1818 u. die Alleg. des folg. §.

§ 1009. Ueber die Loosholz-Abgaben, welche in den Prov. St. u. O. an verschiedene Gemeinden vermöge besonderer Berechtigung aus den Domanialwaldungen stattzufinden haben, sind die betreffenden Verträge und Urkunden maßgebend.

Bezüglich der besonders in der Prov. O. vermöge althergebrachter landesherrlicher Begünstigung stattfindenden Loosholzabgaben vergl. V. v. 4. Mai 1818; ferner Regulativ für die Loosholzabgabe aus den Domanialwaldungen der Forste Vöhl, Battenberg, Biedenkopf, Gießen, Burggmünden, Romrod, Schotten und Nidda v. 11. Sept. 1824 u. A. d. O.F.Dir. v. 19. Jan. 1830.

§ 1010. Aehnlich das s. g. Schulholz, welches in verschiedenen althess. Theilen der Prov. O. seit 1820 vergünstigungsweise statt der abgeschafften Schulscheiter an die Schulen verabfolgt wird. A. d. O.F.Collegs v. 28. Dez. 1819.

§ 1011. Hinsichtlich der in der Prov. St. für die ehemals zum Oberforst Darmstadt gehörigen Gemeinden bestehenden s. g. Klassen- und Armenholz-Abgaben s. V. v. 30. Mai 1820. E. d. O.F.Collegs von d. O.F.Behörde d. Fst. D. v. 30. Mai 1820, 26. Aug. 1820 u. 29. Sept. 1832.

§ 1012. Waldstreu. Um das Bedürfniß der Unterthanen an Waldstreu zu befriedigen ist deren Abgabe aus den Domanialwaldungen durch V. v. 3. Okt. 1848 auf sehr liberale Weise geregelt.

Es sollen stets einzelne, verhältnißmäßig zulässige Theile der Waldungen zur Streunutzung von den Forstbehörden eröffnet werden. (§§ 1 u. 2 d. V.)

Nur ein Theil der ganzen Streuerndte soll zur Versteigerung, ein anderer Theil aber zur Handabgabe kommen. (§ 6.)

Der Ortsvorstand hat die sich zu solcher Handabgabe meldenden Einwohner in ein Verzeichniß einzutragen und dasselbe mit Bescheinigung über das Bedürfniß versehen an den Oberförster abzugeben. (§ 7.)

Die Preise für dergleichen Handabgaben werden von Zeit zu Zeit den örtlichen Verhältnissen gemäß geregelt. (§ 5.) Vergl. jedoch Abth. XV, § 590, Satz 4.

§ 1013. Leseholz-Nutzung. Vermöge landesherrlicher Vergünstigung soll das Leseholz in den Domanialwaldungen unentgeltlich von allen Bewohnern des Großherzogthums an bestimmten Leseholztagen, deren mindestens einer in jedem Monat stattfinden muß, in den nicht verbotenen Districten gesammelt und, jedoch nur in Traglasten oder auf Schiebkarren, aus dem Walde weggebracht werden dürfen. V. v. 1. Okt. u. B. v. 3. Okt. 1848, §§ 1—4.

Der Mißbrauch, dasselbe vom Walde aus oder auch nach Verbringung aus dem Walde mit Gespann wegzufahren, ist bei Vermeidung der im Art. 72 des Forststr.G. bestimmten Strafe untersagt. A. d. M. d. J. v. 10. Dez. 1851.

Auch ist der Verkauf des Leseholzes verboten. § 6.

Wenn jedoch Gemeinden in ihren Waldungen Beschränkungen der Leseholznutzung eintreten lassen, so sollen diese für die Angehörigen derselben auch bezüglich der angränzenden Domanialwaldungen stattfinden. § 9.

§ 1014. Das Suchen von Beeren, Kräutern, Schwämmen u. dgl. m. ist überall, wo es ohne Nachtheil für die Waldungen geschehen kann,. verstattet. Selbst in Hägen, worin ausnahmsweise zu gehen verboten worden ist, soll deshalb möglichst Nachsicht geübt werden. A. d. O.F.Dir. v. 23. Dez. 1840.

II. Abschnitt.

Forstfrevel.

§ 1015. Allgemeine Vorschriften. Die Handlungen und Unterlassungen, welche als Forstvergehen und Forstfrevel zu betrachten und zu bestrafen sind, finden sich in dem Forststr.G. v. 4. Febr. 1837.

Wegen der Werth- und Schadensersatz-Tarife, so wie einzelner Abänderungen sind zu vergleichen die V. v. 7. Mai 1839, 1. Okt. u. 3. Okt. 1848 u. 7. März 1849.

§ 1016. Hülfsthätigkeit der Lokalbehörden. Die Handhabung der Forstpolizei gehört dem Wirkungskreise der Forstbehörden an. Die Ortspolizeibehörden und Polizeiofficianten sind indessen verpflichtet, dieselben dabei zu unterstützen und zur Verhütung und Entdeckung der Frevel mitzuwirken.

In der Prov. Rh. liegt die letztere Verpflichtung den Lokalbehörden im Allgemeinen vermöge ihrer Eigenschaft als Hülfsbeamte der gerichtlichen Polizei ob; s. o. § 209.

Hinsichtlich der Art und Weise der besonderen Hülfsleistung derselben liegen folgende Bestimmungen vor:

1) Sie sollen den Namen und Wohnort von unbekannten, durch den Forstwart ihnen vorgeführten Frevlern auszumitteln suchen, falls dies aber nicht möglich ist, dieselben dem zuständigen Forststrafrichter ohne Aufschub vorführen lassen;
2) in dringenden Fällen zur Unterstützung des Forstwarts gegen Zusammenrottungen und gewaltthätige Widersetzlichkeit auf Verlangen polizeiliche Beihülfe, nöthigenfalls durch Sicherheitswache, gewähren;
3) den zur Entdeckung vorgefallener Forstfrevel von dem Forstwart nöthig befundenen Haussuchungen beiwohnen und unter Wahrung der für Haussuchungen im Allgemeinen vorgeschriebenen Formen (vergl. §§ 832 u. 982 o.) hierüber Protokoll aufnehmen und solches dem Forstwart behändigen;
4) die dabei in Beschlag genommenen Gegenstände auf Ersuchen des Forstwarts einstweilen in Verwahrung nehmen;
5) eben so angehaltenes unbekanntes Weidevieh und angehaltene verdächtige Transporte von Holz oder anderen Forstprodukten in ortspolizeilichen Gewahrsam bringen. Instr. für die Forstwarte v. 8. Juli 1841, §§ 10—13.

§ 1017. Forststrafen. Die Forststraf-Gerichtsbarkeit wird auf Betrieb der Forstbehörden in den Prov. St. u. O. von den Stadt- und Landgerichten und in der Prov. Rh. von den Friedensgerichten in I. Instanz ausgeübt. Ed. v. 6. Juni 1832 u. V. v. 4. Aug. 1832; für Rh. V. der Landes-Admin. v. 30. Juli 1814.

Zur Aburtheilung der gewöhnlichen Frevel sind ¼jährig besondere Rügegerichtstage bestimmt. V. v. 7. Dez. 1841 u. 9. Dezember 1848 u. E. d. M. d. J. v. 5. Mai 1840.

Den Forstgerichten wohnen die betr. Forstbeamten Behufs der Wahrung der Interessen der Forstverwaltung und Ergreifung der Recurse in den geeigneten Fällen bei.

Das öffentliche Ministerium in Forstgerichtssachen in der Prov. Rh. wird durch die Forstbeamten ausgeübt. Den Bürgermeistern, bz. Lokalpolizeibeamten, kommt eine Mitwirkung dabei nicht zu; a. V. v. 1814, §§ 147 u. 148, u. für St. u. O. V. v. 25. Okt. 1842.

Bezüglich der Forststrafgerichtsbarkeit über Ausländer entscheiden die bestehenden Staatsverträge.

§ 1018. Die Vorladung der Forstfrevler zu den Forstgerichten geschieht in den Prov. St. u. O. durch die Landgerichtsdiener, in der Prov. Rh. durch die Gerichtsboten.

Die Vorladungsgebühr der Ersteren beträgt 2 kr. von jedem Posten, die der Letzteren je nach der Menge und der Entfernung 21 kr., 14 oder 11 kr. von jedem Posten. V. v. 7. Juni 1825 u. 21. Jan. 1840.

In der Prov. Rh. liegen ferner rücksichtlich der Vorladungen an Abwesende &c. dem Bürgermeister dieselben Verpflichtungen ob, wie nach dem Schlußsatze des § 987 bei Feldfreveln. V. § 143.

§ 1019. Die Vollziehung und Beitreibung der Geldstrafen bei Forstvergehen ist durch die V. v. 31. Dez. 1841 (Rbl. Nr. 4 v. 1842) geregelt. Vergl. Abth. IX.

Im Falle der Uneinbringlichkeit geschieht die Verbüßung entweder im Gefängniß auf Befehl des Gerichts oder durch Arbeit unter der Leitung der Forstbehörden. V. v. 6. Juni 1839, § 5.

§ 1020. Die Ortspolizeibehörden sind verpflichtet die Vorladungen der Frevler zur Strafverbüßung mit Arbeit auf Ersuchen der Oberförster unverweilt durch den Ortsdiener bewirken zu lassen und die auf dem betr. Specialverzeichnisse zu vollziehende Bescheinigung der gehörigen Vorladung binnen 2 Tagen dem Oberförster mitzutheilen.

Ist ein Sträfling durch Krankheit oder sonst aus triftiger Ursache zu erscheinen verhindert, so hat die Ortspolizeibehörde den Oberförster davon vor oder am Tage, an welchem die Arbeit stattfinden soll, und zwar nicht durch Anmerkung unter dem Specialverzeichnisse, sondern auf einem besonderen Blatte zu benachrichtigen; a. V. §§ 11, 12 u. 17 u. E. d. M. d. J. v. 6. Sept. 1849.

§ 1021. Die **Ortsdiener** haben in den Fällen, wenn Forststräflinge zum Abverdienste der Forststrafen im Interesse anderer Gemeinden als des Wohnorts des Sträflings von ihnen zum Abverdienste bestellt werden, für jede Person aus der Kasse derjenigen Gemeinde, in deren Wald oder zu deren Vortheil der Abverdienst bestimmt ist, eine **Gebühr** von 1 kr. zu beziehen.

Ueber die hiernach in Anspruch zu nehmenden Gebühren hat der Ortsdiener halbjährlich und gesondert nach den Gemeinden, zu deren Vortheil die Vorladung und Bestellung geschehen ist, Verzeichnisse nach vorgeschriebenem Muster aufzustellen. Die Ortspolizeibehörde hat sodann nach richtigem Befund ihre Bescheinigung beizufügen und nach geschehener Visirung, bz. Berichtigung, durch den betreffenden Oberförster oder sonstigen Vollzugsbeamten den Bürgermeistern der Gemeinden, in deren Interesse die Vorladung und Bestellung geschehen ist, zur Zahlungsanweisung mitzutheilen. A. d. M. d. J. v. 11. Juli 1851.

Daß dieselbe Gebühr unter gleichen Voraussetzungen auch von den **Privatwaldbesitzern** entrichtet werden müsse, ist nach Ansicht des G. v. 10. Febr. 1824, Art. 4, u. der V. v. 6. Juni 1839, § 15, nicht wohl zu bezweifeln.

§ 1022. Die **Strafverbüßung** durch **Arbeit** muß in der Regel von dem Bestraften in **Selbstperson** geschehen.

Stellvertretung ist nur aus erheblichen, von der Ortspolizeibehörde anerkannten und in ertheilter Bescheinigung bestätigten Gründen zuläßig.

Der Oberförster kann jedoch den Stellvertreter, wenn er ihn nicht brauchbar findet, zurückweisen. Er hat hiervon die Ortspolizeibehörde, unter Angabe der Gründe, in Kenntniß zu setzen; a. V. v. 1839, § 13.

Der Abverdienst der Strafen der **Schulkinder** geschieht vermöge der allgemeinen Haftverbindlichkeit der Eltern durch diese. A. d. O.F.Dir. v. 2. Sept. 1840 u. 26. Febr. 1841.

Der **ungehorsamlich** bei der Arbeit **Ausbleibende** wird durch das Gericht mit Gefängnißstrafe bei Wasser und Brod bestraft. Das Nähere hierüber, so wie das weitere Verfahren ist aus dem G. v. 1. April 1845 u. dem A. d. M. d. Just. an die Forstgerichte v. 28. Aug. 1849 zu ersehen.

§ 1023. Die durch die gefängliche Verbüßung unzahlbarer Forststrafen erwachsenden Verpflegungskosten werden aus der Forststrafen-Kasse bestritten. E. d. M. d. J. v. 7. Nov. 1840 u. 2. Mai 1843.

Rücksichtlich des Abschlusses der Accorde und der Einsendung zu Ende eines jeden Vierteljahres gelten die für die Verpflegungskosten in den Gefängnissen überhaupt festgesetzten Regeln. (§§ 886—890; für St. u. O. s. auch A. d. O.Forst- u. Dom.-Dir. v. 3. Juli 1849.)

III. Abschnitt.

Forstpersonal.

§ 1024. Unter der obersten Aufsicht und Leitung des Ministeriums der Finanzen (V. v. 28. Mai 1821), bz. des Ministeriums des Innern in Ansehung einzelner Zweige (V. v. 5. Juli 1841), wird das Forstwesen von der Ober-Forst- und Domänen-Direction als Centralforstbehörde verwaltet.

In Unterordnung unter dieselbe ist die Besorgung der Bezirks- und Revier-Verwaltung den Forstämtern unter dem Vorstande der Forstmeister und den Oberförstereien — Oberförstern — übertragen. Vergl. d. Allg. zu Anf. d. Abth. XXII. V. v. 20. Okt. 1852 u. 3. März 1853.

Nur controlirende Organe der Forstverwaltung sind die Oberforstmeister; a. V. v. 1823, Art. 12—15.

§ 1025. Zur Anstellung dieser Forstbeamten findet eine Mitwirkung der Gemeinden nicht statt. Den Standesherren und adeligen Gerichtsherren, wie auch den Besitzern von Privatwaldungen überhaupt, ist bedingungsweise die Anstellung eigener Oberförster für ihre Waldungen verstattet; a. V. v. 1811, §§ 30, 56 u. 61, u. standesherrl. Ed. v. 17. Febr. 1820, § 48.

§ 1026. Die Forstwarte sind zu persönlicher Handhabung des Forstschutzes und zur Mitwirkung bei den untergeordneten Geschäften des Forstbetriebs innerhalb bestimmter Schutzbezirke — Waldtheile bis zu 2000 Morgen — eingesetzt; a. V. v. 1823, Art. 2—4, u. V. v. 27. Aug. 1852.

Eine ausführliche Instruction v. 8. Juli 1841 regelt ihr besonderes Dienstverhalten. Daß sie die etwaige Militär-Eigenschaft eines Frevlers nicht unbemerkt lassen sollen, schreiben die A. d. O.F.Dir. v. 2. Sept. 1840 u. 26. Febr. 1841 vor.

§ 1027. Die Anstellung der Forstwarte erfolgt in Schutzbezirken, welche zusammengesetzt sind:

1) ganz oder theilweise aus Domanialwaldungen — sofern letztere nicht unter 100 Morgen betragen — durch die obere Staatsforstbehörde;
2) ganz oder theilweise aus Communal-, oder Märkerschafts-, oder Stiftungs-Waldungen, auf Vorschlag der betreffenden Vorstände und nach Erstattung gutachtlichen Berichts von Seiten der Regierungsbehörde und der Forstbehörde, durch das Ministerium des Innern;
3) lediglich aus Privatwaldungen durch den Waldeigenthümer selbst, vorbehaltlich jedoch der Einsprache der Staatsforstbehörden wegen begründeter Unfähigkeit; a. V. v. 1811, §§ 50—55, u. V. v. 5. Juli 1841.

Die Beeidigung derselben geschieht durch die Gerichte. V. u. E. der O.F.Dir. v. 26. März u. 5. April 1831 u. die von dem M. d. J. den Landgerichten deshalb ertheilte Instruction v. 6. Februar 1833.

Zur Entlassung der Forstwarte sind nur die Staatsbehörden, bz. Privaten, befugt, welchen auch die Anstellung selbstständig zukommt; a. V. § 63.

§ 1028. Die Besoldung der Forstwarte wird in den Fällen 1 u. 2 des vorigen § unter Mitwirkung der Regierungsbehörden je nach den Verhältnissen geregelt; a. V. v. 1823, Art. 25.

Accidenzien haben dieselben nicht mehr zu beziehen. Sie empfangen an deren Stelle eine Vergütung aus der Forststrafenkasse. V. v. 1. Okt. 1848, Art. 4 u. 6, u. E. d. O.F.Dir. v. 27. Aug. 1850.

§ 1029. Das Dienstverhältniß der Forstbehörden zu den Gemeindevorständen ist coordinirt. Sie haben sich gegenseitig der Form der Ersuchungs-Schreiben zu bedienen; a. V. v. 1823, Art. 15, u. E. d. M. d. J. v. 21. Aug. 1826.

Den Forstwarten liegt ob, den dienstlichen Ansinnen der Bürgermeister und Vorstände der waldbesitzenden Corporationen, so ferne sie ihrer Instruction oder den Weisungen ihrer Vorgesetzten nicht widerstreiten, sofort zu entsprechen. Instr. § 2, Satz 6.

Die Lokalpolizeibehörden sollen, wenn sie Pflichtverletzungen derselben wahrnehmen, davon der Regierungsbehörde Anzeige machen. A. d. M. d. J. v. 24. Aug. 1850 u. Kr.Instr. § 16.

§ 1030. Zur Besoldung der Oberförster und Forstwarte haben die Besitzer sämmtlicher zu einem Revier, bz. Schutzbezirke, vereinigten Waldungen im Verhältniß der rauhen Steuerkapitalien derselben Beiträge zu leisten.

Die Repartition dieser Beiträge wird durch die Regierungsbehörden bewirkt. Die Auszahlung der Besoldung selbst erfolgt in den Fällen 1 des § 1027 durch Vermittelung der betreffenden Staatskasse, in den Fällen 2 desselben § aber durch die betreffende Gemeindekasse, aus beiden in der Regel in vierteljährigen Beträgen.

An die eine oder andere dieser Kassen sind daher auch jene Beiträge vierteljährig zu entrichten; a. V. v. 1811, §§ 69—76, u. v. 1823, Art. 33 u. 39.

IV. Abschnitt.

Jagdpolizei.

§ 1031. Jagdberechtigungen. Die Jagdberechtigungen auf fremdem Grund und Boden sind aufgehoben und können als Dienstbarkeit nicht mehr bestellt werden. Für die Prov. Rh. G. v. 4. u. 11. Aug. 1789 u. v. 22. u. 30. April 1790. B. v. 6. Germ. VI (26. März 1798) u. V. d. Landes-Admin. v. 21. Sept. 1815. Für die Prov. St. u. O. G. v. 26. Juli 1848 u. 12. Dez. 1851.

Nachdem in der Prov. Rh. die früher stattgefundene Administration der Waldjagden durch die Staatsforstbehörden wieder aufgegeben worden ist — E. d. M. d. J. v. 2. Aug. 1819 u. 11. Aug. 1846 — sind nun allgemein im Wesentlichen folgende Normen in Geltung:

1) Die Befugniß zur Ausübung der Jagd ist ein mit dem Grundeigenthum verbundenes Recht.
2) Der Grundeigenthümer darf aber dieses Recht in der Regel nur durch die Gemeinde, und diese wieder es nur durch Verpachtung ausüben. Vergl. Abth. XV, § 557.

3) Ausnahmsweise ist die Ausübung der Jagd dem Grundeigenthümer selbst überlassen:
   a) auf allen Grundstücken, die mit einer Mauer, einem Zaune oder Hecke umgeben und mit Thüre und Schloß versehen sind; a. G. Art. 6, u V. § 5;
   b) in den Prov. St. u. O auf denjenigen eigenthümlichen Grundstücken, welche entweder eine eigne Gemarkung bilden oder eine zusammenhängende Grundfläche von 300 hess. Morgen einnehmen. Eben so auf fremden Grundstücken, wenn diese von einer solchen Grundfläche eines Grundeigenthümers ganz eingeschlossen (Enclaven) sind. Doch ist im letzteren Fall für die Jagdbenutzung auf der Enclave ein entsprechender Pacht an die Gemeinde zu entrichten; a. G. Art. 4, 5 u. 7;
   c) in der Prov. Rh. in eigenthümlichen Privatwaldungen von zusammenhängendem Flächengehalte von 200 rheinischen Morgen und auf eigenen, eine zusammenhängende Fläche von 100 rheinischen Morgen betragenden Feldgütern; in dem letzteren Falle jedoch nur unter Beschränkung auf die eigene Person und nicht ausschließlich, sondern nur neben den Jagd-Pächtern der Gemeinden; a. V. §§ 3 u. 5.

4) Der Ertrag der Jagdverpachtungen nach Satz 2 fließt in die Gemeindekasse; doch gebührt in der Prov Rh. bei Waldjagden den Waldeigenthümern ein dem Verhältnisse ihres Grundbesitzes im Waldjagdbezirke entsprechender Antheil davon; a. V. v. 1815, § 2, u. a. M.E. v. 1819.

§ 1032. Jagdstrafordnungen. Zum Schutze des Jagdrechts bestehen:

für das ganze Land die auf die Wilderei, d. i den gewerbsmäßigen Betrieb unbefugter Jagdausübung, im Str.G.B. Art. 431—436 gesetzten Strafen;

für die Prov. St. u. O. eine Menge aus alter Zeit stammender, theils allgemeiner, theils partikulärer Strafbestimmungen. Vergl. Forst- u. Jagd-Ordnung v. 1776, Nr. 195 u. 196, 202 u. 212; v. 1780, Nr. 204, 205, 211 u. 221; u. die V. v. 6. Juni 1791; sodann die A. u. E. d. O.F.Collegs v. 9. Juni 1804, 23. Okt. 1804, 17. Nov. 1807, 19. Nov. 1808,

10. März 1827 u. 1. März 1817, letzteres insbesondere die Legitimation durch Scheine beim Transport und Verkauf von Wildpret betreffend; endlich

für die Prov. Rh. die umfassenden Strafnormen der a. V. v. 21. Sept. 1815.

§ 1033. Das Herumlaufenlassen von Hunden in Wäldern und Feldern während der Setz- und Hegezeit ist verboten und strafbar; doch ist darunter das bloße Mitnehmen unangebundener Hunde auf gangbaren Wegen nicht inbegriffen. A. d. M. d. J. an d. O.-F.Dir. v. 27. Sept. 1842.

§ 1034. Die Jagd-Polizei und Gerichtsbarkeit wird im Allgemeinen von denselben Behörden wie bei dem Forstwesen, auch im Wesentlichen nach denselben Regeln und Formen geübt. Instr. für die Forstwarte v. 1841, §§ 7—11; sodann für St. u. O. Ed. v. 6. Juni 1832, Art. 6; u. für Rh. a. V. v. 1815 u. V. v. 20. Sept. 1827.

§ 1035. Die Anstellung besonderer Jagdschützen steht den Jagdeigenthümern und Jagdpächtern zu. Dieselben müssen von dem Forstamte für zulässig erkannt sein und von dem Gerichte verpflichtet werden. A. d. O.F.Dir. v. 16. März 1833 u. E. d. M. d. J. v. 18. Juli 1849. Für Rh. a. V. v. 1815, § 6 i.

§ 1036. Wegen der Verbindlichkeit zu Leistung der Entschädigung für Wildschaden s. Abth. XXI, § 954.

§ 1037. Ueber die Eröffnung der Jagd bestimmt in den Prov. St. u. O. die Ober-Forst- und Domänen-Direction, in der Prov. Rh. die Regierungsbehörde. In der letzteren Prov. findet der Jagdaufgang in der Regel am 20. August statt, kann aber von dem Bürgermeister um 10 Tage weiter hinausgesetzt werden. V. v. 31. Juli 1829 u. Kr.Instr. § 129.

§ 1038. Jagdwaffenpässe. Niemand darf außerhalb der Städte und Ortschaften mit einem zur Jagd tauglichen Feuergewehre erscheinen, ohne mit einem von der Regierungsbehörde ausgestellten Jagdwaffenpasse versehen zu sein. V. v. 28. Juni 1827, §§ 1—4. Kr.Instr. § 120.

§ 1039. Von dieser Verpflichtung sind außer den im § 2 der a. V. verordneten Befreiungen durch spätere Verfügungen ferner ausgenommen:

1) alle Glieder der standesherrlichen Familien; A. d. M. d. J. v. 6. Nov. 1834; doch sind dieselben nach dem G. v. 7. August 1848 von der Abgabe selbst nicht befreit; E. d. M. d. J. vom 3. Febr. u. 26. April 1853;

2) die Angehörigen einer Gemeinde, welche sich auf den genehmigten öffentlichen Schießplätzen oder den nach denselben führenden öffentlichen Wegen befinden; V. v. 30. Sept. 1848;

3) alle Diejenigen, welche den von concessionirten Schützengesellschaften auf den Geburts- und Namenstag des Großherzogs veranstalteten Scheibenschießen beiwohnen, wenn sie auch nicht Mitglieder derselben sind; dieselben bedürfen, wenn sie Inländer sind, dazu nur Certificate der Bürgermeister ihres Wohnortes, wenn sie aber Ausländer sind, nur des Besitzes von Einladungsschreiben der Vorstände der betreffenden Schützengesellschaften; V. v. 18. Nov. 1839; jene Certificate sollen nur an Personen abgegeben werden, von welchen kein Mißbrauch zu besorgen ist; A. d. M. d. J. v. 23. Dezbr. 1839;

4) die Bürgerwehrmannschaften, welche sich im vorschriftsmäßigen Dienste, oder auf dem Uebungsplatze, oder den dahin führenden öffentlichen Wegen befinden. V. v. 30. Sept. 1848.

§ 1040. Die an den Districts-Einnehmer des Wohnortes zu entrichtende Taxe für die Waffenpässe beträgt 7 fl. Finanzgesetz von $18\frac{51}{53}$.

Unentgeltliche Jagdwaffenpässe erhält nur allein das Forstpersonal, insofern dasselbe nicht zugleich Pachter einer Jagd ist; a. V. § 4, V. v. 24. August 1848, E. d. Min. d. F. v. 29. Sept. 1834 u. 27. Juni 1846, u. A. d. O.F.Dir. v. 30. Okt. u. 22. Dezbr. 1827 u. 17. Okt. 1834.

§ 1041. Die Jagdwaffenpässe werden entweder für bestimmte Personen oder auf Inhaber ausgefertigt. Letztere sollen nur an solche Jagdeigenthümer und Jagdpächter abgegeben werden, welche bereits für ihre Person mit einem Jagdwaffenpasse versehen sind oder nach dem vor. § dessen nicht bedürfen; a. V. §§ 5 u. 6.

§ 1042. Die Ausfertigung eines Jagdwaffenpasses erhalten alle activen und pensionirten schriftsäßigen Beamten und Militärpersonen im Offiziersrange lediglich gegen Ablieferung der Quittung über die gezahlte Abgabe. Andere Personen müssen zugleich ein von dem Bürgermeister ihres Wohnortes auf Stempelpapier ausgestelltes, vom einschlägigen Regierungsbeamten visirtes Zeugniß einreichen, worin ihr Namen, Stand, Wohnort, Alter und Personalbeschreibung enthalten und bewahrheitet ist, daß sie entweder Pachter oder Inhaber einer Jagd, oder von unbescholtenem Rufe und noch niemals wegen Jagdfrevel verurtheilt worden seien, und ihnen daher ein Jagdwaffenpaß ertheilt werden könne; a. V. § 5.

§ 1043. Die Anzeigen wegen Uebertretung der Jagdwaffenpaß-V. sind durch die Oberförster zur vorerstigen Erledigung im Administrativwege an die Districts-Einnehmer abzugeben. V. vom 22. Januar 1829, B. v. 9. Nov. 1837 u. E. d. M. d. Fin. an d. O.F.Dir. v. 7. Sept. 1846.

V. Abschnitt.

Fischereien.

§ 1044. Die Fischereiberechtigungen bestehen in den Prov. St. u. O. noch; in der Prov. Rh. sind sie, was die nichtschiffbaren Flüsse betrifft, zu Gunsten der nebenliegenden Grundeigenthümer aufgehoben. Gutachten des Staatsrathes vom 30. Pluviose XIII.

Das Recht der Fischerei in schiffbaren Flüssen und Strömen ist als Regel dem Staate vorbehalten und darf von Niemand ausgeübt werden, der nicht dazu durch besonderen Rechtstitel, Concession oder Pachtung ermächtigt ist. Für Rh. G. v. 14. Floreal X.

§ 1045. Durch die Ausübung der Fischereiberechtigungen darf der Gebrauch des Wassers zu ökonomischen, gewerblichen oder landwirthschaftlichen Zwecken nicht beeinträchtigt werden. G. v. 26. Juli 1848, Art. 17.

§ 1046. Die älteren Fischereiordnungen, insoweit sie nicht durch die in den vorderen §§ erwähnten Grundsätze abgeändert sind, erscheinen noch in Geltung. Die noch anwendbaren Strafnormen finden sich namentlich:

für die Prov. St. u. O. in den Straf-Ordnungen von 1776, Nr. 254—300, u. 1780, Nr. 263—305, u. der V. des O.Forst-Collegs v. 15. Januar 1817;

für die Prov. Rh. in der durch Beschluß vom 28. Messidor VI aufrechterhaltenen Ordonnanz von 1669, insbes. Tit. XXV, Art. 18, u. Tit. XXXI, Art. 6—9, 12 u. 13, dem G. vom 14. Flor. X, Tit. V, Art. 14, u. d. Beschlusse v. 17. Nivose XII.

§ 1047. Die Fischerei-Polizei und Gerichtsbarkeit wird von denselben Behörden und im Allgemeinen nach denselben Grundsätzen wie bei dem Forst- und Jagdwesen geübt. Vergleiche Abschnitte II und IV oben.

XXIII. Abtheilung.

Handels- und Gewerbs-Polizei.

I. Abschnitt.

Handelsverkehr.

§ 1048. Der Handelsverkehr im Großherzogthum beruht im Allgemeinen auf dem Grundsatze des freien Betriebes. G. vom 16. Juni 1827.

Es gelten dafür im Ganzen dieselben Normen, Bedingungen und einzelnen Beschränkungen, welche sich im Abschnitt III „Gewerbspolizei" erörtert finden.

Die Zollordnung v. 9. März 1838 und die ihr gefolgten Vereinbarungen regeln den Handels- und Gewerbsverkehr in dem großen deutschen Zollvereine auf den Prinzipien der Einheit und Gegenseitigkeit. In wie weit darnach den zollvereinsländischen Handelsreisenden der gewerbsteuerfreie Handel im Großherzogthum, gleichwie den Großh. Unterthanen in den anderen Zollvereinsstaaten, verstattet ist, zeigt Abth. IX, § 174.

Was den Handelsverkehr mit anderen auswärtigen Staaten betrifft, so entscheidet dafür, insoweit nicht besondere Handelsverträge vorliegen, der Grundsatz der Gegenseitigkeit.

§ 1049. Handelsprivilegien. Die ausschließlichen Handels- und Gewerbsprivilegien sind aufgehoben. Patente für Erfindungen können jedoch auch forthin auf bestimmte Zeit ertheilt werden. G. v. 30. Juli 1848, 15. Sept. 1851 u. V. v. 24. Nov. 1851.

§ 1050. Märkte. Die Befugniß zur Abhaltung von Jahrmärkten (Jahrmarktsgerechtigkeit) kann von den Gemeinden nur durch Verwilligung der Staatsregierung erworben werden.

Die bloße Verlegung eines Jahrmarktes wegen eines eingetretenen Hindernisses liegt in der Befugniß der Regierungsbehörden.

Eine Abgabe an den Staat von Märkten findet nicht mehr statt. Finanz-Gesetz von $18\frac{24}{26}$.

Dagegen ist den Gemeinden, mit Genehmigung der Regierungsbehörde, die Erhebung eines Standgeldes verstattet. E. d. M. d. J. an die R. v. 22. Juli 1824, zu Nr. D. 7319.

Es darf indessen dabei, gleichwie bei dem Verloosen der Plätze überhaupt, kein Unterschied zwischen Einheimischen und Fremden gemacht werden; vielmehr sind Alle nach gleichen, den Lokalverhältnissen der verschiedenen Marktorte entsprechenden Normen zu behandeln. E. d. M. an d. R. zu Gsn. v. 2. Okt. 1811, zu Nr. D. 6179.

An Sonn- und Festtagen dürfen keine Jahrmärkte stattfinden. Dieselben müssen, wenn sie auf solche Tage fallen, verlegt werden. A. d. M. d. J. v. 29. Nov. 1839.

Ausländer, welche die inländischen Messen und Jahrmärkte besuchen und nur während der Dauer derselben ihre Waaren feil bieten, haben kein Patent zu lösen und keine Gewerbsteuer zu entrichten. G. v. 16. Juni 1827, Art. 24.

§ 1051. Was das Auszapfen von Getränken auf Jahrmärkten betrifft, so ist darüber durch den in dem A. d. R. d. Prov. O. v. 20. Juni 1826 enthaltenen E. d. M. d. J. bestimmt:

1) daß die an dem Orte eines Jahrmarktes concessionirten Wirthe zum Verzapfen auf demselben nur der lokalpolizeilichen Erlaubniß bedürfen;
2) daß den Wirthen anderer Orte aber der Verzapf darauf verboten ist; übrigens
3) bei Jahrmärkten im Freien, in Lagern, bei Revüen u. dgl. m. den Wirthen verschiedener Orte, ohne Unterschied, der Verzapf nachzugeben ist, vorbehaltlich jedoch der Einholung der lokalpolizeilichen Erlaubniß dazu.

§ 1052. Auf den öffentlichen Märkten dürfen vor 11 Uhr Vormittags, bei Vermeidung einer Strafe von 5 fl. bis 30 fl., keine Fruchthändler Getreide oder Mehl ankaufen; eben so Niemand Kartoffeln, wer mit Kartoffeln Handel treibt.

Auf Fruchtmärkten ist während der für Abhaltung des Marktes bestimmten Zeit die Vermittelung von Käufen und Verkäufen von Getreide, Mehl und Kartoffeln durch Mäkler bei gleicher, sowohl gegen den Käufer und Verkäufer, als gegen den Mäkler zu erkennenden Strafe verboten. V. v. 7. Mai 1847, § 4 u. 5, u. v. 31. August 1847.

Sodann ist, zur Verhütung nachtheiliger Störungen der freien Concurrenz auf den Fruchtmärkten, durch A. d. M. d. J. vom 28. Okt. 1846 weiter Folgendes verordnet:

1) Es ist Jedermann untersagt im Umkreise eines Ortes, wo der Fruchtmarkt abgehalten wird, bis zu einer Entfernung von 2 Stunden von diesem Orte innerhalb der Zeit von der Mittagsstunde des Tages vor dem Fruchtmarkte an bis zum Schlusse des Letzteren, Früchte, welche sich auf dem Wege nach dem Orte, wo der Fruchtmarkt abgehalten wird, befinden, aufzukaufen.

2) Es ist verboten Diejenigen, welche mit Fruchtvorräthen auf dem Wege zum Fruchtmarkte, um sie daselbst zu verkaufen, begriffen sind, oder Diejenigen, welche ihre Fruchtvorräthe bereits zum Verkaufe auf dem Markte ausgestellt haben, zu bereden ihre Früchte auf dem Markte gar nicht oder nur zu einem bestimmten Preise zu verkaufen.

3) Frucht, welche an den Ort, wo der Fruchtmarkt abgehalten wird, von der Mittagsstunde (12 Uhr) des Tages vor dem Fruchtmarkte an bis zum Schlusse des Letzteren eingeführt wird, darf nur auf dem Markte selbst zum Verkaufe gebracht werden.

4) Früchte, welche auf einem Fruchtmarkte angekauft worden sind, dürfen auf demselben Markte nicht wieder zum Verkaufe gebracht werden.

5) Früchte, welche zum Verkaufe auf den Markt gebracht werden, dürfen vor der zum Beginne der Verkäufe an den betreffenden Orten festgesetzten Zeit nicht verkauft werden.

6) Auf dem Fruchtmarkte darf nur die wirklich dahin gebrachte Frucht verkauft werden; es ist daher untersagt nach mitgebrachten Mustern Frucht auf dem Markte zu verkaufen.

7) Zuwiderhandlungen gegen vorstehende Bestimmungen werden, insoweit nicht die Vorschriften der V. v. 1. Sept. d. J. wegen unredlicher Steigerung der Fruchtpreise zur Anwendung kommen, mit einer Polizeistrafe von 5 bis 50 fl. geahndet, welche im Falle der Uneinbringlichkeit im Gefängniß mit 40 kr. für einen Tag zu verbüßen ist.

8) Insoweit auf den Fruchtmärkten an den einzelnen Orten auch Mehl verkauft wird, finden darauf obige Vorschriften gleichfalls Anwendung.

§ 1053. Ueber die Ergebnisse der Fruchtmärkte und die darauf erzielten Mittelpreise haben die Lokalpolizeibehörden unverweilt Uebersichten an die Redaction der Darmstädter Zeitung einzusenden. A. d. M. d. J. v. 4. Sept. 1847.

§ 1054. Auf Viehmärkten muß das zum Verkauf ausgestellte Rindvieh mit einem Viehgesundheitsscheine begleitet sein; siehe Abth. XVII, § 806.

§ 1055. Die den lokalen Verhältnissen entsprechende sonstige Regelung der Marktverhältnisse wird angemessener Weise überall durch besondere, mit Genehmigung der Regierungsbehörde zu entwerfende Marktordnungen zu bewirken sein.

Dahin gehört u. a. auch die Bestimmung, daß, wo Fruchtmärkte bestehen, für die Anschaffung und Aufstellung gestempelter Wagen zu sorgen ist, für deren beliebigen Gebrauch, auf Vorschlag des Gemeindevorstandes, eine billige Wagegebühr durch die Regierungsbehörde festgesetzt werden soll. A. d. M. d. J. v. 6. Okt. 1847.

§ 1056. Die Bürgermeister haben zum Zwecke der vorgeschriebenen Mittheilung an die Redaction des Landkalenders, so wie Behufs vereinbarten Austausches der Nachricht über die wichtigeren benachbarten Märkte mit den Regierungen der Nachbarstaaten, alljährlich schon im Monat Januar ein genaues Verzeichniß der in ihren Gemeinden im folgenden Jahre abgehalten werdenden Jahrmärkte, mit richtiger Angabe der Tage der Abhaltung derselben, an ihre vorgesetzte Regierungsbehörde einzusenden. E. d. M. d. J. an die R. zu Gßn. v. 26. Juni 1832, zu Nr. D. 7220, und

A. d. R. d. Prov. O. v. 4. Juli 1832, so wie E. d. M. d. H. und Aeuß. an den Prov.C. zu Gsn. v. 22. Okt. u. 31. Dezbr. 1834, 16. März, 8. Mai u. 10. Sept. 1835.

§ 1057. Für die gewöhnlichen Wochenmärkte sollte ebenfalls eine Lokal-Marktordnung nirgends fehlen. Die Aufnahme einer Bestimmung in dieselbe, wonach bis zu einer festgesetzten Stunde weder ein Vorkauf auf dem Markte durch Händler, noch ein Verkauf außer dem Markte hausirend stattfinden darf, erscheint empfehlenswerth.

§ 1058. Hausirhandel. Der Hausirhandel und der Gewerbsbetrieb im Umherziehen überhaupt sind durch die umfassende V. v. 6. Nov. 1846 geregelt.

Der § 2 dieser V. bezeichnet die Gegenstände, womit

I. das Hausiren im ganzen Lande unbeschränkt und, ohne daß es dazu einer besonderen Erlaubniß bedarf, gestattet ist, insofern nicht die höhere Polizeibehörde aus zureichenden, von der Persönlichkeit des Bittstellers hergeleiteten Gründen das Hausiren untersagt.

II. (§§ 3 u. 4.) Das Hausiren mit anderen, als den unter I. bezeichneten Gegenständen, so wie die Ausübung eines Gewerbes, das hausirend betrieben wird, ist nur Denjenigen gestattet, welche dazu von der Regierungsbehörde die Erlaubniß erhalten und darauf hin ein Patent ausgewirkt haben.

Die Erlaubniß zum Hausirhandel kann jedem darum nachsuchenden Inländer nur dann ertheilt werden, wenn er

a) das 21. Lebensjahr zurückgelegt hat;
b) guten Ruf besitzt, auch im Besitze der Mittel ist, um sich auf rechtliche Weise die Waaren oder Materialien, womit er hausiren oder ein hausirend zu betreibendes Gewerbe ausüben will, verschaffen zu können, und
c) in irgend einer Gemeinde des Großherzogthums einen festen Wohnsitz hat.

III. (§§ 5—7.) Die Erlaubniß zum Hausiren darf von der Regierungsbehörde ohne höhere Ermächtigung nur bezüglich der in der Anl. B der Verordnung speciell bezeichneten Gegenstände, so wie für inländischen Boy und selbstverfertigten inländischen Flanell (A. d. M. d. J. v. 23. Nov. 1853) und Mehl (A. des M. d. J. v. 5. Januar 1848) ertheilt werden.

Eben so ist die Befugniß zur Ertheilung der Hausir-Erlaubniß auf bestimmte Gewerbe beschränkt. (§ 6.)

Das Krautschneiden ist nachträglich ganz freigegeben. A. des M. d. J. v. 8. Dezbr. 1851.

IV. (§ 8.) Die Erlaubniß, so wie das Patent zum Hausirhandel wird nur für eine Person ertheilt. Es muß somit jeder Hausirende damit versehen sein.

Treiben Mehrere den Hausirhandel zusammen oder gemeinschaftlich, so muß jeder Theilhaber die Erlaubniß und das Patent hierzu auswirken, es sei denn, daß der Hausirer sich seine Waaren oder Materialien durch seinen Diener oder durch seine Familienglieder bloß nachtragen läßt.

V. (§ 9.) Für jeden Gehülfen muß der Hausirer eine Abschrift der ihm ertheilten Erlaubniß und des ihm darauf ausgefertigten Patents, worauf der Namen und das Signalement des Gehülfen bemerkt ist, gegen die Stempelgebühr von 12 kr. erwirken.

Es dürfen jedoch nur Inländer als Gehülfen angenommen (A. d. M. d. J. v. 22. Mai 1847) und nicht mehr Abschriften ertheilt werden, als Gehülfen bei der Regulirung des Gewerbesteuerkapitals in Ansatz gekommen sind.

Die Patente, so für den Prinzipalen, als für den Gehülfen, müssen von dem Steuercommissär visirt werden. A. d. O.Fin.K. vom 12. Juli 1847.

VI. (§ 10.) Jeder Hausirer muß bei dem Betriebe seines Handels oder Gewerbes stets die Erlaubniß und das Patent hierzu in Urschrift, jeder Gehülfe aber das erforderliche Duplicat bei sich führen und auf Verlangen vorzeigen.

Der Hausirende und Gehülfe, welcher sein Geschäft außerhalb seines Wohnortes betreiben will, muß sich außerdem zuvor bei dem betr. Bürgermeister persönlich melden und die Erlaubniß und das Patent oder das Duplicat von demselben visiren lassen.

VII. (§ 11.) Die Erlaubniß und das Patent zum Hausirhandel berechtigen nicht zu dem nur auf Messen und Märkten gestatteten Auslegen förmlicher Waarenlager zum öffentlichen Verkaufe. — Auch berechtigen die Erlaubniß und das Patent niemals zum Verkaufe solcher Waaren oder zur Ausübung solcher Gewerbe, welche nicht darin ausdrücklich angegeben sind.

(§ 12.) Zum Hausirhandel auf Messen und Märkten ist keine Erlaubniß und kein Patent erforderlich.

Der Hausirer bedarf bloß einer polizeilichen Legitimation, welche auf stempelfreiem Papier zu ertheilen ist.

VIII. (§ 13.) Ausländern, welche sich über die Punkte unter a) und b) des § 4 und über einen gewissen Heimathsort gehörig auszuweisen vermögen, kann unter den Bestimmungen der Verordnung, gleich den Inländern, der Hausirhandel gestattet werden, wenn der Staat, welchem der Ausländer angehört, den Großherzoglichen Unterthanen mindestens in gleichem Maaße solchen Handel und Betrieb zugesteht. [29])

Gehülfen zu solchen Geschäften werden indessen den Ausländern unter keinerlei Umständen gestattet.

(§ 14.) Auf Messen und Jahrmärkten bedürfen die Ausländer so wenig wie die Inländer einer Erlaubniß und eines Patents, sie müssen sich aber bei der Lokalpolizeibehörde vorher durch ein von der Behörde ihres Wohnortes ausgestelltes, jährlich zu erneuerndes Zeugniß gehörig ausweisen, worauf ihnen die Lokalpolizeibehörde die zu dem befragten Geschäftsbetriebe nöthige Legitimation auf stempelfreiem Papier zu ertheilen hat.

IX. (§ 15.) Zuwiderhandlungen gegen die Bestimmungen der §§ 3, 10, 11 und 12 werden mit einer Polizeistrafe von 1—5 fl. geahndet, neben der wegen Uebertretung der Gewerbsteuergesetze verwirkten Strafe.

(§ 16.) Von den wirklich eingegangenen Polizeistrafen erhalten die Denuncianten ein Drittheil. Kann die zuerkannte Geldstrafe nicht beigetrieben werden, so muß sie im Gefängniß, und zwar mit 24 Stunden für jeden Gulden, verbüßt werden.

X. (§ 17.) Die in nachstehenden Verordnungen enthaltenen Verbote und Bestimmungen bleiben auch ferner in Kraft:

a) das Verbot des Handels mit Gift und Arzneiwaaren nach § 9 des G. v. 31. Mai 1821;

---

29) Eine Zusammenstellung der in verschiedenen anderen deutschen Staaten über den Hausirhandel geltenden Grundsätze und Vorschriften ist den Reg.C. durch E. d. M. d. J. v. 16. April 1850 zur Beachtung der Gegenseitigkeit mitgetheilt worden. — Vergl. auch A. d. M. d. J. v. 1. Okt. 1853.

b) das Verbot des Hausirens mit Wein, Obstwein, Bier, Branntwein, Kaffe, Zucker und fabrizirtem Tabak, so wie mit Salz, nach § 6 der V. v. 1. Dezbr. 1827;

c) das Verbot des Hausirhandels mit lithographirten und gedruckten Schriften nach Art. 2 des G. v. 6. Febr. 1836;

d) das Verbot des Hausirhandels mit Streichfeuerzeugen. V. vom 15. Nov. 1842.

Alle übrigen, dermalen bestehenden Verordnungen dagegen, die den Hausirhandel betreffen, sind aufgehoben.

§ 1059. Hausiren auf Bestellung. Wenn ein Handelsmann in dem Orte, worin er ansäßig ist, entweder bestellte Waaren in die Häuser bringt oder in denselben seine Waaren auch ohne Bestellung anbietet und verkauft, so fällt dies nicht unter den Begriff des verbotenen Hausirhandels.

Dagegen ist es als ein unerlaubter Hausirhandel anzusehen, wenn ein Handelsmann solche Waaren, mit welchen entweder überhaupt nicht hausirt werden darf oder für deren Verkauf er kein Hausirpatent besitzt, gleichviel ob auf vorhergegangene Bestellung oder ohne solche, in anderen Orten außerhalb seines Wohnsitzes zum Verkaufe herumträgt und in die Häuser bringt. A. d. M. d. J. vom 9. Juni 1847.

§ 1060. Der Hausirhandel mit Vieh, soweit nicht nach § 1058 specielle Ausnahmen verstattet sind, ist im Allgemeinen verboten. Das a. M.A. v. 9. Juni 1847 findet daher auch darauf keine Anwendung.

Dagegen ist das Zuführen von Vieh auf Bestellung, selbst von Seiten solcher Handelsleute, welche an dem betreffenden Orte nicht ansäßig sind, nicht als unstatthaftes Hausiren zu betrachten. A. d. M. d. J. v. 12. April 1852.

§ 1061. Verfahren. Derjenige, welcher Hausir-Erlaubniß zu haben wünscht, pflegt sich deßhalb an den Bürgermeister seines Wohnortes zu wenden, welcher alsdann verpflichtet ist genau zu prüfen, ob die Bedingungen des § 1058 rücksichtlich der Persönlichkeit und des Gegenstandes vorliegen und demzufolge, unter ausführlicher Angabe aller bezüglichen Verhältnisse, über das Gesuch an die Regierungsbehörde zu berichten hat. V. v. 1. Dezbr. 1827, § 2.

§ 1062. Maaß und Gewicht.[30] Durch V. v. 10. Dezbr. 1817 ist ein neues gleichförmiges Maaß und Gewicht nach einfachem System verordnet und eingeführt worden. (Die Vergleichung der früheren Flächenmaaße in der Prov. O. mit dem neuen Maaße s. V. v. 30. Nov. 1819.)

§ 1063. In den verkehrreichen Städten und Orten sind besondere Aichämter errichtet, bei welchen alle Maaße, Wagen und Gewichte untersucht und gestempelt werden müssen, die im öffentlichen Verkehr gebraucht werden sollen.

Die Gemeinden sind verbunden ein passendes heizbares Lokal in einem öffentlichen Gebäude einrichten zu lassen, worin die Normalapparate aufgestellt und die Stempelungen vorgenommen werden können; a. V. Satz 15, 19 u. 20, u. V. v. 8. Januar 1819, § 11.

Der Tarif der Aichgebühren ist durch V. v. 16. Juni 1841 festgesetzt.

§ 1064. Jeder Gemeinde, deren Verkehrsverhältnisse es nöthig machen, soll es mit Genehmigung der Regierungsbehörde gestattet sein, unter der Leitung des Kreisbauamtes, eine öffentliche Wage- oder Faßaiche anzulegen und zu unterhalten.

Die regulirten Gebühren dienen zur Unterhaltung der Anstalt und zur Besoldung des dazu nöthigen Personals. Ein Zehntheil des reinen Ertrages muß jedoch an die Inspectionskasse des Bezirks abgegeben werden. V. v. 14. Sept. 1818 u. A. d. M. des J. v. 7. Sept. 1837.

§ 1065. Die technische Aufsicht über das Maaß- und Gewichtswesen, so wie über die Aichämter, liegt den Kreisbauämtern, unter der oberen Leitung der Oberbaudirection, ob. E. v. 14. Sept. 1832.

Die zeitweise von der Oberbaudirection angeordnete Revision der Maaße und Gewichte durch besondere Beauftragte geschieht unter ihrer Aufsicht.

---

30) Eine besondere Darstellung über das neue Maaß- und G.wicht-System im Großherzogthum Hessen, nebst Abdruck der Instructionen der dabei mitwirkenden technischen Behörden, so wie der Vergleichung der vorzüglichsten Maaße und Gewichte, ist von Grimm 1840 erschienen und den Behörden amtlich mitgetheilt worden.

§ 1066. Die polizeiliche Aufsicht über die Anwendung der neuen Maaße und Gewichte ist dagegen der Lokalpolizeibehörde übertragen, welche die Befolgung der einschlägigen Gesetze und Vorschriften zu überwachen verpflichtet ist. V. v. 8. Jan. 1819, § 13.

§ 1067. Verpflichtung zum Gebrauch der neuen Maaße und Gewichte. Die durch die V. v. 10. Dezbr. 1817 ausgesprochene absolute Verpflichtung zum Gebrauch des neuen Maaßes und Gewichtes ist durch G. v. 3. Juni 1821 wieder aufgehoben und verordnet worden, daß nur diejenigen Personen, welche ein offenes Gewerbe treiben, gehalten sind dasselbe zu führen und anzuwenden.

Unter offenen Gewerben sind alle Gewerbe zu verstehen, zu deren Betreibung von Seiten des Staates Erlaubniß gegeben wird. E. des M. d. J. v. 17. Juli 1823.

Außerdem soll das neue Maaß- und Gewicht-System bei allen unter Aufsicht des Staates stehenden Anstalten und öffentlichen Handlungen, folglich auch bei allen Accorden, Verträgen und Urkunden in den Gemeinde-, Kirchen- und Stiftungsverwaltungen und Rechnungen, ausschließlich angewendet werden; a. G. u. Aussch. d. M. d. J. vom 24. Febr. 1843, V. v. 17. März 1819 (die Form der Kalkbütten betr.), 24. Juli 1820 u. 15. Febr. 1823 (beide das Holzmaaß betr.) u. 10. April 1822 u. 10. Febr. 1840.

§ 1068. Diejenigen, welche der vorstehenden Verpflichtung zuwiderhandeln oder sich gesetzwidrig ungestempelter neuer Maaße, Wagen und Gewichte dabei bedienen, verfallen in eine Strafe von 10 fl.

Diese Strafe soll jedoch, wenn sich bei Gewerbtreibenden mehrere unrichtige Maaße oder Gewichte vorfinden, nur für jede Gattung derselben einmal, also z. B. für alle vorgefundenen Flüssigkeitsmaaße zusammen mit 10 fl. angesetzt werden. V. v. 10. Dezbr. 1817, Satz 23, und E. d. M. d. J. v. 10. Febr. 1830.

§ 1069. Dieselbe Strafe trifft diejenigen Kaufleute, in deren Läden ungestempelte Maaße, Wagen oder Gewichte vorgefunden werden, wenn sie auch nicht des wirklichen Gebrauches derselben überwiesen werden sollten; a. G. Satz 24.

Gemäß E. d. M. d. J. v. 17. Juli 1823 bleibt hiernach auch der bloße Besitz anderer, als gestempelter Maaße und Gewichte, bei Vermeidung der gesetzlichen Strafe und der Confiscation, untersagt:

1) den Kaufleuten und Krämern aller Art, Bäckern und Metzgern in ihren Läden;
2) den Wirthen in den Wirthslokalen;
3) den Müllern in der Mühle;
4) den Hausirern beim Hausirengehen, und
5) bei allem Verkauf auf Märkten.

Sodann ist den Kaufleuten und Krämern der Verkauf von solchen Maaßen und Gewichten, deren sie bei ihrem Handel gebrauchen, untersagt.

Die Verordnung, daß alle anderen, als die gesetzlichen Maaße und Gewichte vernichtet werden sollen, ist durch G. v. 3. Juni 1821 aufgehoben.

§ 1070. Anwendung des Ellenmaaßes. Auf Jahrmärkten sind die handelnden Kaufleute und Krämer, welche keine gestempelten Ellen mitbringen, verpflichtet von der Gemeinde eine gestempelte Elle gegen Erlegung von 6 kr. anzunehmen. Nach beendigtem Markte steht es ihnen frei dieselbe wieder zurückzugeben, wofür ihnen 4 kr. verstattet werden. V. v. 8. Januar 1819, § 5.

Der gewöhnliche Garnhaspel mit sechs Speichen soll genau eine Elle Durchmesser oder drei Ellen Umfang haben; a. V. § 6.

§ 1071. Anwendung der Wagen. Bei dem Kleinhandel ist der Gebrauch der Schnellwagen, namentlich den Kaufleuten, Metzgern und Bäckern, zu Wiegungen unter 25 Pfund, bei Meidung einer Strafe von 10 fl. untersagt. Eine Ausnahme findet bei dem Butterhandel statt; a. V. § 4 u. A. d. M. d. J. v. 20. Sept. 1843.

Gleicharmige Wagen bedürfen keiner Stempelung. Wenn solche jedoch auf einer Seite überwichtig befunden werden oder Anhängsel irgend einer Art an denselben angebracht sind, so ist die gesetzliche Strafe von 10 fl. verwirkt. V. v. 14. Febr. 1837 und 4. März 1838.

§ 1072. Anwendung des Flüssigkeitsmaaßes. Bei dem inländischen Verkaufe und bei dem Ausschenken von geistigen Getränken und sonstigen Flüssigkeiten dürfen keine anderen Boutellen und Krüge als solche gebraucht und angetroffen werden, welche mit dem vorgeschriebenen Aichzeichen versehen sind, bei Strafe von 10 fl. Auch Champagner-Flaschen und Krüge, wenn sie zum Verkaufe des Bieres gebraucht werden, unterliegen dieser Vorschrift. Ausgenommen sind jedoch Standgefäße, d. i. solche, welche nur zur Aufbewahrung von Getränken gebraucht werden, nicht selbst als Maaße gelten, so wie verschlossene Bouteillen und Krüge, worin feinere ausländische Weine, Liqueure und sonstige Flüssigkeiten aus dem Auslande eingeführt und sonach verkauft werden. V. vom 10. Sept. 1819, § 2 u. 3, und A. d. M. d. J. v. 18. Nov. 1841, 2. August 1843, 12. Dezbr. 1844 u. 8. März 1845.

§ 1073. Gleich strafbar ist der Gebrauch oder Besitz anderer als geaichter Gemäße und Glasgefäße in den Wirthslokalen (s. § 1069); doch sollen die bei dem Kleinverzapf von Liqueuren, Branntwein rc. gebräuchlichen Gefäße unter 1/4 Schoppen der Aiche nicht unterworfen sein. A. d. M. d. J. v. 2. Okt. 1837.

Die Einführung oder der Verkauf im Auslande geaichter Glasgefäße ist, neben Confiscation, mit einer Strafe von 5—10 fl. bedroht. V. v. 16. Nov. 1829.

§ 1074. Auch alle Fässer, welche 600 neue Maaß und darunter halten, wenn sie beim Handel gebraucht werden, müssen geaicht sein. V. v. 10. Sept. 1819, § 4.

§ 1075. Allgemeine Ausnahmen von der Anwendung des neuen Gewicht-Systems finden statt:

1) in Ansehung des Münz-, Apotheker- und Juwelen-Gewichts;
2) hinsichtlich des Großhandels der Kaufleute mit dem Auslande; a. G. Sätz 26—28.

Das Apotheker-Gewicht ist durch besondere Anordnungen geregelt. E. d. M. d. J. an die R. v. 6. Mai 1829 und V. v. 2. Juni 1820.

§ 1076. Revision. Bei der zeitweisen Revision der Maaße und Gewichte haben die Gewerbtreibenden in dem bekannt gemachten Termine ihre Maaße und Gewichte vorzuzeigen, damit sie revidirt und mit dem Revisionszeichen versehen werden.

Der bloße Besitz selbst richtiger Maaße und Gewichte, welche mit dem Revisionszeichen der letzten Revision nicht versehen sind, ist mit einer Ordnungsstrafe von 30 kr. belegt. A. d. M. des J. v. 24. August 1836.

§ 1077. Visitationen. Die von dem Ortspolizeipersonal und der Gensdarmerie von Zeit zu Zeit vorzunehmenden Visitationen der Maaße, Gewichte und Wagen in den Gewerbslokalen dürfen in der Regel nur stattfinden bei den Gewerbtreibenden und Anlässen, welche im § 1069 unter 1—5 aufgezählt sind.

Eine weitere Ausdehnung der Visitationen erfordert besonderen Befehl der oberen Polizeibehörde. E. d. M. d. J. v. 17. Juli 1823.

§ 1078. Die befundenen Zuwiderhandlungen sind wie die Polizeianzeigen überhaupt zu behandeln, die unrichtigen Objecte aber in Beschlag zu nehmen und mit einem diese Beschlagnahme beurkundenden Zettel zu besiegeln. V. v. 19. Juli 1819 u. v. 16. Juni 1841, § 10, u. A. d. M. d. J. v. 4. April 1844. Jene V. v. 1841 enthält zugleich die Normen für die straflosen Fehlergränzen.

Ausnahmsweise sollen die Zuwiderhandlungen der Salzauswieger nicht an das Polizeigericht, sondern vielmehr an den Polizei-Salzregie-Inspector zur disciplinären Ahndung abgegeben werden. E. d. M. d. J. v. 22. Mai 1845.

Absichtliche Verfälschungen bleiben den allgemeinen Strafgesetzen unterworfen. G. v. 10. Dezbr. 1817, Satz 25.

§ 1079. Münzen und Papiergeld. In dem Strafgesetzbuche sind nicht allein das Falschmünzen und die Münzfälschung als schwere Verbrechen bezeichnet, sondern auch das vollgültige Ausgeben eingewechselter oder eingekaufter, wissentlich unächter und verfälschter, so wie außer Cours gesetzter (verrufener) Münzen mit Strafe bedroht. Str.G.B. Art. 201, 209—214.

Die V. v. 10. Febr. 1838 bestimmt für das letztere Vergehen, insoweit es nicht als Verbrechen strafbar ist, eine Polizeistrafe und verbietet zugleich das Anbieten oder Ausgeben irgend welcher coursfähigen Münze als Zahlung zu einem höheren Werthe, als sie in der V. v. 31. Dezbr. 1837 tarifirt worden ist, unter Androhung einer Polizeistrafe von 5 fl. für jeden einzelnen Fall. — Vergleiche auch Münzconvention vom 30. Juli 1838.

Aehnliches, wie im Str.G.B. wegen der Münzen, ist rücksichtlich des Papiergeldes durch G. v. 10. Januar 1853 verordnet.

Die Lokalpolizeibehörden haben auf die Handhabung aller dieser Vorschriften ein wachsames Auge zu richten.

§ 1080. Schifffahrt, und zwar:

I. Rheinschifffahrt. Für die Rheinschifffahrt bilden die zwischen den Rheinufer-Staaten abgeschlossenen Conventionen vom 31. März und 30. Juni 1831 die Grundlage.

Eine eigene Central-Commission leitet die deßfallsigen Verhandlungen.

Die V. v. 27. April 1851 regelt das Verhalten bei dem Befahren des Rheins für den ganzen Strom in umfassender Weise.

Die Bürgermeister und Polizeicommissäre, wie auch die Gensdarmen, Dammwärter, Feldschützen und sonstigen Polizeiagenten, sind zur Ermittelung der Zuwiderhandlungen und Errichtung der Protokolle darüber für competent erklärt und angewiesen; (a. V. § 1).

Hinsichtlich der Art und Weise der Protokollaufnahme gelten die Bestimmungen der V. v. 16. Sept. 1831, Art. 18 u. 19, und wegen der schuldigen Cautionsleistung der Ausländer die Normen der Artikel 36—38.

§ 1081. II. Mainschifffahrt. Aehnliche Dienstverpflichtungen sind den im vorigen § genannten Lokalbehörden und Polizeiagenten durch die V. v. 12. April 1843 (Art. 17), das Vorbeifahren der Dampf- und Segelschiffe an einander, auch sonstige von beiden und den Floßen bei der Fahrt auf dem Maine zu beobachtenden Polizeivorschriften betreffend, auferlegt.

§ 1082. III. Neckarschifffahrt. Deßgleichen durch die V. v. 22. August 1845, Art. 22, bezüglich derselben Verhältnisse bei der Fahrt auf dem Neckar.

II. Abschnitt.

Aufsicht über die Lebensmittel.

§ 1083. Es wird die ernste Sorge der Lokalbehörden dafür in Anspruch genommen, eines Theils, daß in den Gemeinden kein Mangel an den nothwendigsten Lebensmitteln entsteht, und anderen Theils, daß dieselben stets nur in unschädlicher, bz. preiswürdiger Beschaffenheit in den Verkehr gesetzt werden.

Die Bürgermeister haben eine Uebersicht über den Erndte-Ertrag nach vorgezeichnetem Muster alljährlich Anfangs Oktober an die Regierungsbehörde einzusenden. A. d. M. d. J. v. 30. Juli 1853.

§ 1084. Die V. v. 1. Sept. 1846, die unredliche Steigerung der Fruchtpreise betreffend, verbietet bei schwerer Strafe: jede Verbreitung falscher oder entstellter Nachrichten, jedes Anbieten höherer Preise, als die Verkäufer selbst fordern, jede Vereinigung Mehrerer zur Erzielung höherer Preise und alle Scheinverträge und sonstige zu dem Zwecke angewandte Kunstgriffe, um das Steigen der Preise des Getreides, der Futterkörner, des Mehles oder mehliger Substanzen, insbesondere des Brodes oder der Kartoffeln, zu bewirken.

§ 1085. Der Verkauf aller und jeder Früchte auf dem Halm, insofern er in Bausch und Bogen oder um einen geringeren als den der Zeit geltenden Preis geschieht, ist für die Prov. St. u. O. durch V. v. 20. Juni 1817 als nichtig erklärt und zugleich mit einer sowohl von dem Käufer, als Mäkler zu erlegenden Strafe von 50 Reichsthalern bedroht.

Ein allgemeines Landgesetz vom 17. Mai 1847 dehnt dieses Verbot noch, unter Schärfung der Polizeistrafe, jedoch beschränkt auf Getreide, Reps, Magsaamen, Hülsenfrüchte und Kartoffeln, unter der Bestimmung aus, daß dergleichen Verträge in dem Falle rechtsverbindlich und zulässig sein sollen, wenn sie den laufenden Preis zur Zeit der Lieferung bedingen.

Zugleich verbietet dieses Gesetz und erklärt für nichtig alle Verträge, durch welche ein inländischer Producent, der nicht zugleich patentisirter Handelsmann ist, Getreide, Weizen, Korn oder Roggen, Gerste, Spelz oder Dinkel, Hafer, Haidekorn oder Buchweizen, Hirse, Reps, Magsaamen, Hülsenfrüchte (Erbsen, Bohnen, Linsen), Kartoffeln oder Mehl, auf Lieferung nach der Erndte um einen anderen Preis, als den zur Zeit des Vertrages oder der Lieferung laufenden, verkauft.

§ 1086. Die zur Beförderung des Verkehrs mit Lebensmitteln auf Fruchtmärkten getroffenen Anordnungen sind in Abschnitt I, § 1052, erörtert.

Außerhalb der Fruchtmärkte darf die Vermittelung von Verkäufen und Ankäufen von Getreide, Hülsenfrüchten und Kartoffeln nur durch Mäkler geschehen, welche von der Regierungsbehörde dazu die Erlaubniß erhalten und von derselben eidlich verpflichtet worden sind. Denselben ist der eigene Handel mit den bezeichneten Gegenständen verboten. Sie müssen alle vermittelten Geschäfte in ein förmliches Tagebuch eintragen.

Die Mäkler stehen unter der Aufsicht der Lokalpolizeibehörden, welche alle Pflichtverletzungen derselben bei der Regierungsbehörde zur Anzeige zu bringen haben. V. v. 4. Dezbr. 1846 u. A. d. M. d. J. v. 11. Dezbr. 1846 u. 22. August 1853.

§ 1087. Behufs der Verwiegung der Früchte bei dem vorzuziehenden Verkauf auf's Gewicht ist die Anstellung von besonderen Fruchtmitterern anempfohlen. Die Ernennung derselben ist, vorbehaltlich der Bestätigung von Seiten der Regierungsbehörde, den Bürgermeistern überlassen. Der Mitterer darf nicht zugleich Mäkler sein. Die Zuziehung desselben soll übrigens Jedermann freigestellt bleiben. A. d. M. d. J. v. 6. Okt. 1847.

§ 1088. Lebensmittel, welche in verdorbenem oder gesundheitsschädlichem Zustande in den öffentlichen Verkehr gebracht werden, z. B. unreifes Obst, stinkende Fische u. s. w., haben die Lokalpolizeibehörden in Beschlag zu nehmen und der vorgesetzten Behörde davon Anzeige zu machen. Vergl. § 788.

§ 1089. Wo Polizeitaxen für bestimmte Lebensmittel bestehen, hat die Lokalpolizeibehörde die genaue Einhaltung derselben, so wie der bezüglichen Vorschriften überhaupt, zu überwachen.

§ 1090. Aufsicht über das Bäckergewerbe. Der Gewerbsbetrieb der Bäcker ist sorgfältig zu überwachen. Es ist namentlich darauf zu sehen, daß sie jeder Zeit genügenden Brodvorrath haben, daß die in den Verkaufslokalen sich befindenden Bäckerwaaren wohl ausgebacken und unverdorben sind, daß solche das vorgeschriebene Gewicht haben, daß die Taxen in oder vor dem Verkaufslokale angeschlagen sind und daß, welch andere polizeiliche Anordnungen vorliegen mogen, solche von den Bäckern gehörig beobachtet werden. Es sind zu dem Ende von Zeit zu Zeit polizeiliche Visitationen der Bäckerläden vorzunehmen.

§ 1091. Metzgergewerbe. Einer ähnlichen Aufsicht und Controle ist das Gewerbe der Metzger zu unterwerfen.

§ 1092. Zur Verhütung des schädlichen Genusses von ungesundem Fleisch ist die Vornahme einer Fleischbeschau durch einen nach Anhörung des Ortspolizeibeamten von der Regierungsbehörde anzustellenden und zu verpflichtenden Fleischbeschauer verordnet.

Es darf von keinem Metzger, Viehschlächter, Gastwirth, Speisewirth und Garkoch, bei Vermeidung einer Polizeistrafe von 3—5 fl., Vieh geschlachtet werden, wenn nicht zuvor die Fleischbeschau stattgefunden hat. Dasselbe gilt, wenn sonstige Personen Vieh, welches sie für ihre Haushaltung schlachten, zum Theil käuflich abgeben wollen. Noch höhere Strafe trifft Denjenigen, welcher für ungesund erklärtes Vieh dennoch schlachten oder Würste von finnigem Fleisch fertigen läßt.

Beschwerden gegen die Entscheidung der Fleischbeschauer sind von der Lokalpolizeibehörde, erforderlichen Falles nach Anhörung des Sanitätspersonals, zu erledigen. V. v. 2. Okt. 1838 u. A. d. M. d. J. v. 12. Dezbr. 1838.

Eine besondere Instruction vom 12. Dezember 1838 regelt das Verhalten der Fleischbeschauer.

Ihre Gebühren bestehen, insofern sie nicht mit einem fixen Gehalt angestellt oder Lokalübereinkünfte über geringere Gebühren getroffen sind:

1) von einem Stück Rindvieh in 8 kr.;
2) von einem sonstigen Stück Schlachtvieh in 4 kr.; a. V. § 4, u. A. d. M. d. J. v. 4. August 1842.

§ 1093. Wirthschaftsbetrieb. Bezüglich der erforderlichen Erlaubniß der Regierungsbehörde zum Wirthschaftsbetriebe, so wie der Beaufsichtigung des Letzteren, sind durch A. d. M. d. J. v. 6. Sept. 1843 nachstehende Vorschriften ertheilt worden:

1) die Zahl der in einem Orte bereits vorhandenen Wirthschaften und Zäpfereien sollen keinen Grund abgeben die Erlaubniß-Ertheilung hierzu zu verweigern. Dagegen ist
2) aus polizeilichen Gründen die Erlaubniß zu versagen:
   a) aus Rücksichten auf Lokalität, wenn der darum Nachsuchende nicht eine passende, zum Wirthschaftsbetriebe ausschließlich bestimmte Stube, nebst einem Keller als Aufbewahrungsort zum nöthigen Vorrath von Verzapfgetränken, neben dem für sich, seine Familie und Hausgenossen erforderlichen Wohn- und Schlaf-Lokal, welches heizbar sein, eigenes Licht und

eigenen Eingang, und zwar nicht durch die Wirthschaftsstube, haben muß; wenn sein Haus, worin Wirthschaft und Zäpferei getrieben werden soll, in abgelegener Straße oder entfernt vom Orte, nahe an Waldungen, oder an einem sonst isolirten Platze, an welchen Stellen die erforderliche polizeiliche Aufsicht nicht ohne Schwierigkeit in jeder Beziehung ausgeübt werden kann, gelegen ist; wenn der um eine Gastwirthschaft sich Bewerbende nicht außerdem noch wenigstens eine mit Gastbette versehene wohnliche Freistube und disponible Stallung für zwei Pferde besitzt;

b) aus Rücksichten der Persönlichkeit, wenn die Lebensart und der Lebenswandel des Petenten einen üblen Ruf gegen ihn begründet.

Zugleich ist der Regierungsbehörde die Befugniß gegeben, ertheilte Wirthschafts- und Zäpferei-Concessionen zurückzunehmen und somit deren Betrieb einzustellen, wenn der Concessionirte seine Wirthschaft und Zäpferei zum Tummelplatz von Trunkenbolden oder zur Begünstigung der Liederlichkeit und Unsittlichkeit gemacht hat und deßfalls fruchtlos verwarnt und bedroht worden ist.

Es ist demzufolge die Aufgabe der Lokalpolizeibehörden eben sowohl sich bei Gesuchen genau zu verlässigen, ob jene Bedingungen wirklich vorhanden sind, und demgemäß berichtliche Vorlage zu machen, als auch darauf zu achten, daß jene Bedingungen stets gehörig erfüllt werden.

Sollten Lokalpolizeibehörden wahrnehmen, daß Wirthe verfälschte ungesunde Getränke oder verdorbene Lebensmittel debitiren, so werden sie zunächst den Kreisarzt davon unterrichten und, nach Maßgabe der mit demselben vorgenommenen näheren Untersuchung, geeigneten Falles eine Beschlagnahme der schädlichen Substanzen eintreten, gleichzeitig aber Anzeige davon an die Regierungsbehörde ergehen lassen. Vergleiche auch §§ 833 und 856.

III. Abschnitt.

Gewerbspolizei.

§ 1094. Die Befugniß zum Gewerbsbetriebe ist durch das G. v. 16. Juni 1827 nach liberalen Grundsätzen geregelt. Auch sind die ausschließlichen Gewerbsmonopolien in Folge des G. v. 30. Juli 1848 gänzlich aufgehoben. (Vergl. § 1049.)

Nur aus polizeilichen und gewerbspolizeilichen Rücksichten ist der Gewerbsbetrieb bestimmten Beschränkungen und Bedingungen unterworfen.

§ 1095. I. Beschränkung des Gewerbebetriebs der Inländer. Zu nachfolgenden Gewerben ist, ehe zur Ausübung derselben ein Patent ausgefertigt werden darf, zuvor die Erlaubniß der höheren Administrativbehörden einzuholen, nämlich:

1) Zu den Gewerben der Agenten:
   - für Assecurationsgeschäftsführer;
   - für den Transport von Auswanderern;
   - für Dampfschifffahrtsunternehmer;
   - für Eisenbahnfahrtsunternehmer;

der Antiquare;
der Apotheker;
der Assecurationsgeschäftsführer;
der Bauhandwerker (d. s. insbes. die Zimmerleute, Schreiner [auch die Möbel-Schreiner, A. d. O.Steuer-Dir. vom 9. August 1853], Maurer, Steinhauer, Weißbinder, Dachdecker, Ziegler, Schlosser, Spengler, Glaser und Pflästerer); V. v. 14. Sept. 1841; — wegen der Wittwen der Bauhandwerker s. folg. §;
der Buchdrucker;
der Buchhändler;
der Dampfschifffahrtsunternehmer;
der Eisenbahnfahrtsunternehmer;
der Kaminfeger;
der Leih- und Lesebibliothekhalter;
der lithographischen Drucker;
der Mäkler mit Frucht, Kartoffeln, Hülsenfrüchten ꝛc.;

der Steuerleute auf dem Rhein (V. v. 11. Juni 1836 und G. v. 19. April 1839);
der Wasenmeister;
der Wasserfrachtbestätter (V. v. 8. Mai 1838).

2) Zur Errichtung solcher Gewerbsanlagen, welche für die Nachbarschaft gefahrvoll sind oder einen ungesunden und lästigen Geruch verbreiten. Dahin gehören: Pulvermühlen, Eisenhämmer, Schmelzhütten, Streichfeuerzeugfabriken, Gerbereien, Dampfmaschinen, Gasfabriken, Ziegelhütten, Branntweinbrennereien, Bierbrauereien, Essigsiedereien, Alaunfabriken, Stärkfabriken, Wachstuchfabriken, Vitriolspiritusfabriken, Lichterfabriken, Seifensiedereien, Leimsiedereien, Backöfen, Schmieden, Schlosserwerkstätten, Pottaschesiedereien und Calcinirereien, Kalkbrennereien, Harz-, Pech- und Theer-Brennereien, Brennöfen der Häfner.
3) Zur Errichtung von Wirthschaften aller Art.
4) Zur Anlegung von Mühlwerken oder sonstigen Gewerbsanlagen an Flüssen und Bächen.
5) Zum Hausiren in den Abschnitt I, § 1058, III, erwähnten Fällen.
6) Zur Betreibung von Gewerben, welche an dem betr. Orte zünftig sind.

V. v. 1. Dez. 1827, § 1. V. v. 27. Juni 1828. Kr.Instr. § 112 u. A. d. M. d. J. v. 11. März 1853.

Die Erörterung der besonderen Bedingungen, welche außerdem für den Betrieb der einzelnen Gewerbe vorgeschrieben sind, findet sich in den Abtheilungen, wohin die betreffenden Gewerbe einschlägig sind, z. B. für die Buchdrucker und Buchhändler in Abth. XX.

§ 1096. Den Bauhandwerkern kann die Erlaubniß zum Gewerbsbetriebe von den Regierungsbehörden nur dann ertheilt werden, wenn sie die im Regulativ v. 27. Aug. 1845 vorgeschriebene practische und theoretische Prüfung bestanden haben. Dispensationen werden von dem Min. d. J. unter besonderen Umständen und Bedingungen nur von der theoretischen Prüfung ertheilt. A. d. M. d. J. v. 17. Dez. 1850.

Die durch A. d. M. d. J. v. 2. Aug. 1849 aufgestellte Unterscheidung zwischen der Erlaubniß zu unbeschränktem und beschränktem Gewerbsbetrieb ist als Regel wieder aufgegeben. E. d. M. d. J. v. 30. Aug. 1853, zu Nr. D. 10605 u. 12210.

§ 1097. Den Wittwen von Bauhandwerkern kann ein Patent zum Fortbetrieb des Gewerbes ihres verstorbenen Mannes nur dann ausgefertigt werden, wenn dieselben binnen Jahresfrist, vom Tode des Mannes an gerechnet, einen geprüften Obergesellen oder Geschäftsführer annehmen. Geschieht dieses nicht binnen der bemerkten Frist, dann ist das Gewerbspatent sogleich zurückzuziehen und dem betreffenden Steuercommissär davon Anzeige zu machen, um den Gewerbsteuernachlaß für den Rest des Jahres zu erwirken. A. d. M. d. J. v. 11. Okt. 1845.

§ 1098. Ueber die Fabrikate der Gold- und Silber-Arbeiter und der Juweliere ist durch V. v. 23. April 1829 eine Aufsicht durch Waradeine angeordnet und den gedachten Gewerbtreibenden die Verpflichtung auferlegt, einen Abdruck des Stempels, welchen sie bei Strafe der Confiscation der Waare auf jedem ihrer Fabrikate aufschlagen müssen, bei der Polizeibehörde ihres Wohnortes niederzulegen.

§ 1099. Jeder patentisirte Inländer ist berechtigt, sein Gewerbe von seinem Wohnorte aus an jedem anderen Orte des Großherzogthums zu betreiben, und es darf ihm der dazu erforderliche temporäre Aufenthalt nur aus den triftigsten, auf den Gewerbsbetrieb keinen Bezug habenden Gründen verweigert werden; allein er ist damit nicht auch befugt an einem anderen Orte, als seinem Wohnorte, eine Gewerbsniederlage oder Werkstätte zu errichten und er kann nicht dazu patentisirt werden, bevor er die besondere Erlaubniß dazu erwirkt hat; a. G. v. 1827, Art. 1, a. V. §§ 21 u. 22; u. E. d. M. d. J. an d. R. v. 20. Jan. 1831.

§ 1100. Der Verkauf des Fleisches, des Brodes, so wie der übrigen Waaren, wofür Polizeitaxen bestehen, ist nur auf besondere Erlaubniß der Ortspolizeibehörde gestattet. V. § 4.

§ 1101. II. Beschränkung des Gewerbsbetriebs der Ausländer. Im Allgemeinen gilt der Grundsatz, daß den Ausländern der Gewerbsbetrieb im Inlande nach den in Abth. IX, §§ 171, 173 u. 174 bemerkten Regeln nur unter der Voraussetzung verstattet ist, wenn sie von der Regierungsbehörde Erlaubniß, bz. Legitimationsschein, dazu erhalten haben; a. V. v. 1827, §§ 38—43.

Es waltet indessen in dieser Beziehung das Princip der Gegenseitigkeit vor. Eine Folge davon ist es, daß in der Regel das Liefern und Einbringen von im Ausland gefertigter Arbeit auf Bestellung ganz gewerbsteuerfrei geschehen darf und keinerlei Beschränkung (selbst nicht mit Rücksicht auf Zunftverhältnisse) unterworfen werden soll. A. d. M. d. J. v. 11. Febr. 1835 u. 7. März 1836 u. A. d. O.Fin.K. v. 18. Nov. 1844.

Auch daß ferner die in- und ausländischen Müller, wenn sie ihren Verkehr darauf beschränken, daß sie das Mahlgut im andern Staate blos abholen und wieder zurückbringen, nicht selten wechselseitig zugelassen werden, ohne zur Entrichtung der Gewerbsteuer oder einer anderen Abgabe verpflichtet zu sein. Vergl. E. d. M. d. J. an d. R. zu Gſn. v. 9. Jan. 1832, betr. die Gewerbsteuer der Müller im Kreise Wetzlar.

Ausländische Bauhandwerker, wenn sie Erlaubniß zum Betrieb ihres Gewerbes im Großherzogthum selbst erlangen wollen, müssen jedoch, gleich wie auch die Inländer, ihre Befähigung durch das Bestehen einer Prüfung nachgewiesen haben. E. d. M. d. J. an d. Kr. Gſn. v. 10. Mai 1853, zu Nr. D. 5521, und v. 1. Juli 1853, zu Nr. D. 9220.

§ 1102. Ausfertigung der Gewerbspatente. Die Ausfertigung der Gewerbspatente für Inländer hat alljährlich durch den Bürgermeister des Wohnorts, bz. der Gewerbsanlage, nach vorgeschriebenem Formular auf 12 kr. Stempel zu geschehen.

Datum und Jahreszahlen sollen darin mit Buchstaben geschrieben werden. A. d. M. d. J. v. 1. Juli 1836.

Ausländer, welche die Erlaubniß zu einer Gewerbsanlage durch die Regierungsbehörde erwirkt haben, sind in dieser Hinsicht wie Inländer zu behandeln.

Der Bürgermeister darf jedoch in folgenden Fällen nicht zur Patent-Ausfertigung schreiten, als bis die vorgeschriebene besondere Erlaubniß dazu vorliegt, nämlich:

1) in den Abschnitt I, § 1058, III u. IV, erwähnten Fällen des Hausirhandels,
2) bei den in den §§ 1095—1097, 1101 u. 1104 erörterten Gewerben und Fällen,

3) bei den zünftigen Gewerben an Orten, wo Zünfte bestehen. In diesen Fällen gilt das erlangte Meisterdecret als Document der erhaltenen Erlaubniß.

In allen diesen Fällen bedarf es jedoch nur das Erstemal der Vorlage des Erlaubnißscheines. In den folgenden Jahren genügt die Vorzeigung des nächstvorhergehenden Patentes.

Der Bürgermeister ist zur Verweigerung des Patentes befugt und verpflichtet, wenn die Bedingungen dazu nicht vorliegen oder der Gewerbsbetrieb aus polizeilichen oder finanziellen Gründen verboten ist; a. V. v. 1827, §§ 19 u. 20.

§ 1103. Von keinem Gewerbspatente darf eher Gebrauch gemacht werden, bis es der Steuercommissär des Bezirks visirt hat. Die Bürgermeister haben die Gewerbtreibenden auf dieses Erforderniß jedesmal aufmerksam zu machen und über alle im Laufe des Jahres sich ergebende Ab- und Zugänge steuerpflichtiger Gewerbe das im § 24 der V. v. 1. Dez. 1827 vorgeschriebene Tagebuch, worin für die Zukunft auch das Datum der Erklärung des Gewerbtreibenden und die Unterschrift desselben anzugeben ist, pünktlich zu führen.

Dieses Tagebuch wird am 1. September jeden Jahres abgeschlossen und dem Steuercommissär übergeben.

§ 1104. In den Fällen, in welchen nach den Bestimmungen in Abth. IX, § 172, für In- und Ausländer besondere Erlaubnißscheine von der Regierungsbehörde ausgestellt werden sollen, als namentlich zum Komödien- und Marionettenspiel, Kunstreiten und anderen öffentlichen Darstellungen, so wie zum Tanz- und Musikhalten an öffentlichen Orten, sind keine Patente von dem Bürgermeister auszufertigen. G. Art. 28; s. auch Abth. XIX, §§ 912, 913 u. 915.

Die Musikanten für Tanzbelustigungen selbst müssen dagegen Gewerbspatente (für die VII. Klasse der Gewerbe) bei dem Bürgermeister einholen. Diejenigen Musikanten und Orgelspieler aber, welche ihr Gewerbe im Umherziehen (auf Jahrmärkten, auf den Straßen und in Wirthshäusern) betreiben, haben Concessionen (auf 3 Jahre zu 4 fl. und auf 6 Jahre zu 7 fl.) zu lösen und bedürfen überdies für das Musiciren in den einzelnen Orten der lokalpolizeilichen, jedoch unentgeltlich zu ertheilenden Erlaubniß. V. v. 16. Febr. 1825 u. 1. Dez. 1827, § 44.

Der Uebergriff der patentisirten Musikanten in das Gewerbe der umherziehenden und umgekehrt ist als Zuwiderhandlung strafbar. A. d. M. d. J. v. 5. Aug. 1847.

§ 1105. Beaufsichtigung des Gewerbsbetriebs. Nach § 35 der V. v. 1. Dez. 1827 haben die Bürgermeister nicht allein darüber zu wachen, daß Niemand in ihrer Gemeinde ein steuerpflichtiges Gewerbe treibt, der nicht durch das vorgeschriebene Patent dazu berechtigt ist, sondern sie sind auch verpflichtet Zuwiderhandlungen bei den zuständigen Behörden (vergl. die §§ 1107 u. 1108) zur Anzeige zu bringen.

Auch die Gensdarmerie ist angewiesen, wahrgenommene Zuwiderhandlungen der Art entweder direct oder durch Vermittelung der Bürgermeister den Steuercommissären anzuzeigen. A. d. M. d. J. v. 11. März 1853.

§ 1106. Wenn Jemand ein Gewerbe, wozu vorher Erlaubniß der höheren Administrativbehörde einzuholen war, ohne diese Erlaubniß betreibt, so soll, gleichviel ob derselbe regelwidrig ein Gewerbspatent von dem Bürgermeister ausgefertigt erhalten hat oder nicht, der Fortbetrieb des Gewerbes durch die Regierungsbehörde bei Strafe untersagt und eintretenden Falls zugleich der betr. Bürgermeister zur Verantwortung gezogen werden. A. d. M. d. J. v. 16. August 1836.

§ 1107. Strafen, und zwar: I. wegen Uebertretung des Gewerbsteuergesetzes. Die Strafe für Zuwiderhandlungen der Inländer und der Ausländer, welche Gewerbsanlagen im Inlande besitzen, gegen das Gewerbsteuergesetz wird durch den Steuercommissär angesetzt. Derselbe soll die desfallsigen Anzeigen Dritter zuvor dem Bürgermeister zur Prüfung vorlegen.

Es ist der Recurs gegen diesen Strafansatz innerhalb 14 Tagen an das Gericht zulässig.

Die Strafen wegen Gewerbsbetriebs der Inländer ohne Erlaubnißschein in den Fällen der §§ 1058, III u. IV; 1095—1097, 1101 u. 1104, so wie gegen Ausländer erkennt dagegen das Gericht, in so ferne der Angeschuldigte nicht vorzieht die Sache nach der V. v. 22. Januar 1829 im Administrativwege erledigen zu lassen. Letzterenfalls nimmt der Districtseinnehmer das Strafprotokoll auf. Der Bürgermeister soll dabei zugegen sein und das Protokoll mitunterzeichnen.

Personalarrest gegen Ausländer darf deshalb nicht stattfinden, wohl aber ist seine Vorführung, wie auch unter Umständen Arrestirung seiner Effecten statthaft. V. v. 1827, § 36; 22. Jan. 1829, 10. Jan. 1835 u. 21. März 1843, u. A. d. O.Fin.K. v. 2. Juli 1829 u. 19. Dez. 1839.

§ 1108. II. Wegen zusammentreffender Uebertretung auch polizeilicher Bestimmungen in Ansehung des Gewerbsbetriebes treten neben den Gewerbsteuerstrafen auch noch durch die zuständigen Gerichte zu erkennende Polizeistrafen ein; siehe Abtheilung X, §§ 218—224.

Es gehören dahin nicht nur alle Fälle, in welchen ein Gewerbe, zu dessen Betrieb die Erlaubniß der höheren Administrativbehörde erforderlich war, ohne diese Erlaubniß, als auch die Fälle, wenn ein Gewerbe gegen ergangenes polizeiliches Verbot betrieben wird. V. v. 26. März 1841, 6. Nov. 1846 u. A. d. M. d. J. v. 14. März 1838 u. 11. März 1853; siehe auch die §§ 1058, III u. IV, 1095 bis 1097, 1101 u. 1104.

§ 1109. Zünfte. Das Zunftwesen besteht nur noch theilweise, bz. beschränkt auf besondere Gewerbe, in den Prov. St. u. O. und ist daselbst der besonderen Aufsicht und Disciplin der Regierungsbehörden unterworfen. Kr.Instr. § 113 u. A. d. M. d. J. vom 19. Febr. 1834.

Eine zweckmäßige Zusammenstellung der bis zum Jahre 1828 erlassenen Vorschriften über das Zunftwesen enthält das A. d. R. der Prov. St. v. 31. Januar 1828.

§ 1110. Wenn ein Zunftdistrict sich in verschiedene Kreise erstreckt, so sind die allgemeinen Angelegenheiten der Zunft von der Regierungsbehörde, in deren Bezirk der Hauptort der Zunft liegt, Alles, was auf bestimmte Personen Bezug hat (z. B. Bitten um Aufnahme in eine Zunft, Ausfertigung der Meisterdecrete und dergl. mehr), aber von der Regierungsbehörde des Wohnortes der betr. Person zu besorgen. A. d. M. d. J. v. 31. Mai 1853.

§ 1111. Zünfte durfen sich willkührlich weder bilden oder vereinigen, noch auflösen. Dasselbe gilt von den als untergeordnete Einrichtung bei einzelnen Zünften bestehenden s. g. Gesellenladen-Kassen oder Aemtern. E. d. M. d. J. an die R. v. 20. Dezbr. 1827.

§ 1112. Die mit Regierungsgenehmigung ertheilten Zunftbriefe sind, insoweit nicht später im Ganzen oder Einzelnen Abänderungen ergangen sind, für die Verhältnisse der einzelnen Zünfte im Allgemeinen maßgebend.

§ 1113. Der Zunftvorstand soll in der Regel nur bestehen aus 1 oder 2 an dem Hauptsitze der Zunft bestellten Zunftmeistern und höchstens 1 oder 2 in 1 oder 2 anderen Hauptorten des Districts Angestellten. A. d. R. d. Prov. O. v. 16. August 1828 u. E. des M. d. J. an die R. v. 26. Juni 1828.

§ 1114. Der Zunftdistrictsbann ist gesetzlich aufgehoben. G. v. 2. Juni 1821.

Es können darnach in den Prov. St. u. O. alle inländischen Meister und in der Prov. Rh. alle patentisirten Handwerker, sie mögen zünftig sein oder nicht, wenn sie nur ihren Wohnort beibehalten, ihr Gewerbe im ganzen Umfange des Großherzogthums ungehindert betreiben. Auch die Beschränkungen bezüglich der Zahl der Meister, Gesellen oder Lehrlinge sind aufgehoben.

Alle gegentheiligen Bestimmungen der Zunftbriefe sind als erloschen zu betrachten.

In Folge jener gesetzlichen Vorschrift dürfen Bauhandwerker, welche Arbeiten an ihrem Wohnorte fertigen, aber an dritten Orten zu deren Einrichtung oder Anpassung noch Arbeiten verrichten müssen, wozu keine förmlichen Gewerbsanlagen, sondern nur temporärer Aufenthalt für Meister und Gesellen erforderlich sind, solche Arbeit auf bloße polizeiliche Erlaubniß hin und ohne besondere Patentisirung verrichten. E. d. M. d. J. an d. R. v. 20. Januar 1831 u. vom 22. Febr. 1832.

Eben so erscheint das in manchen Zunftbriefen der Schlosser verbotene Halten von Niederlagen gefertigter Eisenwaaren nunmehr erlaubt. A. d. R. d. Prov. O. v. 1. Juni 1831.

Deßgleichen das Einbringen von Kleidern aus nicht zünftigen Bezirken, ja selbst aus dem Auslande, in zünftige. A. d. R. der Prov. O. v. 16. April 1829 u. 19. April 1831.

§ 1115. Die Vorschrift der Zunftbriefe, daß der Eintretende vorerst das Ortsbürgerrecht erworben haben müsse, ist als Regel aufrechterhalten. E. d. M. d. J. an die R. v. 4. Sept. 1828.

Wenn aber ein zünftiger Meister an einen anderen Ort überzieht, so soll er in der Regel ohne Weiteres, nur gegen Entrichtung der Einschreibgebühren, in die Zunft seines neuen Wohnortes aufgenommen werden. Ausnahmsweise hat er in dem Falle ein neues

Meisterstück zu fertigen, wenn er in eine größere Stadt überzieht, wo ein schwierigeres Meisterstück vorgeschrieben ist. A. d. R. d. Prov. O. v. 7. Nov. 1826.

Handwerker aus unzünftigen Districten, welche in zünftige überziehen, müssen zwar das Meisterstück fertigen, nach dessen probemäßiger Fertigung aber, ohne daß es sonst einer Erfüllung zunftbriefmäßiger Vorbedingungen (z. B. der zünftigen Erlernung des Handwerks und dergl. mehr) bedürfte, in die Zunft aufgenommen werden. A. d. R. d. Prov. O. v. 12. Nov. 1829.

§ 1116. Bezüglich des gewerblichen Verhältnisses verschiedener Zünfte zu einander sind u. a. nachstehende höhere Entschließungen bemerkenswerth:

1) Es soll den Schreinern und den Glasern die Fertigung von Fensterrahmen und ähnlicher Arbeiten gleichmäßig freistehen, die Anfertigung förmlicher Glasthüren aber den Schreinern allein zukommen. A. d. R. d. Prov. O. v. 15. Juni 1831.
2) Wo das Eindecken der Dächer mit Ziegeln seither ausschließlich von den Dachdeckern besorgt wurde, soll es denselben verbleiben; wo aber früher auch die Maurer dabei concurrirten, sollen die seitherigen Meister dabei belassen, neuen Maurermeistern aber die Ziegeldeckerei nur gestattet werden, wenn sie auf den Grund der nach bestandener Prüfung von der Regierungsbehörde einzuholenden Erlaubniß dazu patentisirt worden sind. A. d. M. d. J. v. 23. Nov. 1847.

§ 1117. Gesuche um das Meisterrecht oder Aufnahme in die Zunft sind zweckmäßigerweise zunächst bei dem Bürgermeister oder dem Zunftvorstand vorzubringen, welche alsdann über die Verhältnisse, bz. die Zulassung des Bittstellers zur Fertigung des Meisterstücks (Prüfung) an die Regierungsbehörde zu berichten haben. Der Bürgermeister hat dafür eine Berichtsgebühr von 12 kr. anzusprechen.

§ 1118. Die Meisterstücke, welche die Handwerker, die nicht zu den Bauhandwerkern gehören, behufs Erlangung des Meisterrechts zu fertigen haben, sind bestimmt durch E. d. M. d. J. an die R. v. 13. Dezbr. 1827 u. 26. Juni 1828 u. A. d. R. d. Prov. St. v. 31. Januar 1828 u. 30. April 1829.

Die Bauhandwerker haben die im Regulativ v. 27. August 1845 vorgeschriebene Prüfung zu bestehen.

§ 1119. Nur Meister dürfen Lehrlinge halten. Meisters-Wittwen nur bedingungsweise, wenn sie einen Gesellen haben oder binnen 14 Tagen nach dem Tode des Mannes annehmen. E. d. M. d. J. an die R. v. 23. Dezbr. 1827.

Wegen Behandlung der Lehrlinge ist der E. d. M. d. J. an die R. v. 20. Dezbr. 1827 maßgebend.

§ 1120. Arme Lehrlinge müssen unentgeltlich aufgedingt und losgesprochen werden. V. v. 27. Januar 1787 u. Instr. für die Verpflegung der Waisen v. 26. April 1843, § 23.

§ 1121. Nach den Zunftsatzungen müssen die Gesellen vor Erwerbung des Meisterrechts 3 Jahre gewandert haben. Dispensation von dieser Wanderzeit soll von den Regierungsbehörden nur in dringenden, durch persönliche und Familienverhältnisse gehörig motivirten Fällen ertheilt werden. A. d. R. d. Prov. D. v. 16. August 1825.

§ 1122. Die Streitigkeiten innerhalb und zwischen den Zünften sind von den Regierungsbehörden zu schlichten und zu entscheiden, insoweit es sich dabei um corporative (Gesellschafts-) Verhältnisse oder polizeiliche Maßregeln handelt. Reine Contracts- und Privatverhältnisse gehören zur Competenz der Gerichte. A. d. M. d. J. v. 19. Febr. 1834.

§ 1123. Die Anzeigen wegen Uebertretung der gewerbspolizeilichen Bestimmungen der Zunftbriefe sind als Polizeianzeigen wie diese zu behandeln (s. § 1108). Wo in den Zunftbriefen dem Zunftvorstande Ordnungsstrafen gegen die Zunftmitglieder eingeräumt sind, verbleibt ihm die Befugniß dazu, vorbehaltlich der Aufsicht und Einschreitung der Regierungsbehörden wegen Mißbrauchs derselben. Kr.Instr. § 113.

§ 1124. Recurse in Denunciationssachen wegen Zuwiderhandlungen gegen die Zunftgesetze können nicht von den Zunftvorständen selbst, sondern nur von der Regierungsbehörde ergriffen werden. A. d. M. d. J. v. 5. Febr. 1840 u. V. v. 25. Okt. 1842, § 7.

§ 1125. Die Beitreibung der Ausstände der Zunft- und Gesellen-Kassen, insoweit sie nicht auf privatrechtlichem Titel beruhen, erfolgt auf administrativem Wege. A. d. M. d. J. v. 10. Juli 1833.

§ 1126. Zunftversammlungen dürfen nur mit Vorwissen und Genehmigung der Regierungsbehörde, welcher zugleich die dabei zu berathenden Gegenstände vorher anzuzeigen sind, abgehalten werden. E. d. M. d. J. an d. R. v. 13. Dezbr. 1827.

§ 1127. Alle Zunftschmausereien und Weinabgaben, sowohl auf Kosten der Zunftkassen, als der neu aufgenommenen Meister, insbesondere der Mißbrauch des Abkaufs der Fehler an dem Meisterstück mit Geld oder Wein, sind gänzlich verboten. V. vom 1. Mai 1825, E. d. M. d. J. an die R. v. 9. Dezbr. 1828 und A. d. R. d. Prov. O. v. 18. Dezbr. 1828.

§ 1128. Die Gesellenherbergen sind der besonderen Aufsicht der Zunftvorstände und der Lokalpolizeibehörden unterworfen.

§ 1129. Die Zunftrechnungen sind von den Regierungsbehörden bei bedeutenderen Einnahmen alljährlich, bei anderen alle 3 Jahre, abzuhören. A. d. M. d. J. v. 4. Sept. 1839.

§ 1130. Fabriken. Ueber das Fabrikwesen im Allgemeinen bestehen keine besonderen Normen. Die darauf bezüglichen Verhältnisse sind nach den für die Gewerbe überhaupt geltenden Regeln und Vorschriften zu beurtheilen.

§ 1131. Mühlen. Die Lokalpolizeibehörden überwachen die Beobachtung der örtlich bestehenden Mühl- und Mahl-Ordnungen.

In Ansehung der Oelmühlen haben sie das bei 5 Reichsthaler Polizeistrafe erlassene Gebot, daß die s. g. Höllen nicht mit einem Deckel oder sonstiger Bedeckung verschlossen sein dürfen, zu handhaben. A. d. M. d. J. v. 30. Dezbr. 1841.

§ 1132. Mühlenbann. Der früher bestandene Mühlenbann oder Mühlzwang ist bereits durch G. v. 25. Febr. 1818 aufgehoben.

Die dafür gleichzeitig zugesicherte Entschädigung der Bannberechtigten ist übrigens an vielen Orten noch nicht vollständig geregelt.

Nachdem gemäß Landtagsabschied v. 28. Juni 1847 zur Beförderung der Regulirung dieser Angelegenheit 15000 fl. aus der Staatskasse verwilligt worden sind, findet sich die Erledigung derselben in lebendigerem commissarischem Betrieb.

§ 1133. Gewerbverein. Zum Zwecke des gemeinsamen Bestrebens, den Umfang und die höhere Ausbildung der Gewerbe zu fördern und die Hebung des Gewerbstandes herbeizuführen, ist ein allgemeiner Gewerbverein für das Großherzogthum gegründet.

Die V. v. 8. März 1840 enthält die revidirten Statuten desselben. Es ist darin zugleich für gewerbreichere Orte und Städte die Bildung damit verbundener Lokal-Gewerbvereine vorgesehen und empfohlen.

XXIV. Abtheilung.

Post- und Boten-Polizei.

I. Abschnitt.

Postwesen.

§ 1134. Das nutzbare Eigenthum der Posten in dem Großherzogthum ist dem Herrn Fürsten von Thurn und Taxis als Erb-Mann-Thron-Lehen verliehen.

Der Großherzog übt fortwährend das uneingeschränkte Gesetzgebungsrecht in Postsachen und über die auf die Posten bezüglichen Gegenstände aus.

Die Großh. Centralstelle, welcher die Wahrung der landesherrlichen Rechte in dieser Rücksicht und die Leitung und Handhabung der Polizei über das gesammte Postwesen obliegen, ist die Ober-Post-Inspection.

Provinziell sind unter derselben die ernannten Post-Deputirten zu gleichem Zwecke berufen. V. v. 31. März 1818.

§ 1135. Die an den Poststationen im Dienste stehenden Bürgermeister sind befugt und verpflichtet denjenigen Beschwerden der Reisenden und anderer Personen gegen die Postbeamten, welche ihrer Natur nach eine schleunige Abhülfe erfordern, auf der Stelle nach den Vorschriften der Postordnung abzuhelfen. Die Postbeamten können hiergegen zwar den Recurs an die vorgesetzte Regierungsbehörde ergreifen, dürfen jedoch die vorläufige Befolgung der Entscheidung nicht aufhalten. V. v. 5. Juni 1823.

§ 1136. I. In Ansehung der Briefpost ist verordnet:

1) daß Briefe und Packete unter ½ Pfund, bei 1 fl. Polizeisträfe für jeden Brief, an solchen Orten, wo Briefposten sind, wenn auch an ihrem Bestimmungsorte eine Briefpost besteht, in der Regel nur durch die Post versendet werden dürfen;
2) daß in anderen Fällen durch Dritte beförderte Briefe, wenn die Transportanten auf dem gewöhnlichen Wege an den Ort einer Briefpost gelangen, die Briefe dort zur Weiterbeförderung abgeben müssen;
3) daß nicht mehrere Briefe in ein Packet vereinigt werden dürfen, um das Gewicht von ½ Pfund zu erreichen.
4) Ausgenommen von vorstehenden Bestimmungen sind Briefe, welche entweder durch besondere von Einem bezahlten Boten (Expressen), oder durch eigene Dienstboten, oder gelegentlich durch unbezahlte Gefälligkeit besorgt werden. Eben so offene schriftliche Aufträge. V. v. 20. Juli 1822, Art. 1—8.

§ 1137. Die allgemeinen Bestimmungen bezüglich der Brief-post-Versendungen finden sich in der V. v. 16. April 1824.

Eine Ermäßigung der inländischen Portotaxen verkündet die V. v. 27. Mai 1850.

Die Vereinbarung in dem deutsch-österreichischen Postverein über die Anwendung von Freimarken enthält die V. vom 22. Dezbr. 1851.

Briefe, auf deren Adresse die Bezeichnung „frei" durchstrichen oder ausradirt ist, sollen nach Maßgabe der V. v. 9. Juni 1820 behandelt werden.

§ 1138. II. In Ansehung der Fahrpost. Im Allgemeinen sind die Bestimmungen wegen der Fahrposten in der Extrapostordnung v. 1812 u. d. V. v. 16. April 1824, Beil. 6, enthalten. Besonders ist weiter Folgendes verordnet:

1) Hauderer oder Lohnkutscher und Fuhrleute jeder Art sollen regelmäßige Fahrten mit unterlegten Pferden weder allein, noch durch Vereinigung Mehrerer, bei Meidung einer Polizeistrafe von 15 fl. für jeden einzelnen Fall, vornehmen dürfen.

Auch ist denselben nicht gestattet Packete, mit Ausnahme des Gepäcks der Personen, welche sie führen, zu transportiren, bei Strafe von 1 fl. für jedes Packet; a. V. v. 1822, Art. 9—13.

2) Handerer dürfen Passagiere, welche mit Extrapost ankommen, wenn sie sich nicht zweimal 24 Stunden an dem Orte aufgehalten haben, bei Strafe von 5 fl., neben Erlegung der Posttare, nicht weiter fahren. V. v. 23. Januar 1838.

§ 1139. Die Bürger und Unterthanen sind schuldig, wenn alle Postpferde im Dienste verwendet sind, auf Ansuchen der Posthalter denselben für weiter ankommende Extraposten und Couriere Pferde gegen Vergütung zu geben. V. v. 5. Juni 1823.

§ 1140. Bei Versendung von Akten mit der Fahrpost ist eine starke Packpapier-Verpackung mit Kortel und bei Versendung von Karten in Blechkapseln noch besonders die nähere Angabe des Inhalts auf der Adresse erforderlich. A. d. M. d. J. v. 22. Juni 1843 u. 6. März 1846.

§ 1141. III. Porto-Pflichtigkeit und Freithümer. Die persönlichen Porto-Freithümer einzelner landesherrlicher Behörden und Diener (§ 13 d. V. v. 1818) sind aufgehoben.

Die ganze Correspondenz der Behörden in Dienstangelegenheiten ist dagegen forthin portofrei. Es muß jedoch auf dem Umschlage durch Amtshand, mit Beifügung des Namens und der Diensteigenschaft, der Inhalt des Briefes oder Packets als Dienstsache bezeichnet sein und mit dem Dienstsiegel verschlossen werden; a. V. v. 1818, § 13 D—F.

§ 1142. Für Geldsendungen findet in der Regel ein Portofreithum auch in dienstlichen Angelegenheiten nicht statt. Vermöge besonderer Uebereinkunft genießen jedoch verschiedene Geldsendungen ausnahmsweise das Postfreithum. Dahin gehören:

1) die Waisen-, Collecten-, Büchsen-, Geschenk- und Vermächtniß-Gelder, welche mit der speciellen Aufschrift und Contrasignatur als solche an die Landeswaisenkasse eingesendet werden. A. d. Prov.C. d. Prov. St. v. 29. Dezbr. 1843;

2) die unter der oberen Verwaltung des Oberconsistoriums stehenden kirchlichen, geistlichen, Stiftungs- und Wittwen-Fonds, mit Ausnahme jedoch der von diesen Fonds auszuleihenden Kapitalien, so wie der an dieselben von Privaten und nicht portofreien Fonds oder Behörden abzuliefernden Schuldigkeiten, z. B. Zinsen, Grundrenten u. dgl. m.

Doch sind die statutenmäßigen Leistungen der Geistlichen in die evangelische Wittwenkasse portofrei. Ordnungsmäßige Aufschrift und Contrasignatur auf der Adresse wird übrigens stets vorausgesetzt. A. d. O.Cons. v. 13. Dezbr. 1836 u. 13. Juni 1843.

§ 1143. Zur genaueren Entscheidung der Frage, in welchen Fällen die Correspondenz der Behörden in Verwaltungsgegenständen als eine dienstliche, mithin portofreie zu betrachten ist, in welchen sie dagegen, als nur das Privatinteresse betreffend, einer Portozahlung unterliegt, hat das M. d. J., in Uebereinstimmung mit dem M. d. H. u. Aeuß., durch E. v. 3. Mai 1823 folgende Normen vorgezeichnet:

1) Von allen Briefen und Packeten, welche Privatpersonen in Privatangelegenheiten aufgeben oder empfangen, ist von ihnen das Porto bei der Aufgabe oder bei dem Empfange zu zahlen.

2) Die Correspondenz der Behörden in Dienstsachen, sowohl unter sich als mit Privatpersonen, ist als eine im Interesse des Staates geführte Correspondenz portofrei.

Zu genauer Bezeichnung dessen, was bei der Correspondenz der Behörden in Privatangelegenheiten als Dienstsache zu betrachten sei, dienen nachfolgende nähere Bestimmungen:

1) Die Correspondenz der inländischen Behörden unter sich in Angelegenheiten von Privatpersonen ist, da sie, wenn auch auf freiwillige Veranlassung von Privatpersonen, doch stets im Interesse des Dienstes oder der öffentlichen Verwaltung geführt wird, durchaus portofrei.

2) Die Correspondenz zwischen Behörden und inländischen Privatpersonen (einschließlich der Gemeinden), welche zwar das Interesse der Letzteren betrifft, jedoch im Interesse des Staates oder der öffentlichen Verwaltung geführt wird, ist Dienstsache. Dieses ergibt sich schon daraus, daß diese Correspondenz nicht vom freien Willen der Einzelnen abhängt, sondern der Staat will, daß etwas geschehe, oder daß, wenn es vorgenommen wird, es nur unter gewissen Formen und mit höherer Ermächtigung geschehe. Dahin gehört insbesondere die in Gemeindesachen gesetzlich nothwendige Correspondenz, z. B. über die Wahl und Bestätigung der Ortsvor-

stände, über Gemeindevoranschläge, über Theilung von Gemeindegütern u. s. w., sodann bei Privatpersonen die Correspondenz über Dispensationen, Heiraths-Concessionen u. s. w. [31])

3) Die Correspondenz der Behörden mit inländischen Privatpersonen in solchen Angelegenheiten, welche lediglich das Privatinteresse betreffen: wie z. B. Gesuche um Begnadigung, Schulderlaß, Unterstützung u. s. w. (was sich wohl unter die allgemeine Rubrik — Gnadensachen — subsummiren läßt), ist bis auf weitere Verfügung dem Postporto unterworfen, was jedoch lediglich von den Interessenten bei der Aufgabe ihrer Schreiben oder bei dem Empfang der Resolutionen zu bezahlen ist. [32])

4) Bei der Correspondenz der inländischen Behörden mit auswärtigen Behörden kann zwar der Fall vorkommen, daß in Dienstsachen ausländisches Porto zu zahlen ist, da aber diese Fälle nur selten vorkommen und daher bei einer gehörigen Aufsicht diese Ausgabe nur sehr unbedeutend sein kann, so ist,

---

31) Dahin gehört demnach auch die ganze Correspondenz, welche die Bürgermeister als Lokalpolizeibehörden führen und zu führen haben. Nicht zu verwechseln aber ist hiermit die Correspondenz, welche die Bürgermeister, Ortsvorstände, Gemeinderechner oder sonstige Gemeindebeamten als solche über Privatangelegenheiten der Gemeinden, z. B. wegen Zahlung oder Beitreibung von Gemeinde-Einkünften, wegen Prozessen der Gemeinden, wegen Accorden und Lieferungen u. dgl. m., führen. Diese Correspondenz unterliegt vielmehr allerdings der Portozahlung. — Dasselbe gilt von der Correspondenz der Kirchenvorstände und Kirchenrechner mit den Gerichten. A. d. O.C. v. 6. Juni 1843. — Portofrei ist dagegen die Correspondenz wegen Beitreibung der Gemeindeumlagen, indem diese den Steuern gleichgestellt sind. — Eben so sind gemäß des Grundsatzes unter 2) für portofrei erklärt: die Armenrechnungen, welche von den Apothekern an die Kreisärzte zur Revision und von da zurückgesendet werden, E. d. O.Post-Insp. an d. Postdep. zu Gsn. v. 15. Mai 1848; die ganze Correspondenz in Grundrentenablösungsangelegenheiten, E. d. M. d. Aeuß. an d. O.Post-Insp. v. Jan. 1844; die Correspondenz der israelitischen Gemeindevorstände in ihr. Gemeindeangelegenheiten mit den vorgesetzten Regierungsbehörden, E. d. M. d. Aeuß. an d. O.Post-Insp. v. 6. Januar 1843, zu Nr. D. 5418.

32) Demgemäß sind u. a. weiter für portopflichtig erklärt: Gewerbscheine, Wanderbücher 2c., welche von den Behörden an Privatpersonen, und umgekehrt, gesendet werden. E. d. M. d. H. u. Aeuß. an d. Kr. zu Gsn. v. 14. August 1852, zu Nr. D. 5901.

um nicht wegen dieses einzigen Gegenstandes weitläufige Abrechnungen pflegen zu müssen, dieses Porto aus den Kanzleikosten zu bestreiten.

5) Die Schreiben von auswärtigen Privatpersonen sind von den inländischen Behörden nur frankirt anzunehmen.

Die Correspondenz der Behörden soll auf der Adresse stets mit „Dienstsache" oder „Parteisache" bezeichnet werden.

§ 1144. Das Waisenhaus, die Invalidenanstalt mit der damit verbundenen Darmstädter Zeitung, die öffentlichen Lehrinstitute, die Impf- u. a. Staatsanstalten genießen das Portofreithum gleich den öffentlichen Behörden in Dienstsachen; a. V. v. 1818, § 13.

§ 1145. Den öffentlichen Vereinen, welche unter der Autorität der Staatsregierung gegründet sind, als z. B. dem landwirthschaftlichen Verein, dem Gewerbverein, dem Verein zur Verbesserung entlassener Strafgefangenen u. s. w., kommt gleichfalls Portofreithum zu, und es ist selbst die in Betreff der von Ersteren herausgegebenen Zeitschriften zwischen der Redaction und Privaten gepflogene Correspondenz portofrei. E. d. O.Postamts-D. vom 9. Dezbr. 1831 u. E. d. M. d. J. v. 1. April 1833.

§ 1146. Die Correspondenz der Landrabbinen in den israelitischen Gemeindeangelegenheiten ist nicht als Dienstsache erklärt. Eine Ausnahme findet statt, wenn sie von Großherzoglichen Behörden zu Erläuterungen, zum Gutachten ꝛc. aufgefordert worden. Sie haben alsdann auf der Adresse ihrer betr. Briefe zu bemerken: „Antwort auf ein dienstliches Schreiben vom Landrabbinen (Namen)". E. d. M. d. J. an d. Prov.C. zu Gsn. vom 7. März 1842.

§ 1147. Wenn über die Postfreithümer Irrungen und Zweifel entstehen, so soll es nach der bisherigen Praxis und wo diese streitig ist einstweilen nach den Ansichten des Postdeputirten belassen und gehalten werden. E. d. M. d. J. vom 7. Okt. 1843, zu Nr. D. 15718.

Dasselbe gilt, wenn von der Post Ansprüche auf 1 kr. Bestellgebühr wegen bei den Behörden einlaufenden Privatbriefen gegen die Ersteren erhoben werden. E. d. M. d. J. an den Postdeputirten d. Prov. O. v. 22. Febr. 1849.

§ 1148. Unterschleife bei Postfreithümern. Wer einen Brief oder ein Packet, dessen Inhalt nicht herrschaftlich ist, mißbräuchlich als Dienstsache bezeichnet, oder einer wirklich dienstlichen eine portopflichtige Privat-Correspondenz beifügt, soll, neben Ersatz des Porto's, wenn er ein Private ist, mit einer Polizeistrafe von 1—7 fl., wenn er ein Bediensteter ist aber mit einer Disciplinarstrafe belegt werden. V. v. 25. Okt. 1842.

Die erforderliche Prüfung, bz. Eröffnung der Briefe im Falle eines Verdachts ist dem Postdeputirten übertragen.

§ 1149. Retourbriefe, insofern sie nicht in Folge der Bekanntschaft mit der Hand des Absenders von der Post diesem unmittelbar zurückgestellt werden können, werden behufs Ermittelung des Absenders von dem Postdeputirten eröffnet und unter Aufschrift des Namens und Wohnortes desselben, mit dem Dienstsiegel wieder verschlossen, der Postverwaltung zur Beförderung an diesen, gegen Erstattung des Porto's, zurückgegeben. V. v. 31. Juli 1820.

II. Abschnitt.

Botenwesen.

§ 1150. Bezirksboten. Zur Vermittelung der Correspondenz der Behörden und Privaten an und von Orten, wo sich keine Posterpedition befindet, sind innerhalb der Regierungsbezirke (Kreise) eigene Bezirksboten von Staatswegen angestellt. V. v. 18. März 1823.

§ 1151. Den Bezirksboten liegt nur die Besorgung von Briefen und Packeten ohne Werth dienstlich ob. Werden dessen ungeachtet den Bezirksboten Geldpackete oder Gegenstände von Werth zum Transport übergeben, so geschieht es auf Gefahr des Aufgebers oder Auftraggebers. V. v. 16. Nov. 1836.

§ 1152. Einrichtung des Bezirksbotenwesens (V. v. 18. März 1823):

1) Ein jeder Bote soll 2mal in der Woche zu einer bestimmten Stunde, in der Regel vom Sitze der Regierungsbehörde aus, in den ihm angewiesenen Bezirk abgehen und in jedem Bürger-

meistereiorte bei dem Bürgermeister desselben einsprechen. Er muß genau den ihm vorgeschriebenen Gang, so wie die Zeit, zu welcher er an jedem Orte eintreffen soll, einhalten.

2) Alle in einer Bürgermeisterei wohnenden Behörden, Bürgermeister und Privaten haben in der Regel dafür zu sorgen, daß ihre von den Boten mitzunehmenden Briefe und Depeschen vor der Zeit des Abgangs der Boten in der Wohnung des Bürgermeisters, bz. des Beigeordneten, wo kein Bürgermeister vorhanden ist, bereit liegen. Nur in Ansehung der Briefe des Landgerichts an seinem Wohnort findet hiervon eine Ausnahme statt. Diese muß er persönlich abholen, bz. auch überbringen.

3) Die in die einzelnen Orte bestimmten Briefe rc. sind, insoweit sie nicht von den Bezirksboten an die Adressaten selbst abgegeben werden können oder müssen, gleichfalls in der Wohnung des Bürgermeisters, bz. Beigeordneten, niederzulegen. Die Ortsvorstände haben alsdann die Verpflichtung dieselben unverzüglich durch den Gemeindediener an ihre Adresse befördern zu lassen, welchen die Bezirksboten selbst dafür eine Bestellgebühr von 1 kr. zu vergüten haben. A. d. M. d. J. v. 23. Aug. 1845.

4) Die Bezirksboten dürfen sich an keinem Orte auf eine ihren Rundgang störende Weise aufhalten lassen. Die Bürgermeister sind insbesondere angewiesen dieselben schleunigst zu befördern und falls ein Bezirksbote sich eine Vernachlässigung in seinem Rundgange oder andere Dienstwidrigkeiten sollte zu Schulden kommen lassen, alsbaldige Anzeige davon zu machen.

5) Passiren die Boten Orte, wo sich Posten befinden, dann haben sie sogleich nach ihrer Ankunft an diesen Orten die zur Post bestimmten Briefe rc. abzugeben und nicht dieselben von Bezirk zu Bezirk, wodurch deren Abgabe an die Adressaten verspätet wird, zu befördern. Zuwiderhandlungen gegen diese Bestimmung werden nach Analogie des Art. 8. der V. vom 20. Juli 1822, Beeinträchtigung der Posten betr., mit einer Polizeistrafe von 1 fl. für jeden auf die angedeutete Weise vorschriftswidrig beförderten Brief bestraft. A. d. M. d. J. v. 8. Aug. 1840.

§ 1153. Gebühren. Die Gebühren der Bezirksboten sind auf folgende Art bestimmt:

a) Sie haben alle Regierungsblätter, Dienstschreiben und alle Packete unter 12 Pfund schwer von und an alle Militär-,

Civil- und geistliche Behörden und Diener unentgeltlich zu besorgen.

b) Von Individuen und Gemeinheiten haben sie folgende Gebühren zu beziehen, nämlich für Briefe und Packete:

1) unter 1 Pfund schwer . . . . 2 kr.

2) von 1 " " . . . . 3 " und

3) von jedem Pfund über 1 Pfund . 1 "

Dieselbe Gebühr haben sie in Dienstangelegenheiten für den Transport von Packeten, welche 12 Pfund und darüber schwer sind, zu beziehen.

c) Für die Ueberbringung von Regierungsblättern, Zeitungen und Wochenblättern an Kirchen- und andere Fonds, so wie an Privaten, haben sie jährlich 45 kr., und

d) für die Ueberbringung dieser Blätter und sonstiger Briefe oder Packete überhaupt an die Gemeinden oder deren gesetzliche Organe, die Bürgermeister, in Gemeinden von unter 400 Seelen Bevölkerung 1 fl. 30 kr., von 400 bis 799 Seelen 2 fl., von 800 bis 1199 Seelen 2 fl. 30 kr. und von 1200 Seelen und darüber Bevölkerung 3 fl. jährlich zu beziehen. Bei besonders beschwerlichem Dienste kann ausnahmsweise ein Zusatz bewilligt werden, dagegen findet keine weitere Vergütung für Transport von Briefen oder Packeten u. s. w. in Gemeindeangelegenheiten statt. V. v. 9. Dezbr. 1824 u. A. d. M. d. J. v. 15. Mai 1835, 10. Sept. 1836 u. A. d. O.Cons. v. 25. Nov. 1836.

e) Von den Judengemeinden für die Ueberbringung aller Briefe und Packete an dieselben und von denselben, und zwar von solchen unter 50 Seelen 45 kr., bis zu 100 Seelen 1 fl., über 100 Seelen von je 50 Seelen 30 kr., jedoch nur bis zu dem Maximum von 3 fl. A. d. M. d. J. v. 15. Juni 1837.

f) Für Briefe, deren Annahme von den Adressaten verweigert wird oder die nicht aufzufinden sind, haben die Boten von der betreffenden Postanstalt bloß das Tourporto vorschußweise zu erhalten, von in's Ausland zurückgehenden Retourbriefen aber gar keine Gebühr weder für den Tour- oder für den Retour-Transport zu beziehen. A. d. M. d. J. v. 14. Mai 1835 u. 30. März 1836.

g) Frankirte Sendungen von außerhalb des fürstlich Thurn und Taxis'schen Postgebiets an inländische Behörden müssen von den Bezirksboten unentgeltlich befördert werden. A. d. M. d. J. v. 14. Sept. 1853.

h) Zur Verhütung von Unterschleifen soll der Botenlohn der Bezirksboten von der Postbehörde stets mit rother Tinte, abgesondert von dem Porto, auf der Adresse der Briefe bemerkt werden. A. d. M. d. J. v. 24. Mai 1835.

§ 1154. Die Bürgermeister dürfen für die Beglaubigung von Unterschriften, welche die Empfänger von durch die Post beförderten Geld- oder Werthsendungen auf den deßfallsigen Scheinen zu vollziehen haben, keine Gebühren beanspruchen oder beziehen. A. d. M. d. J. v. 12. Nov. 1845.

XXV. Abtheilung.

Baupolizei.

I. Abschnitt.

Civilbau.

§ 1155. Um dem Bedürfniß gesunder dauerhafter Wohngebäude und ihrer Verbindung in einer den Verkehr und die Annehmlichkeit der Einwohner fördernden Weise zu genügen, sind für größere Städte und Orte eigene Bauordnungen erlassen.

Allgemeine Normen bestehen darüber nicht. Das nach den örtlichen Verhältnissen Erforderliche pflegt unter Mitwirkung der Regierungsbehörde, des Kreisbauamtes und des Gemeindevorstandes festgestellt und durch die Genehmigung des Ministeriums mit bindender Kraft bekleidet zu werden.

§ 1156. Ein ähnliches Verfahren ist auch für die Feststellung von Bauplänen, insofern sie auf ganze Straßen oder Bauquartiere ausgedehnt werden sollen, vorgeschrieben, wogegen die Ordnung minder umfassender Baupläne der Entschließung der Regierungsbehörde überlassen ist. Kr.Instr. § 130, und für Rh. G. v. 16. Sept. 1807; kais. Decr. v. 27. Juli 1808 u. Präf.E. v. 31. August 1808.

Die erlassenen Bauordnungen und Baupläne sind für die Bauenden, sowohl bezüglich der Einhaltung der festgesetzten Baulinie, als der Art und Weise des Bauwesens überhaupt, verpflichtend; a. Allegate.

§ 1157. Eine zwangsweise Abtretung benöthigter Bauplätze zum Neubau von Häusern — nicht auch zur bloßen Erweiterung bestehender (B. v. 18. Juni 1811) — findet in den Prov. St. u. O. vermöge V. v. 20. Juli 1791 statt.

Der Administrativ-Justizhof und in der Recurs-Instanz das Ministerium des Innern entscheiden in solchen Fällen über die Nothwendigkeit der Abtretung, das Gericht aber über die Größe der Entschädigung.

Die Gründe der Nothwendigkeit sind von der Regierungsbehörde unter Mitwirkung des Gemeindevorstandes zu ermitteln. Es wird dabei nicht vorausgesetzt, daß gar keine anderen Bauplätze mehr vorhanden seien, sondern vielmehr gesetzlich als genügend erachtet, wenn nur der angesprochene Bauplatz nach den Verhältnissen und Bedürfnissen des Antragstellers als der entsprechendere zu erachten ist; a. B.

§ 1158. Errichtung von Privatgebäuden. Die Befugniß zur Aufführung neuer Gebäude ist nur insoweit beschränkt, als allgemeine polizeiliche Zwecke es gebieten. Das in den Provinzen St. u. O. früher bestandene Erforderniß des Nachweises, daß der Bauende genügende Mittel zur Ausführung des Bauwesens besitze, ist zurückgenommen. A. d. R. d. Prov. O. v. 4. Okt. 1830.

Allgemeine Vorschriften über die Art und Weise der Erbauung neuer Gebäude und Anbäue bestehen vorzugsweise nur in feuerpolizeilicher Beziehung rücksichtlich der Anlegung der Kamine, der Brandmauern, der Strohdächer &c., Gegenstände, welche in der Abtheilung XXVI abgehandelt sind.

Die althessische V. v. 23. April 1784, welche die Aufführung der unteren Stockwerke ausschließlich von Stein gebot, ist außer Uebung.

Ein A. d. M. d. J. v. 25. Okt. 1843 ermächtigt dagegen die Regierungsbehörden zur Beförderung der Solidität der Gebäude, bei Meidung einer Polizeistrafe von 5—20 fl., zu verordnen:

1) daß von den Zimmerleuten kein Gebäude von Holzwänden aufgeschlagen werden dürfe, woran nicht zuvor die Fundamente von Mauer aufgeführt worden sind;
2) daß dieselben die Eckposten solcher Gebäude nicht unmittelbar auf die Mauer, sondern nur auf die an den Ecken in und über einander verbundenen Schwellen setzen dürfen, und
3) daß bei dergleichen Gebäuden die Schwellen auf die Höhe von 18—24 Zoll über den höchsten Punkt der Bodenfläche gelegt werden müssen.

Die althessische Feuerordnung vom 18. Juni 1767, § 9, untersagt das allzunahe Aneinanderbauen der Häuser und verordnet, daß die Maurer und Zimmerleute überhaupt an keinem neuen Bau oder Hauptveränderung bei schwerer Strafe eher Hand anlegen dürfen, bevor sie es jeden Orts der Obrigkeit angezeigt und von Selbiger die Erlaubniß erhalten haben.

In der Prov. Rh. bestehen allgemeine Gebote oder Verbote dieser Art nicht. Das Bauwesen überhaupt ist aber dort als Gegenstand der Municipalpolizei ebenfalls der Aufsicht der Lokalpolizeibehörden unterworfen. G. v. 19. Juli 1791, 3. Brumaire IV; siehe auch Allegate des § 1156.

§ 1159. Errichtung von Gebäuden an Straßen. Auf den Grund und in Ergänzung der Vorschriften, welche hierüber für die Prov. St. u. O. durch V. v. 21. Dezbr. 1809 u. für die Prov. Rh. durch G. v. 16. Sept. 1807 u. kais. Decr. v. 27. Juli 1808 erlassen sind, hat ein A. d. M. d. J. v. 26. August 1845 nachstehende Verfügung ertheilt:

1) Jeder, welcher an einer Straße ein Gebäude aufführen und hierzu die Concession nachsuchen will, hat als Uebersicht über sein Bauproject eine Zeichnung bei dem Bürgermeister des Ortes, in welchem das Gebäude errichtet werden soll, in doppelter Ausfertigung zu übergeben.
2) Diese Zeichnung muß enthalten:
   a) einen Situationsriß, welcher namentlich den Umfang des Bauplatzes, die etwa darauf stehenden Gebäude, so wie die Richtung und Breite der den Bauplatz begränzenden Gebäude der Nachbarn, nebst deren Beschreibung, enthält;
   b) einen Grundriß der verschiedenen Stockwerke, und
   c) einen Aufriß des aufzuführenden Baues.

3) Bei der Zeichnung ist stets der Maßstab, wonach sie verfertigt ist, anzugeben und der Name des Concipienten hierunter zu bemerken.
4) Der Maßstab für dergleichen Zeichnungen wird in folgender Weise bestimmt:
   a) für Situationszeichnungen $\frac{1}{500}$ der natürlichen Größe, oder 1 Zoll = 50 Fuß;
   b) für Grund- und Aufrisse $\frac{1}{100}$ der natürlichen Größe, oder 1 Zoll = 10 Fuß.
5) Der Bauunternehmer haftet für die Richtigkeit der Maaße.
6) Diese Zeichnungen sind sodann von dem Bürgermeister in doppelter Ausfertigung an die Regierungsbehörde mit gutachtlichem Bericht zur weiteren Verfügung einzusenden. Derselbe hat dafür eine Gebühr von 12 kr., wenn zugleich ein Augenschein erforderlich war aber von zusammen 30 kr. zu beziehen. V. v. 24. Febr. 1837, § 1 (4).
7) Wenn in Folge dessen das Bauproject die höhere Genehmigung erhalten hat, so ist die Zeichnung in doppelter Ausfertigung dem Bürgermeister zurückzusenden, damit von diesem das eine Exemplar dem Bauunternehmer behufs der Ausführung des Baues hiernach zugestellt, das andere Exemplar dagegen bei den Bürgermeistereiakten aufbewahrt wird.

Wer ohne Erlaubniß ein Gebäude an einer Straße aufführt, hat sich nach den a. V. u. G. der Niederreißung derselben von Polizeiwegen zu gewärtigen. Ueberdies trifft in den Prov. St. u. O. den Bauherrn eine Strafe von 50 Reichsthalern und den Maurer und Zimmermann von 10 Reichsthalern.

Bei Begutachtung der Bauprojecte haben die Bürgermeister ihre Aufmerksamkeit besonders darauf zu richten, daß dadurch die bestimmte Straßenrichtung nicht verändert und für den Straßenverkehr keine Mißständigkeit veranlaßt wird. Namentlich ist dabei zu beachten, daß keine Abtritte, Miststätten, Pfuhllöcher, Gossensteine, Abflüsse von Unreinigkeiten an die Ortsstraße angelegt, keine in die Straße hervorragende Vorbäue, Wetterdächer oder sonstige Gerüste und keine Thore und Thüren so angebracht werden, daß sie nach Außen aufgehen. Eben so ist das feuergefährliche Aneinanderhängen und zu nahe Aneinanderbauen nicht zu dulden, und kann die mißständige Anlage und Richtung eines Gebäudes im Verhältniß zu dem Laufe oder der Ebenheit einer Straße oder der neben liegenden Gebäude keine Genehmigung erhalten.

Die Zuwiderhandelnden gegen deßfallsige Ge- oder Verbote der Lokalpolizeibehörden in der Prov. Rh. trifft die im Criminalgesetzbuch Art. 471, 5), bz. Art. 479, 4), bestimmte Strafe.

§ 1160. Unterhaltung, bz. Niederreißung der Gebäude. Es ist Obliegenheit der Besitzer, ihre Gebäude in einem gefahrlosen baulichen Zustande zu erhalten. Die Lokalpolizeibehörden haben die Erfüllung derselben zu überwachen und, vorbehaltlich etwa nöthiger provisorischer Sicherungsmaßregeln, eintretenden Falles schleunige Anzeige an die Regierungsbehörde zu erstatten, welcher die weitere Entschließung darüber zukommt. Kr.Instr. § 130.

Die Fälle, in welchen und in welcher Weise eine polizeiliche Einschreitung gegen die Besitzer ruinoser Gebäude eintreten kann und soll, bestimmen näher ein E. d. M. d. J. an d. R. v. 17. Juli 1831 und die darauf erlassenen A. der früheren Regierungen von 1831.

Vergl. auch für Rh. G. v. 24. August 1790, 22. Juli 1791 u. 16. Fructidor III; auch E. d. M. d. Just. v. 15. Messidor IX.

§ 1161. Verkauf auf den Abbruch. Jedem Eigenthümer ist der Abbruch, so wie der Verkauf seiner Gebäude auf den Abbruch unverwehrt. B. v. 3. Juli 1827.

§ 1162. Theilung von Gebäuden. In den Provinzen St. u. O. ist zur Theilung von Gebäuden die Genehmigung der Regierungsbehörde in polizeilicher Hinsicht erforderlich. Will Jemand eine solche Theilung vornehmen, so hat er einen Flurbuchsauszug und eine deutliche schriftliche Beschreibung der Hofraithe und der beabsichtigten Theilung, in doppelter Ausfertigung, und zugleich einen geometrischen Meßbrief dem Bürgermeister zu übergeben.

Die Theilung ist polizeilich nur zulässig, wenn sie in der Art geschieht, daß eine vollständige Trennung der Feuerungsanstalten stattfindet und eine gesonderte Unterhaltung der getrennten Theile, wenigstens in der Hauptsache, möglich erscheint. Sind diese Bedingungen nicht vorhanden, so hat der Bürgermeister von der Theilung abzurathen. — Im anderen Falle, gleichwie bei dem Beharren auf einem Theilungsgesuche, hat aber der Bürgermeister dasselbe mit gutachtlichem Berichte an die Regierungsbehörde einzusenden. B. vom 9. Febr. 1811, A. d. M. d. J. v. 26. Juni 1833 und der Letzteres beschränkende E. d. M. d. J. an d. R.C. zu Gsn. v. 30. April 1849; auch E. d. O.Steuer-Dir. an sämmtliche R.C. v. 25. März 1851.

Der Bürgermeister bezieht für seine deßfallsige Bemühung und Berichterstattung dieselben Gebühren wie in § 1159.

In der Prov. Rh. findet eine ähnliche Beschränkung der Theilungsbefugniß von Gebäuden nicht statt.

II. Abschnitt.

Straßenbau.

§ 1163. A. Staats- und Provinzial-Straßen. Der durch Gesetz v. 12. Okt. 1830 begründete Unterschied zwischen Staats- und Provinzial-Straßen ist wieder aufgehoben und besteht nur insoweit noch fort, als die Kosten des Neubaues der Provinzial-Straßen noch durch Provinzial-Umlagen getilgt werden müssen. Die Unterhaltung erfolgt forthin allgemein auf Staatskosten. G. v. 4. Mai 1839.

§ 1164. Leistungen der Gemeinden dazu. Nach den Gesetzen v. 12. u. 15. Okt. 1830 haben die Gemeinden und Gemarkungsinhaber, durch deren Gemarkung eine Staatsstraße angelegt wird, gewisse Leistungen aus eigenen Mitteln zu bestreiten. Dahin gehören u. a. bedingungsweise die Landentschädigung, die Ueberbrückungen nach Vicinal- und Feldwegen und die Abgabe von Baumaterialien aus gemeinheitlichen Brüchen und Gruben 2c.

Auf früher erbaute (vor dem Jahre 1830) Staatsstraßen finden jene Gesetze keine Anwendung.

§ 1165. Chausseepolizeiliche Strafbestimmungen. Die zum Nutzen und ordnungsmäßigen Gebrauch der Staatsstraßen ertheilten Strafvorschriften finden sich in dem Gesetze v. 17. März 1824. Vergl. auch A. d. O.Bau-Dir. v. 1. Okt. 1838 u. § 1178.

Dieselben können von den Regierungsbehörden auch auf die noch im Bau begriffenen Staatsstraßen ausgedehnt werden. A. d. M. des J. v. 13. April 1840.

§ 1166. Zuwiderhandlungen gegen diese Vorschriften gehören zur Bestrafung an das betreffende ordentliche Gericht I. Instanz.

In wie weit jedoch auch eine Erledigung im Administrativwege zulässig ist, bestimmt die V. v. 27. August 1853.

Welche andere polizeiliche Zuwiderhandlungen vor die Polizeigerichte gehören s. § 1180.

§ 1167. B. Vicinalwege. Die Erbauung und Unterhaltung der Verbindungswege von Ort zu Ort liegt gesetzlich den Gemeinden, bz. Gemarkungsinhabern ob. G.O. Art. 89.

Die Vicinalwege vermitteln den wechselseitigen Verkehr und nehmen deßhalb die besondere Fürsorge der Gemeindevorstände in Anspruch.

Das Ministerium des Innern hat in Betracht der Wichtigkeit dieser Verbindungen die Entwerfung eigener Vicinalwegbau-Systeme für die verschiedenen Verwaltungskreise verordnet — A. d. M. des J. v. 16. August 1837 —, deren besondere Genehmigung später erfolgt ist.

§ 1168. Die Grundsätze, nach welchen die Ausführung des Vicinalwegbaues, bz. dessen Unterhaltung, bewerkstelligt werden soll, sind in der ausführlichen Instr. v. 11. Juli 1838 vorgezeichnet.

Wenn die Richtung eines zu erbauenden Vicinalweges von der Regierungsbehörde nach vorgängiger Verhandlung mit dem Gemeindevorstande und Kreisbauamte festgesetzt und demzufolge der Plan und detaillirte Kostenvoranschlag von der Baubehörde gefertigt worden ist, so wird der Plan 8 Tage lang in den Gemeinden, durch deren Gemarkung der Weg gehen soll, offengelegt. Etwaige Reclamationen müssen alsdann binnen 4 Wochen vorgebracht werden.

Sind keine Einwendungen angemeldet, oder dieselben im Wege der Güte oder durch Entscheidung erledigt, so erfolgt nun die Ausführung der Wegbauarbeiten selbst unter der Leitung des Kreisbauamtes nach Maßgabe der allgemeinen Vorschriften über das Gemeindebauwesen (s. Abth. XV, Abschnitt V), so wie den in der a. Instr. ertheilten besonderen technischen Regeln.

Sollte das Kreisbauamt wegen Geschäftsüberhäufung zur Uebernahme der Leitung nicht im Stande sein, so kann von der Regierungsbehörde auch ein anderer Techniker damit beauftragt werden; a. A. d. M. v. 1837.

Die Baubehörden sind für die strenge Einhaltung der Baukosten-Voranschläge verantwortlich. V. v. 14. Nov. 1849.

Bei der Ausführung der Vicinalweg-Neubauten soll mit möglichster Sparsamkeit und Berücksichtigung der Kräfte der Gemeinden zu Werk gegangen werden. Als Hauptgesichtspunkt ist dabei stets und vorzugsweise nur der Zweck der Weganlage, d. i. Herstellung in fahrbaren Stand, festzuhalten.

Die Regierungsbehörden sind, wenn dieser Zweck mit geringeren Mitteln zu erreichen ist, ausnahmsweise selbst zu einer Abweichung von den Bestimmungen der Instr. v. 1838 ermächtigt. A. d. M. des J. v. 16. Juli 1847.

§ 1169. Was die Unterhaltung der Vicinalwege betrifft, so ist insbesondere rücksichtlich aller regelmäßig gebauten und mit einer Steindecke versehenen Wege, außer der beständigen Verbesserung kleiner Mängel, das Bedürfniß zweier jährlichen Hauptreparaturen ausgesprochen. Die erste dieser Reparaturen muß im Frühjahr, sobald der Boden aufgethaut ist, vorgenommen werden und besteht darin, daß, nachdem der Koth von der Oberfläche der Fahrbahn abgekratzt ist, alle Vertiefungen und Geleise mit fein geklopften, dazu in Vorrath befindlichen Steinen ausgefüllt werden. Außerdem werden bei dieser Gelegenheit oder auch etwas später, jedenfalls aber so lange die Winterfeuchtigkeit noch in der Erde enthalten ist, alle etwa eingestürzten Gräben aufgeräumt, die beschädigten Fußpfade und Böschungen hergestellt und die etwa versandeten Mulden, Dohlen und Brücken wieder eröffnet. Die bei der Frühjahrsreparatur auf die Fahrbahn eingedeckten Steine müssen, wenn sie durch das Fuhrwerk auseinander gedrückt worden, so lange das Wetter noch feucht ist fleißig zusammengezogen werden. Die später noch bleibenden losen Steinchen müssen abgezogen und als Vorrath auf einem der Banquets gesammelt werden.

Die zweite und wichtigste Hauptreparatur fällt in den Herbst, sobald anhaltend feuchtes Wetter eintritt, und besteht, wie die Frühjahrsreparatur, in der Eröffnung der während des Sommers mit Gras oder Unkraut verwachsenen Gräben, im Reinigen der Fahrbahn von Koth und im Auflegen von Reparatursteinen auf diejenigen Stellen, welche dies bedürfen. Bei diesem Einsteinen ist das Augenmerk stets nur darauf zu richten, die Schichte der Decksteine immer in derselben Dicke zu erhalten und die ursprüngliche Form der Fahrbahn, wo sie verloren gegangen ist, herzustellen. — Sorgfalt ist auf die Unterhaltung der Brücken und Stege zu verwenden, damit durch eine Vernachlässigung derselben der Verkehr nicht unterbrochen und mögliche Gefahr für die Passanten entfernt wird.

§ 1170. Baumpflanzungen dürfen in der Regel nur außerhalb des Weges in angemessenem Abstande davon (18′ von den äußeren Kanten der Fußpfade) und in gehöriger Entfernung von einander (30—36′) stattfinden; a. Instr. § 13.

§ 1171. Wegweiser. Ueberall, wo zwei Straßen sich durchschneiden oder in verschiedene Aeste sich theilen, sollen Wegweiser nach vorgeschriebenem Muster angebracht werden; a. Instr. § 14, u. A. d. M. d. J. v. 28. Sept. 1842.

§ 1172. Bezirkswegwärter. Zur Beaufsichtigung der Vicinalwege und Fürsorge für ihre regelmäßige Unterhaltung waren früher besondere Bezirkswegaufseher angestellt und deren Dienstverrichtungen durch Min.-Instruction geregelt. A. d. M. d. J. vom 10. Januar 1840 — auch 2. Sept. 1840.

Im Jahre 1848 fiel diese Einrichtung in Folge der damals gegen jede geordnete Aufsicht aufgestachelten Volksstimmung.

Die unterdessen geläuterte öffentliche Meinung spricht sich jedoch vielfältig zu ihren Gunsten aus und hat ihre Wiedereinführung theilweise bereits bewirkt.

§ 1173. Polizeiliche Bestimmungen. Zum Schutze der chaussirten und gepflasterten Vicinalwege in- und außerhalb der Orte ist im Wesentlichen Folgendes verordnet:

1) Verletzungen und Beschädigungen der Vicinalwege sammt deren Zubehörungen: Brücken, Gräben, Wegweisern, Plakaten 2c., werden außer dem schuldigen Schadensersatz mit einer Polizeistrafe von 30 kr. bis 5 fl. belegt (vergl. jedoch § 1177);
2) das Schleppen von Bauholz und ähnlichen Gegenständen auf Vicinalwegen ohne den Gebrauch einer Schleife, so wie das unbefugte Niederlegen von Holz, Steinen, Schutt, Dünger und dergl. m., mit einer Strafe von 30 kr. bis 2 fl. 30;
3) das Fahren, Reiten und Viehtreiben auf den lediglich für Fußgänger bestimmten Fußwegen, insoweit es nicht bloß des Ausweichens wegen erforderlich ist, wird bestraft:
   a) wenn es mit bespanntem Vieh geschieht, mit 1 fl. (wenn mit Hunden s. § 792, II),
   b) das Reiten und das Fahren mit Schiebkarren, mit 30 kr.,

c) das Treiben von Vieh, insoweit es nicht von der Regierungsbehörde ausnahmsweise verstattet worden ist, und zwar für jedes Stück Rindvieh, Pferde, Esel und Schweine mit 20 kr. und für jedes Stück Schafe und Ziegen mit 10 kr., vorbehaltlich jedoch, daß die Gesammtstrafe nie 5 fl. übersteigen darf;

4) das Weiden des Viehes in den Gräben und an den Dämmen wird wie zu 3 c) bestraft;

5) das vorschriftswidrige Anpflanzen von Bäumen (§ 1171) mit 1 fl.

In allen Fällen bleibt zugleich die allgemein bestehende Befugniß der Polizeibehörde zur Wegräumung auf Kosten des Zuwiderhandelnden vorbehalten. V. v. 19. Juli 1842.

Wegen sonstiger Polizeiübertretungen s. § 1180.

§ 1174. C. Ortsstraßen. Die Herstellung der Ortsstraßen in einen für den allgemeinen und den besonderen Verkehr der Einwohner entsprechenden guten Zustand liegt in der Regel, soweit dieselben nicht im Staatsstraßenzuge liegen, den Gemeinden (in II. Klasse) ob.

Zur Reinigung und Reinhaltung der Ortsstraßen sind dagegen, selbst im Chausseezuge, die angesessenen Einwohner verpflichtet. A. d. M. d. J. v. 6. Januar 1840.

Es ist angemessen, daß bezüglich der für die Gesundheit und Annehmlichkeit der Bewohner nöthigen zeitweisen Reinigung überall lokalpolizeiliche Vorschriften erlassen werden. Die Uebertreter derselben trifft alsdann in den Prov. St. u. O. die besonders angedrohte, in der Prov. Rh. aber die im Crim.G.B. Art. 471 bestimmte Strafe.

§ 1175. D. Feldwege. Auch die gute Erhaltung der Feldwege erfordert im Interesse der Landwirthschaft die Fürsorge des Bürgermeisters. Unbefugtes Ausleeren von Schutt und Versperren durch Niederlegen von Holz, Dünger, Steinen ꝛc. auf denselben wird mit 1 fl. bestraft. Feldstr.G. Art. 78.

E. Gemeinsame, polizeiliche u. a. Bestimmungen bezüglich aller Straßen und Wege.

§ 1176. I. Wenn zum Zwecke der Erbauung oder Erweiterung von Straßen und Wegen die Verwendung von angränzendem Pri=

vateigenthum erfordert wird, so findet die Nöthigung zu dessen Abtretung nach Maßgabe der Bestimmungen des G. v. 27. Mai 1821, betreffend die Abtretung des Privateigenthums zu öffentlichen Zwecken, statt.

§ 1177. II. Wo Hecken oder Bäume in einer den Verkehr hindernden Weise überwachsen, ist deren Zurückschneidung polizeilich anzuordnen. E. d. M. d. J. an d. Kr. zu Gsn. v. 24. März 1843, zu Nr. D. 4763.

§ 1178. III. Vorsätzliche Beschädigungen der öffentlichen Straßen und Wege, so wie ihrer Zubehörungen, z. B. der Brücken, Kanäle, Wegweiser &c., sollen nach dem Str.G.B. Art. 424 bis 428 mit gemeiner Strafe belegt werden.

§ 1179. IV. An gefährlichen Wegstellen, besonders auf hohen Dämmen und an steilen Abhängen, sollen Geländer, Brustmauern oder dichte Baumpflanzungen angelegt werden. Instr. v. 11. Juli 1838, § 13.

§ 1180. V. Zur Verhütung von Unglücksfällen durch Fuhrwerk &c. auf allen, sowohl Staats- als anderen Straßen und Wegen, ist eine allgemeine Polizei-V. v. 19. Juli 1842 erlassen.

Dieselbe enthält die genauesten Vorschriften über den deßfallsigen Straßenverkehr, sowohl bezüglich der Leitung und Beaufsichtigung der Fuhrwerke und Pferde &c., als auch des allzuschnellen Fahrens und Reitens, des Ausweichens, Hemmens und der nächtlichen Beleuchtung der Fuhrwerke, welche ausnahmsweise von der Straße nicht entfernt werden können &c.

Die Zuwiderhandlungen werden mit einer Polizeistrafe von 30 kr. bis 5 fl. bestraft.

In der Prov. Rh. treten jedoch, insoweit d. IV. Buch d. Crim.-G.B. besondere Strafen angedroht hat, diese ein.

§ 1181. VI. Auf allen verkehrreichen Straßen sollen am Ein- und Ausgange der Orte Ortstafeln, worauf außer dem Namen des Ortes auch die Bezeichnung des Kreises und Gerichtsbezirks bemerkt ist, an den zur Bezeichnung der Fußwege bestimmten Pflöcken nach vorgeschriebenem Muster angebracht werden. A. d. M. d. J. v. 25. Nov. 1841 u. 7. Okt. 1842.

§ 1182. VII. Verbotene Wege sollen durch Warnungszeichen kenntlich gemacht werden.

III. Abschnitt.

Wasserbau.

A. An schiffbaren Flüssen.

§ 1183. Die Regulirung und Erhaltung der schiffbaren Flüsse in ihrem regelmäßigen Laufe, so wie die Unterhaltung der Haupt- oder Winter-Dämme derselben wird als Territorial-Bauwesen auf Staatskosten besorgt. Dagegen liegt die Verpflichtung zu dergleichen Leistungen in Ansehung der nichtschiffbaren Flüsse und Bäche, gleichwie die Ausführung von Flußbauwerken, welche nur zu lokalen Zwecken dienen, überhaupt den betreffenden Gemeinden, bz. Gemarkungsinhabern, gesetzlich ob. G. v. 1. März 1807 u. v. 18. u. 19. Febr. 1853.

§ 1184. Bauwerke, Dämme und Anpflanzungen an schiffbaren Flüssen dürfen ohne höhere Genehmigung bei namhafter Strafe nicht errichtet werden. G. v. 1. März 1807.

Diese Verordnung entscheidet auch über die Beitragspflichtigkeit zu den Kosten in solchen Fällen. Wegen Bauwerken an nichtschiffbaren Gewässern s. § 1195.

B. An nichtschiffbaren Flüssen.

§ 1185. I. Regulirung derselben. Wird auf Veranlassung der Staatsverwaltungsbehörden eine Regulirung eingeleitet, so trägt der Staat die Kosten der technischen Untersuchungen und Aufnahmen. Anderen Falles fallen dieselben den betheiligten Gemeinden, bz. Gemarkungsinhabern, zur Last, welche in allen Fällen auch die Ausführungskosten (in III. Klasse) zu tragen haben.

Wer eine Regulirung veranlaßt wünscht, hat sich deßhalb zunächst an den Gemeindevorstand zu wenden, welcher deßhalb der in Gemäßheit des G. v. 19. Febr. 1853 zur Leitung der Verhandlungen und Beaufsichtigung der Ausführung berufenen Regierungsbehörde ausführliche Vorlage zu machen hat; a. G. Art. 2—5 u. 19.

Widerspricht eine Gemeinde 2c. die Uebernahme der ihr zugetheilten Kosten, so entscheidet darüber, wenn nur Gemeinden 2c. desselben Kreises betheiligt sind, der Bezirksrath und in der Recurs-Instanz der Staatsrath. Besteht aber der Streit zwischen

Gemeinden verschiedener Regierungsbezirke, so kommt die Entscheidung dem Ministerium des Innern zu. (6—9.)

Alle anderen, nicht auf den Kostenpunkt sich beziehenden Reclamationen unterliegen der Entscheidung der Regierungsbehörde, vorbehaltlich des Recurses binnen 4 Wochen an das Ministerium des Innern. (10 u. 11.)

Die in Folge von Regulirungen verlassenen Bachbette verbleiben den Gemeinden, sollen jedoch an die angränzenden Grundbesitzer gegen Erstattung des Schätzungswerthes überwiesen werden. (12.)

Die Ausführung der Regulirungen selbst erfolgt unter Leitung der technischen Behörde. (14.)

Behufs derselben nöthigen Wasserrechts- und Grundbesitz-Abtretungen können nach dem G. v. 27. Mai 1821 erzwungen werden. (16 u. 17.)

Zur Erhaltung der Gränzen für die Breite und Tiefe der regulirten Bäche sollen Gränzsteine gesetzt und, so weit es die Regierungsbehörde für nothwendig erachtet, die Sohlen mit Schwellen versehen werden. (20.) Vergl. auch A. d. M. d. J. v. 11. April 1853.

Wo privatrechtliche Verpflichtungen vorliegen, bleiben dieselben zwar bestehen, doch haben bei erfolgendem Widerspruche die Gemeinden ꝛc. einstweilen die Regulirungskosten vorzulegen. (18.)

§ 1186. II. Aufräumung und Unterhaltung. Die zeitweise ordnungsmäßige Ausräumung der nichtschiffbaren Flüsse und Bäche ist von großer Wichtigkeit, indem dadurch verderblichen Ueberschwemmungen und Versumpfungen vorgebeugt wird.

Das G. v. 18. Febr. 1853 bestimmt die deßfallsige Verpflichtung und Verfahrungsweise.

Die Verbindlichkeit dazu, so wie zur Unterhaltung der künstlichen Entwässerungsgräben, ruht darnach, insoweit nicht privatrechtliche Verpflichtungen vorliegen, auf den Gemeinden (in III. Klasse), bz. Gemarkungsinhabern, durch deren Gemarkung sie fließen. Dieselben haben auch, so lange etwaige Privatverbindlichkeiten bestritten sind, die Kostenvorlage zu leisten; a. G. Art. 1—3 und 14.

§ 1187. Die zum Zwecke gemeinsamer Aufbringung der Kosten bestehenden besonderen Verbände (Concurrenzen) bleiben bestehen, und können deren auch nur mit Regierungsgenehmigung gebildet werden. Das bei Anträgen der Art in Entstehung der Güte einzuhaltende Verfahren regeln die Art. 4—9 d. G.

Wenn der Verband die Gemeinden verschiedener Verwaltungsbezirke betreffen soll, so bestellt das Ministerium zur Leitung der Verhandlungen den Commissär und ertheilt selbst die endliche Entscheidung; anderen Falles ist die betr. Regierungsbehörde zur Leitung und der Bezirksrath zur Entscheidung zuständig. Die Administrativ-Verhandlungen sind stempelfrei. (24.)

§ 1188. Durch Lokal-Reglements soll bestimmt werden, bei welchen Bächen und in welchem Zeitpunkte eine Aufräumung regelmäßig zu vollziehen ist. (10.) A. d. M. d. J. v. 9. April 1853. Vergl. auch für Rh. B. v. 20. Sept. 1819.

Wegen besonderer Verhältnisse und Ereignisse können auch außerordentliche Reinigungen nothwendig und angeordnet werden. (11.)

§ 1189. Die Regierungsbehörden haben, wo nöthig, besondere regelmäßige Beaufsichtigung der Bäche, so wie deren Aufräumung und Unterhaltung anzuordnen. Die hierdurch entstehenden Kosten sind von den betreffenden Gemeinden rc. in demselben Verhältnisse zu bestreiten, in welchem sie die Kosten der Aufräumung und Unterhaltung zu tragen haben. (12.)

Soll ein besonderes Aufsichtspersonal bestellt werden, so ist dazu Entschließung des Ministeriums erforderlich; a. A. v. 1853.

§ 1190. Die Besitzer der die Bäche begränzenden Grundstücke müssen bei der Aufräumung den Auswurf auf ihre Grundstücke dulden. Wenn sie denselben nicht selbst auf ihre Grundstücke verbreiten wollen, so ist solcher auf Kosten der Gemeinde davon wegzuschaffen. Nur wenn bei außerordentlichen Aufräumungen Grundstücke oder deren Crescentien beschädigt werden, ist den Grundbesitzern auf Anordnung der Regirungsbehörde dafür aus der Gemeindekasse eine Entschädigung zu bewilligen, welche erforderlichen Falles durch Sachverständige, von welchen Einer durch die Grundbesitzer, Einer durch die Gemeinde und Einer durch die Regierungsbehörde zu ernennen, endgiltig abzuschätzen ist.

Die Anlieger müssen unter denselben Voraussetzungen gestatten, daß Arbeiten und Bauten, welche an und auf ihrem Eigenthum zu dessen Schutze stattzufinden haben, daselbst vollzogen werden. (13.)

§ 1191. Die Verbindlichkeit zur Aufräumung und Unterhaltung der zur Bewässerung oder Entwässerung einzelner Grundstücke, Gewannen und Fluren bestimmten Gräben liegt den Besitzern derjenigen Grundstücke ob, in deren Interesse sie angelegt worden sind. Die näheren Bestimmungen hierüber sind in Lokal-Reglements — hinsichtlich der Wiesen in den Wiesenpolizei-Ordnungen — zu treffen. (15.)

§ 1192. Für Aufräumung der für Triebwerke (Mühlen ꝛc.) angelegten Kanäle oder Gräben haben die Besitzer der Werke, zu deren Vortheil sie angelegt sind, zu sorgen, und können dazu erforderlichen Falles von der Regierungsbehörde zwangsweise angehalten werden. (16.)

Wenn zwischen den Besitzern der die Triebwerkskanäle begränzenden Grundstücke und den Besitzern der Triebwerke wegen Duldung des Auswurfs bei Aufräumung jener Kanäle keine privatrechtliche Regulirung besteht, müssen zwar die Besitzer der Grundstücke den Auswurf auf Letztere gestatten, sie können aber dafür angemessene, bei entstehendem Streite richterlich festzusetzende Entschädigung verlangen. Auch sind die Besitzer der Triebwerke verbunden, den Auswurf auf Anordnung der Verwaltungsbehörde wegzuschaffen. Die regelmäßigen Reinigungen der erwähnten Kanäle sind zu einer Zeit vorzunehmen, in welcher dadurch die Besitzer der angränzenden Grundstücke am wenigsten Schaden leiden. (17.)

§ 1193. Wenn an dem Ufer eines Baches oder Grabens Bäume oder Gebüsche sich befinden, welche dem Wasserlauf nachtheilig sind, so kann deren Entfernung von der Verwaltungsbehörde angeordnet werden. Der Eigenthümer solcher, dem Wasserlauf nachtheiligen Gegenstände hat jedoch nur in dem Falle Anspruch auf Entschädigung, wenn solche Bäume oder Gebüsche vor Erlassung dieses Gesetzes angepflanzt worden sind. (18.)

§ 1194. Polizeiliche Strafbestimmungen:

1) Das unbefugte Einlegen oder Einwerfen von Steinen, Sand, Erde, Bäumen, Schutt, Unrath und anderen festen Körpern in die Bäche, oder Gräben, oder Triebwerkskanäle ist, bei Vermeidung einer Polizeistrafe von 30 kr. bis 10 fl., untersagt. Vorübergehende Vorrichtungen zu besonderen Nutzungszwecken, so weit diese überhaupt zulässig oder gestattet sind, müssen, bei gleicher Strafe, nach jedesmaligem Gebrauche entfernt werden. (19.)

2) Verletzungen und Beschädigungen der an Bächen und Gräben angelegten Dämme, namentlich auch durch Einpflügen, Graben und Hacken und Wenden mit dem Pfluge an dem Dammfuße, werden, insoweit nicht der Thatbestand einer widerrechtlichen vorsätzlichen Eigenthumsbeschädigung im Sinne des Strafgesetzbuchs vorliegt, mit 1—20 fl. bestraft. (20.)

3) An Orten, wo den Gerbern, Färbern, Besitzern von Bleichanstalten, Metzgern und Inhabern von ähnlichen Gewerbsanlagen der Gebrauch des Wassers in Bächen zu ihrem Geschäftsbetrieb gestattet ist, oder wo das zu solchen Gewerben benutzte Wasser in Bäche abgeleitet wird, können zur Verhütung einer Beeinträchtigung des Bedarfs an reinem Wasser über die Art der Benutzung des Wassers in den Bächen Lokal-Reglements erlassen werden. Zuwiderhandlungen dagegen werden mit 30 kr. bis 10 fl. bestraft. (21.)

§ 1195. III. Errichtung und Beaufsichtigung der Wassertriebwerke. G. v. 20. Febr. 1853. (Vergl. § 1184.)

Triebwerke (Mühlen-, Rad- und sonstige Werke, welche durch Wasser getrieben werden) dürfen nur mit Genehmigung der Regierungsbehörde an Bächen (nichtschiffbaren Flüssen und Bächen) und deren Seitengräben angelegt werden. (Art. 1 d. G.)

Wer ein Triebwerk an einem Bache oder dessen Seitengräben anlegen will, hat sein Gesuch um deßfallsige Genehmigung bei der Regierungsbehörde des Bezirks, in welchem das Triebwerk angelegt werden soll, einzureichen und demselben die speciellen Pläne und Auseinandersetzungen beizuschließen, welche zur Beurtheilung der Ausführbarkeit, Zulässigkeit und des Umfangs des Unternehmens erforderlich sind. (2.)

Die Regierungsbehörde hat alsdann, nach Anhörung des Ortsvorstandes, das Gesuch, wenn es den öffentlichen Interessen zuwider befunden wird, abzuweisen (3), anderen Falles aber die in den Art. 4—11 d. G. vorgeschriebenen Verhandlungen und Erforschungen anzustellen und einzuleiten.

Wird in dessen Folge die Genehmigung der Anlage durch das Ministerium bewilligt, so ertheilt darüber die Regierungsbehörde, unter Mitwirkung des Kreisbauamtes ꝛc., eine förmliche Urkunde unter genauer Verzeichnung aller besonderen Bedingungen. (12.) A. d. M. d. J. v. 12. April 1853.

§ 1196. Zur Erkennung des Normalstandes des Wassers müssen bei Errichtung neuer Triebwerke Eichpfähle gesetzt werden. (17.)

Auch kann bei bereits bestehenden Triebwerken, woran Eichpfähle fehlen, deren Setzung durch die Regierungsbehörde angeordnet werden. (20—24.)

Dasselbe gilt von der Legung, Erneuerung oder Veränderung von Fachbäumen. (25.)

§ 1197. Die bei neu angelegt werdenden Triebwerken nöthigen Stauungen von Gewässern müssen bei ihrer Errichtung mit Grundschützen versehen werden, welche die Entleerung des angestauten Wassers bis auf die Sohle möglich machen. (27.)

Da, wo Aufziehwehre bestehen ist durch Lokal-Reglements nach Anhörung der Betheiligten festzusetzen bei welchen Wasserständen diese Wehre aufgezogen werden müssen. (28.)

§ 1198. Wenn Besitzer von Triebwerken zum Zweck der Vornahme von Arbeiten an Schleußen oder Kanälen die anliegenden Grundstücke zur Niederlegung von Materialien oder in sonstiger Weise vorübergehend zu benutzen genöthigt sind, so haben dies die Besitzer jener Grundstücke zu gestatten, können aber für dadurch entstehenden Schaden von dem Triebwerksbesitzer eine in gleicher Weise wie § 1190 zu ermittelnde Entschädigung in Anspruch nehmen. (29.)

§ 1199. Gegen die Entscheidungen der Regierungsbehörde kann an das Ministerium des Innern Recurs ergriffen werden. Es muß jedoch der Recurs binnen vier Wochen, von dem Tage der Bekanntmachung der Entscheidung der Regierungsbehörde an gerechnet, bei Letzterer angezeigt und binnen weiterer vier Wochen bei dem Ministerium gerechtfertigt werden. (30.)

§ 1200. Ueber die Frage, wer die Kosten, welche durch die Verhandlungen vor den Verwaltungsbehörden entstehen, zu tragen hat, entscheiden die Art. 31—33 des Gesetzes.

§ 1201. Die Regierungsbehörden sollen eine regelmäßige Beaufsichtigung und Besichtigung der Triebwerke anordnen und zur Beseitigung der hierbei vorgefundenen Mängel das Nöthige verfügen. (34.)

§ 1202. Polizeiliche Strafbestimmungen:

1) Wer ohne die Genehmigung erhalten zu haben ein Triebwerk anlegt, ist mit einer Geldbuße von 3—30 fl. und, wenn er das

Werk betreibt, noch außerdem mit 5—30 fl. zu bestrafen. Auch ist auf Antrag der Regierungsbehörde auf Entfernung der Anlage von dem Polizeigericht zu erkennen. (Art. 1 d. G.)

2) Wenn bei Ausführung eines Triebwerkes die von der Regierungsbehörde über die Art der Errichtung ertheilten Vorschriften nicht beobachtet werden, so ist der Unternehmer mit 3—20 fl. und wenn er das Werk, ohne jene Vorschrift befolgt zu haben, in Betrieb setzt, noch außerdem mit 5—30 fl. zu bestrafen. Auch ist derselbe auf Antrag der Regierungsbehörde zur vorschriftsmäßigen Umänderung des Werkes von dem Polizeigericht für schuldig zu erkennen. (13.)

3) Veränderungen an einem Triebwerke, welche eine Aufstauung des Wassers über dessen bei Genehmigung des Werkes festgesetzten oder über den bisherigen Normalstand zur Folge haben, so wie Veränderungen in der Leitung des Wassers für ein Triebwerk bedürfen der Genehmigung der Regierungsbehörde. Der Besitzer eines Triebwerkes, welcher Veränderungen der bezeichneten Art ohne Genehmigung vornimmt, verfällt in eine Geldbuße von 1—15 fl. und, wenn er das unbefugt veränderte Werk betreibt, noch außerdem in eine Strafe von 3—20 fl. Auch ist, wenn die Veränderung nicht nachträglich genehmigt wird, auf Antrag der Regierungsbehörde von dem Polizeigericht auf Wiederherstellung des früheren Zustandes zu erkennen. (15.)

4) Wenn durch Naturereignisse, Beschädigungen oder sonstige Umstände eine Veränderung des Eichpfahles herbeigeführt wird, so hat der Triebwerksbesitzer solches bei Strafe von 1—5 fl. binnen drei Tagen der Polizeibehörde anzuzeigen, damit die Wiederherstellung angeordnet werden kann.

Eigenmächtige Arbeiten an dem Eichpfahle darf der Triebwerksbesitzer bei gleicher Strafe nicht vornehmen.

Veränderungen oder Beschädigungen des Eichpfahles haben — soweit nicht die Bestimmungen des Strafgesetzbuches in Anwendung kommen — eine Strafe von 3—15 fl. zur Folge. (21.)

5) Der Wasserspiegel in den zu Triebwerken benutzten Gewässern darf nicht über den festgesetzten Normalstand aufgestaut werden. Zuwiderhandlungen werden mit 1—20 fl. bestraft. (26.) — Vergl. auch A. d. M. d. J. v. 12. April 1853.

C. Dammpolizei.

§ 1203. Wegen Bewachung der Hauptdämme bei hohem Wasser ertheilen für die Prov. St. u. Rh. die V. v. 8. Dezbr. 1825 u. V. v. 25. August 1828 ausführliche Vorschriften.

Der Bürgermeister soll auf Anzeige der Dammwärter über drohende Gefahr schleunigst die Dämme ununterbrochen mit Wachen besetzen lassen und auch alle zur Beseitigung dringender Gefahr nöthigen Vorkehrungen, unter Mitwirkung der Dammwärter, vorsorglich einstweilen treffen, zugleich aber die Staatsbaubehörde unverweilt davon benachrichtigen; a. G. v. 1825, §§ 1, 15—19.

Sobald die Letztere zugegen ist, steht dieser die Leitung allein zu; der Bürgermeister hat dieselbe jedoch in jeder erforderlichen Weise, namentlich durch Beigebung von Hülfsmannschaften, Lieferung und Herbeischaffung nöthiger Materialien und Geräthschaften ꝛc., zu unterstützen.

Für die unbeschädigte Zurückgabe der gelieferten Gegenstände, sobald die Gefahr vorüber ist, hat die Gemeinde (in III. Klasse) den Eigenthümern zu haften. (§ 3.)

Zu den Dammwachen sind alle nicht unter 18 und nicht über 55 Jahre alten männlichen, nicht durch Gebrechlichkeit verhinderten Einwohner verbunden, mit Ausnahme der Geistlichen, Schullehrer, Bürgermeister, Beigeordneten, Derjenigen, welche Gelder für den Staat oder die Gemeindekasse zu erheben haben, so wie auch der Dammwärter. (§ 4.)

Zur erforderlichen außerordentlichen Hülfsleistung ist außerdem jeder Einwohner verbunden. (§ 16.)

Die näheren Vorschriften über die dienstliche Thätigkeit der Baubehörden, der Bürgermeister und Dammwärter, so wie der Wache- und Hülfsmannschaften zum Behuf der Abwendung von Ueberschwemmungen ertheilen die §§ 4—20 d. G. und die besonderen Instructionen für die Wasserbaumeister und Dammwärter vom 9. Dezbr. 1825.

§ 1204. Polizeiliche Strafbestimmungen. Es soll bestraft werden:

1) das Ausbleiben oder Abgehen vor eingetroffener Ablösung eines jeden zur Dammwache aufgebotenen Pflichtigen, so wie auch jeden aufgebotenen Hülfsmannes, mit 5 fl.;

2) die Verweigerung requirirter Materialien und Geräthschaften mit 2—10 fl., vorbehaltlich der zwangsweisen Wegnahme durch den Bürgermeister im Falle der Verweigerung;
3) Unfolgsamkeit oder Widersetzlichkeit einer Dammwache oder eines Hülfsmannes gegen die Anordnungen der Staatsbaubehörde, des Bürgermeisters, Anführers u. s. w. mit 10—50 fl.;
4) dieselben und zum Theil noch erhöhte Strafen treffen den Bürgermeister, bz. Anführer, wenn die Vergehen 1—3 durch sein Verschulden veranlaßt sind.

Die Strafen erkennt in der Prov. St. disciplinär die Regierungsbehörde, in der Prov. Rh. das Friedensgericht; a. G. von 1825, §§ 3, 21 u. 22, u. Kr.Instr. § 19.

XXVI. Abtheilung.

Feuerpolizei.

I. Abschnitt.

Aufsicht zur Verhütung von Brandschäden.

§ 1205. Allgemeine Bestimmungen über die Feuerordnung zur Verhütung von Brandunglück finden sich für die Prov. St. u. O. in der Feuerordnung v. 18. Juni 1767 und für die Prov. Rh. in dem G. v. 28. Sept. 1791.

Außerdem sind noch eine Reihe von Special-Vorschriften erlassen, namentlich:

A. Bezüglich der Gebäude:

§ 1206. I. Das Regulativ über die Anlegung von Feuerungen, welches die Vorschrift der Brandmauern und weitere Vorsichtsmaßregeln bei einer Polizeistrafe bis zu 5 fl. verordnet, V. v. 23. Juni 1843.

§ 1207. **II.** Deßgleichen über die feuerfeste Anlage der Schornsteine, bz. Kamine, auch der s. g. russischen Schornsteine. V. v. 18. August 1837.

§ 1208. **III.** Eben so über die Reinigung der Schornsteine und die Verrichtungen der Kaminfeger von demselben Datum, nebst Nachtrag v. 3. Sept. 1848.

Es sollen hiernach die Kamine da, wo beständig gefeuert wird, alle 1/4 Jahre wenigstens einmal, insofern nicht die Regierungsbehörde nur eine 3malige Fegung im Jahr verstattet hat, diejenigen aber, wo nur im Winter Feuer angemacht wird, jährlich 2mal, im November und Februar, gefegt werden.

In Orten, wo vorzugsweise Tannenholz, Torf oder Steinkohlen gebrannt werden, soll 3mal im Winter und 2mal im Sommer gefegt werden.

Die Kamine solcher Gewerbsleute aber, welche starke Feuerung nöthig haben, wie Bäcker, Schlosser rc., sind alle 4—6 Wochen zu fegen. (§§ 1—3.)

Die s. g. russischen Kamine sind überdies jährlich wenigstens einmal auszubrennen.

Die Lokalpolizeibehörden haben zu Ende jeden Jahres ein Verzeichniß sämmtlicher Feuerstätten nach vorgeschriebenem Formular aufzustellen und bei jedem Haus anzumerken, wie oft die Kamine im nächsten Jahre gefegt werden müssen. Diesem von dem Kaminfeger abzuholenden Verzeichnisse gemäß hat derselbe sodann die Fegung der Schornsteine vorzunehmen und, daß und wann dies geschehen, in der betreffenden Spalte zu bemerken. (§§ 5—7.)

Die Zeit der vorzunehmenden Reinigung soll der Kaminfeger jedesmal 8 Tage zuvor der Ortspolizeibehörde zur Bekanntmachung an die Gemeinde-Einwohner anzeigen. Ueber Streitigkeiten bezüglich etwa von Letzteren gewünschten Aufschubs entscheidet die Ortspolizeibehörde und vollzieht ihre Entscheidung nöthigen Falles mit Zwang. Außerdem trifft den Widerspenstigen eine Polizeistrafe von 1—5 fl. (§§ 8 und 9.)

Nach jedesmal beendigter Kaminfegung hat der Kaminfeger das vollzogene Verzeichniß der Lokalpolizeibehörde wieder zuzustellen. Diese hat es unverweilt und so lange der Kaminfeger noch im Ort ist zu prüfen und etwa unterlassene Fegungen sogleich nachholen zu lassen.

Dienstwidrigkeiten des Kaminfegers sind der Regierungsbehörde zur Anzeige zu bringen. (§ 11.)

§ 1209. An Fegerlohn hat der Kaminfeger zu beziehen:

1) für die Reinigung (Fegung)

a) in den Städten Darmstadt, Mainz, Giesen, Worms und Offenbach von einem einstöckigen Schornstein 4 kr. und für jedes Stockwerk, durch welches der Schornstein weiter läuft, 1 kr.; daher z. B. für einen durch 4 Stockwerke laufenden Schornstein im Ganzen 7 kr.;

b) in anderen Orten von einem einstöckigen Schornsteine 3 kr., von einem zweistöckigen 4 kr. und von einem drei- und mehrstöckigen 5 kr.;

2) für das Ausbrennen der russischen Kamine das Doppelte.

Die Bewohner der verschiedenen Stockwerke, durch welche ein und derselbe Schornstein läuft, haben die Zahlung obiger Gebühren (1 u. 2) unter sich zu theilen. E. d. M. d. J. an d. Kr. Gsn. v. 28. Dezbr. 1853, zu Nr. D. 17712.

Bei Küchenschornsteinen wird das Stockwerk, in welchem die Küche befindlich ist, als besonderer Stock gerechnet, so wie bei gebrochenen Dächern der bewohnte Theil derselben.

Die Reinigungsapparate: Besen, Kugeln, Bürsten ꝛc., haben die Kaminfeger selbst zu stellen.

Besondere Trinkgelder oder Neujahrsgeschenke zu fordern, ist weder ihnen noch ihren Gesellen gestattet;

3) in den Fällen, in welchen sich der Kaminfeger wegen Verstattung eines von einem Bewohner gewünschten Aufschubs wiederholt in eine Gemeinde begeben muß, eine weitere Gangvergütung von 12 kr. für jede Stunde Entfernung des betreffenden Ortes von seinem Wohnsitze.

Wenn Jemand die Zahlung des Fegerlohns verweigern sollte, so hat sich der Kaminfeger an die Ortspolizeibehörde zu wenden. Bleibt auch deren Zahlungsaufforderung unwirksam, so läßt er das Kostenverzeichniß durch dieselbe bescheinigen und an die Regierungsbehörde zur Vollziehbarkeitserklärung und Beitreibung einsenden. (§§ 13 u. 14.)

§ 1210. Ueber die bei der Kaminfegung wahrgenommenen feuergefährlichen Anlagen und Baugebrechen hat der Kaminfeger die Hauseigenthümer, bz. Bewohner, zu unterrichten, zugleich aber ein Verzeichniß anzulegen und der Ortspolizeibehörde vorzulegen. Diese muß davon Abschrift nehmen und das Verzeichniß des Kaminfegers visiren. Wenn die Baugebrechen nicht dringend erscheinen, so läßt die Ortspolizeibehörde dieselben bis zur nächsten Feuervisitation, bei welcher sie dann die Visitatoren darauf aufmerksam zu machen hat, beruhen, anderen Falles bewirkt sie die erforderliche schleunige Reparatur entweder durch Einholung von Zwangsbefehlen der Regierungsbehörde oder, im Falle Gefahr auf dem Verzuge haftet, durch Anwendung eigener Zwangsbefugniß. (§ 16.)

§ 1211. Die Kaminfeger haben bei der Kaminfegung zugleich auf verbotene feuergefährliche Handlungen (§ 1216 folg.) zu achten und ihre deßfallsigen Wahrnehmungen der Ortspolizeibehörde anzuzeigen.

Bei entstehendem Brande sind die Kaminfeger verpflichtet unverzüglich mit ihren Leuten an den Ort des Brandes zur Hülfsleistung zu eilen.

§ 1212. IV. Ueber feuergefährliche Dachbedeckungen enthalten für die Prov. St. u. O. die V. v. 20. August 1811 und 6. Okt. 1812 strenge Verbote, daß nirgends mehr aus Stroh oder hölzernen Schindeln bestehende oder mit Holzspänen unterlegte neue Dachbedeckungen angelegt, auch keine Hauptreparaturen der Art ohne Genehmigung der Regierungsbehörde eintreten dürfen. Alle Gebäude sollen vielmehr in der Regel mit Schiefer oder Ziegel neu gedeckt und müssen bei Hauptreparaturen nach und nach umgedeckt werden. Nur unter besonderen Umständen und namentlich in hoch gelegenen, den Sturmwinden ausgesetzten Gegenden soll von der Regierungsbehörde zu neuen Dächern und Hauptreparaturen die Erlaubniß zur Bedachung auch mit Lehmschindeln der besseren Art, d. s. auf beiden Seiten mit Lehm überzogene Strohtafeln, ertheilt werden. Vergl. d. a. V. u. A. d. M. d. J. v. 5. Nov. 1845 u. d. O.Bau-Dir. v. 23. August 1847.

Unter Hauptreparaturen sind solche zu verstehen, bei welchen mindestens $1/4$ eines Daches hergestellt wird.

Zu geringfügigeren Reparaturen von Stroh- und hölzernen Schindeldächern ist dem Bürgermeister die Erlaubniß zu geben verstattet. E. d. M. d. J. an den Kr. zu Gßn. v. 11. März 1846, zu Nr. D. 3576.

In der Prov. Rh. besteht für die Städte und Flecken das Verbot allgemein, daß Niemand ein Gebäude mit Stroh und eben so wenig mit Schilf, Rohr und ähnlichen leicht entzündbaren Gegenständen decken dürfe. Die Dächer müssen mit Schiefer oder Ziegeln gefertigt und reparirt werden. In den Landgemeinden sollen dagegen diese Bestimmungen nur erst auf Antrag des Gemeinderathes, mit Genehmigung der Regierungsbehörde, Geltung erlangen. G. v. 28. Sept. 1791, Präf.E. v. 4. Sept. 1807 u. A. d. R. zu Mz. v. 6. Okt. 1818 u. 24. August 1824.

§ 1213. V. Untersuchung der Feuerungsanstalten. Ein A. d. M. d. J. v. 24. März 1843 ertheilt hierüber folgende Vorschriften:

1) Nicht allein bei neuen Gebäuden, sondern auch bei allen wesentlichen Veränderungen an Kaminen und Feuerungsanlagen, dürfen die Feuerungsanlagen, bei 1—7 fl. Strafe, vor erfolgter Untersuchung und Beseitigung der etwa gefundenen feuergefährlichen Baugebrechen nicht benutzt werden.
2) Die Untersuchungen sind durch den Kaminfeger und Einen der Feuervisitatoren (in der Regel den Maurermeister) des Bezirks gemeinschaftlich vorzunehmen.
3) Als Vergütung hat Jeder der Sachverständigen von den Hauseigenthümern zu beziehen:
   a) an ihrem, der Sachverständigen, Wohnsitze von jeder besichtigten Feuerungsanstalt eine Gebühr von 15 kr., wenn jedoch mehr als vier solcher Anstalten an einem Tage untersucht werden 1 fl. im Ganzen;
   b) außerhalb ihres Wohnsitzes Taggelder von 1 fl. 30 kr. per Tag, wenn aber das Geschäft, einschließlich des Zeitaufwandes für die Reise hin und her, nur einen halben Tag und weniger in Anspruch nimmt, 45 kr.; sind jedoch in letzterem Falle mehr als drei Feuerungsanstalten untersucht worden, so hat Jeder der Visitatoren 1 fl. anzusprechen.

Die Gebühren sowohl, als die Taggelder sind, wenn die Feuerungsanstalten verschiedener Hauseigenthümer zu visitiren waren, auf diese nach der Zahl derselben zu repartiren.

§ 1214. VI. Jährliche Feuervisitationen. Es sollen alljährlich zu der von der Regierungsbehörde festgesetzten Zeit regelmäßige Besichtigungen der Feuerstätten durch die Lokalpolizeibehörden unter Zuziehung der beiden dazu bestellten Experten vorgenommen werden. Die vorgefundenen Gebrechen und das zu ihrer Abstellung in bestimmter Frist Erforderliche sind den Betheiligten vorläufig bemerklich zu machen, das darüber nach vorgeschriebenem gedrucktem Formular aufzunehmende Protokoll aber sofort an die Regierungsbehörde zur Verfügung einzusenden. Vergl. d. Alleg. des § 1205.

In dringenden Fällen kommt den Lokalpolizeibehörden die Befugniß vorläufiger zwangsweiser Vorkehrungen zu.

Wenn gelegentlich der Feuervisitation andere Zuwiderhandlungen gegen die Feuerpolizei, oder polizeiwidrige Baugebrechen, oder Mängel der Löschgeräthschaften, oder fehlende Brandversicherung wahrgenommen werden sollten, so sind darüber besondere, nach den verschiedenen Gegenständen getrennte Anzeigen an die Regierungsbehörde zu erstatten.

Die Taggebühren der Sachverständigen sind im Ganzen dieselben wie § 1213. — A. d. M. d. J. v. 14. Mai 1835 u. 26. Juli 1837.

B. Vorschriften bezüglich gewerblicher Anlagen.

§ 1215. Bezüglich gewerblicher Anlagen gewährt die in § 1095 (2) für feuergefährliche Anlagen der Art vorbehaltene Erlaubniß der höheren Administrativbehörde im Allgemeinen die nöthige Sicherung.

Besondere Vorsichtsmaßregeln und Polizeivorschriften sind noch verordnet:

1) in Betreff der Gasfabriken durch V. v. 30. Okt. 1851, und
2) in Betreff der Anlegung der Malzdarren in Bierbrauereien durch Regulativ v. 26. Nov. 1853.

C. Vorschriften bezüglich feuergefährlicher Handlungen.

§ 1216. 1) Wer die pflichtmäßige Vorsicht im Gebrauche des Feuers und Lichts versäumt, wer insbesondere die deßhalb gegebenen Polizeivorschriften vernachlässigt und dadurch einen Brand, bz. Beschädigung des Eigenthums Anderer, veranlaßt, verfällt in die durch das Str.G.B. Art. 418 angedrohte Strafe.

Auch wenn kein Brand dadurch erzeugt wurde, sollen feuergefährliche Handlungen und Unterlassungen an und für sich mit einer Polizeistrafe geahndet werden.

§ 1217. 2) Alle feuerfangenden Waaren, als Heu, Stroh, Hanf, Flachs, Pech, Oel, Thran, Holz, Pulver, Schwefel, Salpeter und dergleichen, sollen von den Kaminen und Schornsteinen entfernt gelegt werden, und Diejenigen, welche damit handeln, gehalten sein solche an sicheren Orten und also verwahrlich aufzuheben, daß weder durch Feuer oder Licht selbige gezündet zu werden Gefahr haben.

In den Prov. St. u. O. ist die Entfernung auf 6′ und die Polizeistrafe auf 5 fl. bestimmt. Feuer-O. § 10. Für Rh. B. vom 21. Juni 1726 u. Präf.E. v. 4. Sept. 1807. [34])

§ 1218. 3) Alle Arbeiten, dabei leicht ein Feuer entstehen könnte, als Pulververkauf und Umgang damit, Hecheln, Flachs- und Hanfdörren, Firniß-, Oel-, Terpentin-, Schwefel- und dergleichen Sieden, Wachs- und Unschlittschmelzen und Lichterziehen, Weinspanmachen, Seile und dergleichen verfertigen, sollen niemals bei Nacht und überhaupt an von Feuersgefahr befreiten Orten geschehen. F.O. § 11 u. a. Präf.E. 16, 18 u. 19.

§ 1219. 4) Die Dreher, Schreiner, Bender, Wagner und andere dergleichen Handwerksleute, welche mit Holz umgehen und Späne machen, sollen sich besonders in Acht nehmen, daß sie nicht mit Licht oder anderem Feuer an die Orte kommen, wo sie ihre gemachten Späne liegen haben. Sie sollen vielmehr in Winterszeit weder ihre Werkstätten allzunahe bei dem Ofen aufschlagen, noch auch, wenn sie bei Licht arbeiten müssen, solches eher in ihre Werkstatt bringen, bis sie die des Tages über gemachten Späne bei Seite und an sichere Orte geschafft, wie dann besonders in dergleichen Werkstätten keine offenen Kamine, Heerde oder Kohlpfannen zur Erwärmung des Leimes, oder unter anderem Vorwande, geduldet werden sollen. F.O. § 13.

§ 1220. 5) Es ist verboten Ställe, Scheuern und Orte, wo sonst leicht feuerfangende Sachen liegen, z. B. Höfe mit Miststätten, mit angezündeten Pfeifen oder mit Lichtern zu betreten, die nicht in wohlverwahrten Laternen verschlossen sind. Eben so darf das Dreschen und Strohschneiden in der Regel nur bei Tag, bei Nacht aber nur bei wohlverwahrter Laterne geschehen.

---

34) Bes. Bestimmungen wegen Hanf- und Flachsbereitung und des Pulvers s. §§ 1224 u. 1228 unten.

In den Prov. St. u. O. soll diese Laterne in einen ordnungsmäßig an der Wand festzumachenden hölzernen Kasten eingesetzt sein. Wer keine vorschriftsmäßige Scheuerleuchte besitzt soll das erste Mal in 1 fl., die folgenden Male in doppelte und noch höhere Strafe verfallen. F.O. §§ 12 u. 18 u. Präf.E. 20.

§ 1221. 6) Ein jeder Hauswirth soll fleißige Obsorge tragen, daß die Seinigen, sein Gesinde oder Haus- und Hof-Leute mit dem Feuer sorgfältig umgehen. Er soll also keineswegs gestatten, daß selbige auf Schaufeln, oder in ohnverwahrten Töpfen oder Glutpfannen Feuerbrände oder lebendige Kohlen über die Straßen oder Höfe, besonders wo Stroh und dergleichen liegt, tragen, noch auch unter dem Dach oder in den Kammern sich mit Kohlentöpfen behelfen oder sonst daselbst Feuer halten, oder wohl gar dabei kochen, oder auch bei Tag oder Nacht in den sogenannten Rauch- oder Ofenlöchern, oder im Rauchfang über dem Heerd das Holz dörren, noch auch des Abends vor dem Schlafengehen die Oefen zuvor voll Holz stellen. F.O. § 14.

§ 1222. 7) Die Asche und Kohlen soll Niemand, ehe sie recht erkaltet, und auch dann nicht, oben in ein Haus oder auf den Boden, oder in hölzerne Geschirre bringen, sondern unten im Hause an einen unschädlichen Ort niederlegen. F.O. § 17.

In der Prov. Rh. sollen sie zuvor mit Wasser begossen und müssen in einen Schopfen oder eine Grube niedergelegt werden; a. Präf.E. 21.

§ 1223. 8) Das Schießen in den Städten und Dörfern, so wie das Racketensteigen, Schwärmerwerfen und sonstige Feuerwerkversuche darin und deren naher Umgebung, namentlich den öffentlichen Spaziergängen, ist bei strenger Strafe verboten. F.O. § 19 und Präf.E. 17, und A. d. R. d. Prov. Rh. v. 22. Sept. 1827 und 5. Juni 1830.

§ 1224. 9) Zur Fabrikation des Schießpulvers ist Genehmigung der Regierung erforderlich. (§ 1095 o.) Dasselbe gilt in der Prov. Rh. von der Befugniß zum Verkaufe des Pulvers. Noch weitere besondere Beschränkungen und Vorschriften in dieser Hinsicht enthält für Rh. das G. v. 13. Fructidor V. Kein Bürger soll dort bei 100 Frcs. Strafe mehr als 5 Kilogramm, d. i. circa 10½ Pfund, besitzen dürfen.

In den Prov. St. u. O. ist den Krämern der Verkauf des Schießpulvers verstattet, es soll aber kein Krämer mehr als 2 Pfund in seinem Laden und im Uebrigen nicht mehr als 8 Pfund in der Höhe unter dem Dache an einem verwahrten Orte besitzen dürfen bei Meidung von 5 fl. Strafe. F.O. § 10.

In den 3 Provinzen ist bei gleicher Strafe der Verkauf des Schießpulvers an Kinder unter 15 Jahren, wenn dieselben zum Empfange nicht ganz speciell ermächtigt sind, verboten. Eben so ist der Verkauf bei Licht durchaus und bei 25 fl. Strafe untersagt. V. v. 8. Dezbr. 1830.

Ueber den Besitz, Verkauf und Versendung der Schießbaumwolle vergl. dieselbe V.

Wegen der Schießpulvertransporte auf dem Rhein und Neckar sind die Conventionen v. 31. März 1831, Art. 65, und vom 1. Juli 1842, Art. 58, und für die Prov. Rh. insbes. d. V. d. R. v. 6. Nov. 1818 u. 15. Januar 1819 maßgebend.

§ 1225. 10) Die Beschränkung der fabrikmäßigen Bereitung und des Verkaufs von Schießbaumwolle und ähnlichen Surrogaten des Schießpulvers s. in der V. v. 27. Nov. 1846. Vergleiche auch A. d. M. d. J. v. 28. Nov. 1846.

§ 1226. 11) Das Tragen von Feuergewehren ohne eine das Entladen derselben hinlänglich verhindernde Vorkehrung — s. g. Sicherung — ist bei einer Polizeistrafe von 1 fl. verboten. Nur während der wirklichen Jagdausübung und bezüglich der Dienstwaffen im Dienste findet eine Ausnahme statt. V. v. 30. März 1837.

§ 1227. 12) Streichfeuerzeuge müssen von Jedermann in einer gegen Feuersgefahr schützenden Weise und an Orten, welche Kindern nicht zugänglich sind, aufbewahrt werden.

Kleinverkäufer sollen ihren Vorrath in ihren Magazinen getrennt von anderen leicht Feuer fangenden Waaren, den in ihren Verkaufsläden aber in feuersicheren Gefäßen mit gut schließenden Deckeln aufbewahren.

Keine Abgabe darf an Kinder stattfinden.

Der Gebrauch der Streichfeuerzeuge in Ställen, Scheunen, Seiler-, Schreiner- und Zimmer-Werkstätten und überhaupt an Orten, wo feuergefährliches Material, z. B. Hanf, Flachs, Werg, Holz, Stroh u. s. w., aufbewahrt wird, ist durchaus verboten.

Zuwiderhandlungen trifft eine Polizeistrafe von 1—5 fl. V. v. 14. März 1843.

Wegen des Schifftransportes auf dem Rheine vergl. V. vom 27. Dezbr. 1843 im R.Bl. v. 1844.

§ 1228. 13) Der Hanf und Flachs darf innerhalb der Städte und Dörfer nicht, sondern nur in einer Entfernung von nicht weniger als hundert Schritten von denselben, am Feuer gedörrt und der auf diese Art gedörrte nicht eher in Gebäuden aufbewahrt werden, als bis er in derselben Entfernung geklopft worden ist.

Innerhalb der größeren, von der Regierung zu bestimmenden Städte, deren Bewohner sich nicht hauptsächlich vom Ackerbau nähren, darf der Hanf und Flachs auch nicht an der Sonne gedörrt werden.

Das Klopfen, Brechen und Schwingen des gedörrten Hanfes und Flachses darf innerhalb der Ortschaften nur bei Tage, und zwar an von Feuersgefahr befreiten Stellen, mithin nicht in der Nähe von Küchen und anderen Feuerstätten, geschehen.

Das Hecheln des Hanfes und Flachses, so wie die Verfertigung von Seilerarbeiten, ist auch bei Nacht in den Gebäuden, jedoch nur bei wohlverwahrten Laternen und an von Feuersgefahr befreiten Stellen, erlaubt. Wo überdies besondere, auf Lokalverhältnissen beruhende Polizeiverordnungen bestehen, bleiben solche nach wie vor in Kraft.

Bei der Zubereitung von Hanf und Flachs darf niemals Tabak geraucht werden.

Jede Zuwiderhandlung ist mit einer Strafe, welche nicht unter 3 fl. und nicht über 7 fl. sein kann, zu bestrafen. V. v. 16. Nov. 1830.

II. Abschnitt.

Feuerlöschanstalten.

§ 1229. Eine allgemeine Löschordnung für das ganze Land besteht nicht. [33])

33) Sicherem Vernehmen nach steht aber der Erlaß einer solchen in aller Kürze bevor, daher ich mich auch nur auf Andeutung der allgemeinen Grundzüge des jetzt Bestehenden beschränke.

Die maßgebenden Bestimmungen sind für die Prov. St. u. D. in der jährlich zu verkündenden Feuer-D. v. 1767, § 22—60, und für die Prov. Rh. in dem G. v. 28. Sept. 1791 enthalten.

§ 1230. Im Allgemeinen ist Jedermann zur Hülfeleistung bei Feuersgefahr nach Möglichkeit verpflichtet. Wer diese Pflicht vernachlässigt, bz. den deßfallsigen Weisungen der Polizeibehörde nicht Folge leistet, ist strafbar. F.D. §§ 35—38, Kr.Instr. § 19 u. Crim.-G.B. Art. 475, 12.

§ 1231. Löschmannschaft. Der Lokalpolizeibehörde liegt die vorsorgliche Bestellung und Ordnung der Löschmannschaft und die Führung einer Liste darüber ob. Die Spritzenmeister und Pumper, die Leute, welche das nöthige Wasser herzuleiten und zu stemmen, das Wasserschöpfen zu veranstalten und zu ordnen, die Löschgeräthschaften herbeizubringen, die brennenden Gebäude zu besteigen, bz. niederzureißen haben, ferner die Feuerwache, die Rettungsmänner für die Mobilien und die zur Hülfeleistung in Nachbarorten berufenen Feuerläufer, so wie die Spritzen- und Wasser-Fuhrleute werden von ihr im Voraus bestellt, auch alle Zeit die erforderlichen Auffseher und Rottenführer vorgesetzt. F.D. §§ 28—30, 42, 44—51.

Auch sind im Voraus Feuerboten oder Ansager zu bestellen, welche bei einem Feuerausbruch die Nachricht sogleich auf die Nachbarorte und an die Regierungsbehörde zu bringen haben. A. d. M. d. J. v. 11. Okt. 1838.

§ 1232. Die Leitung der Löschanstalten steht der Ortspolizeibehörde am Orte des Brandes zu und es ist Jedermann deren Befehlen Folge zu leisten verbunden. § 37.

Die auswärtigen Hülfsmannschaften sind überdies den bestellten Führern (bz. Rottenmeistern) unterworfen.

Uebrigens ist der Bürgermeister zur gleichbaldigen Anzeige eines Brandausbruchs bei der Regierungsbehörde verpflichtet. V. vom 4. März 1831 u. Kr.Instr. § 132.

§ 1233. Ueber das Verfahren nach gelöschtem Brande geben die §§ 52—59 der Feuer-D. geeignete Vorschriften.

Es dürfen sich die Hülfsmannschaften ohne Erlaubniß der Ortspolizeibehörde nicht entfernen. Die gebrauchten Geräthschaften sollen an einen Ort zusammengebracht werden und es soll Niemand verstattet sein ohne Vorwissen der Auffseher Feuereimer oder irgend welch andere Geräthschaften mitzunehmen. Für beschädigtes oder entkommenes Geschirr ist aus der Ortsgemeindekasse billige Vergütung zu leisten.

Denjenigen, welche mit den ersten Spritzen bei der Hand sind und die ersten Wasserfässer herbeigefahren haben, soll, ebenfalls aus der Ortskasse, eine Prämie verwilligt werden.

§ 1234. Löschgeräthschaften. Die allzeitige Bereitschaft und Instandhaltung der benöthigten Löschgeräthschaften: Feuerspritzen, Feuereimer, Leitern, Haken rc., gehört zu der angelegentlichsten Berufspflicht der Lokalbehörden.

Die Observanz, daß jeder neue Ortsbürger einen neuen Feuereimer zu stellen oder den Geldbetrag dafür zu erlegen hat, soll aufrecht erhalten werden. A. d. M. d. J. v. 4. Sept. 1852.

Wo die Kräfte kleinerer Gemeinden zur Anschaffung einer Feuerspritze nicht ausreichen, ist auf gemeinsame Erwerbung mit einer nahe gelegenen Gemeinde Bedacht zu nehmen.

Die Bürgermeister haben ferner darauf zu achten, daß es zumal an Orten, wo sich fließendes Wasser nicht befindet, an Brunnen und Wasserbehältern nicht fehle.

Zugleich sind alle Haushaltungen gehalten stets 2 Kübel mit Wasser angefüllt zu halten, und zwar im Falle eines ausgebrochenen Brandes die zunächst Wohnenden wenigstens einen davon auf dem Boden. F.O. §§ 22—27 u. 43.

III. Abschnitt.

Brandversicherungsanstalten.

(Br.A.O. v. 18. Nov. 1816 und G. v. 21. Febr. 1824 u. 6. Juni 1853.)

§ 1235. A. Gebäude-Versicherung. Zum Zwecke der Sicherstellung der Besitzer von Gebäuden gegen zufällige Brandschäden besteht unter der Central-Leitung der Brandassecurations-Commission eine auf das Prinzip der Gegenseitigkeit begründete Staats-Brandversicherungsanstalt für das ganze Land. V. v. 18. Nov. 1816.

Kriegsbrandschäden sind dabei ausgeschlossen, dagegen werden Beschädigungen durch Blitzstrahl vergütet. Eben so diejenigen Schäden, welche durch die Löschanstalten an Gebäuden und Zubehörungen, z. B. Mauern, Planken rc., auch wenn Letztere nicht versichert sind, entstehen; a. V. §§ 8 u. 9.

§ 1236. Ueber sämmtliche versicherte Gebäude wird ein Brand-Cataster in 3facher Ausfertigung geführt. Ein Exemplar bleibt in der Verwahrung des Ortsvorstandes. Die Fortführung desselben wird von dem Steuer-Commissär besorgt. V. v. 31. Juli 1822 u. 23. Mai 1823.

Die Kosten für die Aufstellung neuer Brand-Cataster, bz. das neue Nummeriren der Gebäude, haben die einzelnen Gebäudebesitzer zu gleichen Theilen zu tragen. V. v. 14. März 1817 u. E. d. M. d. J. an d. Kr. zu Gsn. v. 7. Okt. 1844, zu Nr. D. 16794.

§ 1237. Die Eigenthümer der Gebäude sind verbunden bis zum 1. Dezember des Jahres, in welchem der Bau vollendet wurde, oder wenn dies später geschah bis zum Ende des Jahres, sowohl die Aufnahme neu errichteter Gebäude in die Brandversicherung, als die Revision des Brandversicherungsanschlages in Ansehung der in ihren Hauptdimensionen wesentlich erweiterten oder verringerten Gebäude zu beantragen. Den Zuwiderhandelnden soll eine Polizeistrafe von 1—5 fl. treffen, überdies aber das Erforderliche wegen des Eintrags von Amtswegen eingeleitet werden. G. vom 6. Juni 1853, Art. 10.

Den Bürgermeistern ist die besondere Ueberwachung dieser Vorschriften auferlegt. Art. 11.

§ 1238. Ein besonderes Reglement v. 6. Juni 1853 regelt das bei Versicherungen einzuhaltende Verfahren:

1) Die Anträge sind bei dem Bürgermeister zu stellen, und ist, wenn es sich von neuen Versicherungen oder Erhöhung bestehender handelt, zugleich zu bemerken, ob die Wirkung der Versicherung alsbald oder erst vom nächsten Jahre an eintreten soll. (§ 1.)
2) Soll die Wirkung alsbald, oder eine Verminderung des Versicherungskapitals eintreten, so hat der Bürgermeister binnen 2mal 24 Stunden die dazu bestellten Sachverständigen zur Abschätzung einzuladen, welche dieser Einladung längstens binnen

8 Tagen Folge zu geben, die Abschätzung vorzunehmen und solche dem Bürgermeister zuzustellen haben. (§§ 2 u. 3.)

3) Der Antrag sowohl, als die Abschätzung ist nach dem für die Brandversicherungs-Declaration vorgeschriebenen Muster (Form. I des Regl.) auf gedrucktem Formular-Stempel-Papier zu 12 kr. aufzunehmen.

4) Soll die Wirkung der Versicherungen aber erst vom folgenden Jahre an beginnen, so hat der Bürgermeister die Anmeldungen bis zu Ende der Monate Junius, bz. Oktober, aufzubewahren. Mit Ablauf dieser Monate benachrichtigt er sodann die Sachverständigen, ob und wie viele Erklärungen bei ihm vorliegen.

5) Die Sachverständigen haben sich hierauf im Monat Julius und bz. im Monat November in die betr. Gemeinden zu begeben, bei dem Bürgermeister die speciellen Declarationen in Empfang zu nehmen, sofort die nöthigen Abschätzungen vorzunehmen und deren specielle Ergebnisse dem Bürgermeister alsbald zuzustellen.

6) Erfolgen die Declarationen nach Ablauf des Monats Oktober, so hat der Bürgermeister die Sachverständigen jeden Falles in der im § 2 bestimmten Frist einzuladen und diese derselben innerhalb des Monats November oder, wenn dies nicht möglich ist, innerhalb der im § 3 bestimmten Frist Folge zu leisten.

7) Gegenstand der Abschätzung ist die Ermittelung des wahren Werthes.

Unter dem wahren Werthe eines Gebäudes ist derjenige zu verstehen, welcher sich aus dessen baulichem Zustande zur Zeit der Schätzung, mit Berücksichtigung der zu dieser Zeit am Orte des Gebäudes geltenden Preise für Material und Arbeit, ergibt.

Es ist hierbei das ganze Gebäude mit Fundament und Keller in Anschlag zu bringen; bei Mühlen insbesondere auch das laufende Geschirr, da dieses als Zubehör der Gebäude erscheint. A. d. M. d. J. v. 21. April 1836.

Der Bauplatz kommt nicht in Betracht.

Binnen 2mal 24 Stunden nach Empfang der Abschätzungsurkunden hat der Bürgermeister die betr. Gebäude-Eigenthümer von dem Ergebniß der Abschätzung in Kenntniß zu setzen und sie aufzufordern binnen einer unerstrecklichen Frist von 10 Tagen, bei Vermeidung des Ausschlusses, sich darüber bei ihm zu

Protokoll zu erklären, ob sie eine weitere Abschätzung in Anspruch nehmen wollen.

Hierbei ist es den Eigenthümern gestattet für feuergefährliche Gebäude, bei welchen die Brandschadensvergütung auf $\frac{2}{3}$, bz. $\frac{9}{10}$, herabgesetzt wird, die Erhöhung des Versicherungsanschlages auf $1\frac{1}{2}$, bz. $\frac{10}{9}$, des wahren Werthes zu verlangen. (Art. 2 des G.)

Binnen 2mal 24 Stunden nach der Erklärung des Eigenthümers, oder nach fruchtlosem Ablauf der anberaumten Frist, hat der Bürgermeister unter der Declaration oder in einer in derselben allegirten Anlage zu bemerken, ob und was er dabei zu erinnern findet, und sie dann, nebst dem Orts-Exemplar des Brandcatasters, an die Regierungsbehörde abzusenden.

Die Regierungsbehörde prüft binnen 6 Tagen die Abschätzung und Declaration und gibt solche, nach Beseitigung etwaiger Anstände, an den Steuer-Commissär ab.

§ 1239. Wird von Amtswegen eine Feststellung der Versicherungsanschläge gemäß Art. 3, 5 oder 10 des G. v. 6. Juni 1853 angeordnet, so ist bz. in ähnlicher Weise, bei verordneter ortsweiser Revision der Versicherungsanschläge insbesondere aber nach §§ 16 bis 22 des Regl. zu verfahren.

§ 1240. Bezüglich der Vornahme der Schätzungen selbst gibt das a. Regl. S. 11—13

I. für die Sachverständigen eine nähere Anleitung, und zugleich S. 13 u. 14

II. für die Bürgermeister im Wesentlichen folgende Verhaltungsregeln:

1) Dem Bürgermeister steht bei den Abschätzungen eine berathende Stimme zu (a. G. Art. 3).

Es ist nicht seine Aufgabe die Arbeit der Sachverständigen einer technischen Beurtheilung zu unterwerfen, wohl aber hat er darauf zu achten, daß dieselben mit Sorgfalt zu Werke gehen und den Abschätzungen nur die wirklichen örtlichen Preise zu Grunde legen.

Seine Anstände und Bedenken hat er den Sachverständigen mitzutheilen und, wenn er sich mit denselben nicht verständigt, sie in die betr. Protokolle und Berichte niederzulegen.

3) Der Bürgermeister soll, mit Zuziehung des Gemeinderathes, jedes Jahr wenigstens einmal, am schicklichsten im Oktober oder November, notiren:

welche Gebäude neu errichtet oder abgebrochen,

welche in ihren Hauptabmessungen wesentlich erweitert oder verringert worden sind (Art. 10 u. 11 des G.),

ob außerdem, bei einer Werthverminderung aus anderen Ursachen von dem Belang, daß eine Ermäßigung des Versicherungsanschlages durch summarische Revision (Art. 3 des G., §§ 14 u. 16 des Regl.) zu erwarten ist, das Interesse der Brandkasse gefährdet erscheint.

4) Hierauf ist nachzusehen, ob die erforderlichen Aenderungen schon im Brandcataster gewahrt sind oder deren Wahrung bereits eingeleitet ist.

Ist solches nicht der Fall, so ist der Eigenthümer aufzufordern selbst das Erforderliche alsbald einzuleiten. (Art. 3, Abs. 2; Art. 10, 15, 16; Art. 24, Nr. 1 des G.)

Entspricht derselbe dieser Aufforderung nicht alsbald, so ist der geeignete Antrag, insbesondere auch wegen Bestrafung nach Art. 10 des G., bei der Regierungsbehörde zu stellen.

Sind keine besonderen Anträge zu stellen, so ist dieses mit Bericht anzuzeigen.

5) Unter besonders dringenden Umständen haben die Bürgermeister überdies alsbald besondere Anträge (nach Art. 3, Abs. 2 des G., § 14 des Regl.) auf summarische Revision des Anschlages einzelner Gebäude zu stellen.

Halten die Ortsvorstände eine ortsweise Revision oder Abschätzung (Art. 3, 4 u. 5 des G., § 15 ff. des Regl.) für angemessen, so werden sie auch hierüber zeitig berichten. Vergleiche auch A. d. M. d. J. v. 15. Juli 1853, Nr. 33.

§ 1241. An Gebühren bei Brandversicherungs-Declarationen haben zu beziehen:

1) der Bürgermeister 6 kr.;

2) die Sachverständigen für die Taxation, und zwar:

a) in ihrem Wohnorte Taggelder von 1 fl.,

b) außer ihrem Wohnorte 2 fl.

Wenn mehrere Taxationen vorzunehmen sind werden diese Taggelder von den betr. Hauseigenthümern zu gleichen Theilen getragen;

3) der Steuer=Commissär bei dem gewöhnlichen Ab= und Zuschreiben in den Monaten August, September und Dezember 6 kr., in anderen Fällen 30 kr.;

4) der Steuerschreiber 3 kr.

B. v. 21. August 1824, 16. Juni 1829 u. 18. August 1837, u. Berichtigung im R.Bl. Nr. 40. — E. d. M. d. J. an die B.A.C. v. 19. Sept. 1830 u. A. der B.A.C. v. 4. August 1830.

In wie weit die Brandkasse selbst zur Tragung der durch Feststellung der Versicherungskapitalien entstehenden Gebühren und Kosten verbindlich ist, besagt der Art. 24 des G. v. 6. Juni 1853.

§ 1242. B. Mobilien=Versicherung. I. Allgemeine Vorschriften. Mobilien=Versicherungen dürfen bei außerdeutschen Versicherungsgesellschaften gar nicht und bei ausländischen, jedoch deutschen Anstalten der Art nur mit Genehmigung der Br.=A.C. stattfinden. Im Zuwiderhandlungsfalle soll, neben anderen Strafen, die Confiscation der Brandentschädigungssumme zum Vortheile der Großherzoglichen Brandassecurationskasse eintreten. Br.=A.O. § 7, u. V. v. 21. Dezbr. 1837 (R.Bl. Nr. 3 v. 1838).

§ 1243. Der Bürgermeister darf keiner Mobilien=Versicherungsgesellschaft und keinem Agenten einer solchen ein Gewerbspatent ausfertigen, bevor hierzu Regierungs=Concession ertheilt ist. (Siehe o. § 1095 u. A. d. M. d. J. v. 30. Juni 1838.)

§ 1244. Die Polizeibehörden sind berechtigt jeder Zeit von den Büchern der Agenten Einsicht zu nehmen, und diese sind verpflichtet ihnen erforderlichen Falles beglaubigte Abschriften von ihren Verhandlungen, Urkunden u. s. w. zu ertheilen.

§ 1245. Den Bürgermeistern ist möglichste Beförderung der Mobilien=Versicherungsangelegenheiten anempfohlen. Sie sollen die ihnen deßfalls obliegenden Geschäftsverrichtungen jedesmal binnen längstens 2 Tagen vollziehen. Regl. v. 19. April 1837, § 15.

§ 1246. Gebühren. Die Bürgermeister haben für Leitung und Ueberwachung der Mobilien=Versicherungen, einschließlich der Taxen für die Protokolle, zu beziehen:

1) wenn eine Abschätzung statthatte:
   a) in den Städten Darmstadt, Mainz, Giesen, Offenbach, Alsfeld, Friedberg, Bingen und Worms eine Taggebühr von 2 fl.,
   b) in den übrigen Städten und Orten von 1 fl.
   Für halbtägige Beschäftigung darf nur die Hälfte bezogen werden;
2) wenn keine Abschätzung stattfindet 30 kr.

B. v. 24. Febr. 1837, Nr. 9.

Die Gebühren der Experten sind nicht allgemein bestimmt.

§ 1247. II. Normen für die Versicherung in ausländischen Versicherungsanstalten. V. v. 4. Juni 1833. Die deßfallsigen Gesuche sind an die Brandassecurations-Commission zu richten, welche solche geeigneten Falles an die Regierungsbehörde zur Einleitung des Abschätzungsverfahrens abgibt. (§ 3.) Vergl. V. v. 20. Juli 1837 u. 29. Sept. 1838.

Die Abschätzung selbst geschieht durch zwei verpflichtete Experten in Gegenwart des Bürgermeisters, der als Urkundsperson beiwohnt und darauf achtet, daß nur Mobilien zur Taration kommen, welche unzweifelhaftes Eigenthum des Versichernden sind. (Vergl. auch § 7.)

Die Abschätzungsurkunde ist nach dem durch A. d. M. d. J. vom 17. Nov. 1834 vorgeschriebenen Formular aufzunehmen.

Der Bürgermeister stellt dieselbe hierauf dem Eigenthümer der Mobilien zu, um sich zu erklären, ob er solche anerkennen oder eine weitere contradictorische Abschätzung verlangen will.

Sobald die Erklärung eingelangt ist hat der Bürgermeister in allen Fällen die Eigenthümer der 2 nächst gelegenen Häuser, und bz. bei Miethsleuten auch noch den Haus-Eigenthümer, von der Abschätzung vollständig in Kenntniß zu setzen und sie aufzufordern sich binnen einer unerstrecklichen Frist von 14 Tagen darüber zu erklären, ob und welche Anstände sie dabei haben. Nach Ablauf dieser Frist ist die Schätzungsurkunde mit sämmtlichen Akten an die Regierungsbehörde einzusenden, welche alsdann das Weitere zu veranlassen und demnächst die von der Br.A.C. genehmigte Police mit ihrem Visa zu versehen hat. Vergl. A. d. M. d. J. v. 9. Juni u. 9. Juli 1834, u. V. v. 7. Okt. 1845.

Den Agenten ausländischer Versicherungsanstalten ist verboten ihr Geschäft hausirend zu betreiben. (§ 7.)

§ 1248. III. Normen für Versicherungen in inländischen Versicherungsanstalten. — Mit den Rechten inländischer Feuerversicherungsgesellschaften sind bekleidet:

1) die München-Aachener F.V.G.; V. v. 22. Dez. 1835, R.Bl. Nr. 1 v. 1836, nebst Regl. v. 19. April 1387, u. V. v. 10. Dez. 1850;
2) die F.V.G. Colonia; V. v. 26. Nov. 1847 u. 14. Dezbr. 1850;
3) die F.V.G. „Deutscher Phönix" zu Frankfurt a. M.; V. vom 23. Sept. 1851 u. V. v. 23. Nov. 1851.

Jeder, welcher Mobilien in einer inländischen F.V.G. versichern will, bedarf hierzu der Genehmigung der Regierungsbehörde. Er hat sein deßfallsiges Gesuch (auf Stempel-Papier), unter Anschluß des Original-Versicherungsantrages, in der Regel dem Bürgermeister zu übergeben.

Der Bürgermeister prüft dieselben zunächst sowohl in polizeilicher Hinsicht, als bezüglich der Werthbestimmungen.

Findet er die Taxation zu hoch gegriffen, so kann er mit Zustimmung des Eigenthümers sogleich eine Taxation in der Form und Weise wie § 1247 vornehmen lassen, anderen Falles unterbleibt die besondere Taxation.

Bei Miethsleuten setzt er den Gebäude-Eigenthümer von dem Versicherungsantrage, bz. der etwa stattgehabten Taxation, in Kenntniß, um binnen einer unerstrecklichen Frist von 3 Tagen etwaige Anstände vorbringen zu können. Nach Ablauf dieser Frist übersendet er sodann sämmtliche Aktenstücke an die Regierungsbehörde.

Die ertheilte Genehmigung wird dem betr. Agenten von der Regierungsbehörde direct zugesendet. Zugleich erhält der Bürgermeister davon Nachricht, welchem hiernächst obliegt den Eigenthümer der Mobilien davon zu benachrichtigen.

§ 1249. In Fällen, wo größere Geschäftsleute, welche ordnungsmäßige Lager- und Handelsbücher führen, ihre Waaren rc. versichern lassen wollen, unterbleibt bei Miethsleuten die Vernehmung der Haus-Eigenthümer, und hängt es lediglich von der Entschließung der Regierungsbehörde ab, ob und in welcher Weise die Ueberzeugung von dem Vorhandensein des angegebenen Werthes sich verschafft werden will. Auch bedarf es bei unveränderten Erneuerungen von Mobilien-Versicherungen in der Regel nur einer einfachen Verlängerung (Prolongation), welche der Bürgermeister mit der erforderlichen Bescheinigung an die Regierungsbehörde einzusenden hat.

IV. Abschnitt.

Brandschäden.

§ 1250. Die Vergütung der Brandschäden an Gebäuden und deren Zugehör aus der Brandassecuranzkasse erfolgt in Gemäßheit der am Eingang des III. Abschnittes angeführten Gesetze, bz. dem G. v. 23. April 1852.

§ 1251. Wenn ein Brandschaden entstanden ist, so darf, bis die Abschätzung stattgefunden hat, ohne polizeiliche Erlaubniß keine Aenderung vorgenommen werden. Es soll dabei die Rücksicht maßgebend sein, daß der Gegenstand der Abschätzung vollständig erkennbar bleibt. G. v. 6. Juni 1853, Art. 14.

Doch ist sogleich nach gelöschtem Brande dafür zu sorgen, daß die Brandstätte, so weit thunlich, geräumt wird und die etwa geretteten noch brauchbaren Baumaterialien in Sicherheit gebracht werden. Br.A.O. § 29.

§ 1252. In welchen Fällen der Anspruch des Brandbeschädigten auf Entschädigung wegfällt, bestimmt der Art. 19 d. a. G. v. 1853.

§ 1253. Die Abschätzung der Brandschäden geschieht unter Leitung der Regierungsbehörde durch die bestellten Experten. Br.A.O. § 29 u. a. G. v. 1853, Art. 18.

Die Regierungsbehörde ist befugt eine Ermittelung des wahren Werthes des Gebäudes unmittelbar vor dem Brande zu veranlassen. Art. 15 u. 16.

Das bei der Abschätzung, bz. Untersuchung, einzuhaltende Verfahren regeln die Br.A.O. § 29—32, V. vom 24. Dezbr. 1817, 12. Juni 1822 u. 29. Sept. 1824; V. v. 4. März 1831. G. vom 6. Juni 1853, Art. 13—18. A. d. M. d. J. v. 21. April 1836 u. 2. Jan. 1839, u. A. d. Br.A.C. v. 21. Jan. 1835, 19. März 1845 u. 24. Juli 1852.

§ 1254. Sowohl der Brandbeschädigte, als die Brandassecurations-Commission sind berechtigt, Ersterer binnen 24 Stunden, Letztere binnen 10 Tagen nach officiell erhaltener Kenntniß von dem Ergebnisse der Abschätzung, eine contradictorische Abschätzung des Brandschadens durch das zuständige Gericht in Anspruch zu nehmen. Br.A.O. § 30, u. a. G. Art. 13 u. 16.

§ 1255. In Fällen muthmaßlicher Brandstiftungen, oder grober Fahrlässigkeiten mit Feuer oder beim Löschen kann das Ministerium neben der Zurückführung aller Versicherungen auf den wahren Werth zugleich verordnen:

daß bei den jährlichen Ausschlägen die Versicherungskapitalien des Ortes 5 Jahre lang in einem um $\frac{1}{5}$ erhöheten Betrage in Anschlag gebracht werden sollen; a. G. Art. 23.

§ 1256. Die Kosten der Abschätzung der Brandschäden trägt die Brandkasse. Findet contradictorische Abschätzung statt, so entscheidet das Gericht nach allgemeinen Grundsätzen auch über den Kostenpunkt; a. G. Art. 24.

§ 1257. Die Verwendung der Brandentschädigungsgelder darf in der Regel nur in der Art geschehen, daß das wiederhergestellte Gebäude in seiner wesentlichen Bestimmung mit dem beschädigten und abgebrannten übereinstimmt; a. G. Art. 22, u. Br.A.O. § 34 u. 35, u. A. d. M. d. J. v. 20. Okt. 1851.

§ 1258. Dem Brandbeschädigten selbst soll die Entschädigungssumme nur in dem Falle selbst eingehändigt werden, wenn nach seiner Persönlichkeit und seinen Vermögensverhältnissen eine vorschriftsmäßige Verwendung mit Zuversicht von ihm erwartet werden kann. Anderen Falles wird deßfalls ein Curator bestellt, welcher vor der Regierungsbehörde demnächst förmliche Rechnung abzulegen hat. Br.A.O. § 34, u. E. d. M. d. J. v. 17. Mai 1850, 24. Mai 1851 u. 4. Dezbr. 1853. Auch E. d. Br.A.C. v. 30. März 1853, welches ein Formular zum Verpflichtungsprotokolle der Curatoren vorzeichnet.

§ 1259. Den Taxatoren der Brandversicherungsanstalt ist die Uebernahme von Bauarbeiten zur Wiederherstellung der durch Feuer gestörten oder beschädigten Gebäude untersagt. A. d. M. d. J. vom 20. Okt. 1851.

§ 1260. Das Einsammeln von Brandcollecten und Brandsteuern für Brandbeschädigte ist streng verboten und darf von keiner Behörde verstattet werden.

Dagegen ist nicht untersagt sich zur Empfangnahme und Weiterbeförderung freiwilliger Gaben für Brandbeschädigte zu erbieten und solche Gaben zu besorgen. Br.A.O. § 49, u. A. d. M. d. J. vom 27. Sept. 1843.

Nachtrag.

Zu § 42. Wegen Auslieferung von Verbrechern auf dem deutschen Bundesgebiet gibt der durch V. v. 3. April 1854 verkündete neuere Bundesbeschluß nähere Bestimmungen.

Zu § 170. Den neuesten Gewerbsteuertarif s. in der V. v. 7. März 1854.

Zu § 258. Behufs der Trauung, sowohl von Ausländern, als Ausländerinnen, in der Prov. Rh. muß zuvor das vorgeschriebene obrigkeitliche Zeugniß der Heimathsbehörde, versehen mit dem Visa der Großherzoglichen Regierungsbehörde, beigebracht werden. V. v. 18. Febr. 1854.

Zu §§ 305 u. 325. Bezüglich der Formen der Correspondenz der evangelischen Pfarrer und Kirchenvorstände liegen 2 neuere A. d. O.Cons. v. 21. Febr. 1854 vor. Im Wesentlichen mit den früheren Bestimmungen übereinstimmend, verordnen dieselben noch besonders, daß die Correspondenz nicht mehr personell, sondern mit der Bezeichnung der Stelle als solcher „— Pfarramt, bz. Dekanat —" geführt werden soll. Das Prädikat „Großherzoglich" soll dabei wegfallen; bei Ausfertigungen, welche für das Ausland bestimmt sind, aber der Zusatz „im Großherzogthum Hessen" beigefügt werden.

Zu § 310. Ein Anspruch auf Vergütung von Auf- und Ueberzugskosten an die Gemeinde findet nach der althessischen V. vom 20. Juni 1788 nur bei der ersten Anstellung eines Geistlichen statt. Wird derselbe hiernächst und vor Ablauf von 10 Jahren wieder versetzt, so soll die Gemeinde, wohin er versetzt wurde, der ersteren Gemeinde zu einem Rückersatze von 20 fl. verpflichtet sein.

Zu § 374. Die Bezirks-Schulcommissionen führen inskünftige den Namen:

„Kreis-Schulcommission N."

V. v. 15. April 1854 u. Berichtigung im Rbl. Nr. 18 v. 1854.

Zu § 391. Wann und in wie weit den Schullehrern eine Vergütung der Ueberzugskosten bei Versetzungen aus dem Provinzial-Schulfond zu Theil wird, bestimmt die neuere V. vom 10. April 1854.

Zu § 861. Die nur für das Inland bestimmten Reisepässe unterliegen der ermäßigten Stempeltaxe von 20 kr. und sind auch für diejenigen Inländer, welche sich von der Heimath entfernen, um im Inlande Dienst oder Arbeit zu suchen (Dienstboten und Taglöhner), anzuwenden. Sie dürfen für Solche auf die Dauer von 2 Jahren ausgestellt werden. E. d. M. d. J. v. 18. April 1854. Vergl. auch § 271.

Zu § 1080. Die Floßordnung bestimmen die provisorische V. v. 28. Mai 1852 u. die V. v. 21. April 1854.

Alphabetisches Inhaltsverzeichniß.

Gegenstand.	Seite
A.	
Abgaben (s. die bes. Arten).	
Ablösung (s. d. bes. Gefälle)	
Ab- und Zuschreiben . .	558
Abverdienst der Feld- und Forst-Strafen	552, 570, 571
Abzeichen, aufrührerische	471
Akten (siehe Papierformat und Registratur).	
Adelige Gerichtsherren .	28—31
Administrativ-Stempel .	99—101
Administrativ- Beamten und -Justizhof . . .	14, 19
Adreßbücher	12
Advociren, Ermächtigung u. Verbot, Kostendecretur	104, 389, 390
Aerzte	420, 421
Agenten f. Auswanderung.	149, 597
Aichen der Gemäße . .	587, 590
Allmenden (s. Gemeinde-Nutzungen).	
Alterthümer, Erhaltung und Ablieferung . . .	12
Anger	434, 437
Anlehen (s. Kapitalien).	
Anatomie (s. Leichen).	
Anwälte (s. Advociren).	
Antiquare	515, 597
Apotheker	426, 427, 597
Anweisungen auf Kirchen- und Stiftungs-Fonds .	170—173
Anw. auf Gemeindekassen	297—304
Anzeigen (s. Polizeiübertretungen u. Verbrechen).	
Armenfuhren (s. Schubwesen).	
Armencommissionen . .	399
Armenpflege	392—394
Armen-Krankenpflege und Arzneikosten	415—419
Armenrecht	401, 402
Armuthszeugnisse, Verbot der Ausstellung . . .	400
Arrestationen	461
Arresthäuser (s. Gefängnisse).	
Arzneihändler	427, 428
Asche, Vorsicht damit .	643
Assecuranzanstalten (siehe die betr. Gegenstände).	
Atteste (s. Zeugnisse).	
Audienzen bei dem Großherzoge	2
Ausgewiesene (siehe auch Schubwesen)	139
Ausländische Staaten, Verhältniß	27, 28
Auslieferung von Inländern, Verbot	28, 657
Ausstände der Kirchen- und Stiftungs-Fonds, Beitreibung ꝛc. . . .	180
Ausstände der Gemeinden, Beitreibung ꝛc. . . .	347—370
Ausstandsverzeichnisse. .	352, 379—381
Ausspielungen	506
Auswanderung	143—151
B.	
Bäche, Ausräumung . .	628—632
Bäckergewerbe	594
Baubehörden, Verantwortlichkeit derselben .	310
Bauhandwerker und deren Wittwen	598—600

Gegenstand.	Seite
Bauholz, Verbot unentgeltlicher Abgabe	329, 343
Baumpflanzungen	522, 625
Bau-Ordnungen, -Pläne und -Plätze	617, 618
Bauwesen der Gemeinden	309, 310
„ der Kirchen u. Stiftungen	183—187
„ der Privaten	618—621
Beerdigungen	451—457, 507
Begebenheiten, wichtige, deren Anzeige	12
Beglaubigungen, Form und Gebühren	230, 235
Begräbnißplätze	451, 452
Beherbergung	58, 474—476
Beigeordnete	208, 210—212
Beitreibung (s. d. Schlagwörter der betr. Gefälle).	
Berichte, Form und Gebühren	230—234
Beschäler (s. Landgestüt).	
Beschädigungen, boshafte	466, 522—524
Beschlagnahmen	365
Bescheinigungen, Form und Gebühren	230, 235
Besitzwechsel	558
Betteln und Bettler	395
Bettelbriefe, Verbot	400
Bettelfuhren	396
Bevölkerungstabellen	5—11
Bezirksboten	614—617
Bezirksverwaltung	19
Bezirksrath	19—27
Bibliotheken, Leih- u. Lese-	515, 516, 597
Bier-Krüge und Bouteillen, Aichung	590
Bilder, revolutionäre und unsittliche, Hausirverbot	472
Bittgesuche (s. Gesuche).	
Blattern	437
Blinde	414, 415
Brandcollecten, Verbot	656
Brandschäden, Abschätzung und Vergütung	655, 656
Brandversicherung (s. auch Mobilienversicherung)	647—652
Briefporto, Pflichtigkeit und Freithümer	610—614
Briefpost	609
Briefe und Retourbriefe	614
Brunnen	323, 430
Brückengeld	320
Budgetwirthschaft (siehe Gemeinde- und Kirchen-Voranschläge).	
Buchhandel und Buchdruckereien	515—517, 597
Bürgermeister als Lokal-Staatsbeamter	15, 208—210
„ als Polizei- u. erster Gemeindebeamter	212, 226
Bürgerrecht	115—121
Bürgerwehr	74, 75
Bürgschaft u. Bürgscheine	78, 339, 362
Bullen	433, 537—541
C.	
Cautionen der Kriegsdienstpflichtigen	124
„ der Kirchen- und Gemeinde-Rechner	181, 371
Chausseen, Chaussee-Geld und -Polizei	98, 622
Chirurgen	422
Cisternen	430
Civilstands-Akte und -Register	132—136
Civilstands-Akte und -Register der Juden	152—155
Collecten, Verbot	400, 656
„ für die Waisen	412
Collecteure für Lotterieen	505, 506
Concerte	508
Concessionen (s. die betr. Gegenstände).	
Consolidation der Grundstücke	529
Controlebuch für Kirchen etc. und Gemeinden	173—175, 373, 374
Copulation (s. Trauung).	
Correspondenz der Lokalbehörden	232—235, 657
Credite (s. Voranschläge).	
Credit-Erweiterungen bei Kirchenfonds	172, 173
„ Gemeindeausgaben	303, 304
D.	
Dachbedeckungen, feuergefährliche	639, 640
Dämme, Damm-Wachen und Strafen	635, 636
Dampfschifffahrts-Unternehmer	597
Darlehen	321

Gegenstand.	Seite
Decreturen (s. Anweis.).	
Denkmäler und Denkwürdigkeiten	12
Depotversetzung	36—43
Deserteure, inländische und ausländische	50, 52, 59, 65, 76
Deserviten, deren Decretur	389
Diäten der Ortsvorstandspersonen	227—229
Dienstboten	483—489
Dienstehrenzeichen	4
Dienstwohnungen, Unterhaltungspflicht	183, 206, 310
Disciplinargewalt (s. die betreffenden Behörden).	
Dispensation (s. die betreffenden Gegenstände).	
Domänen, Verborgen, Creditbuch, Beitreibung	78—81, 81—87
Druckschriften, Verbot des Hausirens	514
Durchmarsch-Convention.	75
E.	
Ehen, gesetzliche u. wilde	121, 502
Ehrenzeichen	4
Eigenthum, zwangsweise Abtretung	618, 626, 627, 629
Eigenthumsgränzen	207, 553
Einnahmen und Ausgaben der Gemeinden	338
Einquartierung inländischer Truppen, Tarif und Rolle	67—73
„ ausländ. Truppen	75, 76
Einregistrirung	101, 102
Einstandskasse und Einsteher im Mil.-Dienst	47, 48
Einzugs- u. Einkaufsgeld	120, 121
Epidemieen	437
Enregistrement	101, 102
Erbleihen, Allodification	31
Erziehung, religiöse, in gemischten Ehen	158
Etappen-Conventionen	75
Executions-Commando's	73
F.	
Fabriken u. Fabrikanten	607
Fahrpost	609, 610
Faselstiere und -Vieh	433, 537—541
Feierabendstunde	503, 504
Feldfrevel und Strafen	546—552

Gegenstand.	Seite
Feldgeschworene	560—562
Feldschützen	562—565
Feldwege	626
Festtage, deren Feier	158
Feuergefährliche Anlagen und Handlungen	641—645
Feuergewehre	644
Feuerläufer u. Feuerboten	646
Feuerspritzen und -Eimer	647
Feuerungen, Anlegung und Visitation derselben	636, 640—641
Feuerversicher.-Anstalten	597
Feuerzeuge (s. Streichfz.).	
Finanzangelegenheiten und -Behörden	77, 88
Findelkinder	413
Fischereien	320, 578, 579
Flachs, Verbot des Röstens ꝛc. am Feuer	645
Fleischbeschau	595
Fliegenwedelhändler	504, 505
Floßordnung (siehe auch Schifffahrt)	658
Flüsse, Regulirung, Aufräumung, Unterhaltung und Strafen	628—632
Flurbücher	555
Forstbehörden u. -Diener	572, 574
Forstfrevel und Strafen	568—572
Forstwarte	346, 573
Freiwillige im Militär	48, 49
Fremdenbeherbergung	474—476
Frevel (s. Forst-, Jagd- und Obstbaumfrevel).	
Friedhöfe	451, 452
Fristgesuche (s. Zahlungsfristen).	
Frohnden	390, 391
Fruchtmäkler u. -Mitterer	581, 593, 594
Fruchtmärkte	581, 582
Früchte, Verkauf auf dem Halme und unredliche Steigerung der Preise	593
Fuhrwerke, B. zur Verhütung von Unglück	627
G.	
Garnisonirung des Mil.	66—73
Gasfabriken	641
Gebäude, Errichtung, Unterhaltung ꝛc. (siehe auch Kirchen-, Pfarr- und Gemeinde-Gebäude).	618—622

Gegenstand.	Seite
Gebühren der Bürgrmstr.	230, 231
Geburtsregister u. -Akte	132
Gedichte, revolutionäre und unsittliche	472
Gefängnisse u. Gefangene, Verpfleg., Kleidung ꝛc., Kostenverzeichnisse	497, 501
Geisteskranke (s. Hofheim)	
Geistliche, Dienst- u. Gehalts-Verhältnisse	162—164, 657
Geistliches Bauwesen	183—187
Gemarkungen und deren Gränzen	207
Gemeinde-Ausschläge	295, 296
„ Backöfen	322
„ Bauwesen	309, 310
„ Diener	239, 240
„ Dienste	390, 391
„ Einnahmen u. Ausg.	240, 241
„ Einnehmer	371—385
„ Einkünfte, Beitreib.	347—370
„ Gebäude	309, 310
„ Güter	307, 308
„ Nutzungen	311—317
„ Ordnung u. Verfass.	206, 207
„ Prozesse	385—389
„ Rath	211, 212, 224, 226
„ Schulen	193
„ Schulden	346
„ Vermögensverwaltung	305
„ Umlagen	292—297
„ Vorstände, Bildung und Wahl	208, 212—224
„ Voranschläge	241—292
„ Rechnungswesen	382—385
„ Wagen	322
„ Waldungen	323—346
Gemeinheiten, deren Theil.	345
Gensdarmen, Dienst. Verhältniß zu den Civilbehörden und Gebühren	490—493
Gerichtsherren	28—31
Gerichts-Verfassung und -Behörden	102, 103
Geschäftsbetrieb, Gang und Formen	231—236, 657
Geschenke an d. todte Hand	396—398
Geschworene	104—106
Gesetzessammlung	16
Gesindeordnung, Gesinderegister ꝛc.	483—489
Gestüt (s. Landesgestüt).	
Gesuche um Gnade, Straferlaß, Unterstützung ꝛc.	18, 110, 111
Getreide, Verbot des Verkaufs auf dem Halme	593
Gewaltthätigkeiten, deren Abwehr	459
Gewehre (s. Feuergewehre).	
Gewerbesteuer und freie Gewerbe	90—93
Gewerbs-Beschränkungen und -Concessionen	597—599
Gewerbspatente	600, 601
Gewerbsprivilegien	321
Gewerbs-Zuwiderhandlungen und Strafen	602, 603
Gewerbeverein	607
Gewicht	587—591
Gifte	430 431
Glaßgefäße, Aich. u. Revis.	590
Gnadengesuche (s. Unterstützungen).	
Gold- u. Silberarbeiter	599
Gothaer Staats-Vertrag wegen Ausgewiesener und Heimathsloser	139—141
Gränzen, innere	207, 553
Großherzog und Großherzogliches Haus	1, 2
Grundbücher	555—559
Grundbuchsauszüge	559
Grundeigenthum (s. Eig.).	
Grundrenten und Zinsen, Theilung und Ablösung	529, 531—533
Grundstücke, Zusammenlegung und Theilung	529
Güterschätzer	560
H.	
Huldigungseid	1
Hagelschlag u. Versicher.	528, 529, 597
Handbücher, Handbuchsauszüge	375—377
Handelsreisende	92, 579
Handwerks-Burschen und -Gesellen	477—479, 606
Hanf, Hecheln ꝛc. am Feuer, Verbot	645
Häuser, Errichtung und Abbruch (s. Gebäude).	
Hausirer u. Hausirhandel	505, 514, 583—586
Haussuchungen	462, 463
Hazardspiel	506
Hebammen	422—425

Gegenstand.	Seite	Gegenstand.	Seite
Hebgebühren	181, 372	Kalender, in- u. ausländ.	13
Hebregister für Gemeindeausschläge	295, 296	Kaminfeger und Kamine (siehe Schornsteine).	
Heildiener	425	Kapitalien, Ausleih., Verwahrung, Abtragung ꝛc.	177—179, 321, 346, 347
Heimathsverhältnisse	136—141	Kartenspiel	506
Heimathscheine	141—143	Kartoffeln, Verbot des Verkaufs auf d. Stocke	593
Heirathen, Scheine, Berichte, Hindernisse und Dispens	121—132	Kassenverwaltung der Gemeinde-Einnehmer	377
Hengste	543	Kataster	89
Hetzen des Schlachtviehes, Verbot	507	Kinder, Aufn. ortsfremder	476 477
Hofheim, Hospital, Aufnahme darin ꝛc.	445—450	Kinder aus gemischt. Ehen, religiöse Erziehung	158
Hoheitsgränzen	27, 28	Kirchenangelegenheiten	157
Holzabgaben aus der Hand	329, 330	Kirchenbehörden	161—163
„ aus Domanialwald.	566, 567	Kirchenbücher	132—136
Holzversteigerungen	330—333	Kirchengebäude und kirchliches Bauwesen	183—187
Holzhauerlohn-Accorde	326	Kirchenrechner und Rechnungswesen	181, 182
Holzsaamen, Anschaffung	326	Kirchenvermögen	168, 179
Hospitäler	398, 445	Kirchenvoranschläge	169, 170
Hülsenfrüchte, Verkauf auf dem Halme	593	Kirchenvorstände	165—168
Hufbeschlag der Pferde	543	Kirchspielkosten	161
Hunde-Halten u. -Fahren	431—433	Kirchweihen	510, 511
Hundesteuer	98, 99	Klinik in Gießen	399
J.		Komödien- und Marionetten-Spiel	92, 508, 601
Jagden, Verwalt. u. Verp.	318—320	Körperverletzungen	464
Jagd-Polizei u. -Frevel	574—576	Kollegiengelder, Zeugnisse wegen Stundung	401
Jagdwaffenpässe	576—578	Kohlen, Vorsicht damit	643
Jahrmärkte	580	Kopulation (s. Heirathen).	
Immobiliarkataster	89	Kostendecretur der Advocaten	389, 390
Impfung, Gesammtimpf.	438—440	Krähen, Vertilgung	527
Inländerrecht (Indigenat)	112, 113	Krankenhäuser	398, 399
Inferendum (Vermögenseinbringen)	119	Krankenwärter	425
Industrieschulen	199	Krankenpflege (s. Armen-Krankenpflege).	
Insinuationen	106	Krankheiten, ansteckende	437, 440
Instructionen (siehe die betreffenden Behörden).		Kreisboten	355, 369
Invaliden, Lebenscertificate für dieselben	66	Kreisämter	19
Inventarien, Führ. ders.	322	Kreisärzte, Wund- und Veterinär-Aerzte	420, 421
Irre (siehe Hofheim).		Kriegsangelegenheiten	31, 76
Judenangelegenheiten	151—156	Kriegsdienstpflichtigkeit (s. Militärdienstpflicht).	
Judenmatrikel (s. Civilstandsregister).		Kriegskosten und -Lasten, Kriegsfuhren ꝛc.	76. 77
Justizbehörden	103	Kriegsreservisten	51, 55, 59, 62—64
Juweliere	599	Kunstreiten	92, 508, 601
K.			
Kabinetskasse, Unterstützungen daraus	415		

Gegenstand.	Seite
L.	
Landkalender	13
Landesgränzen	27, 28
Landesgestüt	543
Land-Krankenhaus zu Darmstadt	398
Landestrauer	3
Landsiedelgüter, Allodification	31
Landständ. Angelegenheit.	3
Landstreicher	466, 467
Landwirthschaft, Betrieb, Vereine	518, 519
Lebensmittel	429, 592 594
Leichen, Leichenbeschauer, -Transport, -Ablieferung an die Anatomie . .	454—458
Leih- u. Lese-Bibliotheken .	515, 516, 597
Lehmgruben	428, 429
Lehrlinge, Lossp. d. armen	606
Lehenangelegenheiten . .	31
Leseholz	336, 337, 568
Lichter, Verbot des Gebr. an feuergefährl. Orten .	642, 643
Lithographieen, Anlegung, Hausirverbot	514, 516, 597
Looszziehung der Militär-Pflichtigen	43, 44
Loosholz	329, 340—342, 345
Lieder, aufrühr. u. unsittl.	471, 472 508
Liquidationsverzeichnisse .	352. 379—381
Lokal-Staatsverwaltung .	15, 16
Lokalpolizeibehörden . .	15, 103, 108, 109
Lotterieen	505, 506
Lösch-Geräthschaften und -Mannschaften . . .	645—647
Lüderl. Häuser u. Dirnen	502
Lumpensamml. (s. Hausir.).	
Lustbarkeiten, öffentliche .	507—511
M.	
Mäkler	581, 597
Mahnung, Mahnzettel und Gebühren . . .	352, 353
Märkte u. Marktpolizei .	580—583
Märkerschaften . . .	345
Marionettenspiel . . .	92, 508. 601
Maaß und Gewicht . .	587—591
Maikäfer, Mäuse, Maulwürfe, Vertilgung . .	525
Meisterstücke	605
Metzgergewerbe . . .	594, 595
Militärangelegenheiten .	31
Militär, Standesrechte und Pflichten, Gerichtsbarkeit ꝛc (s. auch Soldaten u. Garnisonirung) .	51, 52, 59,
Militär-Arrestaten . .	65, 66
„ Kranke	72
„ Fuhren, Vorspann und Lieferungen .	73, 77
„ Dienstpflicht . . .	31, 32, 49, 50
„ Durchmarsch-Conventionen . . .	75
„ Dienst-Ehrenzeichen	4
„ Vertretung . . .	47, 48
Minderjährigkeit, Dispensation	118
Ministerien	14
Ministerium öffentliches .	103, 108
Mobilien-Versicherung .	652—654
Mühlen (s. auch Wassertriebwerke)	607
München-Aachener Feuer-Versicher.-Gesellschaft .	654
Münzen	591
Musterung der Militär-Pflichtigen und Musterlisten	32—36, 43, 44
Musikanten	467, 471, 472, 505, 508, 601
Mutationsverzeichnisse .	558
N.	
Nachdruck	517
Nachläße v. Umlagen ꝛc. .	297, 370
Nachtigallensteuer . . .	99
Nachtwachen	497
Nahrungsmittel . . .	429, 592, 594
Namen, gleichnamige . .	115
Nutzholz	329
O.	
Obligationen (s. Kapital.).	
Obstbaumzucht, Pflanzung, Baum-Schulen, Schutz gegen Frevel . .	521—524
Octroi	321
Oeffentl. Darstellungen .	92, 508, 601
Offiziere, Heirathen ders.	124
Orden, Zurücklieferung .	4
Orgelspieler	467, 471, 505, 508, 601
Ortsbeschreibung . . .	4
Ortsbürger-Recht, Ortsbürger-Aufnahme ꝛc. .	115—121
Ortsmusterlisten . . .	32—36

Gegenstand.	Seite
Ortsgerichte	103
Ortspolizeibehörden (siehe Lokal-Polizeibehörden, Polizei-Commissare und -Diener).	
Ortsschulvorstände	189—200
Ortsstraßen, Herstellung und Reinigung (s. auch Straßen)	626
Ortsvorstand	208, 212—224
P.	
Papiergeld	591
Papierformat	232
Parzellen-Vermessung	554
Pässe (s. Reise- und Jagdwaffen-Pässe).	
Paßkarten	482
Paßberichte	480, 481
Patente	600, 601
Patrimonial-Gerichtsherren	28—31
Pensionäre, Lebenscertificate für Militär	66
Personenstand (s. Civilstands-Register).	
Personalsteuer	90—93
Pfändungen	354—360
Pfarrer (s. Geistliche).	
Pfeifen, Verbot des Rauchens an feuergefährlichen Orten	642
Pferdezucht (siehe Landgestüt).	
Pflanzen, Vertilgung schädlicher	525
Pflasterer (siehe Bauhandwerker).	
Pflastergeld	320
Pfuscherei in der Heilkunde	426
Polizeistunde	503, 504
Polizei-Commissäre und Polizei-Beamten	15, 109
Polizei-Diener und -Officianten	496
Polizeiliche Aufsicht, darunter Gestellte	467, 468
Polizeitaxen der Lebensmittel	594
Polizeiübertretungen, Anzeige	109—111
Porto (s. Briefporto).	
Postwesen (s. auch Brief- und Fahr-Post)	608
Präsentationsrecht	30
Presse, V. gegen den Mißbrauch	512—514
Privateigenthum, zwangsweise Abtretung	618, 626, 627, 629
Privilegien	321, 580
Provinzialstraßen	622
Prozesse der Kirchen und Stiftungen	180
„ der Gemeinden	385—389
Proclamation	130
Promessen-Handel	506
Protokolle	231, 232
Pulver (s. Schießpulver).	
Q.	
Quittungen	379
R.	
Rabbinen	155
Raben, Wegfangen und Schießen	527
Rauchen, Verbot an feuergefährlichen Orten	642
Rechner und Rechnungen (s. Gemeinde-Einnehmer und Kirchenrechner).	
Rechnungsurkunden	378
Reclamationen gegen Umlagen	297
Recrutirungs-Commission und -Rath (s. auch Militärangelegenheiten)	43, 45
Refractäre	49, 50
Regierungsblatt	17
Regierungsbehörden	19
Registratur-Ordnung und -Führung	236—239
Reisen des Großherzogs und der Großherzoglichen Familien-Glieder	2
Reiselegitimationen, Visirung	482, 483
Reisepässe Erfordernisse und Paßberichte	479—482, 658
Reisende, Handels-	92
Religiöse Erziehung in gemischten Ehen	158
Religionsgesellschaften	158
Religionscultus	157
Repräsentationsgehalt	226

*

Gegenstand.	Seite
Reserv-fonds, Decretur darauf (s. Anweisungen).	
Rettung v. Menschenleben	5
Rettungsanstalten	444
Rinden, Abgabe aus Gemeindewaldungen	337
Rückstände, Verzeichnisse darüber	352, 379
Ruhestörungen	503
S.	
Säbeltragen der Soldaten im Urlaub	62
Salzregie, Preis (s. auch Viehsalz)	97
Sandgruben	428, 429
Schäfereien	317
Schenkungen, Erforderniß der Genehmigung	177, 398
Schießen in Städten und Dörfern, Verbot	643
Schießbaumwolle	644
Schießgewehre	644
Schießpulver	643, 644
Schifffahrt auf dem Rhein, Main und Neckar	592, 658
Schlachten	594, 595
Schornsteine, Anlage und Reinigung, Schornsteinfeger	597. 637—639
Schreiben, Form ders.	232—235
Schützengesellschaften	511, 512
Schubwesen, Schüblinge, Schubfuhren	472—474
Schulbaufonds in Rh.	205
Schulbehörden	189, 657
Schulbücher	193, 198
Schulcandidaten	199
Schulen	187—189
Schulgebäude	205, 206
Schullehrer, Amtspflichten, Dienst- und Gehaltsverhältnisse	193, 195, 200—204, 658
Schul-Vermögen und -Güter	204
Schulversäumnißstrafen	195—198
Schulvorstände, Wahl und Instruction	189—200
Schulden	346
Seiltänzer	92, 508, 601
Siegelanlage	107
Sicherheitsleistungen (s. Cautionen).	

Gegenstand.	Seite
Sicherheitswachen	493—496
Silberarbeiter	599
Sittenpolizei	501
Soldaten (s. Militär, Ortsbürgeraufnahme, Heirathen, Wandern, Auswandern und Heimathsverhältnisse).	
„ Aufsicht über beurlaubte	52—65
„ Beherbergung unlegitimirter	58
„ -Wittwen	66
Sonntagsfeier	158—161
Sperlinge, jährliche Lieferung	526, 527
Spiele, Hazard-, Teller- und Würfel-Spiel	506
Spinnstuben	504
Staatsbürgerrecht, Liste Derjenigen, die es verloren	113—115
Staatshandbücher	12
Staatsministerium	14
Staatsoberhaupt	1
Staatsprocuratur	108
Staatenkunde	4
Staatsrath	14
Staatsstraßen	622, 623
Staatsverwaltung und Staatsbehörden	13, 14
Standesherren	28—31
Steinbrüche	428
Stellvertretung im Militär-Dienst	47, 48
Stempelpapier	99—101
Sterbprotokolle und -Register	132
Sterbfälle, Anzeige ders.	16, 107, 108, 453
Steuermanns-Dienst und Steuerleute	598
Steuern, directe, Verwaltung u. Regulirung, Immobiliar-Kataster	88—90
Steuern, Beitreibung	93—95
Steuern, indirecte, Verwaltungsvorschriften	95, 96
Steuererhebung und Executionsordnung	93—95
Stiftungen, Erlaubniß zur Annahme u. Verwaltung	396—398
Stipendien, Zeugnisse zu Bittschriften darum	401

Gegenstand.	Seite
Strafgefangene, Aufsicht über entlassene . . .	468
Straßen, allgem. polizeil. Bestimmungen (s. auch Staats- und Provinzial-Straßen u. Vicinalwege)	626, 627
Streichfeuerzeuge . . .	644
Strohdächer	639, 640
Studiren (s. Stipendien, Kollegiengelder).	
Sümpfe	429
T.	
Taggelder (s. Diäten).	
Tagbücher	374
Tanzbelustigungen und Concessionen	92, 509—511
Tauben, Ausfliegen zur Saatzeit	527
Taubstummen, Anstalt dafür	413, 414
Tauglichkeit zum Militär-Dienst	44, 45
Taufprotokolle	133
Temporalien, Verwaltung derselben	164
Territorial-Verhältnisse .	27, 28
Theilungen, Wald- . .	345
Theater	92, 507, 508
Thierärzte	425, 426
Thiere, gefährliche und schädliche, auch Mißhandlung	431, 433, 507, 525
Thier-Cadaver, Abledern derselben	434—437
Todesanzeigen (s. Sterbfälle).	
Tollwuth der Thiere . .	433
Topographie	4
Torfgräbereien	521
Tranksteuer	97
Transportkosten (s. Diät.).	
Trauungen	130—132, 657
Trauungsakte u. Register.	134
U.	
Ueberschwemmung, Vorsorge dagegen	635
Ueberschüsse, Decretur darauf (s. Crediterweiterungen).	
Ueberzugskosten, Vergütung	657, 658

Gegenstand.	Seite
Ueberweisungslisten Militärpflichtiger	34
Umlagen	292—297
Unfähigkeit, Untauglichkeit und Unwürdigkeit zum Militär-Dienst . . .	44—46
Unglücksfälle und bezügliche Kosten	443, 444
Unterstützungen aus der Kabinetskasse (siehe auch Armenpflege)	415
Urlaub	210
V.	
Verfass. u. Verfassungseid	1, 3
Veräußerungen von Kirchenvermögen . .	175—177
" von Gemeindevermögen	306, 308
Verbindungen (s. Vereine).	
Verbrechen, Vorkehrungen	460—463
" Fälle der Anzeige von Amtswegen und der Ausnahmen (s. auch Auslieferung) . .	463—466
Verdinger v. Dienstboten .	487
Verehelichung (siehe Heirathen).	
Vereine, politische u. a. .	468, 508
Vereinszeichen, aufrührerische	471
Vergleiche	390
Verhaftungen	461
Verloosungen	506
Vermächtnisse (s. Geschenke und Stiftungen).	
Versicherungen (siehe die betr. Gegenstände).	
Versteigerungen . . .	360—362
Vertheilung v. Gemeindevermögen	308, 316, 345
Verträge, Verkäufe, Verpachtungen ꝛc. . . .	176, 306, 363, 364
Verunglückte	443
Verwaltungsbehörden . .	19
Verwundungen (s. Körperverletzungen).	
Vicinalwege, Bau, -Unterhaltung und -Polizei .	623—626
Viehgesundheitsscheine .	441, 442, 544
Viehzucht, Verbesserung .	537, 546
Viehsalz	545
Viehseuchen	440, 441, 544

Gegenstand.	Seite	Gegenstand.	Seite
Viehassecuranzen . . .	545, 597	Wasserleitungen . . .	323
Visiren der Reiselegitimationen	482, 483	Wasserfrachtbestätter . .	598
Vögel, Schonung der Insecten vertilgenden und Verminderung der schädlichen	525—527	Wassersgefahr	635
Volksversammlungen . .	469, 470	Weggeld	320
Voranschläge (siehe Gemeinde- und Kirchenvoranschläge).		Wegweiser	625
Vorstellungen, unbefugte Verfertigung	18	Widerechte, Bestand und Ablösung	318, 533—537
W.		Weinbau.	524
Wagen (siehe Maaß und Gewicht).		Werkholz.	329, 343
Waffen, das Tragen verbotener	472	Wetterschaden	528
Wahlen (s. die betreffenden Aemter).		Wiesencultur-Gesetz und Polizei-Ordnungen . .	519
Wahnsinnige (s. Hofheim).		Wiesenvorstände . . .	520, 521
Waisen-Anstalt und -Versorgung, Instruction .	402—410	Wildschaden	528
Waisen-Büchsengelder .	411	Wirthschaften	503, 595—598
Waisen-Collecten . . .	412	Wirthschaftsprivilegien .	321
Waldungen, Domanial- und Privat- (siehe auch Gemeinde-Waldungen) .	566	Wundärzte	422
Waldstreu	333—336, 567	**Z.**	
Waldcultur-Accorde . .	326	Zahlungsfristen. . . .	78, 339, 349
Waldtheilungen . . .	345	Zahlungsanweisungen (s. Anweisungen).	
Wanderbücher u. Berichte	479, 480	Zahlungsunfähigkeitsprotokolle	368, 369
Wandern und Wanderzeit	477, 606	Zehnten und Zehnt-Verwandlung	87, 88, 530
Wasen und Wasenmeister	434—437, 598	Zeitung, Darmstädter .	17, 18
Wassertriebwerke, Errichtung, Beaufsichtigung und Strafen	632—634	Zeugnisse, Form und Gebühren (s. auch Stipendien und Armuthszeugnisse)	230, 235
		Zoll, -Ordnung, -Behörden ꝛc.	96, 97
		Zuchtstiere (s. Bullen).	
		Zündhölzer (s. Streichfeuerzeuge).	
		Zünfte und Zunftwesen .	603—607
		Zusammenrottungen . .	459, 460

Beilage I zu § 14.

Provinz . . . . Kreis . . . .

Bevölkerungsliste der Gemeinde . . . . vom Jahre 185

Ordnungs-Nummer.	Namen der Orte, Höfe, Mühlen, Hammerwerke u. s. w.	Zahl der Gebäude.		Anzahl der Familien.	Zahl der Bewohner.				Summe aller Seelen.	Unter solchen sind																		Zahl der Ausländer, welche unter den Rubriken 22—27 enthalten sind.		Zahl der Ortsangehörigen, welche sich außerhalb des Orts aufhalten.	
					Kinder unter 14 Jahren.		Personen über 14 Jahre.			Christen					Juden.	Staats-, Kirchen-, standesherrliche und patrimonial-gerichtsherrliche Diener.	Ackersleute.	Gewerbsleute.	Ackersleute und Gewerbsleute zugleich.	Tagelöhner.		Dienstboten		Arbeiter in Fabriken.		Handwerksgesellen.	Handwerkslehrlinge.				
		Oeffentliche Gebäude.	Wohnhäuser.		Knaben.	Mädchen.	Männliche.	Weibliche.		Lutheraner.	Reformirte.	Unirte.	Katholiken.	sonstiger christlicher Confession.						Männliche.	Weibliche.	Männliche.	Weibliche.	Männliche.	Weibliche.			Männliche.	Weibliche.	Im Inlande.	Im Auslande.
1.	2.	3.	4.	4 a.	5.	6.	7.	8.	9.	10.	11.	12.	13.	14.	15.	16.	17.	18.	19.	20.	21.	22.	23.	24.	25.	26.	27.	28.	29.	30.	31.

Beilage II zu § 14.

Provinz . . . . Kreis . . . .

Bevölkerungsliste der Gemeinde . . . . vom Jahre 185

Ordnungs-Nummer.	Namen der Orte, Höfe, Mühlen, Hammerwerke u. s. w.	Lebendig Geborene in den 3 verflossenen Jahren.				Todt Geborene in den 3 verflossenen Jahren.				Verstorbene in den 3 verflossenen Jahren.				Besondere Geburten in den 3 verflossenen Jahren.		Besondere Todesfälle in den 3 verflossenen Jahren.				Getraute Paare in den 3 verflossenen Jahren.	Dermalige Zahl der Taubstummen von 7—14 Jahren.	Dermalige Zahl der Schulen.	Dermalige Zahl der Schulkinder.	
		Eheliche.		Uneheliche.		Eheliche.		Uneheliche.		Kinder unter 14 Jahren.		Erwachsene über 14 Jahre.		Zwillinge, Drillinge rc.	Mißgeburten.	Im Kindbette.	Durch Unglücksfälle.	Durch Selbstmord.	Durch Verbrechen.					
		Knaben.	Mädchen.	Knaben.	Mädchen.	Knaben.	Mädchen.	Knaben.	Mädchen.	Männliche.	Weibliche.	Männliche.	Weibliche.										Knaben.	Mädchen.
1.	2.	3.	4.	5.	6.	7.	8.	9.	10.	11.	12.	13.	14.	15.	16.	17.	18.	19.	20.	21.	22.	23.	24.	25.

Musterung von 18

Provinz

Kreis

Bürgermeisterei

Gemeinde

Nr. der Gemeinde-Liste

Anlage III zu § 66.

Protokoll

über den Depotanspruch von . . . .

Heute am ten 18 erschien vor mir, dem unterzeichneten Bürgermeister der Gemeinde

. . . .

und nahm die Versetzung in das Depot wegen Art. 17, Nr. des Rekrutirungsgesetzes vom 20. Juli 1830 für

. . . .

in Anspruch.

Zur Begründung dieses Anspruches trug vor:

1) sei zu unvermögend, um einen Stellvertreter für stellen zu können, wie aus den nachfolgend anzugebenden Verhältnissen hervorgehe.

2) Es sei arbeitsfähiger Bruder des Dienstpflichtigen, der aus irgend einer Ursache vom Kriegsdienste freigeblieben sei, und solcher, der bis zur nächsten Truppenergänzung (1. April) das 17. Jahr zurückgelegt haben werde, vorhanden *).

. . . .

3) sei übrigens **)

. . . .

und darum der Art. 17, Nr. des Gesetzes auf anwendbar.

In Bezug auf Vermögensverhältnisse wurde zur Unterstützung der Angabe unter 1 bemerkt, daß

4) an directen Steuern (nach Anl.) nur die Summe von fl. kr. jährlich bezahle;

5) an Gehalt oder Pension (nach Anl.) aber fl. kr. beziehe;

6) mit fl. Hypothekenschulden (nach Anl.) belastet und davon bis jetzt bezahlt sei.

7) Familie bestehe aus folgenden Personen:

Beschluß der Rekrutirungs-Commission:

Der Bürgermeister:	D Depotansprechende:
N.	N.

Der Gemeinderath wird eingeladen den ten 18 Mittags Uhr auf zu erscheinen, um über das obige Gesuch zu berathen.

. . . . den ten 18

Großherzogliche Bürgermeisterei:
N.

Den Vollzug dieser Ladung bescheinigt
der Ortsdiener:
N.

*) Zu 2. Ist ein freigebliebener Bruder dieses Alters vorhanden, so muß noch beigefügt werden: „Die Arbeitsunfähigkeit desselben wird durch das Anlage beiliegende Zeugniß des Physikatsarztes bescheinigt".

**) Zu 3. Jenachdem der Depotanspruch auf den einen oder anderen der 1 Sätze des Art 17 des Gesetzes gegründet wird, muß hier der einschlägige Grund genau mit den Worten des Gesetzes übereinstimmend bezeichnet und eingeschrieben werden. Wird insbesondere das Gesuch nach Art. 17, 1, auf Arbeitsunfähigkeit des Vaters gestützt, so ist derselbe Zusatz wie zu 2 erforderlich; wird derselbe aber auf Art. 4, 4, gestützt, so muß Bescheinigung des Kriegsministeriums beigebracht werden.

Anzahl der Mitglieder des Gemeinderathes:

Davon waren bei gegenwärtiger Berathung anwesend, nämlich:

Berathungsprotokoll

des Gemeinderathes der Gemeinde . . . .
über das zur Begründung des vorstehenden Depotanspruches erforderliche Zeugniß.

Heute am ten 18 versammelte sich auf Einladung des Bürgermeisters der Gemeinderath in gesetzlicher Anzahl, um in Gemäßheit des Art. 21 des Recrutirungsgesetzes über die Ertheilung des, von . . . . in Bezug auf Depotanspruch erbetenen Zeugnisses zu berathschlagen.

Nach Ansicht des jenseitigen Protokolls und der Anlagen Nr. . . .

Nach vorheriger genauer Verlässigung über die hier in Betracht zu ziehenden Verhältnisse Depotansprechenden.

In Erwägung, daß es hinsichtlich der behaupteten Vermögenslosigkeit auf die Untersuchung der Frage ankommt, ob das Depot Ansprechende die zur Stellung eines Stellvertreters erforderliche Summe ohne Zerrüttung des Nahrungsstandes der Familie aufzubringen vermag, welche Summe für die bevorstehende Ziehung auf fl. anzunehmen ist;

Wurde von dem Gemeinderath mit Stimmen

beschlossen:

Das Zeugniß wird dahin ertheilt:

1) daß das Depot Ansprechende vermögend genug ist, um einen Stellvertreter für stellen zu können;

2) daß arbeitsfähiger Bruder des Dienstpflichtigen vorhanden ist, der nach Art. 18 unter b des Recrutirungsgesetzes der Familie aufgerechnet werden müßte *);

. . . .

3) daß die von Depotansprechenden zur Unterstützung des Gesuches vorgetragenen sonstigen Thatsachen, insoweit solche der Gemeinderath zu bezeugen hat, in Richtigkeit stehen.

Wir haben hiernach das erbetene Zeugniß ertheil

Der Bürgermeister: N.

Die Mitglieder des Gemeinderathes: N. N.

Vorstehende befinden sich bei dem Dienstpflichtigen, für welchen das Depot angesprochen wird, nicht in einem nach Art. 21 des Recrutirungsgesetzes unzulässigen Grade der Verwandtschaft.

Der Bürgermeister: N.

Vorstehendes Berathungsprotokoll nebst allen seinen Anlagen wird nach § 28 der Vollzugsverordnung vom 30. April 1831 hiermit an Großherzogliches Kreisamt zur Prüfung zugesendet.

. . . . den ten 18

Großherzogliche Bürgermeisterei:
N.

Geprüft und dabei zu bemerken gefunden.

Es ist dieses Protokoll sofort nach Maßgabe des Art. 21 des Gesetzes (§ 29 der Verordn.) während 14 Tagen öffentlich aufzulegen und mit der Bescheinigung, daß dies gesetzmäßig geschehen, alsbald wieder einzuschicken.

. . . . den ten 18

Großherzogliches Kreisamt . . . . .
N.

*) Vergleiche hier die Bemerkung *) auf der ersten Seite. Die Frage, ob ein etwa lebender Bruder der Art arbeitsunfähig ist oder nicht, muß von dem Gemeinderath mit Bezug auf das physikatsärztliche Zeugniß auf das Genaueste erwogen werden. Die §§ 24—26 der Vollziehungsverordnung des Recrutirungsgesetzes vom 30. April 1831 hierüber zu lesen.

Die öffentliche Auflegung dieses Protokolles

hat, der Vorschrift im § 21 des Rekrutirungsgesetzes gemäß, vom ten bis zum ten stattgehabt, nachdem diese Auflegung in der Gemeinde zuvor gehörig bekannt gemacht worden ist. Dieses, und daß innerhalb dieser Zeit Einwendungen gegen das Zeugniß des Gemeinderathes vom ten vorgebracht hat, bescheinigt

. . . . den ten 18

Großherzogliche Bürgermeisterei:
N.

Weitere Verhandlung

für den Fall, daß Einwendungen vorgebracht worden sind.

Der Gemeinderath wird eingeladen den ten 18 Mittags Uhr auf zu erscheinen, um bezüglich dieses Depotanspruches über die gegen das Gemeinderathszeugniß erhobenen Reclamationen zu entscheiden. Zugleich sollen zur Verstärkung des Gemeinderathes gemäß Art. 21 des Gesetzes hierbei mitwirken und demnach im Termine sich einfinden:

. . . .

. . . . den ten 18

Großherzogliche Bürgermeisterei:
N.

Die Ladung bescheinigt
der Ortsdiener:
N.

Berathungsprotokoll

des verstärkten Gemeinderathes der Gemeinde . . . . .
über die Einwendungen, welche gegen das jenseitige Zeugniß des Gemeinderathes vorgebracht worden sind.

Namen der Anwesenden:

Heute am ten 18 versammelte sich auf Einladung des Bürgermeisters der nach den Bestimmungen des Art. 21 des Rekrutirungsgesetzes in gehöriger Anzahl verstärkte Gemeinderath, um über die gegen das jenseitige Zeugniß von vorgebrachten Einwendungen (Anlage) zu berathschlagen.

Nach reiflicher Erwägung dieser Einwendungen wurde von dem verstärkten Gemeinderath mit Stimmen

beschlossen:

Das vom Gemeinderath am ten ertheilte Zeugniß wird seinem ganzen Inhalte nach bestätigt.

Der Bürgermeister: N. Die übrigen Anwesenden: N. N.

Die vorstehenden Verhandlungen nebst sämmtlichen Anlagen derselben werden nunmehr gemäß § 31 der Verordnung an Großherzogliches Kreisamt wieder eingeschickt

. . . . den ten 18

Großherzogliche Bürgermeisterei:
N.

Bescheinigung

über das Alter und die Familienverhältnisse d   Depotansprechenden

von

nach Ansicht der Geburtsregister und nach persönlicher Kenntniß aufgestellt.

Namen des Conscriptionspflichtigen, welcher oder für den das Depot angesprochen wird, und seiner Eltern und Geschwister nach der Reihenfolge des Alters.	Wohnort derselben.	Stand oder Gewerbe.	Epoche der Geburt.			Bemerkungen.
			Jahr.	Monat	Tag.	

Anlage IV zu § 211.

Kreis . . . . Gemeinde . . . .

Verzeichniß

der in der obengenannten Gemeinde wohnhaften, zu den Verrichtungen eines Geschworenen zulässigen Personen für das Jahr . . . .

Ordnungs-Nummer.	Nummer der Bezirksliste.	Vor- und Zunamen, so wie Stand und Gewerbe der Höchstbesteuerten.	Vor- und Zunamen, so wie Stand und Gewerbe Derjenigen, welche auf einer deutschen Universität studirt und ein Facultätsexamen bestanden haben.	Vor- und Zunamen, so wie Stand und Gewerbe der Mitglieder des Handels- und Gewerbstandes, welche die Gewerbsteuer der ersten und zweiten Klasse bezahlen und nicht ohnehin schon zu den Höchstbesteuerten gehören.	Alter.	Bemerkungen darüber, ob gegen das Verzeichniß wegen Uebergehung gesetzlich zulässiger oder wegen Eintragung unzulässiger Personen, und welche Reclamation erhoben worden ist.

Nachdem zuvor öffentlich bekannt gemacht worden war,

„daß das Verzeichniß der zu den Verrichtungen eines Geschworenen „zulässigen Personen drei Tage lang zu Jedermanns Einsicht auf dem „Gemeindehause (Bürgermeisterei-Büreau) aufliege",

fand diese dreitägige Offenlegung vom ten bis ten 185 in gesetzlicher Ordnung statt.

Dies bescheinigt den ten 185

Großherzogliche Bürgermeisterei:
N.

Unter dem Bemerken, daß nach Ablauf vorstehender dreitägiger Offenlegungsfrist auch binnen der weiteren zur Erhebung von Reclamationen noch bestimmten dreitägigen Frist keine Reclamationen eingekommen sind, wird die aufgestellte und berichtigte Liste (wenn Reclamationen erhoben waren, nebst den über die Reclamationen erwachsenen Aktenstücken) nunmehr ohne Verzug an die Großh. Regierungsbehörde des Hauptortes der Provinz hiermit eingesendet.

. . . . den ten 185

Großherzogliche Bürgermeisterei:
N.

Anlage V zu § 690.

Protokoll

über den

Kassesturz

bei dem **Rechner** von de . . . .
zu . . . . im Kreise . . . .

Geschehen, ... am ten 18

Um die Dienstkasse des Rechners von de . . . . rücksichtlich
. . . .
ihrer Uebereinstimmung mit seinen Aufzeichnungen zu untersuchen, forderte der unterschriebene Bürgermeister sogleich bei seinem Erscheinen in der Wohnung des vorgenannten Rechners denselben auf, ihm das allgemeine Tagebuch und das gesammte baare Geld vorzulegen, welches er von Dienstes wegen zu erheben, daher in dieses Tagebuch aufzunehmen hatte.

Es wurde diesem Verlangen entsprochen, unmittelbar unter dem letzten Eintrage, Seite , in dem allgemeinen Tagebuch von dem Bürgermeister sein Namenszeichen beigesetzt, hierauf der baare Bestand, welcher von dem Rechner in . . . . .
. . . .
aufbewahrt war, aufgezählt und gefunden in:

. . . . . .
. . . .
. . . . . .
. . . .
. . . . . .
. . . .

Zusammen . . . . fl. kr.

mit Buchstaben geschrieben:

. . . . . .

Der Bürgermeister: N. **Der Rechner:** N.

Es wurde sofort das allgemeine Tagebuch, Seite , abgeschlossen, und hierbei ergab sich

die Einnahme		fl.	kr.
die Ausgabe		fl.	kr.
folglich als Vorrath		fl.	kr.
verglichen mit dem wirklich vorhandenen Bestande von .		fl.	kr.
erscheint in der Kasse ein	von	fl.	kr.

Der Rechner, über diese Abweichung vernommen, erklärte:

. . . .
. . . . . .
. . . .
. . . . . .

Geschlossen, wie oben steht, am ten 18

Der Bürgermeister: N. **Der Rechner:** N.

Anlage VI zu § 723.

Verzeichniß der wöchentlichen (monatlichen) Armen-Unterstützungen in der Gemeinde . . . .

Ordnungs-Nummer.	1.	2.					3.					4.					5.
	Namen der zu Unterstützenden.	Verwilligung des Gemeinderathes					Antrag des Kirchenvorstandes					Feststellung der Unterstützung					Bemerkungen.
		an Geld.		an Naturalien oder Kost.			an Geld.		an Naturalien oder Kost.			an Geld.		an Naturalien oder Kost.			
		fl.	kr.	Pfd.	G.	Gegenstand.	fl.	kr.	Pfd.	G.	Gegenstand.	fl.	kr.	Pfd.	G.	Gegenstand.	
1																	
2																	
3																	
4																	
5																	
6																	
7																	
8																	
9																	
10																	
	Summa																

Unterschrift des Gemeinderathes:
N. N.

Unterschrift des Kirchenvorstandes:
N. N.

Anweis.-Register, Seite . . .
Tag- und Kasse-Buch . . . .

Vorstehend verzeichnete wöchentlichen (monatlichen) Unterstützungsbeträge in Geld mit Gulden Kreuzer und in Naturalien . . . . werden dem . . . . auf den Grund des Voranschlages von 18 , Ordn.-Nr. , in Ausgabe decretirt . . . . . . den ten 18

Der Bürgermeister.

Beilage VII.

Geschäftskalender für die Bürgermeister.

Januar.	Februar.	März.	April.	Mai.	Juni.	Juli.	August.	Septbr.	Oktober.	Novbr.	Dezember.
Register über die Anmeldungen zu Viehsalz; Einsendung an den Salz-Magazin-Verwalter. (§ 978.)	Feldrügeregister in St. u. O.; Einsendung den 1. (§ 987.)	Sperlingslieferung. (§ 932.)	Kirchen- und Stiftungs-Voranschläge; Aufstellung. (§ 333.)	Geschworenen-Liste; Aufstellung den 1. und 15. (§ 211.)	Feldrügeregister in St. u. O.; Einsendung den 1. (§ 987.)	Aufstellung der Viehstandstabelle. (§ 979.)	Verzeichniß über behufs Bedeckung von Stuten ausgestellte Scheine; Einsendung den 1. (§ 971.)	Tagebuch über Ab- und Zugang der Gewerbe; Abgabe an den Steuer-Commissär den 1. (§ 1103.)	Viehstandstabelle; Einsendung den 1. (§ 979.)	Untersuchung, ob alle Gebäude und Hauptveränderungen zur Wahrung im Brandkataster angezeigt sind, und Bericht darüber. (§ 1240.)	Feldrügeregister in St. u. O.; Einsendung den 1. (§ 987.)
Civilstandsregister; Einsendung, und zwar durch die Geistlichen den 8. und die Bürgermeister in Rh. den 15. (§ 263.)			Stunden- und Lectionsplan der Schulen. Durch den Schulvorstand. Einsendung. (§ 383, 4.)	Kirchen- und Stiftungs-Rechnungen; Stellung bis Ende Mai. (§ 356.)	Gemeinde-Rechnung; Einsendung an die Ob.-Rechn.-Kr.-Justificatur II. Abth. den 30. (§ 711.)	Culturveränderungen; Aufstellung der Verzeichnisse. (§ 168.)	Culturveränderungen; Einsendung der Verzeichnisse darüber an den Steuer-Commissär den 1. (§ 168.)	Weißen-Büchsengelder; Einsendung durch die Bürgermeister und israelitischen Gemeinde-Vorstände den 1. (§§ 743, 30, und 744.)	Feldrügeregister in St. u. O.; Einsendung den 1. (§ 987.)		Bevölkerungsliste; Aufstellung den 3. und Einsendung den 15. alle 3 Jahre, 1865 das nächste Mal. (§ 14.)
Deßgleichen dasjenige über die Juden in den Prov. St. u. O.; Einsendung der Duplikate an das Gericht bis zum 8. (§ 288.)			Verzeichniß der Schulversäumnisse vom I. Q.; Einsendung. (§ 383, 17.)	Gemeinde-Rechnungen; Uebergabe an den Bürgermeister den 31. (§ 707.)	Geschworenen-Liste; Einsendung den 15. (§ 211.)	Verzeichniß der Schulversäumnisse vom II. Q.; Einsendung. (§ 383, 17.)	Verzeichniß über abzugebendes Bau-, Werk- und Nutzholz um den Tarifpreis; Aufstellung. (§ 586.)	Verzeichniß der Holzabgaben aus der Hand; Abgabe an die Oberförsterei. (§ 586.)	Verzeichniß über die zum Militärdienst tauglichen Pferde; Einsendung alle 2 Jahre, das nächste Mal 1854 bis zum 1.		
Verzeichniß der Schulversäumnisse vom IV. Q.; Einsendung. (§ 383, 17.)			Feldrügeregister in St. u. O.; Einsendung den 1. (§ 987.)		Kirchen- und Stiftungs-Rechnungen; Einsendung an die Ober-Rechnungskammer-Justificatur II. Abth. (§ 356.)	Verzeichniß der zum Militärdienst tauglichen Pferde; Aufstellung alle 2 Jahre, das nächste Mal 1854.	Feldrügeregister in St. u. O.; Einsendung den 1. (§ 987.)	Gemeinde-Voranschläge; Einsendung den 15. (§ 477.)	Uebersicht über den Erndte-Ertrag; Einsendung bis den 15. (§ 1083.)		
Verzeichniß der im folgenden Jahre abzuhaltenden Jahrmärkte; Einsendung. (§ 1056.)			Bücherschluß der Gemeinde-Einnehmer den 30. (§ 707.)				Holzschreibregister über Loosholzabgaben aus Domanialwaldungen; Einsendung an die Oberförsterei. (§ 1008.)		Verzeichniß der Schulversäumnisse vom III. Q.; Einsendung. (§ 383, 17.)		

Druck von R. Ahlen in Heidelberg.

Printed in Dunstable, United Kingdom

91222346R00399